Wilmot Robertson

Die enteignete Mehrheit

Wilmot Robertson

(Pseudonym von Sumner Humphrey Ireland)
1915–2005

Wilmot Robertson wurde in Philadelphia geboren, zu einer Zeit, als Amerika noch Amerika war. Er besuchte ein Ivy-League-College, studierte im Ausland und kämpfte, nachdem er sein Bestes getan hatte, um die Vereinigten Staaten aus dem Zweiten Weltkrieg herauszuhalten, in den Feldzügen in Nordafrika und Italien als technischer Offizier. Nach Kriegsende vergeudete er einige wertvolle Jahre in einer Werbeagentur in der Madison Avenue und studierte dann Physik in Berkeley. Schließlich lockte das Geschäft, und er gründete ein kleines wissenschaftliches Unternehmen in der San Francisco Bay Area. Dabei sammelte er genug Geld an, um sich ein paar Jahre freizunehmen und dem Manuskript den letzten Schliff zu geben, das schließlich als *The Dispossessed Majority* (*Ventilations*) veröffentlicht wurde.

Die enteignete Mehrheit

The Dispossessed Majority
Erstmals veröffentlicht von Howard Allen Enterprises - 1972

Übersetzt und herausgegeben von
OMNIA VERITAS LTD

www.omnia-veritas.com

Um zu besitzen, was du nicht besitzt,
musst du den Weg der Enteignung gehen
- T.S. Eliot, *Vier Quartette*

VORWORT **11**

TEIL I - RASSENDYNAMIK **13**

KAPITEL 1 15
Das Konzept der Rasse *15*
KAPITEL 2 19
Rassismus *19*
KAPITEL 3 23
Rassenmetaphysik *23*
KAPITEL 4 36
Die physiologische Schicht der Rasse *36*

TEIL II - RASSISCHE ZUSAMMENSETZUNG DER VEREINIGTEN STAATEN **49**

KAPITEL 5 51
Weiße Einwanderung *51*
KAPITEL 6 57
Einwanderung von Nicht-Weißen *57*
KAPITEL 7 62
Die Irrtümer der Fusion und des Mosaiks *62*
KAPITEL 8 66
Eine rassische Volkszählung in den Vereinigten Staaten *66*

TEIL III - DIE MEHRHEIT IN BAY **75**

KAPITEL 9 77
Mehrheitsursprünge *77*
KAPITEL 10 87
Der Niedergang der Mehrheit *87*
KAPITEL 11 106
Die Spaltung in den Reihen *106*
KAPITEL 12 122
Das ästhetische Requisit *122*

TEIL IV - DIE MINDERHEITEN: ASSIMILIERTE UND UNASSIMILIERBARE **129**

KAPITEL 13 131
Die assimilierten Minderheiten *131*
KAPITEL 14 149
Unassimilierbare weiße Minderheiten *149*
KAPITEL 15 157
Die Juden *157*
KAPITEL 16 203
Nicht-weiße Minderheiten *203*

KAPITEL 17 218
Die Neger *218*

TEIL V - DER KULTURKONFLIKT 237

KAPITEL 18 239
Die Auflösung der Kunst *239*
KAPITEL 19 262
Die Säkularisierung der Religion *262*
KAPITEL 20 287
Die Atrophie der Bildung *287*

TEIL VI - DER POLITISCHE KONFLIKT 305

KAPITEL 21 307
Die Anpassungsfähigkeit des Dogmas *307*
KAPITEL 22 314
Die drei Phasen der Demokratie *314*
KAPITEL 23 331
Die Metamorphose des Liberalismus *331*
KAPITEL 24 340
Konservatismus neu definiert *340*

TEIL VII - DER WIRTSCHAFTLICHE KONFLIKT 353

KAPITEL 25 355
Die Biologie der Revolution *355*
KAPITEL 26 367
Das proletarische Syndrom *367*
KAPITEL 27 376
Die fiskalische Kampffront *376*

TEIL VIII - DER RECHTSSTREIT 387

KAPITEL 28 389
Die Verfälschung des Gesetzes *389*
KAPITEL 29 398
Die gesetzgebende Judikative *398*
KAPITEL 30 413
Die Minderheit im Untergrund *413*

TEIL IX - DER AUßENPOLITISCHE KONFLIKT 443

KAPITEL 31 445
Die Entnationalisierung der Außenpolitik *445*
KAPITEL 32 457
Die Vereinigten Staaten und Westeuropa *457*
KAPITEL 33 464

Die Vereinigten Staaten und Russland *464*
KAPITEL 34 479
Die Vereinigten Staaten und der Ferne Osten *479*
KAPITEL 35 489
Die Vereinigten Staaten und der Nahe Osten *489*
KAPITEL 36 509
Die Vereinigten Staaten und Afrika *509*
KAPITEL 37 518
Die Vereinigten Staaten und die westliche Hemisphäre *518*

TEIL X - PERSPEKTIVEN UND AUSBLICKE 531

KAPITEL 38 533
Nukleare Hypnose *533*
KAPITEL 39 542
Nordeuropäische Einsammeln *542*

ANHÄNGE 551

APPENDIX A 552
Erläuterung der Rassenzählung *552*
APPENDIX B 560
Volkszählungsstudie über Abstammungsgruppen *560*

***LITERATURVERZEICHNIS* 567**

ANDERE TITEL 573

Vorwort

DIE WIRKLICH Benachteiligten sind diejenigen, die für ihre Tugenden und nicht für ihre Laster gehasst werden, die darauf bestehen, das Spiel des Lebens mit Gegnern zu spielen, die die Regeln längst aufgegeben haben, die hartnäckig daran festhalten, dass eine Reihe hochentwickelter Institutionen, die von und für ein bestimmtes Volk zu einem bestimmten Zeitpunkt und in einem bestimmten Raum entwickelt wurden, für alle Völker unter allen Umständen funktionieren.

Die Absicht dieses Buches ist es, den Mitgliedern dieser verunsicherten und bedrohten Gruppe - hier vorläufig definiert als die amerikanische Mehrheit - eine systematische Diagnose der Krankheiten und Schwächen zu liefern, die sie niedergeschlagen haben, sowie einige Vorschläge für ihre Genesung.

Da so viele Liberale zu Minderheitenrassisten und so viele Konservative zu wurzellosen Spinnern geworden sind, da so viel Religion zu Sozialwissenschaft und so viel Sozialwissenschaft zu intellektuellen Taschenspielertricks geworden ist, kann sich der nachdenkliche Abgeordnete der Mehrheit nur noch an sich selbst wenden. Dies könnte jedoch seine Rettung sein. In der Isolation schneidet das kritische Vermögen tiefer. Erst jetzt ist es möglich, das tragische und demütigende Schicksal der amerikanischen Mehrheit zu verstehen, weil erst jetzt einige wenige Köpfe der Mehrheit, die durch jahrzehntelange einsame Betrachtung vertieft und durch die düstere Chronik der Ereignisse geschärft wurden, sich endlich auf die Notfall-Wellenlänge des kollektiven Überlebens einstellen.

Oberflächlich betrachtet scheint Amerika verloren zu sein. Aber die Animalisierung des Körpers und die Verrohung des Geistes, die Schändung der Umwelt, die Käuflichkeit der Politik, die Drogen- und Homosexuellenplagen, AIDS, die geschmackstötenden Schockwellen der Pornographie, die Wildheit der Ghettos, der feministische Wahnsinn, die umgekehrte Diskriminierung, die Degeneration des Militärs, die Flut illegaler Einwanderer, die Abtrünnigkeit der Professoren und Journalisten, die Gedankenlosigkeit der Studenten, der phobische Materialismus und das Spießertum ihrer Eltern - all das sind vielleicht nicht die irreversiblen Rückschritte, die sie zu sein scheinen, sondern nur kurzfristige Hindernisse oder Umwege auf dem Großen Treck zu einer höheren und leuchtenderen Lebensform. In der Abfolge der organischen Wiedergeburt muss das, was getan werden soll, zuerst rückgängig gemacht werden. Das Undenken muss dem Umdenken vorausgehen. Nach der Sinuskurve des menschlichen Handelns wechseln sich Degeneration und Regeneration ab. Möglicherweise ist die gegenwärtige Phase eine Phase des reculer pour mieux sauter.

Auf der hoffnungsvollen Seite ist das chromosomale Material, die erste und grundlegende Voraussetzung für einen Wiederaufstieg Amerikas, immer noch in Hülle und Fülle vorhanden. Die Biowissenschaftler und die wenigen Sozialwissenschaftler, die diesen Namen verdienen, sprudeln über vor Erkenntnissen und Durchbrüchen, die nicht anders können, als einige der dogmatischen Fallen zu entködern, die den aktiveren Intellektuellen der Mehrheit absichtlich gestellt wurden. Aus der aufgewirbelten Asche des verbrannten Historismus blitzt der eine oder andere Funke authentischer Geschichte auf. Es gibt sogar den Schimmer einer neuen Religion (oder die Verjüngung der alten) in den prometheischen Äußerungen und Rätseln der neuen Ontologie.

Auf jeden Fall wird die Mehrheit bald aus der Schwebe kommen. Es kann nur noch aufwärts gehen - oder ganz abwärts. Es ist wirklich eine Frage des Timings, ein Wettlauf zwischen dem heranrückenden Dschungel und der reifenden Ernte. Der Mondspaziergang könnte sich als die letzte Meile oder die Überquerung des Rubikon erweisen.

TEIL I

Rassendynamik

KAPITEL 1

Das Konzept der Rasse

NICHTS hat den Menschen zu höheren Gipfeln der Kreativität emporgehoben oder ihn zu größeren Tiefen der Destruktivität herabgesenkt als die doppelte Vorstellung von menschlicher Ähnlichkeit und Unähnlichkeit.

Jeder Mensch ist wie jeder andere Mensch, denn er gehört zur selben Art, dem *Homo sapiens*. Der zwei Meter große Watusi, der zwei Meter große Pygmäe, der milchweiße Schwede, der kaffeefarbene lateinamerikanische Mestize und der mandeläugige und mandelfarbene Orientale sind alle zur Kreuzung fähig. Die Idee der menschlichen Ähnlichkeit hat also biologische Ursprünge. Aber das gilt auch für die Vorstellung von der Unähnlichkeit des Menschen. Jeder Mensch unterscheidet sich körperlich und geistig von jedem anderen Menschen, was sowohl die menschliche Individualität als auch die Gruppenunterschiede erklärt.[1] Wie Shakespeare schrieb:

Seltsam ist es, dass unser Blut,
Von Farbe, Gewicht und Hitze, alle zusammen,
Den Unterschied ganz verwirrt und doch
In so mächtigen Unterschieden. [2]

Der Durchschnittsmensch beginnt sein Leben wahrscheinlich als Ähnlichmacher und endet als Unähnlichmacher. Das Kind wird älter und verlässt den familiären Herd, nur um festzustellen, dass nicht alle Väter wie sein Vater aussehen, nicht alle Mütter wie seine Mutter und nicht alle Kinder wie seine Brüder und Schwestern. Als es weiter in die Ferne schweift, entdeckt es auffällige physische und kulturelle Unterschiede in der Bevölkerung von Großstädten und fremden Ländern.[3] Unweigerlich erkennt er, dass einige Menschen eine Reihe von

---

[1] Selbst eineiige Zwillinge unterscheiden sich leicht in Größe, Gewicht, Kopflänge und Kopfbreite. L. C. Dunn und Theodosius Dobzhansky, Heredity, Race and Society, New American Library, New York, 1960, S. 27. "Deux jumeaux identiques, provenant du même œuf, possédant la même constitution génétique, manifestent chacun une personnalité différente." Alexis Carrel, *L'homme cet inconnu*, Librarie Plon, Paris, 1935, S. 336.

[2] *Ende gut, alles gut*, Akt 2, Szene 3.

[3] Ein Sozialwissenschaftler, George Murdock, behauptet, 73 Elemente gefunden zu haben, die allen Kulturen gemeinsam sind, darunter: Balz, Tanz, Arbeitsteilung, Bildung, Familie, Folklore, Spiele, Frisuren, Gastfreundschaft, Recht und Magie. *The Science of*

körperlichen und kulturellen Merkmalen haben, die seinen eigenen ähneln, andere hingegen nicht. Mit oder ohne die Hilfe oder den Rat von Vater, Mutter, Lehrer, Buch oder Fernsehen hat er eine Gruppe von Menschen von einer anderen getrennt. Ob es ihm gefällt oder nicht, er hat sich dem Konzept der Rasse verschrieben.

Der Glaube, dass jeder Mensch einer bestimmten menschlichen Rasse angehört, ist das Schreckgespenst der Sozialanthropologen und eine Herausforderung für die physischen Anthropologen, die versucht haben, ein solches "loses Denken" auszumerzen, indem sie eine strengere Definition der Rasse aufstellten. Bislang haben sich ihre Bemühungen weitgehend auf die Sammlung und Klassifizierung biometrischer Daten konzentriert und ebenso viele Kontroversen wie Einigungen hervorgebracht. Selbst wenn es ihnen schließlich gelingt, die physiologische Komponente der Rasse auf eine solide wissenschaftliche Grundlage zu stellen, werden sie immer noch mit den Rätseln und der Komplexität der psychologischen Komponente konfrontiert sein. Wie jeder amerikanische Politiker weiß, geht die Rasse weit über den Bereich des Physischen hinaus.

Zum Leidwesen der Anthropologen und Biologen, die mit Maßbändern und Computern arbeiten und nur biologische Faktoren zur Bestimmung und Definition der Rasse zulassen, stützt sich das Konzept der Rasse ebenso stark auf das Bewusstsein der Blutsverwandtschaft wie auf die Tatsache.

Staatsmänner, Dichter und Propheten haben einen weniger wissenschaftlichen Ansatz. Sie wissen um die ungeheure Macht, die Verwandtschaftsgefühle auf die menschlichen Angelegenheiten ausüben, und um die gewaltigen politischen und sozialen Veränderungen, die sich vollziehen, wenn diese Gefühle in den Herzen der Menschen entfacht werden oder wieder aufleben. Wenn die Menschen sich nicht auf die Anthropologie berufen können, um die Existenz von Rassen zu rechtfertigen, berufen sie sich oft auf Geschichte und Folklore. "Das Mittel der Mythen, um eine gemeinsame Abstammung einer ethnischen Gruppe zu begründen", stellte der Psychologe E. K. Francis vor einem halben Jahrhundert fest, "ist ein sehr altes Mittel." [4]

Ethnische Gruppe ist ein beliebter Begriff jener Sozialanthropologen, die der Rasse ihren emotionalen Gehalt und ihre Subjektivität nehmen wollen. Noch blutleerer ist der Begriff Bevölkerungsgruppe. Aber wenn man das Vokabular des Menschen ändert, ändert sich nicht unbedingt sein Denken. Obwohl ethnische Gruppen, Bevölkerungsgruppen, Klassen, Formenkreise und dergleichen praktische und angemessene Bezeichnungen sind, um bestimmte

---

Man in the World Crisis, Herausgeber Ralph Linton, Columbia University Press, New York, 1945, S. 124.

[4] "The Nature of the Ethnic Group", *American Journal of Sociology,* März 1947, S. 396.

Segmente der Menschheit mit minimalen Reibungen zu klassifizieren, sind sie weit davon entfernt, die ganze Geschichte zu erzählen.

Es gibt noch andere, weniger verwässerte Synonyme für Rasse, wie z. B. Stamm, Rasse und Nationalität. Sie treffen immer noch ziemlich weit ins Schwarze. Anschaulicher, wenn auch umständlicher, sind Neologismen wie "Wir-Gefühl" und "Wir-Gruppe". William Graham Sumner, eine Säule der einst dominierenden konservativen Schule der Soziologie, hatte eine besondere Vorliebe für Ethos, ein Wort griechischen Ursprungs für die Ideen, Normen und Gewohnheiten, die ein Individuum oder eine Gruppe charakterisieren.[5] Der Begriff Ethos lässt jedoch viel zu wünschen übrig, da er dazu neigt, die physische Schicht zu umgehen.

Das Wort, das der Rasse vielleicht am nächsten kommt, ist Volk, entweder modifiziert durch ein Possessivpronomen, mein, unser, dein, oder wie Oswald Spengler schrieb: "Der römische Name bedeutete zu Hannibals Zeiten ein Volk, zu Trajans Zeiten nichts anderes als eine Bevölkerung."[6] Noch stärker aufgeladene Ausdrücke für Rasse sind die plumpen, aber kommunikativen "Blutsbrüder" und "Seelenbrüder", die schwarze Ladenbesitzer bei Ghettoaufständen manchmal an ihre Fenster malen, um dem Zorn von Brandstiftern und Plünderern zu entgehen.

Der Begriff der Rasse ist so bedeutungsvoll und gleichzeitig so bedeutungslos, er umfasst so viele Tatsachen und Fantasien, so viel Liebe und Hass, so viel Vernunft und Unvernunft, dass er eher gefühlt als verstanden wird. In mancher Hinsicht ähnelt der Begriff Rasse einigen anderen englischen Wörtern mit vier Buchstaben. Es hat einen harten emotionalen Schlag, und seine Verwendung wird in höflichen und akademischen Kreisen eifrig vermieden. Trotz aller semantischen Schlampigkeit übt die Rasse jedoch einen tiefgreifenden Einfluss auf die Köpfe der Menschen aus. Ein führender Sozialwissenschaftler drückte es vor einem halben Jahrhundert so aus: "Das Fehlen einer klar formulierten Definition des Begriffs "Rasse" in der Bevölkerung schwächt ihn nicht, sondern verleiht ihm sogar noch mehr Kraft.[7]

Der Mensch ist ein Amalgam aus seinem physiologischen Erbe und seinen soziologischen Errungenschaften. Letztere kann er ablegen, aber nicht die ersteren. Er kann seine Religion, sein Land und seine Kultur aufgeben. Seine Rasse kann er nicht aufgeben. Genauer gesagt, kann er die körperliche Seite seiner Rasse nicht aufgeben, die, abgesehen von oberflächlichen Veränderungen

---

[5] William Graham Sumner, *Folkways*, Ginn & Co., Boston, 1906, S. 12.

[6] *The Decline of the West*, trans. C. F. Atkinson, Knopf, New York, 1957, Bd. II, S. 165.

[7] Edgar T. Thompson. "Race in the Modern World", *Journal of Negro Education*, Sommer 1944, S. 8.

durch Schönheitschirurgen und Kosmetiker, unerbittlich durch die Gesetze der Genetik bestimmt ist.[8]

[8] Auch das Phänomen des Passings hat in erster Linie mit nicht-physischen Aspekten der Rasse zu tun. Im Wesentlichen tauscht der Mann, der übertritt, die kulturellen Merkmale einer Gemeinschaft gegen die einer anderen ein. Biologisch gesehen ist der Schwarze, der so weiß "aussieht", dass er als Weißer akzeptiert wird, immer noch ein Bruchteil eines Schwarzen.

KAPITEL 2

Rassismus

So wie DIE IDEE zur Ideologie gehört, so gehört der Begriff der Rasse zum Rassismus.[9] Dies führt zu der Definition von Rassismus - die Briten nennen es Racialism - als Glaube an die Idee der Rasse. Der Glaube impliziert jedoch ein gewisses Maß an Zustimmung, eine innere oder äußere Aktivierung des Glaubens. Dementsprechend kann Rassismus als offener oder verdeckter Ausdruck des Konzepts der Rasse auf einer oder mehreren Ebenen menschlicher Aktivitäten beschrieben werden - in der Politik, der Kunst, der Religion, der Wirtschaft, im Gemeinschaftsleben und in der Privatsphäre des eigenen Heims.

Der Rassismus, der eine gemeinsame Abstammung voraussetzt, ist nicht dasselbe wie der Nationalismus, der eine gemeinsame Staatsbürgerschaft voraussetzt. Gewöhnlich, aber nicht ausnahmslos, wird er mit einer übersteigerten Form des Nationalismus wie dem Patriotismus, mit extremen Formen des Nationalismus wie dem Chauvinismus und dem Hurrapatriotismus, mit lokalisierten Formen wie dem Sektionalismus, dem Regionalismus und dem Provinzialismus in Verbindung gebracht. Der Rassismus ist sowohl bei der Gründung als auch bei der Auflösung von Imperien präsent. In homogenen Gesellschaften kann er den Nationalismus verstärken, in Vielvölkerstaaten kann er ihn bekämpfen. In proletarischen Revolutionen und faschistischen Gegenrevolutionen kann er eine weitaus wichtigere Rolle spielen als die Klasse."[10]

Wenn Rassen geografisch getrennt oder isoliert sind, ist es wahrscheinlich, dass sich der Rassismus von außen über die Grenzen einer Provinz, einer Region oder eines Staates hinaus auf eine andere Provinz, eine andere Region oder einen anderen Staat richtet. Wenn Rassen Seite an Seite in derselben Nachbarschaft oder im selben Schulbezirk leben, ist der Rassismus eher nach innen gerichtet,

---

[9] "Eine Ideologie ist ein Komplex von Ideen oder Vorstellungen, der sich dem Denker als absolute Wahrheit für die Interpretation der Welt und seiner Situation in ihr darstellt; sie verleitet den Denker zu einem Akt der Selbsttäuschung zum Zwecke der Rechtfertigung, der Verschleierung, der Ausflucht, in irgendeinem Sinne zu seinem Vorteil." Karl Jaspers, Der Ursprung und das Ziel der Geschichte, trans. Michael Bullock, Yale University Press, New Haven, 1968, S. 132. "Grob definiert ist ein Ideologe ein Denker, der davon überzeugt ist, klare Lösungen für bestimmte menschliche Probleme oder Dilemmata gefunden zu haben - Lösungen, die sich in allgemeinen theoretischen Begriffen ausdrücken lassen. *Times* Literary Supplement (London), 29. Januar 1970, S. 1.

[10] Siehe Kapitel 25.

auf den Stadtteil oder das Klassenzimmer. Rassismus beider Arten ist in den meisten großen Nationen anzutreffen (Japan und China sind die offensichtlichsten Ausnahmen). Russland, das Haupterbe der zerfallenen Sowjetunion, das mit dem Zusammenbruch des kommunistischen Imperiums sehr viel homogener geworden ist, ist ein Beispiel für ein Land, in dem der Rassismus nach außen gerichtet ist, im Gegensatz zu den Vereinigten Staaten, wo der Rassismus aufgrund der vielen unterschiedlichen Rassen, die vor allem in den großen Ballungsgebieten Seite an Seite leben, eher nach innen gerichtet ist.

Soweit sich feststellen lässt, hat praktisch jede Nation oder Gesellschaft einen oder mehrere rassistische Zyklen durchlaufen. Trotz ihrer endlosen internen Kriege und politischen und kulturellen Rivalitäten glaubten die alten Griechen, so der Historiker H. A. L. Fisher, "dass sie in Bezug auf Rasse, Sprache und Institutionen eins waren".[11] Sie stuften alle Fremden als Barbaren ein und behandelten sie im Allgemeinen als minderwertig - ironischerweise derselbe Status, den die Römer später den Hellenen verliehen, die sie als korrupte Schwächlinge betrachteten. Bis heute schwelgen viele Juden in der Vorstellung von Abgrenzung und "Chosenness". Prototypische rassistische Einstellungen der spanischen Eroberer und der britischen Kolonialisten prägten ihren Umgang mit den amerikanischen Indianern und Negern. Die traditionell feindseligen Gefühle der Chinesen gegenüber Nicht-Chinesen brauchen nicht weiter ausgeführt zu werden, ebenso wenig wie die Vorherrschaft der Weißen, die einst in der Mentalität der Erbauer der europäischen Weltreiche endemisch war.[12]

Wie die nationale Verteidigung oder die Zahlungsbilanz wird auch der Rassismus häufig durch äußere Ereignisse und Einflüsse reguliert und verändert. Auch wenn eine homogene oder heterogene Gesellschaft in Friedenszeiten nur wenige Anzeichen von Rassismus zeigt, kann der schlummernde Rassismus der Nation oder einer oder mehrerer Bevölkerungsgruppen innerhalb der Nation schnell geweckt werden und einen dynamischen statt eines statischen Charakters annehmen, sobald ein Nachbarstaat anfängt, aggressiv zu handeln, sobald ein paar tausend Mitbürger oder rassische Cousins im Ausland Opfer von Unterdrückung werden.

Der Rassismus, so ist zu beobachten, bewegt sich an verschiedenen Orten in unterschiedlichen Bahnen. Stellen Sie sich zwei amerikanische Soldaten vor, einer skandinavischer, der andere süditalienischer Herkunft, die einen einsamen Außenposten gegenüber den Nordkoreanern oder Nordvietnamesen bewachen. Zu Hause hätte der eine den anderen vielleicht als "Latino" oder "Italiener" bezeichnet, wenn er höflich sein wollte, und als "Spaghetti" oder "Schmierer",

---

[11] Zitiert von T. J. Haarhoff, *The Stranger at the Gate*, Longmans Green, London, 1938, S. viii.

[12] Eine ausführlichere Zusammenfassung der rassistischen Erscheinungsformen unter den Völkern der Welt findet sich in Sumner, op. cit., S. 29.

wenn er es nicht war. Jetzt hat er das Gefühl, dass er sich in der Gegenwart eines Weißen befindet.

Vielleicht ist das erste Gesetz des Rassismus, dass Rassismus Rassismus erzeugt. Paradoxerweise gilt das auch für den Antirassismus, der die Aufmerksamkeit so sehr auf die Rasse lenkt und sie so tief in das öffentliche Bewusstsein verankert, dass der Rassismus unter dem Strich sogar noch zunimmt. Darüber hinaus erlaubt der Antirassismus vielen Menschen, Rassismus stellvertretend zu praktizieren, indem sie sich die Sache jeder Rasse außer ihrer eigenen zu eigen machen.

In gewisser Hinsicht ist der Rassismus eine Form der Gruppenmoral. Er bietet eine schützende psychologische Hülle für die wehrlosesten und defensivsten Völker. Er ist auch weitgehend für den hohen *Aggressionsquotienten* dynamischer Völker verantwortlich. Im Zuge der Förderung des Tribalismus sowohl in den zurückgebliebensten als auch in den fortgeschrittensten Nationen macht der Rassismus den modernen Industriestaat mit seiner hochentwickelten Technologie zu einem furchterregenden Gegner. Wenn alles andere gleich ist - Arbeitskraft, Industrieanlagen, wissenschaftliche Kompetenz und natürliche Ressourcen -, kann ein rassistischer Staat eine tödlichere Streitmacht aufstellen als ein nicht-rassistischer Staat. Da Familien mehr Kampfgeist besitzen als weniger eng verwandte Gruppen, wird der Stamm oder die Rasse im Kriegsfall oft als verlängerter Arm der Familie auftreten. Der Tod fällt denjenigen leichter, die glauben, dass sie sowohl für ihr Volk als auch für ihr Land sterben. Soldaten, die nur ein geringes Maß an Rassenbewusstsein haben, haben vielleicht größere Schwierigkeiten, tapfer zu sein. Verweigerer aus Gewissensgründen, Pazifisten und Wehrdienstverweigerer sind in rassisch orientierten Gesellschaften Mangelware.

Der Rassismus bleibt in einem bestimmten historischen Umfeld so sehr unter der Oberfläche, dass er von Studenten der Vergangenheit nur selten gebührend beachtet wird. Möglicherweise ist er die *Hauptursache* für menschliche Leistungen und menschliches Versagen. Wer kann das Gegenteil beweisen? Wer kann beweisen, dass Rassismus nicht ein besserer Hinweis auf den Aufstieg und Fall von Zivilisationen ist als Wirtschaft, Religion, organisches Wachstum und Verfall, Wetter, große Männer oder sogar das Schicksal?

Nehmen Sie die Vereinigten Staaten mit dem homogenen genetischen Substrat der Gründerväter, dem Rassenkampf mit den Indianern, den rassischen Untertönen des Bürgerkriegs, den rassischen Unterschieden zwischen der alten und der neuen Einwanderung, den rassischen Mechanismen der Großstadt- und Südstaatenpolitik, dem zunehmenden Tempo der Forderungen und Agitation von Minderheiten. Nehmen Sie die Vereinten Nationen, die jetzt zu einem Konglomerat von Rassenblöcken zusammenwachsen. Nehmen Sie den Aufstand der farbigen Völker Asiens und Afrikas gegen den weißen Kolonialismus im zwanzigsten Jahrhundert. Wenn man all diese Beweise abwägt, wundert man sich über die liberalen und konservativen Historiker, die ihre dicht kommentierten Geschichten verfassen, die den Rassismus entweder ganz vermeiden oder ihn als Krankheit und nicht als grundlegendes Element der menschlichen Natur behandeln.

Gegenwärtig gibt es weltweit Bestrebungen, den Rassismus abzuschaffen. Doch wie die Ereignisse in den Vereinigten Staaten und anderen Ländern zeigen, ist der Rassismus noch lange nicht abgeschafft, sondern wird überall verstärkt.

Anstatt zu versuchen, das Unzerstörbare zu zerstören, wäre es vielleicht klüger, mehr über die rassischen Reflexe des Menschen zu erfahren. Die Erforschung der Quellen des Rassismus könnte zu wirksamen Möglichkeiten führen, ihn zu zivilisieren, zu kontrollieren und in kreativere und konstruktivere Bahnen zu lenken.[13] Ein solches Wissen könnte auch dabei helfen, zwischen dem rassischen Verhalten, das zum Aufbau von Nationen beiträgt, und dem rassischen Verhalten, das sie auseinanderreißt, zu unterscheiden.

---

13 "Die Anwendung dieses Prinzips [Rassismus] hat die Entwicklung aller fortschrittlichen Gesellschaften seit kurz nach dem Beginn der Landwirtschaft bestimmt." C. D. Darlington, *The Evolution of Man and Society*, George Allen and Unwin, London, 1969, S. 607.

KAPITEL 3

Rassenmetaphysik

Der Begriff der Rasse und die sich daraus ergebenden Rassenideologien durchzogen die großen Zivilisationen des Altertums. Die Bibel unterteilt die Rassen der Menschheit in die Söhne Sems (Semiten), Hams (nicht-semitische Mittelmeervölker),[14] und Japhets (nördliche Völker). Zu den Söhnen Sems gehörten die Juden, die von Jehova ermahnt wurden, ihre rassische Identität zu bewahren, da sie "ein besonderes Volk für sich selbst sind, vor allen Völkern, die auf der Erde sind."[15]

Die Arier, die nach Indien eindrangen, waren so sehr auf die Rasse bedacht, dass sie ein komplexes Kastensystem errichteten, mit dessen Hilfe es den priesterlichen Brahmanen teilweise gelang, ihren ursprünglichen Körperbau mehr als 2 500 Jahre lang zu bewahren, obwohl ihre einst helle Hautfarbe infolge von Mutationen und einiger Rassenvermischungen heute besser an die strahlende indische Sonne angepasst ist.[16] Die Grab- und Tempelmalereien der alten Ägypter zeigten eine einfachere und weniger ausgefeilte Form des Rassismus. Die Götter und Pharaonen waren überlebensgroß, während Neger und andere Fremde in kauernder Verbeugung dargestellt wurden.[17]

Wie nicht anders zu erwarten, waren die Griechen die ersten, die nach natürlichen Ursachen für Rassenunterschiede suchten und über Rassenfragen philosophierten. In Hippokrates' Abhandlung *Über Lüfte, Gewässer und Orte* werden Klima und Geografie als mögliche Gründe für Unterschiede in der menschlichen Physiologie und im Temperament genannt.[18] Platon war der Ansicht, dass es gut wäre, den Jugendlichen, die für die künftige Führung des

---

[14] Christliche Theologen fügten dieser weißen Rassenkategorie später unentgeltlich Neger hinzu.

[15] Dtn. 7:6. Strikte Verbote gegen Exogamie finden sich in 7,3.

[16] "Die erste Kasteneinteilung... erfolgte nicht nach Status, sondern nach Farbe; sie trennte Langnasen von Breitnasen, Arier von Nagas und Draviden... Das Kastensystem hatte den eugenischen Wert, die vermutlich feineren Stämme vor Verwässerung zu bewahren..." Will Durant, *Our Oriental Heritage*, Simon and Schuster, New York, 1954, S. 398, 487.

[17] In den englischen Bildunterschriften dieser Wandgemälde, die 1968 im Britischen Museum zu sehen waren, waren Hinweise auf Neger teilweise getilgt worden. Offenbar wollten einige moderne Nachfahren der Opfer des altägyptischen Rassismus nicht an vergangene Demütigungen erinnert werden.

[18] Hippokrates, *Über Lüfte, Gewässer und Orte*, trans. Francis Adams, Great Books of the Western World, Chicago, Bd. 10, S. 18.

Gemeinwesens bestimmt waren, ein Gefühl der Rassenreinheit zu vermitteln. Eine solche Idee, die er als "edle Lüge" bezeichnete, würde in der jungen Elite ein größeres Maß an Stolz und Verantwortung entwickeln - Eigenschaften, die vermutlich zu einer besseren Staatsführung führten.[19] Andererseits trug Aristoteles mit seiner Theorie des "natürlich geborenen" Sklaven zur Institutionalisierung der Sklaverei bei.[20]

Vollständige "wissenschaftliche" Rassentheorien entstanden jedoch erst 2.000 Jahre später. Erst im späten achtzehnten und in der ersten Hälfte des neunzehnten Jahrhunderts waren genügend Daten gesammelt worden, die es einigen unerschrockenen Anthropologen und Biologen erlaubten, die Menschheit nach Rassen zu kategorisieren. Mit den Klassifizierungen kamen auch die Werturteile. Da die Weißen nun einen großen Teil der Erde erobert oder besiedelt hatten und sie nach ihrem Bilde umgestalteten, wurde für die Übermenschen, die auf verschiedene Weise als Arier, Indoeuropäer, Angelsachsen, Nordländer, Kelten, Alpinen und Germanen beschrieben wurden, eine von Natur aus überlegene Blutlinie vorgeschlagen.

Die Theorie der rassischen Vorherrschaft der Nordeuropäer wurde durch die Entdeckung einer überraschenden sprachlichen Verwandtschaft zwischen den arischen (in diesem Fall eine bestimmte Untergruppe der weißen oder kaukasischen Rasse) Invasoren Indiens, den Hethitern, Kassiten, Persern, Griechen und Römern der Antike und den Franzosen, Briten, Deutschen, Slawen und anderen Völkern des modernen Europas unterstützt und erweitert. Obwohl eine gemeinsame Sprache nicht notwendigerweise eine gemeinsame Rasse voraussetzt, haben die indoeuropäischen Sprachen,[21] , wie sie später genannt wurden, und die indoeuropäischen Sprecher eine Rassenhypothese hervorgebracht, nach der ein blondes, hellhäutiges Volk mit seltenen kreativen Gaben neue Zivilisationen befruchtet oder sterbende wiederbelebt.[22]

Zu den wichtigsten Verfechtern dieser Hypothese, die oft als Ariertheorie bezeichnet wird, gehörten: Arthur de Gobineau (1816-1882), ein französischer Graf und Germanophiler, der eine der ersten kohärenten, wenn auch etwas

---

[19] *Republik,* IN, 414-15, trans. Paul Shorey, *The Collected Dialogues of Plato,* Bolingen Series, LXXI, Princeton University Press, Princeton, New Jersey, 1969.

[20] Ernest Barker, *The Politics of Aristotle,* Clarendon Press, Oxford, 1950, S. 13-14.

[21] Ein indoeuropäischer Wortstamm: *name* (Englisch), *nama* (Altpersisch), *nama* (Sanskrit), *onoma* (Griechisch), *nomen* (Latein), *nome* (Italienisch), *nombre* (Spanisch), *nom* (Französisch), *Name* (Deutsch), *eemya* (Russisch).

[22] Einige Beispiele: Arische Invasion in Indien; dorische Invasion in Griechenland; germanische Überrumpelung des Weströmischen Reiches; normannische Eroberung der Normandie und Siziliens. Weitere Informationen zu den indoeuropäischen Völkern finden Sie in Kapitel 9.

phantasievollen rassischen Interpretationen der Geschichte verfasste;[23] Houston Stewart Chamberlain (1855-1927), ein Engländer, der deutscher Staatsbürger wurde und dessen grandiose *Weltanschauung* teutonische Gene in fast allen großen Männern der Vergangenheit, einschließlich Jesus, entdeckte; Madison Grant (1865-1937), amerikanischer Anwalt und Naturforscher, der den Niedergang der großen kulturtragenden und kulturschaffenden nordischen Völker darlegte und dessen Argumente bei der Verabschiedung restriktiver Einwanderungsgesetze in den Vereinigten Staaten in den frühen 1920er Jahren hilfreich waren; Lothrop Stoddard (1883-1950), amerikanischer politischer Philosoph, der sich ebenfalls mit der Einwanderungsproblematik befasste und davor warnte, dass die Weißen bald von der Fruchtbarkeit der farbigen Rassen überwältigt werden würden.[24]

Obwohl seine spanische Abstammung und seine puritanischen Verbindungen in Neuengland eine besondere Zuneigung zu den Germanen ausschlossen, war der Philosoph George Santayana einer der energischsten Verfechter der Idee von Rassenhierarchien, wie der folgende Absatz zeigt:

> Einige Rassen sind den anderen offensichtlich überlegen. Eine gründlichere Anpassung an die Bedingungen des Daseins hat ihnen Geist, Vitalität, Ausdehnung und eine relative Stabilität verliehen... Es ist daher von größter Wichtigkeit, diese Überlegenheit nicht durch die Vermischung mit minderwertigen Rassen zu verschleiern und so den Fortschritt zunichte zu machen, der durch eine schmerzhafte Evolution und eine langwierige Seelensichtung erreicht wurde. Die Vernunft protestiert ebenso wie der Instinkt gegen jede Verschmelzung, zum Beispiel von weißer Mehrheit und schwarzen Völkern... Die Juden, die Griechen, die Römer, die Engländer waren nie so groß, wie wenn sie anderen Nationen gegenüberstanden... aber diese Größe fällt, wenn der Kontakt zu einer Verschmelzung führt.[25]

In den 1930er Jahren, wahrscheinlich zum ersten Mal in der Geschichte, wurden Theorien der rassischen Überlegenheit zur Staatsdoktrin, als die Nazipartei in Deutschland die Führung übernahm.[26] Nach der Bestandsaufnahme von Hitlers

---

[23] "Là ou l'élément germanique n'a jamais pénétré", erklärte de Gobineau, "il n'y a pas de civilisation à notre manière." *Essai sur l'inégalité des races humaines*, Librairie de Firmin-Didot, Paris, 1884, Bd. I, S. 93.

[24] Chamberlains Hauptwerk war *Die Grundlagen des neunzehnten Jahrhunderts*, Grants *The Passing of the Great Race*, Stoddards *The Rising Tide of Color*.

[25] *Das Leben der Vernunft*, Scribner's, New York, 1922, Bd. II, S. 166-67.

[26] Oder war es schon das zweite Mal? Alexander Stephens, Vizepräsident der Konföderation, verkündete einst: "Unsere neue Regierung ist die erste in der Geschichte der Welt, die auf der großen physikalischen, philosophischen und moralischen Wahrheit beruht, dass der Neger dem Weißen nicht gleichgestellt ist, dass die Sklaverei - die Unterordnung unter die höhere Rasse - sein natürlicher und normaler Zustand ist." Charles und Mary Beard, *The Rise of American Civilization*, Macmillan, 1930, Bd. 2, S. 68.

Rassenpolitik am Ende des Zweiten Weltkriegs wurden jedoch alle Argumente für eine rassische Überlegenheit aus dem Bereich des zulässigen Denkens verbannt.

Da es sich bei der Rasse um ein so persönliches Thema handelt, überrascht es nicht, dass die Befürworter der rassischen Überlegenheit in der Regel der Rasse angehören, die sie für überlegen halten, oder glauben, ihr anzugehören. Ebenso wenig überrascht es, dass in Amerika die Opposition gegen Theorien der nordischen oder nordeuropäischen Überlegenheit von Anthropologen und Sozialwissenschaftlern angeführt wurde, die in den meisten Fällen Mitglieder von Minderheitengruppen waren. Vielleicht in dem Glauben, dass ein guter Mythos einen anderen verdient, entwickelte Franz Boas (1858-1942), ein Gelehrter deutsch-jüdischer Herkunft und Professor für Anthropologie an der Columbia University, die erste umfassend entwickelte Theorie der Rassengleichheit. Boas stellte die Hypothese auf, dass nicht die Natur, sondern die Veranlagung die Hauptursache für die großen Rassenunterschiede sei. Er ging sogar so weit zu behaupten, dass selbst ein so beständiges genetisches Merkmal wie die Kopfform (Cephalic Index)[27] durch Umweltveränderungen innerhalb von ein oder zwei Generationen verändert werden könnte.[28]

Ashley Montagu, ein physischer Anthropologe anglo-jüdischer Herkunft, wurde mit einer scheinbar endlosen Reihe von Bestsellern, Fernsehauftritten und Reden vor gelehrten und ungelehrten Gesellschaften zum großen Vulgarisator des Rassengleichheitsdenkens.[29] Andere führende Mitglieder der gleichmacherischen Schule, nicht alle von ihnen Anthropologen, waren Otto Klineberg, Melville Herskovits, Alexander Goldenweiser, Isador Chein, Theodosius Dobzhansky, Gene Weltfish, Kenneth Clark und zwei lautstarke angelsächsische Frauen, Ruth Benedict und Margaret Mead.[30] Gene Weltfish

---

[27] Der Cephalic-Index ist die maximale Kopfbreite geteilt durch die maximale Kopflänge mal 100. Je niedriger der Index ist, desto länger ist der Kopf. Wie Naturwissenschaftler haben auch Anthropologen eine Vorliebe für die Verwendung langatmiger griechischer Ableitungen für einfache und präzise englische Ausdrücke. Dolichocephalic ist langköpfig; brachycephalic ist rundköpfig.

[28] Franz Boas, "Changes in Bodily Form of Descendants of Immigrants", *American Anthropologist*, New Series, 14:530-62. Boas' quasi-lamarcksche Ansichten wurden von Henry Pratt Fairchild, einem bekannten Sozialwissenschaftler, in *Race and Nationality*, Ronald Press, New York, 1947, S. 105, widerlegt.

[29] Als einer der Sponsoren, zusammen mit dem verstorbenen Bischof James Pike und dem in Großbritannien geborenen Zen-Buddhisten Alan Watts, eines Computer-Dating-Services, konnte Montagu seine Theorien möglicherweise auf die Probe stellen. *San Francisco Sunday Examiner & Chronicle, Date Book,* 19. Januar 1969, S. 24.

[30] Mead und Benedict gehörten zu einer etwas exotischen Rasse von WASP-Frauen. Sie waren eine Zeit lang ein lesbisches Liebespaar, und die erstere behauptete, eine sephardische Großmutter gehabt zu haben. Mary C. Bateson, *With a Daughter's Eye,*

erlangte eine gewisse Berühmtheit, als er behauptete, die amerikanische Armee habe im Koreakrieg auf bakterielle Kriegsführung zurückgegriffen. Kenneth Clark, ein Schwarzer, spielte eine führende Rolle bei der Überzeugung des Obersten Gerichtshofs, in der Rechtssache *Brown v. Board of Education* (1954) die Aufhebung der Rassentrennung in Schulen anzuordnen. In seinen wissenschaftlichen Monographien räumte Dobzhansky, ein Absolvent der Universität Kiew, taktvoll einige Unterschiede in den rassischen Fähigkeiten ein, leugnete sie aber in seinen für die Öffentlichkeit bestimmten Schriften praktisch. Leslie Whites evolutionistische Schule der Anthropologie und W. H. Sheldons Versuche, das Temperament mit dem Körpertyp (endomorph, mesomorph, ektomorph) in Verbindung zu bringen, fanden aufgrund ihrer Anti-Boas-Haltung kaum Anerkennung.

Mit der Veröffentlichung der UNESCO-Erklärungen von 1950 und 1962 zur Rasse wurde die allgemeine Rassengleichheit offiziell von den Vereinten Nationen anerkannt. Die UNESCO-Papiere, die eher wie Glaubenserklärungen als wie fundierte wissenschaftliche Argumente klangen, enthielten die folgenden Axiome:

> Die wissenschaftlichen Erkenntnisse deuten darauf hin, dass die Bandbreite der geistigen Fähigkeiten in allen ethnischen Gruppen in etwa gleich ist... Was Persönlichkeit und Charakter betrifft, so können diese als rassenunabhängig betrachtet werden... [G]egen ein ähnliches Ausmaß an kulturellen Möglichkeiten, ihre Potenziale zu verwirklichen, ist die durchschnittliche Leistung der Mitglieder jeder ethnischen Gruppe ungefähr gleich.

Obwohl er eigentlich die behavioristische Schule der Psychologie beschreiben wollte, die mit den gleichmacherischen Anthropologen Hand in Hand ging, indem sie die menschliche Formbarkeit betonte, fasste der Soziologe Horace Kallen die UNESCO-Erklärungen treffend in Worte, die auf den Grabsteinen von Boas und Montagu eingemeißelt werden sollten: "Bei der Geburt sind menschliche Kinder, unabhängig von ihrer Vererbung, so gleich wie Ford."[31] Einige Jahrzehnte zuvor hatte J. B. Watson (1878-1958), der Begründer und Entdecker des Behaviorismus, eine psychologische Grundlage für den Equalitarismus geschaffen, indem er feststellte: "So etwas wie eine Vererbung von Fähigkeiten, Talenten, Temperament, geistiger Konstitution und Eigenschaften gibt es nicht."[32] Sein berühmtester Schüler, B. F. Skinner, konditionierte später Ratten so erfolgreich, dass man annahm, er könne mit Menschen die gleichen Wunder vollbringen. Tatsächlich entwarf Skinner eine

---

William Morrow, New York, 1984, S. 72, 106. Meads Halbklassiker *Coming of Age in Samoa* wurde vom australischen Anthropologen Derek Freeman in *Margaret Mead and Samoa*, Harvard University Press, 1983, wirkungsvoll aufgespießt.

[31] Siehe den Artikel von Kallen, "Behaviorism", *Encyclopedia of Social Sciences*, Macmillan, New York, 1963, Vols. 1-2, p. 498.

[32] J. B. Watson, *Behaviorism*, W. W. Norton, New York, 1930, S. 94.

Utopie rund um seine Verstärkungstechniken in einem Buch, *Walden II,* das als eine Kombination aus Bibel und Verfassung für eine lebende Kommune diente, die nie allzu gut funktionierte. Es sei jedoch darauf hingewiesen, dass der Erfinder der Skinner-Box die Bedeutung genetischer Faktoren für das menschliche Verhalten nie bestritten hat.

Zu Beginn der 1960er Jahre hatte sich die Idee der angeborenen Rassengleichheit im modernen Bildungswesen und in den Kommunikationsmedien so fest etabliert, dass es schwierig war, sie in Frage zu stellen und dennoch seine akademische oder berufliche Seriosität zu wahren. Dennoch setzte eine weitgehend unbemerkte, aber hartnäckige Reaktion ein, die durch die Aufhebung der Rassentrennung in den Schulen und die Gewalt, die mit den zunehmenden Forderungen der Schwarzen nach einem Platz an der amerikanischen Sonne einherging, angeregt wurde. Carleton Putnam, amerikanischer Luftverkehrspionier und Historiker, erklärte, dass die Boas-Schule der Anthropologie ihre Schlussfolgerungen in Bezug auf die Gleichheit der Rassen auf ein falsch verstandenes Eigeninteresse stützte. Er plädierte für eine realistische Akzeptanz der starken Unterschiede in den Denkmustern und der Lernfähigkeit der Schwarzen und argumentierte, dass die rassische Integration auf allen Ebenen außer der wirtschaftlichen zu einer stetigen, unerbittlichen Verschlechterung des amerikanischen Bildungswesens, des sozialen Lebens, der Kultur und der nationalen Macht sowie zu einer Verschlechterung des Negers selbst führen würde.[33] Boas und seine Anhänger, behauptete Putnam, gaben

dem Neger die Idee, dass er einen Groll gegen den Weißen hegt, und dem Weißen die Vorstellung, dass er sich wegen des Negers schuldig fühlen sollte. Der Groll stachelt den Neger zu Unruhen und Verbrechen an, und die Schuldgefühle führen den Weißen zu einer Politik der ständigen Nachgiebigkeit und Beschwichtigung.[34]

An anderer Stelle erklärte Putnam: "Der Kern der Täuschung besteht darin, zu lehren, dass der größte Teil der Unterschiede im Status von Individuen und Gruppen unter uns auf soziale Ungerechtigkeit zurückzuführen ist, während die wissenschaftliche Tatsache bleibt, dass diese Unterschiede, so häufig Ungerechtigkeit auch sein mag, in erster Linie auf angeborene Unterschiede in den Fähigkeiten zurückzuführen sind."[35]

Henry E. Garrett, Vorsitzender des Fachbereichs Psychologie an der Columbia University, ging noch weiter als Putnam und nannte das Gleichheitsdogma "den wissenschaftlichen Schwindel des Jahrhunderts". Garrett warf den

[33] Siehe Putnams *Race and Reason* (1961) und *Race and Reality* (1967), Howard Allen Enterprises, Inc, P.O. Box 76, Cape Canaveral, Florida 32920.

[34] Vortrag über "Allgemeine Rassenunterschiede", 5. Februar 1969.

[35] *Congressional Record,* 13. November 1969, S. E9630-32.

Sozialwissenschaftlern vor, sich auf moralische Denunziationen zu verlassen, als ihre tatsächlichen Beweise für die geistigen Fähigkeiten der Neger immer schwächer wurden. Er beschuldigte Kirchenführer, die Wissenschaft zu fälschen, um ihre ethischen Argumente für die Rassengleichheit zu untermauern.[36]

William Shockley, der den Nobelpreis für Physik für die Erfindung des Transistors erhielt, schloss sich der Kontroverse an, als er behauptete, dass alle zeitgenössischen Programme zur Verbesserung der Neger auf falschen Voraussetzungen beruhten. "Das große Defizit in der intellektuellen Leistung der Neger", behauptete Shockley, "muss in erster Linie erblich bedingt sein und kann daher durch praktische Verbesserungen der Umwelt nicht behoben werden".[37] Er betonte auch, dass die hohe Geburtenrate der ärmsten und am meisten benachteiligten Schwarzen eine "dysgenische Tragödie" sei.

Auch Sir Cyril Burt[38] und H. J. Eysenck in Großbritannien, J. Philippe Rushton in Kanada sowie Arthur Jensen und der gebürtige Brite Raymond Cattell in den Vereinigten Staaten glaubten an rassische Intelligenzunterschiede. Jensen erregte Aufsehen, als er sich weigerte, das 15-Punkte-Defizit bei den IQ-Werten von Schwarzen auf umweltbedingte Ursachen oder auf "kulturell voreingenommene" Tests zurückzuführen. Julian Huxley, der bekannte britische Biologe, der an der Ausarbeitung der UNESCO-Erklärungen zur Rassenfrage mitgewirkt hatte, gab zu Protokoll, dass es wahrscheinlich stimmt, dass "Neger eine etwas niedrigere durchschnittliche Intelligenz haben als Weiße oder Gelbe", und achtete dabei kaum auf Konsistenz.

Einige führende Anthropologen und Soziologen des zwanzigsten Jahrhunderts versuchten, über der Frage der Rassenunterschiede zu stehen oder sie zu überbrücken, darunter A. L. Kroeber, Ales Hrdlicka,[39] und Pitirim Sorokin.[40] Hrdlicka warnte vor der Gefahr eines Massenzustroms schwarzer Gene in die amerikanische Bevölkerung, weigerte sich jedoch zu sagen, warum dies eine

---

[36] Siehe Garretts Artikel "The Equalitarian Dogma" in Perspectives in Biology and Medicine, Summer, 1961.

[37] Rede vor der Nationalen Akademie der Wissenschaften, 24. April 1968.

[38] Burts Studien über getrennt aufgewachsene eineiige Zwillinge waren eine wichtige Stütze für die Vererbungslehre. 1976 griff Oliver Gillie, ein britischer Journalist, den 1971 verstorbenen Burt posthum ad hominem an und behauptete, er habe seine Forschungen gefälscht, ein Vorwurf, der später von Leon Kamin und Stephen Jay Gould, zwei verleumderischen jüdischen Akademikern, aufgegriffen und wiederholt wurde. Einige Jahre später rehabilitierten zwei Bücher, *The Burt Affair* von Robert B. Joynson und *Science, Ideology and the Media; the Cyril Burt Scandal* von Ronald Fletcher, den toten Briten.

[39] *Proceedings of the Third Race Betterment Conference*, Jan. 1928, S. 84-85.

[40] *Zeitgenössische soziologische Theorien*, Harper 8 Bros., N.Y., 1928, S. 291-93.

Gefahr sei. Sorokin räumte ein, dass es Beweise für mentale Unterschiede zwischen den Rassen gebe, spielte aber die Funktion der Vererbung herunter. Ein Teil dieser Zurückhaltung war zweifellos auf Angst zurückzuführen, ein anderer Teil auf die natürliche Abneigung redlicher Wissenschaftler, auf der Grundlage von Daten, die sie für unzureichend hielten, zu verallgemeinern. Einer der großen modernen Anthropologen, Professor Carleton Coon aus Harvard, schrieb: "Das Thema der rassischen Intelligenz... ist noch nicht weit genug fortgeschritten, um in ein allgemeines Werk über Rassengeschichte aufgenommen zu werden."[41]

Nichtsdestotrotz lieferte Coon mit seiner verblüffenden und erhellenden Theorie über den Ursprung der Rassen der antiequalitären oder vererbungsorientierten Schule mächtige Munition. Jahrtausendelang war man davon ausgegangen, dass die Menschenrassen von einer einzigen Art abstammen oder sich von ihr verzweigen. In direktem und ikonoklastischem Widerspruch zu dieser traditionellen Doktrin stellte Coon fest, dass sich die fünf lebenden Rassen der Menschheit, die er als kaukasoid, mongoloid, australoid, kapoid und kongoid bezeichnete, getrennt voneinander und nach unterschiedlichen Zeitplänen zum Homo sapiens entwickelt hatten. Wenn Coon mit der parallelen Entstehung der Rassen richtig lag, gab es nun eine evolutionäre Grundlage für Rassenunterschiede, und die Argumente gegen die Gleichmacher wurden gestärkt. Noch schädlicher für den gleichmacherischen Standpunkt war Coons Behauptung, dass die Negerrasse, die er der kongoiden Gruppe zuordnete, die letzte der großen Rassen war, die sich entwickelt hatte. Die Schwarzen, so Coon, befänden sich seit kürzerer Zeit in einem Sapiens-Zustand als die weißen und gelben Rassen (40.000 gegenüber 210.000 Jahren).[42] Dies führte unweigerlich zu dem Schluss, dass die Schwarzen die am wenigsten entwickelte und am wenigsten artikulierte der wichtigsten Rassengruppen der Menschheit waren.

Die heftige und verunglimpfende Reaktion auf Coons Theorien zeigte anschaulich den metaphysischen Charakter der Rassenfrage. Ashley Montagu, der vor der Veröffentlichung von Coons Werk gesagt hatte, dass der multirassische Ursprung des Menschen "unzulässig" sei, erklärte, dass Coons Fakten gefälscht seien, und verglich den einstigen Präsidenten der American Association of Physical Anthropologists mit den "Rassenanthropologen [von] vor hundert Jahren".[43] Marvin K. Opler, ein weiterer Anthropologe der Boas-Perspektive, äußerte sich ebenso vehement und erklärte: "Es ist leicht zu erkennen, warum Coons Theorie ihn zum Liebling von

[41] *The Races of Europe,* Macmillan, N.Y., 1954, S. vii. Coon starb 1981. Sein letztes Werk, Racial Aptitudes, Nelson-Hall, Chicago, 1982, befasst sich mit diesem Thema.

[42] Coon, *The Origin of Races,* Knopf, New York, 1962, S. 3, 4, 85, 655-59, und *The Story of Man,* Knopf, New York, 1962, zweite Auflage, S. 35-38.

[43] *Man in Process,* New American Library, New York, 1961, S. 103, und *Man's Most Dangerous Myth,* World, Cleveland, 1964, S. 86.

Rassentrennungsausschüssen und Rassisten überall machen sollte... er kann nicht überzeugend menschliche Geschichte schreiben, nicht einmal Rassengeschichte. Dafür wird er sich mehr Wissen, mehr Mitgefühl und mehr Demut aneignen müssen."[44]

Anstelle von Beschimpfungen, die oft selbstzerstörerisch sind, weil sie das Ziel öffentlich machen, wurde ein anderer großer moderner Anthropologe, Sir Arthur Keith (1866-1955), mit Schweigen gestraft, der die Ansicht vertrat, dass der größte Ausbruch des biologischen Fortschritts des Menschen in der Jagdgruppe stattfand, als eine Kombination aus geografischer Isolation und Gruppenzusammenhalt den ausgewogenen Genpool hervorbrachte, der für das effiziente Funktionieren des Evolutionsprozesses notwendig ist. Keith befürchtete, dass die von den engagierten Gleichstellungsbefürwortern geforderte vollständige Integration der Rassen eine dysgene Wirkung auf den Menschen haben könnte, indem sie vorteilhafte Mutationen unterdrückt, bevor sie eine Chance hatten, sich zu etablieren. Der schottische Anthropologe wies auch darauf hin, dass Vorurteile, Diskriminierung, Fremdenfeindlichkeit und bestimmte andere menschliche Errungenschaften, die heute als sündhaft gelten, in Wirklichkeit einem wichtigen evolutionären Zweck dienen könnten. Sie könnten die wichtigsten Werkzeuge der Natur zur Rassenbildung und zur Schaffung günstiger Wachstumsbedingungen für die vielfältigen Kulturen und Völker sein, die das Mosaik der Menschheit so reich und bunt gemacht haben.[45]

Wenn professionelle Anthropologen sich auf die niedrigsten Stufen der Polemik, der Rachsucht und der Gedankenkontrolle herablassen können, wie, so könnte man fragen, kann der Laie aufgeklärte Vorstellungen über Rassen entwickeln? Eine Antwort besteht darin, die historischen Beweise zu betrachten, die unausweichlich auf die Tatsache hinweisen, dass bestimmte Rassen oder Völker in den Bereichen Technologie, materieller Komfort und Volksherrschaft weit mehr erreicht haben als andere. Wenn diese Leistungen auf genetische Ursachen zurückzuführen sind, werden die leistungsschwachen Rassen in den westlichen Ländern wie in der Vergangenheit immer mit dem Stigma der Minderleistung behaftet sein, auch wenn sie in den Gesellschaften ihrer Vorfahren, von denen es noch viele gibt, durchaus zu Höchstleistungen fähig sind.

Ein großer Teil der Bitterkeit der heutigen Rassendebatte rührt daher, dass einige Rassen gezwungen sind, in einer Welt zu konkurrieren, die sie nie geschaffen haben, oder sich dafür entschieden haben, zu konkurrieren. Die alles entscheidende Frage, ob die Vererbung oder die Umwelt bei der Gestaltung des menschlichen Schicksals die Oberhand hat, ist zu einem quasi theologischen Streit verkommen, bei dem es um so entscheidende psychologische Faktoren wie Stolz und Gesichtslosigkeit geht. Die eine Seite beruft sich auf die Vererbung,

---

[44] *New York Herald-Tribune*, Abteilung Buch, 9. Dezember 1962, S. 7.

[45] Siehe Keith's *A New Theory of Human Evolution*, Watts, London, 1950; *Essays on Human Evolution*, Watts, 1948.

um vergangene Erfolge zu erklären, die andere auf Umwelt, Gesellschaft und "historische Unfälle", um vergangene Misserfolge zu entschuldigen.

Wenn die Vererbung als zentraler Faktor für die menschliche Leistung zweifelsfrei bewiesen wäre, würde dieser Beweis im gegenwärtigen Klima des modernen Denkens mit ziemlicher Sicherheit abgelehnt werden. Für die Vererbungsgegner steht zu viel auf dem Spiel, sowohl physisch als auch geistig, als dass sie ihre Sache aus irgendeinem Grund aufgeben würden, schon gar nicht bei einem negativen wissenschaftlichen Urteil über die Gültigkeit ihrer Ideen und Programme. Sie sind sich nur zu gut bewusst, dass die Akzeptanz oder Anerkennung bedeutender genetischer Unterschiede beim Menschen das gesamte Fundament des vorherrschenden politischen und sozialen Dogmas ernsthaft untergraben würde, die Quelle der wundersamen Veränderungen, die im Status von privilegierten und unterprivilegierten Minderheiten bewirkt wurden.

Dennoch scheint die Zeit unaufhaltsam für die Vererbungspartei zu arbeiten. Obwohl Untersuchungen zur rassischen Intelligenz immer noch weitgehend tabu sind, nähern sich die Forschungsteams dem Thema immer wieder ansatzweise mit bedeutenden neuen Entdeckungen zu rassischen Unterschieden in der Gehirnstruktur, der Krankheitsresistenz, der Blutgruppenverteilung, der Drüsenfunktion, der Hormonaktivität und der Genrekombination.

Ende der 1960er Jahre waren die Untersuchungen des Holländers Nikolaas Tinbergen und des Deutschen Konrad Lorenz über die Vererbbarkeit von Aggressions- und Territorialinstinkten weithin veröffentlicht worden, und zwar sowohl unter ihrem eigenen Namen als auch unter dem des Popularisierers Robert Ardrey, dessen ausschweifende Exkurse oft ein hohes Maß an politischen und sozialen Kommentaren erreichten. Wenn der Mensch seit Millionen von Jahren ein Jäger, seit 10.000 Jahren ein Bauer und seit 150 Jahren ein Fabrikarbeiter war, wollte Ardrey wissen, wie seine tieferen Instinkte - seine Reptilien- und Säugetiergehirne - durch ein paar Jahre minderer Bildung verändert werden könnten. Der Autor riet denjenigen, die den Menschen verbessern wollten, seine instinktive Natur zu verstehen und nicht zu ignorieren.

Ein weiterer Schlag gegen die Hegemonie der Umweltschützer erfolgte 1974 mit der Veröffentlichung des Buches *Race* von John R. Baker, einem international renommierten Biologen aus Oxford und Mitglied der Royal Society.[46] Dr. Baker nahm kein Blatt vor den Mund und drückte sich in dem Werk, das eine angesehene wissenschaftliche Fachzeitschrift als "das vielleicht am besten dokumentierte Buch über menschliche Rassen, das je veröffentlicht wurde" bezeichnete, vor keinem Problem. Im Gegensatz zu den Boasianern stellte Baker erhebliche geistige und körperliche Unterschiede zwischen den Rassen fest, die er mit einer solchen Sachkenntnis klassifizierte, analysierte und bewertete, dass

[46] Ursprünglich von der Oxford University Press veröffentlicht, wurde *Race* 1981 von der Foundation for Human Understanding, Athens, Georgia, neu aufgelegt.

ihm kaum jemand widersprach. In den Vereinigten Staaten wurde das Buch von den Massenmedien im Allgemeinen ignoriert. Eine Ausnahme bildete die *Washington Post,* in der Amitai Etzioni, ein Soziologe und ehemaliger israelischer Kommandant, eine hervorragende Rezension veröffentlichte.

Ein Jahr später eröffnete Edward O. Wilson, ein Entomologe aus Harvard, den genetischen Deterministen neue Perspektiven, als er praktisch die Soziobiologie erfand. Wilson zufolge bestimmen die Gene nicht nur das individuelle Verhalten, sondern auch das soziale Verhalten. Der Tod auf dem Schlachtfeld beispielsweise ist ein Akt des Altruismus, bei dem man seine eigenen Gene opfert, damit die eng verwandten Gene der eigenen Familie oder Gruppe überleben. Fremdenfeindlichkeit ist einfach eine ererbte Reaktion auf die drohende Verunreinigung des Genpools durch Außenstehende.[47]

Wilsons Ideen sowie die faszinierenden Spekulationen der theoretischen Biologen R. L. Trivers, W. D. Hamilton, J. Maynard Smith und Richard Dawkins lösten einen Wirbel der Kontroverse aus. Zwei Wissenschaftler, die einer Minderheit angehören, Richard Lewontin und Stephen Jay Gould, reagierten mit der Unterstellung, die Soziobiologie sei rassistisch. Andere Wissenschaftler wie George Wald, ein hochgradig politisierter Nobelpreisträger, wetterten gegen Wilson und die deterministische Schule der Biologie und forderten ein Ende der Fruchtwasseruntersuchung, des Screenings von Föten auf genetische Defekte. Walter Bodmer und Liebe Cavalli-Sforza wollten die Untersuchung von Unterschieden im IQ von Schwarzen und Weißen verbieten. Andere forderten ein staatliches Verbot jeglicher Forschung, die Rassentheorien untermauern oder zu irgendeiner Form der Gentechnik führen könnte. Als sich Papst Johannes Paul II. in den Kampf einschaltete und diese Strenge maßgeblich unterstützte,[48] schien sich eine merkwürdige inquisitorische Allianz zwischen den Ultrareligiösen und der Ultralinken anzubahnen.

Dass so viele Anti-Wilsonianer einer marxistischen Minderheit angehörten, war wahrscheinlich eher die Folge als die Ursache ihrer offenbar angeborenen Abneigung gegen jede Andeutung von biologischem Determinismus. Obwohl Marx einst versucht hatte, *Das Kapital* Darwin zu widmen, der fest an vererbte Rassenunterschiede glaubte, hegten seine Anhänger immer eine heimliche Vorliebe für Lamarck, der an die Vererbung erworbener Eigenschaften glaubte. In seinem verzweifelten Versuch, die Wissenschaft der Ideologie zu unterwerfen, erhob Stalin den Scharlatan Lysenko in die höchsten Ränge der sowjetischen Wissenschaft, während er einen brillanten Genetiker wie Nikolai Wawilow im Gulag verenden ließ. Auch wenn die Biologie das verneint, wollen die meisten Marxisten, dass der Mensch zu 100 Prozent formbar ist. Formbare Menschen können zu guten Marxisten gemacht werden, während Gene keine

[47] Edward O. Wilson, *Soziobiologie: Die neue Synthese,* Harvard University Press, Cambridge, Massachusetts, 1975.

[48] Rede vor Vertretern der UNESCO in Paris, 2. Juni 1980.

Ohren haben, um die revolutionären Schmeicheleien eines Lenin zu hören. In der Tat ist die Anhänglichkeit an Lamarck so hartnäckig, dass er, obwohl seine Theorie völlig diskreditiert ist, immer wieder auftaucht, nicht nur in den Pamphleten extraterritorialer Marxisten (Russland und die anderen ehemaligen Sowjetrepubliken haben jetzt die Mendelsche Genetik rehabilitiert), sondern auch in den Büchern und Predigten christlicher Fundamentalisten.

Der Krieg gegen Wilson im Besonderen und gegen alle wissenschaftlichen Forschungen über genetisch bedingtes Verhalten ging allzu oft von Worten zu Taten über - oft zu ziemlich schmutzigen Taten. Wilson selbst wurde während einer Konferenz körperlich bedroht und mit Wasser übergossen. William Shockley ließ einige seiner College-Vorlesungen von schwarzen und weißen Radikalen stören. H. J. Eysenck wurde während eines Vortrags in London tätlich angegriffen und seine Brille zertrümmert. Richard Herrnstein, der die Rasse kaum erwähnte, wurde ständig schikaniert, weil er vorschlug, dass sich eine Leistungsgesellschaft aus einem hohen Intelligenzquotienten ergeben könnte. Edward Banfield, ein Urbanologe, der einige unfreundliche Dinge über Ghettos zu sagen hatte, musste still auf einem Podium sitzen, während er von linken und Minderheiten angehörenden Studenten mit Schlagringen bedroht wurde. Über die Irrungen und Wirrungen von Arthur Jensen wird in einem späteren Kapitel berichtet. Die einzigen Behauptungen über Rassenunterschiede, die keine erbitterte Reaktion des intellektuellen Establishments hervorrufen, sind die Behauptungen über die Überlegenheit der Juden.

In dem Maße, in dem die Umwelt des Menschen immer stärker vom Menschen gestaltet wird, wird ihr Einfluss auf die Entstehung und Aufrechterhaltung von Rassenunterschieden zwangsläufig abnehmen. Die menschliche Umgebung wird immer ähnlicher, insbesondere in hochzivilisierten Gebieten, wo eine gemeinsame Technologie, ein gemeinsames Bildungssystem, ein gemeinsames Kommunikationsnetz und gemeinsame Berufe eine gemeinsame Lebensweise vorschreiben. Nach der Gleichheitstheorie wird sich das Leistungs- und Erfolgsniveau der verschiedenen Rassen in dem Maße angleichen, wie sich ihre Umwelten einander annähern. Folglich könnte die Bewährungsprobe für den Umweltgedanken in nicht allzu ferner Zukunft kommen.

Da die von den Vererbungswissenschaftlern aufgeworfenen Fragen von Tag zu Tag an Bedeutung gewinnen, ist es schwer zu glauben, dass die wissenschaftliche Neugier der wissenschaftlich neugierigsten Gesellschaften der Welt noch lange davon abgehalten werden kann, in eine der anspruchsvollsten und aufregendsten Grenzgebiete des Wissens vorzudringen. Es sollte jedoch bedacht werden, dass die Metaphysik der Rassengleichheit, obwohl sie bisher keine praktikablen Lösungen für die schwierigsten Probleme des modernen Menschen geliefert hat, immer noch die Herzen von Millionen von Menschen beflügelt, denen man verzeihen kann, wenn sie sich weigern, die harte Möglichkeit zu akzeptieren, dass die Natur eine Form von Rassencalvinismus praktiziert.

Da die Gläubigen sicher sind, dass sie ihre gehegten Gleichheitsträume nicht kampflos aufgeben werden, ist es wahrscheinlicher, dass es einen Galileo der Genetik geben wird, bevor es einen Newton gibt.

KAPITEL 4

Die physiologische Schicht der Rasse

Es wurde bereits erwähnt, dass Rasse mit dem Physischen beginnt. Um ein klareres Bild von der Physiologie der Rasse zu vermitteln, werden im ersten Teil dieses Kapitels einige der bekannteren Systeme der Rassenklassifizierung kurz zusammengefasst. Der zweite Teil befasst sich mit den Methoden der Rassensortierung durch den Mann auf der Straße, dessen laienhaftes, aber dennoch schätzendes Auge in solchen Angelegenheiten manchmal scharfsinniger ist als die kalte, professionelle Prüfung durch den physischen Anthropologen. Nach Angaben der Zoologen gibt es weit über eine Million lebender Tierarten. Der Mensch, *Homo sapiens*, ist eine von ihnen. Die Ableitung lautet wie folgt: Tierreich; Stamm Chordata; Unterstamm Vertebrata; Klasse Mammalia; Ordnung Primaten; Familie Hominidae; Gattung *Homo*; Spezies *sapiens*.[49] Hier hört die Zoologie auf und die Anthropologie übernimmt. Nach der Art kommt die Rasse.

Ernsthafte Versuche einer Rassenklassifizierung begannen vor fast zwei Jahrhunderten. Die meisten basierten auf der Hautfarbe, wobei das Hauptaugenmerk auf den drei häufigsten und auffälligsten Pigmentschattierungen lag: Weiß (kaukasoid), Gelb (mongoloid), Schwarz (negroid). J. F. Blumenbach (1752-1840), der Vater der physischen Anthropologie, entschied, dass die braunen (malaiischen) und roten (indianischen) Rassen in das Farbspektrum aufgenommen werden sollten.[50] Anhand von Kriterien wie Nasenform, Statur und Kopfform sowie der Hautfarbe erstellte Joseph Deniker einen ausgeklügelten Katalog von achtzehn Rassen.[51] A. L. Kroeber, Professor für Anthropologie an der Universität von Kalifornien, fügte den drei grundlegenden Rassen vier weitere hinzu: Australoide, Veddoide, Polynesier und Ainu.[52] Die Rassentheorie von Carleton Coon wurde bereits im vorigen Kapitel erwähnt. Ein oder zwei Anthropologen haben die Rassen nach der Haarform klassifiziert: glatt, wollig und lockig.[53] Auf der Grundlage

---

[49] R. W. Hegner und K. A. Stiles, *College Zoology*, Macmillan. New York, 1959, S. 2, 8.

[50] J. F. Blumenbach, *The Anthropological Treatises*, trans. Thomas Bendyshe, Longmans, London, 1865.

[51] Coon, *The Races of Europe*, S. 281-82.

[52] A. L. Kroeber, *Anthropologie*, Harcourt Brace, New York, 1948, S. 132.

[53] *Encyclopaedia Britannica*, Bd. 18, S. 864-65. Aus eigenen Gründen hat die *Britannica* jahrelang Verweise auf ihre 14. Ausgabe verschwiegen. Das Copyright-Datum, 1963, ist das einzige Mittel zur Identifizierung der in dieser Studie zitierten Bände. Im Jahr 1974

identifizierbarer genetischer Merkmale wie Blutgruppen hat W. C. Boyd den Menschen in dreizehn Rassen eingeteilt.[54]

Was die rassische Klassifizierung der Weißen betrifft, so ist die populärste, wenn auch nicht die genaueste, die von William Z. Ripley, einem bekannten amerikanischen Anthropologen, dessen drei Kategorien aufgrund ihres Einflusses auf die Gestaltung der Rassentheorien in der ersten Hälfte des Jahrhunderts Beachtung verdienen. Ripleys weiße Rassen sind zusammen mit ihren "Rassenmerkmalen" und Heimatländern in der Alten Welt im Folgenden aufgeführt.[55]

NORDISCH.[56] *Körperliche Merkmale*: langer Kopf, schmales oder elliptisches Gesicht, heller Teint, hellbraunes oder blondes Haar, helle Augen, schmale Nase, regelmäßige Gesichtszüge, großer und schlanker Körperbau. Lebensraum Alte Welt: Skandinavien, Norddeutschland, Niederlande, Schottland, England. Es gibt auch verstreute nordische Populationen in Irland, Belgien, Nordfrankreich, Mittel- und Süddeutschland, der Schweiz, Österreich, Polen und Nordwestrussland (einschließlich der baltischen Staaten).

ALPINE. *Körperliche Merkmale*: runder Kopf, breites Gesicht, braune Haare und Augen, rötlicher Teint, stämmig, mittelgroß. Lebensraum Alte Welt: Irland, Belgien, Frankreich, Deutschland, Schweiz, Norditalien, Mitteleuropa, die slawischsprachigen Länder.

MITTELMEERRAUM. *Körperliche Merkmale*: langer Kopf, schmales Gesicht, dunkelbraune Haare und Augen, olivfarbener Teint, regelmäßige Gesichtszüge, kleine bis mittlere Größe. Lebensraum Alte Welt: Portugal, Spanien, Südfrankreich, Süditalien, Griechenland, der Nahe Osten, Nordafrika, die Mittelmeerinseln.

Viele Anthropologen, sowohl vor als auch nach Ripley, entwickelten kompliziertere, subtilere und oft widersprüchliche Klassifizierungen für den

kündigte der Philosoph Mortimer Adler in seiner Eigenschaft als Vorsitzender des Herausgebergremiums mit großem Tamtam die Veröffentlichung der 15. Die 1985 überarbeitete 15. Auflage umfasst 32 Bände.

[54] Waschbär, *Die lebenden Rassen des Menschen,* S. 18-19.

[55] W. Z. Ripley, *The Races of Europe*, Appleton, New York, 1910, Kapitel 6.

[56] Die meisten zeitgenössischen Anthropologen sind gegenüber solchen Rassenbezeichnungen zurückhaltend. Wenn sie sie verwenden, machen sie deutlich, dass sie sich auf Häufigkeiten und Durchschnittswerte beziehen, da sie sich der umfangreichen rassischen Überschneidungen bewusst sind, die eine Klassifizierung der weißen Rassen so schwierig und frustrierend machen. In der aktuellen anthropologischen Sprache bedeutet "nordisch" lediglich eine Person, die mehr nordische als alpine oder mediterrane Merkmale aufweist. Nach Jahrtausenden der Rassenmischung sind reine Rassen schwer zu finden, obwohl es immer noch viele Individuen gibt, die idealisierten Rassenmodellen sehr nahe kommen.

weißen Teil der Menschheit. Carleton Coon, der den drei Rassen von Ripley sieben weitere weiße Rassen hinzufügte, legte besonderen Wert auf die Alpinen, wobei er nicht nur ihre körperlichen Unterschiede, sondern auch ihren unterschiedlichen zeitlichen und örtlichen Ursprung hervorhob. Nach Coon und mehreren europäischen Anthropologen stammen die Alpenbewohner von oberpaläolithischen Rassen ab, die sich nach der Ankunft der neolithischen (nordischen und mediterranen) Invasoren in die abgelegenen Gebiete und Gebirgszüge Europas zurückzogen. Nach Ansicht von Coon stellt der Alpinist die Wiedergeburt des alten Europäers dar, eine rassische Reinkarnation, die immer häufiger auftritt und anscheinend durch die Urbanisierung begünstigt wird.[57]

Von besonderem Interesse für die Amerikaner sind die ethnologischen Forschungen von E. A. Hooton, der neun verschiedene Rasseneinteilungen für die weiße Bevölkerung der Vereinigten Staaten vorgeschlagen hat. In der nachstehenden Liste sind nur die Rassen, ihre körperlichen Merkmale und ihre europäischen Herkunftsorte aufgeführt.[58] Ihre quantitative Verteilung ist in Kapitel 8 zu finden.

NORDISCH-MEDITERRAN. Langköpfig mit hellen Augen und dunklem Haar oder dunklen Augen und hellem Haar. *Lebensraum Alte Welt*: Britische Inseln.

NORDISCH-ALPINISCH. Rundköpfig mit hoher Konzentration von Blondheit oder nordischen Merkmalen und Körperbau. *Lebensraum Alte Welt*: Slawische Länder, Deutschland, Frankreich.

ÜBERWIEGEND NORDISCH. Nicht ganz das rein Nordische. *Lebensraum Alte Welt*: Großbritannien, Skandinavien.

DINARISCH. Rundköpfig, schmale Nase, mit großer Pigmentierungsbreite. *Lebensraum Alte Welt*: Schottland, Frankreich, Deutschland, Polen, Naher Osten.

KELTISCH. Langköpfig, rotes oder rötliches Haar mit blauen Augen, oder dunkles Haar mit blauen Augen. *Lebensraum Alte Welt*: Südirland.

REIN MEDITERRAN. Langer Kopf, dunkle Augen, dunkles Haar. *Lebensraum Alte Welt*: Portugal, Spanien, Italien.

OSTBALTISCH. Rein blonde Rundköpfe mit kurzen, breiten Nasen. *Lebensraum Alte Welt*: Deutschland, Polen, Russland.

---

[57] Coon, *The Races of Europe*, S. 220, 289-93, 510, 560.

[58] E. A. Hooton, *Twilight of Man*, G. P. Putnam, New York, 1939, S. 203-210. Die obige Klassifizierung basiert auf den körperlichen Untersuchungen von etwa 29.000 erwachsenen amerikanischen Männern durch das Harvard Anthropological Museum.

PURE ALPINE.[59] Dunkelhaarig, dunkeläugig, rundköpfig mit breiten Nasen. *Lebensraum Alte Welt*: Frankreich, Spanien, Portugal, Polen, Balkan, Naher Osten.

PURE NORDIC. Langköpfig, aschblondes oder goldenes Haar, rein blaue oder rein graue Augen. *Lebensraum Alte Welt*: Großbritannien, Skandinavien.

Die formale Terminologie der Hooton'schen Rassen ist keineswegs in den allgemeinen Sprachgebrauch eingedrungen. Der durchschnittliche Laie mag zwar im Prinzip mit einigen der weit gefassten Rassenkategorien des professionellen Anthropologen übereinstimmen, aber er greift auf eine kürzere Nomenklatur zurück. Für den gewöhnlichen Amerikaner ist das Mittelmeer der Name eines Meeres und hat keine rassische Bedeutung. Das populäre Synonym für Mittelmeer im anthropologischen Sinne ist "lateinisch". "Fremdländisch aussehend", ein noch ambivalenterer Begriff, beschreibt auch den Amerikaner, dessen Haut-, Haar- und Augenfarbe dunkler ist als der Durchschnitt. Aber keine zu dunkle Färbung! Der schwarze Amerikaner ist nicht "fremdländisch".

Amateur-Anthropologen scheuen sich nicht, Lateiner zu unterteilen. Wenn jemand als "italienisch aussehend" oder "spanisch aussehend" wahrgenommen wird, bedeutet dies, dass Personen italienischer oder griechischer Abstammung vermutlich auf den ersten Blick erkannt werden können. Andere populäre Versuche zur Identifizierung von Mittelmeervölkern, sowohl nach Nationalität als auch nach Rasse, werden durch Schimpfwörter wie "Wop" (Italiener), "Dago" (Spanier oder Italiener) und "Spic" oder "Greaser" (für alle Lateiner und die teilweise mediterranen mexikanischen Mestizen) gekennzeichnet. Gelegentlich werden sogar amerikanische Indianer von Stadtbewohnern und Vorstädtern, die noch nie in der Nähe eines Reservats waren, als "Latins" bezeichnet.

Alpin ist ein weiterer Rassenbegriff, der von der breiten Öffentlichkeit nie verwendet wird. Der stämmige, rundköpfige Fließbandarbeiter aus Mittel- und Osteuropa und der tonnenschwere Barkeeper aus Irland[60] sind ein zu unscharfer Rassentyp, als dass sie in der populären Anthropologie eine eigene Kategorie verdient hätten. Sie tragen vielleicht noch das bäuerliche Aussehen ihrer Vorfahren aus der Alten Welt, aber sie haben keinen bäuerlichen Beruf mehr. Im Allgemeinen beschränkt sich die volkstümliche Klassifizierung von Alpenbewohnern in den Vereinigten Staaten auf lokalisierte Slangbegriffe wie "Bohunks" und "Polacks" - Ausdrücke, die oft abwertend sind und weitgehend auf nationaler und geografischer Herkunft basieren.

---

[59] Im Gegensatz zu vielen seiner Kollegen unterteilt Hooton seine alpine Kategorie nicht in *Armenoid*, den dunklen, rundköpfigen alpin-mediterranen Hybriden aus Ost-Südosteuropa und dem Nahen Osten.

[60] Ein alpines Rassenexemplar. Der rothaarige, sommersprossige irische Amerikaner und die blauäugige Kollegin haben eine Menge nordischer Gene.

Nordisch ist die einzige weiße Rassenbezeichnung der professionellen Anthropologen, die einen Platz im Volksmund gefunden hat. Obwohl der Begriff am häufigsten auf Skandinavier angewandt wird, werden viele Amerikaner, vor allem die gertenschlanken, blonden Filmstars, als "nordisch aussehend" beschrieben. Aufgrund der häufigen Assoziation mit der Hitlerschen Theorie einer Herrenrasse wird "nordisch" jedoch eher sparsam verwendet. Ein wenig schmeichelhafter und unpräziser Ersatz ist das Akronym WASP (White Anglo-Saxon Protestant), das heute eine gängige Bezeichnung für Amerikaner mit überwiegend nordeuropäischen Körpermerkmalen ist, obwohl Millionen von fairen Amerikanern weder protestantisch noch angelsächsisch sind. Da es, rassisch gesehen, keine nicht-weißen Angelsachsen gibt, wäre ein weniger redundantes und ebenso stechendes Akronym ASP.

Majority ist ein weiterer Begriff von zunehmender Bedeutung im amerikanischen Rassenlexikon. Von den professionellen Anthropologen praktisch ignoriert, umfasst die American Majority die nordischen, alpinen, nordisch-alpinen und nordisch-mediterranen Elemente der Bevölkerung, im Unterschied zu den dunkleren mediterranen und farbigen Elementen. Sie ist weit davon entfernt, eine echte Rasse zu sein, aber sie enthält nachweisbare Spuren einer "amerikanischen" physischen Norm. Wenn sie ins Ausland reisen, sehen die Mitglieder der Mehrheit für die örtliche Bevölkerung "wie Amerikaner" aus, während amerikanische Bürger mediterraner, orientalischer oder negroamer Herkunft nicht "amerikanisch" aussehen. Sogar an der Heimatfront - unter den hochgewachsenen Schulkindern im Farmgürtel des Mittleren Westens, unter den Offizieren der Luftwaffe, den Piloten der Fluggesellschaften und den Astronauten, unter den Skifahrern, Surfern, Polospielern und Mitgliedern von Yachtclubs - gibt es Menschen, die "amerikanischer" aussehen als andere, was bedeutet, dass sie den rassischen Parametern des körperlichen Modells der Mehrheit entsprechen. Wenn ein amerikanischer Rassentyp im Entstehen begriffen ist, wird er mit ziemlicher Sicherheit aus dem Genpool der Majorität hervorgehen.[61]

Die professionelle Anthropologie zögert ebenso, die amerikanische Mehrheit als Rasse anzuerkennen, wie sie dem amerikanischen Judentum den Rassenstatus zuerkennt. Nicht einer von hundert physischen Anthropologen wird zugeben, dass es eine jüdische Rasse gibt, obwohl Carleton Coon eine gewisse Einheitlichkeit des Schädelindexes, der Gesichtsstruktur und der Färbung unter russischen und polnischen Juden festgestellt hat, die 80 Prozent der amerikanisch-jüdischen Bevölkerung ausmachen.[62] Einige Ethnologen haben bei Juden eine gewisse "Nostrilität" festgestellt, bestreiten aber, dass es eine

---

[61] Zu Wyndham Lewis' Entdeckung eines "supereuropäischen" amerikanischen Körpertyps siehe Kapitel 12, The Aesthetic Prop.

[62] *Die Rassen in Europa*, S. 643-44.

einzigartige jüdische Mimik und Gestik gibt.[63] "Obwohl die Juden in Europa", schreibt C. D. Darlington, "immer andere Häufigkeiten von Blutgruppen haben als die christlichen Bevölkerungen um sie herum, weichen sie von den durchschnittlichen jüdischen Häufigkeiten in Richtung dieser Bevölkerungen ab."[64]

Historisch gesehen waren die Juden Semiten und gehörten zum nahöstlichen Zweig der mediterranen Rasse. Viele sephardische Juden weisen noch immer körperliche Merkmale aus dem Nahen Osten auf, die in den Vereinigten Staaten oft als jüdisch bezeichnet werden, da es erst in jüngster Zeit einen starken Zustrom von Arabern gegeben hat. Viele nord- und mitteleuropäische Juden, darunter auch einige Sephardim, die nach ihrer Vertreibung aus Spanien im Jahr 1492 nach Holland zogen, weisen einige nordische Merkmale und ein gewisses Maß an Blondheit auf. Osteuropäische Juden, die ebenfalls gelegentlich Anzeichen einer hellen Färbung aufweisen, sind rassisch weit von den olivhäutigen, langköpfigen Sephardim des Mittelmeerraums entfernt. Ihre runden Köpfe sind wahrscheinlich auf die Vermischung mit Armenoiden und Alpenslawen zurückzuführen.

Eines der ältesten rassistischen Ammenmärchen besagt, dass die Aschkenasim (osteuropäische Juden) im achten Jahrhundert vom türkischen Stamm der Chasaren zum Judentum konvertiert sind. Arthur Koestler, ein Romancier und Essayist, der im Laufe seines Lebens das gesamte ideologische Spektrum vom kommunistischen Parteiaktivisten bis zum Vitalismus durchlaufen hat, schrieb ein ganzes Buch über dieses Thema.[65] Von der Legende fasziniert, untersuchte A. E. Mourant, der sich auf Blutgruppenanalysen spezialisiert hat, Tausende von Juden in Europa, Nordafrika und dem Nahen Osten und kam zu dem Schluss, dass das Judentum zwar von einer genetischen Homogenität geprägt ist, aber nicht von einem chasarischen Stamm. Selbst in Russland fand Mourant nur sehr wenige Hinweise auf chasarische Zusätze zum jüdischen - oder nicht-jüdischen - Genpool. Was Mourant und zwei Kollegen herausfanden, war, dass die Juden als Ganzes eine Beimischung von 5-10 Prozent Negergenen aufweisen, die sie möglicherweise während ihres Aufenthalts im alten Ägypten oder durch Rassenmischung mit nordafrikanischen Völkern aufgenommen haben.[66] Ein weiteres Argument für eine gemeinsame jüdische Biologie ist eine Reihe

---

[63] George Eaton Simpson und J. Milton Yinger, *Racial and Cultural Minorities*, Harper, New York, überarbeitete Ausgabe, 1958, S. 57-59.

[64] Darlington, *The Evolution of Man and Society*, S. 467-68.

[65] Arthur Koestler, *The Thirteenth Tribe*, Random House, New York, 1976.

[66] A. E. Mourant, *The Genetics of Jews*, Clarendon Press, Oxford, 1978. Wenn Mourant recht hat, haben die Antizionisten, die behaupten, Zionisten hätten keine biologische Verbindung zu Palästina, unrecht. Das Argument, David Ben-Gurion, Golda Meir und Menachem Begin seien die Nachkommen nichtjüdischer Chasaren, muss dann aufgegeben werden.

spezifisch jüdischer Erbkrankheiten: Tay-Sachs, Niemann-Pick und die Guacher-Krankheit.

Wie auch immer das biologische Urteil ausfallen mag, ein beträchtlicher Teil der amerikanischen Öffentlichkeit und auch viele Juden selbst betrachten die Juden weiterhin als eine separate und eigenständige Rasse. Sie stützen ihr Urteil auf biblische Hinweise auf einen gemeinsamen jüdischen historischen Ursprung und auf verschiedene körperliche Merkmale, die bei Juden häufiger vorkommen als bei Angehörigen jeder anderen amerikanischen Bevölkerungsgruppe. Die Konzentration von Juden in den sichtbareren Berufen und ihre unbändige Gruppensolidarität tragen viel dazu bei, die populäre Vorstellung von jüdischer Rasse zu nähren.

Bei der Klassifizierung der mongoloiden Bevölkerungsgruppen in den Vereinigten Staaten sind sich Amateur- und Berufsanthropologen erneut uneins. Die breite Öffentlichkeit betrachtet die Indianer als eine eigene Rasse, entsprechend der traditionellen Haltung der Weißen gegenüber dem "roten Mann", aber die Anthropologen ordnen sie der breiteren mongoloiden Rassenkategorie zu.[67] Für den Normalbürger ist die mongoloide Rasse die gelbe Rasse und besteht ausschließlich aus Orientalen - Chinesen, Japanern und anderen Ostasiaten -, die "alle gleich aussehen", vermutlich weil die gängigen Techniken zur Identifizierung von Mongoloiden nicht viel weiter gehen als bis zum schrägen Auge (Epikanthusfalte).[68] Professionelle Anthropologen ordnen auch Eskimos und Polynesier im Allgemeinen der mongoloiden Rasse zu, während sie die australoide Präsenz im polynesischen rassischen Hintergrund anerkennen.[69] Laien betrachten Eskimos und die immer kleiner werdende Zahl reiner Polynesier, insbesondere Hawaiianer, oft als getrennte Rassen.

In den dunkelsten Bereichen der Rassenpalette sind sich professionelle und populäre Anthropologen erneut uneins. Erstere schätzen, dass der Anteil der Weißen an der genetischen Zusammensetzung der amerikanischen Neger von vier Prozent in einigen südlichen Gebieten bis zu sechsundzwanzig Prozent in Detroit reicht.[70] Die Öffentlichkeit hat einen weniger ausgefeilten Ansatz gewählt und bezeichnet einfach jeden als Neger, der auch nur den geringsten

---

[67] In der Grenzzeit wurden die Indianer wegen ihrer Kriegsbemalung und der Reflexion der Sonne auf ihrer stark getönten Haut als Rote Männer bezeichnet. Daraus entstand das Konzept einer roten Rasse, eine ethnologische Vereinfachung, die später aufgegeben wurde. Tatsächlich variiert die Hautfarbe der Indianer von hellgelb bis mahagonifarben. Coon, *The Living Races of Man*, S. 153.

[68] Amerikaner, die aus erster Hand Erfahrungen im Fernen Osten gesammelt oder auf Hawaii oder in San Francisco gelebt haben, haben gelernt, bestimmte Rassenunterschiede zwischen Mongoloiden zu erkennen, insbesondere die dunklere Färbung der südöstlichen Asiaten.

[69] Coon, *op. cit.*, S. 138, 184, 294.

[70] Baker, *Race*, S. 228-31.

Hauch von Teerpinsel aufweist. Außer in einigen wenigen Großstädten, in denen sie einen eigenen Rassenstatus erhalten haben, werden die dunkleren Rassen der Puertoricaner im Allgemeinen als Neger bezeichnet, selbst diejenigen, die mehr mediterrane als Negergene haben. Die gleiche lockere Behandlung wird häufig auch vielen Mexikanern zuteil, die eine amerikanisch-mediterrane Rassenmischung sind und kein einziges Neger-Gen in ihrer DNA haben. Im Allgemeinen ist die Sensibilität für die Hautfarbe so groß, dass die meisten weißen Amerikaner einen hochkastigen Hindu, der ein schmales Gesicht, eine lange Nase und andere aristokratische Merkmale besitzt, aufgrund der Schattierung seiner Epidermis als Neger bezeichnen würden.

Die wichtigsten Unterschiede in den populären und professionellen Rassenklassifizierungen der amerikanischen Bevölkerung sind in der Tabelle auf der nächsten Seite zusammengefasst, einer Tabelle, die die überragende Bedeutung, die einige Anthropologen und fast alle Laien der Hautfarbe beimessen, hervorheben und erneut betonen soll.

PIGMENTIERUNGSSPEKTRUM

HAUTFARBE	Helles Weiß	Weiß	Dunkelweiß	Gelb bis Mahagoni	Hellbraun bis Schwarz
PHYSISCHE ANTHROPOLOGIE	*Nordisch* Nordisch-Alpine Keltisch Nordisch-Mediterran	*Alpin* Ostbaltisch Dinarisch	*Mittelmeer* Armenisch	*Mongoloid*	*Neger* Mulatte
POPULÄRE ANTHROPOLOGIE	Weiße Wespe Anglo		Lateinisch	Mexikanisch Chicano Latino Orientalisch Indisch	Farbiger Neger Schwarz

Die Bezeichnung Hispanoamerikaner, die von vielen Bundesbehörden übernommen wurde, ist ein Oberbegriff für verschiedene mediterrane, mongoloide und negerfarbige Mischungen spanisch- und portugiesischsprachiger Völker der westlichen Hemisphäre.

Das Pigmentierungsspektrum, das die spektroskopische Methode der Rassenidentifizierung veranschaulicht, dient dazu, die vier Kardinalregeln der amerikanischen Rassenbeziehungen und der Rassenetikette auf anschauliche Weise zu verdeutlichen:

a) Je weiter die Rassen im Spektrum auseinander liegen, desto rassenbewusster verhalten sich ihre Mitglieder zueinander, und desto mehr behandeln sie sich gegenseitig als Stereotypen und nicht als Individuen.

b) Je näher die Rassen im weißen Bereich des Spektrums beieinander liegen, desto leichter können ihre Mitglieder ihre Rassenunterschiede unterdrücken oder ignorieren, sogar bis zu dem Punkt, an dem sie dieselbe rassische Zugehörigkeit beanspruchen.

c) Je weiter eine Rasse auf der rechten Seite des Spektrums liegt, desto mehr weicht sie von der amerikanischen physischen Norm ab, wie sie durch die Parameter der Mehrheitsrasse definiert ist. In dieser Hinsicht dient das Spektrum als "Assimilationsmesser". Mit einer wichtigen Ausnahme, den Juden, gilt: Je mehr sich die Rassen in ihrer Hautfarbe von der Mehrheit unterscheiden, desto geringer sind die Chancen ihrer Mitglieder, sich zu assimilieren.

d) Je weiter die Rassen im Spektrum voneinander entfernt sind, desto mehr betonen die Angehörigen einer Rasse die Farbunterschiede der anderen. Die Weißen werden die Lateiner dunkler, die Orientalen gelber und die Neger schwärzer finden, als sie wirklich sind. Umgekehrt werden Angehörige farbiger Rassen Weiße für viel blasser halten, als ihre Pigmentierung es verdient.

Regel (a) bezieht sich auf die umfassende Verwendung von Stereotypen durch den Normalbürger bei der Klassifizierung der Rasse. Der Fluch der professionellen Anthropologie, Stereotypen kommen oft paarweise vor: die idealisierte Version der eigenen Rasse und die Karikatur der Rasse der anderen Person. Der Grad der Karikatur kann vom Grad der Spannungen zwischen zwei Rassen zu einem bestimmten Zeitpunkt abhängen.

In den Vororten von Philadelphia zum Beispiel kann sich die Main-Line-Familie alter amerikanischer Abstammung mit dem nordischen Stereotyp des großen, gut aussehenden Blonden mit gleichmäßigen Gesichtszügen, hellen Augen, hoher Stirn und langem Kopf identifizieren. In der Innenstadt von Philadelphia haben die Neger vielleicht ein anderes Bild von ihren Main-Line-Nachbarn. Der Hals ist dicker, der Kopf runder, der Körperbau gedrungener. Grausame Lippen, kalte Augen und ein frigider Gesichtsausdruck sorgen für ein fast brutales Aussehen. Das blonde oder brünette Biest anstelle von Prince Charming.

Alpine Stereotypen, von denen viele aus der Alten Welt importiert wurden, reichen (je nachdem, wer die Stereotypisierung vornimmt) vom aufgedunsenen Milwaukee-Bürger bis zum Weihnachtsmann, vom dickbäuchigen, plattgesichtigen Trucker bis zum nussbraunen Dienstmädchen. Bei den lateinamerikanischen Stereotypen gibt es grimassierende Gangster und gefühlvolle Valentinos, Carmens und Karmeliten.

Für viele Nicht-Juden ist der Jude oft ein untersetzter, plutokratischer Vulgärmensch oder ein bebrillter Eierkopf. Der Jude selbst klammert sich an das Stereotyp eines aristokratischen, weißmähnigen Moses, eines genialen Nobelpreisträgers oder eines schwadronierenden israelischen Sabra. Neger identifizieren sich gerne mit überragenden schwarzen Sportlern, charismatischen Predigern, Imperator Jones und schießwütigen Black Panthers. Viele Weiße hingegen können das Bild des Negers nicht von Onkel Tom, Tante Jemima, Stepin Fetchit, städtischen Straßenräubern oder kopfjagenden Kannibalenhäuptlingen mit Knochen in der Nase trennen.

Die physiologische Schicht der Rasse umfasst auch den Charakter und die Intelligenz, sofern diese Eigenschaften genetisch bedingt sind. Platon, der das Schöne mit dem Guten gleichsetzte, postulierte eine direkte Beziehung zwischen körperlicher Erscheinung und moralischem Verhalten.[71] Hippokrates stellte fest, dass Menschen mit blondem Teint "in Veranlagung und Leidenschaften hochmütig und eigenwillig" waren.[72] Hansens berühmte Studie über die Temperaments- und Charakterunterschiede zwischen der hellen und der dunklen Bevölkerung Norwegens wurde von Havelock Ellis in seinem Vergleich von Hautfarbe und Leistung zitiert.[73] Dr. Morgan Worthy, ein Psychologe aus Georgia, hat gezeigt, dass helläugige Menschen selbstbezogener und gehemmter sind und weniger auf ihre Umwelt reagieren als ihre dunkeläugigen Kollegen.[74]

Niedrige Stirnen und spitze Köpfe galten lange Zeit als Zeichen von Dummheit und Schwachsinn. Im elisabethanischen England gab es ein Sprichwort: "Sehr runder Kopf, vergesslich und dumm. Langer Kopf, klug und aufmerksam."[75] In Shakespeares *Antonius und Kleopatra* (Akt 3, Szene 3) fragt die Heldin: "Denkst du an ihr Gesicht? Ist es lang oder rund?" Der Bote antwortet: "Rund bis zur Fehlerhaftigkeit". Kleopatra: "Meistens sind sie auch töricht, die so sind." Die schlechte Meinung des Engländers vom Brachycephalismus lässt sich vielleicht dadurch erklären, dass die Engländer seltener rundköpfig sind als andere nordeuropäische Völker.[76] Cromwells Rundköpfe wurden so genannt, nicht wegen ihrer Kopfform, sondern wegen ihres schüsselförmigen Haarschnitts, der in scharfem Kontrast zu dem langen, wallenden Haar der Kavaliere stand.

Rassenstereotypen, die über oberflächliche körperliche Merkmale hinausgehen, können nicht ignoriert werden, egal wie umstritten oder übertrieben sie auch sein mögen, wenn sie aussagekräftige Hinweise auf populäre Vorstellungen von Rassenunterschieden liefern. Ein Beispiel dafür ist der durchschnittliche weiße Amerikaner nordeuropäischer Abstammung, der sich selbst und "seinesgleichen" für weise, fleißig, mutig, engagiert, ehrlich und gottesfürchtig hält - alles in allem eine leicht deflationäre Kombination aus puritanischem Gott, Virginia-Pflanzer und Westernpionier. Auf der Intelligenzskala schätzt er die Orientalen und Juden recht hoch ein, findet aber mehr Verschlagenheit als Weisheit. Lateiner hält er für frivol, sexuell unbeständig, oberflächlich und anfällig für organisiertes Verbrechen und Verrat. Indianer, Mexikaner und Neger

---

[71] *Lysis*, 216d, übersetzt. J. Wright, *The Collected Dialogues of Plato*.

[72] *On Airs, Waters, and Places*, trans. Francis Adams, Great Books, Bd. 10, S. 18.

[73] *A Study of British Genius*, Houghton Mifflin, Boston, 1926, S. 306-7.

[74] Morgan Worthy, *Eye Color, Sex and Race*, Droke House/Hallux, Anderson, South Carolina, 1974.

[75] Thomas Hill, *Angenehme Geschichte*, London, 1613.

[76] Coon, *The Living Races of Man*, S. 399.

hält er für dumm, unkonzentriert, unrein und dem Alkohol und Rauschgift zugeneigt.[77]

Im Gegenzug stufen die kultivierteren Lateiner und Juden das durchschnittliche Mitglied der Mehrheit als schwerfälligen, leichtgläubigen, rüpelhaften Philister ein, während sie sich selbst als Erben einer überlegenen Religion und Kultur betrachten. Für den Nichtjuden sind Juden oft so geizig wie Shylock, während sie sich selbst als äußerst wohltätig betrachten. Indianer und Neger werden die Weißen wahrscheinlich als ungezügelte Kuhhändler, Ausbund an Gefühllosigkeit, Spezialisten für Völkermord, sexuell unterdrückte Horatio Algers und peitschenknallende Simon Legrees darstellen.

Viele solcher Stereotypen lösen sich auf und viele neue entstehen, wenn sich der politische, wirtschaftliche und soziale Status der Amerikaner ändert. Da eine Statusänderung in der Regel lange vor einer Änderung des Stereotyps stattfindet, kann es eine Weile dauern, bis das öffentliche Stereotyp das veröffentlichte Stereotyp einholt. In weniger als einem Jahrhundert ist jedoch aus dem jüdischen Pfandleiher die liebevolle jüdische Übermutter geworden, aus dem schlurfenden und unterwürfigen Neger der Champion im Preisboxen, aus dem betrunkenen irischen Schläger der freundliche Priester, aus dem opiumrauchenden, zopfigen Kuli Charlie Chan. Die abstoßenden physischen und psychischen Eigenschaften, mit denen Nazis und Araber heute überhäuft werden, waren früher den "unaussprechlichen Türken" vorbehalten. In vielen Fernseh-, Film- und Broadway-Produktionen ist der blonde Held zum blonden Bösewicht geworden.

Heutzutage werden rassistische Stereotypen ebenso scharf angegriffen wie der Rassismus selbst. Aber diejenigen, die sich am meisten gegen Stereotypen wehren, haben in der Regel ihre eigenen, und am Ende ist alles, was erreicht wird, die Ersetzung eines Satzes von Stereotypen durch einen anderen. Anstatt sich auf die Abschaffung von Stereotypen zu konzentrieren - eine ebenso unmögliche Aufgabe wie die Abschaffung unserer angeborenen Tendenz zur Verallgemeinerung - könnten Sozialwissenschaftler sie als lehrreiche Wegweiser für die Untersuchung des Verhaltens zwischen Gruppen begrüßen. Sie haben einen beeindruckenden Stammbaum, der nicht nur aus Klatsch und Tratsch, Hörensagen und den tiefsten Abgründen menschlicher Verderbtheit stammt, sondern auch aus Folklore, Mythos, Religion, Literatur, Kunst und Musik. Einige der erhabensten Ausdrucksformen der menschlichen Kreativität haben großzügig und ausgiebig Gebrauch von Rassenstereotypen gemacht.

Carleton Coon ist einer der wenigen modernen Anthropologen, der sich nicht allzu sehr an Stereotypen stört: "Beliebte, subjektive Bezeichnungen für Rassen, die von Personen verwendet werden, die nichts von der Existenz der physischen

---

[77] Medill McCormicks Aussage, Theodore Roosevelt habe die "Psychologie des Köters" verstanden, offenbart eine weitere gemeinsame Haltung der Amerikaner der alten Generation gegenüber allen anderen Amerikanern, ob weiß oder farbig. Richard Hofstadter, *The American Political Tradition*, Knopf, New York, 1949, S. 230.

Anthropologie wissen, sind oft wahrer als die zögerlichen Ergebnisse gelehrter Wanderungen im Labyrinth der Zahlen."[78]

Um zu einem umfassenderen Verständnis der amerikanischen Rassendynamik zu gelangen, ist es nun an der Zeit, "das Labyrinth der Zahlen" zu betreten und von den qualitativen zu den quantitativen Aspekten der Rasse überzugehen.

[78] *Die Rassen Europas*, S. 335.

TEIL II

Rassische Zusammensetzung der Vereinigten Staaten

KAPITEL 5

Weiße Einwanderung

ES IST WAHR, dass alle Amerikaner - Indianer eingeschlossen - entweder Einwanderer oder die Nachkommen von Einwanderern sind. Ebenso wahr ist, dass völlig unterschiedliche Arten von Einwanderern aus völlig unterschiedlichen Gründen nach Amerika kamen. Man denke an den Indianer, der sich auf der Suche nach Nahrung über die Landbrücke der Aleuten bewegte, an den Pilger, der in der Wildnis Neuenglands seine Stadt Gottes errichtete, an den Neger, der an den Laderaum eines Sklavenschiffs gekettet war. Jahrhunderts waren weiße Einwanderer motiviert durch die Liebe zu Ruhm und Abenteuer, durch Landhunger, durch die Jagd nach Glück, durch die Hoffnung, ihre religiöse Identität zu bewahren und zu erweitern,[79] durch Bedenken gegenüber den Regierungen ihrer Heimatländer und deren Bedenken ihnen gegenüber, durch die Sorge um Freiheit,[80] und vielleicht vor allem durch das nagende und endemische nordeuropäische Fernweh. Der Einwanderungsstrom setzte sich aus Bauern, Handwerkern, Händlern und Glücksrittern zusammen, mit einem leichten Schaum von dissidenten Aristokraten und einem dünnen Bodensatz von Gefängnisinsassen. Obwohl dies oft vergessen wird, hatten viele der frühen weißen Einwanderer bereits in ihrer Heimat ein gewisses Maß an Wohlstand genossen.[81] Wo er vorhanden war, war der wirtschaftliche Antrieb wichtig, aber er war mehr auf wirtschaftlichen Gewinn als auf wirtschaftliche Sicherheit ausgerichtet.

Die natürliche Auslese war für die Pioniere der ersten Stunde extrem hart. Die Hälfte *der* Passagiere *der Mayflower* starb entweder auf der Seereise oder im ersten Jahr in Massachusetts.[82] In Jamestown, der ersten dauerhaften englischen

[79] Die religiöse Motivation darf nicht überbewertet werden. Nur ein kleiner Prozentsatz der frühen Kolonisten war Mitglied der Kirche (siehe Kapitel 19). Ein Grund für die transatlantische Überfahrt der Pilgerväter war die Befürchtung, dass ihre Söhne und Töchter "in der Welt heiraten" würden, wenn sie ihr Exil in den damals so genannten "swingenden" Niederlanden verlängerten.

[80] D. H. Lawrence argumentierte, dass die Puritaner vor der Freiheit davonliefen und nicht bereit waren, sich mit dem zunehmenden Humanismus im England der Nachrenaissance abzufinden. Nach Lawrence' Ansicht herrschte in dem England, das sie verließen, weitaus mehr religiöse Toleranz als in dem von ihnen gegründeten Neuengland. *Studies in Classical American Literature*, Viking Press, New York, 1964, S. 3, 5.

[81] Alexis de Tocqueville, *De la démocratie en Amérique*, Gallimard, Paris, 1961, Tome 1, S. 31.

[82] Ellsworth Huntington, *The Character of Races*, Scribner's, N.Y., 1925, S. 304.

Kolonie in Amerika, lebten 1609 mehr als 500 Kolonisten. Ein Jahr später waren nicht mehr als sechzig am Leben.[83] Am Morgen des 22. März 1622 überfiel ein indianischer Kriegstrupp die Kolonialsiedlungen am Oberlauf des James River in Virginia. Innerhalb weniger Stunden wurden 347 Weiße ohne Rücksicht auf Alter oder Geschlecht getötet.[84] Andernorts führten Hunger, Krankheiten, Indianerüberfälle und die Unbilden des Grenzlandes zu einer unerbittlichen Auslese eines Volkes, das von Anfang an weder ein typischer Querschnitt der englischen noch irgendeiner anderen Bevölkerung der Alten Welt gewesen war.[85]

Im Jahr 1689 betrug die Zahl der Weißen in den dreizehn Kolonien etwa 200.000. Bis 1754 war sie auf eine Million angewachsen - 300.000 in Neuengland, 300.000 in den mittleren Kolonien und 400.000 im Süden. Im Jahr 1790, dem Jahr der ersten Volkszählung, wurden die nationale Herkunft der amerikanischen Weißen und ihr Anteil an der gesamten weißen Bevölkerung wie folgt geschätzt: Briten (77), Deutsche (7,4), Iren (4,4), Niederländer (3,3), Franzosen (1,9), Kanadier (1,6), Belgier (1,5), Schweizer (0,9), Skandinavier (0,9), andere (1,1).[86]

Der zutiefst protestantische Charakter der weißen Einwanderung hielt bis in die 1840er Jahre an, als die durch die Kartoffelfäule vertriebenen Iren zu Hunderttausenden den Atlantik überquerten, zusammen mit großen Kontingenten von Mitteleuropäern, darunter auch politische Flüchtlinge der gescheiterten Revolutionen von 1848.[87] Obwohl sich das religiöse Gleichgewicht in den nächsten drei oder vier Jahrzehnten etwas verschoben haben mag - es kamen drei Millionen Iren und Millionen von Katholiken vom Festland -, blieben die Vereinigten Staaten vom rassischen Hintergrund her weiterhin überwiegend nordeuropäisch. Die alpinen, keltischen und dinarischen Gene, die in den amerikanischen Blutkreislauf injiziert worden waren, waren von der hellhäutigen Sorte, und die wenigen irischen und mitteleuropäischen

---

[83] William W. Sweet, *The Story of Religion in America*, Harper, N.Y., 1939, S. 42, 51.

[84] Ebd., S. 34.

[85] Die Puritaner kamen größtenteils aus East Anglia, einer der blondesten Regionen Englands. Ellis, A Study of British Genius, Fußnote, S. 39. Selektive Prozesse fanden in allen Phasen der Einwanderung statt. Polnische Einwanderer waren zum Beispiel größer und dünner als die in der Heimat verbliebenen Polen. Waschbär. *The Races of Europe*, S. 565.

[86] Bevölkerungszahlen in diesem Absatz aus Morris Davie, World Immigraton, Macmillan, N.Y., 1949, S. 21. Prozentuale Angaben aus *Immigration Quotas on the Basis of National Origin*, Senate Document 259, 70th Congress.

[87] Die katholischen Iren sind von den protestantischen Schottisch-Iren zu unterscheiden, von denen ein großer Teil aus den schottischen Lowlands stammt und später nach Nordirland zog. In den fünfzig Jahren vor der amerikanischen Unabhängigkeit kamen etwa 200.000 schottisch-irische Einwanderer. Davie, a.a.O., S. 21-24.

Rassenmerkmale, die im Widerspruch zu den nordeuropäischen physischen Normen standen, kollidierten nicht in dem kritischen Bereich der Hautfarbe. Dennoch starteten die alten Einwanderer einen groß angelegten kryptorassischen Angriff gegen die neuen alten Einwanderer, vor allem gegen die Iren, die in einer Wiederbelebung der heftigen Polemik der Reformation der "Papisterei" bezichtigt wurden.[88]

Lange vor dem Ende der alten Einwanderung begannen die Nachkommen der ursprünglichen Siedler eine neue Massenwanderung, die sie in den Westen New Yorks und den Mittleren Westen, schließlich nach Texas und in den Fernen Westen führte und Neuengland um die Hälfte seiner Angelsachsen beraubte. Es war diese Migration, die historisch ebenso bedeutsam war wie die von England nach Neuengland, die einem Großteil der transappalachischen Vereinigten Staaten einen dauerhaften rassischen Stempel aufdrückte.[89]

Die 1880er Jahre markierten den Beginn der Neuen Einwanderung, die Millionen von Juden, Slawen, Italienern und anderen Ost- und Südeuropäern ins Land brachte. In dieser Zeit veränderte sich der Charakter der weißen Einwanderer, der sich fast ein halbes Jahrhundert lang nur langsam verändert hatte, rasch und tiefgreifend. Die meisten Neueinwanderer waren brünette, olivfarbene Mediterraner oder gehörten zu den dunkleren Teilen der alpinen Rasse. Die meisten kamen, um dem Hunger zu entgehen, nicht um ihn zu riskieren - um die Städte zu bevölkern, nicht um das Land zu roden. Die alten Einwanderer waren mehr als bereit gewesen, Sicherheit gegen Unsicherheit zu tauschen. Bei den Neuankömmlingen waren die Prioritäten umgekehrt. Beide Gruppen waren mit Träumen überladen, aber die neuen Einwanderer waren alltäglicher. Ob es nun an den Genen oder der Umwelt oder beidem lag, die geistigen Eigenschaften der alten und neuen Einwanderertypen standen oft in stärkerem Kontrast als ihre körperlichen Merkmale.

Die letzte organisierte landesweite Manifestation dessen, was man als Solidarität der alten Einwanderer bezeichnen könnte, war der Versuch, die Flut der neuen Einwanderung einzudämmen, die im Einwanderungsgesetz von 1924 gipfelte. Die Gesamtzahl der Einwanderer aus Europa wurde auf etwa 150.000 pro Jahr begrenzt, verglichen mit dem Rekordhoch von 1.285.000 Ankünften im Jahr 1907.[90] Darüber hinaus war die Gesetzgebung insofern rassisch selektiv, als den

[88] Die Amerikanische Partei, deren Mitglieder von ihren politischen Gegnern als "Know Nothings" bezeichnet wurden, stellte kurz vor dem Ausbruch des Bürgerkriegs dreiundvierzig Abgeordnete, fünf Senatoren und sieben Gouverneure. Die zunehmende Dringlichkeit der Sklavenfrage machte jedoch einer politischen Partei zu schaffen, die nicht nur protestantisch eingestellt war, sondern auch subtile Rassenunterschiede unter den Weißen machte. Ebd., S. 88.

[89] Stewart Holbrook, *The Yankee Exodus*, Macmillan, New York, 1950, S. 4.

[90] Die Gesamtzahl der Zuwanderer aus Süd- und Osteuropa belief sich im Zeitraum 1820-1930 auf 13.944.454.

europäischen Ländern Quoten entsprechend ihrem relativen Anteil an der amerikanischen Bevölkerung von 1920 zugewiesen wurden.[91] Nach den Plänen des Kongresses sollte die geringe Menge an Einwanderern, die noch einträpfelte, zugunsten der nordeuropäischen Rassenstruktur gewichtet werden.

Doch die Ereignisse nahmen einen anderen Verlauf. Viele nordeuropäische Länder ließen ihre Kontingente teilweise unausgeschöpft oder füllten sie mit Personen auf der Durchreise aus anderen Teilen Europas auf. Der Kongress und der Präsident erteilten Ausnahmegenehmigungen für antinazistische und antikommunistische Flüchtlinge, Vertriebene des Zweiten Weltkriegs und 120.432 "Kriegsbräute", viele von ihnen Asiaten.[92] (Die Einwanderung von Nicht-Weißen ist Thema des nächsten Kapitels.)Zwischen 1933 und 1954 kamen rund 290.000 europäische Juden in die Vereinigten Staaten, ein Großteil von ihnen Überlebende der Konzentrationslager.[93] In den späten 1950er Jahren kamen etwa 50.000 Ungarn hinzu, die nach dem gescheiterten Versuch, die sowjetische Herrschaft abzuschütteln, hierher kamen. Bis 1965 waren fast 10 Millionen legale Einwanderer im Rahmen des Quotensystems nach Amerika gekommen.[94]

Die Einwanderer, die im Rahmen des Quotensystems kamen, verstießen sowohl in ihrer Art als auch in ihrer Anzahl gegen den Wortlaut und die Absicht der Einwanderungsgesetze von 1921 und 1924. Das Hauptziel dieser Gesetze bestand darin, das Rassenprofil der Vereinigten Staaten zu bewahren, wie es von den Gründervätern[95] definiert und verteidigt worden war und wie es im späten neunzehnten Jahrhundert "festgelegt" worden war. Jahrhundert "festgelegt" worden war. Es war viel zu spät für Gesetze, die es einer privilegierten Kaste blonder Nordländer erlauben würden, über eine untere Schicht schwarzer

---

[91] Davie, op. cit., S. 377.

[92] *Ency. Brit.*, Bd. 15, S. 467-68.

[93] James Yaffe, *The American Jews,* Random House, New York, 1968, S. 8.

[94] Statistische Zusammenfassung der Vereinigten Staaten, 1969, S. 91.

[95] Washington war gegen eine unbeschränkte Einwanderung, weil er den "amerikanischen Charakter" schützen wollte. Jefferson befürchtete, dass die Neuankömmlinge, da der Großteil der europäischen Einwanderer schließlich aus Mittel-, Süd- und Osteuropa kommen würde, die Ideen und Grundsätze der absoluten Regierung mit sich bringen würden, unter denen sie und ihre Vorfahren so viele Jahrhunderte lang gelebt hatten. Charles Beard, *The Republic,* Viking Press, New York, 1962, S. 10-11. Ein Argument gegen jegliche Einwanderung war, dass sie das natürliche Wachstum der einheimischen Bevölkerung einschränkte. Nach dem "Walker'schen Gesetz", das davon ausgeht, dass die Fruchtbarkeit einheimischer Gruppen durch die Konkurrenz der Einwanderer verringert wird, wären die 3,5 Millionen amerikanischen Weißen von 1790 auf eine Zahl angewachsen, die der heutigen Bevölkerung entspricht, wenn die Verfassung jegliche Einwanderung verboten hätte. Madison Grant, *The Conquest of a Continent,* Scribner's, New York, 1933, S. 276.

Sklaven und weißer Ethnien zu herrschen. Aber es war noch nicht zu spät für den Kongress, um zu verhindern, dass der nordeuropäische Rassekern durch die anhaltende Masseneinwanderung von Süd- und Osteuropäern physisch und kulturell überflutet wurde. Mit Quoten, die auf der nationalen Herkunft beruhten, gelang es vorübergehend, das zu erreichen, was man als den "Grand Congressional Design" bezeichnen könnte. Die Vorherrschaft der Nordeuropäer wurde im politischen, wirtschaftlichen und kulturellen Bereich gesichert. Doch nach dem Ende des Zweiten Weltkriegs wurde die Einwanderung mehr als nur ein Rinnsal, und der größte Teil davon bestand aus genau den rassischen Elementen, die der Kongress zu verhindern versucht hatte.

Obwohl das Quotensystem, das muss wohl kaum erwähnt werden, schon immer ein Dorn im Auge liberaler und minderheitenorientierter Organisationen war, war es ein Ärgernis für diejenigen, die aufrichtig an die Gleichheit der Rassen glaubten, und ein Stolperstein für diejenigen, die begannen, andere als nordeuropäische Formen des Rassismus zu fördern. 1965 beugte sich Präsident Lyndon Johnson in gewisser Weise feige einer beispiellosen Lobbyarbeit, die seit mehr als einem halben Jahrhundert an Dynamik gewonnen hatte, und unterzeichnete ein neues Einwanderungsgesetz, das das Quotensystem beibehielt, aber die Art der Quoten radikal veränderte. Die den liberalen Minderheiten so verhassten Bestimmungen über die nationale Herkunft wurden abgeschafft und die Einwanderung auf folgende Gruppen beschränkt: Verwandte amerikanischer Staatsbürger und Personen mit ständigem Wohnsitz in den USA (74%); Angehörige von Berufen und andere Personen mit "außergewöhnlichen Fähigkeiten" (10%); vom Arbeitsministerium zertifizierte qualifizierte und ungelernte Arbeitskräfte (10%); Flüchtlinge vor politischer Verfolgung oder nationalen Katastrophen (6%). Die erste Kategorie, die alle anderen verdrängte, wurde sofort von den Ehegatten und unverheirateten Kindern von Einwanderern aus Griechenland, Italien und den Philippinen dominiert.[96] Die Zahl der Einwanderer aus der östlichen bzw. westlichen Hemisphäre wurde auf 170.000 bzw. 120.000 pro Jahr begrenzt, wodurch zum ersten Mal eine Quote für Kanadier und Lateinamerikaner eingeführt wurde.[97]

Als das Einwanderungsgesetz von Johnson dem Senat vorgelegt wurde, gab es nur achtzehn Gegenstimmen, alle von Senatoren aus dem Süden, in deren Wahlkreisen die größte Konzentration altmodischer, farbbewusster Weißer zu finden war.[98] Die große Einwanderungsdebatte, die zur großen Rassendebatte

---

[96] *New York Times*, 31. August 1970, S. 1, 37. Zwischen 1900 und 1980 nahmen die Vereinigten Staaten 30 Millionen legale Einwanderer auf und verloren 10 Millionen Auswanderer. Population Reference Bureau, zitiert in der *Pittsburgh Post-Gazette*, 3. Mai 1988.

[97] Durch eine Änderung des Einwanderungsgesetzes von 1976 wurde die Obergrenze von 20.000 Einwanderern pro Land der Alten Welt auf die Länder der Neuen Welt ausgedehnt.

[98] *Time*, 1. Oktober 1965, S. 27.

geworden war, war vorbei, zumindest was die Art der Einwanderer betraf. Auf Anweisung eines britischstämmigen, südländisch gesinnten, in Texas geborenen Präsidenten hatte der Kongress entschieden, dass die Nachkommen der Briten und anderer Nordeuropäer, die die Vereinigten Staaten sowohl geschaffen als auch kulturell geprägt hatten, keinen gesetzlichen Schutz mehr verdienten.[99]

Nachdem das Gesetz von 1965 in Kraft getreten war, begann die weiße Einwanderung zu versiegen. Bemerkenswerte Ausnahmen waren diejenigen, die den Flüchtlingsstatus beantragten: mehr als 400.000 Juden aus Europa über Israel und 250.000 Juden direkt aus der Sowjetunion (vor und nach deren Zusammenbruch).

1991 unterzeichnete Präsident Bush ein geändertes Einwanderungsgesetz, mit dem die Zahl der Einwanderer, mit Ausnahme von Flüchtlingen und anderen Sonderfällen, auf 700.000 pro Jahr erhöht wurde, wobei die meisten Plätze an Familienangehörige der neueren Generation von Staatsbürgern gingen.

Nach wie vor strömen weiße Einwanderer nach Amerika. Einige europäische Länder und Kanada klagen über einen Braindrain. Doch wie wir im nächsten Kapitel sehen werden, war die weiße Einwanderung in den letzten Jahrzehnten kaum mehr als ein Tropfen auf den genetischen heißen Stein der gesamten legalen und illegalen Einwanderung, die, wie die Regierenden freimütig zugeben, inzwischen außer Kontrolle geraten ist.

[99] Der Abgeordnete Emanuel Celler aus New York war einer der schärfsten Gegner des Einwanderungsgesetzes von 1924, das oft nach Albert Johnson, dem Vorsitzenden des Einwanderungsausschusses des Repräsentantenhauses, Johnson Act genannt wird. Celler lebte lange genug, um im Repräsentantenhaus den Gesetzentwurf von 1965 zu unterstützen, der üblicherweise und ironischerweise als Kennedy-Johnson-Gesetz bezeichnet wird.

KAPITEL 6

Einwanderung von Nicht-Weißen

DIE ENGLÄNDER begannen die alte Einwanderung, die Indianer, die etwa 20.000 Jahre früher kamen, leiteten das ein, was man als prähistorische Einwanderung bezeichnen könnte. Im Jahr 1500 lebten schätzungsweise 850 000 Indianer auf dem Gebiet der heutigen Vereinigten Staaten und Kanadas.[100] Bis 1770 waren die indianischen Bewohner des von den dreizehn Kolonien besetzten Gebiets größtenteils ausgerottet, vertrieben oder isoliert worden. Während und nach der Eroberung des Westens wurden die Indianer in Reservaten untergebracht. Zu einem bestimmten Zeitpunkt dürfte ihre Gesamtzahl auf weniger als 250.000 reduziert worden sein.[101]

Die mongoloide Einwanderung nach Nordamerika - die Indianer können als Ableger der mongoloiden Rasse eingestuft werden - wurde nach etwa zehn Jahrtausenden mit der Ankunft chinesischer Kulis in Kalifornien wiederbelebt. Sie schufteten zunächst in den Goldminen und halfen dann beim Bau des westlichen Endes der transkontinentalen Eisenbahnlinien. Die Chinesen und ihre esoterischen Bräuche wurden von den Weißen vor Ort abfällig als "Chinamen" oder "Chinks" bezeichnet und erregten die Gemüter. Von Zeit zu Zeit versuchten die Gesetzgeber der westlichen Bundesstaaten und der Kongress, ihre Zahl durch Ausschlussgesetze zu verringern. Im Jahr 1890 betrug die Zahl der Chinesen 107.000.

Die japanische Einwanderung begann erst nach dem Bürgerkrieg und erreichte nie ganz das Ausmaß der chinesischen. Im Jahr 1907 wurde sie durch das von Theodore Roosevelt mit Japan ausgearbeitete "Gentleman's Agreement" gestoppt. Nach dem Ersten Weltkrieg war die asiatische Einwanderung eine solche Seltenheit, dass die im Einwanderungsgesetz von 1924 für China und Japan festgelegte jährliche Quote von 100 tatsächlich zu einem Anstieg der Zahl der legalen Einwanderer aus diesen beiden Ländern führte.[102]

In der Terminologie des Gesetzes von 1924 waren die Filipinos keine Ausländer, wurden aber später vom Kongress als solche bezeichnet. Bis 1930 waren etwa 45.000 in die Vereinigten Staaten gekommen. Als die Philippinen 1946 ihre

---

[100] *Our American Indians at a Glance*, Pacific Coast Publishers, Menlo Park, Kalifornien, 1961, S. 6.

[101] In den letzten Jahrzehnten hat sich die indianische Bevölkerung deutlich erholt. Siehe *Abschnitt "Indianer"*, Kapitel 16.

[102] Die Einwanderungsgeschichte der Hawaii-Inseln ist eine Geschichte *sui generis* und wird in Kapitel 16 kurz behandelt.

Unabhängigkeit erlangten, wurden die Filipinos in die gleiche Kategorie wie andere Orientalen eingestuft und ihre jährliche Quote auf fünfzig festgelegt.[103] Heute kommen fast 60.000 Filipinos pro Jahr.

Die nicht-weiße Einwanderung, die sich am nachhaltigsten auf die rassische Zusammensetzung der Nation ausgewirkt hat, war die der Neger. Schwarze aus Afrika wurden wegen ihrer Hautfarbe und wegen der unterschiedlichen Umstände, die sie nach Amerika brachten, nie als Alte Einwanderer eingestuft. Sie konnten nicht als New Immigrants bezeichnet werden, da fast alle von ihnen lange vor der New Immigration gekommen waren. Tatsächlich kamen einige Neger fast genauso schnell in die Kolonien wie die ersten Weißen. Wie viele Weiße kamen auch einige als Vertragsbedienstete. Doch während die Weißen in der Lage waren, ihre Knechtschaft abzuarbeiten (die durchschnittliche Dauer in den südlichen Kolonien betrug vier Jahre), wurde der Status der Neger zu einem dauerhaften und immerwährenden Arbeitsverhältnis, auch bekannt als Sklaverei. Der weitaus größte Teil der Schwarzen war jedoch bei ihrer Ankunft Sklave.

Im Jahr 1790 gab es laut der ersten Volkszählung 697.623 Negersklaven und 59.538 freie Neger in den neuen unabhängigen Kolonien. Nach 1820, als die Briten den Sklavenhandel verboten, kamen nur noch wenige Schwarzafrikaner. Bis 1860 wurden 3.953.760 Negersklaven und 488.070 freie Neger gezählt. Wenn diese Zahlen stimmen, bedeutet dies, dass sich die Zahl der Neger in der Zeit der Sklaverei in den Vereinigten Staaten versechsfacht hat. In den folgenden 130 Jahren versechsfachte sie sich erneut.

Der größte Zustrom von Einwanderern seit dem Ersten Weltkrieg kam nicht aus der Alten Welt, sondern von unterhalb des Rio Grande und von den Westindischen Inseln. Obwohl sie nicht zu 100 Prozent als nicht-weiß eingestuft werden können, sind die Millionen Hispanoamerikaner, die derzeit in Kalifornien, im Südwesten und in den Großstädten des Nordens zu finden sind, sicherlich eher indianisch als weiß. Ebenfalls weitgehend zur Kategorie der Nicht-Weißen gehören die zahlreichen Puertoricaner, die zum Teil Neger, zum Teil Mittelmeervölker sind und nach 1945 in den Norden, vor allem nach New York City, eingewandert sind.[104]

Das Einwanderungsgesetz von 1965, das angeblich die Rassenquoten abschaffte, hatte zur Folge, dass Nicht-Weiße gegenüber Weißen bevorzugt wurden. Obwohl die Quote für die westliche Hemisphäre den genetischen Zustrom aus Mexiko, anderen mittelamerikanischen Ländern und den karibischen Inseln erheblich reduziert haben sollte, haben Hispanoamerikaner und farbige Westindier den Einwanderungskontrollen in der Vergangenheit nie viel Aufmerksamkeit geschenkt und werden dies in naher Zukunft wohl auch nicht ändern. Von den Millionen illegalen Einwanderern oder Ausländern, die sich

---

[103] Davie, op. cit., S. 342-47.

[104] Simpson und Yinger, *Rassische und kulturelle Minderheiten*, S. 136.

1992 schätzungsweise in den Vereinigten Staaten aufhielten, waren wahrscheinlich 80% Mexikaner. Als Staatsbürger haben die Puertoricaner weiterhin freie Einreise, auch wenn es einige Rückverlagerungen auf die Heimatinsel gegeben hat.

Die Zuteilung für die östliche Hemisphäre sowie die Bevorzugung von Familienangehörigen und Fachkräften hat zu einer Zunahme von Asiaten, nicht aber von Schwarzafrikanern geführt. Letztere zeichnen sich nicht durch ihre beruflichen Fähigkeiten aus und waren viel zu lange von den amerikanischen Negern getrennt, als dass sie familiäre Bindungen hätten aufrechterhalten können. Andererseits ist die Zahl der legalen und illegalen Schwarzen aus dem karibischen Raum stark angestiegen.

Wie das Einwanderungsgesetz von 1965, das erst 1968 vollständig umgesetzt wurde, das Muster der amerikanischen Einwanderung veränderte, zeigt die Auflistung der Zahl der legalen Einwanderer in den Jahren 1965 und 1992, die aus den zehn wichtigsten Einwanderungsquellen stammen.[105]

LEGALE EINWANDERER UND HERKUNFTSLAND

1965		**1992**	
Kanada	40,103	Mexiko	91,332
Mexiko	37,432	Vietnam	77,728
Vereinigtes Königreich	29,747	Philippinen	59,179
Deutschland	26,357	Ehemalige Sowjetunion	43,590
Kuba	20,086	Dominikanische	40,840
Dominikanische Republik	10,851	Republik	38,735
Italien	10,344	China (Festland)	34,629
Kolumbien	9,790	Indien	24,837
Polen	7,458	Polen	21,110
Argentinien	5,629	El Salvador	19,757
		Vereinigtes Königreich	

Es ist bemerkenswert, dass nur drei der Länder in der Spalte von 1992, die ehemalige Sowjetunion, Polen und das Vereinigte Königreich, weiße Einwanderer (meist Juden) aufgenommen haben, und sie stehen nicht an der Spitze der Liste. Die anderen sieben Länder, aus denen 1992 die meisten Einwanderer kamen, sind nicht weiß.

Die legale Einwanderung ist jedoch nur ein Teil des Einwanderungsbildes. Ein bis zwei Millionen illegale Einwanderer,[106] die große Mehrheit von ihnen Hispanoamerikaner, dringen jedes Jahr in die Vereinigten Staaten ein, nicht alle von ihnen erfolgreich. Im Jahr 1992 wurden von der Grenzpolizei 1,6 Millionen

[105] *New York Times*, 31. Aug. 1970, S. 37, und *INS Advance Report*, Mai 1993.

[106] In einem Bericht des Census Bureau aus dem Jahr 1980 wurde die Zahl der Illegalen in den USA auf insgesamt 5 Millionen geschätzt. Anfang 1986 schätzte Maurice Inman, General Counsel des Immigration and Naturalization Service, die Zahl auf 12 bis 15 Millionen.

Menschen aufgegriffen, aber die meisten der aufgegriffenen Personen versuchen es immer wieder.

Die derzeitige Welle von Minderheiten bringt einige gefährliche und teure Gepäckstücke mit sich. Ungefähr 150.000 legale und illegale Haitianer, von denen nicht wenige mit Tuberkulose, Geschlechtskrankheiten und AIDS infiziert waren, kamen zwischen 1981 und 1990 nach Florida. Im Frühjahr 1980 segelte eine behelfsmäßige Flotte von mehr als 100.000 Anti-Castro-Kubanern nach Key West und Miami. Das kriminelle Element unter ihnen, die Aussteiger aus den kubanischen Gefängnissen, randalierten später und brannten Regierungseinrichtungen nieder, was der steigenden Kriminalitätsrate in den USA zusätzlichen Auftrieb gab. Illegale von überall her haben fast sofort nach ihrer Ankunft Anspruch auf Sozialhilfe und kostenlose Gesundheitsdienste. Babys, die unterhalb des Rio Grande gezeugt wurden, werden in amerikanischen Krankenhäusern geboren, ohne dass ihre hispanischen Mütter dafür bezahlen müssen - und werden automatisch amerikanische Staatsbürger. Weitere Zehntausende von Einwanderern kommen weiterhin als Ergebnis verschiedener "Abkommen" des Kongresses.[107]

Bis August 1993 haben weder der Präsident noch der Kongreß ernsthafte Anstrengungen zur Lösung des Einwanderungsproblems unternommen. Ende 1986 erließ der Kongreß ein Gesetz, das Unternehmen bestrafte, die wissentlich illegale Einwanderer anstellten. Das Gesetz sah auch eine Aufstockung des Grenzschutzes vor, aber - und das ist ein großes Aber - gleichzeitig wurde illegalen Ausländern, die vor dem 1. Januar 1982 eingereist waren, eine Amnestie gewährt.

Die Amnestie wird sicherlich weitere Millionen der euphemistisch als "Arbeiter ohne Papiere" bezeichneten Personen anlocken, die zweifellos die gleiche nachsichtige Behandlung erwarten werden. Bis März 1988 waren bei der Einwanderungs- und Einbürgerungsbehörde etwa 1,5 Millionen Anträge auf Amnestie eingegangen.

Nach der letzten Zählung beläuft sich die Einwanderung in der einen oder anderen Form, legal oder illegal, auf mindestens 2 Millionen pro Jahr und verursacht jährliche Kosten in Höhe von 30,6 Milliarden Dollar, von denen das meiste für kostenlose Krankenhausbehandlung, Sozialhilfe,

[107] Bei einem solchen Geschäft erhielt ein Kongressabgeordneter, der einen Gesetzentwurf zur Zulassung von 5.000 Sizilianern einbrachte, die Unterstützung eines anderen Kongressabgeordneten, indem er diesem versprach, für dessen Gesetzentwurf zur Zulassung von 3.000 irakischen Juden zu stimmen. *Time*, 21. November 1969, S. 86. Ein Teil der Bestechungsgelder, die im Abscam-Skandal von 1980 an Kongressabgeordnete gezahlt wurden, war eine Vorauszahlung für private Einwanderungsrechnungen für mythische arabische Scheichs.

Verbrechensbekämpfung und Berge von Papierkram ausgegeben wird.[108] Die Kosten führen in einigen Staaten fast zum Bankrott, insbesondere in Kalifornien, wo Gouverneur Pete Wilson ein Ende der meisten Sozialleistungen für illegale Einwanderer gefordert hat und ihren in den Vereinigten Staaten geborenen Kindern das Recht auf die Staatsbürgerschaft verweigern will.

Was auch immer an der Einwanderungsfront geschieht, die weißen Amerikaner, obwohl die meisten eine drastische Reduzierung aller Arten von Einwanderung wünschen, werden weiterhin durch die Mühle der Rasse gedreht werden. Der scheinbar unaufhaltsame Zustrom von legalen und illegalen nicht-weißen Einwanderern, Flüchtlingen und Asylbewerbern führt in Verbindung mit der relativ hohen Geburtenrate von Schwarzen, Asiaten und Hispanics und der unterdurchschnittlichen Geburtenrate der meisten amerikanischen Weißen zu einem rasch wachsenden Anteil von Nicht-Weißen, der dem amerikanischen Rassenbild einen unauslöschlichen Stempel aufdrückt. Es ist nicht zu übersehen, dass die Hautfarbe der Nation von Jahr zu Jahr dunkler wird.[109]

---

[108] Donald Huddle, ein Wirtschaftswissenschaftler der Rice University, *Newsweek*, 9. August 1993, S. 19. Dr. Huddle behauptet, dass legale Einwanderer im Zeitraum 1993-2002 den Steuerzahler 482 Milliarden Dollar kosten werden, illegale Einwanderer 186,4 Milliarden Dollar.

[109] Der unheimlich aufschlussreiche Roman *Das Lager der Heiligen* von Jean Raspail, einem bekannten französischen Schriftsteller, schildert die Invasion Frankreichs durch eine riesige Armada von hungernden Menschen aus Indien. Aus humanitären Gründen beschließt die französische Regierung, sich der Landung nicht zu widersetzen. Innerhalb kürzester Zeit wird das Land überrannt, erobert und zerstört. Die einzige Militäraktion richtet sich gegen die wenigen Franzosen, die versuchen, Widerstand zu leisten. Da die ursprüngliche Fassung des Buches 1972 geschrieben wurde, ist Raspails unheimliche Voraussicht, wenn man sie auf die heutigen Geschehnisse in den Vereinigten Staaten anwendet, ein denkwürdiges Beispiel dafür, wie Geschichte die Kunst imitiert.

KAPITEL 7

Die Irrtümer der Fusion und des Mosaiks

DER GROSSE AMERIKANISCHE TRAUM war ein Potpourri von Träumen, von denen einer der wilderen Sorte der des Melting Pot war. Der Visionär des Melting Pot prophezeite, dass jeder Einwanderer, unabhängig von seiner Rasse, Nationalität oder seinem sozialen Hintergrund, nach dem Eintauchen in die schwindelerregende Verflüssigung des amerikanischen Lebens zu einem einzigartigen amerikanischen Solitär werden würde, in dem sich alles Erbe der Alten Welt, die Kaste und die kulturellen Unterschiede, auflösen würden.[110]

Dieser Traum, der lange im Sterben lag, ist nun tot. Der Schmelztiegel, der zur Zeit der alten Einwanderung bis zu einem gewissen Grad funktionierte, als die Zutaten rassisch und kulturell harmonischer waren, hat seine Aufgabe nicht erfüllt, als die neue Einwanderung hinzukam. Die Befürworter des Schmelztiegels schienen zu vergessen, dass verschiedene Rassen, die in derselben Umgebung zusammengeworfen werden, anstatt zu verschmelzen, eher dazu neigen, sich zu schichten und zu trennen. "Je mehr sich zwei verschiedene Völker äußerlich ähneln", so George Santayana, "desto bewusster und eifersüchtiger werden sie auf die Verschiedenheit in ihrer Seele..."[111]

Die Durchmischung der Bevölkerung in den Vereinigten Staaten fand größtenteils unter den Nationalitäten und nicht unter den Rassen statt. Ein Demograf, Dr. Richard D. Alba, drückte es so aus: "Nahezu 99% der nicht-hispanischen Weißen heirateten andere nicht-hispanische Weiße, während 99% der schwarzen Frauen und 97% der schwarzen Männer innerhalb ihrer Rasse

[110] Israel Zangwill schrieb ein Buch mit dem Titel *The Melting Pot* (Macmillan, New York, 1909), in dem er Amerika als "einen Schmelztiegel, in dem verschiedene Rassen und Nationalitäten zu einer neuen und größeren Rasse mit einer überlegenen Kultur verschmolzen werden", definierte. Wenn Zangwill der Hohepriester des Schmelztiegels war, war Emma Lazarus die Hohepriesterin. Sie war nie ein großer Dichter und noch weniger ein Prophet. Sie mag den "wimmelnden Abfall" Europas an die amerikanischen Küsten eingeladen haben, aber als die New Immigrants, wie sie genannt wurden, in Ellis Island ankamen, war sie nicht da, um sie zu begrüßen. In ihrem späteren Leben entpuppte sie sich mit ihren lieblosen Bemerkungen über Russen und alte Griechen und ihrem glühenden Semitismus als eine Art Rassistin. Siehe *The Poems of Emma Lazarus*, Houghton Mifflin, Boston, 1889, insbesondere "The Crowing of the Red Cock", "The Banner of the Jew" und "Gifts". Siehe auch ihre ethnozentrische Mitteilung an Rabbi Gottheil in H. E. Jacobs *The World of Emma Lazarus*, Schocken Books, New York, 1949, S. 78.

[111] *Das Leben der Vernunft*, Scribner's, New York, 1951, Bd. 2, S. 166.

heirateten."[112] Integrationsbefürworter sagten nach der Entscheidung des Obersten Gerichtshofs von 1967, mit der ein Gesetz zur Rassenmischung in Virginia aufgehoben wurde, einen großen Aufschwung bei den Mischehen zwischen Schwarzen und Weißen voraus. Es gab zwar einen spürbaren Aufschwung, aber er war nicht ganz so groß wie erwartet. Eine Studie zählte 45.019 schwarz/weiße Geburten im Jahr 1989, gegenüber 21.438 im Jahr 1975.[113] Die Gesamtzahl der schwarz/weißen Ehepaare betrug 1989 246.000, was im Vergleich zu den 50,9 Millionen Ehepaaren in der Gesamtbevölkerung immer noch relativ wenig ist.

Die Rassenkreuzung in den Vereinigten Staaten, die mit Pocahontas begann, endete nicht mit der Heirat der Tochter des ehemaligen Außenministers Dean Rusk mit einem Neger. Sie wurde entweder öffentlich bekannt gemacht, wie bei den Ehen zwischen den Rassen von Filmstars und Prominenten, oder heimlich, wie bei den Liaisons der Weißen mit indianischen Dienstmädchen an der Grenze, Sklavenmädchen auf den Plantagen oder schicken Mulattenmätressen in Charleston und New Orleans. Es ist ein Zeichen der Zeit und des immer länger werdenden Schattens der nicht-weißen Präsenz, dass der Ehemann in einer Mischehe heute mit mehr als doppelt so hoher Wahrscheinlichkeit nicht-weiß ist wie die Ehefrau, außer im Fall von im Ausland stationierten amerikanischen Soldaten. Trotz des stetigen Anstiegs rassengemischter Paare, mit oder ohne Heiratserlaubnis, machen gemischtrassige Geburten immer noch nur 3,2% der jährlichen Geburten in den Vereinigten Staaten aus. Folglich sind der abnehmende Anteil der Weißen und der zunehmende Anteil der Nicht-Weißen, zwei demografische Faktoren von entscheidender Bedeutung, viel mehr das Ergebnis der Einwanderung als der rassischen Paarung.

Interrassisches Zusammenleben wird zwar immer beliebter und akzeptabler, bedeutet aber nicht unbedingt, dass die Entbindungsstationen mit hybriden Nachkommen überquellen. Verabredungen zwischen Negern und Weißen, die heute in der Unterhaltungsbranche, in akademischen Kreisen und in der Avantgarde gang und gäbe sind, gehen nicht mit einem exponentiellen Anstieg der Paarungen zwischen Negern und Weißen einher. Das moderne

---

[112] *New York Times*, 11. Februar 1985. Dr. Alba ging nicht auf die Frage der jüdisch-jüdischen Mischehen ein, die damit beantwortet werden kann, dass Juden Nichtjuden in den oberen Bereichen der Wirtschaft und "Gesellschaft", in der Berufs- und Showbusinesswelt und in den kleineren Städten heiraten, wo die Heiratsmöglichkeiten innerhalb der jüdischen Gemeinschaft begrenzt sind. Einige Umfragen behaupten, vielleicht übertrieben, dass 50 Prozent oder mehr der jüdischen Ehen heute einen nichtjüdischen Ehepartner beinhalten. Gelegentlich konvertiert in solchen Fällen der Ehepartner, meist die Frau, und die Kinder werden als Juden erzogen.

[113] Andere gemischtrassige Geburten im Jahr 1989: Asiatisch/weiß 38.896; asiatisch/schwarz 3.435; indianisch/weiß 21.088; indianisch/schwarz 1.308; indianisch/asiatisch 711. Population Reference Bureau, *USA Today*, 11. Dezember 1992, S. 7A, und das Bureau of the Census.

Bildungswesen ist apodiktisch farbenblind, doch Gewalt und Rowdytum in den Klassenzimmern führen eher zur Trennung als zur Integration der Rassen. Rockkonzerte, die Treffpunkte der vermeintlich unvoreingenommenen Jugend der Nation, sind oft so segregiert wie die Aufführungen der Metropolitan Opera.

Im direkten Widerspruch zum Konzept des Schmelztiegels werden die Kinder von gemischtrassigen Paaren nicht zu irgendeinem verallgemeinerten amerikanischen Typus oder zu den Stammeltern einer neuen Rasse. Sie bleiben Neger, Indianer oder Orientalen. Da in einigen hispanischen Ehen beide Ehepartner weiß sind, "gehen" ihre Nachkommen nach ein oder zwei Generationen in die Reihen der assimilierten Weißen über.

In der Zeit der Sklaverei, als riesige soziale und psychologische Barrieren Weiße von Negern trennten, führte eine Welle der Rassenmischung im Süden weiße Gene in einen großen Teil der Negerbevölkerung ein. Heute, wo viele dieser Barrieren abgebaut sind, gibt es wahrscheinlich weniger Paarungen zwischen Negern und Weißen als damals. Trotz des Einflusses, den die Nivellierung der Rassen auf das Bildungswesen und die Medien ausübt, verschwinden die Rassen in Amerika nicht in irgendeinem theoretischen Lösungsmittel, sondern brechen in den meisten Fällen aus.[114]

Mit dem Ende der Melting-Pot-Fantasie ist etwas ebenso Unwirkliches entstanden - das amerikanische Mosaik. Die intellektuelle *Kulisse* wurde plötzlich umgestaltet, um einer neuen soziologischen Modeerscheinung Platz zu machen: der pluralistischen Gesellschaft, in der alle Rassen und Nationalitätengruppen friedlich nebeneinander leben, wobei jede ihre rassische und kulturelle Identität bewahrt und stärkt und ihren eigenen Beitrag zum Gesamtgefüge des amerikanischen Lebens leistet.

Wie die Befürworter des Schmelztiegels haben auch die Vertreter des Pluralismus die Geschichte falsch verstanden, die lehrt, dass pluralistische Gesellschaften dekadent und kastenförmig sind und eine ständige Einladung zu Unordnung und Katastrophen darstellen. Historisch desorientiert, geben die Stimmen des Pluralismus widersprüchliche Töne von sich. Die Befürworter des Mosaik-Konzepts lehnen Rassismus in der Theorie ab, unterstützen aber den Rassismus von Minderheiten in der Praxis. Sie halten die Gruppenidentität hoch, fordern aber Integration am Arbeitsplatz, in der Schule, auf dem Sportplatz, in der Nachbarschaft und sogar im privaten Verein. Sie befürworten Rassenquoten, sind aber gegen Rassendiskriminierung. Die Führer der Neger sind in diesen

---

[114] Im Jahr 1930 lebten 51% aller Detroiter Neger in überwiegend weißen Vierteln. Im Jahr 1960 lebten nur noch 15 Prozent in weißen Gegenden. *Time*, 9. November 1962, S. 62. Schwarze aus den ländlichen Gebieten des Südens, deren Baracken zwischen weißen Häusern verstreut waren, flohen zu Hunderttausenden in segregierte Großstadtghettos im Norden und Süden. Andererseits sind einige Neger aus der Mittelschicht in weiße Vorstädte gezogen oder haben eigene schwarze Vorstädte gegründet.

Fragen gespalten. Einige befürworten eine stärkere Beteiligung an der weißen Gesellschaft, andere fordern einen teilweisen oder vollständigen Rückzug.

Unterdessen taumelt die amerikanische Gesellschaftsordnung unter dem Einfluss zunehmender rassistischer Spannungen, die sowohl eine Ursache als auch eine Wirkung des Pluralismus sind. Das Konzept des Mosaiks hat sich als ebenso großer Fehlschlag, als ebenso große Fehlzündung der Phantasie erwiesen wie der Schmelztiegel. Mosaike sind Teile anorganischer Materie, die, wenn sie einmal an Ort und Stelle sind, an Ort und Stelle bleiben. Rassen sind pulsierende, organische Kontinuitäten, die sich in Größe und Status verändern, mal dynamisch, mal statisch, wie es die Zeit diktiert und wie sie es der Zeit diktieren. Der "Darkening Immigrant" ist kein Beweis dafür, dass Amerika in ein Zeitalter des gleichberechtigten Pluralismus eintritt. Er ist ein Vorbote sich verändernder Rassenhierarchien.[115]

[115] Die beste Hoffnung für das Überleben der weißen Rasse in Amerika ist die friedliche Zersplitterung der Nation in Ethnostaaten, getrennte und unabhängige Staaten auf der Grundlage der Geographie und der rassischen und kulturellen Homogenität der verschiedenen Bevölkerungsgruppen. Der Melting Pot ist gescheitert, weil sich die Bestandteile nicht auflösen wollten. Ein Mosaik, das in *Webster's Third International Dictionary* als "ein künstlicher Flickenteppich" definiert wird, war nicht erfolgreich, weil die einzelnen Teile selten geografisch definiert waren und ihre politische und kulturelle Autonomie durch die integrationistischen Tendenzen der großen Regierung, den schädlichen Einfluss der nationalen Medien, insbesondere des Netzfernsehens, und die rabiate rassistische Gleichmacherei, die in den Hallen der Akademien gepredigt wurde, untergraben wurde. Weitere Informationen zu diesem Thema finden Sie in Kapitel 39 und im Buch des Autors, *The Ethnostate*, Howard Allen Enterprises, Inc., Cape Canaveral, Florida 32920.

KAPITEL 8

Eine rassische Volkszählung in den Vereinigten Staaten

Eine RASSENZÄHLUNG der Vereinigten Staaten muss mit den vom Census Bureau zur Verfügung gestellten Statistiken beginnen. Tabelle I enthält eine Zusammenfassung der Volkszählung von 1990, gefolgt von der "revidierten Volkszählung" des Autors. Letztere soll einen realistischeren Überblick über die rassische Aufteilung der Nation geben.

TABELLE I

	Volkszählung 1990	Revidierte Volkszählung
Weiße	199,686,070	188,136,858
Neger	29,986,060	29,986,060
Amerindianer, Eskimo, Aleuten	1,959,234	1,959,234
Asiaten und Pazifikinsulaner	7,273,662	7,273,662
Andere Rasse	9,804,847	1,000,000
Hispanoamerikaner		20,354,059
Insgesamt	248,709,873	248,709,873

Bei der Volkszählung 1990 wurden Hispanoamerikaner auf der Grundlage der Selbstauskunft als Weiße eingestuft, es sei denn, sie gaben ausdrücklich Worte wie "mexikanische Rasse", "kubanische Staatsangehörige" und ähnlich lose Definitionen an, woraufhin sie der Kategorie "andere Rasse" zugeordnet wurden. Da nur ein kleiner Prozentsatz der Hispanoamerikaner weiß ist (die meisten sind mediterran-indianische Mischlinge), muss die Volkszählung, um genauer und aussagekräftiger zu sein, eine Kategorie für Hispanoamerikaner enthalten. Bei der Volkszählung wurden 22.354.059 Hispanics in einem separaten, nicht rassenspezifischen Eintrag gezählt, und alle bis auf 2 Millionen dieser Zahl wurden von den Kategorien Weiß und Andere Rasse abgezogen. Da, wie oben erläutert, die Kategorie Andere Rasse überwiegend aus Hispanics bestand, blieb nur 1 Million 57 übrig, um Personen zu berücksichtigen, die sich selbst keine glaubwürdige rassische Identität geben wollten oder konnten. Die Zahl der Hispanoamerikaner, die von den Weißen abgezogen wird, besteht aus den Hispanoamerikanern, die nach dem Abzug von der Kategorie Andere Rasse übrig bleiben. Genauer gesagt, die Gesamtzahl der Hispanoamerikaner (22 354 059) abzüglich der Zahl der Hispanoamerikaner, die aus der Kategorie "Andere Rasse" entfernt wurden (8 804 847), ergibt 13 549 212. Die letztgenannte Zahl sollte dann von der Zahl der Weißen abgezogen werden. Aber was ist mit den 5 bis 10 Prozent der Hispanoamerikaner, die weiß sind? Um sie zu berücksichtigen, wurde die Zahl von 13.549.212 um 2 Millionen auf 11.549.212 reduziert, die dann von der Zahl der Weißen abgezogen wurde. Das Ergebnis dieser Zahlenjonglage ist in der revidierten Volkszählung auf der vorherigen Seite zu sehen. Was auch immer über diese inoffizielle Volkszählung gesagt werden kann, sie vermittelt ein genaueres Bild von der rassischen Zusammensetzung der Vereinigten Staaten als die offizielle Volkszählung von 1990, bei der Hispanics den Kategorien Weiß und Andere Rasse zugeordnet wurden.

Eine kurze Lektüre von Tabelle I könnte darauf hindeuten, dass der größte Teil der Arbeit einer Rassenzählung bereits erledigt ist.[116] Die amerikanische Bevölkerung wurde in eine weiße und mehrere nicht-weiße Kategorien eingeteilt. Ein zweiter Blick offenbart jedoch, dass nur zwei der Kategorien, Weiß und Neger, von professionellen Anthropologen als akzeptable Rassenbezeichnungen angesehen würden, die es vorziehen würden, Asiaten, Pazifikinsulaner und Hispanoamerikaner unter authentischeren Rassenbezeichnungen wie Mongoloid und Polynesier zusammenzufassen. Amateur-Anthropologen, die von einigen Fachleuten unterstützt werden, könnten ebenfalls auf einer Aufteilung der Weißen Klassifizierung bestehen. Sie würden vergeblich darauf bestehen. Das Census Bureau veröffentlicht keine Statistiken über die verschiedenen weißen Rassen oder Unterrassen in den Vereinigten Staaten, obwohl es eine Studie veröffentlicht hat, die die Bevölkerung nach "Abstammungsgruppen" aufteilt (siehe Anhang B).

Bei der Suche nach genauen Rassenstatistiken für die weiße Bevölkerung helfen die Minderheitengruppen, die versuchen, ihre eigenen Zahlen einigermaßen genau zu erfassen. Eine weitere Hilfe bietet die *Harvard Encyclopedia of American Ethnic Groups*, die allgemein als die beste Quelle für Daten über Minderheiten und demografische Daten über Nationalitäten gilt.[117] Die zufriedenstellendsten Ergebnisse werden jedoch mit der in Anhang A beschriebenen Methode erzielt. Die weiße Gesamtbevölkerung wird mit dem prozentualen Anteil der Weißen aus ausländischen Nationen oder Heimatländern multipliziert, wie er in einer Volkszählungsstudie über die Herkunft der Einwanderer geschätzt wird. Diese Zahl wird dann mit dem prozentualen Anteil der Alpinen oder Mediterranen in diesen Ländern multipliziert, wie er durch die Schätzungen von Carl Brigham in *A Study of American Intelligence* ermittelt

---

[116] Die meisten Demographen sind sich einig, dass es bei der Volkszählung von 1990 eine deutliche Untererfassung gab; eine häufig genannte Zahl ist 1,8%. Würde man diese Untererfassung zur Gesamtbevölkerung hinzuzählen, würde die Zahl der Nicht-Weißen, die sich in den städtischen Zentren drängen und schwieriger zu lokalisieren sind, unverhältnismäßig hoch ausfallen. Eine Aufteilung der nicht gezählten Personen auf die verschiedenen Rassen und Bevölkerungsgruppen würde die Ungenauigkeiten, die in den meisten Bevölkerungserhebungen und -prognosen enthalten sind, nur noch vergrößern. Daher wird die Unterzählung in dieser Studie ignoriert.

[117] *Harvard Encyclopedia of American Ethnic Groups*, ed. Stephan Thernstrom, Harvard University Press, Cambridge, Massachusetts, 1980. Ein älterer Text ist *One America*, eds. Francis J. Brown und Joseph S. Roucek, Prentice-Hall, Englewood Cliffs, N.J., 1962.

wurde. In den Fällen, in denen Brighams Rassenprozentsätze nicht angegeben sind, können sie aus anderen maßgeblichen demografischen Quellen entnommen werden, die in Anhang A aufgeführt sind.

Die Zahl und die rassische Zugehörigkeit der übrigen weißen Bevölkerung lässt sich ermitteln, indem man die Gesamtzahlen der Mediterranen und Alpinen von dem revidierten Eintrag für Weiße in Tabelle I abzieht. Dieser Rest stellt eine ungefähre Anzahl von Amerikanern nordeuropäischer Abstammung dar - die wenigen reinen und die vielen unreinen Nordics, die überwiegend aus dem nordischen Großbritannien und Skandinavien, teilweise aus dem nordischen Irland, Deutschland, der Schweiz, Holland und Belgien und teilweise aus dem nordischen Frankreich, Österreich und Osteuropa stammen. Diejenigen, die eine Berechnung des nordeuropäischen Elements nach der Methode der nationalen Herkunft wünschen, können Anhang A konsultieren, der auch eine statistische Interpretation von Amerikas weißer Rassengeschichte und tabellarische Rassenzuordnungen aller Nationalitätengruppen enthält.

In Übereinstimmung mit den bisher vorgeschlagenen Verfahren, Änderungen und Korrekturen wurde die revidierte Zählung (Tabelle I) weiter überarbeitet und erscheint als Tabelle II auf der nächsten Seite.

In Tabelle II wurden prozentuale Anteile der Rassen eingeführt. Die Kategorien Hispanoamerikaner und andere Rassen wurden zusammen mit Negern, Indern, Eskimos, Aleuten sowie Asiaten und Pazifikinsulanern (Chinesen, Japaner, Koreaner, Vietnamesen, Filipinos, Indonesier, Hawaiianer, asiatische Inder, Pakistaner usw.) in einen Eintrag für Nicht-Weiße aufgenommen. Die Kategorie Weiß wurde in die Ripley's White Racial Divisions unterteilt (siehe Seiten 26-27). Bevölkerungs- und Rassenstudien zur Untermauerung der verschiedenen Rassenlisten finden Sie in Teil IV (Kapitel 13-17) und in Anhang A.

TABELLE II

Rennen	Nummer	% der weißen Bevölkerung	% der Gesamtbevölkerung
Weiß			
Nordisch	115,651,206	61.47	46.50
Alpin	59,137,001	31.43	23.78
Mediterran	13,348,651	7.10	5.37
Zwischensumme	188,136,858	100.00	75.65
Nicht-weiß			
Neger	29,986,060		12.06
Amerindianer			
Eskimo, Aleuten	1,959,234		0.79
Asiaten und			

Pazifikinsulaner Hispanoamerikaner Andere Rasse Zwischensumme	7,273,662 20,354,059 1,000,000* 60,573,015		2.92 8.18 0.40 24.35
Insgesamt	248,709,873		100.00

(*) *Obwohl ein Teil der Mitglieder anderer Rasse in der Kategorie Weiß enthalten sein sollte, wäre es reine Spekulation zu bestimmen, wie viele. Der Einfachheit halber und weil die Einstufung der Hälfte oder eines Viertels der Mitglieder der Kategorie "Andere Rasse" als Weiße die rassischen Zahlen oder Prozentsätze nicht wesentlich verändern würde, wird die Kategorie "Andere Rasse" als separater Eintrag in der Spalte "Nicht weiß" beibehalten.*

Es lässt sich nicht leugnen, dass Tabelle II mathematisch gesehen viel zu wünschen übrig lässt. Die Zuweisung der weißen Rasse wurde durch eine Kombination aus sachkundigen Vermutungen, willkürlichen anthropologischen Definitionen und weitreichenden Hochrechnungen erreicht. In einigen Fällen wurden ganze Bevölkerungsgruppen auf der Grundlage ihrer nationalen Herkunft einer nordischen, alpinen oder mediterranen Kategorie zugeordnet, obwohl es in keinem europäischen Land eine so unverfälschte Bevölkerung gibt.

Aber selbst wenn sie Fehler von 10-20 Prozent enthalten sollte, erfüllt Tabelle II einen Zweck. Sie versucht, das Pigmentierungsspektrum in Kapitel 4 zu quantifizieren, indem sie Bevölkerungsgruppen mit unterschiedlicher Hautfarbe, dem Hauptkriterium der gängigen Rassenklassifizierung, Zahlen zuordnet. Tabelle II zeigt auch in grober Weise, wie viele Amerikaner schwarz, braun, rot, gelb und verschiedene Schattierungen von weiß sind.

Zur teilweisen Bestätigung der weißen Zuordnungen in Tabelle II wird erneut auf E. A. Hootons Rassenklassifizierung der weißen Bevölkerung der Vereinigten Staaten verwiesen (siehe S. 27-28). Hootons Rasseneinteilung basiert bekanntlich nicht auf Daten über die nationale Herkunft oder auf Statistiken über Bevölkerungsgruppen, sondern auf einer von Harvard gesponserten anthropologischen Studie über 29.000 erwachsene amerikanische Männer. Hooton teilte die Weißen nicht nur in neun verschiedene Rassen ein, sondern schätzte auch den Anteil der einzelnen Rassen an der gesamten weißen Bevölkerung. Diese Prozentsätze, die zuvor ausgelassen wurden, sind nun in Tabelle III aufgeführt. In den Spalten 3, 4 und 5 werden sie etwas willkürlich auf die Rassenkategorien des Pigmentierungsspektrums verteilt und die Prozentsummen mit den Prozentsätzen in Tabelle II verglichen.

TABELLE III

E.A. HOOTONS RASSISCHE UNTERTEILUNG (1)	HOOTONS% DER GESAMTEN WEISSEN BEVÖLKERUNG DER USA (2)	KATEGORIEN DES PIGMENTIERUNGSSPEKTRUMS		
		HELLWEISS *Nordisch* Nordisch-Alp. Nordisch-Med. Keltisch (3)	WEISS Dinarisches *Alpenland* E. Baltikum (4)	DUNKELWEISS *Medit.* Armenoid (5)
Nordisch-mediterran	25	25		

Nordisch-Alpine	23	12	11	
Überwiegend nordisch	17	17		
Dinarisches	13.3		13.3	
Keltisch	8.48	8.48		
Mittelmeer pur	4.38			4.38
Ostbaltikum	3		3	
Rein alpin	2.68		2.68	
Nordisch pur	2.44	2.44		
	Prozentsatz Gesamt	64.92	29.98	4.38
	Entsprechende Tabelle II Prozentsätze	61.47	31.43	7.10

Eine Diskrepanz in den Prozentsätzen der Tabelle III lässt sich dadurch erklären, dass der mediterrane Anteil an der US-Bevölkerung seit Hootons Zeiten aufgrund höherer Geburtenraten und einer höheren Einwanderungsrate überproportional gestiegen ist. Die Diskrepanz zwischen den alpinen Prozentsätzen lässt sich dadurch erklären, dass die keltische Komponente wahrscheinlich zwischen den Spalten Light White und White aufgeteilt werden sollte.

Ansonsten kann die enge Korrelation der Rassenanteile in den Tabellen II und III kaum als Zufall bezeichnet werden. Aber wie immer bei rassischen Zuordnungen ist die Genauigkeit auf dem Altar der Verallgemeinerung geopfert worden. Viele von Hootons Ostbalten sind trotz ihres alpinen Körperbaus und ihrer runden Schädel heller und schöner als viele nordisch-mediterrane Menschen, die vor allem deshalb der Spalte Hellweiß zugeordnet wurden, weil sie einen britischen Rassentyp repräsentieren.

Aufgrund der größeren Autorität und Glaubwürdigkeit der Hooton-Schätzungen wird Tabelle III nun einer weiteren Überarbeitung unterzogen, um sie näher an das amerikanische Rassenbild heranzuführen, wie es das umherschweifende anthropologische Auge des Mannes auf der Straße sieht. Da die Öffentlichkeit im Allgemeinen nicht zwischen Nordics und Alpines und verschiedenen nordisch-alpinen Schattierungen unterscheidet oder sich nicht darum kümmert, wurden diese beiden weißen Kategorien zusammengefasst und in der folgenden Tabelle IV als NordicAlpine bezeichnet. Auch im Einklang mit dem Diktat der populären Anthropologie, dass viele, wenn nicht sogar die meisten Mediterranen nur zweifelhaft weiß sind, wurden sie von der Gesamtzahl der Weißen in Tabelle I abgezogen und erhielten einen eigenen Eintrag.

TABELLE IV

Rennen	Nummer	% Weiße Bevölkerung	% Gesamtbevölkerung
Nordisch/Alpinisch	174,788,207	92.90	70.28
Mediterran	13,348,651	7.10	5.37
Neger	29,986,060		12.06
Indianer, Eskimo, Aleuten	1,959,234		0.79
Asiaten und Pazifikinsulaner	7,273,662		2.92
Hispanoamerikaner	20,354,059		8.18
Andere Rasse	1,000,000		0.40
Insgesamt	248,709,873	100.00	100.00

Wie anstößig sie auch für das politische Empfinden des Census Bureau und für das berufliche Empfinden der physischen Anthropologen sein mag, so bietet Tabelle IV doch eine genauere rassische Übersicht über die amerikanische Bevölkerung als Tabelle I. Sie stellt die Vereinigten Staaten als eine mäßig heterogene Nation dar, in der etwas mehr als 24% der Bevölkerung nicht weiß sind und etwas mehr als 5% der Weißen auf der dunklen Seite der Weißen stehen. Mit Blick auf Tabelle IV könnte ein Atomphysiker die rassische Zusammensetzung des Landes mit einem weißen Kern vergleichen, der von Elektronen umgeben ist, deren Orbitalradius linear mit der Hautfarbe zunimmt.

Tabelle IV ist aber leider noch nicht das Ende der Suche nach rassischen Statistiken. Wie bereits in dieser Studie erwähnt, hat die Rasse auch eine kulturelle und psychologische Seite. Nach den Worten eines umstrittenen amerikanischen Ethnologen gibt es eine "Blut-Rasse" und eine "Gedanken-Rasse"[118] - das heißt, eine Bevölkerungsgruppe, die als Rasse auftritt, sollte als solche definiert und behandelt werden, auch wenn sie nicht als Rasse im anerkannten anthropologischen, biologischen und genetischen Sinne des Wortes gilt. So wie eine zu dunkle Hautfarbe einige Weiße von der Kategorie der weißen Rasse in Tabelle IV ausschließt, schließen bestimmte kulturelle "Färbungen" andere aus.

Es ist also eine weitere Tabelle erforderlich, die die psychologische Schicht der Rasse berücksichtigt. Um diesem Erfordernis gerecht zu werden, wird Tabelle V (siehe nächste Seite) als eine "kulturell korrigierte" Version von Tabelle IV angeboten. Die physische Basis der Rasse wurde beibehalten, indem die verschiedenen Kategorien und numerischen Gesamtwerte der vorherigen

[118] Lothrop Stoddard, *The New World of Islam*, Scribner's, New York, 1921, S. 160. Es ist die "Gedankenrasse", die es dem ehemaligen Kongressabgeordneten Adam Clayton Powell, der genetisch kaum von einem Südländer zu unterscheiden war, ermöglichte, sich als Neger zu bezeichnen. Es ist die gleiche "Gedankenrasse", die es dem israelischen Premierminister Yitzhak Rabin mit seinem hellen Teint, seinen hellen Augen und anderen nordeuropäischen Merkmalen erlaubt, sich als Jude zu bezeichnen. Als Stoddard schrieb: "Für seine Blut-Rasse wird er sich nicht rühren; für seine Gedanken-Rasse wird er sterben", glaubte er offenbar, dass bei einem Kräftemessen zwischen der physischen und der psychologischen Seite der Rasse die letztere oft die Oberhand gewinnen würde.

Tabellen, soweit möglich, aufgeführt wurden. Die kulturelle Basis wurde eingeführt, indem die Bevölkerungsgruppen nach dem Grad ihrer Assimilation bzw. Nicht-Assimilation klassifiziert wurden. Mediterranen und einige nichtweiße Gruppen wurden als nicht assimilierbare Minderheiten bezeichnet. Alle anderen Weißen wurden als assimiliert oder assimilierbar definiert, mit Ausnahme der Juden, die aufgrund ihrer langen Geschichte der Nicht-Assimilation in fast allen Ländern außer Israel als nicht assimilierbare Minderheit eingestuft wurden.[119]

Die Überlegungen, die zur Erstellung von Tabelle V geführt haben, werden in Teil IV ausführlicher erläutert. An dieser Stelle sei darauf hingewiesen, dass Assimilation, auch wenn sie im Allgemeinen als Verschmelzung kultureller und nicht biologischer Merkmale verstanden wird, sowohl physische als auch psychologische Obertöne hat und ein entscheidender und allgegenwärtiger Faktor in den amerikanischen Rassenbeziehungen ist.

TABELLE V

RASSISCHE ZUSAMMENSETZUNG DER VEREINIGTEN STAATEN (1990)

Bezeichnung	Nummer	% Gesamtbevölkerung	Quelle
Assimilierte und assimilierbare amerikanische Mehrheit	169,585,207	68.19	*
Unassimilierbare weiße Minderheiten			Kap. 14
Mediterrane	12,723,651	5.12	**
Juden	5,828,000	2.34	Kap. 15
Zwischensumme	18,551,651	7.46	
Nicht assimilierbare nicht-weiße Minderheiten			
Neger	29,986,060	12.06	Kap. 17
Amerindianer, Eskimo, Aleuten	1,959,234	0.79	Kap. 16
Asiaten und Pazifikinsulaner	7,273,662	2.92	Kap. 16
Hispanoamerikaner	20,354,059	8.18	Kap. 16
Andere Rasse	1,000,000	0.40	Kap. 8
Zwischensumme	60,573,015	24.35	
Assimiliert und assimilierbar	168,704,048	68.19	
Unassimilierbar	80,005,825	31.81	
GESAMT	248,709,873	100.00	

* Nordisch-Alpen insgesamt minus 5.203.000 Juden
** Mittelmeer insgesamt minus 625.000 Juden

[119] Nur China ist es jemals gelungen, seine jüdische Bevölkerung zu assimilieren. Nathaniel Peffer, *The Far East*, University of Michigan Press, Ann Arbor, 1958, S. 43. Aus irgendeinem Grund hat Peffer keine Ausnahme für das alte oder moderne Israel gemacht.

Psychologisch gesehen ist die Mehrheit die einzige vollständig assimilierte Bevölkerungsgruppe. Bis vor kurzem hat sich jede Minderheit zu ihr und um sie herum hingezogen gefühlt. Die kulturelle Definition der Mehrheit ergibt sich aus ihrer zentralen Stellung in der amerikanischen Gesellschaft, aus ihrer einst dominierenden Rolle bei der Gestaltung der amerikanischen Nation und aus der historischen Rolle, die sie als Verbreiterin der zunächst angelsächsischen, dann nordeuropäischen,[120] nun amerikanisierten Version der westlichen Zivilisation in der Neuen Welt spielte.

Die Tabelle V bezieht sich übrigens auf das Jahr 1990. Es stellt sich die Frage, ob angesichts der erheblichen Verschiebungen in der Bevölkerung in den letzten Jahrzehnten die Minderheiten weiter zunehmen und der Anteil der Weißen an der Bevölkerung weiter abnehmen wird. Wenn die jüngsten Prognosen des Census Bureau zutreffen,[121] wird die amerikanische Mehrheit bis zum Jahr 2050 nur noch eine Minderheit sein. Für die Mitte des nächsten Jahrhunderts wird eine Bevölkerung von 383 Millionen prognostiziert. Die nicht-weiße Komponente wird 81 Millionen Hispanoamerikaner, 62 Millionen Neger, 41 Millionen Asiaten/Pazifikinsulaner und 5 Millionen Indianer umfassen - insgesamt 189 Millionen. Zieht man die dunkelhäutigen Mediterranen und Juden von der weißen Gesamtheit ab, wird die amerikanische Mehrheit weniger als 50 Prozent der Bevölkerung ausmachen.[122]

In den etwas willkürlichen Grenzen von Tabelle V wird die Demographie der Vereinigten Staaten schließlich in einer Form dargestellt, die die Hauptbeteiligten an der gegenwärtigen Rassenkonfrontation sowohl identifiziert als auch numeriert. Die amerikanische Mehrheit, die in Kapitel 4 kurz erwähnt wurde, nimmt nun ihren Platz als Protagonist dieser Studie und des amerikanischen Rassendramas ein. Diese riesige, schwerfällige, unbeholfene Bevölkerungsmasse, die mehr als fünfmal so groß ist wie die größte Minderheit und fast 68 Prozent aller Amerikaner ausmacht, wird physisch durch ihre nordische und alpine Rassenzugehörigkeit definiert, wobei die erstere vorherrschend ist. Was auch immer an mediterranen Rassenkomponenten vorhanden ist, muss gut verdünnt sein.

---

[120] Nordeuropäer ist zwar ein geografischer Begriff, aber vielleicht die beste rassische Beschreibung für die amerikanische Mehrheit. Er ist breit genug, um die verschiedenen nordischen und alpinen Kreuzungen einzubeziehen, aber eng genug, um die dunkleren Südeuropäer und die nicht-weißen Bevölkerungsgruppen auszuschließen.

[121] Hochrechnungen des Census Bureau, *Washington Post*, 4. Dezember 1992.

[122] In Atlanta, Baltimore, Detroit, New Orleans, Newark und Washington D.C. gibt es mehr Schwarze als Weiße, und in Cleveland, Memphis und St. Louis könnten sie bald in der Überzahl sein. In San Antonio und El Paso überwiegt die Zahl der Hispanoamerikaner die der Weißen. In Chicago, Houston, Dallas, San Francisco und Los Angeles übersteigt die Zahl der Schwarzen, Hispanics und Asiaten die der Weißen, und in New York City könnte sie bald überwiegen.

Bei der Zusammenfassung dieses Versuchs, einige aussagekräftige Rassenstatistiken für die US-Bevölkerung zu erstellen, sollte betont werden, dass die Macht und Beständigkeit einer Rasse nicht von Zahlen abhängt. Eine gesunde Moral, eine gesunde Biologie und ein Bewusstsein für die Art sind wichtigere Faktoren als die Größe. Die Vielzahl ihrer Mitglieder, verschärft durch ihre weite Streuung, die religiöse Vielfalt und die ständige Hinzufügung von weniger kompatiblen genetischen Elementen, machen die amerikanische Mehrheit äußerst anfällig für verschiedene Formen der Entvölkerung, insbesondere für die als Proletarisierung bekannte Form (siehe Kapitel 26).

Um es unverblümt zu sagen: Die amerikanische Rassendynamik ist jetzt in eine Phase eingetreten, in der der meiste Geist, der meiste Antrieb, der meiste Wettbewerb und der meiste Machtwille auf der Seite der kleineren Bataillone liegen, der dynamischen Minderheitenbataillone, die die rassistische Initiative ergriffen haben.

TEIL III

Die Mehrheit in Bay

KAPITEL 9

Mehrheitsursprünge

Ein untrügliches Zeichen für Rassenlosigkeit, ein Synonym für Ohnmacht in einem Vielvölkerstaat, ist eine allgemeine Gleichgültigkeit gegenüber dem Thema der rassischen Herkunft. Wie Macaulay es ausdrückte: "Ein Volk, das auf die edlen Errungenschaften seiner entfernten Vorfahren nicht stolz ist, wird nie etwas erreichen, das es wert wäre, dass sich seine Nachkommen daran erinnern."[123] Bis vor kurzem war die amerikanische Mehrheit wenig geneigt, ihre rassische Geschichte oder Vorgeschichte zu untersuchen. Noch weniger war sie geneigt, die Mythen, die die Wurzeln und Symbole des Rassenbewusstseins sind, zu verfassen, zu sticken und zu verbreiten.

Die Mehrheitsangehörigen haben ihre Suche nach ethnischer Identität in der Regel dadurch befriedigt, dass sie ihre Abstammung auf ein europäisches Mutterland zurückführten. Diese Betonung der nationalen Herkunft führte zu der Annahme, dass die Vereinigten Staaten eine angelsächsische Nation seien, ein Begriff, der von vielen ausländischen und einigen amerikanischen Journalisten und Historikern immer noch verwendet wird, wenn sie Amerika anachronistisch als "angelsächsische Macht" bezeichnen. Im ersten Jahrhundert der amerikanischen Unabhängigkeit war der angelsächsische Teil[124] der Bevölkerung zahlenmäßig und politisch vorherrschend, so dass diese Behauptung durchaus begründet war. Aber heute, obwohl die Sprache ohne allzu großen Schaden überlebt hat und obwohl andere kulturelle Spuren noch erkennbar sind, existiert die britisch-amerikanische Pluralität, die Wurzel der angelsächsischen Verbindung, nicht mehr.

Im weitesten Sinne ist der Anteil der angelsächsischen Bevölkerung an der weißen Bevölkerung Amerikas (77% im Jahr 1790) heute deutlich geringer.[125] Die auch als Briten bezeichnete Gruppe umfasst heute etwa 26 Prozent der Mehrheit und ist auf weniger als 18 Prozent der Gesamtbevölkerung

[123] Thomas Macaulay, *History of England from the Accession of James II*, Macmillan, London, 1914, Bd. 3, S. 1526.

[124] Dazu gehörten auch viele Amerikaner walisischer, schottischer und schottisch-irischer Abstammung, die das Recht hatten, einen angelsächsischen Stammbaum abzulehnen.

[125] Im Jahr 1920 wurde der Anteil der Briten an der weißen Bevölkerung der USA auf 41,4 geschätzt.

geschrumpft.[126] Sie ist auch rassisch nicht mehr identifizierbar. Andere Gruppen nordeuropäischer Herkunft sind heute so undifferenziert, so gründlich Teil des rassischen Kolloids der Mehrheit, dass Amerikaner skandinavischer, deutscher, belgischer und niederländischer Abstammung sowie assimilierte und assimilierbare Iren, Franzosen, Italiener, Mitteleuropäer und Slawen kaum noch von WASPs, der Abkürzung für White Anglo-Saxon Protestants, zu unterscheiden sind. (Warum weiß? Sind nicht alle angelsächsischen Protestanten weiß? ASP, wie bereits in dieser Studie erwähnt, wäre weniger redundant und treffender.) Selbst die amerikanische Aristokratie oder das, was als solche gilt, ist keineswegs ein angelsächsisches Monopol. Ein amerikanischer *Almanach de Gotha* oder *Debrett's* müsste die Du Ponts, Vanderbilts, Astors, Rockefellers und Roosevelts enthalten, wie es das *Social Register* derzeit tut. Die Gründer dieser Unternehmerfamilien kann man kaum als Angelsachsen bezeichnen,[127] obwohl weder sie noch ihre Nachkommen Zeit damit verschwendeten, in angelsächsische Familien einzuheiraten.

Um solidere und kohärentere Verankerungen der Vorfahren zu finden, muss die Mehrheit, einschließlich ihrer britischen Komponente, tiefer in Zeit und Raum eindringen. Die verkümmerten Perspektiven der britischen und anderer nordeuropäischer "Nationalgeschichten" müssen zu einer umfassenden Rassengeschichte erweitert werden. Zwar war der genetische und kulturelle Beitrag der Briten zur amerikanischen Zivilisation unbestreitbar viel bedeutender als der irgendeiner anderen Nation oder Gruppe von Nationen, doch sind die Briten nur ein Ausläufer einer größeren rassischen Spaltung, auf die sich Dutzende von Millionen anderer Mitglieder der Mehrheit berufen können. Da die Einheit der Mehrheit niemals auf nationalen Ursprüngen beruhen kann, die von Natur aus trennend sind, wäre es vielleicht angebracht, wenn die Historiker aufhören würden, die Vergangenheit der Mehrheit als einen chronologischen Flickenteppich kleinlicher Rivalitäten aus der Alten Welt zu behandeln, der mit tendenziösen soziologischen Dogmen durchsetzt ist, und anfangen würden, sie als ein eigenständiges genetisches und kulturelles Kontinuum zu betrachten.

Eine der großen Schwierigkeiten dieses Ansatzes ist nicht die Freilegung der anthropologischen Beweise. Diese liegen bereits in ausreichendem Maße vor. Das größte Hindernis ist der gewaltige Widerstand der Intellektuellen, die Form und Inhalt der zeitgenössischen Geschichtsinterpretation diktieren. Ein einziger Schritt in Richtung der Feststellung gemeinsamer rassischer Wurzeln der Mehrheit wäre in ihren Augen eine direkte Herausforderung für eine oder

[126] Die Hochrechnung des Autors auf der Grundlage einer Studie des Census Bureau über die "America's Ancestry"-Gruppen, die im April 1983 veröffentlicht wurde, schätzt die Zahl der Amerikaner britischer Abstammung auf 43.666.413. Siehe Anhang B.

[127] Rudyard Kipling hörte einmal, wie Theodore Roosevelt, der ein Prinz gewesen wäre, wenn es einen amerikanischen Adel gegeben hätte, "Gott mit lauter Stimme dafür dankte, dass er nicht einen Tropfen britischen Blutes in sich hatte." Kipling, *Something of Myself*, Doubleday, Garden City, New York, 1937, S. 131.

mehrere der gegenwärtig akzeptierten Moden des Historismus - die materialistischen Fixierungen von Marx, die religiösen Ekstasen von Toynbee, die morphologischen Prophezeiungen von Spengler, die liberalen Plattitüden der American Historical Association und die Anti-Historie von Karl Popper.

Andererseits ermutigt die merkwürdige Doppelmoral der intellektuellen Gemeinschaft tatsächlich ein gewisses Maß an Minderheiten, sich mit der Rassengeschichte zu beschäftigen. Es gibt keinen Aufschrei, wenn amerikanische Juden unter Umgehung der europäischen Länder, aus denen die meisten von ihnen nach Amerika kamen, ihre Abstammung von einer semitischen Rasse von Hebräern im alten Palästina behaupten.[128] Das ist ein großes Zugeständnis, denn die heutige Sozialwissenschaft ist strikt gegen die Ableitung von Blutlinien aus kulturellen und religiösen Ähnlichkeiten. Es gibt auch keine lauten Einwände von Akademikern, wenn Schwarze Bände über die ethnischen Bindungen der amerikanischen Neger schreiben, nicht nur zu den westafrikanischen Stämmen, aus denen sie hervorgegangen sind, sondern zur *Négritude* und zur "afrikanischen Seele". Die gleiche historische Freiheit wird auch den romantischen Iren und Walisern gewährt, die von der vergangenen Herrlichkeit der Kelten träumen (obwohl es eindeutige Beweise für ihre nordische Abstammung gibt),[129] und den Indianern und mexikanischen Amerikanern, die über edle Vorfahren in einem präkolumbischen goldenen Zeitalter spekulieren. Aber alle derartigen rassischen Phantasien, alle derartigen phantasievollen Versuche, eine rassische Identität zu begründen, scheinen der Mehrheit verboten zu sein. Vom Standpunkt einer Minderheit aus ist dieses Tabu durchaus verständlich. Je weiter man die Rassengeschichte der Mehrheit zurückverfolgt, desto unvermeidlicher ist die Kollision mit der arischen Theorie.

Wenn man davon ausgeht, dass die arische Theorie eine gewisse Glaubwürdigkeit verdient, dann folgt daraus, dass ein indoeuropäischer oder nordischer Protoraum die primäre Quelle vieler der wichtigsten Zivilisationen der Welt war - der arischen (Indien), kassitischen, hethitischen, persischen, mykenischen, griechischen, römischen, keltischen, germanischen, slawischen und der heutigen westeuropäischen.[130] Wenn darüber hinaus eine rassische und sprachliche Verbindung zwischen den alten indoeuropäischen Völkern und den heutigen Nordeuropäern und ihren rassischen Vettern in Übersee anerkannt wird, dann können die Mitglieder der Mehrheit die Verfasser der *Veden*, Homer, Darius, Plato, Alexander und Caesar sowie viele der größten Persönlichkeiten

---

128 Ludwig Lewisohns *This People* (Harper, New York, 1933) ist vielleicht das klassische Beispiel für moderne jüdische Rassenmystik.

129 Coon, *The Races of Europe*, S. 378, 397.

130 Einige der energischsten Verfechter der Arier-Theorie wurden bereits in Kapitel 3 erwähnt, ebenso wie die überraschende Ähnlichkeit bestimmter indoeuropäischer Wortstämme. Es ist unnötig, hinzuzufügen, dass Hitlers Eintreten für die Arier-Theorie nichts dazu beigetragen hat, ihr ohnehin geringes Ansehen in den Augen der westlichen intellektuellen Gemeinschaft zu verbessern.

der mittelalterlichen und modernen Geschichte als ihre Vorfahren bezeichnen. Sie können sich auch auf eine Kunst berufen, die so alt ist wie die ägyptische und sumerische (vielleicht sogar noch älter), und auf eine Literatur, die der der Hebräer um mehr als ein Jahrtausend vorausgeht.[131]

Mit etwas mehr anthropologischer Freiheit kann die arische Theorie bis zu den Cro-Magnons zurückverfolgt werden, den großartigen Künstlern der Höhlenmalereien in Südfrankreich und Nordspanien, von denen die besten auf 18.000 v. Chr. zurückgehen. Cro-Magnon-Skelette, von denen einige bis zu sechs Fuß und fünf Zoll groß sind, haben dolichocephale Schädel (mit einem durchschnittlichen Volumen von 1650 cm³, verglichen mit dem durchschnittlichen Volumen von 1350 cm³ des modernen Europäers).[132] Solche Skelettmaße lassen auf eine teilweise Cro-Magnon-Abstammung der heutigen Nordischen schließen. Hinzu kommen die jüngsten Funde wunderschön gearbeiteter Goldschmiedearbeiten in Osteuropa, die den besten Goldschmuck der Ägypter um 1 600 Jahre übertreffen. Außerdem zeigt eine überarbeitete Radiokohlenstoffdatierung, dass die prächtigen megalithischen Kammergräber in Westeuropa 6.000 Jahre alt sind - 1.300 Jahre älter als die Pyramiden. Es scheint, dass Stonehenge als astronomisches Labor etwa tausend Jahre vor Homers Dichtung in Betrieb war.[133] Hinzu kommen Legenden von Wikingern im präkolumbischen Mittel- und Südamerika,[134] und Seefahrern einer hoch

---

[131] Die vedischen Hymnen reichen bis 2000 v. Chr. zurück, die ältesten Teile der Bibel bis 850 v. Chr. Siehe S. 155.

[132] *Ency. Brit.*, 14. Auflage, 1963, Bd. 6, S. 792.

[133] Colin Renfrew, *Before Civilization*, Knopf, New York, 1973, S. 16, 66, 123. Renfrew, Professor für Archäologie an der Universität von Southampton (England), und Marija Gimbutas von der Universität von Kalifornien in Los Angeles stehen an der Spitze der archäologischen Revisionisten, die der Diffusionstheorie des Zivilisationswachstums einen vernichtenden Schlag versetzt haben. Früher wurden die Fortschritte der europäischen Kultur den ägyptischen und nahöstlichen Einflüssen zugeschrieben. Das ganze Licht soll aus dem Osten gekommen sein (*ex oriente lux*). Radiokarbondatierungen beweisen nun, dass viele Lichter zuerst unabhängig voneinander in Westeuropa leuchteten. Eine Theorie der umgekehrten Diffusion wurde von Gustav Kossinna aufgestellt, lange bevor man von Carbon14 hörte. *In Die deutsche Vorgeschichte, eine hervorragend nationale Wissenschaft* (1912) erklärte Kossinna, dass die europäische Zivilisation von Wellen von "Indogermanen" begonnen wurde, die ihre Erfindungen der Schrift und der Metallurgie in den großen "Volksbewegungen" des dritten Jahrtausends v. Chr. nach Süden trugen.

[134] Siehe verschiedene Werke des verstorbenen Jacques de Mahieu, eines französischen Anthropologen, der in Argentinien lebte, insbesondere *Drakkars sur l'Amazone*, Copernic, Paris, 1977. Die entfernten Vorfahren dieser Wikinger könnten bis nach China vorgedrungen sein. Im Jahr 1980 wurde im Nordwesten Chinas die gut erhaltene Leiche einer großen, "extrem schönen" Frau mit langen blonden Haaren, großen Augen, hoher Nase und "winzigen, dünnen Lippen" gefunden. Die Radiokarbondatierung ergab, dass sie vor 6.470 Jahren starb. *Atlanta Constitution*, 19. Februar 1981.

entwickelten nordischen Kultur auf Helgoland, deren Flotte angeblich die Flotte von Ramses III. in einer ägyptischen Seeschlacht im zwölften Jahrhundert v. Chr. besiegt hat.[135]

Obwohl es nicht allgemein bekannt ist, haben mehrere hoch angesehene Historiker und Gelehrte die arische Theorie unterstützt. Gordon Childe, der in der Encyclopaedia Britannica als "der mit Abstand größte britische Prähistoriker seiner Generation und wahrscheinlich auch der Welt" bezeichnet wird, schrieb[136], dass die Arier "überall als Förderer des wahren Fortschritts erscheinen und in Europa ihre Ausbreitung den Zeitpunkt markiert, an dem die Vorgeschichte unseres Kontinents von derjenigen Afrikas oder des Pazifiks abzuweichen beginnt."[137] Ein prominenter französischer Wissenschaftler, Georges Dumézil, ging weit über die indoeuropäische Sprachverwandtschaft hinaus und postulierte eine gemeinsame Mythologie und sogar eine gemeinsame *mentale Struktur spécifique*, die eine ausgeprägte indoeuropäische Weltsicht zur Folge hatte.[138] Arnold Toynbee tat der arischen Sache keinen Abbruch mit einigen schmeichelhaften Bemerkungen über den historischen Scharfsinn von Gobineau,[139] einem der Gründerväter des Aryanismus.

In jüngerer Zeit erklärte der Oxford-Professor C. D. Darlington über die Arier: "Obwohl sie sich über zwei Kontinente erstrecken, schreiben wir ihnen eine gemeinsame Abstammung und einen gemeinsamen Ursprung zu, irgendwo zwischen der Donau und dem Don und irgendwann vor dem Ende des dritten Jahrtausends v. Chr."[140]

Zu den stichhaltigeren Beweisen für die arische Theorie gehören der genetische Abdruck richtig datierter Schädel mit dem richtigen Schädelindex in Gebieten, in denen indoeuropäische Sprachen gesprochen wurden, sowie eine Fülle literarischer und künstlerischer Anspielungen, die den Göttern und Helden der frühen indoeuropäischen Kulturen helle Hautfarbe und Blondheit zuschreiben.[141] Die Sensibilität der arischen Invasoren Indiens für die Hautfarbe - die Grundlage ihres Kastensystems - könnte eher eine genetische als eine erworbene Eigenschaft gewesen sein, da sie bei Nordeuropäern und Amerikanern der Mehrheit immer noch weit verbreitet ist.

---

135 Jurgen Spanuth, *Atlantis*, Grabert, Tübingen, 1965.

136 *Ency. Brit.*, Bd. 5, S. 502.

137 Zitiert von Darlington, *The Evolution of Man in Society*, S. 146.

138 Georges Dumézil, *L'Idéologie tripartite des Indo-Européens*, Latomus, Brüssel, 1978.

139 *Eine Studie zur Geschichte*, Bd. VI, S. 216-17.

140 Darlington, op. cit., S. 140.

141 Coon, *The Races of Europe*, Kapitel V und VI. Siehe auch Kapitel 12 der vorliegenden Studie.

Schließlich erweckte der Anthropologe Carleton Coon zur Bestürzung und zum großen Unbehagen der orthodoxen Rassengleichmacher den Zusammenhang zwischen indoeuropäischer Sprache und Rasse zu neuem Leben, indem er feststellte: "Die indoeuropäischen Sprachen wurden einst mit einem einzigen, wenn auch zusammengesetzten Rassentypus in Verbindung gebracht, und dieser Rassentypus war ein nordischer Vorfahr."[142] Coon, der weiterhin behauptete, dass die Patrizier der römischen Republik größtenteils nordischer Rasse waren,[143] brachte die genetische Verbindung auf den neuesten Stand, indem er Nordamerika als das "größte nordische Reservoir der Welt" bezeichnete.

Aus wissenschaftlicher Sicht ist die Ariertheorie eine grobe Vereinfachung. Ein paar längliche Schädel, ein paar nordische Profile auf zerbröckelnden Statuen, ein paar literarische Hinweise auf Blondheit beweisen nicht die Existenz einer großen kulturträchtigen indoeuropäischen Rasse. Aber sie widerlegen sie auch nicht. Wenn die Intelligenz der Mehrheit zu vorsichtig oder zu eingeschüchtert ist, um sich auf eine ferne und weit entfernte indoeuropäische Abstammung zu berufen, kann sie jedenfalls kaum die leichter nachweisbare Abstammung der Mehrheit von den indoeuropäisch sprechenden germanischen Völkern ignorieren, die während und nach dem Fall des Weströmischen Reiches eine beherrschende Rolle in der Weltgeschichte zu spielen begannen.

Im vierten, fünften und sechsten Jahrhundert n. Chr. setzten *Völkerwanderungen* aus den deutschen Wäldern eine Flut nordeuropäischer Gene über weite Teile des Kontinents frei, von denen einige sogar nach Afrika überschwappten. Für die Mehrheit der Mitglieder britischer Abstammung im Besonderen und für die amerikanische Geschichte im Allgemeinen war der ereignisreichste Teil dieser Migration die Teutonisierung, Germanisierung oder "Nordifizierung" eines großen Teils Englands durch die Angeln und Sachsen. Weitere genetische Einflüsse dieser Art wurden im Laufe der nächsten vier oder fünf Jahrhunderte durch das Eindringen von Dänen und anderen Nordmännern auf die britischen Inseln gebracht.

Noch während die germanische Expansionswelle abebbte und die Ostgoten, Westgoten und Vandalen[144] ihre Reiche in Italien, Spanien und Nordafrika verloren, bahnte sich eine neue nordeuropäische Völkerwanderung an. In den nächsten 600 Jahren eroberten die skandinavischen Wikinger und Normannen die Normandie, Sizilien, Süditalien, England und Teile Irlands und ließen sich

[142] Coon, op. cit., S. 221.

[143] Ebd., S. 554, 651. So waren vielleicht auch einige der frühen Kaiser. Sueton spricht von Augustus' Haar als "zu Gold neigend", von Neros "hellblondem Haar" und von Galbas "blauen Augen". *De Vita Caesarum*, 2.79.

[144] Achtzigtausend Vandalen, so König Genseric, verschwanden nach drei Generationen, vermutlich durch wahllose Paarung. Darlington, op. cit., S. 317.

in Island, an der Küste Grönlands und kurzzeitig in Neufundland nieder.[145] Im Osten wurden etwa zur gleichen Zeit umherziehende schwedische Krieger- und Händlerbanden, die als Rus und Varangianer bekannt waren, zu Herren über die russischen Flussläufe. Sie gaben dem Land nicht nur ihren Namen, sondern setzten auch einen ihrer eigenen Anführer, Rurik, als ersten russischen Zaren ein. Im Jahr 1042 markierten die Varangianer, die über die Ägäis nach Süden segelten, und die Normannen, die von Sizilien aus nach Osten segelten, die Einkreisung Europas durch die Skandinavier, indem sie sich in einer Seeschlacht im Mittelmeer gegenseitig bekämpften.[146]

Der rassische Drang der Nordmänner war der Auslöser für die Kreuzzüge, eine unglückselige, herkulische Anstrengung zur Gründung eines riesigen germanischen Lehnsgebiets im Nahen Osten, bevor er in *Frankreich* und in den wärmeren, nach Zitrone duftenden Ländern weiter südlich entkräftet wurde. Obwohl das vordergründige Ziel der Kreuzfahrer unter normannischen Anführern wie Tancred, Bohemund und Richard I. von England darin bestand, das Heilige Land für das Christentum sicher zu machen, waren sie ebenso, wenn nicht noch stärker, von der Gier nach Ruhm und Reichtum motiviert.

Andere Kreuzzugsbewegungen, die in diesen Jahren in Europa stattfanden, verfolgten eher rassische Ziele. Im Osten und Nordosten drängte der Deutsche Orden die Balten und Slawen zurück. In Spanien war die westgotische Aristokratie nach Jahrhunderten des Versteckens in den Gebirgen Galiciens und Asturiens wieder aufgetaucht und startete einen Gegenangriff, um die Araber von der iberischen Halbinsel zu vertreiben - eine militärische Operation, die in der Gründung des spanischen Reiches und der Kolonisierung der Neuen Welt gipfelte.[147] Es erübrigt sich zu erwähnen, dass keiner dieser Kreuzzüge im

---

145 Die Nordmänner hätten fast, aber nicht ganz, London (895), Paris (885-886) und Konstantinopel (860) erobert. In *A Study of History* (Bd. II, S. 43) hat Toynbee ein hinreißendes Stück historischer Spekulation eingefügt, in dem er sich ausmalt, was passiert wäre, wenn die heidnischen Skandinavier diese europäischen Hauptstädte erobert hätten, von Island aus weitergezogen wären, um Amerika dauerhaft zu besiedeln, und, anstatt zum Christentum zu konvertieren, es verboten hätten.

146 Jahrhundertelang bildeten die Varangier die persönliche Leibwache der byzantinischen Kaiser. Nach der Schlacht von Hastings wurden sie durch Engländer ersetzt, die vor der normannischen Eroberung Britanniens flohen. Eric Oxenstierna, *The Norsemen*, trans. Catherine Hutter, New York Graphic Society Publishers, Greenwich, Conn., 1965, S. 279.

147 Die Westgoten und ihre identifizierbaren Nachkommen sind von der rassischen Landkarte Spaniens so gut wie verschwunden. Aber auch wenn sie in Spaniens überwiegend mediterranem ethnischen Lösungsmittel verschwunden sind, so sind doch einige rassische Erinnerungen in einem der besten Köpfe des modernen Spaniens noch lebendig. Ortega y Gasset schrieb in *Meditación Preliminar*: "¿Quién ha puesto en mi pecho estas reminiscencias sonoras, donde-como en un caracol los alientos oceanicos-perviven las voces intimas que da el viento en los senos de las selvas germánicas?" *Obras Completas*, Madrid, 1963, Bd. 1, S. 356.

Einklang mit den Lehren des Neuen Testaments durchgeführt wurde. Was auch immer an moralischer Zurückhaltung und humanen Handlungen gezeigt wurde, konnte ebenso gut dem Rittertum wie dem Christentum zugeschrieben werden.[148]

Noch vor dem Ende des Mittelalters war[149] das Heilige Land verloren.

Die Türken begannen ihren Marsch nach Konstantinopel, Budapest und in die Außenbezirke von Wien. Die Päpste, die größtenteils lombardischer (germanischer) Herkunft waren,[150] setzten sich an die Spitze der Bevölkerung Südeuropas und demütigten die deutschen Kaiser. Unterdessen heiratete der germanische und normannische Adel, der nationale Loyalitäten entwickelt hatte, in reiche Kaufmannsfamilien ein. Im Osten wurden die nordischen Slawen "alpinisiert", während der nordische Adel und die Soldaten in endlosen Kriegen gegen asiatische Invasoren ausstarben und sich die fügsameren nordischen Überreste mit den Nachbarvölkern und dem mongoloiden Feind vermischten.[151]

---

[148] Das Rittertum ist eine raffinierte Mischung aus stilisierter militärischer Höflichkeit, Ehre und höfischer Liebe, die noch schwach in den ungeschriebenen Regeln dessen erkennbar ist, was in England und bei einigen Mitgliedern der amerikanischen Mehrheit als Fair Play bekannt ist. Tacitus entdeckte einen ritterlichen Ritus in der heidnischen deutschen Gesellschaft: "Tum in ipso concilio vel principum aliquis vel pater vel propinquus scuto frameaque juvenem ornant." *De Germania*, 13. 5-6. Swan Sonnenschein, London, 1901. Eine weniger ehrfurchtsvolle und etwas lustige Sicht auf dasselbe Thema bietet Robert Briffault's *The Mothers*, Macmillan, New York, 1927, Bd. 3, S. 382-423.

[149] Der Historiker Will Durant hatte einige interessante Erkenntnisse über die rassische Zusammensetzung Europas auf dem Höhepunkt des Mittelalters. "Die Deutschen hatten durch ein Jahrtausend von Wanderungen und Eroberungen dafür gesorgt, dass sich ihr Typus in der Oberschicht von ganz Westeuropa mit Ausnahme von Mittel- und Süditalien und Spanien durchsetzte. Der blonde Typus wurde in Bezug auf Haare und Augen so sehr bewundert, dass der Heilige Bernhard eine ganze Predigt lang darum rang, das 'Ich bin schwarz, aber schön' aus dem Hohelied mit dieser Vorliebe in Einklang zu bringen. Der ideale Ritter sollte groß, blond und bärtig sein; die ideale Frau in Epos und Romantik war schlank und anmutig, mit blauen Augen und langem blondem oder goldenem Haar." *The Age of Faith*, Simon and Schuster, New York, 1950, S. 832.

[150] Hildebrand, der als Gregor VII. der weltlichste aller Päpste wurde, war ein Lombarde aus der Toskana. Bevor die Deutschen im päpstlichen Amt ihre religiösen Vorlieben über ihre rassischen Bindungen stellten, näherten sich ihre pro-teutonischen Gesinnungen oft denen Hitlers an. Siehe insbesondere die Polemik von Bischof Liutprands aus dem zehnten Jahrhundert über die "Niedertracht und Feigheit und Geiz und Verweichlichung und Verlogenheit" der Römer in Toynbees *A Study of History*, Band IV, S. 522-23.

[151] "Die Slawen waren, wie alle anderen indoeuropäisch sprechenden Völker, die wir nachweisen konnten, ursprünglich nordisch, und es gibt in ihren frühen Überresten in den untersuchten Regionen keinen Hinweis auf die zahlenmäßig vorherrschenden brachycephalen Rassenzuwächse, die heute als typisch slawisch angesehen werden." Coon, *The Races of Europe*, S. 220.

Die groß angelegten kolonialen Unternehmungen Spaniens und Portugals ab dem 16. Jahrhundert können kaum als Ausdruck einer nordeuropäischen Rassendynamik bezeichnet werden, obwohl nicht wenige Conquistadores ein ungewöhnliches Missverhältnis nicht-mediterraner Merkmale aufwiesen.[152] Die rassischen Züge der Reformation waren jedoch unübersehbar. Um es mit den Worten von Thomas Macaulay zu sagen:

"Die Reformation war sowohl eine nationale als auch eine moralische Revolte. Sie war nicht nur ein Aufstand der Laien gegen den Klerus gewesen, sondern auch ein Aufstand aller Zweige der großen deutschen Rasse gegen eine fremde Herrschaft."[153] Macaulay hätte besser Nordeuropäische Rasse statt Deutsche sagen sollen, denn die Süddeutschen und die Österreicher blieben durchweg katholisch.

Der Protestantismus, die religiöse Emanzipation des Nordens, trug dazu bei, die größte nordeuropäische Expansion aller Zeiten zu inspirieren und zu beschleunigen. Vom 17. bis zum Ende des 19. Jahrhunderts wanderten Briten, Deutsche, Skandinavier, Franzosen, Niederländer und Iren zu Millionen nach Nordamerika, Südafrika, Australien und Neuseeland und zu Zehntausenden zu den Außenposten des Imperiums in Schwarzafrika, Südamerika, Asien und auf den pazifischen Inseln aus.

Zu Beginn des 20. Jahrhunderts waren Macht und Einfluss der Nordeuropäer trotz der Französischen Revolution, die die alte teutonische Herrscherklasse in den meisten lateinischen Ländern Europas so gut wie zerschlagen hatte, so groß wie nie zuvor. Das britische und das deutsche Kaiserreich mit ihren unbesiegbaren Land- und Seestreitkräften, ihrem Beinahe-Monopol im Welthandel, ihrer technischen Effizienz und der grenzenlosen Energie ihrer fleißigen Bürger bildeten eine Konzentration militärischer und wirtschaftlicher Stärke, an die keine andere Nation oder Gruppe von Nationen auch nur annähernd heranreichen konnte.

Diese immense Macht beruhte nicht nur auf Waffen und Butter. Sie war das Ergebnis einer Reihe einzigartiger Institutionen, zu denen auch die

---

[152] Die Urgroßmutter von Vasco da Gama war eine Hereford, ein Mitglied der höchsten Stufe des englischen Adels. Henry Hart, *Sea Road to the Indies*, Macmillan, New York, 1950, S. 97. Kolumbus, ein Norditaliener, war groß, hatte einen langen Kopf, blaue Augen und kastanienbraunes Haar. Samuel Morison, *Admiral of the Ocean Sea*, Little, Brown, Boston, 1942, S. 47. Cortés führte seine Abstammung auf die lombardischen Könige Italiens zurück, und Pedro de Alvarado, sein tapferster Leutnant, war so blond, dass die Azteken ihn *Tonatiuh*, die Sonne, nannten. Prescott, *Conquest of Mexico*, Modern Library, New York, S. 128, 258. Prescott beschrieb König Ferdinand als den "rothaarigen Goth" der Königin Isabella. Balboa, der Entdecker des Pazifiks, war blond mit rötlich-goldenem Haar und Bart. Kathleen Romoli, *Balboa of Darien*, Doubleday, Garden City, N.Y., 1953, S. 31.

[153] *Die Geschichte Englands von der Thronbesteigung Jakobs II. an*, Bd. 1, S. 58.

repräsentative Regierung gehörte, deren Ursprünge Montesquieu im Verhalten und in den Praktiken der alten deutschen Stammesversammlungen ausgemacht hatte.[154] Die Vorliebe für persönliche Freiheit, die Unabhängigkeit des Geistes, die ungewöhnlich hohe Stellung der Frau und die tiefe Zuneigung zum Land wurden von Tacitus in seinem Essay *De Germania* als typische Merkmale der germanischsprachigen Völker bezeichnet. Solche Einstellungen und Gewohnheiten waren wahrscheinlich die Keimzelle der Magna Carta und der späteren britischen Betonung der individuellen Rechte und Freiheiten. Die vielleicht größte institutionelle Errungenschaft war das Rechtssystem - einschließlich der skandinavischen oder teutonischen Erfindung des Geschworenengerichts, das in einer rudimentären Form von den Normannen nach England gebracht wurde.[155]

All diese Meilensteine der politischen und sozialen Entwicklung sind offenbar aus der fast instinktiven Erkenntnis entstanden, dass "die Grundlage der ... Gesellschaft der freie Mensch" ist.[156] Die höchste Verfeinerung und Ausprägung dieses politischen Reflexes fand ihren Ausdruck in der Tätigkeit und Gesetzgebung des britischen Parlaments, das ein Klima politischer und wirtschaftlicher Stabilität förderte, das in der Geschichte ohne Beispiel ist. Das vergleichsweise stabile soziale Umfeld, das durch solche Institutionen geschaffen wurde, war die Grundvoraussetzung für die führende Rolle Nordeuropas in der Regierung, der Kunst, der Wissenschaft, der Industrie, der Landwirtschaft und fast jedem anderen Aspekt menschlichen Strebens.

Es war nur natürlich, dass diese Institutionen über den Atlantik getragen und von den Engländern und den anderen Nordeuropäern, die Nordamerika kolonisierten, weiter verfeinert und entwickelt wurden. Wenn ein spezielles biologisches Erbe für den Fortschritt und den Wohlstand der nordeuropäischen Staaten in der Alten Welt verantwortlich war, wäre es vernünftig gewesen zu erwarten, dass ein Land der Neuen Welt mit einem Überfluss an denselben genetischen Ressourcen eine noch größere Nation, vielleicht die größte Nation überhaupt, werden würde.

Es dauerte weniger als zwei Jahrhunderte nationaler Unabhängigkeit und zwei Weltkriege, bis sich diese Prophezeiung erfüllte. Die Ironie besteht darin, dass zu dem Zeitpunkt, als die Vereinigten Staaten zur dominierenden Kraft im Weltgeschehen geworden waren, die amerikanische Mehrheit, der Hauptverursacher der amerikanischen Größe, nicht mehr die dominierende Kraft in Amerika war.

---

[154] *De l'esprit des lois*, 11, 6-8. Island hatte bereits im 10. Jahrhundert ein Parlament, das Althing.

[155] Siehe Kapitel 28.

[156] J. R. Green, *A Short History of the English People*, Harper, New York, 1892, Bd. 1, S. 2.

KAPITEL 10

Der Niedergang der Mehrheit

Der Niedergang der amerikanischen Mehrheit begann mit dem politischen und militärischen Kampf zwischen dem Norden und dem Süden. Neben nationalistischen und kulturellen Unterschieden trennte die Nordeuropäer in Europa auch die Geografie, vor allem die Ost- und Nordsee sowie der Ärmelkanal. In den Vereinigten Staaten war der große Trennungsgrund das Wetter. Die durchschnittlichen Juli-Temperaturen in Massachusetts und Pennsylvania liegen bei 73,5 °F bzw. 75,5 °F. Die durchschnittlichen Juli-Temperaturen in Virginia und Mississippi liegen bei 79 °F und 80 °F. Diese wenigen zusätzlichen Grad Sommerhitze machten es den Plantagenbesitzern im Süden unmöglich, weiße Arbeitskräfte zu rekrutieren. In heißen Klimazonen ist der Nordeuropäer als Feldarbeiter wertlos. Ohne eine große Anzahl von Negern hätte der Süden niemals so etwas wie seinen blühenden Wohlstand der Vorkriegszeit erreichen können.

Um den Anforderungen ihres Umfelds gerecht zu werden, schufen die Südstaatler ihren eigenen *Modus vivendi - eine* stark romantisierte und stark parfümierte Version, die noch immer durch die amerikanische Geschichte geistert. Die Nordstaatler versuchten, zum Teil ausgelöst durch das, was als "sentimentaler Makel" der Angelsachsen beschrieben wurde[157], und durch den altruistischen Wunsch, die bürgerlichen Freiheiten auf die Nicht-Engländer auszuweiten, die Sklaverei zunächst zu erleichtern und dann zu beenden. Die Südstaatler reagierten auf die Einmischung des Nordens so, wie sie und die nördlichen Kolonisten ein Jahrhundert zuvor auf die Einmischung König Georgs reagiert hatten. Sie spalteten sich ab.

Wäre der Norden geduldiger gewesen und bereit gewesen, die Sklaverei etwas länger "abzuwarten" - sie war bereits durch die Mechanisierung der Baumwollernte, die ausländische Konkurrenz und andere Ursachen bedroht -, wäre es vielleicht nie zum Bürgerkrieg gekommen. In diesem Fall wäre die amerikanische Mehrheit heute wesentlich zahlreicher. Der Krieg forderte 610.000 Todesopfer - im Vergleich zu 4.435 im Unabhängigkeitskrieg - und fast alle Toten waren nordeuropäischer Abstammung. Trotz der größeren Zahl von Opfern aus dem Norden ([158]) waren die dysgenetischen Auswirkungen des

---

[157] Madison Grant, *The Passing of the Great Race*, Scribner's, N.Y, 1916, S. 14, 77.

[158] Auf der Nordseite gab es 360.000 Tote, auf der Südseite 250.000. Die Kriegskosten beliefen sich auf etwa 5 Milliarden Dollar, hinzu kamen 3 Milliarden Dollar für den Wiederaufbau nach dem Krieg. Beard, *The Rise of American Civilization*, Bd. 2, S. 98-99.

Krieges für den Süden viel gravierender. Der Norden hatte eine Bevölkerung von 22 Millionen, fast ausschließlich Weiße, gegenüber 12 Millionen im Süden, von denen ein Drittel Sklaven waren.[159] Die Offiziersklasse des Südens, die vor Kriegstreiberei und Angeberei nur so strotzte, wurde dezimiert, während im Norden der Kauf von Ersatzleuten ein florierendes Geschäft war. Siebzehn Prozent der Generäle der Konföderation wurden getötet, verglichen mit 2,5 Prozent der Generäle der Union.[160]

Nach dem Ende des Gemetzels wurde der südliche Teil der Mehrheit zu einer unterdrückten Minderheit. Mit Hilfe von verwirrten und unwissenden Negern versuchten Nordstaatler und Südstaatlerinnen erfolgreich, wenn auch nur für kurze Zeit, die politische und wirtschaftliche Kontrolle zu erlangen. Historiker nannten dies Reconstruction. Der durch die Niederlage verbitterte Süden musste eine rachsüchtige militärische Besatzung über sich ergehen lassen. Im Laufe der Zeit und durch das Erstarken der nationalen Einheit während des Ersten und Zweiten Weltkriegs kühlten sich die Ressentiments im Süden ab, bis sie in den 1950er Jahren durch die Wiederaufnahme der Negerfrage durch den Norden erneut entfacht wurden. Der Einsatz von Fallschirmjägern und Bundesmarshalls zur Durchsetzung von Urteilen des Obersten Gerichtshofs gegen den Süden war kaum dazu angetan, schlafende Feindseligkeiten ruhen zu lassen. An zweiter Stelle nach der tragischen Polarisierung zwischen Nord und Süd als Ursache für den Niedergang der Mehrheit stand die enorme Entwicklung der nationalen Wirtschaft. Wenn zu viel Geld der Nährboden für Korruption ist, so ist es auch der Nährboden für Rassenamnesie. Der große Reichtum, der vor dem Bürgerkrieg von den Plantagenbesitzern und Schifffahrtsmagnaten der Mehrheit und nach dem Krieg von den Industrie- und Finanzmagnaten geschaffen wurde, führte dazu, dass sie ihren Verstand und ihre Energie auf so profane Dinge wie Geldverdienen, Gewinnstreben und Unternehmensorganisation konzentrierten. Die Plutokraten der Mehrheit machten sich wenig Gedanken darüber, welche Auswirkungen ihre Forderungen nach einer immer größeren Zahl von Arbeitskräften auf die rassische Zusammensetzung Amerikas haben würden.

"So wie der nordische Pflanzer des Südens", so der Historiker Charles Beard, "in seinem leidenschaftlichen Streben nach Reichtum bereit war, seine eigene Art durch eine Flut von Negern aus den wilden Gegenden Afrikas zu sabotieren, so kümmerte sich der nordische Mühlenbesitzer Neuenglands, der nur auf die Dividende bedacht war, wenig um die Nationalität oder die Hautfarbe derer, die

---

[159] John Hope Franklin, *Von der Sklaverei zur Freiheit*, Knopf, New York, 1967, S. 386.

[160] Nathaniel Weyl, *The Creative Elite in America*, Public Affairs Press, Washington, D.C., 1966, S. 57. "Der Blutzoll für die Union", fügte Weyl hinzu, "wurde vor allem von den ärmeren Schichten und denjenigen ohne große Bildung und Einfluss bezahlt. Die Konföderation hingegen erließ Wehrpflichtgesetze, die Reiche und Arme gleichermaßen betrafen..."

geduldig an seinen Spindeln und Webstühlen standen oder sich in den Mietskasernen seiner Städte drängten."[161]

Die politischen Folgen dieses wahllosen Einsatzes von Arbeitskräften ließen nicht lange auf sich warten. Schon vor dem Bürgerkrieg machte sich die irische Präsenz in einigen der größten Städte bemerkbar, wo die Mehrheit bei den Wahlen erstmals eine Niederlage erlitt. Diese Niederlage wurde viele Jahrzehnte später national, als sich weiße Minderheiten im Norden mit Yankee-hassenden Südstaatlern zusammenschlossen, um Präsidentschaftswahlen zu gewinnen.

Es war der zwanghafte Materialismus der Mehrheit, ihre Gewohnheit, die materiellen Dinge über die immateriellen Dinge der Zivilisation zu stellen, der die Große Depression ermöglichte und vielleicht sogar sicher machte. Unbeugsamer Individualismus, *Laissez-faire*, Gewaltenteilung und viele andere liebgewonnene Errungenschaften in der Hoffnungstruhe der Mehrheit gingen im Rauch der Notstandsgesetze zur Rettung der nationalen Wirtschaft unter. Der New Deal, die erste Regierung, die in erheblichem Umfang Personal und Ideologie von Nicht-Mehrheitsmitgliedern in die Bundesregierung einbrachte, bedeutete das Erwachsenwerden der Koalition aus Liberalen und Minderheiten.

Die Beteiligung von Minderheiten an der Politik und an allen anderen Aspekten des amerikanischen Lebens hat inzwischen so zugenommen, dass man sagen kann, dass die Mehrheit nicht mehr das rassische Establishment der Vereinigten Staaten ist.[162]

Das Bild der Mehrheit - das Bild des westlichen Menschen, das von nordeuropäischen (hauptsächlich angelsächsischen) Vorfahren abgeleitet ist und durch die Grenze und andere Besonderheiten der amerikanischen Umwelt modifiziert wurde - wird von anderen rassischen und kulturellen Prägungen verdrängt. Und in dem Maße, wie Macht und Einfluss der Mehrheit weiter abnehmen, verliert die amerikanische Zivilisation, wie es täglich deutlicher wird, viel von ihrem kulturellen Klebstoff. Die alten Formen bleiben erhalten, aber der Inhalt ist entweder vorhanden oder verschwunden.

Da die Formen bestehen bleiben, ist sich die amerikanische Mehrheit ihrer Enteignung nur vage bewusst. Sie wählt immer noch, aber sie wählt nicht mehr. Sie kann immer noch frei sprechen, aber nicht mehr frei sprechen. Sie fördert immer noch die Kunst, aber die Kunst ist zu einer Minderheitenbrache

---

161 Beard, a.a.O., Bd. 1, S. 640.

162 Dieser Niedergang wurde von liberalen Soziologen als ein ausschließlich WASP-Phänomen fehlinterpretiert. "Es gibt ein weißes angelsächsisches protestantisches Establishment, das ... im Laufe des zwanzigsten Jahrhunderts allmählich seine Macht und Autorität verloren hat". E. Digby Baltzell, *The Protestant Establishment*, Random House, New York, 1964, S. ix. Einige Autoren, die der Minderheit angehören, haben den Sturz der Mehrheit nicht nur liebevoll beschrieben, sondern auch bejubelt. Siehe Peter Schrag, *The Decline of the Wasp*, Simon and Schuster, New York, 1972.

geworden. Sie hat immer noch einen gewissen wirtschaftlichen Einfluss, aber sie lenkt die Wirtschaft nicht mehr. Sie hat immer noch einen großen Einfluss auf die Lokalpolitik, aber nur noch einen geringen Einfluss auf wichtige Bereiche der nationalen und der Außenpolitik. Viele Mitglieder der Mehrheit führen immer noch ein Privatleben, um das sie die Welt beneidet. In der Öffentlichkeit sind sie jedoch zurückhaltend bis hin zur Kleinmütigkeit.

Diejenigen, die dazu neigen, die Enteignung der Mehrheit zu leugnen, können sich die folgende Frage erlauben. Wie, so mögen sie fragen, kann die Mehrheit enteignet werden, wenn das Land voll ist von vielen reichen Amerikanern mit tadelloser Mehrheitsabstammung ... wenn es so viele Politiker, Schriftsteller, Künstler, Anwälte, Ärzte, Wissenschaftler und FBI-Agenten gibt, die der Mehrheit angehören ... wenn der Präsident, die meisten Kongressabgeordneten und die meisten Gouverneure der Bundesstaaten der Mehrheit angehören ... wenn die Streitkräfte immer noch von einem Offizierskorps befehligt werden, das größtenteils der Mehrheit angehört ... wenn die Mehrheit, die immer noch die größte Bevölkerungsgruppe ist, die Wahl leicht beeinflussen kann?

Die Antworten auf diese und ähnliche Fragen werden einen Großteil des übrigen Inhalts dieses Buches ausmachen. Hier sollen sie lediglich zusammengefasst werden.

Einer der wichtigsten Beweise für die Enteignung der Mehrheit ist, dass es keine politische Partei der Mehrheit als solche gibt. Während des größten Teils des 20. Jahrhunderts war die dynamische Kraft in der amerikanischen Politik die Demokratische Partei, die größtenteils von Minderheiten finanziert wurde,[163] die Partei von Franklin D. Roosevelt, der "eine Regierung der Minderheiten" führte.[164] Die rekonstruierten und nicht rekonstruierten Mitglieder der Südstaatenmehrheit (die so genannten Yellow Dog Democrats) unterstützen die Demokratische Partei immer noch, wenn auch in abnehmender Zahl. Aufgrund der steigenden Kriminalitätsrate der Neger kehren viele derjenigen, die unterhalb der Mason-Dixon-Linie leben, zu den Vorstellungen ihrer Vorfahren aus der Zeit der Sklaverei über die weiße Vorherrschaft zurück. Ironischerweise gehören zu diesen modernen weißen Rassisten, von denen einige es vorziehen, sich als weiße Separatisten zu bezeichnen, nun auch Weiße aus dem Norden, die bis vor kurzem dafür bekannt waren, dass sie die "Hinterwäldler" aus dem Süden mit Argwohn betrachteten.

Die republikanische Partei oder zumindest republikanische Kandidaten werden derzeit von den Mitgliedern der nördlichen Mehrheit bevorzugt, obwohl viele in den Reihen der Geringverdiener und der Gewerkschaften immer noch die Demokraten wählen. Im Allgemeinen stehen die Liberalen der östlichen Mehrheit intellektuell viel enger mit den Liberalen der Minderheit in Einklang

[163] Siehe Kapitel 15.

[164] "Erzbischof Spellman" von Robert I. Gannon, *Look*, Aug. 1962, S. 103.

als mit den Konservativen der Mehrheit. Letztere schwächen ihre politische Effektivität durch die Spaltung der konservativen Stimmen im Süden und durch eine lange Geschichte von Kompromissen mit den Liberalen im Norden und Osten. Was die lautstarke und immer wieder angepriesene schweigende Mehrheit betrifft, so lässt sie sich eher durch ihre weichherzige, zaghafte Annäherung an den politischen Prozess definieren als durch besondere Wahlgewohnheiten oder rassische Neigungen. Ob Weißer oder Farbiger, Christ, Jude, Moslem oder Ungläubiger, jeder, der seine Stimme leise hält und bei der seltenen Gelegenheit, bei der er wählt, die Republikaner wählt, qualifiziert sich für die Mitgliedschaft.

Die republikanische "Südstaaten-Strategie" hat jedoch einige echte rassistische Implikationen: Sie zielt darauf ab, weiße Südstaatler, denen die Pro-Negro-Haltung der Politiker des "Neuen Südens" und das zunehmende Gewicht der Neger in der Politik der Demokraten im ganzen Land missfällt, in den Schoß der Republikaner zu holen. Doch obwohl die Südstaatenstrategie bei einigen Präsidentschaftswahlen erfolgreich war, hat sie noch keine Mehrheit der republikanischen Kongressabgeordneten in den Staaten unterhalb der Mason-Dixon-Linie hervorgebracht.

Sogar das Allerheiligste der angelsächsischen protestantischen Privilegien, die Präsidentschaft, ist unter Beschuss geraten. Al Smith verlor die Präsidentschaftswahlen 1928,[165] aber ein charismatischerer irischer Katholik, John F. Kennedy, gewann die Wahl 1960. Barry Goldwater, zu einem kleinen Teil Jude, war der erfolglose republikanische Spitzenkandidat bei den Präsidentschaftswahlen 1964. Lyndon Johnson, der Sieger, war ein echtes Mitglied der Mehrheitspartei, der als Senator aus Texas mit Händen und Füßen gegen die Bürgerrechtsgesetzgebung gekämpft hatte.[166] Als Präsident änderte er sich jedoch völlig und stimmte einmal in einer landesweiten Fernsehsendung feierlich den Schlachtruf der Minderheit an: "We shall overcome".

---

165 Smith arbeitete sich als reiner, unverfälschter irischer Katholik die politische Karriereleiter hinauf, obwohl sein Großvater väterlicherseits mit ziemlicher Sicherheit Italiener und seine Großmutter väterlicherseits möglicherweise Deutsche war. Matthew und Hannah Josephson, *Al Smith*, Houghton Mifflin, Boston, 1969, S. 13-15. Smith war, wie so viele Großstadtpolitiker, "bestechlich". Thomas Chadbourne, ein millionenschwerer Demokrat, gab ihm 400.000 Dollar in bar und Aktienoptionen, als er Gouverneur von New York war. *New York Times*, 22. Mai 1985. Wäre Herbert Hoover im Amt gestorben, hätten die Vereinigten Staaten mit Charles Curtis, dem Vizepräsidenten, einen zu einem Viertel indianischen Regierungschef gehabt. *Globe and Mail* (Toronto), 13. Juli 1984.

166 Im Jahr 1948 sagte Senator Johnson: "Das Bürgerrechtsprogramm ist eine Farce und ein Schwindel - ein Versuch, unter dem Deckmantel der Freiheit einen Polizeistaat zu errichten." Clarke Newton, LB], *The Man From Johnson City*, Dodd, Mead, New York, 1964, S. 112.

Richard Nixon, der Johnsons Nachfolger im Weißen Haus wurde, obwohl er von einigen als Super-WASP angesehen wurde, war auf beiden Seiten seines Stammbaums irisch.[167] Sein erster Vizepräsident, Spiro Agnew, hatte einen Vater aus Griechenland und eine Mutter aus Virginia. Ronald Reagan, der Wahlsieger von 1980 und 1984, erklärte in beiden Wahlkämpfen mehrmals, er sei "irisch", da er einen irisch-katholischen Vater habe. Über seine Mutter britischer Abstammung sprach er wenig oder gar nicht. Die amerikanische Politik war an einem Punkt angelangt, an dem ein Präsidentschaftskandidat es für unpolitisch hielt, über seine britische Herkunft zu sprechen.

George Bush rutschte auf den Spuren Reagans ins Weiße Haus. Als die Wirtschaft ins Stocken geriet und er eher als schwächlicher ostrepublikanischer Liberaler denn als Reaganist wahrgenommen wurde, hielt er es trotz seines leichten Sieges im Golfkrieg nur eine Amtszeit aus.

Die Präsidentschaften von Jimmy Carter und Bill Clinton könnten auf die "Südstaatenstrategie" der Demokraten zurückgeführt werden, die darin besteht, einen Südstaatler zum Präsidenten zu wählen, um einige Südstaaten wieder in den nicht mehr festen Süden zu locken. Obwohl Carter und Clinton der Mehrheit angehören, bemühten sich beide nicht nur um die Unterstützung der weißen Südstaatler, sondern auch um die Stimmen von Minderheiten. Clinton bemühte sich, seine Regierung mit Schwarzen, Hispanics und Juden zu besetzen, ganz zu schweigen von Ruth Bader Ginsburg, der ersten jüdischen Anwältin am Obersten Gerichtshof seit dem etwas unrühmlichen Abgang des Johnson-Kumpanen Abe Fortas im Jahr 1969.

Wenn ein Mann wie Lyndon Johnson, der die ganze Macht der Präsidentschaft hinter sich hat, sich gezwungen sieht, seine Überzeugungen so radikal zu ändern und seine Sympathien für die Minderheiten so öffentlich und schrill zu verkünden, kann man dem Politiker der unteren Ebene der Mehrheit - in scharfem Gegensatz zu den Prioritäten der meisten Politiker der Minderheiten - kaum vorwerfen, dass er die Partei über die Rasse stellt. Wenn er einen Bezirk mit überwältigender Mehrheit vertritt, wird der Abgeordnete der Mehrheit natürlich die Ziele und Bestrebungen derjenigen unterstützen, die ihn in Bezug auf lokale und einige der weniger kontroversen nationalen Fragen gewählt haben. Aber in dem Moment, in dem er gezwungen ist, zu den größeren Fragen Stellung zu nehmen, die die Nation als Ganzes entscheidend beeinflussen können, beugt er sich gewöhnlich dem Willen und den Launen von reichlich finanzierten, minderheitenorientierten Organisationen und Lobbys, die sich scheinbar allen Interessen außer denen seiner Wähler widmen.

Was die Außenpolitik betrifft, so haben die emotionalen Bindungen einiger Minderheiten an ihre alte oder manchmal auch neue Heimat in Übersee - die durch die Mechanismen des Rassismus im warmen Ofen gehalten werden - zu

[167] Die Nixons, die keine Katholiken waren, kamen aus der Grafschaft Cork, die Familie Milhous aus der Grafschaft Kildare. Phillips, op. cit., S. 174-75.

einem völlig unverhältnismäßigen Einfluss der Minderheiten geführt. Die jüngste Geschichte der amerikanischen Außenpolitik zeigt ein Beispiel nach dem anderen für diplomatische, wirtschaftliche und militärische Verpflichtungen, die das direkte Ergebnis der Sensibilität des Weißen Hauses und des Kongresses für den Druck der Minderheiten waren.

Die bedingungslose Kapitulation Deutschlands, durch die Osteuropa am Ende des Zweiten Weltkriegs an Russland ausgeliefert wurde und die möglicherweise eine Million unnötige Opfer gefordert hat, ist ein solches Beispiel. Die amerikanische Unterstützung Israels, die die Vereinigten Staaten die Freundschaft und das Wohlwollen von über 100 Millionen Arabern kostete und den Weg für Russlands Eintritt in die Politik des Nahen Ostens ebnete, ist ein solches Beispiel. Ein weiteres Beispiel ist die militärische und finanzielle Hilfe Amerikas für afrikanische Staaten, die genau zu dem Zeitpunkt erfolgte, als die Medien und die nach Schlagzeilen gierenden Politiker die Wirtschaftssanktionen gegen Südafrika, das einzige stabile politische Gebilde auf dem Kontinent, verschärften. Das unabhängige Rhodesien wurde unter anderem durch die Wirtschaftssanktionen der Vereinten Nationen, an denen sich die Vereinigten Staaten bereitwillig beteiligten, gezwungen, sich den schwarzen Marxisten zu unterwerfen.

Ob bei diesen wichtigen außenpolitischen Maßnahmen die Interessen von Minderheiten mit dem nationalen Interesse übereinstimmten, ist Gegenstand einer ernsthaften Debatte. Was nicht zur Debatte steht, sind die rassistischen Beweggründe, die diesen Entscheidungen zugrunde liegen. Die Mehrheit, die kein anderes Mutterland mehr hat als die Vereinigten Staaten, neigt dazu, außenpolitische Angelegenheiten aus einem rein amerikanischen Blickwinkel zu betrachten. Andere Bevölkerungsgruppen betrachten das internationale Geschehen oft aus einem ganz anderen Blickwinkel. Dieser schizoide Ansatz in der Außenpolitik war sicherlich ein zwingender Grund dafür, dass sich Amerika aus dem Vietnamkrieg zurückzog, in dem die Interessen von Minderheiten keine Rolle spielten, und zwar genau zu dem Zeitpunkt, als das Weiße Haus und der Kongress damit beschäftigt waren, das amerikanische Engagement im Nahen Osten zu betonen und zu bekräftigen, wo jüdische Interessen als wichtiger angesehen werden als die Lieferung und Verfügbarkeit von arabischem Öl. In Kuba, um das sich die einflussreicheren Minderheiten kaum kümmern, das aber bis zum Zusammenbruch der Sowjetunion eine reale Bedrohung für die amerikanische Verteidigung darstellte, wurde die Stationierung russischer Streitkräfte vom Weißen Haus als *vollendete Tatsache* betrachtet.

Die beiden wichtigsten Errungenschaften der Außenpolitik der Mehrheit - die Monroe-Doktrin und die Nichtverstrickung in die Machtpolitik der Alten Welt - sind nun über Bord geworfen und durch eine Außenpolitik ohne Schwerpunkt ersetzt worden, ein Sammelsurium von diplomatischen *Ungereimtheiten,* das auf der einen Seite die Emotionen der Minderheit befriedigen, auf der anderen Seite den leidenschaftlichen Antitotalitarismus der Liberalen beschwichtigen und auf der dritten Seite die Sozialismusphobie der Konservativen beruhigen soll.

Auf Gedeih und Verderb war die Kontrolle der Außenpolitik durch die Mehrheit die einzige Möglichkeit, eine kohärente Außenpolitik zu entwickeln und zu betreiben. Als die vom Rassismus der Minderheiten geprägte amerikanische Diplomatie pluralistisch wurde, war die Abfolge von Katastrophen, die sich in der zweiten Hälfte dieses Jahrhunderts ereignete, unvermeidlich. Bis zum Amtsantritt von Henry Kissinger gab es keinen Zweig der Regierung, in dem die Mehrheit pro Kopf der Bevölkerung stärker vertreten war als im Außenministerium. Doch gerade auf dem Gebiet der Außenpolitik wurden und werden die Interessen der Mehrheit am eifrigsten ignoriert.

Ein großer Einwand gegen die These von der Enteignung der Mehrheit ergibt sich zwangsläufig aus der unbestreitbaren Tatsache, dass sich viele der größten Vermögen der Nation und viele der führenden Unternehmen immer noch in den Händen der Mehrheit befinden. An dieser Stelle genügt es, mit dem Harvard-Professor und Wirtschaftswissenschaftler John K. Galbraith[168] festzustellen, dass Reichtum nicht mehr gleichbedeutend mit Macht ist und dass der durchschnittliche Angehörige der Mehrheit wesentlich weniger wohlhabend ist als der durchschnittliche Angehörige einiger Minderheiten, insbesondere der jüdischen Minderheit,[169] die nun begonnen hat, die Macht der Mehrheit über die großen Unternehmen in Frage zu stellen.[170] Die Tatsache, dass es eben diesen Unternehmen, den Hauptquellen des Reichtums der Mehrheit, gesetzlich verboten war, Geld an politische Parteien zu spenden, während die Gewerkschaften, von denen viele direkt von einer Minderheit kontrolliert werden, Millionen von Dollar über politische Aktionskomitees (PACs) an ihre Lieblingskandidaten weiterleiten konnten, war nur ein weiterer Hinweis auf die Abwärtskurve des Einflusses der Mehrheit. In den späten 1970er Jahren jedoch ermöglichte eine Entscheidung des Obersten Gerichtshofs sowohl den Gewerkschaften als auch den Unternehmen, PACs zu unterstützen.

---

[168] Als einer der führenden Liberalen der Nation setzte sich Professor Galbraith dem Vorwurf der Illoyalität gegenüber der Kaste aus, als er versuchte, die alte Leier von der verschwörerischen Mehrheit auszugraben, die die amerikanische Politik und die amerikanische Wirtschaft mit ihren Geldbörsen fesselt. John K. Galbraith, *The Affluent Society*, Houghton Mifflin, Boston, 1958, S. 88-90.

[169] Eine Übersicht über den jüdischen Wohlstand findet sich in Kapitel 15. Daten über den wirtschaftlichen Status der armenischen, chinesischen, japanischen und koreanischen Minderheiten sind nicht ohne weiteres verfügbar, aber es gibt Hinweise darauf, dass das durchschnittliche Mitglied dieser Minderheiten über ein größeres Nettovermögen verfügt als das durchschnittliche Mitglied der Mehrheit. Der unermessliche Reichtum der Mafia hebt das Pro-Kopf-Einkommen und das Vermögen der süditalienischen Minderheit möglicherweise über den nationalen Durchschnitt.

[170] Es ist bemerkenswert, dass Bundesrichter Harold Greene, ein deutsch-jüdischer Flüchtling, die Zerschlagung von AT&T, dem einst größten Unternehmen der Welt, überwachte.

Ironischerweise sind viele der größten Vermögen der Mehrheit inzwischen in den Besitz riesiger Trusts und Stiftungen übergegangen, die einen Großteil ihres Einkommens und Kapitals für die Belange von Minderheiten ausgeben. Von den drei echten Milliardären der Mehrheit in den 1970er Jahren starb einer, J. Paul Getty, der gelegentlich Wirtschaftspredigten für ein Sexmagazin schrieb, in prächtiger Abgeschiedenheit in einem englischen Herrenhaus und war seit Jahrzehnten nicht mehr in seinem Land gewesen. Ein anderer, der Luftfahrtpionier Howard Hughes, führte ein zurückgezogenes Leben in ausländischen Hotels, nachdem er in Las Vegas das größte Glücksspielimperium der Welt aufgebaut hatte. Der dritte, der Tankermagnat Daniel Ludwig, verbrachte die meiste Zeit seines Lebens mit dem Aufbau eines riesigen, unrentablen Industrie- und Landwirtschaftskomplexes in Brasilien. Nach Angaben des Magazins *Forbes war* 1993 Warren Buffet das reichste Mitglied der Mehrheit, der eine beträchtliche Beteiligung an der Washington Post Co. hält, dem Herausgeber der liberalen, von einer Minderheit kontrollierten *Washington Post.* Es versteht sich von selbst, dass die Superreichen der Minderheiten weit weniger geneigt sind, sich von dem zu distanzieren, was sie als ihre ethnischen Verpflichtungen ansehen.

Es überrascht nicht, dass die Enteignung der Mehrheit auf dem Gebiet der öffentlichen Meinung am deutlichsten wird. Wenn Ortega y Gasset Recht hat, wenn er sagt: "Niemals hat jemand auf dieser Erde regiert, indem er seine Herrschaft im Wesentlichen auf etwas anderes gestützt hat als auf die öffentliche Meinung",[171] dann ist die Vorherrschaft der Minderheit in den heutigen Vereinigten Staaten unbestreitbar. In den Führungsetagen der drei großen kommerziellen Fernseh- und Radionetzwerke, des öffentlichen Fernseh- und Radionetzwerks, aller großen Filmgesellschaften (einschließlich der Disney-Studios), der beiden einflussreichsten Zeitungen des Landes, einer der größten Zeitungsketten, mindestens der Hälfte der wichtigen Verlagshäuser, der drei Nachrichtenmagazine und der meisten führenden Meinungszeitschriften sind Mitglieder von Minderheiten zu finden (siehe Kapitel 15 für Einzelheiten). Doch diese bemerkenswerte Machtkonzentration macht hier nicht Halt. Aggressiv zensierende Minderheitenorganisationen, allen voran die Anti-Defamation League der B'nai B'rith, überwachen das gedruckte und gesprochene Wort auf die subtilsten minderheitenfeindlichen Anspielungen. Werden solche Anspielungen gefunden, werden die Eigentümer, Redakteure oder Produzenten der beleidigenden Medien darauf hingewiesen und ermahnt. Ein solcher Druck kann nicht verhindern, dass Nachrichten und Informationen, die für das öffentliche Interesse wichtig sind, häufig heruntergespielt, weggelassen oder

171 *La rebelión de las masas*, Espasa-Calpe, Madrid, 1966, S. 116.

verdreht werden.[172] Zu ihrem großen Leidwesen verfügt die Mehrheit über keine ähnlichen Überwachungsorganisationen.

Da sich die öffentliche Meinung aus dem zusammensetzt, was die Menschen lesen, sehen, fühlen und denken, ist sie nur zum Teil die Schöpfung der minderheitenorientierten Informationskanäle. Kein Reporter, Kommentator, Autor, Philosoph oder Prophet kann einen normal intelligenten Erwachsenen dazu bringen, etwas als wahr zu akzeptieren, von dem er weiß, dass es falsch ist. In dem Maße, wie sich die öffentliche Meinung von lokalen auf staatliche und nationale Themen verlagert, wird sie weniger informiert. Ein Narr weiß zu Hause mehr als ein Weiser bei seinem Nachbarn, sagt ein spanisches Sprichwort. Das Wissen aus erster Hand wird durch Informationen aus zweiter Hand und sogar durch Klatsch und Tratsch aus dritter Hand verdrängt. Im Bereich der auswärtigen Angelegenheiten schließlich beruht die öffentliche Meinung weitgehend auf der "organisierten" Meinung, die die Agenda derjenigen vertritt, die ein direktes oder indirektes Interesse daran haben, die Einstellung der Öffentlichkeit zu den berichteten Ereignissen und der diskutierten Politik zu beeinflussen.

Meinungsumfragen beeinflussen die öffentliche Meinung oft mehr, als dass sie sie messen, und geben mehr Aufschluss über den Geisteszustand des Meinungsforschers als über den der Öffentlichkeit. Die Zeitungen, die die Umfragen abonnieren, haben großen Einfluss darauf, welche Fragen gestellt werden und wie groß die Stichprobe ist und wie sie sich zusammensetzt. Bei Wahlen auf nationaler und bundesstaatlicher Ebene haben Umfragen häufig dem Zweck der Wahlwerbung gedient, bei der Statistiken, die für den bevorzugten

---

[172] Der Reporter der *New York Times*, Gay Talese, hat geschrieben: "Die Medien haben aus vielen kleinen Ereignissen und unbedeutenden Menschen dramatische Ereignisse und kolossale Charaktere geschaffen." *The Kingdom and the Power*, World, New York, 1969, S. 194. Eklatante Beispiele für die Verzerrung durch die Medien in den letzten Jahrzehnten: die Verteufelung von Senator Joseph McCarthy; die Apotheose der ermordeten Kennedy-Brüder und Martin Luther King, Jr.; die kichernde Zuneigung für posierende weiße und schwarze Revolutionäre, Wehrdienstverweigerer, Aufstandsführer und Mörderbanden; die Beschönigung von Chappaquiddick. "Hat man jemals eine ausgewogene Diskussion über die Situation in Südafrika gehört? Oder eine vernünftige Darstellung der "Falken"-Sicht auf Vietnam? Oder von den Aktionen einer Polizeieinheit, die sich mit unruhigen Menschenmengen konfrontiert sieht?", fragt Ernest van den Haag in *The Jewish Mystique*, Stein and Day, New York, 1969, S. 142. Die Tendenziösität der Medien zeigt sich am deutlichsten in der Technik der redaktionellen Berichterstattung durch Schlagzeilen. "Lasst mich die Schlagzeilen kontrollieren und es ist mir egal, wer die Leitartikel kontrolliert", sagte Frederick Birchall, ehemaliger Chefredakteur der *New York Times*. Talese, a. a. O., S. 168. In den 1950er Jahren, als jeder lautstarke Einwand gegen den Kommunismus die pawlowsche Reaktion des "McCarthyismus" hervorrief, beschuldigte Präsident Truman den Präsidentschaftskandidaten Eisenhower, "bereit zu sein, die Prinzipien zu akzeptieren, die die so genannte Herrenrasse kennzeichnen." *New York Times*, 18. Oktober 1952, S. 1. Im Präsidentschaftswahlkampf 1972 brachte George McGovern Präsident Nixon zweimal mit Hitler in Verbindung.

Kandidaten günstig sind, hochgespielt werden, während ungünstige Statistiken heruntergespielt oder unterschlagen werden.[173]

Sollte die Mehrheit die Kontrolle über die Nachrichtenmedien zurückgewinnen, wird sich die öffentliche Meinung nicht über Nacht ändern. Der Umgang mit Nachrichten prägt die Köpfe der Menschen, aber die Ideologie, die den Umgang mit Nachrichten definiert und umschreibt, kommt aus dem Bereich der Kultur, in dem die öffentliche Meinung oft nur ein untergeordnetes Element ist. In den untersten Schichten der amerikanischen Kultur - Comicstrips, Hollywood-Filme und Fernsehsendungen - wird die Vorherrschaft der Minderheiten kaum in Frage gestellt. Auf den höheren Ebenen - Lyrik, ernsthafte Romane, Literaturkritik, Off-Broadway-Theater, moderne Musik, Malerei und Bildhauerei - haben Minderheiten ebenfalls eine beherrschende Stellung eingenommen (siehe Kapitel 18).

Es ist oft gesagt worden, eher böswillig als zutreffend, dass Amerikas einziger originärer Beitrag zur Kunst ein Beitrag einer Minderheit war - der Neger-Jazz. Nun heißt es, die Minderheiten hätten die gesamte amerikanische Kultur übernommen, und es wurden Bücher geschrieben, um dieses Thema zu dokumentieren. Leslie Fiedler zufolge ist der Grundton des kreativen intellektuellen Lebens in den Vereinigten Staaten jüdisch geworden.[174] Nathaniel Weyl verkündet nicht nur die Vormachtstellung der Juden in der modernen amerikanischen Kultur, sondern nennt auch biologische Gründe für diese Vormachtstellung.[175] Ernest van den Haag, Professor für Sozialphilosophie an der New York University, erweitert Weyls genetischen Ansatz und behauptet, dass "die amerikanische Sensibilität selbst zum Teil jüdisch geworden ist".[176] Van den Haag erkennt die Beherrschung der Nachrichtenmedien durch "jüdische Liberale" an, die kulturelle Beherrschung durch das "jüdische kulturelle Establishment" und erklärt in einem Anfall von ethnischer Schmeichelei, der die griechische und römische Zivilisation, die Renaissance und die Meisterwerke der westlichen Kunst und Wissenschaft bequemerweise übergeht, dass die Juden "den letzten zweitausend Jahren der westlichen Geschichte die wesentliche Bedeutung verliehen haben".[177]

---

[173] Die Louis Harris Poll sagte Hubert Humphrey den Sieg bei den Präsidentschaftswahlen 1968 voraus. Ohne eine einzige Ausnahme sagten alle großen amerikanischen Zeitungen und Zeitschriften einen überwältigenden Sieg der Labour-Partei bei den britischen Parlamentswahlen 1970 voraus, der die Konservative Partei ins Amt brachte. Die Vorhersagefähigkeiten der Meinungsforscher bei Reagans Präsidentschaftssieg 1980 waren lächerlich.

[174] *Time*, 19. Aug. 1966, S. 80.

[175] *Die kreative Elite in Amerika*, Kapitel XVIII.

[176] *Die jüdische Mystik*, S. 98.

[177] Ebd., S. 14, 41, 129-33.

Als wären sie durch ihre Konzentration auf ein kulturelles Phänomen geblendet, scheinen die oben genannten Intellektuellen die Bedeutung künstlerischer Strömungen aus einem anderen Minderheitenviertel herunterzuspielen. Die Juden mögen die Mehrheitskultur auf der Flucht haben, aber die Neger haben sie in die Enge getrieben. Die jüngste Welle von Negerdramen und halbbiographischen rassistischen Traktaten in Form von Romanen und Fernsehdokumentationen ist nicht nur dabei, die Mehrheitskultur umzugestalten und umzulenken, sondern steht kurz davor, sie tödlich zu verletzen. Die neuen literarischen Negerpersönlichkeiten sind einseitig orientiert und haben ständig wiederkehrende Themen (siehe Kapitel 18). Weiße Frauen sind Freiwild für Vergewaltigungen. Weiße Männer haben schwere sexuelle Defekte.[178] Plünderung, Brandstiftung, Chaos, Mord und sogar Massaker sind oft lohnenswerte und verständliche Ziele. Die Sprache ist stark von rassistischen Verunglimpfungen und sich wiederholenden Schimpfwörtern geprägt.

Trotz dieser künstlerischen Einschränkungen wird die literarische und dramatische Renaissance der Neger von führenden Verlegern und Produzenten aktiv gefördert und häufig im Bildungsfernsehen gezeigt.[179] Die Schriftsteller der Mehrheit können nicht in gleicher Weise antworten, da jede öffentliche Zurschaustellung des Rassismus der Mehrheit, ob kulturell oder anderweitig, automatisch unter ein allumfassendes Verbot fällt.[180] Da kein wirksamer oder sinnvoller Gegenangriff oder eine Widerlegung erlaubt ist, bewegt sich der

---

[178] Diese Behauptung erscheint besonders unangebracht, wenn man bedenkt, dass der als "Feminisierung" bekannte physiologische Zustand bei Negern weitaus häufiger vorkommt als bei Weißen. Die Atrophie der Hoden und die Gynäkomastie (Vergrößerung der männlichen Brüste) sind ein recht häufiges Leiden der Neger. J. C. Carothers, *The African Mind in Health and Disease,* Weltgesundheitsorganisation, Genf, 1953, S. 64. Der Mythos von der Unmännlichkeit der Weißen wurde jetzt von einigen weißen Publikationen aufgegriffen. Das Folgende wurde im *Playboy,* Oktober 1967, S. 64, abgedruckt. Frage: "Wie nennt man es, wenn eine Prostituierte einen weißen Kunden bedient? Antwort-Die Nackten und die Toten".

[179] Das vielleicht heftigste rassistische Drama, das jemals auf einer Bühne aufgeführt wurde, war Slave Ship, das im Herbst 1969 in Brooklyn aufgeführt wurde. Sein Autor war LeRoi Jones (Imri Baraka), ein Neger, der eine Jüdin heiratete und sich dann von ihr scheiden ließ, weil sie ein lebendiger Vorwurf "an die Dinge in mir war, die mir wichtig waren." *Village Voice*, 17.-23. Dezember 1980. Antiweiße Verleumdungen und "literarische" Aufrufe zu rassistischer Gewalt sind ein häufiges Thema in schwarzen Fernseh-Talkshows.

[180] Das selektive Verbot der Verwendung rassistischer Schimpfwörter beschränkt sich nicht auf literarische Werke und auf das, was in den Kommunikationsmedien erscheint. In Washington, D.C., wurde die Polizei förmlich angewiesen, die folgenden Ausdrücke zu vermeiden: boy, wop, kike, chink, dago, polack, bohunk, limey, frog, kraut, nigger, burrhead und spic. *San Francisco Chronicle and Examiner, This World*, 5. Mai 1968, S. 12.

Kulturputsch unerbittlich auf die Etablierung der These zu, dass "die weiße Rasse das Krebsgeschwür der menschlichen Geschichte ist".[181]

In Bezug auf die Religion, eine der wichtigsten Erscheinungsformen der Kultur, ist es nicht so sehr, dass die Mehrheit ihre Kirche verliert, sondern dass die Kirche, einige fundamentalistische Konfessionen ausgenommen, die Mehrheit verliert. Viele Protestanten der Mehrheit können nicht begeistert sein von dem Anblick ihrer Geistlichen, die einen Großteil ihrer Zeit und einen großen Teil des Geldes ihrer Gemeinden dafür aufwenden, revolutionäre Straßenbanden im eigenen Land und anti-weiße Guerillas in Afrika zu beherbergen und zu ernähren und Ausländer aus Mittelamerika, Haiti und der ehemaligen Sowjetunion einzuschleusen. Die Mehrheit der Katholiken hat die gleiche Desillusionierung erfahren, als sie beobachteten, wie ihre linksgerichteten Priester und Nonnen die Unzufriedenheit der amerikanischen Truppen in Vietnam förderten und den Anti-Gringoismus in Lateinamerika schürten.

Vorhersehbarerweise hat der katholische und protestantische Klerus viele der aktiveren Rattenfänger der Minderheiten hervorgebracht - der verstorbene Pater Groppi, Adam Clayton Powell, Martin Luther King Jr. - die alle die Gewohnheit entwickelten, ihre Anhänger mit einer berauschenden Mischung aus sozialem Christentum und Minderheitenrassismus zu füttern. Im Gegensatz dazu ist kein großer Verteidiger der Mehrheit aus irgendeinem religiösen Gremium hervorgegangen, und es ist auch nicht zu erwarten, dass dies der Fall sein wird, solange Figuren mit umgekehrtem Kragen wie der zweimal geschiedene Reverend William Sloane Coffin, Jr, der zivilen Ungehorsam zu Hause und Rückzug im Fernen Osten predigte, während er über den Nahen Osten schwieg, in der von Rockefeller gestifteten Riverside Church in New York City predigt, und während Billy Graham und andere Evangelisten, von denen einige wegen sexueller oder finanzieller Vergehen im Gefängnis landeten, ihr Publikum mit ihrer eigenen Art von religiösem Fossilismus verwirren, und während Reverend Jerry Falwell eine "moralische Erweckung" predigt, die eng mit *Israel über Alles* verbunden ist.

Ein Angriff auf die Kultur eines Volkes beinhaltet notwendigerweise auch einen Angriff auf die Geschichte eines Volkes, die sowohl das Lagerhaus als auch das Arsenal der Kultur ist. Muckraker der Minderheit[182] haben schon vor vielen

---

[181] Diese Aussage der jüdischen Literatin Susan Sontag erschien in der *Partisan Review*, Winter 1967.

[182] Einer der bekanntesten war Gustavus Myers, der in seiner berühmten Studie *The History of the Great American Fortunes (Die Geschichte der großen amerikanischen Vermögen) den* sagenhaften Reichtum der reichsten Familien der Mehrheit detailliert auflistete, während er Millionäre aus der Minderheit wie August Belmont praktisch ignorierte, der der amerikanische Vertreter der Rothschilds war und wahrscheinlich über mehr hartes Geld verfügte als jeder seiner einheimischen Konkurrenten. Auch Jesse Seligman, der dazu beitrug, Amerikaner und andere davon zu überzeugen, 400 Millionen

Jahren damit begonnen, die Vergangenheit der Mehrheit umzuschreiben, aber erst in jüngster Zeit wird in den Schulbüchern, unterstützt durch Fernseh-"Western" und Dokumentarfilme, bewusst darauf geachtet, die Hauptrolle der Mehrheit in der amerikanischen Chronik zu diskreditieren. Die Kinder der Mehrheit dürfen immer noch lernen, dass ihre Vorfahren, meist mit Hilfe von Minderheiten, die Wildnis erschlossen und das Land besiedelt haben, aber es wird ihnen eingetrichtert, dass dieselben Vorfahren Hexen verbrannt und unsägliche Gräueltaten an wehrlosen Indianern begangen haben. Während man sie als gesetzlose Geldgierige und brutale Ausbeuter von Arbeitskräften charakterisiert, wird immer noch, wenn auch etwas widerwillig, zugegeben, dass die Industriegiganten der Mehrheit die Eisenbahnen und Stahlwerke gebaut und das Erdöl ausgegraben haben, das der Menschheit den Verbrennungsmotor bescherte.[183] Der Süden, so wird gelehrt, produzierte den größten Teil der Weltbaumwolle und eine gnädige Zivilisation - um den Preis von Massenlynchern, Nachtreitern, Sklavenbanden und Völkermord in der heißen Sonne. Wenig, was die Mehrheit tat, war richtig; noch weniger war anständig.

Auch wenn man einräumt, dass die Mehrheit keine wirksame politische Vertretung hat, dass ihr Anteil an der Gestaltung der Innen- und Außenpolitik nicht entscheidend ist, dass ihr wirtschaftlicher Einfluss in den Hintergrund getreten ist, dass ihre religiösen Führer sie im Stich gelassen oder sich gegen sie gewandt haben, dass ihre Kultur zerstört und ihre Geschichte erniedrigt wurde - trotz alledem kann man argumentieren, dass die Mehrheit erst dann wirklich enteignet werden kann, wenn sie das Kommando über die ultimative Machtquelle, die Streitkräfte, verloren hat. Dem ist zu entgegnen, dass die Vereinigten Staaten nicht das Preußen des neunzehnten Jahrhunderts sind.

Dollar in ein gescheitertes französisches Projekt zum Bau eines Kanals durch Panama zu stecken, wurde von Myers in seiner Auflistung der Finanzcoups der Mehrheit nicht erwähnt. Niemand bekam auch nur einen Cent zurück, aber Seligman behielt seinen Vorschuss von 300.000 Dollar und die zusätzlichen riesigen Gewinne, die er als Underwriter machte. Stephen Birmingham, *Our Crowd*, Dell, New York, 1967, S. 273-75. Myers versäumte es, die mögliche minderjährige Abstammung seines Hauptschurken Jay Gould zu erwähnen, der von Nathan Gold aus Fairfax, Connecticut, abstammte, wobei das "u" 1806 hinzugefügt wurde. Birmingham, a.a.O., S. 132. Matthew Josephson präsentiert in seinem Buch *The Robber Barons* denselben trostlosen Katalog von Betrügereien der Mehrheit im großen Stil und lässt die Finanzjonglage der Minderheits-Tycoons fast völlig aus. Ein weiteres Werk dieses Genres ist Ferdinand Lundbergs *The Rich and the Super-Rich*. Seiten, manchmal ganze Kapitel, sind den Rockefellers, Mellons, Fords, Du Ponts, Hunts und Vanderbilts gewidmet, aber nur wenige Worte den Rosenwalds, Blausteins, Zellerbachs, Loebs, Seligmans und Warburgs. Die Guggenheims, Zemurrays, Baruchs, Schiffs, Sarnoffs, Annenbergs, Sulzbergers und Hirshhorns werden im Index nicht einmal erwähnt.

[183] Dr. Lucy Rockefeller Hamlin, die Tochter von Laurance Rockefeller, sagte: "Ich habe nie amerikanische Geschichte studiert, weil ich nicht in einer Klasse sitzen und riskieren wollte, dass mein Urgroßvater als Raubritter beschrieben wird." *San Francisco Examiner and Chronicle*, 2. März 1969, Abschnitt A, S. 21.

Jahrhunderts. Sie haben keine militärische Tradition, die ihr Offizierskorps dazu ermutigt, ein Damoklesschwert über die Politik zu führen. Es ist vor allem der Beständigkeit der Mehrheitsinstitutionen zu verdanken, dass das amerikanische Militär noch immer fest unter der Fuchtel der Zivilisten steht.

Falls es daran noch Zweifel gibt, sollten die verbalen Prügel, die hochrangige Offiziere in den letzten Jahrzehnten von den Medien bezogen haben, diese ausräumen. Präsident Trumans schroffe Entlassung von General MacArthur, General Curtis LeMays "schlechte Presse" im Präsidentschaftswahlkampf 1968, das Auf und Ab von General Edwin Walker,[184] die posthumen Angriffe auf General George Patton und der Aufruhr über General George Browns Kritik an der Israel-Lobby sind der Beweis dafür, dass die Feder wie immer im modernen Amerika mächtiger und schärfer ist als das Schwert.

Außerdem sind die Streitkräfte nicht so stark von der Mehrheit geprägt, wie es den Anschein haben mag. Die Carter-Regierung hatte einen jüdischen Verteidigungsminister, Harold Brown, und einen Neger als Armeeminister, Clifford Alexander. Präsident Reagans ranghöchste Verhandlungsführer für Rüstungskontrolle waren Juden. Es gab jüdische Admirale in der Marine,[185] schwarze Generäle in der Luftwaffe und schwarze revolutionäre Kader in der Armee.[186] In nicht allzu ferner Zukunft könnten Schwarze und Hispanics bald die Mehrheit der Mitglieder stellen. Die Koalition aus Liberalen und Minderheiten, nicht das Pentagon, war für die Pattsituation in Korea und das Desaster in Vietnam verantwortlich, wo eine Niederlage auf Ratenzahlung

[184] Walker war zumindest im Norden eine populäre Figur, als er die Truppen befehligte, die 1957 die Aufhebung der Rassentrennung in einer High School in Little Rock durchsetzten. Als er später aus der Armee austrat und begann, die Gesetze zu kritisieren, die er zuvor hatte ausführen sollen, wurde er vorübergehend in eine Irrenanstalt eingewiesen, von Lee Harvey Oswald angeschossen und von den Meinungsmachern mühelos in einen Spinner verwandelt. Walker geriet 1976 wieder in die Schlagzeilen, als er verhaftet und wegen Aufforderung zur Homosexualität angeklagt wurde.

[185] Der verstorbene Hyman Rickover, der "Vater des Atom-U-Boots", erhielt 67.628 Dollar an illegalen Geschenken von General Dynamics.

[186] "Aber jetzt wird in Vietnam ein anderer Krieg geführt - zwischen schwarzen und weißen Amerikanern... 'Ju Ju'- und 'Mau Mau'-Gruppen sind organisiert worden... Panzer fahren mit schwarzen Flaggen... eine ausgefeilte Ausbildung im Guerillakrieg ist ihnen nicht abhanden gekommen, und viele Offiziere, Schwarze und Weiße, glauben, dass Vietnam sich als Trainingsgelände für das schwarze Stadtkommando der Zukunft erweisen könnte." *Time*, 19. September 1969, S. 22. Einige junge Radikale und altgediente Marxisten sehen in dieser Armee innerhalb der Armee die Vorhut der Revolution.

bereits feststand und ein Sieg dank der Fernsehberichterstattung von vornherein ausgeschlossen war.[187]

General Norman Schwarzkopf bekam eine gute Presse für seinen fast mühelosen und verlustfreien Sieg über die Iraker, verlor sie aber, als er seinen Präsidenten für Clintons Versuch kritisierte, Homosexuelle zu einer geschützten militärischen Minderheit zu machen. Seinem Vorgesetzten, General Colin Powell, dem ersten schwarzen Vorsitzenden der Joint Chiefs, wurde viel Anerkennung für den Sieg zuteil, nicht weil er sie verdient hätte - sein Beitrag war unbedeutend -, sondern wegen seiner Hautfarbe.

In den frühen 1990er Jahren, als Gewalt und Kriminalität astronomische Ausmaße erreichten, die weit über die Kontrolle der Polizei und die sporadischen Auftritte der Nationalgarde hinausgingen, war die Rede davon, die Streitkräfte in eine massive Strafverfolgungsbehörde umzuwandeln, ähnlich dem Federal Bureau of Investigation, einer weiteren Organisation mit der hoffnungslosen Aufgabe, eine kranke Gesellschaft zu zwingen, als geordnete Gesellschaft zu funktionieren. Anstatt als Instrument zu dienen, um die Enteignung der Mehrheit zu stoppen, ist das Militär, das so sanftmütig, nachgiebig und duldsam ist wie jeder andere Zweig der Regierung, hauptsächlich an Beförderungen interessiert und hält sich so weit wie möglich von jedem Schlachtfeld, ob im In- oder Ausland, fern. Die politischen Generäle, die an der Spitze der Streitkräfte stehen, sind sich durchaus bewusst, dass der sicherste Weg zu ihrem zweiten oder dritten Stern darin besteht, absolut keine Wellen zu schlagen, absolut keine kontroversen Meinungen zu äußern und den Wehrdienstverweigerer im Weißen Haus freundlich anzulächeln.

Von allen Beweisen für den Niedergang der Mehrheit war keiner schlüssiger als die umfangreiche Sammlung von Medienberichten über die Mondlandung. Hier war das große Mehrheitsunternehmen des Jahrhunderts, vielleicht der denkwürdigste Moment der Menschheit, doch nachdem es vorbei war, nachdem die Fernsehberichterstattung beendet war, nach den Konfettiparaden, wurde das Ereignis oft mit verschleierter Feindseligkeit behandelt und sogar als

---

[187] Der Prozess um das Massaker von My Lai, der durch die reißerische Berichterstattung des Minderheiten-Korrespondenten Seymour Hersh ausgelöst wurde, wurde so inszeniert, dass das Militär sein eigenes Harakiri inszenieren konnte. Als Militärplaner Daniel Ellsberg, der einer Minderheit angehörte, die streng geheimen "Pentagon Papers" stahl, wurde er eher wie ein Held als ein Krimineller behandelt. Später wurden alle Anklagen gegen ihn fallen gelassen, und er wurde von den Medien praktisch heiliggesprochen, nachdem bekannt wurde, dass Ermittler des Weißen Hauses in die Praxis seines Psychiaters eingebrochen waren, um schädliche Informationen zu finden. Der Spion kam frei. Die Gegenspione wurden angeklagt. Ellsberg war zuletzt als führender Agitator gegen die Atomkraft und als Mitglied eines Sexclubs in Los Angeles in Erscheinung getreten. Zuvor hatte er einem Verteidigungsausschuss für Abbie Hoffman angehört, der 1973 nach seiner Verhaftung als Kokainhändler auf Kaution freikam und dessen triumphales Auftauchen 1980 von den Medien als eine Art Wiederkehr beschrieben wurde. *Miami Herald*, 30. August 1973, S. 16A.

absichtlicher Trick beschrieben, um die Aufmerksamkeit von der Notlage und den Bedürfnissen der Armen und Unterprivilegierten abzulenken.

Die endgültige liberale Minderheitenmeinung zur Apollo-11-Mission wurde in einer weitschweifigen, dreiteiligen Dissertation des jüdischen Schriftstellers Norman Mailer in einer Massenzeitschrift niedergelegt.[188] Die Unterstellung des Autors lautete, dass Neil Armstrongs epische Reise ein verrücktes, ungerechtfertigtes, verschwenderisches, halb-nazistisches Abenteuer war, das die Bestrebungen der Neger beleidigte. Der Nazi-Beigeschmack war vermutlich auf die Beteiligung von in Deutschland geborenen Wissenschaftlern an dem Raumfahrtprogramm zurückzuführen. Die ganze Angelegenheit war in Mailers verbitterter Sicht ein düsterer Vorgeschmack auf das kommende kalte, computerisierte Zeitalter, ein Zeitalter, dessen einzige Rettung die Drogen, die Trommeln und das Dharma einer anderen und besseren Art von Männern als die Astronauten sein würden. Die Wahl von Mailer, dessen clowneske Ausflüge in die Politik ihm größere Schlagzeilen eingebracht hatten als seine literarischen Affekte, um einen fast unschätzbaren Erfolg der Mehrheit zu bewerten, war an sich schon ein weiteres trauriges Anzeichen dafür, dass die Mehrheit nicht mehr existieren würde.[189]

Mit der Herabstufung der Astronauten und der Aufwertung von reuigen Vergewaltigern wie Eldridge Cleaver, kindischen Terroristen wie Tom Hayden und Kulturbanausen wie Abbie Hoffman und Jerry Rubin ging es mit der Geschichte der Mehrheit immer steiler bergab. Der nordeuropäische Teil der amerikanischen Bevölkerung, der von der frühen Kolonialzeit bis nach der Jahrhundertwende dominiert hatte, wurde nun zu einem zweitrangigen Bestandteil der amerikanischen Geschichte degradiert. Die Institutionen der Mehrheit und ihre Loyalität zu diesen Institutionen, ihre Arbeitsgewohnheiten und ihre physische Präsenz binden das Land immer noch zusammen, aber mit jedem Jahr mit abnehmender Wirkung.

Der gesamte Prozess der Enteignung der Mehrheit ist nicht allzu schwer zusammenzufassen. Durch den Bürgerkrieg zersplittert, dann durch eine lange Ära des Friedens und des Überflusses in eine humanitäre Stimmung versetzt und von einem überwältigenden Verlangen nach billigen Arbeitskräften angetrieben, beschlossen die Erbauer der Nationen aus Großbritannien und anderen Teilen Nordeuropas, die Vorteile ihrer mühsam entwickelten politischen Institutionen mit Neuankömmlingen anderer Rassen und Kulturen zu teilen. Da diese neuen

---

[188] *Life*, 29. Aug. 1969, 14. Nov. 1969 und 9. Jan. 1970. Die Zeitschriftenartikel des Autors wurden später zu *Of a Fire on the Moon*, Little Brown, Boston, 1970, erweitert.

[189] Später bezeichnete Mailer die WASPs als "das faustischste, barbarischste, drakonischste, fortschrittsorientierteste und wurzelzerstörerischste Volk der Welt" - eine rassistische Verunglimpfung, die ihm in der Intelligenzija hohe Noten einbrachte. Sein abschließendes Wort zu Apollo 11 war, dass der Nihilismus der WASP seinen perfekten Ausdruck in der Odyssee zum Mond fand". *Time*, 8. Februar 1971.

Amerikaner in den Geheimnissen der Selbstverwaltung fast völlig ungeübt und unerfahren waren und in ihrer eigenen historischen Erfahrung mit Ideen wie Eigenständigkeit und individuellen Rechten nicht vertraut waren, waren sie umso begieriger darauf, sich an dem reichhaltigen libertären Festmahl zu laben, wenn auch mehr für ihren eigenen privaten und kollektiven Appetit als für das öffentliche Wohl.

Die vollständige soziale Gleichheit wurde jedoch durch das verbliebene Gefühl der rassischen Überlegenheit der Mehrheit behindert. Um dieses letzte Hindernis aus dem Weg zu räumen, führten Anthropologen, die einer Minderheit angehörten, "wissenschaftliche Beweise" dafür ein, dass alle Rassen von Natur aus gleich seien, und veröffentlichten diese. Die aus diesen Beweisen entwickelten Theorien (oder die ihnen vorausgehenden) wurden von einer Allianz aus liberalen Intellektuellen, Minderheiten und Meinungsmachern weithin und unnachgiebig propagiert. Es dauerte nicht lange, bis der Rassengleichheitsgedanke zu einem etablierten Dogma wurde, das von Nicht-Weißen, deren historische Erfahrung der gesellschaftlichen Organisation der Mehrheit noch fremder war als die der Weißen aus der Neuen Einwanderungsgesellschaft, mit Vehemenz aufgegriffen wurde.

In ihrem Eifer für die Angleichung der Rassen hat die gleichmacherische Schule die Tatsache aus den Augen verloren, dass gerade die Dynamik, die eine Rasse zur Gleichheit antreibt, sie zwingt, über die Gleichheit hinauszugehen. Nach jahrzehntelangem Kampf werden die Interessen am Aufstieg der Rassen zu groß, um willkürlich durch Resolutionen der American Civil Liberties Union oder der Americans for Democratic Action ausgeschaltet zu werden. Die Gleichheit geht unweigerlich in die Übergleichheit über, und die Übergleichheit geht in die Überlegenheit über.

Heute ist der Rassismus gegenüber Minderheiten unter der Bezeichnung "Affirmative Action" von den drei Zweigen der Regierung abgesegnet und in Amerika institutionalisiert worden. Schwarze oder braune Haut, ein hispanischer Hintergrund, eine Epikanthusfalte verschaffen ihren glücklichen Besitzern nun besondere Privilegien bei Arbeitsplätzen, im Bildungswesen und sogar bei der Justiz.

In der Zwischenzeit werden Theorien über die rassische Überlegenheit bestimmter Minderheiten von führenden Buchverlagen veröffentlicht, in den Nachrichtenmedien vorgestellt und in den höchsten Kreisen der liberalen Minderheitenkenner ernsthaft diskutiert.[190] Wer die wahren Beweggründe der

[190] Drei Fälle jüdischer rassischer Überlegenheit sowie ein Fall jüdischer Unterlegenheit werden in Kapitel 15 untersucht. Marshall McLuhans Behauptungen über die rassische Überlegenheit der Neger werden in Kapitel 17 kurz erörtert. Ein Artikel in der Zeitschrift *Sepia* (Mai 1980) trug den Titel "Black Genetic Superiority". Dr. Asa Hilliard III, der schwarze Dekan der School of Education an der San Francisco State, einer Universität mit einigem Ansehen in der akademischen Welt, versuchte, diesen

Rassenintegrationsanhänger kennt, den dürfte es nicht überraschen, dass dieselben Anthropologen, die den Equalitarismus am energischsten gepredigt haben, von diesem Trend am wenigsten beunruhigt sind. Montague Francis Ashley Montagu (gebürtiger Israel Ehrenberg), seit vielen Jahren der führende Verfechter der gleichmacherischen Schule der Anthropologie, hat öffentlich eine literarische Meisterleistung gelobt und unterstützt, die Juden als eine Herrenrasse beschreibt, die von Natur aus mit einem intellektuellen Apparat ausgestattet ist, der sie allen anderen Bevölkerungsgruppen auf dem Planeten überlegen macht.

Und so kam es, dass die einst dominante Mehrheit den Status - und das Stigma - der Unterlegenheit erhielt, nicht nur durch die radikale Neuordnung der amerikanischen Gesellschaftsordnung, nicht nur durch die rassistische Dynamik der Minderheiten, sondern auch durch die *ex* cathedra-Verlautbarungen der einflussreichsten Sozialwissenschaftler. Es gibt kaum eine größere Form der Enteignung, als im eigenen Haus zum Diener zu werden.

Überlegenheitsanspruch zu untermauern, indem er behauptete, Mozart, Haydn und Beethoven seien "Afro-Europäer". Ansprache an der U.S. Air Force Academy, März 1980.

KAPITEL 11

Die Spaltung in den Reihen

IST ES NICHT UNGLAUBLICH, dass die größte amerikanische Bevölkerungsgruppe, die Gruppe mit den tiefsten Wurzeln, die geordnetste und technisch versierteste Gruppe, die Kernbevölkerungsgruppe der amerikanischen Kultur und des amerikanischen Genpools, ihre Vorherrschaft an schwächere, weniger etablierte, weniger zahlreiche, kulturell heterogene und oft einander feindlich gesinnte Minderheiten verloren haben soll?

Bei aller gebührenden Berücksichtigung der Dynamik von Minderheiten und der Vielfalt der Ursachen, die in früheren Kapiteln behandelt wurden, hätte diese wundersame Machtverschiebung niemals ohne eine "Spaltung in den Reihen" der Mehrheit stattfinden können - ohne die aktive Unterstützung und Beteiligung der Mitglieder der Mehrheit selbst. Es wurde bereits darauf hingewiesen, dass das Rassenbewusstsein eine der größten bindenden Kräfte der Menschheit ist. Daraus folgt, dass Menschen, wenn die rassische Anziehungskraft nachlässt, dazu neigen, sich vom Gruppenkern zu lösen. Einige treiben ziellos als menschliche Einzelgänger durchs Leben. Andere suchen nach einem Ersatzkern in einem intensivierten religiösen oder politischen Leben oder in einem erweiterten Klassenbewusstsein. Wieder andere schließen sich aus Idealismus, Romantik, Trägheit oder Perversität einer anderen Rasse an und versuchen so, die Solidarität zu finden, die sie in ihrer eigenen vermissen.

Wie bereits angedeutet, kann streng genommen niemand seine Rasse ändern oder tauschen. Dies ist durch die für die Rasse so wichtige physische Schicht ausgeschlossen. Aber man kann seinen Rassengeist, seinen Rassenstolz, seinen Rassismus verlieren oder aufgeben. Man kann sich die kulturellen Merkmale, die Sprache und die Religion einer anderen Rasse aneignen. Man kann eine Person einer anderen Rasse heiraten und Mischlingskinder bekommen. Indem er einen oder mehrere dieser Schritte unternimmt, zieht sich das Mitglied der Mehrheit praktisch aus seiner eigenen Gruppe zurück und wird, wenn nicht in gutem Glauben, so doch zumindest ad hoc zu einem Mitglied einer Minderheit.

Die Mitglieder der Mehrheit spalten ihre Reihen aus einer Vielzahl von Gründen, von denen der wichtigste wahrscheinlich die Ignoranz ist - die Ignoranz gegenüber der modernen Welt um sie herum und der alten Welt hinter ihnen, eine Ignoranz, die sich aus dem Unwillen oder der Unfähigkeit ergibt, den osmotischen Einfluss der Rasse auf Angelegenheiten zu erkennen, die ihr tägliches Leben berühren. Paradoxerweise ist diese Unwissenheit unter den gebildeteren Teilen der Mehrheit weit verbreitet, denn der Gebildete, der nur Unsinn liest, ist noch unwissendere als der Analphabet, der nichts liest. Der Wohlstand, der die soziale Mobilität erhöht und gleichzeitig das

Rassenbewusstsein verwässert, ist ebenfalls ein wichtiger Faktor für die Spaltung der Mehrheit von innen. Die übermäßige Sorge um den materiellen Komfort und die Annehmlichkeiten der modernen Technologie führt dazu, dass sowohl die Vernunft als auch die Instinkte abgestumpft werden. Aber ganz gleich, wie die Umstände sind, diejenigen, die die Rassengemeinschaft verlassen, schwächen die Rassengemeinschaft. Es ist nicht so sehr so, dass die Stärke in der Zahl liegt, sondern die Schwäche in der Abtrünnigkeit. Wer genau sind die Mehrheitsspalter in den Reihen? Im Allgemeinen können sie in fünf Kategorien eingeteilt werden.

1. GRACCHITEN. Der Name leitet sich von den Gracchi ab, zwei Brüdern, die, obwohl sie einer der großen Patrizierfamilien Roms angehörten, ihren aufstrebenden Ehrgeiz nicht ausreichend stillen konnten, indem sie in der Umlaufbahn ihrer eigenen aristokratischen Kaste blieben. Tiberius und Gaius Gracchus stellten fest, dass in Zeiten des Stresses in einer relativ toleranten Republik ein Abstieg von ein oder zwei Stufen auf der sozialen Leiter gleichbedeutend war mit einem Aufstieg von mehreren Stufen auf der politischen Leiter. So wurden sie zu den Bannerträgern der Revolution und der Agrarrevolte und wurden von den Plebejern bewundert. Die politische Strategie der Gracchen beschränkte sich keineswegs darauf, die Klassen gegeneinander aufzuwiegeln, die Bauern gegen die Grundbesitzer,[191] die Ausgebeuteten gegen die Ausbeuter. Die Patrizier, die Nachkommen der italischen Invasoren, unterschieden sich rassisch von der Plebs, den Nachkommen früherer und späterer Einwanderer. Der Appell der Gracchen richtete sich folglich sowohl an die unterdrückten Rassen als auch an die unterdrückten Klassen.

In einem Vielvölkerstaat ist das wohlgeborene, ehrgeizige Mitglied einer dominanten Rasse ständig versucht, den gracchitischen Weg zur Macht einzuschlagen. Es ist für den Patrizier schwieriger, den Respekt des Patriziers zu gewinnen als den Respekt des Plebejers. Es ist auch viel einfacher, Geld zu verschenken als es zu verdienen; die Disziplin zu lockern als sie durchzusetzen; für seinen Kammerdiener ein Held zu sein als für seinen Spiegel.

Die Geschichte ist voll von Gracchites. Die Liste umfasst berühmte Päpste, Monarchen und Prinzen. Philippe d'Orléans, der für den Tod seines eigenen Cousins Ludwig XVI. stimmte, um sich beim revolutionären Mob beliebt zu machen, ist vielleicht der berüchtigtste Fall. Auf teutonische Aristokraten wie Leo IX., der als Papst die italienischen Massen gegen den Heiligen Römischen Kaiser aufhetzte, trifft diese Beschreibung sicherlich zu. Gleiches gilt für jene Könige und regierenden Herzöge, die in der späten Feudalzeit die absolute

---

[191] Das revolutionäre Programm der Gracchi enthielt mehr als nur ein paar Spuren von Populismus. Angetrieben von seiner eigenen rassischen Dynamik, kann Populismus sowohl einigend als auch spaltend wirken. Es besteht ein deutlicher Unterschied zwischen dem Reformer, der an die Bauern und Landarbeiter seiner eigenen Rasse appelliert, und dem politischen Extremisten, dessen Vorschläge für eine Landreform nur ein Teil eines großen Pakets von revolutionären Veränderungen und Rassen- und Klassenagitation sind.

Herrschaft errichteten, indem sie ihre adligen Mitbürger mit Hilfe des Bürgertums und des städtischen Pöbels unterdrückten. Ein bekannter Gracchite des 20. Jahrhunderts war Fürst Valerian Obolensky, der vom Zaren zu den Bolschewiken überlief und bis zu seiner Säuberung durch Stalin als hoher Sowjetbeamter diente.[192]

In den Vereinigten Staaten sind die Gracchites seit den 1930er Jahren besonders zahlreich vertreten. Franklin D. Roosevelt, Averell Harriman und Adlai Stevenson sind drei, die mir sofort einfallen. Alle wurden als Millionäre geboren. Alle waren die Sprösslinge gut etablierter Familien der Mehrheit. Keiner von ihnen war in irgendeinem Bereich des Privatlebens besonders erfolgreich.[193] In ihrer öffentlichen Karriere spezialisierten sie sich darauf, Minderheiten zu bedienen, und umgaben sich mit Beratern, Consultants und Ghostwritern, die Minderheiten angehörten.[194] Ihr natürliches Betätigungsfeld war die Demokratische Partei, die früher als Partei der Minderheiten bezeichnet wurde. Aber es gibt auch Republikaner, die den Gracchites sehr nahe kommen. Nelson Rockefeller könnte es in Bezug auf Geburt, Reichtum und alle anderen Attribute dessen, was in Amerika als Aristokratie gilt, mit den Demokraten aufnehmen, da er seine Karriere auf seinen Ruf als Liberaler, tolerant und arbeiterfreundlich sowie auf seine öffentlichkeitswirksame Sorge um die Unterdrückten gründete. Da sich die Wählerschaft der Republikanischen Partei jedoch eher aus Mitgliedern der Mehrheit als aus Mitgliedern der Minderheit zusammensetzt, ist der Vergleich mit den demokratischen Gracchites nur gültig, wenn man ihn auf

---

[192] *Enzyklopädie über Russland und die Sowjetunion*, S. 403.

[193] Die lange, aberwitzige Reihe von FDRs Finanzspekulationen in den frühen 1920er Jahren in New York beinhaltete einen Verlust von 26.000 Dollar mit Louis Howe bei einem Plan, Hummer zu mästen! Alfred B. Rollins, Jr., *Roosevelt und Howe*, Knopf, N. Y., 1962, S. 196-97.

[194] Ein Gracchite, der noch in den Startlöchern steht, ist John D. Rockefeller IV, der 1980 eine Million Dollar oder etwa 25,80 Dollar pro Stimme ausgab, um sich als Gouverneur von West Virginia wiederwählen zu lassen. Jay, wie er genannt wird, könnte sich für die Demokratische Partei entschieden haben, nachdem er gesehen hatte, dass Onkel Nelson bei der republikanischen Präsidentschaftskandidatur immer wieder scheiterte. Ein Gracchite, dessen Stern untergegangen ist, ist John Lindsay, der unter der republikanischen Fahne kandidierte, bis er 1969 bei der Wahl zum Bürgermeister von New York City, die er als Unabhängiger gewann, von seiner Partei verstoßen wurde. 1970 sagte Lindsay vor Studenten der University of Pennsylvania: "Diejenigen, die ich unendlich bewundere, sind diejenigen, die sagen: 'Ich werde einfach nicht in der US-Armee in Vietnam dienen und ich bin bereit, die Konsequenzen dafür zu tragen.' Das sind die Jungs, die Helden sind." *Human Events*, 16. Mai 1970, S. 374. Sein Vater war ein in Großbritannien geborener Bankier, seine Mutter ein Mitglied einer der ältesten Familien der Nation, Lindsay verheiratete seine Tochter mit einem jüdischen Studenten. *New York Times*, 7. Juni 1970, S. 80. Trotz einer teuren Fernsehkampagne, in der er mit seinen nordischen körperlichen Merkmalen warb, schied Lindsay bei den Vorwahlen der Demokraten 1972 aus dem Rennen aus.

die Lehen der republikanischen Gracchites in den Bundesstaaten oder Städten beschränkt. In New York zum Beispiel agierte Gouverneur Rockefeller fast genauso wie Präsident Roosevelt auf nationaler Ebene, d.h. er ging pflichtbewusst auf den Willen der Koalition aus Liberalen und Minderheiten ein.[195] Auf dem Gebiet der Außenbeziehungen werden republikanische Gracchites jedoch wahrscheinlich etwas mehr Rücksicht auf die Interessen der Mehrheit nehmen.

Der Gracchite nutzt das Familienvermögen in erheblichem Maße, um das System, in dem seine Familie gedieh, anzugreifen oder zu untergraben. Er nutzt sein aristokratisches Auftreten, seine kultivierte Stimme und seine feinen Manieren, um den Proleten zu bezaubern und für sich zu gewinnen, so wie der geschliffene englische Schauspieler, der in London nur ein weiterer Schauspieler ist, sie in Iowa "in die Gänge bringt". Die zuckende Bewunderung aus der Tiefe ist für den Gracchite berauschender Wein. Damit soll nicht gesagt werden, dass die Politik der Gracchites zwangsläufig oder immer schlecht ist. Es kann im Leben jeder Nation eine Zeit kommen, in der bestimmte Fragen so kritisch werden, dass sie gelöst werden müssen, selbst auf die Gefahr hin, dass eine Revolution oder ein Rassenbrand ausbricht. Wenn in einem Krisenmoment kein echter Führer gefunden werden kann, wie es in einer demoralisierten und dekadenten Gesellschaft oft der Fall ist, ist der Gracchite manchmal eine glücklichere Lösung als der psychotische Nihilist oder der kopfschüttelnde Revolutionär. In der Regel bleibt im Herzen des Gracchiten zumindest ein Funken Gefühl für die Menschen, denen er den Rücken gekehrt hat.

Gracchites sind natürlich auch in anderen Bereichen als der Politik zu finden. Marshall Field III, der Enkel des Chicagoer Handelsfürsten und Subventionsgeber von *PM*, der untergegangenen, auf Minderheiten ausgerichteten New Yorker Tageszeitung, war ein eingefleischter Gracchite. Das Gleiche gilt für Michael Straight, Sohn eines Morgan-Partners, ehemaliger Herausgeber und Verleger der *New Republic* und treuer Begleiter von sowjetischen Spionen. Ebenso wie der Sohn eines anderen Morgan-Partners, Corliss Lamont, der wohlhabende Apologet und Philosoph des Marxismus. Das Gleiche gilt für Hamilton Fish III, den ehemaligen Herausgeber der ultralinken Zeitung *The Nation*. Es gibt Gracchite-Anwälte, Ärzte und Philanthropen. Es gibt Gracchites von der Bühne und von der Leinwand. Es gibt eine erstaunlich große Ansammlung von Gracchite-Diplomaten. Es gibt zahlreiche weibliche Gracchites, die bekannteste ist die verstorbene Eleanor Roosevelt. Es gibt auch Gracchites in der Ehe - Männer und Frauen aus etablierten Mehrheitsfamilien, die Angehörige von Minderheiten heiraten, um Geld zu verdienen, aus rassistischen Gründen oder wegen der Schmeicheleien und der Aufmerksamkeit,

---

195 Nelson Rockefeller wurde 1970 bei der Wahl zum Gouverneur von New York zu einem Vertreter der Mitte, um aus dem konservativen Zulauf in den Reihen der Iren und Italiener Kapital zu schlagen.

die soziale Aufsteiger denjenigen zukommen lassen, deren Familienstammbaum höher und grüner ist.

Der Gracchite zahlt gewöhnlich einen hohen Preis für sein Maß an Ruhm. Die Beweihräucherung und die Kriecherei des Pöbels entschädigen nie ganz für den unerbittlichen Hass, den jede Gruppe dem Überläufer entgegenbringt.[196] Im Krieg erregt die Desertion eines Generals viel mehr Aufsehen als die eines Gefreiten. In Zeiten von Rassenunruhen erregt die Fahnenflucht eines Aristokraten, des Hüters der Rasse, die Gemüter weit mehr als die Fahnenflucht eines einfachen Mannes. Nicht nur Tiberius und Gaius Gracchus wurden ermordet, sondern auch zwei spätere römische Aristokraten nach dem Vorbild der Gracchiten, Catiline und Clodius.[197]

Der Gracchite hat, mehr noch als die meisten Liberalen, die eigentümliche Angewohnheit, Kriege zu schüren, aber selten in ihnen zu kämpfen.[198] Er

---

[196] Es war diese Art von Hass, die Nelson Rockefeller, den potenziell stärksten Kandidaten, daran hinderte, sich 1964 die Nominierung der Republikaner zu sichern. Sie führte auch dazu, dass Rockefeller auf dem Parteitag der Republikaner in San Francisco von konservativen Aktivisten lautstark ausgebuht wurde, die sich seit Jahren darüber empört hatten, dass er sich im Osten mehr um die Stimmen der Minderheit als um die der Mehrheit bemühte. Die Erinnerung an diese Buhrufe hat Rockefeller wahrscheinlich dazu veranlasst, dem amerikanischen Volk 1974, als er in der Ford-Regierung zum Vizepräsidenten der Vereinigten Staaten ernannt wurde, ein etwas "deliberalisiertes" Bild zu vermitteln.

[197] Es ist nicht ganz zutreffend, Clodius und Catiline als Gracchiten zu bezeichnen, da beide mitten in ihren Verschwörungen und Rebellionen niedergeschlagen wurden, so dass die Historiker große Schwierigkeiten hatten, ihre wahren Absichten auszuloten. Möglicherweise ahmten sie Julius Cäsar nach, der eine weitaus raffiniertere Form der Politik praktizierte. Cäsarismus ist die Nutzung des Mobs, um die Macht zu erlangen, den Mob zu vernichten.

[198] Im Ersten Weltkrieg war Franklin Roosevelt, damals bei guter Gesundheit und im militärischen Alter, stellvertretender Marineminister. Harriman und Stevenson saßen den Zweiten Weltkrieg als Washingtoner Bürokraten aus, obwohl beide äußerst aktive Interventionisten waren. Thomas Jefferson, der zu einer Zeit lebte, als es nur wenige Gracchiten gab, hatte dennoch einige auffällige gracchitische Tendenzen. Sein Vater war ein Selfmademan unklarer Abstammung, aber seine Mutter war eine Randolph, ein Mitglied einer der führenden Familien Virginias. Niemand war mehr für den Unabhängigkeitskrieg verantwortlich als Jefferson, doch er hörte nicht ein einziges Mal eine Waffe im Zorn abfeuern. Seine einzige militärische Heldentat war ein schändlicher und überstürzter Rückzug in die Berge Virginias, als die Briten plötzlich auf Monticello vorrückten. "Wo ist Jefferson?", schrieb Washington verbittert, als er in Valley Forge war. Derselbe Jefferson, der so sehr auf sein eigenes Leben bedacht war, wurde durch den Shay's Rebellion inspiriert zu schreiben: "Gott bewahre uns davor, dass wir jemals 20 Jahre ohne eine solche Rebellion auskommen... Welches Land kann seine Freiheiten bewahren, wenn seine Herrscher nicht von Zeit zu Zeit gewarnt werden, dass ihr Volk den Geist des Widerstands bewahrt? Lasst sie zu den Waffen greifen!... Was bedeuten

prangert lautstark den Reichtum der anderen an, behält aber seinen eigenen. Er verhöhnt die Oberschicht, kann sich aber der Identifikation mit ihr nicht entziehen. Er tritt öffentlich für integrierte Schulen ein, schickt aber seine eigenen Kinder auf getrennte Schulen. Es ist wahrscheinlich zu viel von einem Mann verlangt, insbesondere von einem Gracchite, das zu praktizieren, was er predigt. Giovanni Francesco Bernardone, der nach einer kurzen Zeit als reichster junger Mann in Assisi zum heiligen Franziskus wurde, und Gautama Siddhartha, der sich vom Prinzen zum Buddha entwickelte, waren die seltensten Sterblichen und sicherlich keine Gracchiten. Sie waren Menschenfreunde im wahrsten und besten Sinne des Wortes. Der Humanismus der Gracchiten scheint jedoch immer mit einer Anhäufung von Macht und mit einem sintflutartigen Hass auf alle und jeden einherzugehen, die es wagen, diese Macht herauszufordern.

Was genau sind die wahren Motive des Gracchite? Ist er nur ein Mann, dessen Ehrgeiz seinen Charakter überwiegt - einer, der es trotz der immensen Vorteile seines Geburtsrechts nicht in die erste Mannschaft schafft und deshalb beschließt, seine Mannschaftskameraden im Stich zu lassen, auf die andere Seite zu wechseln, die Spielregeln zu ändern und zu versuchen, trotzdem zu gewinnen? Könnte es sein, dass die Angst vor dem Wettbewerb mit Gleichaltrigen immer seine größte Sorge ist? Lässt er nicht auf lange Sicht sein eigenes Versagen an seinesgleichen aus?

2. TRUCKLERS. Das sind die Mitglieder der Mehrheit, die nicht wie die Gracchites reich geboren sind und auch nicht den aristokratischen Duft verströmen, der die Geruchsorgane des hoi polloi erfreut. Sie kommen aus den mittleren und unteren Schichten der Mehrheit. Wenn sie vermögend sind - und das sind viele -, haben sie ihr Geld selbst verdient, entweder in der Wirtschaft, in den freien Berufen oder, wie im nicht ungewöhnlichen Fall von Lyndon Johnson, in der Politik.

Trucker spielen eine aktive Rolle im öffentlichen Leben und in der öffentlichen Meinungsbildung, während sie gleichzeitig ihre eigene rassistische Nische in der Gesellschaft fast formell verleugnen. Der einzige Rassismus, den sie dulden, ist der Rassismus der Minderheiten, den sie durch ihr eifriges Interesse und ihre Einmischung in Minderheitenangelegenheiten kultivieren helfen. Aber ihre Gründe, das Spiel mit den Minderheiten zu spielen, sind eher opportunistisch als idealistisch. Sie wissen aus langjähriger Erfahrung, dass das Verhätscheln von Minderheiten ihr Prestige und ihr Ansehen steigert, ihnen ein günstigeres Image in der Presse verschafft und ihnen, wenn sie Politiker sind, mehr finanzielle Unterstützung und mehr Stimmen bringt. Sie sind sich auch bewusst, was

---

schon ein paar verlorene Menschenleben in ein oder zwei Jahrhunderten? Der Baum der Freiheit muss von Zeit zu Zeit mit dem Blut von Patrioten und Tyrannen aufgefrischt werden. Das ist sein natürlicher Dünger..." Siehe Jeffersons Brief an Smith, 13. November 1787. Siehe auch Nathan Schachner, *Thomas Jefferson*, Thomas Yoseloff, New York, 1957, S. 216, und Albert Beveridge, *The Life of John Marshall*, Houghton Mifflin, Boston, 1916, Bd. 1, S. 126, 303.

passieren würde, wenn sie sich auch nur im Geringsten mit dem Rassismus der Mehrheit in Verbindung bringen würden.

Ein typischer Truckler ist der junge, naive Journalist der Mehrheit, der, nachdem er seinen ersten wichtigen Zeitungsbericht oder seine erste Magazinstory über ein internationales oder nationales Ereignis aus der Sicht der Mehrheit geschrieben hat, eines Tages ins Büro gerufen wird und ein Bündel empörter und sogar drohender Briefe mit schicken Briefköpfen und illustren Unterschriften erhält. In diesem Moment kann er: (1) sich weigern, sich unter Druck setzen zu lassen und auf der Stelle entlassen werden; (2) kündigen, bevor er entlassen wird; (3) versprechen, in Zukunft "objektiver" zu sein und seinen Job behalten. Da er viel Zeit und Geld in die Ausbildung zum Journalisten investiert hat und seinen Beruf nicht aufgeben möchte, bevor er überhaupt begonnen hat, entscheidet er sich zwangsläufig für die Option (3). Er erlangt mehr "Objektivität", indem er sein Schreiben so gestaltet, dass weitere Briefe und weitere Rügen vermieden werden. Ein anderer Truckler ist geboren.[199]

Eine zweite Spezies von Trucklern ist der junge Politiker oder Bürokrat der Mehrheit, der bei seinem ersten Aufenthalt in Washington oder in der Hauptstadt eines Bundesstaates versehentlich eine unbedachte Bemerkung macht, in der er sich kritisch über irgendeine haarsträubende Zurschaustellung von Minderheitenrassismus äußert. Innerhalb einer Stunde wird er verleumdet und läuft Gefahr, zum gesellschaftlichen Außenseiter zu werden. Er entschuldigt sich und macht denselben Fehler nie wieder. Jetzt weiß er, was Sache ist. Nun wird er die Dienste eines Beraters für Minderheiten in Anspruch nehmen, der ihn in Minderheitenfragen auf dem Laufenden hält, sowie einen Ghostwriter für Minderheiten, der seine Reden vorbereitet. Auf diese Weise wird er vermeiden, dass ihm weitere peinliche Bemerkungen unterlaufen, während er gleichzeitig seine Redekunst verbessert. Die dynamische Sprache des Minderheitenrassismus zeigt sich sehr gut in der Reaktion des Publikums, im Gegensatz zu den lustlosen, abgekupferten Phrasen der Redenschreiber der Mehrheit.[200]

---

[199] Das *Nonplusultra unter den* Trucklern im Nachrichtenbereich war Turner Catledge, ein gebürtiger Mississippianer und langjähriger Chefredakteur der *New York Times*. Wie ein anderer Timesman schrieb, wurde Catledge's "Heimatstaat seit einem Jahrzehnt regelmäßig in der Presse verunglimpft...". Gay Talese, *The Kingdom and the Power*, S. 143. Die *Times* war natürlich der Hauptverunglimpfer gewesen. Andere bekannte journalistische Truckler sind Benjamin Bradlee, langjähriger Herausgeber der *Washington Post,* und Osborne Elliott, langjähriger Herausgeber von *Newsweek.* Auch Fernsehmoderatoren fallen in diese Kategorie, obwohl sie in der Regel nur ablesen, was ihnen vorgesetzt wird.

[200] Richter Sam Rosenman, der spätere Vorstandsvorsitzende von Twentieth Century Fox, schrieb viele der Reden von Roosevelt und Truman. Viele berühmte Reden von Kennedy und Johnson wurden von Minderheitenautoren, Theodore Chaikin Sorensen und Richard

Einer der kuriosesten Aspekte des politischen Trucklings ist seine Abhängigkeit von der Geografie. Harry Truman, ein munterer Kurzwarenhändler, der in eine schwere Zeit geriet und mit dem Ku-Klux-Klan flirtete,[201] gab sein Debüt in der Politik als Laufbursche für die korrupte Pendergast-Politmaschine in Kansas City. Als er ins Weiße Haus einzog, war er ein Verfechter der Bürgerrechte. Schließlich, nachdem er sich aus Washington zurückgezogen hatte und sicher in die von der Mehrheit dominierten Vororte von Kansas City zurückgekehrt war, überhäufte er die Bürgerrechtsbewegung und ihren Anführer, Reverend Martin Luther King, Jr.[202] Während seiner Zeit als Generalstaatsanwalt von Kalifornien fand Earl Warren eine rechtliche Rechtfertigung für seine 1942 durchgeführte Razzia und den Transport von mehr als 110.000 Japanern von der Westküste, 64 Prozent von ihnen amerikanische Staatsbürger, in "Umsiedlungslager". Es handelte sich dabei um den vielleicht größten Massenverstoß gegen die Bill of Rights in der amerikanischen Geschichte.[203] In Washington verwandelte sich der Oberste Richter Warren in den Schutzengel der Bill of Rights.

Trucker gibt es nicht nur in der Exekutive, Judikative und Legislative der Regierung. Sie sind in jeder hellen und dunklen Ecke des amerikanischen Lebens zu finden. Es gibt Romanautoren, die darauf achten, dass ihre Minderheitencharaktere "harmlos" sind; Theaterautoren und Bühnenbildner, die ihren Bösewichten methodisch Stammbäume und körperliche Merkmale der Mehrheit geben; Geschäftsleute, die den Namen ihrer Firmen an eine beliebige Anzahl von Minderheitenlobbys verleihen; Geistliche, die die Rechtschaffenheit von Minderheitenanliegen predigen und nicht abgeneigt sind, ihre Argumente durch gewalttätige Straßendemonstrationen und Sit-ins zu verdeutlichen.

Im Bewusstsein der immensen Belohnungen, die an die Gläubigen verteilt werden, werden viele Truckler zu Vollzeit-Minderheiten-Enthusiasten, wofür

---

Naradoff Goodwin, verfasst. Der wichtigste Redenschreiber für Carter bei seiner erfolglosen Wiederwahlkampagne 1980 war Hendrik Hertzberg, der den kommunistischen Sieg in Vietnam begrüßte. Die langweiligen und schwülstigen Eisenhower-Reden wurden im Allgemeinen von Professoren der Mehrheit verfasst. Was die Wortschöpfung betrifft, so wurde FDRs Beiname "Happy Warrior" für Al Smith von Richter Joseph Proskauer erdacht, und Kennedys "New Frontier" war das gleichzeitige Geistesprodukt von Walt Rostow und Max Freedman. Ernest K. Lindley, *Franklin D. Roosevelt*, Bobbs-Merrill, New York, 1931, S. 223, und *San Francisco Chronicle*, This World, Aug. 17, 1965. Ken Khachigan war für die Vorbereitung der Reden von Präsident Reagan verantwortlich.

201 Truman zahlte 1922 10 Dollar für seine Aufnahmegebühr in den Missouri Ku Klux Klan. Er erhielt seine 10 Dollar zurück, als er sich der antikatholischen Politik des Klans widersetzte - was angesichts der Religion von Boss Pendergast sicherlich das einzig Loyale war. Alfred Steinberg, *Der Mann aus Missouri*, Putnam, New York, 1962, S. 64.

202 Zu Trumans Angriffen auf die Bürgerrechte in der Zeit nach seiner Präsidentschaft siehe *New York Times*, 13. April 1965, S. 24.

203 *Harvard Encyclopedia of American Ethnic Groups*, S. 566.

sie nicht nur zahlreiche akademische Anerkennungen und einen vorgefertigten Markt für ihre Bücher und Artikel erhalten, sondern auch bares Geld. Die Organisatoren von Spendensammlungen für Minderheiten zahlen Tausende von Dollar an prominente Sprecher der Mehrheit. Vizepräsident Hubert Humphrey, die Senatoren Henry Jackson und Robert Packwood, Verteidigungsminister Les Aspin und eine ganze Reihe weniger bekannter Persönlichkeiten der Mehrheit haben als Hauptattraktionen von Bonds for Israel und B'nai B'rith-Dinners beträchtliche Summen verdient.

Die Trucker leisten häufig einen größeren Beitrag zu den Projekten der Minderheiten als die Führer der Minderheiten selbst. Viele Truckler in der Legislative sind in Rassenfragen so gut geschult, dass sie für die Belange von Minderheiten oft sensibler sind als für die ihrer eigenen Wählerschaft. Was die Attraktivität für die Wähler angeht, so ist ein gutaussehender, imposanter Abgeordneter der Mehrheit manchmal ein größerer politischer und sozialer Gewinn für Minderheiten, vorausgesetzt, er ist richtig "sensibilisiert", als ein Kandidat einer Minderheit. Letzterem fehlt vielleicht das saubere Äußere, das so nützlich ist, um eine breite Unterstützung für minderheitenfreundliche Gesetze zu gewinnen.

Kein Mitglied der Mehrheit wird als Truckler geboren. Truckling ist das Ergebnis eines Erziehungsprozesses - manchmal jahrelang, manchmal über Nacht -, in dem dem aufstrebenden jungen Politiker oder Berufstätigen der moderne amerikanische Katechismus des Erfolgs eingetrichtert wird. Er lernt, dass er eher taktvoll als wahrheitsgetreu sein muss, dass er das Unumstrittene in Frage stellen darf, aber nicht das Umstrittene, dass er vor dem Wind der "öffentlichen Meinung" segeln muss, aber nicht gegen sie anlaufen darf. Man lehrt ihn, alle aktuellen Tabus so gründlich zu fürchten, wie der Urmensch die Tabus seiner Zeit zu fürchten hatte.

Man kann einen Menschen bewundern, der durch die Änderung seiner Ideen und Grundsätze Tod, Schande oder schwere finanzielle Verluste riskiert. Man behält sich das Recht vor, eine gewisse Skepsis gegenüber denjenigen an den Tag zu legen, deren ideologische Häutung, die oft zum richtigen Zeitpunkt erfolgt, sie reich, mächtig und berühmt macht. Vielleicht ist Truckler ein zu starkes Wort für jene politischen und moralischen Trimmer, die, zumindest oberflächlich betrachtet, den uralten Trick anwenden, Integrität dem Ehrgeiz zu opfern. Aber der Truckler, wie er hier definiert wird, überschreitet dieses gängige Laster. Er geht weiter, als dass er den Eigennutz zu einem Fetisch macht. Er überschreitet alle normalen Grenzen des menschlichen Verhaltens, indem er die Interessen anderer ethnischer Gruppen über die Interessen seiner eigenen stellt.

3. PUSSYFOOTERS. Dies sind die Mitglieder der Mehrheit, die keine positiven Maßnahmen gegen ihre eigene Gruppe ergreifen, sondern sie selten, wenn überhaupt, verteidigen. Sie bilden die zweite und dritte Führungsebene der Mehrheit - Anwälte, Ärzte, Wissenschaftler, Zeitungsredakteure in Kleinstädten,

Professoren, Lehrer, Prediger, große und kleine Geschäftsleute sowie Kommunal-, Landes- und Bundesbeamte.

Im Gegensatz zu den Gracchites und Trucklers, die die Interessen der Mehrheit verraten und verletzen, werden sie von den Pussyfooters weichgeklopft und untergeordnet. Vertieft in ihre eigenen Alltagsprobleme, besessen von den materiellen Aspekten der Existenz, oft isoliert in Gebieten, in denen die Mehrheit überwiegt, haben Pussyfooters weniger direkten Kontakt mit der Dynamik der Minderheit und sind folglich weniger besorgt darüber. Wenn sie bei gesellschaftlichen Zusammenkünften oder in Gemeindeangelegenheiten mit Rassisten aus der Minderheit konfrontiert werden, schweigen sie einfach, anstatt den Standpunkt der Mehrheit zu vertreten.

Pussyfooter wissen, dass etwas nicht stimmt, aber sie wissen nicht, was, und sie haben nicht die Zeit, die Lust, den Mut oder die intellektuelle Initiative, es herauszufinden. Einige Pussyfooters halten sich zurück, weil sie keine Lust auf Streit haben; andere fürchten um ihren Lebensunterhalt. Einige sind einfach vom Temperament her nicht für die verbalen Prügel und hysterischen Logikhiebe geeignet, mit denen ihre liberalen und minderheitlichen Nachbarn sie zu beschäftigen versuchen. Solange es ihnen wirtschaftlich gut geht, solange ihre Mägen voll sind, kann man von den Pussyfootern erwarten, dass sie weiter auf der Stelle treten. Nur eine rassistische Variante des Solarplexus kann sie jemals aus ihrer Rasselosigkeit aufrütteln.

Aber jeden Tag fressen unzählige kleine soziale Konflikte und unzählige kleine unattraktive Abschnitte des amerikanischen Lebens an der Unbeteiligtheit des Pussyfooters. Jeden Tag empfängt der stellvertretende Manager der Mehrheit im teuren Ferienhotel einen immer größeren Zustrom lärmender Minderheitenmillionäre. Jeden Tag muss der Künstler, Dichter, Dramatiker und Romanautor der Mehrheit mit einer immer größeren Dominanz der Minderheit in Kunst, Literatur und Theater fertig werden. Jeden Tag sehen Arbeitssuchende und Beschäftigte der Mehrheit ihre Beschäftigungschancen, ihre Beförderung oder ihren höheren Dienstgrad durch höhere Rassenquoten für Schwarze, Hispanoamerikaner und Asiaten und durch die zusätzlichen Punkte, die Nicht-Weißen in Qualifikationstests zuerkannt werden, gefährdet. Angesichts der zunehmenden Kriminalität, der Unruhen, der umgekehrten Diskriminierung und der illegalen Einwanderung im eigenen Land sowie der Tatsache, dass nach wie vor jedes Jahr Milliarden von Dollar in den Nahen Osten fließen, wird der Rassismus der Minderheiten so schrill, dass ihn sogar die Tauben zu hören beginnen.

Hören ist jedoch weit entfernt von Verstehen. Im Gegensatz zu den Mitgliedern der dynamischen Minderheiten, die bei der geringsten Andeutung von Kürzungen der Wohlfahrtsprogramme oder der Wiederherstellung einer "America First"-Außenpolitik wie ein einziger Organismus zittern und brodeln, lassen sich die Pussyfooters weiterhin träge am Rande des großen sozialen

Wirbels treiben, der je nach öffentlicher Meinung im oder gegen den Uhrzeigersinn rotiert.

4. ALTE GLÄUBIGER. Die amerikanische politische Tradition ist eine seltene und delikate Mischung aus englischer Whiggery, französischem Egalitarismus, klassischem Stoizismus und sozialem Christentum. Dieses komplexe doktrinäre Amalgam war einst die exklusive Ideologie der amerikanischen Mehrheit. Heute wird es, in seiner Substanz erheblich verändert und unter dem Namen Liberalismus geführt, von den Minderheiten eifrig übernommen, wenn nicht gar vereinnahmt. Dennoch bezeichnen sich viele Mitglieder der Mehrheit immer noch als Liberale. Diejenigen, die sich aufrichtig zum Liberalismus bekennen, und zwar nicht in seiner pervertierten modernen Form, sondern in seiner ursprünglichen Locke'schen, Jefferson'schen und Lincoln'schen Version, werden hier als Altgläubige bezeichnet. Gracchites und Trucklers sind heuchlerische, opportunistische, ängstliche oder Pseudoliberale. Pussyfooters sind widerwillige oder unwillige Liberale. Old Believers gehören zu der aussterbenden Rasse der ehrlichen Liberalen.

Old Believers werden im heutigen Amerika nur selten besonders prominent oder erfolgreich, denn die schlichte Wahrheit ist, dass das liberale Establishment den Liberalismus in seiner reinen, unverfälschten Form nicht ertragen kann. Old Believers geben nicht nur vor, an die Freiheit des gedruckten und gesprochenen Wortes zu glauben, sondern glauben auch tatsächlich daran - ein unerträglicher Aberglaube für die Medienkraten, die dem amerikanischen Denken bestimmte kritische Grenzen gesetzt haben. Ebenso unerträglich ist der Liberalismus für die Politiker und Meinungsmacher, deren Karrieren auf einer eindimensionalen, einseitigen, vereinfachenden Sicht der modernen Gesellschaft beruhen.

Die zunehmend aus der Mode gekommenen Altgläubigen sind derzeit an kleinen Universitäten, in libertären Kreisen oder unter den nicht-fundamentalistischen, gewaltfreien, nicht-permissiven Geistlichen zu finden. Diejenigen, die sich am lautesten äußern, sind oft Nachkommen von Familien, die ihre Wurzeln in der Tradition der New England Town Meetings oder Populisten haben. Im Allgemeinen versuchen sie, eine verblasste, verkümmerte Ideologie, die unter bestimmten historischen und genetischen Bedingungen gut funktioniert hat, in ein anderes Zeitalter und in eine oft feindselige und fremde Umgebung zu verpflanzen - eine Verpflanzung, die von der amerikanischen Politik kontinuierlich abgelehnt wird. Allen modernen Lehren zum Trotz ist der Liberalismus nicht unabhängig von Zeit und Rasse.

Zwei der prominentesten Altgläubigen der letzten Zeit waren die Kolumnistin Dorothy Thompson und der Historiker Charles Beard. Dorothy Thompson erlangte landesweites Ansehen, als sie die Verfolgung der Juden durch die Nazis mit alttestamentlicher Vehemenz anprangerte. Doch als sie nach dem Zweiten Weltkrieg mit denselben leidenschaftlichen Argumenten die Enteignung der palästinensischen Araber anprangerte, verlor sie ihre wichtigsten Zeitungsredaktionen und starb in Portugal in relativer Unbekanntheit. Charles

Beard, der in den frühen Tagen des New Deal als größter lebender Historiker Amerikas und als Vorbild des Liberalismus galt, wurde aus der amerikanischen intellektuellen Gemeinschaft ausgestoßen, nachdem er Präsident Roosevelt verfassungswidrige Handlungen bei der Handhabung der amerikanischen Diplomatie und Außenpolitik vor Pearl Harbor vorgeworfen hatte. Die gleiche Behandlung erfuhr der angesehene Historiker Harry Elmer Barnes, der das unverzeihliche Verbrechen beging, den Holocaust in Frage zu stellen und Roosevelt zu beschuldigen, Pearl Harbor inszeniert zu haben.[204]

Die Altgläubigen sind ebenfalls in Gruppen organisiert, eine der einflussreichsten ist die Gesellschaft der Freunde (Quäker). Sie praktizieren fast völlige religiöse, politische und soziale Toleranz und werden von einem Zwang zu "guten Taten" angetrieben. Die Freunde stecken ihre Bemühungen und ihr Geld (von dem sie beträchtliche Mengen haben) in Projekte, die aktiv den Rassismus von Minderheiten fördern, obwohl die Lehre der Quäker sich gegen das Konzept der Rasse selbst sträubt. Die unkritische Akzeptanz des angelsächsischen Liberalismus alter Prägung durch die Quäker, angewandt auf eine moderne, rassisch heterogene Gesellschaft, hat innerhalb der Quäkergemeinschaft zu einigen seltsamen ideologischen Mischformen geführt. Drew Pearson, der verleumderischste aller Kolumnisten, Alger Hiss, der subtilste aller kommunistischen Verschwörer, Klaus Fuchs, der verlogenste aller Atomspione, sowie einige der berüchtigtsten Mitglieder der marxistischen Terrorbanden hatten einen Quäker-Hintergrund.[205] Wie uns große Zeitungsschlagzeilen immer wieder in Erinnerung gerufen haben, ist der Abstand zwischen dem Altgläubigen und dem wahren Gläubigen oft nur ein kleiner Schritt.

Quäker und andere Altgläubige sind für ihren unerschütterlichen Glauben an die menschliche Natur zu loben. Gleichzeitig müssen sie scharf für ihre aufdringliche, fehlgeleitete Nächstenliebe und ihr verzerrtes Mitgefühl kritisiert werden, die ihnen den Namen "blutende Herzen" eingebracht haben. In mancher Hinsicht kann der Altgläubige mit dem Kapitän eines Schiffes in Seenot verglichen werden, der in einem anderen Jahrhundert und mit einer anderen Besatzung vielleicht auf seinen sturen Mut gezählt hätte, um sein Schiff sicher in den Hafen zu steuern. Heute ist er Gefangener seiner eigenen veralteten Seemannschaft und steuert blindlings von Riff zu Riff.

---

204 Charles Beard, *President Roosevelt and the Coming of the War*, 1941, Yale University Press, New Haven, 1948. Siehe Barnes' *Revisionism: A Key to Peace and Other Essays*, Cato Institute, San Francisco, Kalifornien, 1980.

205 Die Mutter von Pearson war jedoch die Tochter eines jüdischen Zahnarztes.

5. PRODUZENTEN.[206] Die fünfte und letzte Kategorie derjenigen, die die Spaltung in den Reihen der Mehrheit herbeigeführt haben, ist insofern einzigartig, als ihre Mitglieder mit offener Illoyalität behaftet sind - nicht nur gegenüber der Mehrheit, ihrer Bevölkerungsgruppe, sondern auch gegenüber Amerika, ihrer Nation. Der Gracchite oder Truckler handelt zwar oft gegen die besten Interessen des amerikanischen Volkes, wird aber nicht wissentlich in den schändlichen Bereich des Hochverrats abgleiten. Franklin D. Roosevelt ging Kompromisse mit Kommunisten ein, beförderte sie in hohe Ämter, gab ihnen weit mehr, als er in Teheran und Jalta erhielt, aber er war nie einer von ihnen. Kleinere Politiker und Persönlichkeiten des öffentlichen Lebens haben sie jahrelang verhätschelt, sie aber schließlich denunziert.[207] Der Proditor hingegen hat eine wilde Freude daran, alle seine Wurzeln zu kappen, die Feinde seines Landes im In- und Ausland ausfindig zu machen und sich ihnen anzuschließen, und dabei alle und alles, was ihm einst am Herzen lag, mit Begeisterung umzuwerfen und zu zerstören.

Der Proditor, kurz gesagt, nimmt seinen ständigen Wohnsitz in jenem fernen Land, in das der Gracchite und der Truckler nicht einzudringen wagen und nicht eindringen wollen. Auch wenn er sich für einen Robin Hood hält, auch wenn er die plausibelsten und idealistischsten Entschuldigungen für seine großen und kleinen Vergehen erfindet, ist der Proditor - warum euphemistisch sein - ein gewöhnlicher oder, genauer gesagt, ein ungewöhnlicher Verbrecher.

Die Umstände, die den Proditor hervorbringen, entziehen sich keiner Analyse. Wie bei den Gracchiten steht oft ein persönliches Versagen am Anfang. Das anschließende Abdriften in exotische politische Philosophien ist eher ein Indikator als eine Ursache für den bevorstehenden Verrat.

Thomas Paine verließ seine Frau und meldete anschließend Konkurs an. Dann verließ er sein Land, England, ging nach Amerika und kehrte nach einigen Jahren nach Europa zurück, wo er half, den revolutionären Terror in Frankreich zu schüren. Im Jahr 1796 beschuldigte Paine Washington des Verrats,[208] eine Verleumdung, die Paine nicht von seinem hohen Sockel im liberalen Pantheon

---

[206] Das Wort, das eine besonders böse Form von Verräter bedeutet, wird hier im Shakespeare'schen Sinne verwendet: "Du wucherischer Verräter und nicht Beschützer des Königs oder des Reiches". Heinrich VI., Akt 1, Szene 3.

[207] Einige der besten Jahre seines Lebens der Unterstützung der Sowjetunion zu widmen, war für jedes Mitglied der Mehrheit eine Form der Illoyalität, sei es durch offene Spionage oder durch Lügen in Büchern, Magazinen und Reden zur Verteidigung räuberischer kommunistischer Regime. Aus diesem Grund kamen Parteimitglieder oder Mitläufer wie Max Eastman, Granville Hicks, John Chamberlain, William Henry Chamberlin und James Burnham der Kategorie "Verleger" sehr nahe, auch wenn sie alle schließlich den Fehler ihres Weges einsahen und schließlich *gegen* statt für die UdSSR, ihr einstiges geistiges Vaterland, und Marx, Engels und Lenin, ihre einstige Heilige Dreifaltigkeit, predigten.

[208] Als Vergeltung nannte Theodore Roosevelt Paine einen "dreckigen kleinen Atheisten".

erschüttert hat, obwohl neuere Anschuldigungen des Verrats durch Nicht-Liberale nicht so warmherzig aufgenommen wurden.[209]

Auch John Brown durchlebte einen Bankrott, bevor er seine wahre Berufung fand: Er wollte den Bürgerkrieg entfachen. Während der Auseinandersetzungen um die Landbesiedlung von Kansas hatte er zum ersten Mal Blut geleckt, als er und seine vier Söhne fünf schlafende Männer in ihren Zelten überfielen und mit Schwertern zu Tode hackten.[210] In Harpers Ferry schien er die Sklaven ebenso sehr zu Revolution und Chaos anstacheln zu wollen wie er sie befreien wollte.

Es liegt in der Natur des Berufs des Abtrünnigen, dass der Verrat beim zweiten Mal leichter fällt. Ohne Skrupel wird der Überläufer zum Überläufer, der Agent zum Doppelagenten. Fast schon rituell macht der Proditor eine neue Karriere, indem er seine früheren Sünden bekennt und seine früheren Partner verrät.

Whittaker Chambers war vielleicht das Paradebeispiel für einen Redefactor. Als junger Mann ein trauriges Stück Treibgut, aber mit einer gewissen geschmacklosen Intellektualität begabt, wurde er nacheinander zum Herumtreiber, Marxisten, Kurier der kommunistischen Partei, Chefredakteur der Time, Kronzeuge gegen Alger Hiss und, im Herbst seiner Jahre, Autor eines qualvollen Bekenntnisses, das sich zum Bestseller entwickelte. Wäre das Thema von Witness nicht so banal gewesen, hätte Chambers, ein spätpubertierender Quäker, die autobiografischen Höhen eines Augustinus erreichen können. Mit gequälter Introspektion und in Seifenopern-Details erzählte er, wie er zuerst sich selbst, dann sein Volk, dann sein Land, dann seine Wahlheimat (die UdSSR) und schließlich seine Freunde verriet.

Der aus Oregon stammende John Reed, ein weiterer bemerkenswerter Redakteur, wurde sogar Mitglied des Exekutivkomitees der Kommunistischen Partei in Moskau. Er starb im Alter von dreiunddreißig Jahren auf dem Höhepunkt des bolschewistischen Aufruhrs und liegt in einem Grab an der Kremlmauer - 8.000 Meilen von zu Hause, aber nur einen Steinwurf von Stalins Gebeinen entfernt.

Zu den jüngeren Verfassern gehören: Jane Fonda und Ramsey Clark, die beide während des Vietnamkriegs offen mit dem Feind handelten; die Männer und Frauen der Mehrheit, die der gemischtrassigen Symbionesischen Befreiungsarmee angehörten, die sich an Mord, Chaos und Entführungen beteiligte; die Studenten der Mehrheit, die den Studenten für eine demokratische Gesellschaft angehörten, einer anderen Organisation, die sich in erster Linie nicht dem Klassenkampf, sondern der rassischen Vorherrschaft einer Minderheit widmete.

---

[209] Nämlich die Anklagen von Senator Joseph McCarthy gegen General Marshall und von Robert Welch gegen Eisenhower.

[210] Insgesamt gab es acht Mitglieder in Browns Mordkommission. Einer von ihnen, Theodore Weiner, war ein Jude.

Alger Hiss, der fast eine eigene Kategorie verdient, übertrifft alle anderen Verräter der Mehrheit, ob in der Vergangenheit oder in der Gegenwart, nicht nur durch die Art, sondern auch durch das Ausmaß seines Verrats. Benedict Arnold, dessen Vorfahren Engländer waren, der eine Loyalistin heiratete und der ein Land verriet, das erst wenige Jahre alt war, konnte nicht des höheren Verrats beschuldigt werden, seine rassischen und kulturellen Vorfahren verraten zu haben. Aaron Burrs Verrat war nicht vollständig, da er möglicherweise zur Errichtung eines amerikanischen Imperiums in Mexiko hätte führen können.

Alger Hiss hingegen diente direkt einem ausländischen totalitären Koloss, dessen politische, soziale und wirtschaftliche Philosophie und militärische Strategie unverrückbar antiamerikanisch waren. Obwohl er sich in den höchsten Kreisen bewegte und viele der bedeutenden Belohnungen und Ehrungen erhielt, die sein Land zu vergeben vermochte, stellte er seine weitreichenden Talente und wertvollen Verbindungen in den Dienst eines internationalen Komplotts, dessen Ziel die Zerstörung oder Veränderung all dessen war, was seinen eigenen Erfolg möglich gemacht hatte. Hiss ist das Paradebeispiel für einen brillanten Geist, der sich, losgelöst von allen rassischen Verankerungen, gegen sich selbst wendet. In seiner *Göttlichen Komödie hat* Dante die größten Qualen für Judas, Cassius und Brutus, die Verräter ihrer Wohltäter, vorgesehen. Es dürfte ihm schwer fallen, sich einen Höllenkreis vorzustellen, der für Leute wie Alger Hiss angemessen wäre.[211]

Alle Spalter der Reihen - Gracchites, Trucklers, Pussyfooters, Old Believers und Proditors - verletzen und beschämen die Mehrheit weniger durch ihre Aktivität oder Passivität, ihre geheime Komplizenschaft oder offene Kollaboration mit ihren Gegnern als durch die Verwirrung, mit der sie die Konfrontation zwischen Mehrheit und Minderheit umgeben. Die bloße Anwesenheit eines Mitglieds der Mehrheit bei Versammlungen oder Straßendemonstrationen von Minderheiten, das bloße Erscheinen des Namens der Mehrheit auf dem Briefkopf von Minderheiten-Lobbys oder Spendenorganisationen trägt dazu bei, den im Wesentlichen rassistischen Charakter dieser Gruppen zu verschleiern. Indem sie sich auf sorgfältig ausgewählte Prinzipien des liberalen Denkens und der Höflichkeit sowie auf sorgfältig ausgewählte religiöse und ethische Grundsätze berufen, können die Mehrheitsspalter sich als legitime Erben der großen westlichen humanitären Tradition ausgeben. In diesem Gewand können sie der

[211] Der Verrat der Atomspione Julius und Ethel Rosenberg, Harry Gold, Morton Sobell und David Greenglass hatte zwar möglicherweise tödlichere Auswirkungen auf die amerikanische Zukunft (siehe Kapitel 38), doch fehlte ihm die rassische und kulturelle Verderbtheit und die Selbsterniedrigung der Verräter der Mehrheit. Die Rosenbergs und andere gehörten zu einer unassimilierbaren Minderheit. Da sie von Anfang an weniger reale und sentimentale Bindungen an ihr Heimatland hatten, war der gordische Knoten, den sie durchschlagen mussten, lockerer geknüpft und aus einem schwächeren Seil gefertigt. Jonathan Pollard, der amerikanische Jude, der 1987 wegen Spionage für Israel verurteilt wurde, bekannte sich offen zu seiner Loyalität gegenüber dem Zionismus. Er sagte, seine Verbrechen seien seine "rassische Verpflichtung".

Realpolitik von Minderheiten leichter den Anschein moralischer Seriosität und eines Gefühls christlicher Dringlichkeit verleihen.

Die Zahl und der Einfluss der Spalter in den Reihen werden nicht wesentlich abnehmen, bis die Mitglieder der Mehrheit, die minderheitenorientierten Liberalismus und Minderheitenrassismus fördern, verteidigen oder entschuldigen, keine erfolgreiche Karriere mehr machen können, indem sie den Anteil der Mehrheit an der amerikanischen Zivilisation herabsetzen. Bis dahin werden die unteren Ränge der Mehrheit die Hauptlast der Verteidigung der Mehrheit tragen müssen, wobei sie sich hauptsächlich auf ihre Instinkte, ihren nicht gehirngewaschenen und nicht gehirnwaschbaren gesunden Menschenverstand und ihr unauslöschliches Bewusstsein von Güte - mit anderen Worten, auf ihre genetischen Ressourcen - verlassen müssen.

KAPITEL 12

Das ästhetische Requisit

Solch eine genetische Ressource könnte als ästhetisches Requisit definiert werden. Selbst der engagierteste Rassengleichheitsfanatiker kann kaum leugnen, dass die körperlichen Merkmale des idealisierten nordischen Stereotyps von den meisten Weißen und vielen Nicht-Weißen als wünschenswert angesehen werden.[212] Die gängige, teilweise aus dem Marxismus abgeleitete soziologische Auffassung besagt, dass diese Merkmale nicht aufgrund einer angeborenen oder universellen ästhetischen Vorliebe bevorzugt werden, sondern weil sie typisch für die dominante Bevölkerungsgruppe sind und ihren Besitzern ipso facto einen höheren sozialen Status verleihen.

Es ist nicht schwer, Lücken in der materialistischen Theorie der Ästhetik zu finden. Der erste dokumentierte Beweis für Blondheit ist ein ägyptisches Wandgemälde einer Tochter von Cheops, Königin Hetep-Heres II.[213] Wenn einer der frühesten und größten ägyptischen Pharaonen eine blonde Tochter hatte, müssen sowohl er als auch seine Frau blonde Gene gehabt haben.[214] Blondheit muss also schon 3075 v. Chr. attraktiv oder prestigeträchtig gewesen sein, und das in einem hoch zivilisierten Land, das von brünetten Mittelmeervölkern bewohnt wurde und, soweit bekannt, nie von einer blonden Rasse regiert wurde.

In der Antike gab es immer wieder Hinweise auf die Blondheit der römischen Götter und Halbgötter.[215] Die Konventionen des griechischen Theaters verlangten einen Tyrannen mit schwarzer Perücke und schwarzen Haaren, rotes Haar für den unehrlichen Sklaven und helle Locken für den jugendlichen Helden.[216] Ovid und Martial erklärten, dass die römischen Matronen helles Haar für Perücken bevorzugten, eine Vorliebe, die sich 1.900 Jahre später in Amerika

---

[212] Der Stereotyp wurde auf S. 26 beschrieben.

[213] Coon, *The Races of Europe*, S. 98.

[214] Blondismus ist ein rezessives Merkmal, das bei beiden Elternteilen vorhanden sein muss. Es kann sich sowohl durch hellbraunes als auch durch blondes Haar zeigen, das selbst bei den reinsten Nordischen mit zunehmendem Alter dunkler wird.

[215] *Flavens*, das lateinische Wort für gelb, golden oder kastanienbraun, war "die Farbe, die die Alten dem Haar heroischer Personen allgemein zuschrieben." J. B. Greenough, *Virgil and the Other Latin Poets*, Ginn & Co., Boston, 1930, S. 133, Anmerkung 590.

[216] A. E. Haigh, *Attic Theatre*, Clarendon Press, Oxford, 1907, S. 221, 239.

verbreitete.[217] Papst Gregor der Große bezeichnete einige angelsächsische Gefangene, die er zufällig in Rom sah, nicht als Engel, sondern als "Engel", weil sie "hell-schön" und von "anmutigem Glanz" waren.[218]

In der *Rigsthula*, einem Kulturgedicht der Wikinger, wird die frühe skandinavische Gesellschaft als dreigeteilt beschrieben: eine schwarzhaarige, faltige Unterschicht, eine Adelsschicht mit kräftigen Körpern und rötlichen Gesichtern und ein Adel mit blondem Haar und einer Haut weißer als Schnee.[219] Über das mittelalterliche Kalifat von Córdoba heißt es: "Die meisten Kalifen waren blond oder rothaarig und hatten blaue Augen"[220], eine Färbung, die vielleicht auf die Vermischung mit dem früheren westgotischen Adel zurückzuführen ist. Die vornehmsten Familien im christlichen Spanien, die eine direkte Abstammung von den Westgoten behaupteten, hatten eine so weiße Haut, dass das blaue Netz ihrer Adern deutlich sichtbar war. Aus diesem Grund wurde *sangre azul* (blaues Blut) zu einem Synonym für Angehörige der Aristokratie. Die Adern von Spaniern niedrigerer Herkunft wurden durch ihre dunklere mediterrane Haut verdeckt.[221]

Ein eher schwacher Beweis für die ästhetische Anziehungskraft einer hellen Hautfarbe ist die Legende von Quetzalcóatl, dem aztekischen Gott der Luft, der die kupferhäutigen Mexikaner im Umgang mit Metallen und in den Regierungskünsten unterrichtet haben soll. Er soll eine weiße Haut und einen Bart gehabt haben, was bei den fast bartlosen Eingeborenen praktisch unbekannt war. Nachdem er sich den Zorn einer anderen Gottheit zugezogen hatte, verließ er Mexiko und segelte nach Osten über den Großen Ozean, wobei er versprach, zurückzukehren. In Peru erzählt ein ähnlicher Mythos von weißen, bärtigen Männern, die die vorinkanische Bevölkerung eroberten und ihnen die Geheimnisse der Zivilisation vermittelten.[222] Auch heute noch gibt es in

---

[217] "Wir zahlen 10 Dollar pro Pfund für orientalisches Haar und bis zu 350 Dollar pro Pfund für das beste blonde europäische Haar", sagte Adolph Jacoby, ein Geschäftsführer einer New Yorker Perückenfirma. *Wall Street Journal*, 17. Oktober 1962, S. 1.

[218] Will Durant, *Das Zeitalter des Glaubens*, S. 522.

[219] Coon, *The Races of Europe*, S. 321.

[220] Enrique Sordo, *Moorish Spain*, Crown, New York, 1962, S. 24. Siehe auch Cities of Destiny, ed. Arnold Toynbee, McGraw-Hill, New York, 1967. Auch wenn es nicht allgemein bekannt ist, haben die Araber schon immer eine sehr deutliche farbliche Grenze gezogen. Im heutigen Irak kann ein Bürger ein Gerichtsurteil gegen eine Person erwirken, die ihn fälschlicherweise seiner schwarzen Abstammung bezichtigt. Carleton Coon, *Caravan*, Henry Holt, New York, 1951, S. 161.

[221] Don Quijote sagt über die fiktive, nicht die reale, Dulcinea: "sus cabellos son oro... su blancura, nieve." Cervantes, *Don Quijote*, E. Castilla, Madrid, 1966, S. 98.

[222] William H. Prescott, *The History of the Conquest of Mexico and the History of the Conquest of Peru*, Modern Library, New York, S. 39, 736. Andere Erforscher der

Lateinamerika den Ästhetischen Propheten, vor allem in den Gebieten, in denen Neger und Indianer vorherrschen. In einer so abgelegenen Stadt wie Ita am oberen Amazonas gibt es eine einfache Faustregel für den Status: Je heller die Haut, desto höher der Rang. Ein heller Teint wird von allen und jedem als Merkmal der Schönheit anerkannt.[223] Selbst in Japan werden helle Hauttypen bevorzugt. Der japanische Ausdruck für Wohlgeborene ist "tiefes Fenster", was sich auf die hellere Pigmentierung von Menschen bezieht, die durch dickwandige Häuser von der Sonne abgeschirmt werden.[224]

Die rein ästhetische Anziehungskraft des Nordischen ist in den heutigen Vereinigten Staaten unbestreitbar. Hellhaarige, schmalgesichtige, langhaarige Männer dominieren nach wie vor die Männermodewerbung, während in der so genannten Gegenkultur, die angeblich eine völlige Ablehnung des zeitgenössischen Geschmacks und Stils darstellt, das Mädchen mit blondem Haar, ob lang, glatt oder gelockt, gekräuselt oder mit Cornrows, nach wie vor das Symbol der begehrten Weiblichkeit ist. Jedes Jahr geben Millionen amerikanischer Frauen Dutzende von Millionen Dollar für Blondierungen aus. "Blondinen haben mehr Spaß" ist fast schon ein Sprichwort geworden, ebenso wie "Gentlemen bevorzugen Blondinen".[225] Die Lawine künstlicher Blondinen, die durch diese Werbung ausgelöst wurde, und der unpassende und hässliche Kontrast von platinfarbenem Haar zu dunklen Augen, dunklen Augenbrauen und olivfarbener Haut hätten ausreichen müssen, um das Blondinenideal für immer zu zerstören. Dass dies nicht der Fall war, beweist eine dauerhafte, tief verwurzelte ästhetische Vorliebe der meisten Amerikaner.[226] Viele andere

---

mexikanischen Vorgeschichte bestreiten, dass Quetzalcóatl weiße körperliche Merkmale besaß. César A. Saenz, *Quetzalcóatl,* Instituto Nacional de Antropología e Historia, Mexiko, 1962. Eine Reihe von lebhaften Betrachtungen über den mexikanischen Gott finden sich in D. H. Lawrence, *The Plumed Serpent.* Wer geneigt ist, dem Mythos Geschichte abzuringen, kann sich des Eindrucks kaum erwehren, dass Quetzalcóatl ein schiffbrüchiger Wikinger mit Heimweh war.

[223] Charles Wagley, *Amazon Town,* Macmillan, New York, 1953, S. 12-40.

[224] *Life,* 5. September 1969, S. 42.

[225] *Gentlemen Prefer Blondes* war der Titel eines Romans der brünetten Hollywood-Filmautorin Anita Loos, deren Vater französischer Abstammung war. Frau Loos erklärte später, warum sie das Buch geschrieben hatte: "Die Genugtuung, es Mae Davis heimzuzahlen, weil sie den Mann, den ich liebte [H. L. Mencken], verführt hatte, hat die Mühen [des Schreibens] mehr als wettgemacht." Ihren Rachefeldzug gegen Blondinen setzte sie in einem weiteren Roman fort, *But Gentlemen Marry Brunettes.* Trotz der besten Absichten der Autorin ist die "dumme", geldgierige Lorelei in die amerikanische Folklore als die wissende junge Blondine eingegangen, die ihren Willen bekommt. Anita Loos, *A Girl Like I,* Viking Press, New York, 1966, S. 274.

[226] Blondheit ist am attraktivsten, wenn sie von anderen nordischen körperlichen Merkmalen begleitet wird. Wäre da nicht die Farbsensibilität der meisten Amerikaner, wären nordische Pigmentierung und Hautfarbe als Kriterien für männliche Attraktivität

Methoden der Manipulation der Natur: Nasenbegradigung und Nasenwackeln, Elektrolyse zur Anhebung des Haaransatzes und zur Erhöhung von Stirn und Augenbrauen, Fahrstuhlschuhe zur Vergrößerung der Statur wurden von Minderheitenangehörigen übernommen, die sich einen "Mehrheitslook" geben wollten.[227]

Die Macht der ästhetischen Prophezeiung zeigt sich auch in den aktuellen amerikanischen Paarungs- und Verabredungsgewohnheiten. Obwohl die Mehrheit im Abstieg begriffen ist, scheinen die aufstrebendsten männlichen Minderheiten dazu getrieben zu sein, Frauen der Mehrheit zu heiraten oder deren Gesellschaft zu suchen. Zum Beweis muss man sich nur die Paare ansehen, die sich in den teuersten Nachtclubs, Restaurants und Ferienhotels tummeln. Darüber hinaus ist das nordische Körperideal nicht nur das Heiratsideal der Minderheit der "New Rich" in Amerika, sondern auch der europäischen Aufsteiger seit mindestens tausend Jahren.

Die relativ geringe Zahl der nordischen Völker in der Welt - schätzungsweise 300 Millionen im Jahr 1980, Tendenz stark fallend - hat zweifellos ihren ästhetischen Reiz erhöht. Die Seltenheit an sich übt einen besonderen Reiz aus, und was schön ist, enthält im Allgemeinen ein Element des Ungewöhnlichen. So wie der reine Nordländer unter den Teilnordiern, die den größten Teil der amerikanischen Mehrheit ausmachen, eine ziemliche Seltenheit ist, so stellt die amerikanische Mehrheit einen seltenen und esoterischen Typus der Weltbevölkerung als Ganzes dar. Für Weiße und Nicht-Weiße gleichermaßen sind die Nordics die Verkörperung der weißen Rasse, weil sie die "weißesten" Weißen sind. Die vielleicht beste Beschreibung der physischen Attraktivität der Mehrheit stammt von Wyndham Lewis:

> Wenn man sich mit Amerikanern unterhält, hört man häufig, dass ein prächtiges menschliches Exemplar (das offensichtlich das Ergebnis eines erstklassigen Schweden und einer prächtigen Schweizerin ist, mit ein wenig Irisch und einem Hauch Baskisch) sich als "Mischling" bezeichnet. Es ist unvorstellbar, aber genau so sieht ein "gemischtes" Produkt diese großartige Verbindung von Skandinaviern, Goten und Kelten, die alle so eng miteinander verwandt sind wie die brahmanische Kaste in Indien...
>
> Man braucht sich nur diesen edlen Typus eines "gemischten" Amerikaners anzuschauen, um die Reinheit der Linie und die feine Anpassung zu bewundern,

---

und weibliche Schönheit vielleicht weniger wichtig als andere nordische Merkmale. Sicherlich sind "große, dunkle und gut aussehende" nordische Mediterrane attraktiver als kleinere, gedrungenere, aber blondere Typen.

[227] Die Sonnenbräunungsmanie widerspricht nicht der Logik des ästhetischen Requisits: Die ultravioletten Strahlen der Sonne mögen die Haut verdunkeln, aber sie hellen auch das Haar auf und bilden einen angenehmen Kontrast zu hellen Augen und anderen Erscheinungsformen heller Färbung. Im Grunde ist eine Sonnenbräune ein Zeichen von Gesundheit und Reichtum - sowohl eine vorübergehende Tarnung als auch eine exotische Maskerade.

> die durch die Verbindung dieser Schwesterstämme erreicht wurde. Er ist natürlich weit davon entfernt, ein "Mischling" zu sein, er ist eine Art Supereuropäer; das Beste aus mehreren eng verbündeten Stämmen hat sich in ihm getroffen, genau so, wie es in den adligen europäischen Familien ständig geschah - wo das Ergebnis einer Heirat zwischen Adligen, ob aus England und Italien oder Spanien und Russland, keinen "Mischling" darstellte, sondern eher ein höheres feudales Produkt...[228]

Die Möglichkeit, dass das ästhetische Requisit unter die Haut geht, dass es eine Beziehung zwischen dem gibt, was Herbert Spencer "Schönheit des Charakters und Schönheit des Aussehens" nannte, wirft Probleme auf, die den Rahmen dieser Studie sprengen würden.[229] Ohne sich jedoch zu sehr in psychobiologische Komplexe zu verstricken, muss man Spencers Vorschlag zustimmen, dass Schönheit "Idealisierung weg vom Affen" ist. Die drei Hauptursachen für Hässlichkeit sind nach Spencer das Zurücktreten der Stirn, das Hervortreten des Kiefers und die großen Wangenknochen. Folglich sind nur solche Menschen schön, deren Kiefer und Wangenknochen zurückgezogen und deren Nasenmulden aufgefüllt wurden. Weitere Voraussetzungen sind das Fehlen einer vorderen Öffnung der Nasenlöcher und ein kleiner Mund.[230] Da der idealisierte Nordländer diese Anforderungen besser erfüllt als andere Rassenstereotypen, sind die Nordmänner die am wenigsten "affenähnlichen" Menschen und verdienen daher den ersten Preis im ethnischen Schönheitswettbewerb am meisten.[231]

---

228 Wyndham Lewis, *Pale Face,* Chatto and Windus, London, 1929, S. 278.

229 Herbert Spencer, *Essays,* Appleton, New York, 1910, Bd. II, S. 387. Schopenhauer war ein weiterer Philosoph, der an einen Zusammenhang zwischen äußerer Erscheinung und innerem Wesen glaubte. Der Mund, sagte er, drückt den Gedanken des Menschen aus, während das Gesicht den Gedanken der Natur und der Gattung ausdrückt. "Vielmehr ist jedes Menschengesicht eine Hieroglyphe", so fasste Schopenhauer seine Meinung zusammen. *Parerga und Paralipomena*, F. A. Brockhaus, Leipzig, 1877, S. 670-71.

230 Ebd., S. 390-92.

231 In einem Werk, das erschreckend hinter *Moby Dick* und *Billy Budd* zurückbleibt, überträgt Melville dieses physische Argument auf die geistige Ebene, als er versucht, Blondheit mit Güte gleichzusetzen. In *Pierre* lässt Melville Isabel klagen: "Oh Gott, wäre ich doch mit blauen Augen und blondem Haar geboren worden! Das ist die Livree des Himmels! Hast du schon einmal von einem guten Engel mit dunklen Augen gehört, Pierre? nein, nein, nein - alles blau, blau, blau - des Himmels eigenes Blau..." *Pierre,* Hendrick's House, New York, 1957, S. 370. Im Gegensatz dazu schien Melvilles Novelle *Benito Cereno,* die nur von Conrads *Herz der Finsternis* übertroffen wird, wenn es darum geht, die dunkle Seite der Mentalität der Neger auszuloten, eine Korrelation zwischen Schwarzsein und Bösem vorzuschlagen. Montesquieu und Mozart gehörten ebenfalls zu den Gründungsmitgliedern des Clubs "Schwarz ist nicht schön". In Mozarts Oper *Die Zauberflote* singt sein schwarzer Bösewicht Monostatos: "Weiss ist schon, weil ein Schwarzer hasslich ist".

Das ästhetische Propagandamittel wurde zudem oft in den Bereich der Ethik und sogar der Politik übertragen. Platon war weder der erste noch der letzte, der Schönheit mit dem Guten gleichsetzte. Bei sonst gleichen Voraussetzungen konnte der gut aussehende (d. h. nordisch anmutende) Politiker oder Staatsmann in der Regel mehr Ehrerbietung hervorrufen als sein weniger gut aussehender (d. h. weniger nordisch anmutender) Rivale, dessen unscheinbare Erscheinung ein schweres Handicap sein kann, wenn es darum geht, Anhänger zu gewinnen und zu halten. Ein scharfsinniger Intellektueller wie der marxistische Philosoph George Lukács, der weit außerhalb des nordeuropäischen genetischen und kulturellen Locus steht, hat auf die Kraft, die diese ästhetischen Standards im Westen immer noch ausüben, mit einer "liberalen Angst vor der Schönheit reagiert, mit [einem] zwanghaften Verdacht, dass Schönheit und folglich ein Großteil der Kunst eine Maske ist, die einen klaren Blick auf das menschliche Böse und Leiden verhindert."[232]

Es war das ästhetische Prop, das das Überleben der dekadenten [teutonischen Aristokratie in Mittel- und Südeuropa Jahrhunderte lang gesichert hat, nachdem sie ihrer Vorherrschaft beraubt worden war. Es ist dasselbe ästhetische Requisit, das der amerikanischen Mehrheit hilft, an den Insignien, aber nicht an der Substanz ihrer früheren Macht festzuhalten.[233] Nur auf dem Gebiet der Ästhetik, durch die Verbreitung des idealisierten nordischen biologischen Typs und seine fortgesetzte Akzeptanz als nationale Vorlage für körperlichen Charme und Attraktivität, war die Mehrheit in der Lage, eine kleine, aber erfolgreiche Halteaktion im gegenwärtigen Rassenkampf zu starten.

232 *Times Literary Supplement*, 18. Juni 1970, S. 660.

233 Nachdem sie versucht haben, Negerinnen zu überreden, zu natürlichen, wolligen Frisuren zurückzukehren und auf Bleichcremes und westliche Kleidungsstile zu verzichten, suchen schwarze Aktivisten nach weißen Mädchen, wobei sie, wenn sie im Ausland Urlaub machen, Skandinavien Afrika vorziehen. Fletcher Knebel, "The Black Woman's Burden", *Look*, 23. September 1969, S. 77-79.

TEIL IV

Die Minderheiten: Assimilierte und Unassimilierbare

KAPITEL 13

Die assimilierten Minderheiten

Es hat sich gezeigt, dass 55.506.205 Amerikaner - fast 30 Prozent der Bevölkerung der Nation - zu den so genannten assimilierten Minderheiten gehören.[234] In der Terminologie der physischen Anthropologie sind diese Minderheiten überwiegend alpin, eine Bezeichnung, die in dieser Studie auch die dinarischen und ostbaltischen Rassen einschließt. Geografisch gesehen sind ihre Herkunftsländer Irland, Frankreich, die slawischen Länder und verschiedene mitteleuropäische und balkanische Staaten. Jahrhunderts und in späteren Einwanderungswellen kamen, sind die Mitglieder der assimilierten Minderheiten aufgrund ihrer rassischen und kulturellen Verwandtschaft mit den nordeuropäischen oder nordischen Bevölkerungsgruppen weitgehend in die demografische Matrix der Mehrheit integriert worden.

In den folgenden Abschnitten, in denen die assimilierten Minderheiten aufgelistet und kurz untersucht werden, findet sich mit Ausnahme der Iren und Finnen keine nordeuropäische Bevölkerungsgruppe. Dies mag seltsam erscheinen, da viele der Deutschen, Niederländer und Belgier und nicht wenige der Skandinavier und Briten, die nach Amerika kamen, Alpinisten waren und zur Neuen Einwanderung gehörten. Aber Alpinismus an sich ist kein ernsthaftes Hindernis für den Assimilationsprozess. Ebenso wenig wie eine späte Ankunft. Was die Assimilation verzögert oder behindert, ist eine Kombination oder, genauer gesagt, ein Zusammenspiel von Alpinismus, verspäteter Ankunft, religiösen und sprachlichen Unterschieden, einer Tradition von politischem Absolutismus und Peonage und, im Falle der slawischen Gruppen, einem osteuropäischen statt einem westlichen Kulturerbe.

Da die Alpenbewohner nordeuropäischer Abstammung nicht mit dieser Vielzahl von Hindernissen konfrontiert waren, die ihrer Assimilation im Wege standen, wurde den meisten von ihnen automatisch der Status der Mehrheit zuerkannt und sie galten als assimiliert. Das gilt auch für Alpenbewohner schweizerischer, österreichischer und nordfranzösischer Herkunft. Das bedeutet jedoch nicht, dass alle Amerikaner nordeuropäischer oder alpiner Abstammung unbescholtene Mehrheitsmitglieder sind. Einige Iren und andere Amerikaner von ebenso authentischer nordeuropäischer Abstammung bewahren sich immer noch einen

[234] Siehe Tabelle II, S. 60.

Hauch von Stammesdenken, wählen en bloc[235] und klammern sich halbherzig an ihre Volksbräuche der Alten Welt. Die Niederländer in Pennsylvania sind ein weiteres Beispiel für das Fortbestehen von Stammeszugehörigkeit. Einige Osteuropäer, vor allem diejenigen, die in ihren Heimatländern Minderheiten waren, brachten ein Minderheitenbewusstsein mit, das nur teilweise ausgerottet wurde. Viele Franzosen in Louisiana und Neuengland sprechen immer noch das Patois ihrer europäischen Vorfahren. Bestimmte religiöse Sekten lehren ihre Mitglieder die Notwendigkeit einer moralischen oder physischen Abspaltung von der Gesamtgesellschaft. Alle diese Bevölkerungsgruppen haben jedoch einen Teil oder den größten Teil ihrer Zugehörigkeit zur Alten Welt verloren, und wenn sie noch nicht vollständig assimiliert sind, so könnte dies in einigen Jahrzehnten der Fall sein. Aufgrund ihrer abnehmenden Zahl und ihrer immer schnelleren Amerikanisierung ist es wahrscheinlich zutreffender, sie als Stämme, Clans oder Sekten zu klassifizieren als als echte Minderheiten. Der zunehmende Druck und die Herausforderungen seitens der nicht assimilierbaren Minderheiten veranlassen die Mitglieder der assimilierten Minderheiten manchmal dazu, einige ihrer verblassten Verbindungen zur Alten Welt abzustauben, aber im Allgemeinen schließen sie ihre Reihen als Weiße, nicht als Polen, Franzosen oder was auch immer.

Ein Amerikaner nordeuropäischer Abstammung, der nicht als vollständig assimiliert bezeichnet werden kann, ist der Amerikaner der ersten Generation und, seltener, der zweiten Generation aus Großbritannien, Deutschland, Holland, Skandinavien oder Kanada. Unabhängig davon, wie sehr er oder sie sich der rassischen und kulturellen Norm der Mehrheit annähert, behält der Neuankömmling im Gegensatz zum Nachzügler fast immer einige Spuren eines Minderheitenbewusstseins - ein Bewusstsein, das er oft an seine Kinder und manchmal, je nach Intensität, an seine Enkelkinder weitergibt. Die ausländische Herkunft von zeitgenössischen linksgerichteten Persönlichkeiten des öffentlichen Lebens wie Cyrus Eaton, John Galbraith und James Reston hat wahrscheinlich mehr Einfluss auf ihre politische und soziale Einstellung gehabt, als sie zugeben würden. Wäre der Vater von Earl Warren in Amerika statt in Norwegen geboren und wäre er nicht ein so unnachgiebiger Sozialist gewesen, wäre sein Sohn als Oberster Richter des Obersten Gerichtshofs möglicherweise

[235] Ein landesweites, aber unentschlossenes deutsches Votum wurde noch während des Zweiten Weltkriegsfestgestellt, als sich einige deutsche Amerikaner gegen Präsident Roosevelt wegen dessen interventionistischer Politik wandten. Sowohl deutsche Protestanten als auch deutsche Katholiken stimmten in großer Zahl für Eisenhower, aber viele von ihnen wechselten wieder zu den Demokraten, als der Katholik John Kennedy für die Präsidentschaft kandidierte. Kevin Phillips, *The Emerging Republican Majority*, Arlington House, New Rochelle, New York, 1969, S. 296, 314, 339.

mehr auf die Interessen der Mehrheit als auf die der Minderheit bedacht gewesen.[236]

Da es nur eine Frage der Zeit ist, bis die Nachkommen der wenigen nordeuropäischen Verweigerer Teil der Mehrheit sein werden, wird sich die Aufmerksamkeit nun auf die assimilierten Minderheiten richten. Dabei handelt es sich um die Bevölkerungsgruppen, die in der Vergangenheit der Assimilation gegenüber zurückhaltend waren - ein Prozess, den sie als einen kulturellen Sprung ins Ungewisse, wenn nicht gar als eine Form der ethnischen Kapitulation betrachteten.

IRISH:[237] Eine der größten Ironien der amerikanischen Geschichte besteht darin, dass die Bevölkerungsgruppe, die in der ersten Hälfte des zwanzigsten Jahrhunderts in den Vereinigten Staaten so viel politische Macht ausübte, bis zu ihrer Ankunft in der Neuen Welt nur sehr begrenzte Erfahrungen mit dem demokratischen Prozess hatte.[238] Obwohl diese Unerfahrenheit nicht unbedingt auf ein persönliches Versagen oder eine angeborene Abneigung gegen die Demokratie zurückzuführen war - ihre britischen Herren verteilten die Freiheit sparsam -, waren die Iren bis vor kurzem nie in der Lage, eine ständige repräsentative Regierung in Irland zu etablieren. Erst 1948, als die große irische Überseewanderung nach Amerika längst beendet war, erlangte Irland nach einigen Jahrzehnten des Commonwealth-Status seine vollständige Unabhängigkeit.

Irland bzw. Irland mag heute eine Republik sein, aber die Vorfahren der heutigen irischen Amerikaner hatten größtenteils nie den langen, anstrengenden, aber lehrreichen Zyklus der politischen Ausbildung durchlaufen, der von der feudalen Aristokratie über die absolute Monarchie zur repräsentativen Demokratie führte.

In der detaillierten Rassenstudie von E. A. Hooton an 10.000 irischen Männern in Irland wurden 28,9 Prozent als nordisch-mediterran eingestuft, 25,3 als keltisch, 18,6 als dinarisch, 18,4 als nordisch-alpin, 6,8 als überwiegend nordisch, 1,1 als ostbaltisch, 0,6 als rein nordisch, 0,3 als rein mediterran.[239]

---

[236] Reston wurde in Schottland geboren. Eaton und Galbraith in Kanada. Wie Warren hatten auch Senator Henry Jackson und der Präsidentschaftskandidat von 1980, John Anderson, skandinavische Einwandererväter.

[237] Zur Unterscheidung zwischen den katholischen Iren und den protestantischen schottischen Iren aus Ulster, siehe Fußnote 9, S. 43.

[238] "Die Bedeutung von Einwanderergruppen in der Geschichte der amerikanischen Politik kann kaum überschätzt werden. In dieser Geschichte haben die Iren die wichtigste Rolle gespielt." One America, Francis J. Brown, Hrsg., Prentice-Hall, Englewood Cliffs, N. J., S. 61.

[239] E. A. Hooton und C. W. Dupertuis, *The Physical Anthropology of Ireland*, Papers of the Peabody Museum of Archaeology and Ethnology, Harvard University, Vol. XXX, Nos. 1-2, S. 143.

Carleton Coon, dessen Rassenterminologie oft von der von Dr. Hooton abweicht, stellte eine relativ große oberpaläolithische Komponente in der irischen Rassenstruktur fest.[240] Die körperlichen Typen der Iren reichen folglich von einer nordisch angehauchten Rassenmischung, die sich kaum von der der meisten anderen Nordeuropäer unterscheidet,[241] , bis hin zum schwerfälligen, breitgesichtigen, großrahmigen oberpaläolithischen Typus, der vermutlich das genetische Überbleibsel einer älteren europäischen Rasse ist, die vor den Kelten und anderen Eindringlingen in die äußersten Regionen Westeuropas floh. Eine weitere charakteristische Rasse sind die "Schwarzen Iren", die Bewohner der Smaragdinsel mit der ausgeprägtesten mediterranen Prägung, die angeblich von prähistorischen Atlantik-Mediterranern abstammen, die von Gibraltar und Portugal aus die Atlantikküste hinaufgefahren sind. Nach den Legenden, die seit Jahrhunderten über die Ould Sod kursieren, sind die Black Irish die entfernten Nachkommen schiffbrüchiger Seeleute der spanischen Armada.

Das rassische Gleichgewicht Irlands wurde von den irischen Amerikanern ziemlich genau reproduziert, wenn auch möglicherweise mit weniger Betonung des nordischen Elements. Der irische Exodus bestand hauptsächlich aus den ärmeren Bevölkerungsschichten - den Pachtbauern und den im Moor lebenden Westiren, die zeitlich und räumlich am weitesten von den nordischeren Iren im Osten entfernt waren, wo Wikinger, Normannen und Engländer seit Jahrhunderten ansässig waren. Eine Reihe von körperlichen Merkmalen - Stupsnase, Sommersprossen, rotes Haar und die "blauesten Augen der Welt" - ist zwar nicht ausschließlich irisch, wird aber zumindest in Amerika als Grundbestandteil eines gängigen irischen Stereotyps angesehen.[242]

Wenn die rassischen Studien von E. A. Hooton zutreffen, machen die nordischen Alpinen, die überwiegend Nordischen und die reinen Nordischen 25,8% der Iren in Irland aus. Dieser Anteil könnte für die irische Einwanderung auf 20% reduziert werden, um den geringeren Anteil an nordischen Elementen zu berücksichtigen. Insgesamt gibt es in den Vereinigten Staaten fast 22 Millionen Amerikaner irischer Abstammung.[243]

Das Wahlverhalten der Iren ist ein aufschlussreicher Beweis für ihren Weg von der Assimilierbarkeit zur Assimilierung. Bei den Präsidentschaftswahlen 1952 entfielen schätzungsweise 38 Prozent der katholischen Stimmen auf

---

[240] Coon, *The Races of Europe*, S. 376-84.

[241] Wyndham Lewis schrieb über eine gemischte anglo-irische Demonstration in London: "Ich war nie in der Lage herauszufinden, welche Iren und welche Engländer waren... sie sahen für mich genau gleich aus." *Pale Face*, S. 284-85.

[242] Waschbär, op. cit., S. 371, 381, 383. Buschige Augenbrauen, große Köpfe, markante Kinnpartien, lange und konvexe Oberlippen und eine große Breite der Backenzähne sind weitere recht häufige irische Merkmale.

[243] Siehe Tabelle 2, Anhang B.

Eisenhower. Ein noch höherer Anteil der Katholiken stimmte bei der Wahl 1956 für die Republikaner.[244] Im Jahr 1960 stellte eine Gallup-Umfrage jedoch fest, dass drei von fünf Katholiken, die für Eisenhower gestimmt hatten, zu Kennedy wechselten.[245] Wendet man diese Prozentsätze auf das irische Segment der katholischen Bevölkerung und auf die irisch-amerikanische Bevölkerung insgesamt sowie auf die irischen Wähler an, so befanden sich 1952 6,8 Millionen Iren (38%) in den Reihen der Republikaner, 1956 waren es vielleicht sogar 7 Millionen. Im Jahr 1960 kehrten dann 60 Prozent dieser vorübergehenden Republikaner zu den Demokraten zurück. Damit blieben 2,8 Millionen Iren übrig, die für Nixon, den nicht-katholischen Verlierer, stimmten. Eine weitaus größere Zahl von Iren stimmte für Ronald Reagan, der einen irischen Vater hatte, bei seinen beiden erfolgreichen Anläufen für die Präsidentschaft, was den Nebeneffekt hatte, dass einige irische Großstadtpolitiker aus dem Amt gefegt wurden. 1992 eroberten die Iren das Bürgermeisteramt in Chicago zurück, verloren aber 1993 das Amt in Boston an einen Italiener, womit eine 68-jährige Herrschaft endete. In einigen nordirischen Großstädten wählen die Iren immer noch als Iren, aber man kann sie nicht mehr als festen, landesweiten Wahlblock bezeichnen.[246]

Dies bedeutet nicht, dass die Iren aufgrund ihrer veränderten Wahlgewohnheiten ihren Charakter verändert haben, den Carl Wittke als eine

> eine Mischung aus flammendem Ego, hitzigem Temperament, Sturheit, großem persönlichem Charme und Wärme sowie einem Witz, der durch Widrigkeiten hindurchstrahlt. Eine unbändige Lebensfreude, ein temperamentvoller Geist, eine Freundlichkeit und Toleranz gegenüber den gewöhnlichen Schwächen der Menschen... schnell zornig und schnell verzeihend, häufig betrogen... großzügig, gastfreundlich und loyal.

Wittke behauptete auch, dass die Iren zwar ein Talent für Kunst und Literatur bewiesen, aber nie besonders führend auf dem Gebiet der Wissenschaft und der Erfindungen gewesen seien.[247]

Es war die große Kartoffelknappheit in den 1840er Jahren, die die Iren erstmals in großer Zahl nach Amerika brachte. Sie brachten bittere Erinnerungen an Hunger, Demütigung und Unterdrückung durch die Engländer mit. Nachdem sie

---

[244] William Shannon, *The American Irish*, Macmillan, N. Y., 1963, S. 410-11.

[245] Ebd.

[246] Während der Präsidentschaftswahlen 1960 sprach Nixon nur selten über seine irischen Vorfahren, die keine Katholiken waren, während Kennedy mit seinem unverwechselbaren keltischen Aussehen seinen ethnischen und religiösen Hintergrund in den nördlichen Stadtgebieten voll ausspielte. Im Wahlkampf für die Kongresswahlen 1970 unternahm Nixon, der einen zweiten Anlauf für die Präsidentschaft plante, eine Reise nach Irland, wo viel über seine irischen Vorfahren gesprochen wurde.

[247] Carl Wittke, *The Irish in America*, Louisiana State University Press, Baton Rouge, 1956, S. 233.

ihre Lehre als Hacke und Schaufel am Eriekanal und an den Eisenbahnen beendet hatten, versammelten sie sich in den großen Städten und erneuerten oft ihre Fehde mit dem britischen Empire, indem sie sie auf Amerikaner englischer Abstammung ausdehnten.

Als die irischen Amerikaner begannen, die politischen Apparate der Demokraten in den nördlichen Städten zu kontrollieren, setzten sie diese oft als Waffe zur Verteidigung und Rache gegen die republikanische Partei ein, die in den Augen vieler irisch-amerikanischer Bürger die Interessen des Establishments englischer Abstammung vertrat. Das weithin bekannte Versprechen des Chicagoer Bürgermeisters "Big Bill" Thompson im Jahr 1927, "den König von England dazu zu bringen, seine Nase aus Amerika herauszuhalten", war ein typischer Appell an die gälische Anglophobie.[248] Ein späteres Aufflackern dieser jahrhundertealten Feindseligkeit fand im New Yorker U-Bahn-Streik von 1966 statt, bei dem Michael Quill, der Vorsitzende der Transportarbeitergewerkschaft, versuchte, die Arbeitsniederlegung in einen persönlichen Rachefeldzug gegen Bürgermeister John Lindsay zu verwandeln, der trotz seines gracchitischen Ultraliberalismus als wenn nicht so schlimm wie ein Oranier, so doch mindestens so schlimm wie ein WASP angesehen wurde.[249]

Es ist fast unmöglich, über die Iren in Amerika zu schreiben, ohne die römisch-katholische Kirche einzubeziehen. Der irische Katholizismus, in dem sowohl Männer als auch Frauen an den Gottesdiensten teilnehmen, unterscheidet sich erheblich vom Katholizismus in Spanien, Frankreich und Italien, wo die Gemeinden fast ausschließlich aus Frauen bestehen und wo der Antiklerikalismus ein traditionelles Vorrecht der Männer ist. Dass die Iren die Kirche so sehr schätzen, liegt vor allem daran, dass die Kirche am langen Kampf um die irische Unabhängigkeit beteiligt war. Auf die irischen Priester war oft ein ebenso hoher Preis ausgesetzt wie auf die Laienpatrioten, denn die Kirche setzte alle ihre Mittel ein, um die irische Moral in den dunkelsten Tagen der protestantischen Besatzung nicht sinken zu lassen. Folglich besteht zwischen der katholischen Kirche und den meisten irischen Amerikanern sowohl eine weltliche als auch eine religiöse Verbindung. In den lateinischen Ländern, in denen sich katholische Prälaten während langer Zeiträume des Mittelalters und der Neuzeit mit Aristokraten, Monarchen und Plutokraten verbündeten, ist die weltliche Verbindung viel schwächer.

Die katholische Kirche, die so viele Jahrhunderte lang dazu beigetragen hat, Irland am Leben zu erhalten, hat einen hartnäckigen, aber aussichtslosen Kampf geführt, um ihre irisch-amerikanische Herde gegen die Verlockungen und den Druck der Assimilation abzuschirmen. Die Kirche befürchtete, dass die Heirat

---

[248] *Literary Digest*, Nov. 5, 1927, S. 5.

[249] *New York Times*, 2. Januar 1966, S. 1, und 4. Januar 1966, S. 14, 17. Die ganze Atmosphäre rund um die Streikgespräche, so ein Times-Reporter, war "Nieder mit den englischen Protestanten! Hoch die Iren!"

mit Mitgliedern der überwiegend nicht-irischen, nicht-katholischen Mehrheit, ja sogar die Aufnahme von Kontakten mit ihnen, der erste Schritt zur Aufgabe des Glaubens sein könnte - eines Glaubens, der die Kirchenbänke und Sammelbüchsen bis zum Überlaufen füllt. Obwohl die Iren weniger als die Hälfte aller amerikanischen Katholiken ausmachen, bleiben sie die dominierende katholische Gemeinde, die das meiste Geld und den größten Teil der Hierarchie stellt. Abgesehen von den kulturellen und finanziellen Auswirkungen könnte ein Rückgang des irischen Ethnozentrismus und ein damit einhergehender Rückgang des irischen religiösen Eifers den amerikanischen Zweig der Kirche einer Übernahme durch Italiener, Polen oder Hispanoamerikaner aussetzen.

Um eine solche Entwicklung zu verhindern, hat sich die Kirche bemüht, das Feuer der irischen Ethnizität am Brennen zu halten, und zwar durch ein Netz von kirchlichen Schulen, gut organisierte Kampagnen gegen die Geburtenkontrolle, Beschränkungen gegen das Heiraten ins Ausland und die Subventionierung und Förderung einer Vielzahl von irischen Aktivitäten. Aus diesen Gründen trägt der Katholizismus einen großen Teil der Verantwortung für den verbleibenden Bindestrich-Status einer schrumpfenden Zahl irischer Amerikaner. Trotz priesterlicher Bedenken gelang es den meisten Iren jedoch, ihre Religion mitzunehmen, als sie in die Reihen der Mehrheit eintraten.

Aus offensichtlichen Gründen ist die katholische Kirche offiziell gegen Marxismus und Kommunismus. Der Atheismus ist nicht der Lieblings-Ismus der Hierarchie. Daraus folgt jedoch nicht, dass alle irischen Amerikaner wütende Kapitalisten sind. Inspiriert von den alten nationalen und rassischen Gegensätzen sowie von Klassenfeindschaften sind irische Führer fast vom ersten Tag an, an dem sie an diesen Ufern ankamen, in den amerikanischen sozialistischen und kommunistischen Bewegungen auf und ab gegangen. William Z. Foster, dessen Vater ein "englischhassender irischer Einwanderer" war, war viele Jahre lang der Grand Old Man des amerikanischen Kommunismus und Elizabeth Gurley Flynn die Grand Old Lady.[250] Jim. Larkin, ein prominenter kommunistischer Hetzer in den 1920er Jahren, verbüßte eine Haftstrafe in Sing Sing, bevor er von Al Smith, dem katholischen Gouverneur von New York, begnadigt wurde. Vincent Sheean, der später ein Anhänger Mahatma Gandhis wurde, schrieb ein Buch mit dem Titel *Personal History*, das wahrscheinlich mehr Amerikaner für

---

[250] Elizabeth Flynn schrieb einmal: "Das Bewusstsein, Iren zu sein, kam zu uns als kleine Kinder, durch klagende Lieder und Heldengeschichten... wir haben den brennenden Hass auf die britische Herrschaft mit der Muttermilch aufgesogen." Shannon, *The American Irish*, S. 166-67. Eine modernere irisch-amerikanische Radikalistin und "Philosophin" der Frauenbefreiungsbewegung ist Kate Millett, verheiratet mit einem Japaner. *New York Times*, 27. August 1970, S. 30.

das Hammer-und-Sichel-Banner begeisterte als jedes Werk oder Traktat von Engels, Marx, Lenin, Trotzki oder Stalin.[251]

Wie von einer extrem wortgewandten, hart arbeitenden Einwanderergruppe nicht anders zu erwarten, waren die Iren stark in die amerikanische Gewerkschaftsbewegung eingebunden, von den radikalsten Gewerkschaftsorganisationen[252] bis zu den konservativsten. John Mitchell war einer der Gründer der United Mine Workers, und P. J. McGuire half bei der Organisation der American Federation of Labor. Weitere bekannte irisch-amerikanische Gewerkschaftsführer: Joseph Curran von der National Maritime Union, P. H. Morrissey von der Brotherhood of Railway Firemen, Teddy Gleason von der International Longshoremen's Association, James O'Connell von der International Association of Machinists, Michael Quill von der Transport Workers Union und nicht zuletzt George Meany, der die AFL-CIO ein Vierteljahrhundert lang leitete.

Irische Muskelkraft half beim Aufbau des industriellen Amerikas, und irisches Blut half, es zu verteidigen. In jeder Epoche der amerikanischen Geschichte und in jedem Bereich der amerikanischen Wirtschaft gab es große Amerikaner irischer Abstammung. Obwohl es unmöglich ist, die Größe und den Umfang des irischen Beitrags zu bestimmen, meint der Historiker Samuel Eliot Morison, dass er geringer war als der deutsche.[253] Auf jeden Fall war er sowohl beträchtlich als auch bedeutend. Ohne ihn sähe das heutige Amerika ganz anders aus.

Während die irisch-amerikanischen politischen Leidenschaften hoch kochten, waren die irischen politischen Standards häufig niedrig. Die Skandale von Bürgermeistern wie Jimmy Walker und William O'Dwyer in New York, James Curley in Boston und John Houlihan in Oakland, Kalifornien, zeugen vom Erfolg der Iren bei der Erlangung öffentlicher Ämter und von ihrem gelegentlichen Versagen, diese würdig zu bekleiden. Viele Jahre lang waren Boston, New York, Chicago, San Francisco und einige andere amerikanische Großstädte kaum mehr als irische politische Lehen, in denen die Parteibosse unabhängig von den Themen eine große Mehrheit für die Kandidaten ihrer Wahl aufstellten. In letzter Zeit sind die Iren jedoch gezwungen, ihre städtischen Vogteien mit anderen Minderheiten zu teilen. In vielen Städten ist ihre einst unangefochtene politische Kontrolle zu Ende gegangen.

---

[251] Sheean sprang nach der Unterzeichnung des russisch-deutschen Nichtangriffspakts vom sowjetischen Express ab. Gegenüber Granville Hicks gab er einmal zu, dass er absichtlich Fakten, die für die UdSSR schädlich waren, verschwiegen hatte, als er über die Herrlichkeit des Stalinismus schrieb. Granville Hicks, *Part of the Truth*, Harcourt, Brace, N.Y., 1965, S. 187.

[252] Zu den radikalsten von allen, den Molly Maguires, siehe Fußnote 1, Kapitel 26.

[253] Samuel Eliot Morison, *The Oxford History of the American People*, Oxford University Press, New York, 1965, S. 480-81.

Wie bereits erwähnt, verließen die irischen Katholiken 1952 in großer Zahl die Demokratische Partei, als sie dazu beitrugen, dass die Wahl zugunsten von Dwight Eisenhower ausfiel. Die Treue der Parteibosse zu den Demokraten blieb unerschüttert, aber der elfenbeinerne Liberalismus des Präsidentschaftskandidaten Adlai Stevenson, der mehr und mehr in Richtung Beschwichtigung der Sowjetunion tendierte, war zu viel für viele der Gläubigen, die im Wirtschaftsboom der Nachkriegszeit ein gewisses Maß an Respektabilität und Wohlstand in der Mittelschicht erreicht hatten. Eben diese Anständigkeit und dieser Wohlstand sind es, die, wenn sie unter anderen assimilierten Minderheiten verbreitet sind, so oft das Wahlverhalten der Republikaner bestimmen.

Wie bereits erwähnt, schlossen sich die meisten Iren bei den Präsidentschaftswahlen 1960 wieder zusammen, als sie die Möglichkeit hatten, für einen der ihren zu stimmen, der obendrein ein Kriegsheld war. John F. Kennedy gab mit Hilfe des großen Reichtums seines Vaters und seiner zahlreichen Verwandten der irisch-amerikanischen Politik eine Chance an den Wahlurnen. Die Entstehung der Kennedy-Dynastie, trotz der Ermordung ihrer beiden herausragenden Mitglieder innerhalb von sechs Jahren, schien die irische und nicht-irische Zuneigung zu den weniger bedeutenden Dynastien nicht zu trüben.

Die Nominierung von George McGovern zum Spitzenkandidaten der Demokraten 1972 führte jedoch zu einer weiteren Massenabwanderung zu den Republikanern. Der typische irische Maschinenpolitiker ist eher pragmatisch als ideologisch und will die Stimmen des Volkes, nicht den Verstand des Volkes. Obwohl der Liberalismus die anerkannte Theologie der Demokratischen Partei ist, wurde er von den irischen Bossen weitgehend als Mittel zum Stimmenfang eingesetzt, da sie sich darüber im Klaren waren, dass ihre eigenen politischen Überzeugungen in den eigenen vier Wänden wahrscheinlich einen deutlich antiliberalen Ton anschlagen würden. Wenn es um die Außenpolitik geht, werden diese Überzeugungen oft in die Öffentlichkeit getragen. Alles in allem haben die irischen Amerikaner während des größten Teils dieses Jahrhunderts einen stabilisierenden und konservativen Einfluss auf die internationalen Beziehungen der USA ausgeübt, zum einen durch ihren Beitrag zur Wahrung der amerikanischen Neutralität während des Spanischen Bürgerkriegs,[254] zum anderen durch die Unterstützung der katholischen antikommunistischen Parteien in Westeuropa nach dem Zweiten Weltkrieg. Ohne diese Unterstützung wäre vielleicht ein viel größerer Teil des europäischen Kontinents sowjetisiert worden.

[254] Joseph Kennedy übernahm als Botschafter in Großbritannien die Führung bei der Verteidigung des Embargos, das die Lieferung von Kriegsmaterial sowohl an die nationalistischen als auch an die republikanischen Streitkräfte verbot, und das zu einem Zeitpunkt, als die meisten amerikanischen Beamten bereit waren, es aufzuheben. Hugh Thomas, *The Spanish Civil War*, Harper & Row, N.Y., 1961, S. 536, 614.

Zu Hause inspirierten Angst und Hass auf den Kommunismus einige irisch-amerikanische Außenseiter dazu, die Parteigrenzen zu überschreiten und den Marxismus und seine Befürworter mit demagogischen Anspielungen anzugreifen, die bis dahin das Monopol der Kommunisten und glühenden Liberalen gewesen waren. Zwei dieser Personen waren Pater Charles Coughlin, der Radiopriester der New-Deal-Ära, und Senator Joseph McCarthy, nicht zu verwechseln mit Eugene McCarthy, dem gelehrten irisch-skandinavischen Senator aus Minnesota. Für einen gehobenen intellektuellen Ton sorgte William F. Buckley, der - wie Präsident Kennedy der Sohn eines irischen Multimillionärs - mit seinem bissigen Witz und seinem hintersinnigen Auftreten an französische Konservative wie Léon Daudet und Charles Maurras von der Action Frangaise erinnerte.[255] Getreu den Gleichheitsvorstellungen ihrer Kirche haben Buckley und viele andere führende irisch-amerikanische Konservative die Rassenintegration nachdrücklich unterstützt. Wenn man von der irischen Komponente des Konservatismus spricht, darf man nicht vergessen, dass Präsident Nixon, der nichtkatholischer irischer Herkunft war, "in einer Kampagne, die im Wesentlichen von irischen Konservativen aus New York geplant wurde, zum Präsidenten gewählt wurde."[256] Man darf auch nicht vergessen, dass Reagan einen irisch-katholischen Vater hatte und dass Präsident Clinton teilweise als mit den Ould Sod verbunden gilt, weil der Mädchenname seiner Mutter Kelley war.

Aufgrund ihrer nordeuropäischen Rassen- und Kulturverwandtschaft und weil sie in vielerlei Hinsicht so typisch und allgemein amerikanisch geworden sind, ist es schwierig zu behaupten, dass irische Amerikaner immer noch einer Minderheit angehören. Ober- und unterhalb der Oberfläche ist der Amerikaner irischer Abstammung ein Prototyp der Mehrheit. Er ist patriotisch. Er ist bereit zu leben und leben zu lassen. Er ist nicht so aufdringlich oder habgierig wie Angehörige anderer Bevölkerungsgruppen. Er drängt nicht in die Berufe. Sein Nettovermögen ist nicht überdurchschnittlich hoch. Nur wenn Fragen des Glaubens, des Stolzes, der Maschinenpolitik und Irlands ins Spiel kommen - Fragen, bei denen die Iren immer noch recht empfindlich sind -, zeigt eine abnehmende Zahl irischer Amerikaner trotzig das, was man als Minderheitenfarben bezeichnen könnte. Fast alle einst zwingenden Gründe für die irisch-amerikanische Eigenständigkeit haben sich inzwischen verflüchtigt. Die Zeit, die Entfernung und der Niedergang des britischen Empire haben den

---

[255] James Buckley, der Bruder von William, der eine Amtszeit als Senator von New York absolvierte, ist ein prominentes Mitglied einer irisch-konservativen Clique innerhalb der Republikanischen Partei, die ein Gegengewicht zur Macht der so genannten irischen Mafia oder Kennedy-Fraktion in der Demokratischen Partei schaffen will.

[256] Phillips, op. cit., S. 174-75. Nixons Wahlkampfmanager im Jahr 1968 war John N. Mitchell, später Generalstaatsanwalt und letztlich einer der Hauptschuldigen an Watergate. Mitchell war Presbyterianer mit einer irischen Mutter und hatte einen Stellvertreter namens Peter Marcus Flanigan. Viele ehemalige Nixon-Ideologen, insbesondere Patrick Buchanan, sind ebenfalls irischer Abstammung.

alten Groll gegen England gemildert. Nur Ulster ist noch immer eine offene Wunde und erinnert nur allzu oft an die alte Fehde. Die amerikanische Mehrheit, in der die Iren früher so viele unangenehme englische Eigenschaften und Bräuche fanden, ist nicht mehr ausschließlich angelsächsisch und hat eine gleichmäßigere Verteilung der nordeuropäischen Bevölkerung erhalten. Was die religiösen Unterschiede anbelangt, so löst sich ein Großteil des strengen Protestantismus der Grenzregion, in dem die antikatholischen und antipäpstlichen Untertöne der Reformation mitschwingen, in einen "Leben und leben lassen"-Deismus auf, dessen Hauptanliegen Toleranz und soziale Gerechtigkeit sind. Liberalisierende Direktiven aus Rom, Fragen zur päpstlichen Unfehlbarkeit, Forderungen nach Abschaffung des Priesterzölibats, die zunehmende Zahl radikaler Priester, die entlatinisierte Messe, die erbitterte Kontroverse über Geburtenkontrolle und Abtreibung - all diese Teile der ökumenischen Bewegung untergraben die uralte monolithische Struktur des Katholizismus,[257] und senken dabei das Ansehen der Kirche in den Augen und Ohren derer, die ihre Religion lieber mit einer großen Portion Dogma, Dramaturgie und Ritualen genießen.

Bevor die Römer nach Britannien kamen, waren sich die Kelten (frühe Nordländer) Irlands und Britanniens in Kultur, Zivilisation und Rasse ähnlich. Nach dem Abzug der Römer und der Ankunft der christlichen Missionare teilten Irland und Britannien mehr als tausend Jahre lang dieselbe Religion, obwohl der irische Katholizismus mindestens die Hälfte dieser Zeit eher keltisch als römisch war. Während die beiden Völker in der Alten Welt weiterhin Schwierigkeiten haben, aus ihren Gemeinsamkeiten Kapital zu schlagen, haben ihre Nachkommen in der Neuen Welt gezeigt, dass die alten Hassgefühle und Trennungen nicht mehr viel Sinn machen. Was nützt es einem irischen Amerikaner, sein Wohlergehen an den Rockschößen unverantwortlicher ethnischer Dynasten festzumachen, deren einzige Funktion darin besteht, als politische Steigbügelhalter für Liberalismus und Minderheitenrassismus zu dienen?

Es liegt im ureigensten Interesse der Iren, die jetzt gutgläubige Mitglieder der amerikanischen Mehrheit sind, dafür zu sorgen, dass die Mehrheit ihre rassische und kulturelle Form schützt und bewahrt. Wenn diese Form zerbrochen wird,

---

[257] Die Verbindung zwischen dem irischen Volk und dem römischen Katholizismus ist weder angeboren noch unauflösbar. Viele der größten Iren, vielleicht sogar die allergrößten, waren Protestanten oder Nicht-Gläubige. Die Liste umfasst Charles Parnell, den engagierten irischen Freiheitskämpfer des 19. Jahrhunderts, Douglas Hyde, Irlands ersten Präsidenten, Swift, Goldsmith, Sheridan, Wilde, Shaw, Yeats, Joyce, Synge und O'Casey. Paul Carroll, ein moderner irischer Dramatiker, spiegelt in seinem *White Steed* die Gefühle vieler seiner Landsleute wider, wenn seine Heldin gegen die Priester und die "kleinen Männer" wettert, weil sie die Iren ihres ursprünglichen Stolzes und ihrer Männlichkeit beraubt haben.

haben die irischen Amerikaner genauso viel zu verlieren wie alle anderen Amerikaner nordeuropäischer Abstammung.

FINNISCHE UND BALTISCHE MINDERHEITEN: Einige Finnen waren an der ursprünglichen schwedischen Einwanderung beteiligt, die stattfand, als die Amerikaner noch britische Kolonialherren waren. Eine nennenswerte Zahl kam jedoch erst 1864 in die Vereinigten Staaten. Viele gingen nach Michigan, um Bergleute zu werden; andere gründeten Farmen in Minnesota. Die russische politische Unterdrückung im späten neunzehnten Jahrhundert trieb mehr Finnen nach Amerika. Eine Studie des Census Bureau schätzt die Zahl der Amerikaner finnischer oder teilweise finnischer Abstammung auf 615.872.[258]

Trotz ihrer schwierigen, agglutinierenden Sprache und ihres angeblichen eurasischen Ursprungs sind die meisten finnischen Amerikaner kaum von ihren Nachbarn aus der Alten Welt, den Schweden, zu unterscheiden. Sie sind fast genauso nordisch und ebenso protestantisch (lutherisch). Nach dem Ersten Weltkrieg wurde den finnischen Amerikanern eine Art Ehrenmitgliedschaft in der Mehrheit zuteil, als Finnland als einzige europäische Nation begrüßt wurde, die ihre Kriegsschuld vollständig bezahlte. Das protestantische Ethos mag in Boston gestorben sein, aber in Helsinki lebte es weiter. Finnlands Popularität in den USA gewann einige zusätzliche Punkte, als die Finnen 1939-40 einen tapferen, wenn auch etwas hoffnungslosen Widerstand gegen die russischen Invasoren leisteten, eine der brutalen Folgen des Hitler-Stalin-Pakts. Als Deutschland jedoch 1941 die Sowjetunion angriff und die Finnen unfreiwillig zu einem deutschen Verbündeten wurden, versiegte die amerikanische Unterstützung für Finnland schnell. Die anschließende Abtretung strategisch wichtiger finnischer Gebiete an Stalin am Ende des Zweiten Weltkriegs rief bei den Amerikanern wenig Sympathie hervor. Heute verfolgt Finnland eine strikt neutrale Außenpolitik, um den Russen keinen Vorwand zu liefern, noch mehr Druck auf das Land auszuüben, vor allem jetzt, da einige hochgespannte Moskauer Nationalisten davon sprechen, das einstige Zaren-Großherzogtum Finnland in ein wiedergeborenes Russisches Reich "einzugliedern".

Weniger rhetorisch und konkreter sind die aktuellen russischen Forderungen an die drei baltischen Staaten, die nach dem Zerfall der Sowjetunion ihre Unabhängigkeit erklärt haben. Im Gegensatz zu Litauen, das katholisch ist und kulturelle Bindungen zu Polen hat, sind Estland und Lettland protestantisch und kulturell eher an Skandinavien angelehnt. Alle drei baltischen Länder, die jeweils eine große russische Minderheit haben, waren zwischen dem Ersten und Zweiten Weltkrieg für kurze Zeit unabhängig. Ob ihr neuer Versuch, eine eigene Nation zu bilden, erfolgreich sein wird, hängt wahrscheinlich weniger davon ab, was die Letten, Esten und Litauer tun, als vielmehr von der Außenpolitik

[258] Sofern nicht anders angegeben, stammen alle Bevölkerungszahlen in diesem Kapitel aus der Studie des Census Bureau von 1980 über Abstammungsgruppen. Siehe Anhang B.

Moskaus, das bereits damit gedroht hat, die Öllieferungen an die baltischen Staaten einzustellen, wenn die russischen Minderheiten diskriminiert werden.

Die schätzungsweise 25.994 Esten, 92.141 Letten und 742.776 Litauer in den USA jubeln ihren neu befreiten Heimatländern zu. Nicht wenige sind in ihre angestammten Länder zurückgekehrt, um mitzuhelfen, sie auf westliches Niveau zu bringen. Da die Balten nordischer oder alpiner Abstammung oder Mischformen davon sind, sind sie rassisch gesehen für die Assimilierung geeignet. Blonde und helläugige Esten, Letten und ihre Nachkommen in Übersee sind weit verbreitet, auch wenn die Litauer in der Mehrzahl etwas dunkler sind. Im Laufe der Jahrhunderte hat der russische und sowjetische Imperialismus den baltischen Irredentismus immer wieder neu entfacht. Doch im letzten Jahrzehnt dieses Jahrhunderts kann man mit Sicherheit sagen, dass die baltischen Einwanderer, die in den USA geblieben sind, trotz ihrer relativ späten Ankunft von der Phase der Assimilierbarkeit zur Phase der Assimilierung übergegangen sind.

SLAWISCHE MINDERHEITEN: Die Russen waren die einzigen Weißen, die über eine ostwärts gerichtete Route nach Amerika einwanderten, indem sie zunächst in Alaska ankamen und dann die Küste von Washington, Oregon und Kalifornien entlangzogen. Zur Zeit von Seward's Folly im Jahr 1867 hatte die zaristische Expansion nach Nordamerika jedoch fast ihren gesamten Schwung verloren und zog sich nach Sibirien zurück. Eine groß angelegte russische Auswanderung, diesmal über die herkömmliche Atlantikpassage, begann erst mit dem Höhepunkt der Neuen Einwanderung. Nach dem Ersten und Zweiten Weltkrieg bemühten sich Zehntausende russischer Antikommunisten um Einreise in die Vereinigten Staaten, viele von ihnen erfolglos.

Da sehr viele nicht-slawische Einwanderer, insbesondere Juden, Russland als ihr Heimatland angaben, ist es ziemlich schwierig, eine genaue Zahl für Amerikaner mit echter russischer Abstammung zu ermitteln. Eine recht zuverlässige Schätzung geht von 350.000 aus.[259] Die meisten russischstämmigen Amerikaner sind Landwirte und Industriearbeiter, obwohl es unter den Flüchtlingen der Revolution von 1917 auch einige hochqualifizierte Künstler und Wissenschaftler gab.

Der ukrainische Nationalismus, der durch tausend Jahre russischer und anderer Fremdherrschaft noch verstärkt wurde, ist in Amerika oft genauso stark ausgeprägt wie in der Sowjetunion, bevor der kommunistische Staat unterging und die Ukraine endlich ihre lang ersehnte Unabhängigkeit erhielt. Dennoch gilt das, was über die russische Minderheit in Amerika gesagt wurde, im Allgemeinen auch für die ukrainische, nur dass letztere mit 730.056 Mitgliedern zahlreicher ist. Die ukrainischen Amerikaner jubeln über die neu erlangte

[259] Die vom Census Bureau angegebene Zahl von 2.781.432 gilt als stark überhöht. Sie muss Juden und Nicht-Russen aus vielen anderen Teilen der ehemaligen Sowjetunion einschließen.

Unabhängigkeit ihres Heimatlandes, aber ihre Hände und Herzen sind, zumindest vorläufig, fest auf dieser Seite des Atlantiks verankert.

Die Polen kamen früher und nahmen aktiver an der amerikanischen Geschichte teil als andere slawische Minderheiten. Etwa 10.000 polnische Dissidenten kamen seit der Kolonialzeit bis zum Bürgerkrieg in die USA. Zwei polnische Offiziere, Thaddeus Kosciusko und Graf Casimir Pulaski, kämpften tapfer unter Washington. Die große polnische Migration nach Amerika fand jedoch erst in den ersten dreizehn Jahren dieses Jahrhunderts statt, als 1,5 Millionen Polen Ellis Island passierten. Heute leben in Amerika schätzungsweise 5,1 Millionen Menschen polnischer Abstammung, wobei die polnischen Juden nicht mitgezählt sind. Damit ist das polnische Kontingent die größte und einflussreichste slawische Minderheit.

Wie die Ukrainer sind auch die Polen aus Gewohnheit und Instinkt antirussisch eingestellt, wie der Versuch der Solidarnosc-Bewegung zeigt, sich aus der sowjetischen Umlaufbahn zu lösen, als die anderen sowjetischen Satelliten in den 1980er Jahren noch in die Knie gingen. Im Gegensatz zu den Ukrainern[260] und den Russen sind sie römisch-katholisch. Wie in Polen ist die katholische Kirche in den USA bestrebt, die polnischen ethnischen Gefühle am Leben zu erhalten, und fördert offiziell die Bewahrung der polnischen Sprache, "der Sprache der Seele". Obwohl ein kleiner Prozentsatz der polnischen Amerikaner Landwirte sind, leben die meisten von ihnen in Großstädten und sind ziemlich gleichmäßig über Industrie, Handel und Berufe verteilt. Vor fünfzig Jahren wählten die polnischen Amerikaner ausschließlich die Demokraten. Doch in den letzten Jahrzehnten wandten sich viele Polen - einige aufgrund der antisowjetischen Haltung der Republikaner im Kalten Krieg, andere wegen der Negerunruhen - der G.O.P. zu, obwohl Gerald Fords unglaubliche Bemerkung im Präsidentschaftswahlkampf 1976, Polen sei eine unabhängige Nation, ihm nicht viele Stimmen aus den osteuropäischen Bevölkerungsgruppen Amerikas einbrachte.

Einige Tschechen, vor allem Mitglieder der Mährischen Bruderschaft, landeten in der Kolonialzeit in Amerika. Der große Ansturm tschechischer und slowakischer Einwanderer begann jedoch erst Anfang des 20. Jahrhunderts, als die nationalistische Bewegung in Österreich-Ungarn am stärksten war. Die tschechischen und slowakischen Minderheiten, die sich in der Neuen Welt ebenso wenig vermischen wie in der inzwischen aufgelösten Tschechoslowakei, zählen heute etwa 1,75 Millionen Menschen und sind vor allem in den Großstädten des Mittleren Westens zu finden. Im Durchschnitt haben Tschechen und Slowaken, von denen die meisten römisch-katholisch sind, einen dunkleren Teint als Polen und Russen.

---

[260] Die Westukrainer in der UdSSR, zumeist Unitarier (griechische Katholiken, die mit Rom verbunden sind), wurden 1945-46 gewaltsam zur orthodoxen Ostkirche bekehrt.

Die Südslawen bestehen hauptsächlich aus Serben, Kroaten und Slowenen, die früher, aber nicht mehr unter dem Namen Jugoslawen bekannt sind. Gegenwärtig leben in den USA etwa 500.000 Kroaten, 300.000 Slowenen und 200.000 Serben, von denen die meisten Ende des 19. und Anfang des 20. Jahrhunderts eingewandert sind. Die Kroaten und Slowenen sind römisch-katholisch. Die Serben sind östlich-orthodox. Die meisten Ernährer arbeiteten - und viele arbeiten noch immer - in der Schwerindustrie, in Bergwerken und Steinbrüchen.

Einige Slawen weisen nordeuropäische körperliche Merkmale auf, insbesondere diejenigen, deren Vorfahren aus dem Nordwesten Russlands und Nordpolen stammen. Ein beträchtlicher Teil der russischen Amerikaner hat die blauen Augen, das blonde Haar und die langen Köpfe der schwedischen Waräger, die Russland vor einem Jahrtausend gegründet haben. Aber im Allgemeinen sind die slawischen Gesichter breit, die slawischen Wangenknochen hoch, die slawischen Köpfe rund und die slawischen Nasen stumpf. Obwohl gelegentlich einige mongolische Züge, sowohl körperlich als auch geistig, vorhanden sind, sind slawische Bevölkerungsgruppen in Amerika bei ihrer Assimilierung auf keine unüberwindbaren rassischen oder kulturellen Hindernisse gestoßen. Selbst die polnischen Amerikaner, die noch vor wenigen Jahrzehnten Hunderte von literarischen, dramatischen, singenden, sozialen, religiösen und sportlichen Vereinen in den USA hatten, werden langsam, aber gründlich "mehrheitsfähig".

HUNGARIER: Amerikaner ungarischer Herkunft decken ein breites Rassenspektrum ab. Die Ur-Ungarn, die vor langer Zeit in den asiatischen Steppen lebten, werden heute eher der weißen als der gelben Rasse zugerechnet. Heute werden sie, ohne dass ihr Weißsein in Frage gestellt wird, als Alpinisten bezeichnet. Was die Zahl der ungarischen Amerikaner betrifft, so war es aufgrund des rassischen Potpourris der alten österreichisch-ungarischen Monarchie äußerst schwierig, eine zuverlässige Zählung der Neuankömmlinge aus Mitteleuropa vorzunehmen. Einschließlich der 35.000, die nach dem gescheiterten ungarischen Aufstand von 1956 über den Atlantik geflohen sind, gibt es heute schätzungsweise 310.000 Amerikaner ungarischer Herkunft.

FRANZÖSISCHE KANADIER UND DIE LOUISIANA-FRANZÖSEN: Die Franzosen sind eine der am schwierigsten zu kategorisierenden amerikanischen Minderheiten. Auf der Seite der Mehrheit stehen die Hugenotten, Protestanten calvinistischer Überzeugung, die ihre Migration in die USA begannen, als Ludwig XIV. 1685 das Edikt von Nantes aufhob. Paul Revere und John Jay sind die beiden berühmtesten Hugenotten der revolutionären Zeit. Obwohl sie nur 0,5 Prozent der ursprünglichen weißen Kolonialbevölkerung ausmachten, gibt es heute vielleicht 2 Millionen Amerikaner hugenottischer Abstammung, plus weitere 1,2 Millionen Nachkommen katholischer Franzosen. Die Franzosen in Amerika haben in der Regel einen helleren Teint als die Franzosen in Frankreich, so dass es angemessen ist, ihnen eine kleine nordische Komponente zuzuordnen. Die meisten Franzosen sind jedoch der alpinen Rasse zuzuordnen, mit einem kleinen Anteil an mediterranen Genen. Der bemerkenswerteste der

Neuankömmlinge des frühen 19. Jahrhunderts war Pierre Samuel du Pont de Nemours, der Gründer des Du Pont-Industrieimperiums.

Von den Frankokanadiern leben heute etwa 1,5 Millionen in den USA, die meisten davon in den ländlichen und industriellen Gebieten Neuenglands. Die Frankokanadier sind kein wirtschaftlich aggressives Volk und auch nicht dafür bekannt, dass sie versuchen, das Denken oder die Politik anderer zu dominieren, aber sie halten hartnäckig an ihrem französischen Kulturerbe und ihrem französischen Dialekt fest. Ihre Nähe zu ihrer alteingesessenen Heimat in Französisch-Kanada wirkt wie eine Assimilationsbremse, aber nur wenige würden ihre starken politischen, wirtschaftlichen und sozialen Bindungen zu den USA bestreiten. Wie die Mexikaner stellen sie die Amerikaner vor ein Minderheitenproblem nach europäischem Vorbild: eine Grenzbevölkerungsgruppe mit emotionalen und historischen Bindungen sowohl zur anderen Seite als auch zur nahen Seite der nationalen Grenze. 1886 versuchten Delegierte in Rutland, Vermont, eine französisch-kanadische "Nationalität" mit eigener Flagge und Nationalhymne zu organisieren, die als Dachorganisation für alle französischsprachigen Menschen sowohl in Kanada als auch in den Vereinigten Staaten dienen sollte.[261] Das Projekt kam nie zustande, aber es ist symptomatisch dafür, warum ein amerikanischer Diplomat mit den Worten zitiert wurde, dass die Frankokanadier die "am schwersten zu assimilierende aller Einwandererrassen" seien.[262] Aber diese Worte wurden vor mehr als einem halben Jahrhundert gesprochen. Obwohl sie vielleicht ein oder zwei Nuancen dunkler sind als die amerikanische Bevölkerungsnorm, können alle bis auf eine Handvoll eingefleischter Frankokanadier sicher der Kategorie der Assimilierten zugeordnet werden. Das heißt jedoch nicht, dass, wenn die Rassenunruhen in den USA weiter zunehmen, nicht eine beträchtliche Zahl von ihnen zu ihrem ursprünglichen Ausgangspunkt in Quebec zurückkehren wird, das bis dahin vielleicht ein unabhängiges Land geworden ist.

Von den 800.000 Louisianern französischer Abstammung sprechen etwa 300.000 immer noch ein französisches Patois, das sie von ihren Vorfahren, den akadischen Exilanten aus Nova Scotia, an die Longfellow erinnert, geerbt haben.[263] Einige dieser "Cajuns" haben ein Gesicht mit mediterraner Färbung,[264] aber nicht so dunkel, dass die Besitzer dieser Gesichter als unassimilierbar gelten. Durch die Arbeit auf kleinen Farmen und die Fischerei in abgelegenen

261 Wilfred Bovey, *Canadien*, J. M. Dent, Toronto, 1934, S. 100.

262 Ebd.,. S. 187.

263 Gouverneur Edwin Edwards aus Louisiana behauptet, seine Mutter habe Cajun-Gene.

264 Alexis Carrel, der verstorbene französische Biologe und Nobelpreisträger, stellte fest, dass die mediterranen Elemente der Bevölkerung Frankreichs den nördlichen Elementen unterlegen sind. Er führte dies auf die Tatsache zurück, dass die Akklimatisierung der Weißen an die Hitze auf Kosten der Entwicklung des Nervensystems und des Intellekts erfolgt. *L'homme, cet inconnu*, S. 300.

Bayous führten sie bis vor kurzem ein isoliertes Leben, das kaum Möglichkeiten zur Assimilation bot. Doch die rasanten wirtschaftlichen Veränderungen, die sich jetzt in Louisiana vollziehen, holen sie aus ihrer Isolation heraus und verändern ihre endogamen Heiratsgewohnheiten und provinziellen Bräuche stark. Viele, wenn nicht sogar die meisten, haben sich bereits als assimiliert erwiesen, und die übrigen werden wahrscheinlich noch vor Ende des Jahrhunderts nachziehen.

Es ist unangebracht, eine Diskussion über die assimilierten Minderheiten zu beenden, ohne zu sagen, dass sie in mancher Hinsicht dynamischer amerikanisch sind als die Mehrheit als Ganzes. Die meisten Mitglieder der assimilierten Minderheiten *glauben* immer noch mit einer altmodischen Intensität an Amerika, die in den Herzen vieler Menschen mit tieferen Wurzeln in der amerikanischen Vergangenheit fast verblasst ist. Viele Angehörige der assimilierten Minderheiten halten an diesem Glauben fest, obwohl sie als Arbeiter und Angestellte im Trubel der Großstädte leben und arbeiten, wo sie viel schneller als die Amerikaner auf dem Land und in den Vorstädten erfahren haben, was mit ihrem Land geschieht.

Da die assimilierten Minderheiten viel stärker unter der Aufhebung der Schulpflicht, der Kriminalität und dem Verfall der Wohnviertel gelitten haben als andere Teile der Mehrheit, ist es durchaus möglich, dass die Führung eines Wiederauflebens der Mehrheit aus den Reihen der assimilierten Minderheiten kommen wird, aus den Bevölkerungsgruppen, deren Leben und Lebensunterhalt offener bedroht war als das der Vorstadt- und Landbewohner. Wenn man Probleme von Angesicht zu Angesicht erlebt, ist das Interesse an Lösungen oft größer.

Aber es ist auch möglich, dass, wenn die gegenwärtige Erstarrung der meisten Mitglieder der Mehrheit anhält und die assimilierten Minderheiten im Stich gelassen und sich selbst überlassen werden, sie ihre alten ethnischen Loyalitäten wieder aufleben lassen, um im Großstadtdschungel überleben zu können. Eine solche Reaktion könnte leicht den Ausschlag für die Unumkehrbarkeit der Enteignung der Mehrheit geben.[265]

---

[265] Im Frühjahr 1972 drängte Michael Novak in *The Rise of the Unmeltable Ethnics* (Macmillan, New York) auf ein politisches Bündnis von Schwarzen und assimilierbaren Minderheiten. Er sagte (S. 20), die letztere Gruppe umfasse 70.000.000 Amerikaner irischer, italienischer, slawischer, spanischer, griechischer und armenischer Abstammung. Jerome Rosow, ein ehemaliger stellvertretender Arbeitsminister, wurde als Quelle für diese Zahl genannt. Rosow hatte jedoch lediglich gesagt, dass 70.000.000 Amerikaner Mitglieder von Familien mit "unterem bis mittlerem Einkommen" seien. Später, vielleicht als Belohnung für die wissenschaftliche Leistung, eine Einkommensgruppe in ein Agglomerat ethnischer Gruppen zu verwandeln, tauchte Professor Novak als Redenschreiber für Sargent Shriver im Präsidentschaftswahlkampf 1972 auf. In der Tat gibt es mindestens 2.000.000 Neger in der "unteren mittleren

Einkommensgruppe" sowie Dutzende von Millionen von Mitgliedern der Mehrheit. Siehe Jerome Rosow, *Overcoming Middle Class Rage*, Westminster Press, Philadelphia, 1971, S. 87. Nachdem er für die Rockefeller Foundation gearbeitet hatte, wurde Novak Herausgeber eines ethnischen Newsletters und ein landesweit verbreiteter Kolumnist, dessen Schriften und Meinungen eine zunehmend konservative Tendenz aufweisen.

KAPITEL 14

Unassimilierbare weiße Minderheiten

Im Gegensatz zu den assimilierten Minderheiten, deren rassische und kulturelle Unterschiede nicht groß genug waren, um eine Assimilation auszuschließen, sind die nicht assimilierbaren Minderheiten dauerhaft vom Status der Mehrheit ausgeschlossen. Im Falle der Nicht-Weißen ist die Rassenzugehörigkeit an sich schon ein unüberwindbares Hindernis. Bei den nicht assimilierbaren weißen Minderheiten können die Ursachen, die eine Assimilation verhindern, entweder kultureller oder biologischer Art sein oder beides.

Das bedeutet nicht, dass die nicht assimilierbaren Minderheiten durch einen ähnlichen rassischen oder kulturellen Hintergrund oder durch einen gemeinsamen wirtschaftlichen oder sozialen Status miteinander verbunden sind. Im Gegenteil, einige nicht assimilierbare Minderheiten, weiße und nichtweiße, unterscheiden sich wahrscheinlich stärker voneinander als von einigen assimilierten Minderheiten. Unter den nicht assimilierbaren Minderheiten finden sich die wohlhabendsten und die ärmsten amerikanischen Bevölkerungsgruppen, die wortgewaltigsten und die wortkargsten, die religiösesten und die irreligiösesten. Die Spaltungen, die die unassimilierbaren Minderheiten bedrücken, sind sogar so groß, dass sie zu rassistischen Auseinandersetzungen führen. Ein solcher Fall war 1992 die Ermordung eines chassidischen Juden in Crown Heights durch einen schwarzen Mob als Vergeltung dafür, dass ein Rabbi die Kontrolle über sein Auto verlor und einen jungen Neger überfuhr und tötete. Frühere Auslöser des Rassenkonflikts waren der Lehrerstreik in New York City im Jahr 1968, bei dem vor allem Schwarze für mehr Gehalt eintraten, und die Entlassung von Andrew Young, Botschafter bei den Vereinten Nationen, weil er mit einem Vertreter der Palästinensischen Befreiungsorganisation gesprochen hatte.

Trotz ihrer ausgeprägten Divergenzen haben die unassimilierbaren Minderheiten jedoch ein politisches, wirtschaftliches und kulturelles Bündnis geschmiedet, das mit aktiver Unterstützung der Mehrheitsspalter in den Reihen den Lauf der amerikanischen Ereignisse für den größten Teil des Jahrhunderts gesteuert hat. Die dynamischeren dieser Minderheiten haben nicht nur ihre Stimmen für sorgfältig ausgewählte politische Kandidaten gebündelt, sondern auch ihre polaren Differenzen überwunden, um die ideologische Front zu schmieden, die eine nach der anderen die unantastbarsten amerikanischen Institutionen stürzt.

Was ist dann die einigende Kraft, die stark genug ist, um sich gegen all diese Vielfalt durchzusetzen, die zentripetale Kraft, die mächtig genug ist, um die rassische Zentrifuge auszuschalten, in der sich diese Minderheiten logischerweise auseinander drehen sollten? Um Nietzsche zu paraphrasieren, hat es wahrscheinlich sowohl mit dem Willen zur Macht als auch mit dem Willen zur Ohnmacht zu tun - dem Wunsch nach Macht seitens der unassimilierbaren Minderheiten, die wenig haben, dem Wunsch nach mehr Macht seitens derer, die viel haben, und dem Wunsch nach Machtabgabe seitens der entrechteten Mehrheitsmitglieder. Genährt werden diese Sehnsüchte von alten psychologischen Unwägbarkeiten und immateriellen Faktoren wie Neid, Unsicherheit, Angst, Hass und sogar Selbsthass. Diese Sehnsüchte haben auch erhebliche wirtschaftliche Nahrung erhalten. In den letzten Jahren hat in den Ghettos der Großstädte zwar eine Minderheit das Vermögen einer anderen geplündert, geraubt und verbrannt, doch stellt letztere der ersteren weiterhin einen beträchtlichen Teil ihrer Intelligenz und ihres Geldes zur Verfügung.

Die einzige sichere Annahme über die Kraft, die die unassimilierbaren Minderheiten eint und antreibt, ist, dass sie am deutlichsten und stärksten ist, wenn sie sich gegen die Mehrheit richtet. Dementsprechend kann man sagen, dass die Hauptquelle für die Einheit und Koordination der Minderheiten der große, kranke, schwimmende demografische Wal ist, der ungestraft angegriffen, aufgeschlitzt, gebissen und gekniffen werden kann. Es ist vor allem die Opposition gegen die Mehrheit, die das effektive, aber unbehagliche Bündnis zwischen den nicht assimilierbaren Minderheiten und den Gracchites, Trucklers, Pussyfooters, Old Believers und Proditors der Mehrheit geschaffen hat - ein Bündnis, das immer noch die teilweise, aber nicht immer begeisterte Unterstützung beträchtlicher Teile der assimilierbaren Minderheiten genießt.[266]

Bevor die Schlachtordnung der Unassimilierbaren Minderheiten vorgestellt wird, ist es vielleicht ratsam, darauf hinzuweisen, dass es bei allen Verallgemeinerungen über Massen von irgendetwas, insbesondere von Menschenmassen, immer unzählige Ausnahmen gibt. Natürlich gibt es unassimilierbare Mitglieder jeder assimilierten Minderheit und assimilierbare Mitglieder jeder unassimilierbaren weißen Minderheit. Aber im Folgenden geht es um Häufigkeiten, nicht um Individuen, um statistische Durchschnittswerte, nicht um Ein-Punkt-Kurven.

SÜDITALIENER: Im Großen und Ganzen ist Italien ein gemischtrassiges Land. Im Norden und im Zentrum überwiegen die Alpenbewohner, während sich die Mittelmeerbewohner auf den unteren Stiefel (Kampanien und Kalabrien) und Sizilien konzentrieren. Aus diesen Regionen stammen 80% der italienischen

---

[266] Ein prominenter politischer Analyst hat dieses Bündnis in seinen reinen Minderheitenaspekten so definiert, dass es aus "großen, zusammenhängenden ethnischen Gemeinschaften besteht, die noch halb in Cork, Kalabrien und Krakau verwurzelt sind". Kevin Phillips, *The Emerging Republican Majority,* S. 438. Phillips hat in Bezug auf Cork ein wenig übertrieben und lag in Bezug auf Kalabrien, der Heimat der Süditaliener, fast richtig, aber er lag falsch, wenn er sich auf Polen bezog, als er Krakau erwähnte, und richtig, wenn er sich auf Juden bezog.

Einwanderer.[267] Da es schätzungsweise 8.764.000 italienische Amerikaner gibt, würde[268] einfache Mathematik und die zuvor in dieser Studie definierten Assimilationsregeln darauf hindeuten, dass mindestens die Hälfte zu dunkel ist, um für eine Assimilation in Frage zu kommen.

Von allen neuen Einwanderern waren die Italiener am zahlreichsten. Obwohl die meisten von ihnen im alten Land Bauern waren, sammelten sie sich bei ihrer Ankunft in Amerika in den städtischen "Little Italies", wo die italienische Sprache, die italienische Küche, das italienische Liedgut, die italienischen Bräuche und die italienische Ausgelassenheit immer noch ein italienisches Flair vermitteln, das sich in keinem Schmelztiegel auflösen lässt. Die katholische Kirche trägt ihren Teil dazu bei, diesen Geschmack zu bewahren, aber die Süditaliener sind nicht im irisch-amerikanischen oder französisch-kanadischen Sinne katholisch. Ein Autor erklärt: "Vielleicht ist der Durchschnittsitaliener zu nahe an Rom dran, um sich davon beeindrucken zu lassen".[269] Viele italienische Amerikaner sehen die Kirche mit Argwohn, weil sie seit langem mit Italiens reichen, landbesitzenden Interessen verbunden ist.

In New York City leben 1,3 Millionen italienische Amerikaner,[270] und viele von ihnen arbeiten in den Handwerksbetrieben. Sie ist die drittgrößte italienische Stadt der Welt und wird nur noch von Rom und Mailand übertroffen. Im Gegensatz zu den Süditalienern, von denen die meisten es vorzogen, im urbanen Osten zu bleiben, zogen die abenteuerlustigeren Typen aus Nord- und Mittelitalien nach Westen, nicht wenige nach Kalifornien, wo sie Farmer und Winzer wurden und wo einer von ihnen, A. P. Giannini genuesischer Abstammung, die einst größte und dynamischste Bank der Welt gründete.[271] Ihre Verstreuung über das ganze Land, ihr Fleiß und ihre alpinen statt mediterranen Rassemerkmale haben die meisten Nord- und Mittelitaliener zu leichten Kandidaten für die Assimilation gemacht.

---

[267] L. F. Pisani, *The Italian in America*, Exposition Press, New York, 1957, S. 143.

[268] Bericht des Bureau of the Census, 1973. Siehe auch Tabellen A und B, Anhang A. Einige wilde, politisch inspirierte Schätzungen gehen sogar bis zu 21 Millionen.

[269] Pisani, op. cit., S. 54.

[270] *New York Times Magazine*, 10. August 1969, S. 56.

[271] Andere reiche italienische Amerikaner, neben dem verstorbenen Giannini, gehören meist zur Kategorie der Assimilierten: die Familie DiGiorgio (kalifornische Obstdynastie), Angelo Petri und die Familie Gallo (Wein), John Cuneo (Besitzer einer der größten Druckereien der Welt), Pio Crespi (texanischer Baumwollkönig), Antonio Giaccione (Papier), Louis Pagnotti (Kohle), Joseph Martino (Blei), Salvatore Giordano (Klimaanlagen), Vincent Riggio (ehemaliger Präsident der American Tobacco Co.), Lee Iacocca (Chrysler Corp.), die Familie Pope (Zeitungen), Bernard Castro (Möbel), Jeno Paolucci (Lebensmittelhersteller). Siehe Michael Musmanno, *The Story of the Italians in America*, Doubleday, New York, 1965, S. 247-49.

Die süditalienische Minderheit verfügt in ihren Reihen über eine kriminelle Organisation, in der die ethnische Zugehörigkeit die wichtigste Voraussetzung für die Mitgliedschaft ist.[272] Der gewöhnliche italienische Amerikaner hat jedoch keine Verbindung zu den 5.000 Süditalienern, meist Sizilianer, die das organisierte Verbrechen beherrschen. Um diese Botschaft an die Öffentlichkeit zu bringen, haben italienische Lobbyisten - nicht immer erfolgreich - versucht, Fernseh- und Filmproduzenten davon zu überzeugen, ihre Gangsterfiguren "aufzuhellen" und ihnen nicht-italienische Namen zu geben.[273] In diesem Prozess wurden Sacco und Vanzetti, die radikalen Schurken der 1920er Jahre, teilweise rehabilitiert.

Historisch gesehen haben italienische Amerikaner immer die Demokraten gewählt,[274] obwohl, wenn ein Krypto-Kommunist wie Vito Marcantonio oder ein Krypto-Republikaner wie Fiorello La Guardia auf dem Wahlzettel stand, die rassische Loyalität Vorrang vor der Politik hatte.[275] Als Reaktion auf die Radikalisierung anderer, machtgierigerer unassimilierbarer Minderheiten verließen italienische Amerikaner in letzter Zeit in immer größerer Zahl die Demokratische Partei. Im Jahr 1970 trug die italienische Stimme dazu bei, dass James Buckley, der Kandidat der Konservativen Partei, überraschend zum Junior-Senator von New York gewählt wurde. Ein ebenso überraschender Sieg

---

[272] Die Geschichte der Mafia oder Cosa Nostra wird in Kapitel 30 behandelt.

[273] Italienische ethnische Empfindlichkeiten wurden auch durch die Entdeckung einer "Wikinger"-Karte geweckt, auf der "Vinland" als Teil Nordamerikas eingezeichnet war. Professionelle italienische Amerikaner bezeichneten die Karte als Betrug und als Verunglimpfung des guten Namens von Kolumbus. *Ency. Brit. Book of the Year*, 1967, S. 102. Die Karte mag gefälscht sein oder nicht, aber Wikinger landeten in der Neuen Welt, lange bevor Kolumbus' drei Schiffe vor San Salvador vor Anker gingen.

[274] Zu den bemerkenswerten italienisch-amerikanischen Politikern, die im Amt sind oder nicht, gehören der Gouverneur von New York, Mario Cuomo, der Senator von New Mexico, Peter Domenici, der ehemalige Verkehrsminister John Volpe, der ehemalige Gesundheitsminister Anthony Celebrezze, der Präsident der Motion Picture Association of America, Jack Valenti, der kalifornische Kongressabgeordnete George Miller sowie die Bürgermeister von Newark, Hugh Addonizio, und von San Francisco, Joseph Alioto. Frank Carlucci war in den letzten Tagen der Reagan-Präsidentschaft Verteidigungsminister. Zu den italienischen Amerikanern in der Kunst und im Showbusiness gehören: der Komponist Gian Carlo Menotti, der Dichter John Ciardi, die Filmregisseure Frank Capra und Francis F. Coppola sowie die populären Sänger Dean Martin, Frank Sinatra und Tony Bennett.

[275] Vito Marcantonio wurde von der American Labor Party in den Kongress entsandt, und sein Abstimmungsverhalten offenbart die oft enge Verbindung zwischen dem Kommunismus und den rassistischen Antipathien der unassimilierbaren Minderheiten. Er war die einzige Opposition, als das Repräsentantenhaus 1941 mit 350 zu 1 Stimmen für das Gesetz zur Bewilligung von Mitteln für das Kriegsministerium stimmte, um die amerikanische Verteidigung in einer Welt, die auf einen totalen Krieg zusteuerte, zu stärken.

war die Wahl des Republikaners Alphonse D'Amato im Jahr 1980 für den Senatssitz, den Jacob Javits, eine jüdische Institution in der Politik des Bundesstaates, lange innehatte. Der ehemalige Gouverneur von New York, Mario Cuomo, wurde oft als Präsidentschaftskandidat gehandelt. Die Demokratin Geraldine Ferraro war die erste Frau, die von einer der großen Parteien als Vizepräsidentin nominiert wurde.

Im Allgemeinen üben die Italo-Amerikaner relativ wenig politischen und sozialen Einfluss aus, außer in einigen Großstädten und in Gebieten, in denen die Mafia konzentriert ist. Sie begnügen sich damit, in einer Art selbst auferlegter ethnischer Quarantäne zu leben und haben kein großes Interesse daran, anderen ihre Lebensweise aufzuzwingen. Die Frauen haben mehr Kinder als die meisten anderen Mütter weißer Minderheiten, ob assimiliert oder nicht. Wie andere Südeuropäer zeigen sie eine starke Bindung an die Familie und an die römisch-katholische Kirche.

Carleton Coon schlug vor, dass sich die Süditaliener in den Vereinigten Staaten aus zwei leicht identifizierbaren Unterrassen zusammensetzen: "grob" mediterran und armenoid.[276] Das durchschnittliche Mitglied der Mehrheit, das sich dieser rassischen Feinheiten nicht bewusst ist, weiß nur, dass die süditalienische Pigmentierung dunkler ist als seine eigene, dass die meisten Amerikaner aus Süditalien und Sizilien "fremdländisch" aussehen und daher für eine dauerhafte rassische und kulturelle Trennung prädestiniert sind.[277]

WEISSE SPANISCHSPRACHIGE MINDERHEITEN: Die Spanier kamen nach Florida, Louisiana, in den Südwesten und nach Kalifornien, lange bevor die Pilgrims in Massachusetts landeten. Die spanische Kolonisation war jedoch so dünn, dass sich wahrscheinlich nicht mehr als 100 000 Altwelt-Spanier oder Mexikaner überwiegend spanischer Herkunft jemals dauerhaft auf dem Gebiet der heutigen Vereinigten Staaten niederließen. Zeit und Kreuzung haben ihre Nachkommen assimiliert, mit Ausnahme derer, die wie die Hispanos von New Mexico einheimische Indianer heirateten. Die meisten von ihnen sind zu dunkel, um als Mehrheit oder assimilierte Minderheit zu gelten. Die 100.000 bis 125.000 Spanier, die mit der neuen Einwanderung kamen, sind weitgehend unassimiliert geblieben.

Die kubanische Minderheit in den Vereinigten Staaten hat sich seit der Gründung des ersten - und vielleicht letzten - kommunistischen Staates der westlichen

---

[276] Coon, *The Races of Europe*, S. 558.

[277] Der Richter Michael Musmanno schreibt rührend und treffend über das Dilemma, in dem sich fast alle Süditaliener befinden, wenn es um Assimilation geht. Als Junge machte er einem jungen Mädchen, das gerade aus England gekommen war, einen Heiratsantrag. Er war damals erst zwölf, aber sie lehnte ihn nicht wegen seines Alters ab. Sie sagte, sie könne niemals einen "Ausländer" heiraten. Musmanno war in Amerika geboren worden. Das englische Mädchen war erst seit sieben Monaten in den USA. Musmanno, a. a. O., S. 7.

Hemisphäre durch Fidel Castro im Jahr 1959 exponentiell vermehrt. Obwohl die Perle der Antillen eine beträchtliche Negerbevölkerung hat, war die erste Flüchtlingswelle von Castros totalitärer Insel weitgehend weiß (mediterran) und gehörte zu den wohlhabenderen Schichten der kubanischen Gesellschaft. Spätere Wellen kubanischer Einwanderer waren deutlich dunkler und enthielten eine große kriminelle und homosexuelle Komponente. Heute leben schätzungsweise 800.000 Kubaner in den Vereinigten Staaten, die meisten von ihnen in Südflorida, das sie in ein kleines Lateinamerika verwandeln. Etwa ein Drittel von ihnen sind Neger oder Mulatten.

Eine weitere Minderheit, die ihre Wurzeln in Spanien hat, deren Sprache jedoch älter ist als das Spanische, besteht aus 10.000 Basken, die sich vor allem in Nevada niedergelassen haben, wo sie zur amerikanischen Schafhirtenkaste geworden sind. Im Jahr 1966 trugen sie dazu bei, einen Basken, Paul Laxalt, zum Gouverneur zu wählen. Laxalt ging später in den Senat und spielte trotz der Vorwürfe, Verbindungen zum organisierten Verbrechen zu haben, eine wichtige Rolle bei den Wahlsiegen von Präsident Reagan 1980 und 1984. Basken befinden sich an der Grenze zwischen Dunkelweißen und Weißen. Obwohl es immer wieder Ausnahmen wie Paul Laxalt gibt, werden sie als nicht assimiliert bezeichnet, und sei es nur, weil sie von den Spaniern nie erfolgreich assimiliert wurden. Es ist fraglich, ob Amerika mehr Glück haben wird.

VERSCHIEDENE MEDITERRANE UND BALKANISCHE MINDERHEITEN: Die geschätzten 435.000 Amerikaner portugiesischer Herkunft - die meisten von ihnen Fischer, Landwirte, Viehzüchter und Textilarbeiter - haben typischerweise ein mediterranes Aussehen und liegen daher zu weit auf der braunen Seite des Pigmentierungsspektrums für eine Assimilation.[278] Der Einfluss der mediterranen Rasse ist auch bei den 70.000 Albanern,[279] 90.000 Rumänen, 70.000 Bulgaren, fast 100.000 Türken und 1,4 Millionen Griechen offensichtlich,[280] wobei die letztgenannten besonders in der

[278] Die blonden oder rothaarigen Azoreaner von Gloucester, Massachusetts, sind eine Ausnahme von dieser Regel. Sie stammen von flämischen Kolonisten ab, die sich vor vielen Jahrhunderten auf den portugiesisch besetzten Azoren niederließen.

[279] Einst lebten 100.000 Albaner in den Vereinigten Staaten, aber etwa ein Drittel von ihnen kehrte in ihre Heimat zurück.

[280] Spiro Agnew ist halb Grieche, seine Mutter war Virginierin. Wäre er ein dunkler, kleiner Südländer wie Aristoteles Onassis gewesen, hätte er vielleicht Jacqueline Kennedy geheiratet, aber er wäre niemals der 39. Vizepräsident der Vereinigten Staaten. Agnews Minderheitenseite zeigte sich in seiner herzlichen Freundschaft mit Frank Sinatra und in seiner Zusammenarbeit mit den Minderheiteneinflussnehmern, die sich gegen ihn wandten und ihn politisch zerstörten. Peter Peterson, ehemaliger Handelsminister, ist ebenfalls ein griechischer Amerikaner, ebenso wie Michael Thevis, der Pornographie-Magnat, der ein 1.200.000-Dollar-Anwesen in Atlanta besitzt und einige Zeit im Gefängnis verbracht hat. Gouverneur Michael Dukakis von Massachusetts, ein

Tabak-, Süßwaren-, Schwamm- und Schifffahrtsindustrie tätig sind. Olivfarbene Haut, schwarzes Haar und dunkelbraune Augen bieten den 1,5 Millionen Arabern, 75.000 Iranern, 2.500 Afghanen und einer unbestimmten Zahl anderer Bevölkerungsgruppen aus dem Nahen Osten und Nordafrika wenig Chancen auf Assimilation.[281] Die 400.000 armenischen Amerikaner, die ihre eigene armenisch-apostolische Kirche haben, stammen von einem der ältesten Völker der Welt ab. Sowohl aus kulturellen als auch aus rassischen und pigmentbedingten Gründen kann weniger als die Hälfte als assimilierbar angesehen werden.[282]

Während bei assimilierbaren Minderheiten in der Regel die Kultur gegen sie, die Rasse aber für sie arbeitet, arbeiten bei den mediterranen Minderheiten sowohl die Kultur als auch die Rasse gegen sie. In Europa lösten die lateinischen Völker ihre Differenzen mit ihren nördlichen Eroberern in der Regel durch Eheschließungen, indem sie sie genetisch verschluckten. In den Vereinigten Staaten, wo die Zahl der Nordeuropäer die der Mediterranen bei weitem übersteigt, ist dieser Prozess nicht so einfach. Genauso wenig wie das Gegenteil: die Absorption der Mediterranen durch die Nordeuropäer. Die Farbsensibilität der letzteren, die durch die Anwesenheit von Negern, Indern, Mexikanern und anderen Nicht-Weißen noch verstärkt wird, ist viel größer als die der Nordeuropäer in Europa und ähnelt eher der der Nordeuropäer in Südafrika.

Es würde nur wenige Generationen dauern, bis die meisten Mediterranen durch Mischehen mit Mitgliedern der Mehrheit die körperlichen Voraussetzungen für eine Assimilierung erlangt hätten. Aber Süditaliener, Spanier, Portugiesen, Griechen und andere dunkelhäutige Weiße sind sowohl durch ihre eigene Entscheidung als auch durch die Tabus der Mehrheit von der amerikanischen genetischen Entwicklung ausgeschlossen. Unter diesen Bedingungen wird es noch eine ganze Weile dauern, bis sich eine nennenswerte Anzahl von

---

griechischer Amerikaner, der mit einer jüdischen Amerikanerin verheiratet ist, war der Präsidentschaftskandidat der Demokraten im Jahr 1988.

[281] Danny Thomas, der Fernsehshowman, Ralph Nader, der Verbraucherschützer der Großunternehmen, und Richter Robert Merhige, der in Richmond, Virginia, die Zusammenlegung von städtischen und vorstädtischen Schulen anordnete, gehören zu den bekannteren libanesischen Amerikanern. Sirhan Sirhan, der Robert Kennedy ermordet hat, ist der bekannteste palästinensische Amerikaner.

[282] Charles Garry, der armenischstämmige Anwalt der Black Panthers und des Peoples Temple von Reverend Jim Jones, sagte, er habe nie vergessen, dass man ihn in der Schule einen "gottverdammten Armenier" nannte. *Time,* 12. Januar 1970, S. 30. Der reichste armenische Amerikaner ist wahrscheinlich Kirk Kerkorian, ein Filmmagnat, der zugab, 21.300 Dollar an die Cosa Nostra gezahlt zu haben. *New York Times,* 17. Januar 1970, S. 1. George Deukmejian, ehemaliger Gouverneur von Kalifornien, war wahrscheinlich der mächtigste armenische Politiker seiner Zeit. Die Zahl der Armenier, die in die Vereinigten Staaten einreisen, nimmt zu, weil den Bürgern des neuen unabhängigen Staates Armenien mehr Ausreisevisa erteilt werden und Amerika viele von ihnen als Flüchtlinge aufnimmt.

Mitgliedern der Mehrheit - unter ihnen die Nordländer, die laut Carleton Coon[283] "ausgeblichene" Mittelmeeraner sind - mit der kleineren, dunkleren, aber ansonsten recht ähnlichen Rasse wiedervereinigt, von der sich ihre Vorfahren angeblich vor hundert Jahrhunderten abgespalten haben.

[283] "Die nordische Rasse im engeren Sinne ist lediglich eine Pigmentphase der mediterranen." *The Races of Europe*, S. 83.

KAPITEL 15

Die Juden

DIE JÜDISCHE MINDERHEIT hätte eigentlich in das vorherige Kapitel aufgenommen werden müssen. Sie ist weiß und nicht assimilierbar. Aber sie ist auch die einflussreichste, am besten organisierte und dynamischste Minderheit. Als solche verdient sie ein eigenes Kapitel.

Überall in der Öffentlichkeit, fest verankert an der Spitze der amerikanischen Pyramide, stellen die Juden einen erstaunlich geringen Anteil von 2,34 Prozent der Gesamtbevölkerung - 5.828.000 von 248.709.873.[284] Diese Zahlen verdeutlichen ein außergewöhnliches Missverhältnis zwischen der Größe des amerikanischen Judentums und seinem Einfluss, ein Missverhältnis, das in der Geschichte nicht neu ist, sich nicht auf die Vereinigten Staaten beschränkt und von Nicht-Juden nicht gut verstanden wird. In der Tat sind viele Amerikaner, die von der Allgegenwärtigkeit der jüdischen Präsenz beeindruckt sind, davon überzeugt, dass die Juden wesentlich zahlreicher sind, als sie tatsächlich sind. Eine B'nai B'rith-Umfrage unter 2.000 High-School-Schülern in einundzwanzig Städten, mit Ausnahme von New York, ergab, dass 82 Prozent die jüdische Bevölkerung überschätzten - einige Schüler sogar um 70 Millionen![285] Um diesen weit verbreiteten Irrglauben und viele andere seltsame soziologische Phänomene im Zusammenhang mit Juden zu erklären, ist ein kurzer Ausflug in die jüdische Geschichte sowohl hilfreich als auch notwendig.

Die Juden waren ein Stamm semitischer Hirten, der sich im zweiten Jahrtausend v. Chr. zu einer Art Nation zusammenschloss. Nachdem sie sich in Kanaan niedergelassen hatten, gingen viele als Wüstenräuber, Siedler, Gefangene oder Flüchtlinge nach Ägypten. Dort, so heißt es in Exodus 1,7, "waren die Kinder Israel fruchtbar und vermehrten sich reichlich und mehrten sich und wurden sehr mächtig, und das Land wurde voll von ihnen". In Ägypten erwarben die Juden Mose, der ihnen ihr Gesetz gab und sie im Monotheismus unterwies. Der Glaube an einen einzigen Gott war keineswegs eine jüdische oder mosaische Erfindung, sondern wurde Ägypten bereits im vierzehnten Jahrhundert v. Chr. von Pharao Echnaton kurzzeitig aufgezwungen.

---

[284] U.S.-Bevölkerung aus der Volkszählung von 1990. Jüdische Bevölkerung aus dem *American Jewish Yearbook* 1992. Wie alle Statistiken, die von privaten Gruppen erstellt werden, deren Tabellierungsmethoden nicht öffentlich einsehbar sind, müssen diese Zahlen mit einigen Vorbehalten akzeptiert werden, umso mehr, als das organisierte Judentum sich erfolgreich gegen die Bemühungen des Census Bureau zur Zählung der Juden gewehrt hat. *New York Times*, 13. Dezember 1957, S. 30.

[285] *New York Post*, 20. März 1962, S. 12.

Es ist kaum möglich, dass Moses (ein ägyptischer Name) einer von Echnatons Hohepriestern und ein Mitglied der königlichen Familie war. Nach dem Tod des Pharaos und der Wiedereinführung des Polytheismus wurde Moses möglicherweise zu einem Propheten ohne Ehre unter seinen eigenen Landsleuten. Auf der Suche nach einer neuen Anhängerschaft könnte er den Juden Echnatons "verlorene Sache" gepredigt haben, deren Status als Leibeigene sie sehr empfänglich für eine neue und revolutionäre Form des geistigen Trostes gemacht haben könnte. Diese Theorie, die von dem berühmten modernen Juden Sigmund Freud aufgestellt wurde, wird durch Moses' mysteriöse Geburt, seine königliche Erziehung und seinen Einsatz von Aaron als Dolmetscher unterstützt.[286]

Während ihres Aufenthalts in Ägypten überlebten die Juden die erste ihrer zahllosen Verfolgungen, auch wenn die Ägypter in diesem Fall mit gleicher Münze heimgezahlt wurden. Bevor der Exodus begann, ließ Jehova die Erstgeborenen jeder ägyptischen Familie ausrotten. Heute, mehr als drei Jahrtausende nach dem ersten Pessachfest, haben[287] Juden in ihrer Reinkarnation als Israelis die Ägypter erneut gezüchtigt (in den Kriegen von 1967 und 1973) - diesmal nicht mit Läusen, Furunkeln, Heuschreckenschwärmen und anderen Plagen und Leiden, sondern mit amerikanischen Phantom-Jets.

Einige Jahrhunderte, nachdem sie das Gelobte Land erreicht und organisiert hatten, beschlossen die Juden, dass sie das auserwählte Volk seien, und der dauerhafteste Ethnozentrismus der Geschichte stand in voller Blüte. Obwohl die Bibel voller mitreißender Schlachten, priesterlicher Tapferkeit, salomonischem Ruhm und assyrischer und babylonischer Gefangenschaft ist, entwickelte sich die jüdische Prägung des Bewusstseins der Welt nicht über Nacht. Der griechische Geschichtsschreiber Herodot, der im fünften Jahrhundert v. Chr. eine ausgedehnte Reise durch den Nahen Osten unternahm und fast alle Nationen und Völker der Region detailliert beschrieb, erwähnte die Juden nicht, da er sie

---

[286] Sigmund Freud, *Moses und der Monotheismus*, trans. Katherine Jones, Hogarth Press, London, 1951. Zu seiner Ägyptisierung von Moses schrieb Freud (S. 11): "Einem Volk den Mann zu verweigern, den es als den größten seiner Söhne preist, ist keine Tat, die man leichtfertig unternimmt - vor allem nicht von einem Angehörigen dieses Volkes." Freud ging nicht auf Moses' Mord an einem Ägypter, seine Heirat mit einer Midianiterin und seine blutigen Anweisungen an seine jüdischen Anhänger ein, was mit den Midianitern zu tun sei (Numeri: 31.17-18): "So tötet nun alles Männliche unter den Kleinen und tötet alles Weibliche, das einen Mann gekannt und bei ihm gelegen hat. Aber alle weiblichen Kinder, die keinen Mann gekannt haben, indem sie bei ihm gelegen haben, sollt ihr am Leben lassen."

[287] Jehova verschonte die Juden, indem er über ihre Häuser, die sie mit Lammblut gezeichnet hatten, "hinwegging". Was die Ägypter betrifft, so gab es "kein Haus, in dem nicht ein Toter lag". Pessach wird jedes Jahr als hoher jüdischer Feiertag begangen, obwohl es schwierig ist, in einem Akt des Massenmordes einen religiösen Inhalt zu finden. In Exodus 12:35 wird auch erzählt, wie die Juden vor ihrem Auszug "von den Ägyptern silberne und goldene Juwelen und Kleider borgten".

entweder nicht ausfindig machen konnte oder für zu unbedeutend hielt, um darüber zu schreiben.

Der jüdische Staat wurde im sechsten Jahrhundert v. Chr. von den Persern unter Kyros und zwei Jahrhunderte später von den Griechen und Mazedoniern unter Alexander dem Großen überrannt. Alexanders Nachfolgegeneräle und ihre dynastischen Erben hielten das jüdische Gebiet trotz sporadischer jüdischer Aufstände bis zur Ankunft der Römer unter Pompejus besetzt. Von Zeit zu Zeit kam es zu heftigen Aufständen gegen die römische Herrschaft, die in der Eroberung Jerusalems durch Titus im Jahr 70 n. Chr. und in der Zerstreuung und Vertreibung derjenigen Juden, die nicht bereits geflohen waren, durch Hadrian fünfundsechzig Jahre später[288] gipfelten.

Im ersten Jahrhundert v. Chr. hatten die Juden das Hebräische aufgegeben und sprachen Aramäisch, die Sprache Jesu. Die älteste erhaltene Fassung des Alten Testaments, die Septuaginta, ist nicht auf Hebräisch, Aramäisch oder einer anderen semitischen Sprache, sondern auf Griechisch. Ihre Übersetzung wurde während der Herrschaft der Ptolemäer in Alexandria angefertigt, traditionell von siebzig Rabbinern, die in getrennten Hütten untergebracht waren, aber dennoch siebzig identische Versionen erstellten, die sich sogar in der Zeichensetzung glichen. Die religiösen Schriften der Juden waren ihr einziger bleibender Beitrag zur antiken Zivilisation, es sei denn, man möchte die chauvinistische Philosophie des Philo und die allegorischen Geschichten des Josephus hinzufügen.[289] Fast keine jüdische Malerei oder Bildhauerei, gegen die es biblische Anordnungen gab, und nur die spärlichsten Spuren jüdischer Musik, Architektur und Wissenschaft sind aus der klassischen Zeit erhalten geblieben.[290]

Was das Alte Testament betrifft, so sind die ersten fünf Bücher, der Pentateuch, eine Sammlung von Geschichten und Legenden, von denen viele seit langem in der nahöstlichen Folklore verankert sind. Das mosaische Gesetz, die Sintflut, die Frau aus der Krippe, der Garten Eden, die Geschichte Davids - sie alle stammen aus spezifisch nichtjüdischen Quellen.[291] Die verbleibenden vierunddreißig

---

288 Es war die Unnachgiebigkeit der Juden gegenüber Rom und ihre Ablehnung der Pax Romana, die Gibbon dazu veranlasste, ihnen "ihren unversöhnlichen Hass auf die Menschheit" vorzuwerfen und sie als "eine Rasse von Fanatikern" zu bezeichnen. *Decline and Fall of the Roman Empire*, Lippincott, Philadelphia, 1878, Bd. 2, S. 4.

289 Philo versuchte erfolglos zu beweisen, dass griechische Philosophen jüdische Propheten plagiiert hatten. Obwohl Josephus sich auf die Seite von Titus gegen seine Landsleute stellte, versuchte er später, seinen Verrat wiedergutzumachen, indem er philosemitische Historien schrieb.

290 In der *Ency. Brit.* (14. Auflage) gibt es separate Artikel über griechische Architektur, Kunst, Literatur und Musik. Es gibt auch separate Artikel über römische Architektur, römische Kunst und lateinische Literatur. Die künstlerischen Aktivitäten der Juden wurden auf einen Artikel über die hebräische Literatur beschränkt.

291 P. E. Cleator, *Lost Languages*, Mentor Books, New York, 1962, S. 109, 112.

Bücher bestehen aus Genealogien und Gesetzen, Rassengeschichte, den Fulminationen und transzendentalen Weisheiten der Propheten, wundersamen Begebenheiten, groben Verleumdungen und gefühlvoller Poesie. Wenn die Hauptfigur, Jehova, alle seine Feinde mit dem Schwert erschlägt, ist das Alte Testament Literatur und Religion in Reinkultur. Zu anderen Zeiten, vor allem in Jesaja, Prediger, Hiob und den Psalmen, erklingt es mit den höchsten Ausdrucksformen menschlichen Genies. Das Alte Testament übt auf die englischsprachige Welt eine besondere Anziehungskraft aus, da die King-James-Fassung eine prächtige und anschauliche Sprache verwendet.

Die ältesten Bücher des Alten Testaments reichen nicht weiter als bis ins neunte Jahrhundert vor Christus zurück, und einige wurden weniger als 200 Jahre vor der Geburt Christi geschrieben - lange nachdem der griechische literarische Einfluss im östlichen Mittelmeerraum vorherrschend geworden war.[292] Der Kohelet war wegen seines griechischen Stils und Denkens Gegenstand vieler rabbinischer Anfeindungen.

In der Antike wie auch heute war der Antisemitismus ein unerbittlicher Verfolger des Semitismus. Lange vor dem Beginn ihrer offiziellen Diaspora waren die Juden durch den gesamten Mittelmeerraum und den Nahen Osten gewandert. Wo auch immer sie hinkamen, wie das Buch Esther deutlich macht, war der Antisemit bald eine vertraute Gestalt. Die ersten historisch belegten Pogrome und antijüdischen Bagarren fanden in Alexandria statt, der Hauptstadt des ptolemäischen Ägypten, wo es viel mehr Juden gab als in Jerusalem.[293] Im Jahr 19 n. Chr. wurden sie von Tiberius, vielleicht wegen ihrer anhaltenden Abneigung gegen alles Römische, aus seiner Hauptstadt vertrieben.[294] Doch das Verbot war nur vorübergehend. Weniger als ein Jahrhundert später hieß es, Trajan sei von "unheiligen Juden" umgeben.[295] Im zweiten Jahrhundert n. Chr. trieben die Juden ihren traditionellen Anti-Hellenismus bis hin zum Völkermord.

---

[292] "Wenig im Alten Testament ist mehr als ein oder zwei Jahrhunderte älter als die homerischen Gedichte ... Herodot war Zeitgenosse von Maleachi und Obadja ... Theokrit sang in Sizilien, während das Hohelied in Palästina verfasst wurde. "T. Eric Peet, *A Comparative Study of the Literature of Egypt, Palestine and Mesopotamia,* Oxford University Press, 1931, S. 1-2. Peet stellt fest, dass, als die ersten Fragmente des Alten Testaments um 850 v. Chr. ihre heutige Form annahmen, "die Literaturen Ägyptens und Babyloniens ... bereits Hunderte, man könnte fast sagen Tausende von Jahren alt waren."

[293] Antisemitische Traktate gab es in griechischer und römischer Zeit im Überfluss, und ein (nicht mehr erhaltenes) Werk des Griechen Apion war so bekannt und einflussreich, dass Josephus seiner Widerlegung ein ganzes Buch widmete.

[294] "Von allen Völkern vermieden sie es, mit anderen Völkern zu verhandeln, und betrachteten alle Menschen als ihre Feinde. *Diodorus von Sizilien,* trans. F. R. Walton, Loeb Classical Library, Harvard University Press, Cambridge, 1967, Bd. XII, S. 53.

[295] *Oxyrhynchus Papyri,* X, 1242, 42.

"In Kyrene", schrieb Gibbon, "massakrierten sie 220.000 Griechen; in Zypern 240.000; in Ägypten eine sehr große Menge."[296]

Eine Hauptquelle des Antisemitismus in der klassischen Welt war die starke Beteiligung der Juden am Bankwesen und am Geldverleih. In Ägypten, so E. M. Forster, "spekulierten sie mit Theologie und Getreide...".[297] Theodor Mommsen, ein Spezialist für diese Periode der römischen Geschichte, beschrieb die wirtschaftlichen Verhältnisse Italiens zur Zeit Julius Cäsars: "Neben der auf unnatürliche Weise über den Ruin der Kleinbauern gedeihenden Gutsverwaltung nahm auch das private Bankwesen enorme Ausmaße an, als sich die mit den Juden konkurrierenden italienischen Kaufleute über alle Provinzen und Protektorate des Reiches ausbreiteten."[298]

Aber es waren eher die religiösen Praktiken und das endemische Stammesdenken der Juden als ihr finanzieller Scharfsinn, die bissige Kommentare von "alten Römern" wie Cicero, Juvenal, Tacitus und Seneca hervorriefen.[299] Dieselbe Kritik wurde viel später in der entstehenden arabischen Zivilisation an den Juden geübt, wo Mohammed so viel von ihrer Religion entlehnte, sie aber auch so gnadenlos schikanierte. In den größeren *Suqs* und Handelszentren Arabiens jedoch, wo "Juden viele der lokalen Banken kontrollierten",[300] überwogen die finanziellen Gründe für den Antisemitismus wahrscheinlich alle anderen.

Das Aufkommen des Christentums war für die Juden ein doppelter Segen. Es verlieh ihnen eine besondere Bedeutung als "Volk des Buches", als die leiblichen und geistigen Vorfahren Jesu. Aber es machte sie auch zu Mitschuldigen an der Kreuzigung. Es waren Kaiphas, die Hohenpriester und die Ältesten, die die Menge aufstachelten, um auf den Tod Christi und die Freilassung von Barabbas zu drängen. Heute wird die jüdische Beteiligung an der Hinrichtung Jesu so weit heruntergespielt, dass eine päpstliche Enzyklika die Juden vom Gottesmord freigesprochen hat. Aber die feierlichsten Absolutionen der feierlichsten Heiligen Väter werden wahrscheinlich nicht viel bewirken, solange Matthäus (27:24-25) Pilatus mit den Worten zitiert: "Ich bin unschuldig an dem Blut dieses Gerechten", und die Juden antworten: "Sein Blut komme über uns und unsere Kinder."

---

[296] Gibbon, a.a.O., Bd. 2, S. 4, einschließlich Fußnoten.

[297] E. M. Forster, *Pharos und Pharillon*, Knopf, New York, 1961, S. 17.

[298] Theodor Mommsen, *The History of Rome*, herausgegeben von Saunders und Collins, Meridian, New York, 1961, S. 539.

[299] Senecas Gefühle über den großen Einfluss des Judentums auf seine römischen Mitbürger wurden in seinem Epigramm *Victi victoribus leges dederunt* zum Ausdruck gebracht. Seneca, *Opera*, Teubner, Leipzig, 1878, Bd. III, S. 427.

[300] R. V. C. Bodley, *The Messenger*, Doubleday, New York, 1946, S. 166.

Ganz am Anfang bestand die Möglichkeit, dass Christentum und Judentum verschmelzen könnten, aber in dem Moment, in dem die frühen Judenchristen Nichtjuden zu den christlichen Gottesdiensten zuließen, erzwang der jüdische Ethnozentrismus eine dauerhafte Spaltung der beiden Religionen. Zur Zeit Christi sehnten sich die Juden nach einem Messias, der ihre Feinde bestraft, und nicht nach einem toleranten Menschensohn, der allen ihre Sünden vergibt und alle, Juden wie Nichtjuden, in eine universelle Kirche aufnimmt. Innerhalb eines Jahrhunderts war die Kluft zwischen den beiden Religionen so groß, dass einige antisemitische Anspielungen in die Evangelien aufgenommen wurden. Sogar Jesus selbst wird dazu gebracht, über Nathanael zu sagen (Johannes 1,47): "Siehe, ein wahrer Israelit, in dem keine Arglist ist!"

Alles in allem lieferte das Christentum den Nicht-Juden neue Gründe, die Juden zu respektieren, und neue Gründe, sie zu verfolgen. Vielleicht haben die Juden am Ende mehr gewonnen als verloren. Das Christentum war ihr Pass in die westliche Zivilisation, in der sie zeitweise in die tiefsten Tiefen der Erniedrigung hinabstürzten und in empyreische Höhen der Vorherrschaft aufstiegen. Darüber hinaus gelang es den Juden in den Jahren zwischen der französischen und der russischen Revolution, aus ihren europäischen Ghettos auszubrechen, indem sie sich auf die sozialen und moralischen Lehren Jesu beriefen, vor allem auf die demokratischen und liberalen Ableger der erschütternden Botschaft der Bergpredigt.

Die Juden überlebten den Fall Roms ebenso geschickt wie den Fall Jerusalems. Im finsteren Mittelalter wurden sie von den eindringenden Germanen abwechselnd geduldet und verfolgt. In Spanien bekamen sie im elften Jahrhundert die höchsten öffentlichen Ämter im maurischen Königreich Granada, beherrschten den Handel und besaßen im zwölften Jahrhundert ein Drittel des Grundbesitzes im christlichen Barcelona.[301] In England häufte Aaron von Lincoln, ein mittelalterlicher Vorläufer der Rothschilds, genug Reichtum an, um den Bau von neun Zisterzienserklöstern und der Abtei von St. Albans zu finanzieren.[302] Das jüdische Vermögen ging jedoch zurück, als Europa von der Begeisterung ergriffen wurde, die oft eher gotisch als christlich war und die zum Bau der großen Kathedralen und zu den Kreuzzügen führte. Vom deutschen Rheinland aus, wo übereifrige Kreuzfahrer eine Reihe von Pogromen organisierten, breitete sich eine heftige antijüdische Reaktion unwiderstehlich über das Europa des Mittelalters und der Renaissance aus.[303] England vertrieb

[301] Durant, *The Age of Faith*, S. 371-73.

[302] Ebd., S. 377-78.

[303] Im Mittelalter unterstützten die Juden im Allgemeinen die Monarchien, weil es einfacher war, mit einem König zu verhandeln als mit einer Vielzahl von Adligen. Sie waren auch dem Papsttum zugetan, das sie abwechselnd schützte und demütigte. Im Jahr 1215 ordnete Innozenz III. an, dass alle Juden, Männer und Frauen, ein gelbes Abzeichen tragen mussten. Darlington, *Die Entwicklung von Mensch und Gesellschaft*, S. 459. Die

seine Juden 1290, Frankreich 1306, Österreich 1420, Spanien 1492, Florenz 1495, Portugal 1496-97, Neapel 1541 und Mailand 1597.[304]

Die meisten deutschen und mitteleuropäischen Juden nahmen einen rudimentären teutonischen Dialekt mit, aus dem sich später das Jiddische entwickelte, und zogen nach Osten, nach Polen, dem großen mittelalterlichen Zufluchtsort des Judentums. Diejenigen, die weiter nach Osten vordrangen, trafen und vermischten sich möglicherweise mit jüdischen Kontingenten, die seit Jahrhunderten vom Kaukasus aus nach Norden vorgedrungen waren und sich unterwegs mit Nicht-Juden vermischten, die sie später zum Judentum konvertierten. Die osteuropäischen Juden, die Aschkenasim, sind von den Sephardim zu unterscheiden, den reinrassigen Mittelmeerjuden, die von Ferdinand und Isabella im selben Jahr, in dem Kolumbus Amerika entdeckte, aus Spanien vertrieben wurden. Die Sephardim fanden Zuflucht in Holland, Leghorn (Italien) und der Türkei, einige wenige gelangten sogar bis nach Brasilien, von wo sie später von den Portugiesen deportiert wurden. Vierundzwanzig dieser Deportierten, die von den Franzosen auf dem Weg zurück nach Holland gefangen genommen wurden, wurden 1654 in Nieuw Amsterdam (New York) deponiert.[305]

Die rassische Zusammensetzung der Aschkenasim und Sephardim wurde bereits erörtert, ebenso wie die vielen bedeutenden genetischen Veränderungen, die durch 2.500 Jahre intermittierender Rassenmischung mit nichtjüdischen Völkern hervorgerufen wurden.[306] Dennoch glauben moderne Juden sephardischer oder aschkenasischer Abstammung - Juden französischer, amerikanischer, russischer, iranischer, jemenitischer oder anderer Nationalität - dass sie alle direkt von den alten Hebräern aus Palästina abstammen. Es lohnt sich zu wiederholen, dass dieser Glaube an eine gemeinsame Abstammung, der durch dreißig Jahrhunderte lang überlieferte religiöse Traditionen gestärkt wird, alle Arten von ererbten biologischen Unterschieden überwinden kann und ein starkes Rassenbewusstsein schweißt.

Im Spätmittelalter lebten die meisten europäischen Juden völlig abgeschottet in ummauerten Ghettos. Der Kontakt zu Christen beschränkte sich hauptsächlich

---

Spannungen zwischen Juden und der englischen Aristokratie wurden in der Magna Carta deutlich, die besondere Beschränkungen für die Zahlung von Schulden und Zinsen an Juden enthielt.

304 Die Daten der Vertreibung sind den Artikeln über die betreffenden Länder und Städte in der *Jewish Encyclopedia,* Ktav Publishing, New York, 1904, entnommen.

305 Peter Stuyvesant, der Gouverneur, wollte sie nicht bleiben lassen, aber jüdische Direktoren der Niederländischen Westindien-Kompanie brachten ihn dazu, seine Meinung zu ändern. Howard M. Sachar, *The Course of Modern Jewish History,* World Publishing, Cleveland, 1958, S. 161. Siehe auch Stephen Birmingham, *The Grandees,* Harper & Row, New York, 1971, Kap. 4.

306 Siehe S. 30-31.

auf wirtschaftliche Angelegenheiten. In vielen europäischen Ländern und freien Städten herrschte jahrhundertelang ein totales Verbot gegen Juden. Infolgedessen gab es im England von Chaucer und Shakespeare, im Florenz von Michelangelo und im Spanien von Cervantes und Velazquez kaum einen erkennbaren oder bekennenden Juden.

Erst zu Cromwells Zeiten durften die Juden nach England zurückkehren. Erst 1791 gewährte die französische Versammlung den französischen Juden die volle Staatsbürgerschaft. Von da an hellte sich das jüdische Schicksal auf. Beginnend mit den napoleonischen Kriegen, schreibt Joseph Wechsberg,

"Die Vorherrschaft der Rothschilds in der internationalen Finanzwelt währte hundert Jahre.[307] 1858 war Lionel Rothschild der erste britische Jude, der ins Parlament gewählt wurde. Im Jahr 1868 wurde Disraeli britischer Premierminister. Mit der Liberalisierung und Kommerzialisierung des Westens in der zweiten Hälfte des neunzehnten und bis ins zwanzigste Jahrhundert hinein hielt die Emanzipation der Juden Schritt.

In den 1920er Jahren konnte man mit Fug und Recht behaupten, dass die Juden den Ton für einen Großteil der westlichen Kultur angaben. Man muss nur Marx, Freud, Einstein, die Philosophen Bergson und Wittgenstein und den Anthropologen Boas erwähnen. Nach 500 Jahren der Verdunkelung und einer Erholung, die kaum mehr als ein Jahrhundert gedauert hatte, hatten die Juden mehr Macht und Einfluss erlangt als je zuvor in ihrer Geschichte.

Dann kam Hitler. Obwohl der Zweite Weltkrieg ein weiterer verzweifelter Versuch Deutschlands war, ein kontinentales Imperium in Europa zu errichten, war er auch ein bitterer Krieg zwischen Deutschen und Juden. Die Zahl der europäischen Juden, die tatsächlich von den Deutschen und ihren Verbündeten getötet wurden, ist nie richtig ermittelt worden. Die anerkannte und weithin zitierte Zahl von 6 Millionen beruht offenbar auf dem Hörensagen eines SS-Offiziers, Wilhelm Hottl, der erklärte, Adolf Eichmann habe ihm mitgeteilt, dass 4 Millionen Juden in Vernichtungslagern und 2 Millionen anderswo umgekommen seien.[308] Die Encyclopaedia Britannica (1963) ist konservativer

---

[307] *The Merchant Bankers*, Little, Brown, Boston, 1966, S. 343. Ein Aspekt der Rothschild-Macht wurde während Wellingtons Feldzug gegen die Franzosen in Spanien deutlich demonstriert. Der britische General benötigte dringend Gold, das die britischen Rothschilds wegen der französischen Land- und Seeblockade nur schwer weiterleiten konnten. Die französischen Rothschilds lösten das Problem für ihre britischen Beziehungen, indem sie für den Umschlag von Wellingtons Gold durch Frankreich sorgten. Nichtsdestotrotz lobt Wechsberg die Rothschilds für ihre Loyalität gegenüber den Herrschern der Länder, in denen sie sich gerade aufhielten. Ebd., S. 338, 342.

[308] *Prozess gegen die Hauptkriegsverbrecher vor dem Internationalen Militärgerichtshof*, Nürnberg, Deutschland, Bd. XXI, Dok. 2738-PS, S. 85. Ein anderer SS-Offizier, Dieter von Wisliceny, sagte, Eichmann habe ihm mitgeteilt, dass 4 Millionen Juden getötet worden seien. Zu anderen Zeiten, so Wisliceny, habe Eichmann die Zahl auf 5 Millionen

und verwendet die Formulierung "mehr als 5 Millionen".[309] Ein jüdischer Historiker schätzt die Zahl zwischen 4.200.000 und 4.600.000, von denen ein Drittel an Krankheiten und Hunger starb.[310] Andererseits hat Paul Rassinier, ein französischer Sozialist und ehemaliger Häftling von Buchenwald, eine Reihe von Büchern geschrieben, in denen er behauptet, es habe nur etwa eine Million jüdische Opfer des Nationalsozialismus gegeben. Er leugnete ausdrücklich die Existenz der Gaskammern und behauptete, dass es sich dabei um einen vorsätzlichen Schwindel der Zionisten handelte, um Reparationszahlungen von den Deutschen zu erhalten und moralische und militärische Unterstützung für den Staat Israel zu gewinnen.

Robert Faurisson, französischer Literaturprofessor an der Universität Lyon 2, Arthur Butz, amerikanischer Professor für Elektrotechnik an der Northwestern University, Wilhelm Staglich, westdeutscher Richter im Ruhestand, der britische Historiker David Irving und Fred Leuchter, amerikanischer Experte für Hinrichtungsverfahren (tödliche Injektionen, effizientere elektrische Stühle, moderne Gaskammern) haben die Rassinier-These in Büchern, Artikeln und Vorträgen verteidigt.[311] Ihre Arbeit ist nicht gut aufgenommen worden. Auf das Auto von Butz wurde ein Brandanschlag verübt, und die Büros und das Lager seines Verlags brannten nieder. Faurisson, der aus seinem Lehrauftrag vertrieben und Opfer eines blutigen tätlichen Angriffs wurde, erhielt eine Gefängnisstrafe von 90 Tagen auf Bewährung und eine Geldstrafe. Staglich wurde die Rente gekürzt, der Doktortitel aberkannt und alle unverkauften Exemplare seines Buches wurden von der deutschen Polizei beschlagnahmt. David Irving wurde in Handschellen aus Kanada ausgewiesen, die Einreise nach Australien verweigert und die Ausreise aus Deutschland und Österreich angeordnet. Anfang 1994 verbrachte Leuchter in Deutschland fast einen Monat im Gefängnis wegen Aufstachelung zum Rassenhass. Er wurde verhaftet, kurz bevor er in einer Fernsehsendung interviewt werden sollte. Ernst Zundel, ein in Kanada lebender Deutscher, wurde wegen seiner Veröffentlichungen, in denen er die Existenz von

---

erhöht. Hottl, der 1942 aus der SS ausgeschlossen wurde, arbeitete nach dem Krieg für die amerikanische Gegenspionage. Im Jahr 1953 wurde er in Wien verhaftet und wegen Spionage angeklagt.

[309] Bd. 13, S. 64.

[310] Sachar, op. cit., S. 457.

[311] Siehe Paul Rassinier, *Debunking the Genocide Myth*, trans. Adam Robbins, Noontide Press, Torrance, Kalifornien, 1978; Arthur Butz, *The Hoax of the Twentieth Century*, Noontide Press, 1977; Wilhelm Staglich, *Der Auschwitz Mythos*, Grabert Verlag, Tübingen, 1979. Eine Zusammenfassung der Argumente von Robert Faurisson findet sich in Serge Thion, *Vérité historique ou vérité politique?*, La Vieille Taupe, Paris, 1980. Das Institute for Historical Review mit Sitz in Torrance, Kalifornien, gibt eine Zeitschrift heraus, die im Laufe der Jahre die Arbeit der prominentesten Holocaustskeptiker verfolgt hat. Es ist wahrscheinlich die beste Quelle für Zündels und Irvings Erfahrungen mit Strafverfolgungsbeamten in drei Kontinenten.

Gaskammern in Auschwitz in Frage stellte, zu einer 15-monatigen Haftstrafe verurteilt. (Das Urteil wurde später in der Berufung aufgehoben.) James Keegstra, ein kanadischer Lehrer, verlor seine Stelle, weil er vor seinen Schülern den Holocaust geleugnet hatte.

Da es in der Öffentlichkeit keine umfassende Debatte darüber gab, was in den Konzentrationslagern der Nazis im Zweiten Weltkrieg geschah, wird es wohl noch einige Zeit dauern, bis die Fakten endgültig geklärt sind. Die Propaganda des Ersten Weltkriegs, wonach die Hunnen Krankenschwestern verstümmelten, belgischen Babys die Hände abhackten, Kindern vergiftete Süßigkeiten gaben, Altäre entweihten und kanadische Soldaten kreuzigten, wurde nur wenige Jahre nach dem Krieg entlarvt und 1928 durch die Veröffentlichung von Arthur Ponsonbys *Falsehood in Wartime* für alle Zeiten beendet. Die Propaganda des Zweiten Weltkriegs hat dagegen auch nach fast fünfzig Jahren noch Bestand, obwohl sie sich nur allzu oft auf erzwungene Geständnisse, gefälschte Beweise und einstudierte Zeugenaussagen stützt.

Der Zweite Weltkrieg war für die Juden in Deutschland und im größten Teil Europas eine Katastrophe. Durch die Stärkung der jüdischen Einheit außerhalb der von den Achsenmächten kontrollierten Gebiete trug der nationalsozialistische Antisemitismus jedoch dazu bei, Deutschlands Niederlage zu besiegeln. Die massive und rückhaltlose Unterstützung des Weltjudentums, insbesondere des amerikanischen Judentums, im Krieg gegen Hitler war ein ganz entscheidender Faktor für den endgültigen Sieg der Alliierten.[312]

In der Nachkriegszeit erreichten die Juden in der nicht-kommunistischen Welt ein neues Niveau an Wohlstand. In Spanien durften Juden zum ersten Mal seit 1492 wieder Synagogen eröffnen. Selbst in Deutschland, wo noch 30.000 Juden lebten, entstanden in vielen größeren Städten wieder jüdische Gemeinden. Der größte Triumph des modernen Judentums war jedoch die Gründung Israels, die den Juden einen psychologischen Aufschwung bescherte, den sie seit den Tagen von Juda Makkabäus und Bar Cocheba nicht mehr erlebt hatten.[313] Zur Verblüffung von Nichtjuden und Juden gleichermaßen wandelte sich das historische jüdische Stereotyp fast über Nacht vom zaudernden, verschlagenen Geldwechsler zum furchtlosen Wüstenkämpfer.[314] Doch die Besiedlung und

---

[312] Die herausragende Rolle, die amerikanische Juden bei der Entwicklung der Atombombe, bei der Forderung nach der bedingungslosen Kapitulation Deutschlands im Zweiten Weltkrieg und bei der Durchführung der Nürnberger Prozesse gespielt haben, wird später behandelt.

[313] Der Einfluss Israels auf die amerikanische Außenpolitik wird in Kapitel 35 behandelt. Juda Makkabäus und Bar Cocheba waren jüdische Helden, die bewaffnete Rebellionen gegen griechische und römische Besatzungstruppen anführten.

[314] Die zionistischen Pioniere in Palästina waren zumeist Aschkenasim, eine ausgewählte Gruppe, wie es Pioniere im Allgemeinen sind, was dazu beiträgt, ihre überraschende

Eroberung Palästinas brachte einen neuen Ausbruch von Antisemitismus in einer Region, dem Nahen Osten, mit sich, die lange Zeit relativ frei davon gewesen war.

Obwohl Israel die geistige Heimat des Judentums sein mag, bleiben die Vereinigten Staaten das jüdische Gravitationszentrum. So wie niemand das heutige Weltgeschehen vollständig verstehen kann, ohne die Juden zu berücksichtigen, so kann auch kein Mitglied der amerikanischen Mehrheit das amerikanische Geschehen im 20. Jahrhundert auch nur ansatzweise verstehen, ohne ein rudimentäres Wissen über die Ziele, Gewohnheiten und den politischen, wirtschaftlichen und sozialen Status der amerikanischen Juden zu haben.

Während des Bürgerkriegs wurden die Juden zum ersten Mal von der amerikanischen Öffentlichkeit wahrgenommen. Der erste amerikanische Jude, der internationale Aufmerksamkeit erregte, war Judah Benjamin, der Außenminister der Konföderierten, der nach Appomattox nach England floh.[315] Auf der Seite des Nordens sorgte General Grant[316] für antisemitische Aufregung, als er seinen untergeordneten Befehlshabern befahl, jüdische Hausierer und Kommissionshändler hinter den Unionslinien zu vertreiben, während sich die Lincoln-Regierung für finanzielle Unterstützung stark auf die Rothschilds stützte.[317] Dabei hatte Grant, als er Präsident war, ernsthaft erwogen, seinen

kriegerische Tapferkeit zu erklären. Das "unjüdische" Temperament und der Charakter vieler dieser Zionisten zeigte sich in ihrem "unjüdischen" Aussehen.

315 David Levy Yulee aus Florida, der 1845 gewählt wurde, war der erste jüdische Senator.

316 August Belmont, der amerikanische Agent der Rothschilds, "war dank des riesigen Kapitalreservoirs der Rothschilds in der Lage, in Amerika mit dem Betrieb seines eigenen Federal Reserve Systems zu beginnen." Belmont war einer der ersten Juden, die in das Allerheiligste der amerikanischen High Society vordrangen, als er die Tochter des Seehelden Commodore Perry heiratete. Birmingham, *Our Crowd*, S. 27, 79-80, 101.

317 Ebd., S. 98. Bis heute ist die Geschichte des amerikanischen Antisemitismus unscheinbar und aufgeblasen. Es gab ein paar berüchtigte soziale Vorfälle, wie die Weigerung des Grand Union Hotels in Saratoga, Joseph Seligman zu beherbergen (1877); ein paar Prozesse mit Dreyfus-Akzent, in denen amerikanische Gerichte beschuldigt wurden, Juden zu Unrecht zu verurteilen, wie der Vergewaltigungsfall Leo Frank, der zu seinem Lynchmord in Atlanta (1913-15) führte, und der Fall des Atomspions Rosenberg nach dem Zweiten Weltkrieg; einige antijüdische Aufwallungen wie der wiederauferstandene Ku-Klux-Klan und Henry Fords *Dearborn Independent* in den 1920er Jahren sowie Pater Coughlins Radio-Reden und die Zeitschrift *Social Justice* in den späten 1930er Jahren; einige Antikriegsbewegungen wie die Christian Front und der Deutsch-Amerikanische Bund. Huey Long war der einzige amerikanische Politiker, der klug genug war, den Antisemitismus wirksam in die nationale Politik einzubringen, aber er wurde 1935 von Dr. Carl Weiss ermordet. Der verstorbene Gerald L. K. Smith, einer von Longs wichtigsten Helfern, veröffentlichte mehrere Jahrzehnte lang eine breite

engen Freund Joseph Seligman zum Finanzminister zu ernennen. Als Präsident Garfield 1881 erschossen wurde, wurde er nach Elberon, New Jersey, gebracht, wo Jesse Seligman, Josephs Bruder, sein Haus für die Familie des Sterbenden öffnete. Bei einem samstäglichen Treffen der Seligmans in Elberon "war es nie eine Überraschung, einen ehemaligen US-Präsidenten, einen Richter des Obersten Gerichtshofs, mehrere Senatoren und ein oder zwei Kongressabgeordnete anzutreffen."[318]

Die relativ wenigen sephardischen Juden und die weitaus größere Zahl der deutschen Juden sahen den in den 1890er Jahren einsetzenden Massenzustrom von Juden, der zum großen Teil aus dem weitläufigen Reich der antisemitischen russischen Zaren stammte, mit gemischten Gefühlen. Doch obwohl sie den Neuankömmlingen weder ihr Herz öffneten noch sie gesellschaftlich akzeptierten, öffneten die jüdischen Alt-Einwanderer ihre Geldbeutel. Dieses Startkapital, das durch das finanzielle Gespür der neuen Einwanderer rasch aufgestockt wurde, ermöglichte es den meisten von ihnen, innerhalb einer Generation ihren Mietskasernen an der Lower East Side zu entkommen. Während die Juden west- und mitteleuropäischer Abstammung noch immer einen Großteil ihres Reichtums besitzen, sind die osteuropäischen Juden nicht nur selbst wohlhabend, sondern haben auch die Führung nicht nur des amerikanischen, sondern des weltweiten Judentums übernommen.

Die Regierung von Franklin Roosevelt war die erste, die eine Reihe von Juden in die Entscheidungsebenen der Regierung einführte.[319] Es stimmt, dass

---

Palette antisemitischer Literatur. In einer landesweiten Radioansprache im Jahr 1941 beschuldigte Charles Lindbergh die Juden der Kriegstreiberei und wiederholte diesen Vorwurf in seinen 29 Jahre später veröffentlichten Kriegserinnerungen. Einige verstreute Organisationen - einige Klan-Gruppen, einige amerikanische Nazi-Einheiten - förderten den Antisemitismus in der Zeit nach dem Zweiten Weltkrieg. Liberty Lobby, eine konservative Organisation mit Sitz in Washington, D.C., und die Boulevardzeitung *Spotlight* führten in der zweiten Hälfte des Jahrhunderts starke antizionistische Kampagnen durch. David Duke, der einst mit einigen Klan-Gruppen in Verbindung gebracht wurde, kandidierte, nachdem er einen Sitz im Parlament von Louisiana gewonnen hatte, für das Amt des Senators und später für das des Gouverneurs. In beiden Fällen erzielte er ein recht respektables Ergebnis, obwohl er vom politischen und medialen Establishment gnadenlos angegriffen wurde. Bei seiner Kandidatur zum Gouverneur erhielt er mehr weiße Stimmen als der Sieger, der ehemalige Gouverneur Edwin Edwards.

[318] Birmingham, op. cit., S. 126, 308-9.

[319] Juden waren besonders auffällig in der Securities and Exchange Commission, dem National Labor Relations Board, dem Social Security Board und den Ministerien für Arbeit und Justiz. *Reader's Digest*, Sept., 1946, S. 2-3. Drei jüdische Gouverneure während der Roosevelt-Ära waren Henry Horner aus Illinois, Julius Meier aus Oregon und Herbert Lehman aus New York. Als Roosevelt starb, verglich ihn ein Rabbiner mit Moses. Barnet Litvinoff, *A Peculiar People*, Weybright and Talley, New York, 1969, S. 41.

Theodore Roosevelt Oscar Straus zum Sekretär für Handel und Arbeit machte, und es stimmt auch, dass es in der Ära Wilson und Hoover vereinzelte Ernennungen von Juden gab, darunter so bemerkenswerte Persönlichkeiten wie Paul Warburg, Louis Brandeis, Benjamin Cardozo und Felix Frankfurter.[320] Aber die Liste der New Dealers enthielt noch viel mehr, wenn auch weniger bedeutende jüdische Namen: Henry Morgenthau, Jr., Benjamin Cohen, Sol Bloom, Emanuel Celler, Herbert Lehman, David Niles, Samuel Rosenman, Isador Lubin, Mordecai Ezekiel, Anna Rosenberg, Morris Ernst, Nathan Straus, Donald Richberg, Lawrence Steinhardt und Robert Nathan. Bernard Baruch, in dessen New Yorker Wohnung Winston Churchill bei seinen Staatsbesuchen in Amerika im Zweiten Weltkrieg übernachtete, schien alle Regierungen zu durchlaufen, denn er war Berater von fünf US-Präsidenten.[321] Wie Baruch nahmen auch die Bankiers Alexander Sachs und Sidney Weinberg an wichtigen politischen Sitzungen sowohl der republikanischen als auch der demokratischen Regierungen teil.

Nach dem Zweiten Weltkrieg waren David Lilienthal und Lewis Strauss Vorsitzende der Atomenergiekommission und trugen dazu bei, die Vereinigten Staaten ins Atomzeitalter zu führen. In den 1950er Jahren rückte Senator Joseph McCarthy seine beiden jungen jüdischen Assistenten David Schine und Roy Cohn in den Fokus der Öffentlichkeit.[322]

Präsident Truman behielt viele der von Roosevelt ernannten Juden auf der Gehaltsliste des Bundes. Aber Präsident Eisenhower, der nur einen kleinen Teil der jüdischen Stimmen erhielt, ließ die meisten von ihnen gehen. Eisenhower ernannte jedoch Douglas Dillon zu einem hohen Posten im Außenministerium. Unterdessen erlangten die republikanischen Senatoren Barry Goldwater und Jacob Javits, der ehemalige erfolglose Präsidentschaftskandidat der Partei von 1964, nationale und internationale Bekanntheit.[323]

---

[320] Warburg war mitverantwortlich für die Entwicklung des Federal Reserve Systems und wurde zum stellvertretenden Vorsitzenden des Federal Reserve Board ernannt.

[321] Baruch machte den Großteil seiner Millionen mit Kupferspekulationen. Als Amerika in den Ersten Weltkrieg eintrat, ernannte ihn Wilson zum Leiter des War Industries Board.

[322] Zu Cohns späterem Werdegang siehe Kapitel 30.

[323] Ist es wirklich richtig zu sagen, dass Männer wie Dillon und Goldwater Juden sind? Beide hatten polnische Juden als Großväter väterlicherseits - Samuel Lapowski (Dillons Großvater) kam als Tuchmacher nach Texas und Michael Goldwasser (Goldwaters Großvater) kam als Hausierer in den Südwesten. Sowohl Dillon als auch Goldwater heirateten, wie ihre Väter vor ihnen, Nicht-Juden. Beide führten das Leben wohlhabender Mitglieder der Mehrheit - Dillon, der Bankier, war wohlhabender als Goldwater. Aber der Rückstand des jüdischen Rassenbewusstseins sitzt tief. In einem Milieu intensiver Rassenunterschiede wie im heutigen Amerika ist es äußerst schwierig, genau zu bestimmen, wann ein Jude aufhört, ein Jude zu sein. Selbst wenn ein Mensch sich nicht mehr als Jude betrachten will, kann die Welt ihn dazu zwingen. Goldwaters rassischer

Als John F. Kennedy 1961 die Präsidentschaft antrat, kehrten die Juden in Scharen nach Washington zurück. Arthur Goldberg wurde zum Arbeitsminister ernannt, und Senator Abraham Ribicoff zum Minister für Gesundheit, Bildung und Soziales. Als Goldberg an den Obersten Gerichtshof wechselte, wurde Willard Wirtz sein Nachfolger. Zu den weiteren von Kennedy ernannten Personen gehörten Newton Minow, Leiter der Federal Communications Commission, Mortimer Caplin, Leiter der Finanzbehörde, und Pierre Salinger, Pressesekretär des Präsidenten. Dillon blieb als Kennedys Finanzminister im Amt. Arthur Schlesinger, Jr., Theodore Chaikin Sorensen und Richard Goodwin gehörten zu denjenigen, die Kennedy am lautesten ins Ohr flüsterten.[324]

Als Lyndon Johnson nach der Ermordung Kennedys Präsident wurde, versetzte er Goldberg vom Obersten Gerichtshof zu den Vereinten Nationen. Weitere Ernennungen durch Johnson: Walt Rostow, Chefberater des Präsidenten in auswärtigen Angelegenheiten; Wilbur Cohen, Minister für Gesundheit, Bildung und Wohlfahrt; Abe Fortas, stellvertretender Richter des Obersten Gerichtshofs.[325] Edwin Weisl, Vorsitzender des Exekutivausschusses von Paramount Pictures, diente als Johnsons persönlicher Finanzberater.

Richard Nixon setzte trotz seiner ambivalenten Haltung gegenüber Juden die Praxis fort, die Präsidentschaft mit jüdischen Kabinettsmitgliedern und hochrangigen Beratern zu besetzen. Henry Kissinger war Außenminister und in der Hochphase von Watergate praktisch stellvertretender Präsident; James Schlesinger, ein zum Luthertum Konvertierter, war CIA-Chef und später

---

Hintergrund könnte zum Beispiel dazu beitragen, seine rätselhaften Freundschaften mit jüdischen Gangstern zu erklären. Zu Dillons und Goldwaters Vorgeschichte siehe *Time*, 18. August 1961, S. 13 und 24. Juli 1964, S. 22. Zu Goldwaters Gangsterfreunden siehe Kapitel 30.

[324] In seiner Eigenschaft als Kennedys Berater für karibische Angelegenheiten im Vorwahlkampf um die Präsidentschaftskandidatur der Demokraten 1968 war Goodwin, der viel mit dem Fiasko in der Schweinebucht zu tun hatte, hin- und hergerissen zwischen Eugene McCarthy und Robert Kennedy. "Das Problem ist, Baby", erklärte er, "dass ich nicht weiß, wen von beiden ich zum Präsidenten machen soll." Zu Seymour Hersch, dem Pressesprecher von McCarthy, sagte er: "Nur du und ich und zwei Schreibmaschinen, Sy, und wir werden die Regierung stürzen." *San Francisco Sunday Examiner & Chronicle, Sunday Punch*, 14. Juli 1968, S. 2.

[325] Sowohl vor als auch nach Johnsons Amtsantritt telefonierte Abe Fortas "mindestens einmal am Tag [mit Johnson] und oft sogar drei- oder viermal". *Esquire*, Juni, 1965, S. 86. Das Telefon klingelte auch noch, nachdem Fortas dem Obersten Gerichtshof beigetreten war. Diese enge, in gewisser Weise verfassungswidrige Beziehung zwischen der Exekutive und der Judikative war einer der Hauptgründe, warum der Senat sich weigerte, Johnsons Nominierung von Fortas als Obersten Richter zu bestätigen. Ob Johnson in die Geldgeschäfte von Fortas mit dem verurteilten Aktienveruntreuer Louis Wolfson eingeweiht war, die später zu Fortas' Rücktritt führten, ist nicht bekannt. Siehe Kapitel 30.

Verteidigungsminister; Arthur F. Burns,[326] Vorsitzender des Federal Reserve Board; Herbert Stein, leitender Wirtschaftsberater; Laurence Silberman, stellvertretender Generalstaatsanwalt; Leonard Garment, verantwortlich für die Bürgerrechtsabteilung im Weißen Haus.[327]

Als erster designierter Präsident behielt Gerald Ford Kissinger, entließ Schlesinger, holte Edward Levi, einen alten stalinistischen Weggefährten, als Justizminister und ersetzte Stein durch Alan Greenspan.

Was die Verlierer der Präsidentschaftswahlen von 1968 und 1972 betrifft, so hatte Hubert Humphrey als seinen engsten Berater E. F. Berman, und seine elf größten Wahlkampfspender waren Juden.[328] Auch die Präsidentschaftskandidatur von George McGovern 1972 wurde in großem Umfang von Juden finanziert. Sein wichtigster Berater war Frank Mankiewicz.

Die Carter-Administration hatte, wenn auch nicht alle gleichzeitig, Harold Brown als Verteidigungsminister, James Schlesinger als Energieminister (wie Dillon diente er beiden Parteien), Michael Blumenthal als Finanzminister, Neil Goldschmidt als Verkehrsminister, Philip Klutznick als Handelsminister, Stuart Eizenstat als Chefberater für innere Angelegenheiten, Robert Strauss, der den Wahlkampf der Demokraten 1980 leitete, Robert Lipshutz als Berater des Präsidenten und Gerald Rafshoon als Medienberater. Sol Linowitz, die treibende Kraft bei den Verhandlungen über den Panamakanal, wurde später mit der Umsetzung des Abkommens von Camp David beauftragt. Während der Präsidentschaft Carters standen Juden an der Spitze des Internal Revenue Service, der Securities and Exchange Commission, der Federal Trade Commission, des Bureau of the Census, der General Services Administration, des Congressional Budget Office und der Library of Congress. Juden besetzten auch die zweit- oder drittwichtigsten Positionen im Außenministerium, im Finanzministerium, im Landwirtschaftsministerium, im Innenministerium, im Arbeitsministerium, im Handelsministerium, im Verkehrsministerium, im Ministerium für Wohnungsbau und Stadtentwicklung sowie im Ministerium für Gesundheit, Bildung und Soziales. Mehrere Bundesbehörden und Beratungsgremien der Regierung waren ebenfalls in jüdischer Hand. Der Nationale Sicherheitsrat war besonders für die Anzahl der Juden in seinem Stab bekannt.

Die Ergebnisse der Präsidentschaftswahlen von 1980 ließen einen starken Rückgang des Anteils von Minderheiten in der Exekutive erwarten, obwohl viele

---

326 "Der Vorsitzende des Federal Reserve Board hat einen größeren Einfluss auf das tägliche Leben aller US-Bürger als fast jeder andere außer dem Präsidenten ..." *Time*, 24. Oktober 1969, S. 89.

327 *Newsweek*, Nov. 18, 1968, S. 44. Folglich mussten alle Mitteilungen über Minderheitenprobleme über das Büro von Garment laufen.

328 *San Francisco Chronicle*, 23. November 1968, S. 9.

Juden von der republikanischen Plattform angezogen wurden, die die Demokraten in Bezug auf Israel oft übertraf. Nur eine Person mit jüdischem Hintergrund, Caspar Weinberger, ein Episkopaler mit jüdischem Großvater, erhielt einen Posten (Verteidigungsminister) in Reagans Kabinett; Murray Weidenbaum wurde zum obersten Wirtschaftsberater ernannt; Henry Kissinger war nun Amerikas elder statesman. Reagan beendete seine zweite Amtszeit mit Kenneth Duberstein als seinem Mann am Freitag und Chef des Stabes im Weißen Haus.

Auch in der Bush-Regierung gab es relativ wenige Juden. Alan Greenspan blieb Vorsitzender der Federal Reserve, und Robert Mosbacher, ein bekannter republikanischer Geldbeschaffer,[329] wurde zum Handelsminister ernannt.

Mit dem Antritt der Clinton-Regierung stieg der jüdische Anteil in der amerikanischen Regierung sprunghaft an. Robert Reich, ein äußerst liberaler Harvard-Professor, wurde Arbeitsminister; Madeleine Albright, UN-Botschafterin; Bernard Nussbaum (der später zurücktreten musste, weil er versucht hatte, die Papiere von Vincent Foster, Clintons engem Freund, der Selbstmord beging, zu vertuschen); Abner Mikva, Nussbaums Nachfolger; Mickey Kantor, Handelsbeauftragter; Ruth Ginsburg, die erste jüdische Richterin am Obersten Gerichtshof seit dem Rücktritt von Fortas im Jahr 1976; Stephen Breyer, Clintons zweite jüdische Ernennung zum Richter am Obersten Gerichtshof; Robert Rubin, Finanzminister; John Deutch, Leiter der CIA. Clinton sagte, er wolle seine Regierung "mehr wie Amerika" aussehen lassen. Was er bei seinen Ernennungen tat, war, sie "mehr wie Israel aussehen zu lassen".

Da Juden nach eigenen Angaben nur 2,3 Prozent der Bevölkerung ausmachen (*American Jewish Yearbook* 1992), ist ihre Zahl im Kongreß (33 im Repräsentantenhaus, 11 im Senat 1994) eindeutig unverhältnismäßig hoch. Aber wo die jüdische Überrepräsentation überwältigend ist, ist in den meinungsbildenden Heiligtümern der amerikanischen Gesellschaftsordnung. Theoretisch ist der Politiker der Diener der Öffentlichkeit. In der Praxis ist er nur allzu oft der Diener der Medien.

Große Zeitungsketten und Boulevardzeitungen mit hoher Auflage tragen einen Teil der Verantwortung für die Gestaltung der öffentlichen Meinung. Aber nur einige wenige ausgewählte Zeitungen, die so genannte "high-impact"-Presse, prägen die Meinung derer, die die Öffentlichkeit regieren. Die mit Abstand wichtigsten sind die *New York Times* und die *Washington Post*. Was sie drucken und wie sie es darstellen, bestimmt in hohem Maße, was die Führung Amerikas sagt, denkt und tut. Die Mehrheitsbeteiligung an diesen beiden Publikationen

---

[329] "Juden spenden mehr als die Hälfte der von der Demokratischen Partei gesammelten Gelder und bis zu einem Viertel der republikanischen Gelder", heißt es in einer 1985 vom American Jewish Congress in Auftrag gegebenen Studie. *Washington Post*, 6. März 1985, S. A5.

wird von Juden gehalten. Die *New York Times*, die sich rühmt, die nationale Tageszeitung zu sein,[330] ist seit mehreren Generationen im Besitz der Ocheses und der Sulzbergers[331] , ebenso wie die *Chattanooga Times*.[332] Der größte Teil der stimmberechtigten Aktien der Washington Post Co. gehört Katharine Graham, der Tochter von Eugene Meyer, einem jüdischen Bankier. Frau Graham, die als "die Chefin des Verlagsmonolithen" bezeichnet wird, kontrolliert auch *Newsweek* und einen strategisch günstig gelegenen Fernsehsender in Washington, D.C.[333] Die andere Tageszeitung der Hauptstadt, die *Washington Times*, ist zwar durchweg konservativ und bisweilen sogar patriotisch, wird aber von dem koreanischen Evangelisten und Steuerhinterzieher Sun Myung Moon finanziert.

Zu den weniger bedeutenden Zeitungen in dem Sinne, dass ihr Einfluss eher regional als national ist, gehören: die St. Louis Post-Dispatch, die von einem Enkel des ungarisch-jüdischen Verlegers Joseph Pulitzer beherrscht wird, dem die Erfindung des Boulevardjournalismus zugeschrieben wird;[334] der *San Francisco Chronicle*, die zweitwichtigste Zeitung Kaliforniens, im Besitz und unter der Leitung der Familie Thieriot, Nachkommen von Charles und Michael de Jung, den jüdischen Gründern der Zeitung; und die *Post-Gazette* und *Press* in Pittsburgh sowie die *Blade* und *Times* in Toledo, die der Familie Block gehören. Die sechsundzwanzig Tageszeitungen der beiden Newhouse-Brüder bilden ein journalistisches Imperium, das landesweit an dritter Stelle bei der Auflage und an erster Stelle beim Gewinn steht. Die New York *Daily News*, einst das führende Boulevardblatt der Nation und ein Leuchtfeuer des Isolationismus, wurde 1992 von Mortimer Zuckerman gekauft und trommelt nun für Israel. Das *Wall Street Journal* (Peter Kann, Verleger), dessen Einfluss weit über die Geschäftswelt hinausgeht, ist im Besitz von Dow Jones & Co, dessen Vorsitzender, Warren Phillips, ein geborener Jude, jetzt Christ ist.

---

[330] Fünfzig Exemplare der *Times* gehen jeden Tag an das Weiße Haus. Sie wird in 11.464 amerikanischen Städten verteilt. Talese, *The Kingdom and the Power*, S. 72, 346.

[331] George, der Bruder von Adolph Ochs, dem Gründer der Dynastie, anglisierte seinen Namen teilweise zu Ochs-Oakes. John Oakes, sein Sohn, leitete einst die redaktionelle Seite der Times. Wenn andere Redakteure "Ansichten haben, die im Widerspruch zu seinen stehen, werden sie nicht veröffentlicht". Talese, a.a.O., S. 72, 79, 81.

[332] 1970 war die *Chattanooga Times* Beklagte in einem Kartellverfahren wegen "unrechtmäßiger Versuche", das Zeitungsgeschäft in der Stadt in Tennessee zu monopolisieren. *New York Times*, 8. Mai 1970, S. 9.

[333] Die Informationen über Mrs. Graham stammen, wie viele andere Daten über die Nachrichten- und Kommunikationsmedien auf diesen Seiten, aus dem Artikel "America's Media Baronies" in *Atlantic*, Juli 1969.

[334] Beard, a.a.O., Bd. 2, S. 461. Harry Truman bezeichnete Joseph Pulitzer als "den gemeinsten Rufmörder in der ganzen Geschichte der Lügner".

Viele kleinere Zeitungen sind in jüdischem Besitz, werden von Juden geleitet oder herausgegeben, ganz zu schweigen von Zeitungen in Jiddisch oder Englisch, die sich an bestimmte jüdische Gemeinden richten. Auch einige der größten Zeitungen oder Zeitungsketten, die nicht in jüdischem Besitz sind oder von Juden kontrolliert werden, haben jüdische Führungskräfte, Manager, Redakteure, Reporter oder Kolumnisten. Die *International Herald-Tribune*, die in Paris erscheint und täglich von vielen hochrangigen Vertretern europäischer Regierungen gelesen wird, ist im Besitz eines Konsortiums, an dem die *New York Times* und die *Washington Post* maßgeblich beteiligt sind.

Die Liste der von Juden kontrollierten oder herausgegebenen Zeitschriften ist sehr umfangreich. Sie umfasst: *Vogue, Glamour, Mademoiselle, House and Garden, New Yorker, Vanity Fair* (alle Teil der Newhouse-Kette), *American Home, Consumer Reports, Family Circle, Ladies' Home Journal, McCall's, Redbook, Seventeen, Woman's Day, American Heritage, Atlantic, Commentary, Daedalus, Dissent, Esquire, Human Events, High Times, Ms., Nation, National Journal, New Republic, New York Review of Books, Newsweek, Partisan Review, The Public Interest, Rolling Stone, Village Voice, New York Observer* und *U.S. News & World Report. TV Guide*, mit Amerikas größter Auflage (20.000.000) und den größten jährlichen Werbeeinnahmen (fast 200.000.000 Dollar), war jahrelang, bis er es für eine enorme Summe an Rupert Murdoch verkaufte, Eigentum von Walter Annenberg.

1991 fusionierte Time, Inc. (*Time, Fortune, Sports Illustrated, Money, People*, 13 Fernsehsender, Home Box Office, Little, Brown Buchverlage und große Anteile an Metro-Goldwyn-Mayer) mit Warner Communications, das von dem verstorbenen jüdischen Übernahmekünstler Steven Ross kontrolliert wird, zu Time Warner, dem derzeit zweitgrößten Medien- und Unterhaltungsimperium der Welt. CEO ist Gerald Levin, Chefredakteur ist Norman Pearlstine. 1969 war Henry Grunwald, der in Deutschland als Sohn jüdischer Eltern geboren wurde, als geschäftsführender Redakteur von *Time* vielleicht der "einflussreichste lineare Journalist der Welt".[335]

Unabhängig davon, ob sie von Juden kontrolliert werden oder nicht, konkurrieren praktisch alle führenden Publikationen um die Dienste jüdischer Gelehrter. Auf dem literarischen oder semiliterarischen Niveau sind oder waren solche Namen wie: Walter Lippman, David Lawrence, Max Lerner, Arthur Krock, David Broder, Richard Cohen, Anthony und Flora Lewis, Joseph Kraft, Midge Decter, Paul Goodman, Irving Howe, Barbara Ehrenreich, Irving und William Kristol, Victor Navasky, William Phillips, Norman und John Podhoretz, Philip Rahv, Susan Sontag, William Safire, Frank Rich, und Art Buchwald; auf der Ebene der Gucklöcher Walter Winchell, Drew Pearson, Leonard Lyons, Irv

---

[335] *Atlantic*, Juli 1969, S. 43.

Kupcinet und Herb Caen;[336] auf der Ebene der einsamen Herzen Ann Landers und Abigail van Buren; auf der Ebene der Sexologie Dr. Ruth Westheimer, ein ehemaliges Mitglied der Haganah. Einer der einflussreichsten - und bissigsten - Zeitungskarikaturisten des Landes ist Herblock (Herbert Block) von der *Washington Post.* Einer der beliebtesten Comicstrips: Al Capps *L'il Abner.*[337]

Im Buchverlagswesen gehören zum Newhouse-Imperium Random House, The Modern Library, Knopf, Pantheon und Ballantine Books. Columbia Broadcasting System ist Eigentümer von Popular Library, Fawcett Publications und Holt, Rinehart and Winston. Die Music Corporation of America ist Eigentümerin von G. P. Putnam's Sons. Gulf and Western ist Eigentümer von Simon and Schuster. Andere jüdische Verlage sind Grosset and Dunlap, Lyle Stuart, Viking Press, Stein and Day, Grove Press, Crown, Schocken Books und Farrar, Straus and Giroux. Fast alle führenden Verlage, jüdische wie nichtjüdische, fördern Werke jüdischer Autoren und beschäftigen Juden in leitenden oder redaktionellen Positionen.

Henry Garfinkles Ancorp National Services hat nahezu ein Monopol auf den Vertrieb von Zeitungen, Zeitschriften und Taschenbüchern in New York City und erhält laut *Wall Street Journal* "Bestechungsgelder" in Höhe von 30.000 Dollar bzw. 26.000 Dollar pro Jahr von der *New York Times* und der *Daily News.* Als enger Verbündeter der Mafia hat Garfinkle damit geprahlt, "Verleger in meiner Hosentasche" zu haben.[338]

Eine starke Kraft im Bereich des Buchvertriebs ist der Book-of-the-Month Club, der von dem verstorbenen Harry Scherman, einem Sohn anglo-walisisch-jüdischer Eltern aus Montreal, ins Leben gerufen wurde. Der heute zum Time Warner-Konzern gehörende BOMC hat in den ersten 40 Jahren seines Bestehens mehr als 250 Millionen Bücher verschickt. Ebenso einflussreich sind die Buchgroßhändler, von denen zwei der wichtigsten Bookazine und Diamondstein sind, beide in jüdischem Besitz. Auch die Literaturkritiker spielen eine wichtige Rolle im Buchgeschäft.[339] Wie nicht anders zu erwarten, stehen die *New York*

---

336 Als eine Zeitung an der Westküste die Schlagzeile "Killer-Hurrikan nähert sich Texas" brachte, setzte Caen mit seinem Kommentar "Versprechungen, Versprechungen" einen neuen Tiefpunkt für seinen Beruf. *San Francisco Chronicle*, 20. September, S. 24.

337 Der bei weitem amüsanteste Comicstrip, *L'il Abner*, war jedoch ein zermürbender, fortlaufender Angriff auf die Volksbräuche der Mehrheit - eine auf den Kopf gestellte Version des Äsop, in der die Stadtmaus über ihren Vetter vom Lande triumphiert. In der Figur der Daisy Mae achtet Capp jedoch darauf, dem Ästhetischen Requisit die gebührende Ehrerbietung zu erweisen. 1972 bekannte sich der Cartoonist der versuchten Vergewaltigung schuldig und wurde von einem Richter in Wisconsin zu einer Geldstrafe von 500 Dollar verurteilt. *Facts on File*, 1972, S. 335.

338 *Wall Street Journal*, 3. Juli 1969, S. 43.

339 Um ihre Buchhaltung zu vereinfachen, bestellen viele der größeren Buchhandlungen nur noch bei Buchgroßhändlern.

Times Book Review und die *New York Review of Books*, die beiden führenden Publikationen dieses Genres, unter der Ägide jüdischer Redakteure. In der Tat ist jüdische Literaturkritik ein Grundnahrungsmittel fast aller so genannten intellektuellen Zeitschriften.

Der vielleicht schlüssigste Beweis für ihren Einfluss auf die Medien ist die beherrschende Stellung der Juden in der Fernseh-, Radio- und Filmindustrie. Laurence Tisch führte das Columbia Broadcasting System mit eiserner Hand, bis er es 1995 an Westinghouse Electric verkaufte. Capital Cities Communications Inc., ein Mehrheitsunternehmen, besaß die American Broadcasting Co. bis zu ihrem Verkauf an den jüdisch kontrollierten Unterhaltungskoloss Disney. General Electric, ein Mehrheitsunternehmen, ist die Muttergesellschaft der National Broadcasting Company, die oft zur Disposition zu stehen scheint. Das Public Broadcasting System ist größtenteils staatlich finanziert, aber das entzieht es nicht dem bedeutenden jüdischen Einfluss auf seine Unterhaltungs- und Bildungsprogramme. Auch die Tatsache, dass das Fox Network dem australisch-amerikanischen Rupert Murdoch gehört, befreit es nicht von einer überwältigenden Menge jüdischen Einflusses. Es muss wohl kaum hinzugefügt werden, dass die Produzenten und Regisseure aller Unterhaltungs-, Nachrichten-, Dokumentar- und Talkprogramme des Senders und der lokalen Sender überproportional jüdisch sind. Darüber hinaus kann man mit Fug und Recht behaupten, dass Juden in erster Linie für die meisten TV-"Specials", Dokumentarfilme, Dokudramen und Sitcoms verantwortlich sind, von denen die meisten Angehörige von Minderheiten sympathisch darstellen und Angehörige der Mehrheit als Schurken, ignorante Hinterwäldler oder rechte Fanatiker.[340] Don Hewitt ist der Produzent der hochkarätigen Sendung *60 Minutes*, zu deren Stammgästen Mike Wallace, Morley Safer und Leslie Stahl gehören. Michael Kinsley, Robert Novak, Maury Povich, Geraldo Rivera und Larry King sind in einigen der beliebtesten Talkshows zu hören. Barbara Walters ist die Königin der weiblichen Interviewer. Daniel Schorr und Bob Simon sind zwei der meistbeschäftigten Fernsehreporter.

---

[340] Ben Stein, ein jüdischer Essayist, der eine umfassende Studie über das Fernsehen verfasst hat, weist darauf hin, dass sich das Unterhaltungsfernsehen in den Händen von einigen hundert bürgerlichen Juden befindet, die von einer kleinen Zahl von Iren und Italienern unterstützt werden, die alle über 35 Jahre alt sind und praktisch alle aus New York stammen und in der West Side von Los Angeles leben. Ihre Gehälter liegen oft bei durchschnittlich 10.000 Dollar pro Woche, doch sie neigen stark zum Sozialismus, lieben die Armen und hassen Kleinstädte, das Militär, Geschäftsleute und Polizisten. In ihren Sitcoms und Abenteuergeschichten leben nur wenige Angehörige von Minderheiten von der Sozialhilfe und noch weniger begehen Verbrechen. Der Bösewicht ist fast immer ein Weißer, je blonder und WASP-ähnlicher, desto besser. Diese Fernsehproduzenten und -autoren glauben tatsächlich, dass die Welt von einem Konsortium aus ehemaligen Nazis und Führungskräften multinationaler Konzerne regiert wird". Ben Stein, *The View from Sunset Boulevard*, Basic Books, New York, 1979.

Hollywood ist seit seinen Anfängen unbestreitbar jüdisch. Man muss nur Firmen wie Metro-Goldwyn-Mayer, 20th Century-Fox, Paramount Pictures, Warner Brothers, Universal, Columbia Pictures, United Artists und so legendäre Persönlichkeiten wie Samuel Goldwyn, William Fox, Carl Laemmle, Joe Schenck, Jesse Lasky, Adolph Zukor, Irving Thalberg, Harry Cohn, Louis Mayer, David Selznick und die drei Warner-Brüder nennen.[341]

Diese Filmmogule gehören natürlich zu einer älteren Hollywood-Generation. Aber auch die neuere Generation ist größtenteils jüdisch: Ted Ashley, Gordon Stulberg, Dan Melnick, Jennings Lang, Robert Evans und David Begelman. Zu den führenden Produzenten und Regisseuren gehören Peter Bogdanovich, Sidney Lumet, Woody Allen, John Frankenheimer, Arthur Penn, Stanley Kubrick, Stanley Kramer, Oliver Stone, Mike Nichols und Steven Spielberg. Die Verbindung zwischen Hollywood und dem Broadway war schon immer eng, und auch hier sind die Juden in geradezu fantastischer Weise überrepräsentiert.[342] Eine kurze Vorstellung von der jüdischen Vorherrschaft im amerikanischen Showbusiness in Vergangenheit und Gegenwart vermittelt die Liste der "Giganten" der Unterhaltungsbranche wie die Produzenten David Belasco, Daniel Frohman, Florenz Ziegfeld, Jed Harris, Billy Rose, Mike Todd, Hal Prince, David Merrick und Joseph Papp;[343] sowie Songschreiber wie Irving Berlin, Richard Rodgers und Lorenz Hart, Oscar Hammerstein II, Ira Gershwin, Harold Arlen, Burton Lane, Burt Bacharach, E. Y. Harburg, Jerry Bock, Sheldon

---

[341] Die wenigen wichtigen nicht-jüdischen Entscheidungsträger Hollywoods gehörten ebenfalls einer Minderheit an, z. B. Darryl Zanuck, der ungarischer Abstammung war, und Spyros Skouras, der griechischer Herkunft war. Einer der großen Filmpioniere, D. W. Griffith, war jedoch kein Jude. Ebenso wenig wie die beiden anderen Größen, die aus Hollywood hervorgingen - Greta Garbo und Charlie Chaplin. Die Behauptung, Chaplin sei zum Teil jüdisch, ist eine frei erfundene Behauptung der geschwätzigen Pro- und Antisemiten. Seine Mutter war zu drei Vierteln Irin und zu einem Viertel Zigeunerin. Sein Vater war ein Nachkomme französischer Hugenotten, die seit Jahrhunderten in England lebten. Charles Chaplin, *Meine Autobiographie,* Simon and Schuster, New York, 1964, S. 18-19, 37, 45, 109. Chaplin gab zu, dass er einmal vorgab, Jude zu sein, um im Filmgeschäft voranzukommen. J. L. de Vilalengue, *Gold Gotha,* Paris, 1972.

[342] Ernsthafte jüdische und andere Dramatiker werden in Kapitel 18 behandelt. Die Autoren von Nachrichtenstücken und dramatisierten politischen und soziologischen Traktaten sind überhaupt nicht aufgeführt, aber ein kurzer Blick in die Zeitungsakten zeigt, dass ihre Produzenten und Autoren fast alle einer Minderheit angehören, vor allem Juden. Was die pornografische Dramatik betrifft, so genügt es zu sagen, dass die schmutzigsten Theaterstücke der letzten Jahrzehnte - *Ché, Geese* und *Oh, Calcutta* - alle von Juden geschrieben, inszeniert oder produziert wurden, ebenso wie viele der pornografischen und schwarzen Ausbeutungsfilme ("hate whitey").

[343] "Das amerikanische Showbusiness ... verdankt seinen Witz, seine Lebendigkeit und seine emotionale Offenheit größtenteils dem Überschwang jüdischer Talente", schrieb der verstorbene Kenneth Tynan, Großbritanniens bestbezahlter Theaterkritiker und selbst Halbjude, in der Zeitschrift *Holiday* (Juni 1961). Tynan war der Produzent von *Oh, Calcutta!*

Harnick, Stephen Sondheim sowie Lerner und Loewe;[344] so schrille Persönlichkeiten des Showbusiness wie Al Jolson, Fanny Brice, Eddie Cantor, Sophie Tucker, Ethel Merman, Sammy Davis, Jr. (ein Konvertit), und Barbra Streisand; berühmte Komödianten, vor allem Stand-up-Künstler, wie Jack Benny, Bert Lahr, George Jessel, Shelley Berman, Joey Bishop, Morey Amsterdam, Myron Cohen, Henny Youngman, Buddy Hackett, Victor Borge, Marx Brothers, Ed Wynn, George Burns, Don Rickles, Mort Sahl, Alan King, Jerry Lewis, Red Buttons, Lenny Bruce, Milton Berle, Joan Rivers, Sid Caesar, Rodney Dangerfield und Howard Stern. Dank der oben genannten Komödianten sind jüdische Witze zu den Prüfsteinen des zeitgenössischen amerikanischen Humors geworden.[345]

Das Verlagswesen und die Unterhaltungsindustrie ernähren sich sowohl von Ideen als auch von Ereignissen, und im Bereich der Ideen sind amerikanische Juden ebenso fest verankert wie anderswo. Es folgt eine Auswahl von Juden, die in der zweiten Hälfte des Jahrhunderts in den verschiedenen Sozialwissenschaften und anderen akademischen Disziplinen eine herausragende Rolle gespielt haben. Einige dieser gelehrten Männer konzentrierten ihre Aktivitäten auf das Ausland, vor allem auf Großbritannien und Deutschland vor und nach Hitler.

PHILOSOPHEN: Mortimer Adler, Hannah Arendt, Morris Cohen, Irwin Edman, Sidney Hook, Abraham Kaplan, Herbert Marcuse, Robert Nozick, Murray Rothbard, Paul Weiss, Walter Kaufman, Karl Popper, Leo Strauss, Nathaniel Brandon, Horace Kallen, Robert Nozick, Martin Buber, Jacob Bronowski, Ernest Cassirer.

HISTORIKER: Daniel Boorstin, Herbert Feis, Peter Gay, Eric Goldman, Oscar Handlin, Gertrude Himmelfarb, Richard Hofstadter, Bernard Lewis, Richard Morris, Arthur Schlesinger, Jr., Barbara Tuchman, Louis Hacker, Richard Pipes, Bertram Wolfe, Walter Laqueur, Arno Mayer, George Mosse, Allen Weinstein, Lewis Namier.

POLITIKWISSENSCHAFTLER: Stanley Hoffman, Hans Kohn, Hans Morgenthau, Saul Padover, Adam Ulam, Paul Green, Michael Walzer, Morton Kaplan, Richard Neustadt, Isaiah Berlin, Max Beloff.

SOZIOLOGEN: Daniel Bell, Peter Drucker, Amitai Etzioni, Nathan Glazer, Philip Hauser, Paul Lazarsfeld, Seymour Lipset, Robert Merton, David Riesman, Lewis S. Feuer, Arnold Ross, Theodor Adorno, Melville Tumin.

ÖKONOMIEURE: Kenneth Arrow, Abraham Becker, Mordecai Ezekiel, Alfred Kahn, Ludwig von Mises, Arthur Okun, Paul Samuelson, Milton Friedman, Alan Greenspan, Morton Feldstein, Otto Eckstein, Arthur Burns,

---

[344] Tin Pan Alley ist fast zu 100 Prozent jüdisch. *High Fidelity*, Juli 1977, S. 27-29.

[345] Juden stellen 80% der professionellen Comics der Nation. *Time*, 2. Oktober 1978.

Robert Lekachman, Simon Kuznets, Leon Keyserling, Wassily Leonief, Murray Weidenbaum, Robert Heilbroner, Lawrence Klein, Robert Solomon, Peter Bernstein, Solomon Fabricant, Allan Meltzer, Herbert Stein.

PSYCHOLOGEN ODER PSYCHIATER: Franz Alexander, Bruno Bettelheim, Eric Berne, Erik Enkson, Victor Frankl, Sigmund und Anna Freud, Erich Fromm, Haim Ginott, Robert Jay Lifton, Abraham Maslow, Thomas Szasz, Melanie Klein, Lawrence Kubie, Wilhelm Reich, Gregory Zilboorg Marvin Opler, Otto Rank, Theodor Reik.

ANTHROPOLOGEN: Franz Boas, Melville Herskovits, Oscar Lewis, Ashley Montagu, Edward Sapir, Sol Tax, Lionel Tiger, Saul Riesenberg, Geza Roheim, Melford Spiro, Morton Freed, Robert Lowie, Morris Opler, David Mandelbaum, Paul Radin, Lucien Levy-Bruhl, Claude Levi-Strauss, Phillip Tobias.

Auch in den Berufen und in den Naturwissenschaften sind Juden stark vertreten, wie ihre lange Reihe von Nobelpreisen beweist.[346] Sie sind in der Hochschulbildung unglaublich überrepräsentiert und stellen die Präsidenten der drei renommiertesten Ivy League Colleges: Neil Rudenstine (Harvard), Richard C. Levin (Yale), Harold T. Shapiro (Princeton).

Bevor wir andere Bereiche jüdischen Einflusses und jüdischer Macht untersuchen, ist es vielleicht angebracht, einen der vielen Nebeneffekte des jüdischen Aufstiegs zu erwähnen. Es handelt sich dabei um die günstige Flut von Publicity, die auf Juden überschwappt, teils wegen ihrer strategischen Position in den Medien, teils weil ungünstige Publicity oft als Antisemitismus verurteilt wird. Das unvermeidliche Ergebnis eines solchen Protektionismus und einer solchen Imagepflege ist, dass, wenn ein Jude und ein Nicht-Jude in der gleichen Branche ähnliche Leistungen erbracht haben, der Erstere wahrscheinlich mehr Aufmerksamkeit und Anerkennung erhält als der Letztere.

Ein Beispiel dafür sind Max Planck und Albert Einstein, die beiden Männer, die der modernen Physik ihre beiden bahnbrechenden Hypothesen, die Quantentheorie und die Relativitätstheorie, gaben. Planck, ein Nicht-Jude, war in Amerika außer in wissenschaftlichen Kreisen kaum bekannt, während Einstein, selbst als kritikloser Unterstützer Joseph Stalins, von der amerikanischen Öffentlichkeit sehr geschätzt wurde.[347] Ein weiteres Beispiel für unangebrachte Verehrung ist Sigmund Freud, der in weiten Teilen Europas als Halbscharlatan galt, in den Vereinigten Staaten aber bis vor kurzem so hoch gepriesen wurde, dass die öffentliche Meinung ihn für ein Universalgenie hielt. Carl Jung hingegen, der bedeutendste nichtjüdische Psychiater, hat nur einen Bruchteil der Publizität erhalten, die Freud zum Teil äußerst feindselig

[346] Im Zeitraum 1901-62 waren 16 Prozent der 225 Wissenschaftler, die Nobelpreise erhielten, Juden. Weyl und Possony, *Geographie des Intellekts*, S. 143.

[347] Zu Einsteins Rolle bei der Förderung und dem Bau der Atombombe siehe Kapitel 38. Für einige unbesungene Kritik an der Einsteinschen Physik siehe Kapitel 21.

gegenübersteht. Die große Anerkennung, die einem jüdischen Anthropologen wie Ashley Montagu zuteil wird, und die geringe Anerkennung, die einem weitaus bedeutenderen nicht-jüdischen Anthropologen wie Carleton Coon zuteil wird, ist ein weiterer Beweis für die semitische Ausrichtung der öffentlichen Informationskanäle.[348]

This same bias has been carried over into the field of international relations—most noticeably in the "good press" accorded Israel, which was only mildly tempered by the repeated invasions of Lebanon, the bombings of Beirut, the devastating attack on the *U.S.S. Liberty*, das Massaker an Palästinensern in den Lagern Sabra und Shatilah durch die mit Israel verbündeten Phalangisten und, vielleicht am grausamsten von allen, die Ermordung von 30 Muslimen beim Gebet in der Moschee von Hebron durch einen jüdischen Siedler aus Amerika.

Jüdisches Eigentum oder jüdische Kontrolle über viele der wichtigsten Pipelines des modernen Denkens haben das Judentum selbst als wichtigste sekundäre Ursache für jüdisches Überleben, Einheit und Macht verdrängt. Die Hauptursache bleibt, wie immer, der jüdische Reichtum. Seit der Diaspora und sogar schon vorher wurden die jüdischen Finanziers, Geldmacher und Geldverleiher von Nicht-Juden als quasi biologische Typen identifiziert. In den 2.000 Jahren jüdischer Geschichte bedeutete das Überleben des Stärkeren oft das Überleben des Reicheren.[349]

---

[348] Die semitische "Neigung" der heutigen Öffentlichkeitsarbeit wird auch durch die Flut von Zeitschriftenartikeln und Büchern veranschaulicht, in denen die jüdische Bereicherung der amerikanischen Kultur hervorgehoben wird, aber Namen wie Arnold Rothstein, die Minsky-Brüder, Mickey Cohen, Meyer Lansky, Abe Fortas, Louis Wolfson, Fred Silverman, Serge Rubinstein, Julius und Ethel Rosenberg, Bugsy Siegel, Bernard Goldfine, Michael Milken, Ivan Boesky, Jack Ruby und die Kohorte der jüdischen Unternehmensräuber ausgelassen werden. Manchmal löst sich dieser einseitige Ansatz in reine literarische Kriecherei auf, wie im Fall einer "Biographie" über Albert Lasker. Lasker, einer der ersten Werbemagnaten und mit Sicherheit der reichste, wurde von einem international bekannten Reporter in Buchform gewürdigt, obwohl die Höhepunkte von Laskers Karriere darin bestanden, dass er die ersten Seifenopern organisierte und Millionen von Frauen das Rauchen beibrachte ("Reach for a Lucky instead of a sweet"). John Gunther, *Taken at the Flood, The Story of Albert D. Lasker*, Harper, New York, 1960, S. 4-5.

[349] In Kapitel 10 dieses Buches wird J. K. Galbraith mit der Aussage zitiert, dass Reichtum nicht mehr mit Macht gleichzusetzen ist. Insofern er sich auf den Reichtum der Mehrheit bezog, hatte er recht. Wie bereits erwähnt, sind die meisten großen Vermögen der Mehrheit verstreut, vergeudet oder an Stiftungen weitergegeben worden, die Projekte unterstützen, die oft gegen die Interessen der Mehrheit arbeiten. Der größte Teil des jüdischen Reichtums hingegen wird gebündelt und auf spezifische, ethnische Ziele konzentriert - Israel, Antisemitismus, Minderheiten und politische, wirtschaftliche und soziale Kampagnen zur Beseitigung der letzten Reste des Mehrheitsprivilegs. Im Gegensatz zu Professor Galbraith ist großer Reichtum, der zum Vorteil einer *Gruppe* eingesetzt wird, nicht nur gleichbedeutend mit Macht, sondern mit großer Macht.

Jüdischer Reichtum ist ein äußerst heikles Thema. Seit Fortune das Problem im Februar 1936 etwas halbherzig untersuchte, hat es in den Vereinigten Staaten keine ernsthafte, objektive und umfassende Studie zu diesem Thema gegeben. Selbst 1936 stellte *Fortune* fest, dass amerikanische Juden in bestimmten Wirtschaftsbereichen fest etabliert sind. Jetzt, mehr als fünf Jahrzehnte später, ist es an der Zeit, einen neuen Blick darauf zu werfen.

Eine Vorstellung vom jüdischen Reichtum in Amerika lieferte eine landesweite Umfrage, in der versucht wurde, das Einkommen mit der Religionszugehörigkeit zu korrelieren. Sie ergab, dass 18,9 Prozent aller Amerikaner mit einem Jahreseinkommen von über 10.000 Dollar Juden waren. Auf Episkopale entfielen 14,1 Prozent, auf Personen ohne Religionszugehörigkeit 11,6 Prozent, auf Presbyterianer 8,7, auf Katholiken 4,6 und auf Baptisten 2,1.[350] In Bezug auf die Rasse ergab die Umfrage, dass Juden die wohlhabendsten Amerikaner waren, gefolgt von den Mitgliedern der Mehrheit, den assimilierten und nicht assimilierbaren weißen Minderheitenmitgliedern und den Negern, traditionell Baptisten, die ärmsten.

Zu ähnlichen Ergebnissen kam ein Sonderbericht der Volkszählung von 1950, aus dem hervorging, dass von neununddreißig verschiedenen Bevölkerungsgruppen der USA "im Ausland geborene Russen" das höchste Medianeinkommen hatten. Das Medianeinkommen von Amerikanern weißer Abstammung lag um 40 Prozent niedriger. Der Volkszählungsbericht erklärte den wirtschaftlichen Erfolg der im Ausland geborenen Russen damit, dass "die russische Gruppe große Anteile von Flüchtlingen und Juden enthält".[351]

Da Juden 2,3 Prozent der amerikanischen Bevölkerung ausmachen, könnte ein unvorsichtiger Statistiker so dumm sein, vorauszusagen, dass 2,3 Prozent der amerikanischen Millionäre Juden sind und dass Juden 2,3 Prozent des Reichtums des Landes besitzen würden. Im Jahr 1955 veröffentlichte die Zeitschrift *Look* eine Liste der 400 reichsten Amerikaner (mit einem Vermögen von 100 Millionen Dollar oder mehr). Etwa 25 Prozent der Personen, die auf der Liste standen, trugen eindeutig jüdische Namen.

Der vielleicht beste Beweis für die ständige Ausweitung der jüdischen Finanzmacht in den USA sind die Aktivitäten der großen jüdischen Investmentbanken. Jahr für Jahr weiten Goldman Sachs, Shearson Lehman, Lazard Frères, Salomon Bros, Warburg Paribas Becker, Wertheim & Co, Oppenheimer & Co. und andere ihren finanziellen Einfluss auf immer größere Segmente der Wirtschaft aus. Niemand kann das Ausmaß dieser Kontrolle bestimmen, aber ein gewisser Hinweis ergibt sich, wenn man die Liste der Direktoren von Amerikas führenden Unternehmen untersucht. Wann immer ein Partner oder leitender Angestellter dieser Investmentfirmen als Direktor eines

[350] D. J. Bogue, *The Population of the U. S.*, The Free Press of Glencoe, Illinois, 1959, S. 706.

[351] Ebd., S. 367-69, 371.

großen Unternehmens auftaucht, ist dies ein Zeichen dafür, dass er ein bedeutendes, wenn auch nicht unbedingt kontrollierendes, finanzielles Interesse vertritt.[352] Man könnte hinzufügen, dass diese "Merchant Bankers", wie die Briten sie nennen, zwar mehrere nichtjüdische Partner haben können, die jüdischen Partner aber in der Regel das letzte Wort haben."[353]

Es sollte nun offensichtlich sein, dass Juden in der Automobilherstellung, der Stahlindustrie, den öffentlichen Versorgungsbetrieben, der Eisenbahn, den

---

[352] Henry Ford, ein Protestant mit harter Schale, hatte eine Abneigung gegen die Wall Street, Liberale, Ausländer, Juden und Nicht-Protestanten im Allgemeinen. Man kann sich gut vorstellen, wie er reagieren würde, wenn er auf die Erde zurückkehrte und vorfände: (1) Joseph Cullman, einen jüdischen Tabakmagnaten, als Direktor der Ford Motor Co.(2) die Ford Foundation, den weltweit reichsten Sponsor liberaler und minderheitenfreundlicher Anliegen; (3) seinen Enkel Henry Ford II, einen katholischen Konvertiten, der zum zweiten Mal mit einer italienischen Jetsetterin verheiratet ist, die sich später von ihm scheiden ließ; (4) seine beiden Urenkelinnen Anne und Charlotte, die beide mit Ausländern verheiratet sind, die erste mit einem griechischen Schifffahrtsmagnaten, die zweite mit einem florentinischen Juden, der an der Wall Street als Börsenmakler tätig ist; (5) Urenkel Alfred, ein Hare-Krishna-Anhänger, verheiratet mit einer jungen Dame aus Bombay.

[353] *Standard and Poor's Register of Corporations, Directors and Executives* (1980) führt die Partner von Goldman, Sachs als Direktoren der folgenden Unternehmen auf: Associated Dry Goods, Capital Holding Corp., Kraft, Knight-Ridder Newspapers, Witco Chemical, TWA, Franklin Mint, Corning, Pillsbury, Brown Group, Eagle-Picher, B. F. Goodrich, Cluett Peabody, Cowles Communications, J. P. Stevens. Lehman Brothers und Kuhn, Loeb fusionierten 1977 und wurden 1983 von American Express übernommen. Sanford Weil wurde mit der Leitung von Shearson Lehman betraut, die vermutlich die alten Lehman Brothers und Kuhn, Loeb Verwaltungsratsmandate in den folgenden Unternehmen erbte: Goebel Brothers, Twentieth Century-Fox, United Fruit, Commercial Solvents, Chesebrough Pond's, Paramount Pictures, Beckman Instruments, Singer Sewing Machine, Bristol-Myers, General Cable, RCA, Federated Department Stores, Bulova Watch, Western Union, Shell Oil, General Analine and Film, Standard Oil of California, Greyhound, FMC, Jones & Laughlin Steel, Anchor-Hocking, Times-Mirror, United California Bank, Union Oil, Wells Fargo Bank, Hertz, Litton Industries, General Motors, Allied Chemical, Continental Can, United States Lines, Caterpillar Tractor, IBM, Southern Pacific, Chase Manhattan Bank, Pacific Gas and Electric, Air Reduction, Northern Pacific, Bendix, Smith-Corona Marchant, Flintkote, Sperry-Rand, Allied Stores. In den 1960er Jahren waren die Partner von Kuhn, Loeb Direktoren von: Westinghouse Electric, Sears Industries, U.S. Rubber, Anglo-Israel Bank, Revlon, Benrus Watch, Tishman Realty, American Export Lines, Polaroid, C.I.T. Financial, Brush-Beryllium, Getty Oil, A & P, Kennecott Corp., Marine Midland Trust, Metromedia, Buckeye Pipe, General American Transportation. In den *Poor's* von 1964 und 1968, die viel mehr Informationen über Lazard Freres enthielten als die aktuellen Ausgaben, waren die Partner des Unternehmens als Direktoren von: Jones & Laughlin Steel, National Fire Insurance, Olivetti-Underwood, Owens-Illinois, Manufacturers Life Insurance, Chemical Bank-New York Trust, Harcourt Brace, Harper and Row, Libby-Owens-Ford Glass, Warner Lambert Pharmaceutical, Sun Insurance, RCA, Engelhard Minerals & Chemicals Corp. und ITT.

Fluggesellschaften, den Versicherungen, der Ölindustrie und der chemischen Industrie mehr als nur Fuß gefasst haben - in vielen derselben erstklassigen Unternehmen, die sich angeblich am erfolgreichsten gegen die jüdische Infiltration gewehrt hatten.[354] In einigen Fällen sind Juden tatsächlich Vorstandsvorsitzende der ältesten oder innovativsten Unternehmen geworden - z. B. Irving Shapiro, viele Jahre lang Vorstandsvorsitzender von Du Pont, und Michael Blumenthal, der zuerst Bendix, dann Burroughs und schließlich Unisys leitete. In einigen wichtigen Unternehmensbereichen üben Juden sowohl die Kontrolle über das Management als auch über die Finanzen aus. Die beiden größten Brennereien (Seagram und Schenley) gehören zu dieser Kategorie, ebenso wie einige der größten Textilunternehmen, Schuhfirmen, Hersteller von Computern und Computersoftware, zwei führende Tabakunternehmen (P. Lorillard und Philip Morris) und eine der größten Brauereien (Miller). Der größte Anteilseigner von Pabst Brewing ist oder war der Corporate Raider Irwin Jacob. Die Bekleidungsindustrie auf der Ebene der Herstellung, des Groß- und Einzelhandels ist überwiegend jüdisch. Juden kontrollieren oder besitzen viele der größten Kaufhäuser der Nation und sind zu einer mächtigen Kraft in der Werbung geworden (Saatchi und Saatchi). Schmuck und Edelsteine sind praktisch ein jüdisches Monopol, ebenso wie Kosmetika und Tierbedarf.

Die Anonymität, die die Geschäfte der Investmentbanken und Börsenmaklerfirmen umgibt, wird gelegentlich durch überschwängliche Hinweise auf den Reichtum ihrer wichtigsten Partner durchbrochen. Robert Lehman von Lehman Brothers besaß, wie vor seinem Tod bekannt wurde, eine Kunstsammlung im Wert von mehr als 150 Millionen Dollar.[355] Gustave Levy, ein Partner von Goldman, Sachs, wurde einmal als der "größte Geldmann der Wall Street" bezeichnet.[356] Der verstorbene André Meyer von Lazard Frères, das vor mehr als hundert Jahren von einem französisch-jüdischen Goldhändler aus New Orleans gegründet wurde, ließ sich erst 1940 in den Vereinigten Staaten nieder und war dennoch "der wichtigste Investmentbanker der Welt".[357]

Meyer war Direktor von RCA und Allied Chemical in den Vereinigten Staaten sowie von Fiat und Montecatini Edison in Italien. Präsident Kennedy berief ihn in wichtige Regierungsämter, und zu seinen engen Freunden zählten Robert McNamara, Henry Fowler, ehemaliger Finanzminister, Eugene Black, ehemaliger Leiter der Weltbank, und Jacqueline Kennedy. Lyndon Johnson konsultierte Meyer regelmäßig. David Rockefeller beteiligte sich mit ihm an mehreren Immobilienprojekten. Die New Yorker Niederlassung von Lazard

---

354 1980 gab es an der Wall Street Gerüchte, dass die europäischen Rothschilds erhebliche Anteile an Kaiser Aluminum, Atlas Steel, Bethlehem Steel, Anaconda, U.S. Borax, Aetna Life, Litton Industries, Standard Oil of California und Rand Corporation halten.

355 Joseph Wechsberg, *The Merchant Bankers*, Little, Brown, Boston, 1966, S. 333.

356 Martin Mayer, *Wall Street*, Harper, New York, 1955, S. 193.

357 *Fortune*, Aug. 1968, S. 101.

Frères war an umfangreichen Finanztransaktionen beteiligt, an denen American Metal Climax, Minnesota Mining und Lockheed Aircraft beteiligt waren. Im Jahr 1966 arrangierte Lazard die McDonnell-Douglas-Fusion für eine Gebühr von 1 Million Dollar. Lazard ist oder war mit 40 Millionen Dollar an International Telephone and Telegraph beteiligt, einem der größten Konglomerate des Landes. Die Zweigstellen von Lazard in New York, London und Paris haben Investitionen in Höhe von insgesamt 3 Milliarden Dollar betreut.[358]

Obwohl sie nicht die Macht haben, die Geldmänner wie Meyer ausüben, üben Investmentfonds, Pensionsfonds und Maklerfirmen, die riesige Aktienpakete an den größten Unternehmen halten, ebenfalls einen großen Einfluss auf die höheren Ebenen der amerikanischen Wirtschaft aus. Die jüdische Position in diesem Bereich der Finanzwelt ist sehr stark. Es gibt riesige jüdisch kontrollierte Geldpools wie den Dreyfus-Fonds und große jüdische Maklerfirmen wie Salomon Brothers, deren zwei jüdische Spitzenmanager 1991 wegen Misswirtschaft abgesetzt und vorübergehend durch Warren Buffet, einen Nicht-Juden, ersetzt wurden. Juden sind Direktoren oder leitende Angestellte einiger der größten Geschäftsbanken, obwohl ihr Einfluss hier zugegebenermaßen relativ gering ist. Juden waren Präsidenten oder Vorsitzende der New Yorker Börse und der kleineren Börsen. Juden sitzen in den Ausschüssen des Senats und des Repräsentantenhauses, die Gesetze zur Regelung der Unternehmensfinanzierung ausarbeiten. Ebenso wichtig ist, dass Juden oft die Wertpapier- und Börsenaufsichtsbehörde (Securities and Exchange Commission) dominieren, die die Macht hat, jedes Unternehmen, das ihrer Meinung nach gegen die Regeln und Vorschriften der SEC verstoßen hat, zu Fall zu bringen. Der wichtigste Posten im amerikanischen Bankensystem gehört zweifellos Alan Greenspan, dem langjährigen Vorsitzenden der Federal Reserve Bank. Die von Louis Rukeyser moderierte Fernsehsendung "Wall Street Week" wird von Zehntausenden, möglicherweise Hunderttausenden von Anlegern oder potenziellen Anlegern gesehen.

In der Forbes-Liste der 400 reichsten Amerikaner von 1993 waren mindestens 26 Prozent Juden. Zu den Milliardären gehörten unter anderem:

> **John W. Kluge** (7,05 Milliarden Dollar). In Deutschland geborener Konvertit zum Katholizismus. Spendete der Columbia University 110 Millionen Dollar für Stipendien für Minderheiten. Was er vor seiner Konversion war, ist nicht bekannt, aber seine geschäftlichen und politischen Verbindungen, sein soziales Leben und seine Ehen deuten auf mindestens einen oder zwei jüdische Zweige in seinem Stammbaum hin. Verdiente sein Geld mit Filmen, Radio und Mobiltelefonen.

---

[358] In dem in der vorigen Fußnote zitierten Artikel stellte *Fortune* fest: "Der harte finanzielle Kern des Kapitalismus in der freien Welt besteht aus nicht mehr als 60 Firmen, Partnerschaften und Konzernen, die im Besitz oder unter der Kontrolle von etwa 1.000 Männern sind."

Sumner M. Redstone (5,6 Milliarden Dollar). Filmtheater, Kabelfernsehen. Sein Unternehmen Viacom gewann im Februar 1994 den erbitterten Kampf um Paramount Communications (Filmstudios, Simon & Shuster).

Ted Arison (3,65 Milliarden Dollar). Ehemaliger israelischer Oberstleutnant. Kreuzfahrtschiffe, Basketballteam Miami Heat.

Ronald Perelman (3,6 Milliarden Dollar). Revlon-Kosmetik, Marvel Entertainment, Outdoor-Ausrüstung, S&L, Gesundheitsprodukte.

Newhouse-Brüder, Donald und Samuel Jr. (jeweils 3,5 Mrd. $). Einundzwanzig Tageszeitungen, fünf Zeitschriften, sechs Fernsehsender, vier Radiosender, zwanzig Kabelfernsehsysteme, Random House, Condé Nast.

Edgar Bronfman (2,3 Milliarden Dollar). Spirituosenbaron, Sohn eines kanadischen Alkoholschmugglers. Größter Aktionär von The Seagram Co., Ltd, der 24,3% von Du Pont besaß und 5,7% von Time Warner hält. Sohn Edgar Jr., offensichtlicher Erbe, Hollywood-Mogul, heiratete und ließ sich von einer Negerin scheiden, die ihm drei Kinder gebar.

Gebrüder Pritzker, Jay Arthur und Robert Alan (jeweils 2,2 Mrd. $). Hyatt Hotels, Produktions- und Dienstleistungsunternehmen, 33% von Royal Caribbean Cruises.

Lester Crown (2,2 Milliarden Dollar). General Dynamics, Material Service Corp., Beteiligungen an Skigebieten, N.Y. Yankees, Chicago Bulls.

Walter Annenberg (2,2 Milliarden Dollar). Nixons Botschafter in Großbritannien, Triangle Publications, GM-Aktien, verkaufte TV Guide an Rupert Murdoch, zahlte 57 Millionen Dollar für einen Van Gogh. Vater Moses saß einst wegen Betrugs im Gefängnis.

Marvin H. Davis (1,7 Milliarden Dollar). Davis Oil Co., Ölpachtverträge, Immobilien.

Lawrence J. Ellison (1,6 Milliarden Dollar). Studienabbrecher, Sohn russischer Einwanderer, Computersoftware.

Leslie H. Wexner (1,6 Milliarden Dollar). Damenmode, Victoria's Secret, Lane Bryant, Hausbauer, starker Unterstützer jüdischer Anliegen.

William B. Ziff, Jr. (1,5 Milliarden Dollar). Fach- und Publikumszeitschriften.

Peter E. Haas, Sr. (1,4 Milliarden Dollar). Levi Strauss & Co., das größte Bekleidungsunternehmen der Welt.

Tisch-Brüder, Laurence Alan und Preston Robert (jeweils 1,3 Milliarden Dollar). CBS, Loews Corp., Bulova Watch, Anteile an Macy's Dept. Store, Lorillard Tabak, 50% der New York Giants.

Donald L. Bren (1,3 Milliarden Dollar). Immobilienentwickler, Miteigentümer der Irvine Ranch.

Samuel J. LeFrak (1,3 Milliarden Dollar). Immobilien- und Einkaufszentrumsentwickler, größter privater Wohnungsvermieter in den USA.

Milton Petrie (1,1 Milliarden Dollar). Sohn russischer Einwanderer, 1.729 Bekleidungsgeschäfte in 50 Staaten.

George Soros (1,1 Milliarden Dollar). Geldverwalter, Währungsspekulant, baute den Quantum Fund auf, der heute 4,2 Milliarden Dollar wert ist. Hat es fast im Alleingang geschafft, das britische Pfund abzuwerten.

Familie Lauder, Estée, Leonard Alan und Ronald Steven (jeweils 1 Milliarde Dollar). Kosmetika.

Michel Fribourg (1 Milliarde Dollar). Getreide-Händler.

Insgesamt wurden in der Forbes-Liste genau 100 Milliardäre genannt. Wie bereits erwähnt, waren 26 Prozent davon Juden. Der gleiche Prozentsatz, plus/minus ein paar Punkte, gilt für den Rest der 400 reichsten Amerikaner in der Forbes-Liste. Juden waren auch an der Spitze derjenigen, die die höchsten Gehälter und Jahresprämien beziehen. Der bestbezahlte Amerikaner war 1943 Louis Mayer von MGM (949.765 Dollar); 1979 Frank Rosenfelt von MGM (5,1 Millionen Dollar); 1981 Steven Ross von Warner Communications (22,5 Millionen Dollar).

In den obersten Rängen des amerikanischen Wohlstands finden sich immer solche alteingesessenen jüdischen Familien (von denen einige Mitglieder Christen geworden sind) wie die Seligmans, Warburgs und Kahns sowie die *neueren* Strauses, Gimbels, Kaufmanns und Magnins. Die elitären jüdischen Familien von San Francisco - Hellmans (Wells Fargo Bank), Fleishhackers, Sutros und Schwabachers - verdienen ebenfalls eine Erwähnung in einer umfassenden Zählung des vererbten Reichtums.

In dem Maße, in dem Amerikas riesige Industriekonzerne unhandlich werden und die Betriebskosten aus dem Blickfeld geraten, in dem Buchhaltung, Finanzierung, Arbeits- und Regierungsbeziehungen und positive Maßnahmen Vorrang vor Erfindungen, Produktion und Qualitätskontrolle haben, haben sich Juden auf die lukrativen Weiden der Arbitrage, der[359] Grundstücksspekulation, der Unterteilungen, der Einkaufszentren, der Discount-Ketten, der Kreditkarten und verschiedener technologischer Unternehmen wie Computerchips und Gen-Splicing gestürzt. Dazu gehören Armand Hammer von Occidental Petroleum, die Levitts von Levittown, Louis Aronson von Ronson Feuerzeugen, Alfred Bloomingdale vom Diners Club, Eugene Ferkauf von E. J. Korvette Department Stores, Stanley Marcus von Nieman-Marcus, Herbert Siegel von ChrisCraft Industries und Irving Feist, der Immobilienmakler aus Newark, der mehrere Amtszeiten als Präsident der Boy Scouts of America tätig war. Einer der kometenhaftesten unter diesen Geschäftemachern ist Meshulam Ricklis, geboren in Istanbul, aufgewachsen in Israel, eingebürgert als Amerikaner, der in einer

[359] Die meisten Wall Streeters, die des Insiderhandels und anderer Finanzverbrechen für schuldig befunden wurden, von Michael Milken und Ivan Boesky an, sind Juden.

Woche 2 Millionen Dollar an der Börse verdient hat.[360] Zu den jüdischen Multimillionären mit politischen Ambitionen gehören der Republikaner Lew Lehrman von Rite-Aid Drugs, der demokratische Senator Frank Lautenberg aus New Jersey, dessen Vermögen aus dem Unternehmen Automatic Data Processing stammt, und der demokratische Senator Herbert Koch aus Wisconsin, ein ehemaliger Versicherungsmagnat. Ein politisch interessierter Jude, der es vorzieht, hinter den Kulissen zu arbeiten, ist Felix Rohatyn, der in Wien geborene Partner von Lazard Fréres, der dabei half, die verworrenen Finanzen des technisch bankrotten New York City zu entwirren.[361]

Eine weitere wichtige Quelle jüdischen Reichtums ist die scheinbar angeborene Vorliebe der Juden für die am besten bezahlten Berufe. Etwa 35 bis 40 Prozent der erwerbstätigen jüdischen Erwachsenen sind im Handel tätig, gegenüber 13,8 Prozent der Nicht-Juden; 10 bis 12 Prozent in den freien Berufen, verglichen mit 6,8 Prozent der Nicht-Juden; 73 Prozent in "Angestelltenberufen", gegenüber 43 Prozent der Protestanten und 33 Prozent der Katholiken; 48 Prozent sind selbständig, gegenüber 19 Prozent der Protestanten und 10 Prozent der Katholiken.

In Erwartung eines jüdischen Würgegriffs in den Berufen führten viele amerikanische medizinische und juristische Fakultäten um die Jahrhundertwende ein Quotensystem ein. Unter dem Druck von Liberalen und Minderheiten wurde der *Numerus clausus* für Juden inzwischen weitgehend aufgegeben.[362] Gegenwärtig erhalten die medizinischen Hochschulen jährlich etwa 14.000 Zulassungsanträge, davon 5.000 bis 7.000 von Juden.[363] In New York City ist die Hälfte der 15.000 Ärzte jüdisch. Die steigenden Studiengebühren an den medizinischen und juristischen Fakultäten haben den Juden einen zusätzlichen Vorteil im Rennen um die Berufsabschlüsse verschafft. Da sie zur reichsten amerikanischen Bevölkerungsgruppe gehören, können sich Juden die hohen Kosten für eine postgraduale Ausbildung leichter leisten.

Um das Phänomen des jüdischen Wohlstands auf den Punkt zu bringen: Was heute in den Vereinigten Staaten geschieht, hat sich durch einen Großteil der westlichen Geschichte hindurch abgespielt. Juden, die sich in einem Land, das reich an Ressourcen und Arbeitskräften ist, ungehindert und unbehelligt

360 Schenley Industries, der Brennereiriese, ist eine Tochtergesellschaft von Ricklis' Rapid American Corp.

361 Nathan Ruck in *Economic Trends in the American Jew*, ed. Oscar Janovsky, Harper, New York, 1942, S. 162, 165.

362 Mit dem Aufkommen der Fördermaßnahmen kam es jedoch zu Komplikationen. Quoten, die einst gegen Juden verhängt worden waren, wurden in staatlich geförderte "Ziele" für Nicht-Weiße zum Nachteil von Weißen umgewandelt, zu denen auch Juden gehören. Die jüdische Ambivalenz gegenüber diesem staatlichen Rassenpräferenzprogramm wird später in diesem Buch untersucht werden.

363 Simpson und Yinger, op. cit., S. 677-79.

bewegen können, erwerben rasch einen völlig unverhältnismäßigen Anteil an dessen Reichtum. Es handelt sich mit ziemlicher Sicherheit um denselben historischen Prozess, der sich im westgotischen, arabischen und katholischen Spanien, im mittelalterlichen England, Frankreich und Deutschland - und in jüngerer Zeit im Deutschland des 20. Doch kaum jemand kümmert sich darum - oder wagt es, es zu bemerken. Diejenigen, die so besorgt sind über Ölkartelle, wuchernde Konglomerate, den Einfluss der römisch-katholischen Kirche, den militärisch-industriellen Komplex, AIDS und rassische und geschlechtsspezifische Diskriminierung, sind seltsamerweise still und völlig unbesorgt über die Aktivitäten eines immer mächtigeren, immer dominanteren supranationalen Ethnozentrismus, der über unbegrenzte finanzielle Ressourcen verfügt.

Aber das Schweigen ist nicht so seltsam, wenn man darüber nachdenkt, was der verstorbene britische Politologe R. H. S. Crossman als "das antisemitische Veto, das erfolgreich jede offene und wirksame Schrift über das jüdische Problem unterdrückt hat..."[364] Jede kritische Diskussion über jüdischen Reichtum - oder überhaupt jede objektive Kritik an irgendeinem Aspekt jüdischer Macht - setzt den Sprecher sofort dem Vorwurf des Antisemitismus aus. Da Antisemitismus die große Ketzerei der modernen Zeit ist, wird eine so beschuldigte Person sofort einer solchen Dosis sozialer Ächtung und wirtschaftlicher Zermürbung ausgesetzt, dass ihr eine erfolgreiche öffentliche Karriere für immer verwehrt bleibt. Es ist daher nicht verwunderlich, dass fast das gesamte westliche intellektuelle Establishment vor einer solch undankbaren und unrentablen Aufgabe zurückgeschreckt ist. Im heutigen Westen kann man nur dann wirklich objektiv gegenüber Juden sein, wenn man Jude ist. Nur sehr wenige antizionistische Juden, die glauben, dass der Zionismus dem Judentum schadet, weil er bipolare jüdische Loyalitäten offenlegt, sprechen sich gegen Israel aus. Einige wenige jüdische Denker und Wissenschaftler und einige wenige jüdische Romanautoren, die ihre Figuren vor ihnen davonlaufen lassen, zeigen gelegentlich Symptome der alten jüdischen Neurose des *Selbsthasses* und lassen ihren Gefühlen in einer Weise freien Lauf, die nicht mit den allumfassenden jüdischen Bemühungen vereinbar ist, den Antisemitismus unter einer undurchdringlichen Hülle zu halten.[365]

---

[364] R. H. S. Crossman, *Partisan Review*, Herbst, 1964, S. 565.

[365] Eine dieser Denkerinnen war Simone Weil, die französisch-jüdische Dichterin und Philosophin, die den Geist des Judentums mit dem Geist des Nationalsozialismus gleichsetzte und sich darüber beklagte, dass die Anbetung des "irdischen, grausamen und exklusiven Jehova die Juden in eine Nation von flüchtigen Sklaven verwandelt hat". Einer dieser Wissenschaftler war der Nobelpreisträger Dr. Karl Landsteiner, der erfolglos eine einstweilige Verfügung gegen das Who's Who in American Jewry beantragte, weil es ihn als Juden bezeichnete. Sachar, *The Course of Modern Jewish History*, S. 404. Ein solcher Romancier ist Philip Roth, Autor von *Portnoy's Complaint*.

Durch die Entfernung aller jüdischen Dinge aus der Arena der rationalen Diskussion werden judenfeindliche Meinungen automatisch auf das leise Geflüster im Büro, im Wohnzimmer und im Country Club, auf unterirdische "Hassblätter" und auf die verbalen Träumereien von Verrückten verwiesen, die von Visionen bärtiger Älterer heimgesucht werden, die die Welteroberung planen. All dies verleiht dem Antisemitismus eine Aura des Mystizismus und des romantischen Obskurantismus, die er nicht verdient und die ihn mit einer Art kinetischem und unterirdischem Diabolismus ausstattet. An dem Tag, an dem der Antisemitismus wieder ans Licht kommt - wie es unterdrückte Ideologien zu tun pflegen -, wird er unweigerlich zum Handwerkszeug des apokalyptischen Rächers, der weiß, dass Emotionen und Dogmen mehr Berge versetzen als die Vernunft. Die plötzliche Freisetzung von Spannungen und Hass, die in Jahrzehnten der Zensur und Indoktrination aufgestaut wurden, könnte ein weniger explosives Ergebnis verhindern. Anstatt den Antisemitismus dem freien Spiel der Ideen zu überlassen, anstatt ihn zu einem Thema der öffentlichen Debatte zu machen, an dem sich alle beteiligen können, ist es den Juden und ihren liberalen Anhängern gelungen, eine Inquisition zu organisieren, in der alle Handlungen, Schriften und sogar Gedanken, die das Judentum kritisieren, als Bedrohung für die moralische Ordnung der Menschheit behandelt werden. Der Pro-Semit hat sich somit zum Spiegelbild des Antisemiten gemacht. Der Tartuffe der heutigen Zeit entpuppt sich als jüdischer Intellektueller, der leidenschaftlich an das Recht auf freie Meinungsäußerung und friedliche Versammlung für alle glaubt, sich aber freut, wenn Genehmigungen für antisemitische Versammlungen verweigert werden und Steine auf die Schädel antisemitischer Redner prasseln.

Wenn man die fast unglaubliche Diskrepanz zwischen der Zahl der Juden und dem jüdischen Einfluss in den Vereinigten Staaten zugibt - und es wird immer schwieriger für jeden, dies nicht zuzugeben - wie erklärt die moderne Wissenschaft dies? Die unmittelbare Antwort ist, dass die meisten modernen Gelehrten gar nicht versuchen, dies zu erklären, oder, wenn sie es doch tun, einfach leugnen, dass hinter dem jüdischen Problem kaum mehr steckt als eine Reihe historischer Zufälle. Diejenigen, die wissbegieriger sind oder ein besonderes Interesse daran haben, haben einige interessante Theorien zu diesem Thema aufgestellt - Theorien, die jedoch im Grunde genommen Entschuldigungen sind, da sie durch den derzeitigen Vorbehalt eingeschränkt sind, dass jede Diskussion über die Juden diese niemals in ein ungünstiges Licht rücken darf.

Eine weit verbreitete Theorie des jüdischen Gelehrten Ludwig Lewisohn besagt, dass die Juden in erster Linie ein landwirtschaftliches Volk waren, das durch päpstliche Edikte, die allen Christen den Wucher verbieten, in das Bank- und

Handelswesen getrieben wurde.[366] Daraus folgt, dass die Juden entgegen ihrer natürlichen Neigung gezwungen waren, reich zu werden, indem sie gezwungen wurden, eine vererbbare plutokratische Kaste zu bilden. Diese Behauptung ist jedoch aus dem offensichtlichen Grund unhaltbar, dass Juden im Geldverleih sehr aktiv waren, lange bevor das Christentum - ganz zu schweigen vom Papsttum - die Bühne der Geschichte betrat.

Der verstorbene A. L. Kroeber, angesehener Leiter der anthropologischen Abteilung der Universität von Kalifornien, vertrat in der Judenfrage einen unaufgeregten Ansatz. Unter Hinweis auf die "äußerst spärliche jüdische Beteiligung an den großen Zivilisationen" definierte Kroeber die gegenwärtige jüdische Vorherrschaft als "Übergangsphänomen". Es sei die "freigesetzte Mobilität" der Juden, die dazu führe, dass sie "schneller als Nichtjuden in Bereiche vordringen, die sie neu und vorübergehend mit glänzendem Erfolg betreten".[367] Da jedoch die Jahre vergehen und die jüdische Aufwärtskurve kaum Anzeichen einer Abflachung zeigt, verliert Kroebers These viel von ihrer Überzeugungskraft.

Eine plausiblere These hat eine darwinistische Grundlage. Es war der reichste Jude, der die besten Chancen hatte, die Pogrome und kleineren Verfolgungen zu überleben, die die Juden im Laufe der Jahrhunderte verfolgten. In den meisten Fällen konnte er sich freikaufen. Aber der reichste Jude war im Allgemeinen auch der geschickteste Jude, derjenige, der sich am besten an die besonderen Bedingungen und Anforderungen des Stadt- und Ghettolebens anpassen konnte. Der wohlhabende, städtische Jude von heute ist das Endprodukt von 2000 Jahren einer besonderen Form der natürlichen Auslese, der glückliche Besitzer eines angeborenen Kosmopolitismus, der einen großen Wettbewerbsvorteil in dekadenten, urbanisierten Gesellschaften darstellt, die unfähig sind, ihre Bürger vor der rassischen Dynamik von Eindringlingen zu schützen.

Richard Swartzbaugh, Assistenzprofessor für Anthropologie an der Eastern Illinois University, ist der Ansicht, dass eine zersplitterte, gespaltene, von Klassenunterschieden geprägte, multirassische Gesellschaft ohne massive Vermittlungsbemühungen nicht überleben kann. Da Juden schon immer als Vermittler geschickt waren, da ihr Status als Außenseiter sie in hohem Maße als professionelle Vermittler qualifiziert, insbesondere in den Bereichen Arbeitsbeziehungen, Recht und Politik, wurden sie fast automatisch an die Spitze einer sozialen Ordnung gehoben, die ihre sich vervielfachenden inneren

---

[366] Sachar, a.a.O., S. 533. Lewisohn, der an mehreren amerikanischen Universitäten lehrte, bevor er Professor für vergleichende Literatur an der Brandeis University wurde, war ein jüdischer Rassist, der gegen Deutsche, Slawen, Neger und angelsächsische "Barbarei" wetterte. Man könnte über die Reaktion der Medien auf einen Professor der Mehrheit spekulieren, der gegen die jüdische "Barbarei" wettert.

[367] A. L. Kroeber, *Configurations of Cultural Growth*, University of California, Berkeley, 1969, S. 740.

Konflikte durch Schlichtung und "Deals" lösen muss oder in Krieg und Anarchie zerfällt.[368]

Die vielleicht originellste Theorie, die versucht, den gegenwärtigen jüdischen Aufstieg in den Sozialwissenschaften zu erklären, stammt von John Murray Cuddihy, einem Assistenzprofessor für Soziologie und Spross einer prominenten irisch-amerikanischen Familie. Cuddihy ist der Ansicht, dass die Schriften von Freud, Marx, Claude Lévi-Strauss und anderen prominenten Juden aus der Diaspora, die so viel dazu beigetragen haben, die westliche Kultur zu erschüttern, nicht durch die Liebe zur Wahrheit oder den Wunsch, die Menschheit zu verbessern, motiviert waren, sondern durch ihre Furcht und Abscheu vor der westlichen Zivilisation, dem unterdrückten und kontrollierten Verhalten, das für ein unbändiges Volk unverständlich ist. Da sie offensichtlich nicht mit einem direkten Angriff auf heidnisches Verhalten durchkommen konnten, arbeiteten sie bewusst oder unbewusst hochgradig verzweigte Interpretationen von Geschichte, Wirtschaft, Politik, Psychologie und Anthropologie aus, um es zu untergraben. Der Kommunismus war eine ideale Waffe, um die westliche politische und wirtschaftliche Ordnung zu spalten und zu zerstören. Der Freudianismus griff die westliche Moral an, indem er den Sex in neurotischer Weise in den Vordergrund stellte und den niederen Instinkten Ehrbarkeit verlieh. Die Anthropologie von Levi-Strauss verglich wilde und zivilisierte Gesellschaften zu Ungunsten der letzteren. Cuddihy deutet sogar an, dass Einsteins Physik zum Teil von dem Wunsch inspiriert war, die westliche Wissenschaft zu schockieren und zu erschüttern, anstatt sie zu verfeinern und voranzubringen.[369]

Es ist nur ein kurzer Schritt von der Erkenntnis, dass Völker oder Rassen eine besondere Begabung für hohe Leistungen in bestimmten Berufen haben, zur Entwicklung von Theorien der rassischen Unterlegenheit oder Überlegenheit. Ein glühender zeitgenössischer Verfechter der jüdischen Überlegenheit, Nathaniel Weyl, behauptet, dass Juden von Natur aus intelligenter sind als andere Völker, weil sie sich seit Beginn der Diaspora auf Intelligenz gezüchtet haben. Nichtjüdische Kirchenmänner, die Crème de la Crème der nichtjüdischen mittelalterlichen Intelligenz, so Weyl, lebten in der Regel zölibatär und starben ohne Nachkommen, während die sexuell weniger gehemmten Rabbiner und Talmudgelehrten von den Töchtern prominenter jüdischer Kaufleute begierig umworben wurden.[370] Weyls Hinweis auf die synergetische Kombination und

---

[368] Richard Swartzbaugh, *Der Vermittler*, Howard Allen, Cape Canaveral, Florida, 1973.

[369] John M. Cuddihy, *The Ordeal of Civility*, Dell Publishing, New York, 1976.

[370] *Die kreative Elite in Amerika*, Kap. XVII. Boccaccio und Rabelais hätten über Weyls Behauptungen bezüglich des Zölibats und der Intelligenz des Klerus gelächelt. Einen Teil seines Themas hat Weyl von Sir Francis Galton übernommen, der sich ebenso verbittert über die Dysgenese des religiösen Junggesellentums äußerte. In seinen eigenen Intelligenzbewertungen schloss Galton jedoch die Juden aus und gab den Athenern den

Rekombination statt auf die asketische Verdummung kluger jüdischer Gene hätte mehr Gültigkeit, wenn er Intelligenz nicht mit Verbalismus und intellektuellem Glanz verwechseln würde.[371] Waren nicht die meisten Könige, Künstler, Schriftsteller, Architekten und Krieger des Mittelalters sowie mehr als ein paar Päpste ebenso rüstig und produktiv wie seine Rabbiner und Ghetto-Tycoons?

In *The Geography of Intellect*, das er zusammen mit Stefan T. Possony verfasste, untermauerte Weyl seine Behauptungen über die jüdische Intelligenz, indem er sich auf siebzehn Studien bezog: "Elf Studien haben ergeben, dass die Juden in geistigen Tests überlegen sind, vier haben sie als gleichwertig eingestuft und zwei als minderwertig".[372] Die Autoren gaben nur Einzelheiten zu einer Studie an, einer Reihe von Tests mit fast 2.000 jüdischen und nichtjüdischen Kindern in drei Londoner Schulen: eine aus der Oberschicht, eine aus armen Verhältnissen und die dritte aus sehr armen Verhältnissen. Die jüdischen Kinder schnitten deutlich besser ab.[373]

Weyl hat es nicht erwähnt, aber er muss sich darüber im Klaren gewesen sein, dass Tests, die jüdische Intelligenz mit der Intelligenz von Gruppen mit so breitem Spektrum wie Weißen, Nichtjuden oder Christen vergleichen wollen, zwangsläufig zu Gunsten der Juden ausfallen. Da sich die jüdische Bevölkerung fast ausschließlich in oder um die größten Städte herum konzentriert, müssen Tests, an denen eine große Anzahl von Juden teilnimmt, in Gebieten durchgeführt werden, in denen die weiße Bevölkerung extrem heterogen ist, mit einem starken Schwerpunkt auf Gruppen, die nicht nordeuropäischer Herkunft sind. Viele dieser "Weißen" können in Wirklichkeit Nicht-Weiße sein. Wenn das Census Bureau gezwungen ist, Amerikaner entweder als Weiße oder als Nicht-

---

ersten Platz, die er zwei Stufen über die Briten des 19. Jahrhunderts und vier Stufen über die Neger stellte. Francis Galton, *Hereditary Genius*, Macmillan, London, 1869, insbesondere S. 42, 257, 342, 357.

371 "Alle Intellektualität ist auf Dauer oberflächlich; sie erlaubt es nie, bis zu den Wurzeln einer Sache vorzudringen, nie, bis in die Tiefen der Seele oder des Universums hinabzusteigen. Daher macht es die Intellektualität leicht, von einem Extrem ins andere zu fallen. Deshalb findet man bei den Juden fanatische Orthodoxie und unaufgeklärten Zweifel nebeneinander; sie entspringen beide der gleichen Quelle." Werner Sombart, *Die Juden und der moderne Kapitalismus*, trans. M. Epstein, Dutton, N.Y., 1914, S. 269.

372 Eine Studie, die Juden als geistig minderwertig einstufte, war Carl Brighams Analyse der Intelligenztests der Armee aus dem Ersten Weltkrieg. Mehr über Brigham finden Sie in Anhang A.

373 Nathaniel Weyl und Stefan T. Possony, *The Geography of Intellect*, Henry Regnery, Chicago, 1963, S. 162-63. Die Autoren versäumten es auch, eine detaillierte Studie von Dr. Audrey Shuey zu erwähnen, aus der hervorging, dass protestantische College-Studenten bei Intelligenztests besser abschnitten als ihre jüdischen Kommilitonen. Siehe *The Journal of Social Psychology*, 1942, Vol. 15, S. 221-43.

Weiße zu klassifizieren, werden viele Puertoricaner und fast alle Mexikaner in die Kategorie der Kaukasier eingeordnet.

Um eine genaue Messung der jüdischen Intelligenz zu erhalten, erscheint es sinnvoll, Juden, eine ausgewählte Gruppe innerhalb der weißen Bevölkerung, mit anderen ausgewählten weißen Bevölkerungsgruppen zu vergleichen, nicht mit der weißen Bevölkerung insgesamt. Ein Intelligenztest, der sich auf Juden und Amerikaner nordeuropäischer Abstammung beschränkt, könnte zu Ergebnissen führen, die sich deutlich von den von Weyl zitierten Tests unterscheiden. Da einige IQ-Tests ebenso viele Informationen über verbale Gewandtheit, schnelles Erinnern und das Bildungsniveau offenbaren wie über die Intelligenz selbst, sollte die Tatsache in Betracht gezogen werden, dass Juden als die wohlhabendste und kosmopolitischste Bevölkerungsgruppe leichter als andere Amerikaner Zugang zu Bildung und zu solchen Bildungsnebenprodukten wie Gedächtnistraining und Wortschatzaufbau haben. Auch wenn es in der heutigen Zeit ketzerisch klingen mag: Ein Hochschulabschluss, ein Abonnement der *New York Times* und eine Vorliebe für Forensik sind kein schlüssiger Beweis für höhere Intelligenz.

Es waren gebildete Stadtjuden, keine Hinterwäldler, die das Feuer des Weltkommunismus schürten, ein falsches Glaubensbekenntnis, das zwar Gleichheit und Freiheit versprach, aber neue Rekorde in Bezug auf Ungleichheit und Unterdrückung aufstellte und jedes Land, das sich ihm anschloss, in einen wirtschaftlichen Reinfall verwandelte.

Es waren gebildete Stadtjuden, nicht Hinterwäldler, die weitgehend dafür verantwortlich waren, dass der amerikanischen Bevölkerung positive Maßnahmen, erzwungene Busfahrten und die Integration von Arbeits- und Ausbildungsplätzen aufgezwungen wurden.

Es waren gebildete Juden, keine Hinterwäldler, die die geschmack- und seelenlosen Fernsehsitcoms komponierten, finanzierten und vertrieben, die Geschäfte führten und die reichen Einnahmen der bekifften Negro-Rapper aus der Steinzeit aufteilten.

Es waren gebildete Stadtjuden, keine Hinterwäldler, die die USA dazu überredeten, mindestens 50 Milliarden Dollar zur zionistischen Eroberung und Besetzung Palästinas beizusteuern, wodurch die Amerikaner, ob sie wollen oder nicht, zu Erzfeinden eines großen Teils der arabischen und muslimischen Welt und zu einem automatischen Teilnehmer an vergangenen und künftigen Kriegen im Nahen Osten wurden, Kriege, die eines Tages atomar werden könnten, wenn die Milliarden Anhänger des Islam ihre *Reconquista* beginnen.

Trotz dieser nicht gerade brillanten staatsmännischen Leistungen gewinnt die These von der intellektuellen Überlegenheit der Juden immer mehr an Fahrt. Ernest van den Haag widmete das erste Kapitel seines Bestsellers *The Jewish Mystique* weitreichenden Verallgemeinerungen über den feiner abgestimmten zerebralen Apparat der Juden.[374] Obwohl er nur in einem einzigen Fall Belege für seine Behauptungen lieferte[375] und obwohl er Weyl nicht ein einziges Mal namentlich erwähnte, baute Professor van den Haag offensichtlich auf Weyls Hypothese von der "Züchtung auf Intelligenz" auf, und seine Schrift atmete den Geist der Argumente des letzteren.

Dennoch erlangte die These von der genetisch bedingten Überlegenheit der jüdischen Intelligenz erst 1969 durch ein Presseinterview mit dem britischen Wissenschaftler und späteren Romanautor C. P. Snow nationale Bekanntheit. Snow zitierte aus einer Rede, die er vor dem Hebrew Union College halten wollte, und erklärte, dass Juden definitiv intelligenter seien als andere lebende Völker, und führte diese Überlegenheit auf Inzucht zurück.[376]

Ironischerweise haben sich die Theorien der arischen, nordischen oder teutonischen Rassenvorherrschaft, die die Juden auf die untersten Sprossen der weißen Rassenleiter verwiesen, inzwischen völlig umgekehrt. Innerhalb von fünfzig Jahren nach dem Tod Adolf Hitlers und nach der Hinrichtung, Inhaftierung oder gesellschaftlichen Ächtung aller nordeuropäischen Rassenhygieniker innerhalb und außerhalb Deutschlands erhielt ein international bekannter Schriftsteller wie C. P. Snow ein stattliches Stipendium und wurde von der amerikanischen Presse äußerst großzügig behandelt, nachdem er öffentlich eine Theorie der rassischen Überlegenheit verkündet hatte. Aber alles in allem beweist die Argumentation von Snow, van den Haag und Weyl nicht so

---

[374] Van den Haags Bemerkungen über die jüdische kulturelle Vorherrschaft sind auf S. 91 zitiert worden.

[375] *Die jüdische Mystik*, S. 24. Der Autor stützt sich auf eine alte Studie von Lewis Terman, der bei Tests an kalifornischen Schulkindern feststellte, dass es doppelt so viele begabte jüdische Schüler gab, wie es ihrem Anteil an der Bevölkerung entsprach. Auch hier wurden die Tests in den größten Städten - San Francisco, Oakland und Los Angeles - durchgeführt, wo sich die kalifornischen Juden konzentrierten und wo die Mehrheit sowohl quantitativ als auch qualitativ unterrepräsentiert war. Andere Bevölkerungsgruppen erzielten extrem hohe Ergebnisse, die Van den Haag jedoch nicht erwähnte. Die Schotten schnitten prozentual gesehen sogar besser ab als die Juden. Die wichtigste Erkenntnis aus der Terman-Studie war das beklagenswert schlechte Abschneiden von Neger- und mexikanischen Kindern. Lewis Terman, *Genetic Studies of Genius*, Stanford University Press, 1925, Bd. 1, S. 55-56.

[376] *Pittsburgh Post-Gazette*, 1. April 1969, S. 26. In demselben Interview weigerte sich Snow, sich auf eine Diskussion über die Neger-Intelligenz einzulassen. Indem er der Negerfrage auswich, erwies sich Snow als weniger mutig als Weyl, der nach seinem Austritt aus der kommunistischen Partei ausführlich über die intellektuelle Minderwertigkeit der Neger schrieb. Professor van den Haag, der ebenfalls bestimmte Vorstellungen von den Fähigkeiten der Schwarzen hat, sagte für die weißen Kinder des Südens in einem Gerichtsverfahren aus, das 1963 eingeleitet wurde, um die Entscheidung des Obersten Gerichtshofs von 1954 zur Aufhebung der Rassentrennung in den Schulen zu kippen (erfolglos, möchte man hinzufügen). Putnam, *Race and Reality*, S. 87-88.

sehr die jüdische intellektuelle Vormachtstellung, sondern vielmehr die Neuordnung der rassischen Machtstruktur des Westens.

Wenn es darum geht, die rassische Intelligenz zu beurteilen, scheinen die historischen Aufzeichnungen, die gesammelten Beweise der menschlichen Erfahrung zuverlässiger zu sein als ein paar verstreute, oft eigennützige akademische *obiter dicta* und IQ-Werte. Wenn die Juden dem Rest der Menschheit wirklich überlegen sind, könnte man sich fragen, warum die größten kulturellen Errungenschaften der westlichen Menschheit - mit ein oder zwei Ausnahmen - in genau den Gebieten stattfanden, in denen Juden unbekannt, ausgegrenzt, verboten oder aktiv verfolgt wurden?[377] Wenn Überlegenheit eher in politischen und wirtschaftlichen als in kulturellen Begriffen zu messen ist, wie kommt es dann, dass die größten und beständigsten Reiche, Republiken und Stadtstaaten der westlichen Zivilisation ohne jüdische Unterstützung gegründet wurden und ihren Höhepunkt erreichten, bevor einflussreiche jüdische Einrichtungen innerhalb ihrer Grenzen auftauchten?[378] Keine Juden unterzeichneten die Magna Carta oder die Unabhängigkeitserklärung. Keine Juden waren aktiv am Langen Parlament, am Verfassungskonvent in Philadelphia oder an den meisten anderen großen Beratungen beteiligt, die den erfolgreichsten Experimenten der Menschheit mit einer repräsentativen Regierung Form und Inhalt gaben.

Die wenigen Fälle, zumindest in der jüngeren Geschichte, in denen jüdische Körperschaften die politische Kontrolle übernommen haben - das Kurt-Eisner-Regime in Bayern (Ende 1919), der kurzlebige Spartakusaufstand in Berlin (Dezember 1918-Januar 1919), Bela Kuns sadistische Orgie in Budapest (März-August 1919) - können kaum als goldene Zeiten der Staatskunst bezeichnet werden. Ebenso wenig wie die russische Revolution, in der Juden bis zu den stalinistischen Säuberungen eine führende Rolle spielten. Die jüdische autonome Region Birobidschan im Fernen Osten der späten Sowjetunion löste sich fast auf,

---

[377] Die Liste der Länder und Städte, die in den verschiedenen Epochen für Juden verboten waren, wurde weiter oben in diesem Kapitel aufgeführt. Hier kann die Liste um die Tatsache erweitert werden, dass es im Athen des Perikles keine einflussreichen Juden gab und die jüdische Beteiligung am kulturellen Leben der Römischen Republik und des Römischen Reiches (in ihren großen Tagen) gering war. In Goethes Deutschland und Dostojewskis Russland begannen die Juden gerade erst, sich aus ihrem Ghetto-Kokon zu befreien. Das einzige Beispiel für eine große und einzigartige hebräische Kultur, die allerdings insofern eingeschränkt war, als das Judentum ausdrücklich Malerei und Bildhauerei verbot, entstand im alten Palästina, wo die Hebräer in ihrem eigenen Land die Mehrheit bildeten.

[378] Mit Zenit ist nicht die Ära der größten territorialen Ausdehnung oder des größten Reichtums gemeint, sondern der Moment des Höhepunkts der nationalen Moral, der Zielstrebigkeit und der Einheit. In diesem Sinne erlebte England seine größte Zeit im sechzehnten und nicht im neunzehnten Jahrhundert. Amerika hat seinen Zenit entweder längst überschritten oder ist noch weit davon entfernt.

bevor sie überhaupt begonnen hatte.[379] Israel befindet sich seit seiner Gründung im Jahr 1948 im Kriegszustand.

Was die wirtschaftlichen Vorteile betrifft, die Juden ihren Gastländern bringen sollen, so steht außer Frage, dass sie viel Geld und finanzielles Know-how mitbringen. Aber ein zunehmender Geldfluss geht oft mit Inflation, Finanzkriminalität und einer Flut von Spekulationen einher. Wenn Juden so sehr zum guten Wirtschaftsleben beitragen, wie manche Ökonomen behaupten, dann erscheint es seltsam, dass die Weimarer Republik mit ihrer Fülle jüdischer Finanziers ein wirtschaftliches Miasma war, während das Wirtschaftswunder Westdeutschlands in der einzigen großen westlichen Nation stattfand, die fast frei von jüdischer Finanzherrschaft war, und zwar genau zu der Zeit (1952-1962), als sie 900 Millionen Dollar an Reparationen an Israel und weitere Milliarden an einzelne Juden in der ganzen Welt zahlte. Ein Land mit einer ebenso dynamischen Wirtschaft in der Zeit nach dem Zweiten Weltkrieg, Japan, hat überhaupt keine Juden.[380]

Eine andere Möglichkeit, den jüdischen Beitrag zur Zivilisation zu messen, besteht darin, die politischen, wirtschaftlichen und sozialen Bedingungen in Gebieten zu untersuchen, in denen Juden stark vertreten sind. Die beiden wichtigsten Zentren jüdischer Macht und Bevölkerung in der modernen Welt sind New York City und Israel. Ersteres, sowohl finanziell als auch moralisch bankrott, kann nur als eine der großen städtischen Katastrophen unserer Zeit beschrieben werden, ein schäbiger Haufen von Hässlichkeit, Geschmacklosigkeit und Gesetzlosigkeit, sicherlich nicht die brillante Welthauptstadt eines Volkes mit überlegenen zivilisatorischen Gaben. Obwohl es ihnen nicht gelungen ist, New York zum Blühen zu bringen, haben die Juden in der palästinensischen Wildnis dennoch technische Wunder vollbracht. Aber das wahre Maß für die Genialität eines Volkes wird nicht durch seine Fähigkeit bestimmt, das Land zu kultivieren, Städte zu bauen und eine Reihe erfolgreicher Kriege zu führen. Der endgültige Platz eines Volkes in der Geschichte wird durch seine Staatskunst bestimmt, durch seine Fähigkeit, ein besonders fruchtbares Umfeld zu schaffen, in dem die Bürger ihre besonderen kulturellen Ressourcen auf dem höchstmöglichen Niveau entwickeln können.

Die modernen Juden sind vielleicht begabter als alle anderen Völker. Oder sie mögen, wie Toynbee behauptet, die Überreste einer versteinerten Zivilisation

---

379 Zum Birobidzhan-Debakel siehe *Encyclopedia of Russia and the Soviet Union*, McGraw-Hill, New York, 1961, S. 258.

380 Am äußerst profitablen Handel Japans mit dem Westen sind jedoch viele jüdische Importfirmen beteiligt. Um zu erklären, warum Juden in den USA einen so großen Einfluss haben, wurden Mitte der 1980er Jahre in Japan mehrere antisemitische Bücher veröffentlicht.

sein.[381] Oder sie könnten sogar, wie Antisemiten behaupten, ein parasitärer sozialer Organismus sein, der überlebt, indem er sich von anderen sozialen Organismen ernährt. Es ist noch zu früh, um zu sagen, welche dieser Beschreibungen am realistischsten ist. Das moderne Judentum ist seit weniger als zwei Jahrhunderten emanzipiert, und es sind noch nicht genügend Daten gesammelt worden. Sollte sich jedoch herausstellen, dass die Juden überlegene Wesen sind, wie viele von ihnen meinen und wie ihre enthusiastischeren Gelehrten und Wohltäter immer wieder zu beweisen versuchen, dann ist es an der Zeit, einen schlüssigeren Nachweis ihrer Fähigkeiten zu erbringen.

Es ist eine Sache, die Denk- und Lebensgewohnheiten der dekadenten USA umzugestalten. Eine ganz andere ist es, der Welt einen größeren Schriftsteller als Shakespeare, einen größeren Komponisten als Mozart, einen größeren Künstler als Michelangelo zu geben. Es ist keine leichte Aufgabe für Israel, als winzige militärische Oase inmitten einer feindlichen menschlichen und natürlichen Umgebung zu existieren. Aber es ist eine viel schwierigere Aufgabe, im Nahen Osten eine zivilisatorische Mission zu erfüllen, vergleichbar mit der Spaniens in Lateinamerika, Großbritanniens in Nordamerika und Frankreichs in Nordafrika. Als endgültiger Beweis für die jüdische Überlegenheit müssen Einsteins Theorien zu Einsteins Gesetzen werden, und der Nettoeffekt von Marx, Freud und anderen modernen jüdischen Propheten und Weisen auf den evolutionären Prozess muss positiv und nicht negativ, konstruktiv und nicht destruktiv sein.

Bis alle Beweise vorliegen, ist die logischste Erklärung für die jüdische Hegemonie in den Vereinigten Staaten die einfache Tatsache, dass eine organisierte Minderheit mit einem bestimmten Maß an Intelligenz die Vorherrschaft über eine unorganisierte Mehrheit mit gleicher Intelligenz erlangen kann. Eine rassenbewusste Bevölkerungsgruppe ist bei den meisten Unternehmungen weitaus effektiver und erfolgreicher als eine rassenunbewusste Bevölkerungsgruppe. Der Rassengeist fördert wie der Teamgeist den Sieg in allen Arten von Wettkämpfen, seien sie sportlich oder politisch, intellektuell oder sozial. Wäre die Mehrheit so rassenbewusst wie die jüdische Minderheit und hätte sie nur halb so viele Organisationen, die für sie arbeiten, würde die jüdische Vorherrschaft in Amerika über Nacht verschwinden.

Wo sich Juden am deutlichsten von der Mehrheit unterscheiden, abgesehen von wichtigen Persönlichkeitsunterschieden,[382] ist ihr höherer Grad an

[381] Der jüdische Historiker Maurice Samuel warf Toynbee vor, mit seinen Äußerungen einen "dämonischen Antisemitismus" zu verbreiten. Toynbee, *A Study of History*, Bd. V, S. 76, und Samuel, *The Professor and the Fossil*, Knopf, N.Y., 1956, S. 194.

[382] James Yaffe zufolge haben Juden mehr Interesse an Sex als Nicht-Juden, weniger Interesse an Sport, weniger Glauben an ein Leben nach dem Tod, eine niedrigere Geburtenrate, machen viel mehr teure Urlaube, leben länger, verbringen mehr Zeit in der Psychoanalyse und sind viel häufiger Hippies. In Hollywood lassen sich Juden häufiger

Ethnozentrismus, nicht ihr höherer Grad an Intelligenz. Um es aus einer anderen Perspektive zu betrachten: Jüdische Macht kann genauso viel oder mehr von der Schwäche und Desorganisation der Mehrheit herrühren als von jüdischer Stärke.

Da das antisemitische Tabu es unmöglich gemacht hat, die jüdische Frage einer freien Diskussion und offenen Untersuchung zu unterziehen, haben es die Juden[383] nur sich selbst zu verdanken, dass sie sich über die Regeln des üblichen demokratischen Verhaltens hinweggesetzt haben. In Anbetracht ihrer Geschichte und ihrer Erinnerungen ist es nur menschlich, dass Juden dies getan haben. Aber es ist auch nur menschlich, dass die Mitglieder der Mehrheit sich gegen die Art von organisiertem Gruppenverhalten wehren, für das ihre Institutionen nie geschaffen wurden. Wenn sich die Gelegenheit ergibt, mögen Juden an Fairness und Toleranz für sich selbst appellieren, aber wenn sich die Debatte um das Judentum dreht, dehnen sie diese traditionellen demokratischen Vorrechte selten auf andere aus. Sollten andersdenkende Mitglieder der Mehrheit auch nur den ersten zaghaften Schritt in Richtung einer rassistischen

---

scheiden, begehen mehr Ehebruch und trinken weniger als ihre nicht-jüdischen Nachbarn. Juden wenden sich zu 95 Prozent an jüdische Ärzte und zu 87 Prozent an jüdische Anwälte. Obwohl sie manchmal versuchen, sich in nicht-jüdische Country Clubs zu drängen, sind sie in ihren eigenen sehr exklusiv. Einer davon, der Hillcrest in Los Angeles, hat die höchste Aufnahmegebühr (22.000 Dollar) aller Golfclubs in den USA und verbietet Nicht-Juden, mit Ausnahme einiger weniger Persönlichkeiten aus dem Showgeschäft, die als "Ehrenjuden" zugelassen sind. Juden, so Yaffe weiter, sind bekannt für ihre "Angst, Unterwürfigkeit, Isolationismus und Kriegslust" - eine psychologische Kluft zwischen Juden und Nicht-Juden, die vielleicht nie überbrückt werden kann. Sie sind selbst traditionell dogmatisch und verlangen von anderen Rationalität. Für den Juden "kann der Intellekt nicht nur ein Werkzeug sein... er muss auch eine Waffe sein. Er benutzt ihn nicht nur, um zu entdecken, wie die Welt ist, oder um etwas Schönes zu schaffen, oder um seine Ideen mitzuteilen. Er muss sie benutzen, um seine Konkurrenten zu schlagen, um seine Überlegenheit zu beweisen. Für ihn ist die Kontroverse untrennbar mit der intellektuellen Tätigkeit verbunden. Beobachten Sie ihn auf einer Party; beachten Sie die bösartige Freude, mit der er weniger Intellektuelle in die Ecke drängt. Er ist unerbittlich; weder sozialer Anstand noch menschliches Mitgefühl können seine Angriffe abschwächen. Wenn Sie diesen Charakterzug aus sicherer Entfernung beobachten wollen, lesen Sie, was er an die Leserbriefseiten schreibt. In allen jüdischen Publikationen, vom *"Commentary"* bis hinunter zur obskursten jiddischen Wochenzeitung, wird der Leser auf diesen Seiten mit Vitriol überschüttet. Wie sein Vater, der Bekleidungsfabrikant, hat es der jüdische Intellektuelle nicht leicht." *Die amerikanischen Juden*, S. 38, 65, 68, 234-35, 268-69, 292-93.

[383] Diese Verschwörungen des Schweigens erstrecken sich auch auf Denkschulen und Forschungsrichtungen, die die Einheit der Mehrheit stärken und damit letztlich zum Nachteil der Juden wirken könnten - z. B. rassistische Interpretationen der amerikanischen Geschichte, genetische Argumente für ein getrenntes Bildungswesen, statistische Studien über Finanzkriminalität usw.

Schutzgruppe wie der Anti-Defamation League von B'nai B'rith[384] machen, würden sie über Nacht von den Medien, "privaten" Ermittlern, Strafverfolgungsbehörden und, falls nötig, von Kongressausschüssen aus dem öffentlichen Leben gejagt - allesamt angestachelt durch eine landesweite Lawine jüdischer Proteste.

Auf lange Sicht kann der jüdische Platz im amerikanischen Leben nicht auf der Unantastbarkeit von Institutionen, veralteten Dogmen, *argumenta ad misericordiam* oder dem göttlichen Recht von Minderheiten beruhen. Er muss auf der Ursache-Wirkungs-Beziehung zwischen dem Aufstieg des jüdischen Establishments und der Entmachtung der Mehrheit beruhen. Wenn die Juden die Hauptverantwortung für den gegenwärtigen zermürbenden Angriff auf das rassische Rückgrat der Nation tragen, dann muss die jüdische Minderheit in den Blickpunkt der Öffentlichkeit rücken. Amerika könnte ohne Juden ewig überleben. Es könnte nicht einen Tag ohne die Mehrheit überleben.

Inzwischen nähert sich die zyklische Abrechnung, die den Rhythmus des jüdischen Überlebens in der Vergangenheit geprägt hat, dem amerikanischen Judentum. Obwohl die Anhäufung und Erhaltung jüdischen Reichtums nur in einer geordneten Gesellschaft möglich ist, in der Privateigentum ein Recht und kein Verbrechen ist, scheinen die Juden darauf aus zu sein, genau das politische, wirtschaftliche und soziale Klima zu zerstören, das ihren Erfolg möglich

[384] An ihrem 50. Jahrestag im Jahr 1963 konnte die Anti-Defamation League mit Stolz auf eine New Yorker Zentrale, Regionalbüros in dreißig Städten und einen Stab von 150 Vollzeit-Juristen, Sozialwissenschaftlern, Pädagogen und Spezialisten für Öffentlichkeitsarbeit verweisen. Ihr Budget für 1960 betrug 3.940.000 Dollar. Thomas B. Morgan, "Der Kampf gegen Vorurteile", Look, 4. Juni 1963. Obwohl sie steuerbefreit ist, spielt die ADL eine hochpolitische Rolle und nimmt gelegentlich die Macht der Polizei in Anspruch. Der Regionaldirektor der ADL in New Orleans hat den größten Teil des Geldes für die Informanten aufgebracht, die das FBI einsetzte, um einen mutmaßlichen Bombenleger auf Synagogen in Mississippi zu fangen. Eine junge Lehrerin wurde bei der Verhaftung erschossen, aber die ADL entging den üblichen Ermittlungen, die gegen jede an einem Mord beteiligte Person oder Gruppe eingeleitet werden. *Los Angeles Times*, 13. Februar 1970. Was die B'nai B'rith selbst betrifft, die 1843 gegründet wurde und von einem Grand Saar geleitet wird, so hat sie 205.000 männliche Mitglieder in 1.350 Logen in dreiundvierzig Ländern und 130.000 weibliche Mitglieder in 600 Chaptern. Edward Grusd, *B'nai B'nth*, Appleton-Century, New York, 1966, S. 283, 286. Die B'nai B'rith ist die einzige private Organisation, die von den Vereinten Nationen einen offiziellen "Konsultationsstatus" erhalten hat, wo sie als starke Lobby für Israel und andere jüdische Interessen auftritt, obwohl sie nie als Vertreter einer ausländischen Regierung registriert war. *New York Times*, 28. Mai 1970, S. 21. 1993 musste die ADL-Zweigstelle in San Francisco, die nur knapp einer strafrechtlichen Verfolgung entging, eine Geldstrafe in Höhe von 50.000 Dollar zahlen, weil sie vertrauliche Polizeiakten von einem ihrer bezahlten Agenten erhalten hatte.

gemacht hat.[385] Wie in einem lemminghaften Rausch stehen sie an der Spitze jeder spaltenden Kraft der Neuzeit, von der Klassenhetze bis zum Minderheitenrassismus, von der schlimmsten kapitalistischen Ausbeutung bis zum brutalsten Kollektivismus, von der blinden religiösen Orthodoxie bis zum Atheismus und zur Psychoanalyse, von der wütenden Intoleranz bis zur totalen Freizügigkeit.

Darüber hinaus ist mit der zunehmenden jüdischen Vorherrschaft auch der jüdische Separatismus gewachsen - ein gefährlicher Trend für eine Minderheit, die am besten gedeiht, wenn sie ihre Abweichung von der rassischen Norm verheimlicht. Die jüngsten historischen Anreize wie der Antisemitismus der Nazis, die israelische Erfahrung, der sowjetische Antizionismus und das erhöhte Tempo der sozialen Desintegration haben den jüdischen Vorrat an Rassenbewusstsein bis zum Überlaufen gefüllt. Das Auftreten von immer mehr Juden in den obersten Schichten des öffentlichen Lebens führt unweigerlich zu einem größeren Maß an jüdischer Selbstidentifikation sowie zu einer weitaus stärkeren Wahrnehmung von Juden durch Nicht-Juden. Die verstärkte Öffentlichkeitsarbeit offenbart zwar die extreme Kultiviertheit einiger weniger Juden, lenkt die Aufmerksamkeit aber auch auf so unattraktive jüdische Eigenschaften wie Aufdringlichkeit, Streitsucht, Feilschen und auf die ins Auge stechende Grellheit, die die Catskills, Miami Beach, Las Vegas und andere Zentren des jüdischen Resortlebens durchdringt.

Dieselbe rassische Dynamik, die die Juden sporadisch an die Spitze des sozialen Haufens gebracht hat, hat sie auch in den Abgrund gestürzt. Das Pendeln der jüdischen Geschichte vom Tellerwäscher zum Millionär hat sowohl zu den Märchenschlössern der Rothschilds als auch zum Stacheldraht von Buchenwald und Auschwitz geführt. Vom Olymp aus betrachtet ist die Geschichte der jüdischen Wanderungen durch Zeit und Raum sowohl faszinierend als auch abstoßend, veredelnd und erniedrigend - zum Teil komisch, zum großen Teil tragisch.

Das einzige letzte Wort, das über Juden gesagt werden kann, ist, dass es kein letztes Wort gibt. Die Juden sind eine solche Ansammlung von Widersprüchen und umfassen solche Extreme menschlichen Verhaltens, dass sie sich der Reichweite pathetischer Formeln, beiläufiger Verallgemeinerungen oder

---

[385] Die endgültige Auswirkung einer staatseigenen und staatlich gelenkten Wirtschaft auf das Judentum wurde weitgehend missverstanden, nicht nur von den meisten Juden, sondern auch von den meisten Antisemiten. Nachdem das kommunistische Regime in Russland das jüdische Vermögen konfisziert und den Finanzkapitalismus verboten hatte, hatten die russischen Juden keine der üblichen jüdischen Verteidigungsmaßnahmen, auf die sie zurückgreifen konnten, wenn Stalin beschloss, sich gegen sie zu wenden - keine Presse in jüdischem Besitz, keine jüdisch orientierte öffentliche Meinung, kein aufwendig finanziertes Netzwerk jüdischer Lobbys. Nach dem Zusammenbruch der Sowjetunion, eines marxistischen Staates, der größtenteils durch jüdische Agitprop geschaffen wurde, flohen viele Juden nach Israel und in die Vereinigten Staaten.

prophetischer Klischees einfach entziehen. Sie sind sowohl das "Volk des Buches" als auch die Ausbeuter des Striptease.[386] Sie waren und sind Verfechter sowohl der Plutokratie als auch des Sozialismus. Sie haben das Konzept des "auserwählten Volkes" entwickelt und leben es, geben aber vor, die lautesten Antirassisten zu sein. Sie sind das gottesfürchtigste und das gottesfeindlichste, das strengste und das hedonistischste, das verschwenderischste und das knauserigste, das kosmopolitischste und das engstirnigste, das kultivierteste und das vulgärste Volk. Jüdische Sabras in Israel kämpften (bis zum Krieg von 1973) wie 10.000 Lawrences von Arabien. In Europa wurden ihre Brüder, von wenigen Ausnahmen wie dem Warschauer Aufstand abgesehen, wie Schafe in die Ställe der Konzentrationslager getrieben.[387] Als letztes Paradoxon sollte darauf hingewiesen werden, dass viele der größten Juden, vielleicht sogar die allergrößten, jüdische Abtrünnige, Halbjuden oder Pseudojuden waren.[388]

Durch diesen ganzen Berg von Ungereimtheiten schimmert eine dünne, kaum sichtbare Ader der Logik. Das jüdische Nervensystem trägt die Last vieler Besessenheiten, "eine Hauptbesessenheit ist eine unerbittliche, fast angeborene Feindseligkeit gegenüber den Völkern, die sie zu verschiedenen Zeiten beschützt oder verfolgt haben, die sie bereichert oder verarmt haben, die sie vergöttert oder satanisiert haben. Die jüdische Faszination für politische, wirtschaftliche und soziale Experimente ist vielleicht nicht, wie oft angenommen, der Beweis für einen edlen, selbstlosen Wunsch, die Menschheit durch eine Gruppe professioneller Messiasse zu retten, sondern der Beweis für einen tief verwurzelten, halbbewussten, halbkoordinierten Rachefeldzug - Francis Bacon nannte es einen "geheimen, angeborenen Groll"[389] - gegen alles, was nicht

---

[386] *New York Times*, 25. Februar 1937, S. 10.

[387] Die jüdische Fügsamkeit in Hitlers Konzentrationslagern hat den Zorn militanter Juden, insbesondere Israelis, erregt. "Aber warum", fragt ein Artikel in Commentary (April 1962, S.354), "gab es keinen Widerstand?... In Auschwitz schwankte das Verhältnis von Häftlingen zu Wachen von 20 zu 1 bis 35 zu 1. [Dennoch] akzeptierten die Juden sanftmütig jeden aufeinanderfolgenden Befehl, der sie ohnmächtig machte, sie standen Schlange für die Deportationszüge..."

[388] Renegaten insofern, als sie zum Christentum übertraten (Berenson, Disraeli, Heine, Husserl, Mahler, Mendelssohn, St. Peter und Paul) oder Atheisten wurden (Marx, Trotzki und andere führende dialektische Materialisten). Die Möglichkeit, dass Moses ein Ägypter war, und die Tatsache, dass Josephus ein Verräter war, wurden bereits erwähnt. Spinoza, der größte jüdische Philosoph, wurde 1656 auf Anordnung des Rabbinats aus der jüdischen Gemeinde in Amsterdam ausgeschlossen. Viele orthodoxe Juden und Antisemiten sind sich einig - oder hoffen -, dass Jesus kein Jude war, weil er aus "Galiläa der Heiden" kam. Eine vorherrschende talmudische Tradition besagt, dass Jesus der uneheliche Nachkomme von Joseph Panthera, einem römischen Zenturio, und Miriam, der Frau eines Zimmermanns, war. *Jüdische Enzyklopädie*, Judischer Verlag, Berlin, 1930, Band IV/I, S. 772-73.

[389] *New Atlantis*, Great Books, Chicago, 1952, Bd. 30, S. 209.

jüdisch ist, und, im letzten Countdown, möglicherweise auch gegen alles Jüdische.

Wenn die Vergangenheit ein Hinweis darauf ist, dass das, was Lord Acton über Einzelpersonen gesagt hat, auch für Gruppen gilt, dann steht eine starke Reduzierung des jüdischen Rassenvektors bevor. Dies könnte am einfachsten und schmerzlosesten durch Assimilation erreicht werden. Aber es gibt keine überzeugenden Anzeichen dafür, trotz der sinkenden Geburtenrate und der höheren Zahl jüdischer Eheschließungen am Horizont. Der 3.000-jährige Rekord der jüdischen Nicht-Assimilation wurde nur einmal gebrochen.[390] Die Alternative zur Assimilation ist die Unterdrückung, für die die Geschichte viele Beispiele liefert - ägyptische Knechtschaft, assyrische und babylonische Gefangenschaft, Massendeportationen, Zwangstaufe, Quarantäneghettos, russische Pogrome und deutsche Konzentrationslager.

Wenn eine wiederbelebte amerikanische Mehrheit die Kraft und den Willen hat, der jüdischen Umzingelung Amerikas Einhalt zu gebieten, sollte sich die Geschichte nicht wiederholen. Die Operation sollte mit einer Finesse durchgeführt werden, die beiden Parteien zur Ehre gereicht. Das leitende Ziel sollte sowohl moralisch als auch kulturell und politisch sein - um zum ersten Mal die alten Rassenkämpfe zu überwinden, indem man sich dem Problem mit dem Kopf und dem Herzen und nicht mit dem Knüppel und der Rute stellt.

Lösungen für Probleme, die sich aus massiven Rassenkonflikten innerhalb der Grenzen eines Landes ergeben, erfordern jeden Tropfen Vernunft und Vorstellungskraft, der in der überquellenden Quelle des menschlichen Geistes vorhanden ist. Die Trennung ist offensichtlich ein Teil der Lösung. Aber wie kann diese gefährlichste aller sozialen Operationen erfolgreich durchgeführt werden? Wie kann sie ohne unerträgliche Verwerfungen in den Ländern des Exodus und ohne unerträgliche Opfer im Land der Sammlung vollzogen werden?

Theoretisch lautet die Antwort Israel. Aber Israel ist die stotternde Lunte eines Holocausts im Nahen Osten. [391]

---

[390] Siehe Fußnote 4, S. 64.

[391] Anlässlich des israelischen Luftangriffs auf den irakischen Atomreaktor im Juni 1981 und des Massakers eines besessenen jüdischen Fundamentalisten an 29 Moslems während des Gebets in der Moschee von Hebron Anfang 1994 brannte die Lunte ein wenig mehr als sonst.

KAPITEL 16

Nicht-weiße Minderheiten

Hispanoamerikaner ist ein eher unbestimmter Begriff, den die Medien und das Census Bureau für Minderheiten jeder Rasse oder Kombination von Rassen verwendet haben, deren Mitglieder größtenteils spanisch- oder portugiesischsprachig sind und einer Form der spanischen Kultur anhängen. Fast alle so genannten Hispanics, mit Ausnahme eines kleinen Anteils von Weißen, die direkt aus Spanien kamen, stammen aus Mittel- und Südamerika und der Karibik, wobei die weitaus meisten nach dem Zweiten Weltkrieg einwanderten. Nach Angaben des Census Bureau lebten 1990 22.354.059 Hispanics in den Vereinigten Staaten. Auf den folgenden Seiten wird versucht, die Hispanoamerikaner sowohl aus rassischer als auch aus geografischer Sicht zu untersuchen. Der Rest des Kapitels ist den asiatischen Minderheiten gewidmet, gefolgt von einem separaten Kapitel über die größte nicht-weiße Minderheit von allen - die Neger.

MEXIKER: Der typische Durchschnittsmexikaner ist weder spanisch noch asiatisch, weder weiß noch gelb.[392] Obwohl er spanischsprachig ist und ein Stück spanischer Kultur geerbt hat, träumt er nicht von Spanien und dem Ruhm der spanischen Vergangenheit. Er ist sich keiner Verbindung zu Nordostasien bewusst, dem Ausgangspunkt seiner mongoloiden Vorfahren. Der Mexikaner ist in erster Linie ein Mestize, eine spanisch-indianische Kreuzung oder ein Hybrid, und hält sich für ein einzigartiges Rassenexemplar.

Abgesehen von der genetischen Unterscheidung unterscheiden sich die Mexikaner am meisten von den Mitgliedern der Mehrheit in der Lebenskunst. Mit seinen Fiestas und Blumen, seinen alten und modernen Kunstformen, seinen reichen und vielfältigen Mineralien- und Erdölvorkommen, seinen zerklüfteten *Mesetas* und *Barrancas* und seinen extravaganten tropischen Stränden - das wahre Mexiko, nicht die schrecklichen Menschenschwärme, die aus den Großstädten menschliche Ameisenhaufen machen, nicht die industrielle Verschmutzung, die die Luft in den Städten atemlos und grau macht, sondern das wahre Mexiko, das einer zunehmend tristen Welt Anmut und Schönheit verleiht. Nach den Revolutionen und Gegenrevolutionen zu Beginn des 20. Jahrhunderts wurde das Land von einer intensiven Welle des Nativismus überrollt, die kulturelle Prachtstücke wie die Wandmalereien von Orozco mit

---

392 *Laut Focus,* einer Publikation der National Geographic Society, besteht die Bevölkerung Mexikos zu 55% aus Mestizen, zu 29% aus Indianern, zu 15% aus Europäern und zu weniger als 1% aus Negern und Mulatten. Dem zufälligen Besucher erscheint der Anteil der Europäer hoch.

sich brachte, die sicherlich die großartigste und schillerndste Bildkunst sind, die aus der Neuen Welt stammt. Der Todfeind dieser Kunst ist der Kitsch der Madison Avenue und Hollywoods, der aus den Vereinigten Staaten nach Mexiko exportiert wird, eine falsche Kultur, die sowohl die Exporteure als auch die Importeure vulgarisiert und erniedrigt.

Bei der Volkszählung von 1990 wurden 13 495 938 Menschen mexikanischer Abstammung in den USA gezählt. Diese Zahl entspricht 60 Prozent aller Hispanics, die sich auf die 50 Bundesstaaten verteilen. Die meisten von ihnen leben in Kalifornien, Texas, Colorado und im Südwesten, aber auch in vielen Städten im Norden der USA gibt es große Konzentrationen.[393] Die *Pochos* oder gebürtigen Bürger und die *Cholos* oder legalen Einwanderer machten einen beträchtlichen Teil der Zählung aus. Niemand weiß, wie viele Illegale oder "Arbeiter ohne Papiere" einbezogen wurden. Als Angehörige der zweitgrößten nicht-weißen Minderheit sind mexikanische Amerikaner oft genauso schlecht ausgebildet und wirtschaftlich benachteiligt wie Neger. Ihre Schulabbrecherquote ist hoch, ihr Pro-Kopf-Einkommen niedrig.[394] Dennoch ist der Lebensstandard der meisten mexikanischen Amerikaner weit höher als der der Mexikaner in Mexiko.

Mexikanische Amerikaner, die aufgrund ihrer Hautfarbe und ihrer mongoloiden oder indianischen Züge für immer unassimilierbar sind, unterstreichen ihren Minderheitenstatus, indem sie an ihrer Sprache festhalten (weite Teile des amerikanischen Südwestens sind heute zweisprachig), indem sie die Demokraten wählen,[395] indem sie sich gewerkschaftlich organisieren und indem sie sich für Klassen- und Rassismusfragen einsetzen.

Nach dem Vorbild der Neger haben auch die mexikanischen Amerikaner begonnen, mit harten Bandagen ethnische Politik zu betreiben. Die kalifornischen Täler und texanischen Ebenen, die Barrios von Los Angeles und Denver waren bereits Schauplatz einiger ernsthafter Konfrontationen mit den Anglos, obwohl "die Revolte der Chicanos [Mexikanisch-Amerikaner] gegen das englische Establishment noch in der Planungsphase ist."[396] Der mexikanisch-amerikanische Ethnozentrismus wird auch durch die ständige Erinnerung an die amerikanische Aggression gegen ihr Heimatland und durch eine Demagogie

---

[393] Die rund 250.000 "Hispanos" in New Mexico, die vor mehreren Jahrhunderten aus Mexiko kamen und spätere Neuankömmlinge als Eindringlinge betrachten, halten eine eigene spanischsprachige, assimilationsfeste Subkultur aufrecht.

[394] *New York Times*, 20. April 1969, S. 54.

[395] Ein solider Block mexikanisch-amerikanischer Stimmen, die zum Teil von längst verstorbenen Wählern stammten, verschaffte Lyndon Johnson 1948 die heiß umstrittene Senatorenvorwahl in Texas in einem entscheidenden Moment seiner politischen Karriere. Siehe S. 428-29.

[396] *New York Times*, 20. April 1969, S. 1.

genährt, die besagt, dass mexikanische Amerikaner heute Bürger zweiter Klasse in einer Region Nordamerikas sind, die einst ihren Vorfahren gehörte.

Wenn der ständige legale und illegale Zustrom mexikanischer Gene über den Rio Grande anhält und die mexikanisch-amerikanischen und mexikanischen Geburtenraten weiterhin so hoch sind, besteht die Möglichkeit, dass die mexikanischen Amerikaner ihre verlorenen Gebiete in Altkalifornien und Texas - die von fanatischen Irredentisten bereits als Aztlan bezeichnet werden - zurückerobern, und zwar nicht durch Gewalt oder Minderheitenpolitik, sondern einfach durch die Ausübung von Hausbesetzerrechten.

KUBANER: Trotz seines großen Anteils an Negern und seiner andauernden Diktatur hat Kuba in seiner schlampigen und schäbigen Art mehr von der alten spanischen Kolonialatmosphäre bewahrt als jedes andere Land in Lateinamerika. Was die Beziehungen der Insel zu den USA betrifft, so sind sie heiß und kalt geworden. Nachdem das Schlachtschiff *Maine* 1898 im Hafen von Havanna versenkt worden war, halfen amerikanische Truppen Kuba aktiv dabei, seine Unabhängigkeit von Spanien zu erlangen. Mit der Ankunft von Fidel Castro wandte sich das Land jedoch von seinem riesigen Nachbarn im Norden ab oder wurde dazu gezwungen, ihm den Rücken zu kehren, und wechselte auf die rote Seite des politischen und wirtschaftlichen Spektrums. Das katastrophale Scheitern einer bunt zusammengewürfelten Gruppe von Antikommunisten und Castro-Gegnern in der Schweinebucht trug nicht zur Verbesserung der kubanisch-amerikanischen Beziehungen bei. Das unerwartete Auftauchen sowjetischer Atombomben in der Perle der Antillen war so nahe dran wie kein anderes Ereignis bis dahin, einen Atomkrieg zu provozieren, ein Krieg, der vermieden wurde, als Chruschtschow blinzelte und seine Bomben nach Hause schickte.

Seit mehreren Jahrzehnten verhalten sich Kuba und die Vereinigten Staaten, obwohl sie nur 90 Meilen voneinander entfernt sind, wie zwei verschiedene Welten, deren Hauptkontakt die Abwanderung von Castro-Gegnern in die USA ist, vor allem nach Südflorida, wo die meisten der 1.043.932 Kubaner geblieben sind und wo sie eine blühende kubanische Enklave errichtet haben. Da viele Kubaner der Mittel- und sogar der Oberschicht angehörten und über verschiedene geschäftliche Fähigkeiten verfügten, sind sie in ihrem neuen Land zu Wohlstand gekommen. Im Gegensatz zu anderen hispanischen Einwanderern traten die meisten in die Republikanische Partei ein und engagierten sich so fleißig in der Politik, dass sie heute die führende politische Kraft im Raum Miami sind. Ein kubanischer Amerikaner ist zum Bürgermeister, Kongressabgeordneten und Polizeichef gewählt worden. Es ist für jeden weißen oder schwarzen Politiker schwierig, ohne kubanische Unterstützung in ein lokales oder sogar landesweites Amt in Florida gewählt zu werden. Im Gegensatz zu den meisten anderen hispanischen Einwanderern war ein großer Teil der kubanischen Einwanderer, insbesondere in der Anfangsphase, weiß, was dazu beitrug, das Misstrauen gegenüber dunkelhäutigen Ausländern abzubauen. Erst in späteren Phasen setzte sich der Einwandererstrom weitgehend aus

Schwarzen und Mulatten zusammen. Die Mestizen (spanisch-indianische Kreuzungen) und reinen Indianer, die einen so großen Teil der Mexikaner in den USA ausmachen, waren in der kubanischen Einwanderung fast unsichtbar.

Die erste Gruppe von Kubanern, die vor Castro floh, wurde in Südflorida herzlich empfangen. Sie wurden als Flüchtlinge betrachtet und fielen somit nicht unter die Einwanderungsquoten. Später kamen auch die Abtrünnigen aus kubanischen Gefängnissen an, was die Strafverfolgungsbehörden stark belastete. Nach langwierigen Verhandlungen erklärte sich Castro bereit, einige von ihnen zurückzunehmen.

Was werden die Kubaner in den Vereinigten Staaten tun, wenn Castro geht? Sicherlich werden viele von ihnen nach Hause zurückkehren. Aber viele andere werden bleiben, vor allem diejenigen, die seit 30 Jahren oder länger weg sind. Die reicheren (weißeren) Teile werden wahrscheinlich gehen, wenn sich die politische und wirtschaftliche Lage stabilisiert. Die ärmeren (schwarzeren) Elemente, die inzwischen fast die Hälfte der Kubaner in den USA ausmachen, werden wahrscheinlich bleiben. Die verbleibenden Weißen, die weiß genug sind, könnten langsam in die Reihen der Mehrheit rutschen. Im Großen und Ganzen sind kubanische Familien, unabhängig von ihrer Hautfarbe, jedoch so eng miteinander verbunden, dass ihr Assimilationspotenzial wahrscheinlich noch einige Zeit gering bleiben wird.

PUERTO RICANS: Die ursprünglichen Puerto Ricaner, 20.000 bis 50.000 Arawak-Indianer, starben im 16. Jahrhundert nach einigen erfolglosen Aufständen gegen die Spanier aus, die sie in den Goldminen überarbeitet hatten. Die Lücke im Arbeitskräfteangebot wurde durch Negersklaven aus Afrika gefüllt. Da die meisten Puertoricaner in den USA größtenteils aus den ärmeren Bevölkerungsschichten stammten - ganz im Gegensatz zu den ersten Wellen der kubanischen Einwanderung -, macht die große Häufigkeit ihrer negroiden Merkmale sie nicht nur unassimilierbar, sondern macht es auch schwierig, sie nicht mit Schwarzen zu verwechseln.

Als amerikanische Staatsbürger unterliegen die Puertoricaner keiner Einwanderungsquote. Mit wenigen rechtlichen Komplikationen, die ihre Einreise behindern, und einer extrem hohen Geburtenrate beläuft sich die Gesamtzahl der Amerikaner puerto-ricanischer Geburt oder Abstammung nach der Volkszählung von 1990 auf 2.727.754. Mehr als die Hälfte von ihnen lebt in New York City und Umgebung. Wie die Mexikaner brachten auch die Puertoricaner eine tief verwurzelte spanische Kultur mit. Und wie die Mexikaner haben auch die Puertoricaner ihr politisches Schicksal in die Hände der Demokratischen Partei gelegt. Um keine Zeit zu verlieren und diese Stimmen zu gewinnen, haben New Yorker Politiker den Alphabetisierungstest für Wähler geändert, indem sie ihn auf Spanisch durchführen lassen. Infolgedessen können Puertoricaner in New York City ankommen, ohne ein Wort Englisch zu können, und fast sofort Sozialhilfe beziehen.

Die Puertoricaner, die von einer der schönsten Inseln der Welt mit dem freundlichsten Klima stammen, haben es irgendwie geschafft, sich in einem der hässlichsten Slumgebiete und grausamsten Wetterzonen der Welt anzupassen. Ihr wirtschaftlicher Status nähert sich dem der Neger, auf die sie trotz ihrer eigenen halb-afrikanischen Abstammung herabsehen. Diejenigen, die die Sprachbarriere überwinden, übertreffen jedoch bald die einheimischen Schwarzen in den meisten Bereichen.

Die Puertoricaner in Puerto Rico, das jetzt ein Commonwealth der Vereinigten Staaten ist, haben bisher bewiesen, dass sie zu stolz für eine Eigenstaatlichkeit sind, aber nicht stolz genug für die Unabhängigkeit oder die Selbstversorgung (die Hälfte der Insel lebt von Lebensmittelmarken). Der glühende Nationalismus, der sich durch einige Teile der Bevölkerung zieht, motivierte eine Gruppe von "Patrioten" dazu, 1950 ein Attentat auf Präsident Truman zu verüben, eine andere dazu, 1954 fünf Kongressabgeordnete zu erschießen, und wieder eine andere dazu, in den 1970er Jahren terroristische Bombenanschläge in verschiedenen Städten der USA zu verüben. Ob die separatistischen Gefühle der Puertoricaner nachlassen und zur Gründung des einundfünfzigsten Staates führen werden oder ob sich die Puertoricaner wie die Filipinos für die Unabhängigkeit entscheiden werden, lässt sich zum jetzigen Zeitpunkt nicht vorhersagen. Fest steht jedoch, dass die meisten von ihnen nicht mehr Chancen haben, sich zu assimilieren als die Bewohner anderer karibischer Inseln.

ANDERE UNERMÜDLICHE LATEINAMERIKANISCHE MINDERHEITEN: Die kleineren karibischen Inseln sind größtenteils von Negern und Mulatten bevölkert, mit einem dünnen Schaum von Weißen an der Spitze. Die Ausnahme ist Haiti, die westliche Hälfte der großen Insel Hispaniola. Haiti ist nicht nur mehrheitlich schwarz, sondern hält auch an einem fernen französischen Kolonialerbe und einem degradierten französischen Patois als Sprache fest. Viele Haitianer haben sich in überfüllten, undichten, selbstgebauten Schiffen auf den Weg nach Florida gemacht, wobei einige von ihnen ertranken, bevor sie die Strände des Gelobten Landes erreichten. Insgesamt beläuft sich die Zahl der Einwanderer aus der Karibik, einschließlich Kuba und Puerto Rico, auf weit über 5 Millionen. Sie hat die Wirtschaft Floridas so stark belastet, dass Gouverneur Lawton Chiles schätzt, dass die Neuankömmlinge seinen Staat 1 Milliarde Dollar pro Jahr kosten, ein Betrag, für den er die Bundesregierung verklagt, mit der Begründung, dass die Einwanderungs- und Einbürgerungsbehörde es versäumt hat, die Einwanderungsgesetze durchzusetzen.

Auch Mittelamerika hat eine große Zahl legaler und illegaler Einwanderer hervorgebracht, die meisten von ihnen sind Mestizen. Im Allgemeinen ist die unverwässerte indianische Bevölkerung zu Hause geblieben. Das einzige Land in Mittelamerika mit einer überwiegend weißen Bevölkerung ist Costa Rica, dessen Bürger mehrheitlich der mediterranen Rasse angehören, was bedeutet, dass die meisten von ihnen zu dunkel sind, um sich für den Status der Mehrheit zu qualifizieren. Revolutionäre Aufstände und Guerillakriege in einigen dieser kleinen Nationen haben die Abwanderung nach Norden beschleunigt, und am politischen Horizont ist nichts zu erkennen, was auf eine langfristige Stabilität hinweisen könnte. Strategisch und idealerweise sollte die Karibik ein gut bewachter amerikanischer See sein. Die USA haben einen Stützpunkt in Guantanamo Bay an der Ostspitze Kubas. Der Panamakanal wird bis 1999 in amerikanischer Hand bleiben. Dennoch ist die Karibik zu einer viel befahrenen Wasserstraße für Mestizen, Mulatten und Weiße aus dem Mittelmeerraum geworden, die nach Norden fliehen. Es wäre nicht schwer, diesen Verkehr mit Hilfe moderner Marinetechnik zu unterbinden, aber bisher waren die Versuche, dies zu tun, bestenfalls halbherzig. Erschwerend kommt hinzu, dass viele mittelamerikanische Einwanderer den Landweg über Mexiko nehmen. Die Wohlhabenderen bezahlen "Reiseleiter", die sie mit Bussen an die US-Grenze bringen.

Bei der Volkszählung von 1990 wurden ohne Mexikaner, Kubaner und Puertoricaner 5.086.435 Hispanoamerikaner mittel- und südamerikanischer Herkunft gezählt. Die Nicht-Weißen aus den nördlichen südamerikanischen Staaten sind zumeist Mestizen, die aus dem portugiesischsprachigen Brasilien hauptsächlich Mulatten. Argentinien, Uruguay und Chile haben ungefähr die gleiche rassische Zusammensetzung wie die Bevölkerung Italiens und Spaniens. Folglich müsste ein großer Teil der Einwanderer aus diesen Ländern der weitgehend unassimilierbaren mediterranen Rassenkategorie zugeordnet werden.

Zusammenfassend lässt sich sagen, dass Lateinamerika, d. h. die gesamte Neue Welt vom Rio Grande bis in den Süden, relativ hohe Geburtenraten aufweist, die einen starken demografischen Druck auf die Veränderung der Rassenstruktur in den USA ausüben.[397] Die Hispanoamerikaner, die bereits große Teile Südfloridas, Südtexas und Südkaliforniens "übernommen" haben, werden auch in einigen der größeren Städte im Norden zu einer politischen Kraft. Wenn Schwarze und Hispanics in diesen Gebieten ihre politischen und sozialen Kräfte bündeln, können sich die Weißen nur noch auf die alten verfassungsrechtlichen Schutzmechanismen verlassen.

Jeden Tag verdrängen die bereits hier lebenden Hispanoamerikaner die Mehrheit der Weißen. Jeden Tag kommen zahllose Mestizen und Mulatten per Boot oder zu Fuß illegal in die USA, wo sich viele von ihnen bald niederlassen und ihre eigenen Kinder aufziehen werden, die dann automatisch amerikanische Staatsbürger werden. Kein Wunder, dass Demographen vorhersagen, dass die weiße Bevölkerung Amerikas, die bereits jetzt eine große Zahl von Unassimilierbaren umfasst, innerhalb eines weiteren halben Jahrhunderts zu einer Minderheit in dem Land werden wird, das einst ihr eigenes Land war.

---

[397] Eine indirekte Möglichkeit, die Geburtenraten zu vergleichen, besteht darin, zu sagen, dass ein Drittel aller 1993 in den USA geborenen Babys mit Hilfe von Medicaid geboren wurden.

CHINESEN: Das erste große Kontingent chinesischer Einwanderer (13.100) kam 1854 in Kalifornien an.[398] Die Chinesen, die einer völlig fremden Zivilisation angehörten und mit der amerikanischen Umwelt völlig unvertraut waren, hatten anfangs mit den schwersten kulturellen und wirtschaftlichen Nachteilen zu kämpfen. Als Angehörige einer echten Dienstbotenklasse des 19. Jahrhunderts legten sie im gesamten Westen Eisenbahnschienen an, arbeiteten mühsam in Seifenminen und stellten einen Großteil der Haushaltshilfen der weißen Siedler. Der Chinamann mit dem Zopf im Hinterzimmer war eine Institution, die in San Francisco mehr als ein halbes Jahrhundert lang Bestand hatte.

Nachdem der Goldboom abgeklungen war und die Eisenbahnen ihren Betrieb aufgenommen hatten, reagierte der Kongress auf den Druck der Westler, die die Konkurrenz der Kulis und die steigende Zahl der Farbigen fürchteten (in den 1870er Jahren kamen 123.201 Chinesen nach Kalifornien), mit der Verabschiedung des Exclusion Act" von 1882. Es war der erste Versuch des Kongresses, ein Einwanderungsgesetz zu erlassen, und lag fast vierzig Jahre vor der Einführung von Gesamtquoten.[399] Das Gesetz von 1923 sah eine jährliche Quote von 124 vor.

Bei der Volkszählung 1970 wurden 435.062 Amerikaner chinesischer Abstammung gezählt, von denen 52.039 auf den Hawaii-Inseln wohnten. Die Volkszählung von 1990 erhöhte die Zahl auf 1.645.472, was zeigt, dass sich die chinesische Bevölkerung, die sich hauptsächlich in Kalifornien, New York und Hawaii konzentriert, in drei Jahrzehnten fast verdreifacht hat. Wenn sich die Beziehungen zum chinesischen Festland stabilisieren, könnten chinesische Amerikaner wieder ihre jährliche Reise über den Pazifik in Richtung Heimat antreten, eine westwärts gerichtete Migration, die es einst schaffte, ihre Wachstumsrate unter der der meisten anderen Minderheiten zu halten.

Chinesische Amerikaner sind das beste Beispiel für eine autarke, statische Minderheit. Obwohl sie einst Opfer von fast unerträglicher Verfolgung und Diskriminierung waren,[400] haben sie nun einen Großteil ihrer Ressentiments begraben und vermeiden es, rassistische Agitation und Minderheitenlobbyismus zu betreiben.[401] Sie sind stolz auf ihren Bindestrich-Status, behalten ihre

---

[398] Davie, *Weltweite Einwanderung*, S. 308.

[399] Ebd., S. 313. Weitere Informationen über Quoten finden Sie in den Kapiteln 5 und 6.

[400] In Truckee, Kalifornien, wurde 1878 die gesamte chinesische Bevölkerung von 1.000 Personen rücksichtslos vertrieben. Im Jahr zuvor war es in San Francisco fast zu einem offenen Krieg zwischen den Iren und den Chinesen gekommen. Davie, a.a.O., S. 318-21.

[401] In Hawaii, wo Nicht-Weiße in der Mehrheit sind, sind die Chinesen politisch aktiver, wie die Präsenz des republikanischen Millionärs Hiram Fong im Senat (1959-77) zeigt. Auf dem amerikanischen Festland hebt sich die chinesische Minderheit von der Koalition aus Liberalen und Minderheiten ab, indem sie häufig für konservative Kandidaten stimmt und sich aggressiv gegen das Busing von Schulkindern einsetzt.

Familiennamen und viele ihrer fernöstlichen Gewohnheiten bei und bleiben unter sich. Ihr Leben ist von einer gedämpften Mittelklassemoral und Respektabilität geprägt. Wenn die meisten anderen nicht-weißen Minderheiten in ein städtisches Gebiet ziehen, verkommt es in der Regel zu einem Slum. Chinesische Enklaven hingegen werden oft zu Anziehungspunkten. San Franciscos Chinatown, die größte Stadt der Neuen Welt, ist einer der saubersten und gepflegtesten Stadtteile der Stadt. Einst war es das Schlachtfeld rivalisierender Banden, doch in den Jahren nach dem Zweiten Weltkrieg, bis zum starken Anstieg der asiatischen Einwanderung, gab es hier kaum Gewaltverbrechen und Jugendkriminalität. In den 1970er Jahren begannen Banden aus Taiwan und Hongkong, gesetzestreue Chinesen in Kalifornien und New York zu terrorisieren. Im Jahr 1983 kam es in einer chinesischen Spielhölle in Seattle zu einem Massenmord.

Die chinesische Minderheit, zumindest auf dem Festland, ist nach allen Maßstäben eine zurückgezogene Minderheit. Sie bewahrt und entwickelt ihre eigene Kultur, ohne sie anderen aufzwingen zu wollen, obwohl sie wie andere asiatische Gruppen eine "geschützte Minderheit" ist. In der Kristallkugel der chinesisch-amerikanischen Zukunft lässt sich ein düsterer Fleck ausmachen. Sollten revolutionäre oder rassistische Bestrebungen China dazu veranlassen, erneut Krieg gegen die Vereinigten Staaten zu führen - in den Jahren 1950/51 führte es einen unerklärten Krieg in Korea -, könnte die Position der chinesischen Minderheit ebenso prekär werden wie die der Japaner im Zweiten Weltkrieg. In der Zwischenzeit sorgen der Bevölkerungsdruck in China und die Existenz hochprofessioneller Schmugglerringe dafür, dass die Zahl der Chinesen in den USA stetig zunimmt.

JAPANER: Vieles von dem, was über chinesische Amerikaner geschrieben wurde, trifft auch auf japanische Amerikaner zu, oder zumindest auf diejenigen japanischen Amerikaner, die nicht auf den Hawaii-Inseln leben. Die Japaner kamen später nach Amerika als die Chinesen, wurden aber in gleichem Maße angefeindet. Obwohl Japan selbst 230 Jahre lang (1638-1868) alle Ausländer mit Ausnahme einiger weniger Niederländer verbannt und seinen Bürgern bei Todesstrafe verboten hatte, ins Ausland zu gehen, widersetzte sich die japanische Regierung entschieden den Plänen des Kongresses, Japaner in das Verbot der chinesischen Einwanderung einzubeziehen.[402] Um den Stolz der Japaner zu besänftigen, handelte Präsident Theodore Roosevelt 1907 ein "Gentleman's Agreement" aus, in dem sich Japan bereit erklärte, den japanischen Exodus zu stoppen, sofern der Kongress keine restriktiven Einwanderungsgesetze verabschiedete, in denen die Japaner namentlich erwähnt wurden. Bis 1940 lebten etwa 140 000 Japaner auf dem amerikanischen Festland, 86 Prozent von ihnen im Fernen Westen, wo viele von ihnen zu wohlhabenden Farmern geworden waren. Bis 1990 war die Zahl der japanischen

[402] Davis, op. cit., S. 321.

Amerikaner auf 847.562 angestiegen, die meisten von ihnen in Kalifornien (312.959), Hawaii (247.486), New York (35.281) und Washington (34.366).[403]

Kurz nach Pearl Harbor, das die Gefahren des japanischen militärischen Draufgängertums aufzeigte, wurden mehr als 110.000 Japaner an der Westküste, die meisten von ihnen US-Bürger, aus ihren Häusern, Farmen und Geschäften vertrieben und in westliche "Umsiedlungslager" gebracht, wobei jede Familie durchschnittlich 10.000 Dollar verlor.[404] Die Japaner auf Hawaii, wo sie in größerer Zahl lebten und eine potenzielle Bedrohung für die nationale Sicherheit darstellten, wurden relativ in Ruhe gelassen. 1944 kämpfte das 442nd Regimental Combat Team, das größtenteils aus Nisei, japanischen Amerikanern der zweiten Generation aus Oahu, bestand, tapfer gegen die deutschen Truppen im Italienfeldzug und erzielte eine der besten Leistungen in den amerikanischen Militärannalen.

Während die Japaner auf dem Festland ruhig und unauffällig sind und zum Teil die Republikaner wählen, spielen sie auf Hawaii mit Nachdruck Rassenpolitik. Als zahlreichste Bevölkerungsgruppe auf den Inseln wählen die Japaner die Demokraten. Die beiden Senatoren von Hawaii sind Japaner, ebenso wie einer der beiden Abgeordneten und der Gouverneur. Eine solche Blockwahl widerlegt die Behauptung, dass es auf Hawaii keine rassischen Spannungen gibt.

Zur Verzweiflung der älteren und isolierteren japanischen Familien heiratet eine beträchtliche Anzahl ihrer männlichen und weiblichen Nachkommen mit Weißen. Orientalen aller Größen und Formen fühlen sich stark zu Blondinen hingezogen, eine Anziehungskraft, die auch japanische Agenten und Zuhälter aus dem alten Land dazu veranlasst, blonde Showgirls für Auftritte in Japan anzuwerben, wo einige später zur Prostitution überredet oder gezwungen werden.

Japan ist ein furchtbar überfülltes Land, das sich als erstes asiatisches Land vom Zweiten Weltkrieg erholt hat, auch dank des Fleißes seiner Bevölkerung und der konstruktiven Unterstützung durch die militärische Besatzung der USA. Sein Wohlstand wird jedoch von anderen asiatischen Nationen bedroht, insbesondere von Korea und China, die ebenfalls an der wirtschaftlichen Expansion teilhaben wollen. Mit einem minimalen Verteidigungshaushalt und geschützt durch den nuklearen Schutzschirm der USA und freundliche westliche Zölle konnte Japan einen beispiellosen Handelsüberschuss aufbauen, nachdem es Produkte westlicher Erfindungsgabe wie Kameras, Automobile, Computerausrüstung, Kopierer und alle Arten von Haushalts- und Büroprodukten kopiert und

---

403 Ebd., S. 324. Bevölkerungszahlen aus der Volkszählung von 1990. Der Bevölkerungszuwachs ist weitgehend auf das Programm zur Familienzusammenführung zurückzuführen.

404 Simpson und Yinger, op. cit., S. 132-33. Nach dem Krieg wurden die Forderungen zu einem durchschnittlichen Satz von zehn Cent pro Dollar beglichen. *Washington Post*, 5. Oktober 1965, S. 1.

verbessert hatte. Während die japanische Qualität stieg, sank die amerikanische Qualität.

Doch das Ende des japanischen Wirtschaftswunders ist bereits in Sicht. Die asiatische Konkurrenz und der starke Rückgang der japanischen Importe, der durch die enormen Handelsungleichgewichte erzwungen wird, sowie die damit einhergehenden Arbeitsunruhen werden schließlich zu Unruhen im Inland führen und die Abwanderung in andere Länder, insbesondere in die Vereinigten Staaten, verstärken.

Der Besuch von Commodore Perry und seiner amerikanischen Flottille im Jahr 1853 versetzte das feudale Japan in einen Modernisierungsrausch. Nach dem Sieg im Russisch-Japanischen Krieg, dem ersten Mal, dass eine weiße Nation in einem vollwertigen Konflikt von einer orientalischen Nation besiegt wurde, schloss sich Japan im Ersten Weltkrieg der siegreichen (alliierten) Seite an. Einige Jahre später begann es, über weite Teile Ostasiens - Südkorea, China, Indonesien, sogar bis an die Grenzen Indiens - zu herrschen, bis es schließlich im Zweiten Weltkrieg durch zwei amerikanische Spaltbomben in die Knie gezwungen wurde. Die aufgehende Sonne ging auf und die aufgehende Sonne ging unter. Aber nicht für lange. In nur wenigen Jahren verwandelte sich die einstige militärische Bedrohung durch Japan in eine ebenso ernste wirtschaftliche Bedrohung, die jedoch glücklicherweise leichter einzudämmen sein wird. Das wirtschaftliche Kraftpaket wird Schwierigkeiten haben, seinen boomenden Wohlstand aufrechtzuerhalten, da die westlichen Nationen, einschließlich der USA, gezwungen sind, höhere Zölle auf japanische und andere ostasiatische Produkte zu erheben, um ihre eigene Produktionsbasis zu retten.

ANDERE PAZIFISCHE UND ASIATISCHE MINDERHEITEN: Die Geschichte erinnert uns daran, dass Hawaii, der 50. Bundesstaat, bis vor kurzem ein Territorium war, das mit starker Hand von weißen Pflanzern und den amerikanischen Streitkräften regiert wurde. Da die lautstarken US-Minderheiten auf Hawaii nicht in großer Zahl anzutreffen sind,[405] folgt daraus nicht, dass es keinen Rassismus gibt oder dass sich die verschiedenen ethnischen Gruppen in Zukunft nicht einen erbitterten Machtkampf liefern werden. Inselparadiese sind keine Ausnahmen von den Gesetzen der Rassendynamik.

Ab 1979 wurden rassistisch motivierte Verbrechen gegen weiße Einwohner und Touristen zu einem wiederkehrenden Thema in den hawaiianischen Nachrichten. Viele weiße Schüler bleiben am letzten Tag des Schuljahres dem Unterricht fern, was von vielen Hawaiianern mit Drohungen und

---

[405] Die Volkszählung von 1990 ergab 1.108.229 Menschen auf den Hawaii-Inseln, die sich wie folgt verteilen: Weiße, 369.616; Japaner, 247.486; Hawaiianer, 211.014 (weniger als 10% reinen Blutes); Filipinos, 168.682; Chinesen, 68.804; Neger, 27.195; Andere, 15.432. Viele der Weißen gehören zu Militärfamilien.

Einschüchterungen - die sich bisher weitgehend auf Worte und nicht auf Taten beschränkten - wie "töte einen Haole [Weißen] pro Tag" beobachtet wird.

Die Volkszählungsstatistiken zeigen, dass sich in Hawaii, dem einzigen Bundesstaat, in dem die Zahl der Nicht-Weißen die der Weißen übersteigt, eine rassistische Tragödie abspielt. Eine der farbenprächtigsten und romantischsten Minderheiten Amerikas, die Polynesier, ist dabei, auszusterben. Von den 211.014 Hawaiianern oder Teil-Hawaiianern, die bei der Volkszählung 1990 gezählt wurden, sind vielleicht nur noch 10.000 oder 15.000 "reine" Exemplare übrig. Es werden konzertierte Anstrengungen unternommen, um sie zu retten, indem ein subventioniertes Refugium auf der Insel Niihau unterhalten wird, wo sie in freiwilliger Quarantäne leben, die alte hawaiische Sprache sprechen und nicht in den Genuss von Fernsehen, Autos, Schnapsläden und Fast-Food-Läden kommen.

Eine nicht-weiße Minderheit, die sowohl auf den Hawaii-Inseln als auch auf dem Festland zahlreich vertreten ist, sind die Filipinos. Im Jahr 1990 lebten 1.406.770 Menschen in den Vereinigten Staaten, deren Herkunftsland die Philippinen waren - ein Anstieg von mehr als 600.000 in nur zwanzig Jahren. Die Filipinos hatten leichten Zugang zu Amerika, als ihr Land noch amerikanischer Besitz war, wurden aber mit der Unabhängigkeit 1946 einer Quote unterworfen. Mit dem Einwanderungsgesetz von 1965 wurde diese Quote praktisch aufgehoben.

Wie Japan ist auch Südkorea zu einem Quasi-Protektorat der USA geworden. Die amerikanischen Streitkräfte, die das Land 1950/51 erfolgreich gegen einen nordkoreanischen und später chinesischen Angriff verteidigt haben, sind bereit, dies erneut zu tun. Diese militärische Zusammenarbeit und eine radikale Änderung der Einwanderungspolitik lösten eine massive transpazifische Migration südkoreanischer Zivilisten aus. In den Vereinigten Staaten spezialisierten sich die Koreaner auf die Eröffnung kleiner Lebensmittelgeschäfte in der Nähe oder in den Innenstädten, wo viele von Schwarzen gnadenlos ausgeraubt und niedergeschossen wurden.

Nach dem Vietnamkrieg und der Eroberung großer Teile Indochinas durch das kommunistische Nordvietnam sah sich die Regierung der Vereinigten Staaten plötzlich mit den "Boat People" konfrontiert, Hunderttausenden von Südvietnamesen (viele chinesischer Herkunft), die auf dem Seeweg aus Südvietnam flohen. Nachdem sie auf dem Schlachtfeld im Stich gelassen worden waren, fühlten sich der Kongress und die Medien verpflichtet, sie aufzunehmen - bis 1990 waren es mehr als 1 Million. Später gesellte sich noch eine kleinere Zahl von Kambodschanern hinzu, deren einst friedliche Nation durch kommunistisch inspirierte Säuberungen, die einem Völkermord gleichkamen, zerrissen wurde. Zu diesem Zeitpunkt wurden die pöbelnden, Marx verehrenden Roten Khmer in den Dschungel zurückgedrängt. Für wie lange, weiß niemand.

Millionen von Südostasiaten würden gerne in die Fußstapfen derer treten, die bereits in diesem Land Zuflucht gefunden haben. Wie viele weitere sich hier niederlassen dürfen, wird von den demografischen Absichten der verschiedenen indochinesischen Regierungen und von der Einwanderungspolitik des Weißen Hauses und des Kongresses abhängen.

Andere asiatische oder mongoloide Minderheiten sind 62.964 Samoaner, 49.345 Guamaner, 815.447 asiatische Inder vom indischen Subkontinent, 81.371 Pakistaner,[406] 57.152 Eskimos und 23.797 Aleuten[407] (alte asiatische Einwanderer). Die Frage nach der Assimilationswahrscheinlichkeit dieser Gruppen lässt sich am besten mit den bekannten Zeilen von Kipling beantworten.

AMERIKANISCHE INDIANER: Es wurden mehrere Theorien entwickelt, um die rassischen Ursprünge der ältesten Bewohner der Neuen Welt zu erklären. Die für die zeitgenössische Anthropologie akzeptabelste Theorie besagt, dass sie Nachfahren von Pelz tragenden, Speere tragenden, Mammut fressenden mongolischen Stammesangehörigen sind, die vor 10.000 bis 20.000 Jahren, als der größte Teil der Beringstraße noch eine Grasebene war, per Inselhüpfen oder vielleicht zu Fuß die Straße überquerten. Einige abweichende Anthropologen verweisen auf die Möglichkeit einer teilweisen Abstammung von Polynesiern und Melanesiern, die von der Osterinsel aus Südamerika erreicht haben könnten. Es gibt auch Legenden von Flüchtlingen aus Atlantis und dem verlorenen Kontinent Mu sowie von schiffbrüchigen Seeleuten chinesischer Dschunken, die an der Pazifikküste angeschwemmt wurden.[408] Rätselhafte Flecken der Blutgruppe A; können auf australoide Elemente zurückgeführt werden, und es besteht sogar die entfernte Möglichkeit einer Verwandtschaft mit den Ainus in Japan.

Im Jahr 1500 lebten in Nordamerika (oberhalb des Rio Grande) schätzungsweise 850.000 Indianer.[409] Bis 1900 war die indianische Bevölkerung der Vereinigten Staaten auf 237.196 zurückgegangen,[410] ein Rückgang, der die Theorie des verschwindenden Amerikaners und die Halbwahrheit des Historikers Arnold Toynbee zu bestätigen schien, dass die englischsprachigen Völker durch

---

[406] Pakistaner sind mit großem Eifer in das Motelgeschäft eingestiegen.

[407] Die Aleuten gehörten zu den frühen Einwanderern aus Sibirien, aber sie kamen nie weiter nach Osten als bis zu den Aleuten. Dort fanden russische Pelzhändler vor etwa 200 Jahren 25.000 ihrer Nachkommen vor. Als die Russen 1867 Alaska an die USA verkauften, lebten nur noch 2.950 Aleuten. Wenn die Volkszählung von 1990 korrekt ist, befindet sich ihre Zahl jetzt im Aufschwung.

[408] *The American Heritage Book of Indians*, American Heritage Publishing Co., New York, 1961, S. 9, 25.

[409] *Our American Indians at a Glance*, Pacific Coast Publications, Menlo Park, Kalifornien, 1961, S. 6.

[410] *Harvard Encyclopedia of American Ethnic Groups*, S. 58-59. Der zahlreichste Indianerstamm sind heute die Navajo mit einer Bevölkerung von 160.000. Im siebzehnten Jahrhundert zählten die Navajos 9.000 Menschen.

Enteignung und Völkermord kolonisierten.[411] Bei der Volkszählung von 1990 wurden jedoch 1.878.285 Indianer gezählt, viele hunderttausend mehr als vor der Ankunft der Europäer. Etwa 70 Prozent dieser Indianer leben in 399 staatlichen Reservaten.[412]

Die Indianer der Vereinigten Staaten und Kanadas wurden nie zu einer mestizischen Bevölkerung, wie dies bei vielen lateinamerikanischen Indianern der Fall war. Der englische Siedler, der oft seine Familie mitbrachte, war nicht so anfällig für Rassenmischung wie der einsame spanische Soldat. Darüber hinaus waren die nordamerikanischen Indianer Jäger, Nomaden, isolierte Bauern und Fischer - weniger geschickt im Umgang mit anderen Menschen als die Mongoloiden in den städtischen Ballungsräumen der Azteken- und Inka-Reiche. Das soll nicht heißen, dass es keine Vermischung von Indianern mit Trappern, Händlern und anderen weißen Squaws" im Westen und mit Negersklaven in den Südstaaten gab.[413] In Lateinamerika verwässerte die südeuropäische Rassenmischung den indianischen und negerischen Stamm. In Nordamerika fand die nordeuropäische Rassenmischung hauptsächlich mit Schwarzen aus den Südstaaten statt. Trotz Rousseaus weit verbreiteter Vorstellung vom "edlen Wilden" und Coopers plutarchischen Mohikanern galten die Indianer in der Grenzzeit als die niedrigsten und entwürdigendsten aller Humanoiden.[414] Jetzt, da beide Seiten den Kriegspfad verlassen haben und es außer in den Spielhöllen ihrer Stämme kaum noch direkten Kontakt zwischen ihnen gibt, werden sie von ihren neuen weißen Freunden, der modernen Generation von Wahlkampfideologen, geschmeichelt und umschmeichelt und von ihren früheren Feinden vergessen. Es ist sogar üblich geworden - und ein Zeichen für ihr abnehmendes Rassenbewusstsein -, dass einige Weiße mit ihrem "indianischen Blut" prahlen. Natürlich nicht zu viel, aber genug, um Visionen von weiten, offenen Räumen und Remington Scouts heraufzubeschwören.

---

411 *Eine Studie der Geschichte*, Band V, S. 46. In der gleichen übertriebenen Weise hätte Toynbee die ewigen Kriege zwischen nomadischen Indianerstämmen als ebenso völkermörderisch beschreiben können.

412 *Time*, 3. September 1965, S. 72. Ein indianischer Autor, Vine Deloria, Jr., ist mit diesen Zahlen nicht einverstanden. Er schätzt, dass die Hälfte aller Indianer in den USA in den Städten des Ostens lebt und dass weitere 100.000 in den ländlichen Gebieten des Ostens verstreut sind. *New York Times Magazine*, 7. Dezember 1969.

413 Mindestens 200 Gemeinden im Osten der USA bestehen größtenteils aus dreirassigen Mischlingen indianischer, schwarzer und weißer Abstammung. Coon, a.a.O., S. 307. Madison Grant glaubte, dass die Hälfte der indianischen Bevölkerung weißes Blut hat.

414 Im Jahr 1866, drei Jahre nachdem Lincoln die Sklaven befreit hatte, bot ein Bezirk in Arizona immer noch 250 Dollar für einen Apachen-Skalp. *American Heritage Book of Indians*, S. 384. Francis Parkmans detaillierte Beschreibung des indianischen Kannibalismus und der Gewohnheit der Indianer, weiße Gefangene beiderlei Geschlechts zu foltern, macht die heftigen Reaktionen der Grenzbewohner verständlicher. *The Works of Francis Parkman*, Little Brown, Boston, 1892, Bd. III, insbesondere Kapitel XVII.

Halbblut, einst der verächtlichste Ausdruck im amerikanischen Englisch, ist zu einem so blutarmen Pejorativ verwässert worden, dass er kaum noch eine Augenbraue hochzieht.

Wenn die Lautstärke einer Minderheit im Verhältnis zu dem in der Vergangenheit erlittenen Leid stünde, wären die Indianer zu Recht die lautstärkste aller amerikanischen Bevölkerungsgruppen. Einst der alleinige und unangefochtene Herrscher über alles, was er überblickte, ist der Indianer auf der amerikanischen Gesellschaftsskala ganz unten angekommen und geblieben. Er wurde in Reservate getrieben, mit Alkohol übergossen, durch Pocken dezimiert und erhielt erst 1924 die vollen Staatsbürgerrechte. Im Jahr 1966 hatte der Durchschnittsindianer das niedrigste Einkommen aller Amerikaner und eine Arbeitslosenquote von fast 40%. Neunzig Prozent der Wohnungen lagen unter dem akzeptablen Standard. Die Lebenserwartung der Indianer lag einundzwanzig Jahre unter der der Allgemeinbevölkerung.[415] Die Indianer in den Reservaten sind immer noch die Mündel des Bureau of Indian Affairs, einer Organisation mit 16.000 Regierungsbeamten, die sich durch eine lange Reihe von administrativen Unzulänglichkeiten auszeichnet.[416]

Nach dem Vorbild dynamischerer Minderheiten haben die Indianer in letzter Zeit einige Anstrengungen unternommen, um ihre Reihen zu schließen - ein schwieriges Unterfangen, da sie immer noch mehr als hundert verschiedene Sprachen sprechen und zu mehr als 250 Stämmen gehören. Da sie nur selten in der Lage waren, sich zusammenzuschließen, als die Weißen sie von ihren Feldern und Jagdgründen vertrieben, wird ihr endemischer Tribalismus sicherlich weiterhin die Organisation einer wirksamen nationalen Lobby behindern. Der letzte große Versuch einer indianischen Erweckung war die Geistertanzreligion (1889-90), als Wovoka, ein Medizinmann der Paiute, die Rückkehr des Goldenen Zeitalters versprach. Millionenfüßige Bisonherden würden die Prärien wieder bevölkern. Tote Krieger würden sich mit ihren großen Häuptlingen erheben und auf einen letzten Kriegspfad gehen, der die Bleichgesichter aus dem Land vertreiben würde. Die Bewegung wurde von der Siebten Kavallerie leicht niedergeschlagen.[417] Die Aufstände der Indianer der letzten Tage, wie die Plünderung des Büros des Indianerbüros in Washington und der "Aufstand" von 1973 in Wounded Knee, beweisen zwar, dass der Rassismus der Indianer im Aufwind war, sind aber eher als Medienereignisse denn als ernsthafte Unabhängigkeitsbestrebungen zu betrachten.

Noblesse oblige verlangt, dass den ältesten Amerikanern, der einstigen Mehrheit, die vor Jahrhunderten zu einer Minderheit geworden ist, der einzigen amerikanischen Bevölkerungsgruppe mit einer weitgehend nicht mehr existierenden Kultur, ein gewisser Respekt entgegengebracht wird, auch wenn

---

[415] *Time*, 15. März 1968, S. 20.

[416] *San Francisco Examiner*, Diese Welt, 14. April 1968, S. 19.

[417] *American Heritage Book of Indians*, S. 371.

ihre gegenwärtigen Handlungen und ihr Verhalten ihn nicht verdienen. Der Indianer ist, obwohl er seiner Rolle selten gerecht geworden ist, der tragische Held des amerikanischen Epos. Er war mehr als 250 Jahre lang der Feind.[418] Es ist nur angemessen, dass die Ehre der Niederlage sowohl sein physisches Überleben als auch sein geistiges Fortbestehen sichert.

[418] Die Indianerkriege fanden 1891 mit der endgültigen Befriedung der Sioux ein Ende. Ebd., S. 400. Verglichen mit dem jahrhundertelangen Kampf mit den Indianern waren die Kriege Amerikas gegen Frankreich in der Kolonialzeit, gegen Großbritannien in der Revolutionszeit, gegen Mexiko und Spanien im neunzehnten Jahrhundert, gegen Deutschland, Japan, Nordkorea, Nordvietnam und den Irak im zwanzigsten Jahrhundert relativ kurz.

KAPITEL 17

Die Neger

DIE NEGRO-MINORITÄT, die größte und gewalttätigste Minderheit, verdient ein besonderes Kapitel, weil sie die Vereinigten Staaten vor ein Problem stellt, das oft unlösbar scheint. Der von schwarzen und weißen Agitatoren zu unterschiedlichen ideologischen Zwecken geschürte und überhitzte Neger-Rassismus hat inzwischen einen Punkt erreicht, an dem er den einst aufstrebenden amerikanischen *Zeitgeist* buchstäblich am Boden hält und ihn bis zur Unkenntlichkeit zu verstümmeln droht. Zum ersten Mal seit der Befriedung der Indianer, die nun selbst zu vereinzelten Anfällen von lokalem Widerstand greifen, sprechen selbsternannte Führer einer amerikanischen Minderheit ernsthaft davon, gegen die Staatsgewalt zu den Waffen zu greifen. Gleichzeitig vervielfacht sich innerhalb der Negergemeinschaft eine große kriminelle Kaste sowie eine noch größere Kaste von Sozialhilfeempfängern und entmenschlichten Drogenabhängigen. Eine schwarze Mittelschicht hat sich ebenfalls herausgebildet, aber auch eine Ghettobewohnerschaft mit vaterlosen Familien, deren uneheliche Kinder inzwischen die Kinder von Negerfamilien mit zwei Elternteilen übertreffen.

Die ersten Neger, die in den britischen Besitzungen in Nordamerika ankamen, waren zwanzig indentured servants, die 1619 von einem holländischen Schiff in Jamestown, Virginia, an Land gingen. Die Schwarzen sind bekanntlich schon so lange in Amerika wie die Mehrheit und länger als alle anderen Minderheitenangehörigen mit Ausnahme der Indianer. Überwältigt von der weißen Kultur, tauschten die Neger schnell ihre Stammesdialekte gegen die englische Sprache, ihre Stammesgötter gegen das Christentum und ihre Stammesnamen gegen die ihrer weißen Herren. Aber ihre Haut konnten sie nie eintauschen.

Die Negersklaverei, eine der ältesten und beständigsten menschlichen Institutionen, wurde in der Neuen Welt auf Betreiben des frommen christlichen Bischofs Bartolomé de las Casas eingeführt, der predigte, dass nur Neger das Joch der Leibeigenschaft überleben könnten, das die Spanier den Indianern auferlegt hatten.[419] Obwohl die "eigentümliche Institution" Ende des 17. Jahrhunderts in den südlichen Kolonien fest etabliert war, wurde die Sklaverei erst mit dem Beginn der industriellen Revolution zum großen Geschäft. Als die Baumwolle die Oberhand gewann und Blakes "dunkle satanische Mühlen" die

[419] Davie, a.a.O., S. 587. De las Casas' Vorschlag wurde zu spät angenommen. Fast alle Eingeborenen der großen westindischen Inseln wurden vor der Ankunft ihrer schwarzen Nachfolger ausgerottet.

Landschaften von Neu- und Altengland zu entstellen begannen, waren nur Neger in der Lage und verfügbar, die harte Feldarbeit auf den Plantagen des Südens zu ertragen.

Im Gegensatz zu verschwörerischen Theorien über die Geschichte der Neger, die das Unglück der Schwarzen ausschließlich auf die Weißen schieben, spielten afrikanische Stammeshäuptlinge eine Schlüsselrolle im Sklavenhandel. Sie waren die Beschaffungsagenten, die benachbarte Stammesangehörige sowie viele ihrer eigenen Untertanen zusammentrieben und sie zu den Sklavenschiffen brachten.[420] Rum war das Grundnahrungsmittel dieses zweifelhaften Handels und galt an der afrikanischen Westküste als Zahlungsmittel. Dort, so schreibt Charles Beard, "verkauften [die Neger] ihre Feinde, ihre Freunde, ihre Mütter, Väter, Ehefrauen, Töchter und Söhne für Neuenglands brühenden Trank, um ihren wilden Appetit zu stillen".[421]

Die Sklaverei war die Unmenschlichkeit der Weißen gegenüber den Schwarzen. Aber sie war auch die Unmenschlichkeit der Schwarzen gegenüber ihrer eigenen Art. Für viele Neger bedeutete der Transport nach Amerika lediglich, eine Form der Knechtschaft für eine andere aufzugeben. Oft war es eine zufällige Flucht vor Hunger, Krankheiten, Menschenopfern und Kannibalismus. Weiße, die Schuldgefühle wegen der Sklaverei haben, sollten bedenken, dass diese in den Vereinigten Staaten zwar seit mehr als einem Jahrhundert verboten ist, in Afrika aber immer noch weit verbreitet ist. In den 1960er Jahren konnte man für 5,60 Dollar in Somalia ein gesundes, halbkastiges Baby kaufen, für 2.200 Dollar ein attraktives junges Mädchen im Sudan.[422] 1980 verabschiedete die mauretanische Regierung ein Gesetz zur Abschaffung der Sklaverei, wie sie es schon mehrmals zuvor getan hatte, allerdings mit wenig Erfolg. Die Frage der Sklaverei spaltete die Amerikaner seit dem Moment ihrer Unabhängigkeit. Die besten Köpfe der Zeit - Franklin, Patrick Henry, Washington, Hamilton, Jefferson, Madison - waren gegen die Sklaverei, aber nicht bereit, sich mit ihr auseinanderzusetzen, weil die Einigung der jungen Republik dringlicher war. Die Ablehnung der Sklaverei bedeutete nicht unbedingt einen Glauben an die Gleichheit, die in der Unabhängigkeitserklärung so eloquent gepredigt wurde. Thomas Jefferson, der den größten Teil dieses Dokuments verfasste, vertrat die Ansicht, dass

---

[420] Der Neger-Historiker John Hope Franklin weist darauf hin, dass "die Sklaverei eine wichtige Funktion im sozialen und wirtschaftlichen Leben der Afrikaner war". *Von der Sklaverei zur Freiheit*, Knopf, New York, 1967, S. 31. Eine der bevorzugten Methoden der Zusammenrottung war es, ein Dorf bei Nacht in Brand zu setzen und die fliehenden Bewohner gefangen zu nehmen. *Ency. Brit.*, Bd. 20, S. 780.

[421] Beard, *Rise of American Civilization*, Bd. I, S. 93-94. Die Sklaven wurden in Schiffen transportiert, aus denen die Schweinsköpfe vorübergehend entfernt worden waren.

[422] Sean O'Callaghan, *The Slave Trade Today*, nachzulesen im *San Francisco Chronicle*, This World, 27. Mai 1962. In den letzten Jahren wurden in den USA Neger, nicht Weiße, wegen des Verbrechens der Leibeigenschaft verhaftet. *Miami Herald*, 22. März 1973, S. 1.

"Schwarze, ob sie nun ursprünglich eine eigene Rasse waren oder durch die Zeit und die Umstände zu einer eigenen Rasse gemacht wurden, den Weißen sowohl in den körperlichen als auch in den geistigen Eigenschaften unterlegen sind".[423] Jefferson war besonders pessimistisch, was die intellektuellen Fähigkeiten der Neger anging.

> Wenn man sie nach ihren Fähigkeiten des Gedächtnisses, der Vernunft und der Vorstellungskraft vergleicht, scheint es mir, dass sie im Gedächtnis den Weißen ebenbürtig sind; in der Vernunft weit unterlegen, wie ich glaube, dass man kaum einen finden kann, der die Untersuchungen von Euklid nachvollziehen und verstehen kann; und dass sie in der Vorstellungskraft dumpf, geschmacklos und anomal sind ... Sie verblüffen einen mit Anschlägen der erhabensten Redekunst ... Aber noch nie konnte ich feststellen, dass ein Schwarzer einen Gedanken geäußert hat, der über das Niveau einer einfachen Erzählung hinausging ..."[424]

Nachdem die Frage der Sklaverei das Stadium des Aufruhrs erreicht hatte, stellte der aus Maryland stammende Oberste Richter Roger B. Taney, der die Mehrheitsmeinung in der Dred-Scott-Entscheidung (1857) schrieb, gerichtlich fest, dass Neger "Wesen minderer Ordnung" seien. Abraham Lincoln, der ebenfalls nicht an die genetische Gleichheit der Neger glaubte, setzte sich entschieden für die Trennung der beiden Rassen ein und war ein starker Befürworter des Gesetzes von Illinois, das die Heirat zwischen Weißen und Negern unter Strafe stellte.[425]

---

423 *The Life and Selected Writings of Thomas Jefferson,* Modern Library, N.Y., 1944, S. 262. Jefferson befürwortete die Emanzipation der Neger, warnte aber davor, dass die Schwarzen, "wenn sie befreit sind ... aus der Reichweite der Vermischung entfernt werden müssen...". Ebd. Wie Jeffersons Ideen so bearbeitet wurden, dass sie den modernen liberalen Vorstellungen von Gleichberechtigung entsprachen, zeigt die Inschrift auf dem Jefferson-Denkmal in Washington, die lautet: "Nichts ist sicherer im Buch des Schicksals geschrieben, als dass diese Menschen frei sein sollen." Der Steinmetz setzte einen Punkt an die Stelle des ursprünglichen Semikolons. Jeffersons Satz fuhr fort: "Noch weniger sicher ist es, dass die beiden Rassen, die gleichermaßen frei sind, nicht unter derselben Regierung leben können." George Washington, dem die Neger zwar nicht so verbal wie Jefferson, aber vielleicht doch großzügiger am Herzen lagen, sorgte dafür, dass seine Sklaven nach seinem Tod freigelassen wurden. Jefferson, der zeitweise bis zu 212 Sklaven besaß, tat dies nicht.

424 Ebd., S. 257-58.

425 Benjamin Quarles, *Lincoln and the Negro,* Oxford University Press, N.Y., 1962, S. 36-37. In einer seiner Debatten mit Stephen Douglas im Jahr 1858 wurde Lincoln mit den Worten zitiert: "Was ich mir am meisten wünschen würde, wäre die Trennung der weißen und der schwarzen Rasse." Im Jahr 1862 lud Lincoln einige freie Neger ins Weiße Haus ein, um die Gründe für eines seiner Lieblingsprojekte, die Rückführung amerikanischer Schwarzer nach Afrika, zu erläutern. "Zwischen uns besteht ein größerer Unterschied als zwischen fast allen anderen Rassen... dieser physische Unterschied ist ein großer Nachteil für uns beide... Eure Rasse leidet sehr darunter... unter uns zu leben, während unsere unter eurer Anwesenheit leidet... Wenn man das zugibt, so ist das zumindest ein Grund, warum

Wie bereits erwähnt, stieg die Zahl der Schwarzen in den Vereinigten Staaten in den Jahren (1790-1860), in denen fast 90% der Neger Sklaven waren, von etwa 750.000 auf fast 4.500.000.[426] Die Sklaverei war abscheulich für Körper und Geist, aber wie die Versechsfachung der schwarzen Bevölkerung innerhalb von siebzig Jahren zeigt, war sie kaum ein Völkermord. Da der Kongress den Sklavenhandel 1808 verboten hatte, konnte der größte Teil des Anstiegs nur auf die Fruchtbarkeit der Neger zurückgeführt werden.

Die enormen Opferzahlen des Bürgerkriegs sind der Beweis dafür, dass der Fluch der Sklaverei sowohl die Weißen als auch die Schwarzen traf. Nach dem Ende des Krieges und der Abschaffung der Sklaverei durch den 13. Zusatzartikel wurden zwanzig Neger-Abgeordnete und zwei Neger-Senatoren in den Kongress entsandt. Gleichzeitig wimmelte es in den Hauptstädten der Südstaaten von schwarzen Amtsinhabern und Amtsanwärtern. Eine Zeit lang sah es so aus, als könnten die militärische Macht und die Rachsucht der Yankees sowie die Zahl der Neger und die Demoralisierung des Südens die Farbe und den Charakter der Südstaatenkultur verändern. Doch die Weißen des Südens gingen in den Untergrund und organisierten den Ku-Klux-Klan, dessen Night Riders den Besatzungstruppen und ihren weißen und schwarzen Kollaborateuren einige Lektionen in Sachen Terrortaktik und Guerillakrieg erteilten. Der Norden, der sich immer mehr in Finanzspekulationen und industriellem Wachstum verstrickte, war es schließlich leid, Gleichheit zu erzwingen, wo es keine gab. Präsident Rutherford B. Hayes, ein gemäßigter Republikaner, zog 1877 die letzten Bundestruppen ab, und der Süden wurde an die Südstaatler zurückgegeben. Während die Neger wieder in Leibeigenschaft und Sharecropping versanken, bestätigte der Oberste Gerichtshof die Verfassungsmäßigkeit der Rassentrennung nach dem Ersten Weltkrieg mit der "Separate but equal"-Doktrin von *Plessy v. Ferguson* (1896).

Ein zufälliger Besucher von Mississippi oder Alabama am Ende des Jahrhunderts hätte zu dem Schluss kommen können, dass die Sklaverei abgesehen von ein paar rechtlichen Formalitäten wieder eingeführt worden war. Damit hätte er recht gehabt, aber nicht für lange. Die industrielle Revolution, die sich nun in ihrer Mitte befand, schickte sich an, das Schicksal der Neger in eine neue Richtung zu lenken. Der Eintritt Amerikas in den Ersten Weltkrieg war mit einem großen Mangel an Fabrikarbeitern verbunden. Zehntausende von Negerpächtern und -arbeitern hörten den Ruf und begannen eine Massenwanderung in die Städte des Nordens, die erst in den späten 70er Jahren zum Stillstand kam. Im Jahr 1900 lebten 90 Prozent der Negerbevölkerung unterhalb der Mason-Dixon-Linie, 1950 waren es 70 Prozent. Heute leben von

---

wir getrennt werden sollten." Carl Sandburg, *Abraham Lincoln, The War Years*, Harcourt Brace, N.Y., 1939, Bd. 1, S. 574. Für eine Zusammenfassung von Lincolns Haltung gegenüber Negern siehe die Aussage von Ludwell H. Johnson, einem außerordentlichen Professor am College of William and Mary, in Putnams *Race and Reality*, S. 134-37.

[426] Franklin, op. cit., S. 186, 217.

den 29 986 060 Schwarzen, die bei der Volkszählung von 1990 erfasst wurden, etwas mehr als die Hälfte im Süden.

Die Umwandlung der schwarzen Minderheit in eine städtische Bevölkerung beendete die politische Isolation der Schwarzen und brachte sie zum ersten Mal in die Reichweite der Koalition aus Liberalen und Minderheiten, die die amerikanische Politik während des größten Teils dieses Jahrhunderts dominiert hat. Im Norden und später im Süden wurden die Neger in das Geheimnis der Blockwahl eingeweiht.[427] Als die politische Karriere immer mehr von diesen Stimmen abhing, begann eine Zitadelle nach der anderen des weißen Widerstands zu bröckeln. Der Hauptschlüssel zum Erfolg der Bürgerrechtsbewegung waren die enormen finanziellen Beiträge von Stiftungen, Kirchen und wohlhabenden weißen Minderheitenorganisationen sowie die juristischen Manöver und die Lobbyarbeit von Negerorganisationen, die von weißen Liberalen und Juden finanziert und zum großen Teil auch geleitet wurden.[428] Der Oberste Gerichtshof half mit, indem er die Wahlsteuer und die

---

[427] Bei den Präsidentschaftswahlen 1964 stimmten 95 Prozent der Neger für Lyndon Johnson. *Time*, 4. November 1964, S. 4. Achtundzwanzig Jahre später, bei den Präsidentschaftswahlen 1992, erhielt Clinton, der Gewinner der Demokraten, 83 Prozent der schwarzen Stimmen. Elf Prozent der Schwarzen wählten Bush; sieben Prozent stimmten für Perot. *Voter Research and Survey*, ABC-Studie mit 15.214 Wählern.

[428] Julius Rosenwald von Sears, Roebuck war viele Jahre lang der größte Geldgeber für die Belange der Neger. Der erste Präsident der Urban League, der zweitgrößten Negerorganisation, war der New Yorker Bankier Edwin Seligman. Ein Vierteljahrhundert lang waren die Präsidenten der National Association for the Advancement of Colored People (400.000 Mitglieder und ein Jahresbudget von 13 Millionen Dollar, Stand 1992) Juden, der letzte war Kivie Kaplan, dessen Familie achtundfünfzig Mitglieder mit 500 Dollar auf Lebenszeit hatte. Der mehrjährige Leiter des NAACP Legal Defense Fund ist Jack Greenberg. Yaffe, *The American Jews*, S. 257, und Arnold Rose, *The Negro in America*, Beacon, Boston, 1961, S. 267. Bevor er von schwarzen Separatisten ermordet wurde, schrieb der Negeraktivist Malcolm X: "Ich habe dem Juden das Verdienst zugeschrieben, unter allen anderen Weißen der aktivste und lautstärkste Finanzier, 'Führer' und 'Liberale' in der Bürgerrechtsbewegung der Neger zu sein." *Autobiographie von Malcolm X*, S. 372. Jüdische intellektuelle und finanzielle Unterstützung war für radikale Negerorganisationen ebenso großzügig wie für die Urban League und die NAACP. Gruppen wie CORE und SNCC lebten praktisch von jüdischen Spenden. Im Januar 1970 veranstaltete Leonard Bernstein eine Party in seiner Wohnung in der Park Avenue und sammelte 3.000 Dollar, zu denen er noch die Gage seines nächsten Konzerts hinzufügte, für einundzwanzig Black Panthers, die verhaftet worden waren, weil sie die Ermordung von Polizisten und die Sprengung einer Polizeistation, von Kaufhäusern und einer Eisenbahntrasse geplant hatten. *Time*, 26. Januar 1970, S. 14. Eine Woche später half der ehemalige Richter am Obersten Gerichtshof Goldberg bei der Bildung einer Sonderkommission, die untersuchen sollte, ob die Chicagoer Polizei die Rechte der Black Panthers verletzt hatte. Zuvor hatte die Presse berichtet, dass die Panther bei "Schießereien" in zwanzig Bundesstaaten fünf Polizisten getötet und zweiundvierzig weitere verwundet hatten. *Human Events*, 7. Februar 1970, S. 10. Jüdisches Geld spielte

Alphabetisierungstests aufhob, zwei politische Sicherheitsvorkehrungen, die der Süden gegen eine Wiederholung der Black Power aus der Zeit der Reconstruction errichtet hatte. Ende der 1950er Jahre sah es so aus, als würde sich der Bürgerkrieg in Miniaturform wiederholen. Freiheitsmarschierer, Bundesmarschälle, Anwälte des Justizministeriums, Prediger, Lehrer, Kiebitze, Liberale, Ultraliberale - kurz gesagt, eine ganz neue Generation von "carpetbaggers" - versammelten sich im Süden, um die Spannungen zu erhöhen und die Gewalt zu schüren, die nach der Entscheidung des Obersten Gerichtshofs zur Aufhebung der Rassentrennung in Schulen (1954) einsetzte. Doch die Zeiten und die Geopolitik hatten sich geändert. Das Elend der Ghettos im Norden erinnerte täglich daran, dass das Problem der Neger nicht länger auf die untere Hälfte einer sauberen geografischen Zweiteilung beschränkt werden konnte.

Die weißen Liberalen und Minderheitenangehörigen, die in der Tradition der Abolitionisten des 19. Jahrhunderts die Benachteiligung der Neger enthusiastisch als politische und wirtschaftliche Keule benutzt hatten, um den verhassten Süden, die letzte Hochburg des Rassismus der Mehrheit, zu schlagen, waren nicht so begeistert, als sie mit den Negern des Südens konfrontiert wurden, die *in Massen* in die Städte des Nordens zogen. Es ist beruhigender, anderen zu sagen, wie sie ihre Fehler beheben können, als die eigenen zu korrigieren. Ein Teil der Lösung für das Dilemma der Neger durch die liberale Minderheit bestand darin, ihnen den Hass auf die Weißen des Südens einzutrichtern. Doch für den Neger aus dem Norden sahen alle Weißen gleich aus. Ironischerweise wurden die Sündenböcke zu den Sündenböcken.

Der Wind war gesät, und der Wirbelsturm brach los, als die Neger endlich die Heuchelei und Feigheit ihrer weißen Verbündeten spürten. Von 1964 bis zur ersten Hälfte des Jahres 1968 verursachten die Rassenunruhen der Neger,[429] die meisten von ihnen in den Großstädten des Nordens, 215 Tote, 8.950 Verletzte und 285 Millionen Dollar an Versicherungsschäden.[430] Die Unruhen in Los Angeles im Jahr 1992 waren mit Kosten von über 1 Milliarde Dollar und 58 Toten die bisher größten. Obwohl in den Medien nicht darüber berichtet wurde,

---

in den Wahlkampagnen der Neger-Bürgermeister Carl Stokes von Cleveland und Richard Hatcher von Gary, Indiana, eine wichtige Rolle. Phillips, *The Emerging Republican Majority*, S. 350.

429 Der schwedische Soziologe Gunnar Myrdal, dessen zweibändiges integrationistisches Traktat *An American Dilemma* (1944) die intellektuelle Lunte der Black Power entzündete, sagte keine "weiteren Unruhen von nennenswertem Ausmaß an Gewalt im Norden" voraus. Sein Mitautor, Arnold Rose, sagte 1962, dass alle formellen Rassentrennungen und Diskriminierungen in einem Jahrzehnt enden würden und die informellen Rassentrennungen in zwei Jahren "zu einem Schatten" herabsinken würden. *New York Times Magazine*, 7. Dezember 1969, S. 152.

430 *U.S. News & World Report*, 15. Juli 1968, S. 31. Weitere Ausbrüche von Plünderungen und Morden fanden in den 1970er Jahren statt. Der Aufstand in Miami, einer der blutigsten, fand 1980 statt.

handelte es sich bei den Unruhen, von denen man einige eher als Aufstände bezeichnen könnte, nicht immer um verrückte, irrationale Akte der Selbstverbrennung. Man könnte sie auch als eine gut durchdachte Strategie ansehen, um die Händler, vor allem die Koreaner, zu vertreiben, die sie nach Ansicht der Ghettobewohner ausnutzten und zu viel verlangten.[431] Nicht allgemein bekannt war auch die Tatsache, dass die Unruhen nicht von den Armen oder Benachteiligten angeführt wurden, sondern von den einkommensstärkeren, besser ausgebildeten Negern.[432]

1969 griffen schwarze paramilitärische Kader, die sich als Elitegarde der Rassenrevolution etablieren wollten, Polizisten an, überfielen sie in den Straßen der Ghettos oder schossen sie aus nächster Nähe nieder, wenn sie schwarze Militante wegen Verkehrsverstößen anhielten. Bewaffnete Negerbanden besetzten Gebäude oder Klassenzimmer mehrerer Colleges, nahmen Verwaltungsbeamte und Professoren als Geiseln und wurden später amnestiert, nachdem sie die zitternden Präsidenten, Dekane und Fakultäten gezwungen hatten, sich ihren Forderungen zu beugen. Andere Negergruppen verlangten von den Kirchen Tribut als "Wiedergutmachung" für die Misshandlungen während der Sklaverei.[433] Die Sünden der Väter wurden weit über die dritte und vierte Generation hinaus auf die Kinder abgewälzt. Liberale Mehrheiten und rassistische Minderheiten, die Hitlers Nürnberger Gesetze nicht ertragen konnten, wurden aufgefordert, einem moralischen Gesetz zuzustimmen - und

---

[431] Ende 1968, nach mehreren Jahren der Brandstiftung und Plünderung, waren 39 Prozent der Geschäfte in den fünfzehn größten Ghettos noch in jüdischem Besitz. *Wall St. Journal*, 31. Dezember 1968, S. 1, 12. Schwarze Aktivisten begleiteten ihre Angriffe auf jüdische Geschäfte mit gelegentlichem Aufflackern von Antisemitismus. Will Maslow, damals geschäftsführender Direktor des American Jewish Congress, trat aus dem Exekutivkomitee von CORE aus, nachdem er an einer Schulversammlung in Mount Vernon N.Y. teilgenommen hatte, in deren Verlauf ein Nego-Lehrer erklärte, Hitler habe nicht genug Juden getötet. Die meisten Juden waren viel zu sehr der Sache der Neger verpflichtet, um Maslows Tat zu begrüßen. Yaffe, a.a.O., S. 261. Erst als Negerführer 1979 den Zionismus offen angriffen, nachdem Carter den UN-Botschafter Andrew Young entlassen hatte, weil er mit einem Mitglied der PLO gesprochen hatte, wurde der Riss in der schwarz-jüdischen Allianz zu einem Thema in den Abendnachrichten des Fernsehens.

[432] Die Verdächtigen bei der polizeilichen Gegenüberstellung nach den Unruhen in Washington 1968 waren "erstaunlich anständig". Die meisten waren noch nie mit dem Gesetz in Konflikt geraten. Mehr als die Hälfte waren Familienväter. *U.S. News & World Report*, 22. April 1968, S. 29.

[433] Die Frage der Reparationen wurde von schwarzen Kongressabgeordneten aufgegriffen, die im Repräsentantenhaus die Gesetzesvorlage H.R. 40 einbrachten, mit der eine Kommission eingesetzt werden soll, die unter anderem Empfehlungen zur Höhe der Reparationen aussprechen soll, die Negern für die Zeit geschuldet werden, die ihre Vorfahren von der Kolonialzeit bis zur Verabschiedung des Dreizehnten Zusatzartikels als Sklaven verbracht haben.

viele stimmten zu -, das Rassen für Taten verantwortlich machte, die von längst verstorbenen Personen begangen worden waren.

Wenn die Militanz der Schwarzen nicht auf die absichtliche Böswilligkeit des "weißen Rassismus" zurückzuführen ist, wird[434] oft als erwartete und entschuldbare Folge des niedrigen wirtschaftlichen Status der Neger erklärt. Es wird auf staatliche Statistiken verwiesen, die das Vorhandensein einer riesigen, wachsenden schwarzen Unterschicht belegen.[435] Die Statistiken für 1978 zeigen jedoch wirtschaftliche Fortschritte der Schwarzen, die einige Jahrzehnte zuvor noch undenkbar gewesen wären. Die Beschäftigung von Schwarzen in den beruflichen und technischen Bereichen stieg auf 8,7 Prozent (von 6,7 Prozent im Jahr 1970). Das Medianeinkommen schwarzer Frauen lag bei 8.097 Dollar, verglichen mit 8.672 Dollar für weiße Frauen. Bei Büroarbeiten verdienten schwarze Frauen sogar mehr als weiße Frauen (169 Dollar wöchentlich gegenüber 165 Dollar). Schwarze Highschool-Absolventen verdienten 77 Prozent des Einkommens ihrer weißen Kollegen (1967 waren es noch 69 Prozent). Schwarze Hochschulabsolventen verdienten 80 bis 85 Prozent des Einkommens weißer Absolventen (1967 waren es noch 54 Prozent). Schwarze Familien mit zwei Einkommen im Norden und Westen verdienten mehr als weiße Familien mit zwei Einkommen (14.995 Dollar gegenüber 14.030 Dollar im Jahr 1974).[436] Wie sich herausstellt, ist die Militanz der Schwarzen ebenso

---

434 Der weiße Rassismus wurde in dem von der Regierung geförderten *Kerner-Bericht* (1967), der von Bundesrichter Otto Kerner verfasst wurde, der später zusammen mit seinem ehemaligen Mitarbeiter Theodore Isaacs der Bestechung, des Betrugs und der Erpressung für schuldig befunden wurde, ausdrücklich als Hauptschuldiger an der Misere der amerikanischen Neger genannt. *Time*, 13. Dezember 1971, S. 15. Solche offiziellen Anprangerungen verstärken unweigerlich den Hass auf die Weißen als Gruppe, was wiederum die Gefühle der Weißen gegenüber den Negern verhärtet. Malcolm X veranschaulichte den Endpunkt der geschürten Rassenfeindlichkeit, als er zu einem Flugzeugabsturz, bei dem etwa dreißig weiße Amerikaner, zumeist aus Atlanta, ums Leben kamen, sagte: "Ich habe gerade eine gute Nachricht gehört!" *Autobiographie von Malcolm X*, S. 394. Eine solche rassistische Vehemenz ist natürlich nicht nur den Negern zu eigen. Eine ähnliche Anspannung war bei dem verstorbenen Ben Hecht zu beobachten, der schrieb, er habe jedes Mal einen "Feiertag in seinem Herzen", wenn ein Zionist einen britischen Soldaten tötete. *New York Times*, 20. Mai 1947, S. 1.

435 Dennoch übersteigt das Einkommen der durchschnittlichen Negerfamilie in den USA das Einkommen der durchschnittlichen britischen Familie. *Economist*, London, 10. Mai 1969, S. 19.

436 Die *Sonntagszeitung Oregonian*, 14. September 1980. Diese Zuwächse werden natürlich durch die hohe Arbeitslosigkeit bei den Weißen und die höhere Arbeitslosigkeit bei den Schwarzen sowie durch die sich verschlechternden sozialen Bedingungen der Neger im Ghetto ausgeglichen. Im Jahr 1992 wurden 67 Prozent aller schwarzen Babys von unverheirateten Müttern geboren. Mehr als die Hälfte der von Frauen geführten Familien lebte unterhalb der Armutsgrenze. Was die arbeitslosen schwarzen Jugendlichen anbelangt, so haben einige Studien ergeben, dass eine große Zahl junger Neger, wenn sie

sehr eine Funktion des wirtschaftlichen Fortschritts der Schwarzen wie der Entbehrungen der Schwarzen.

Es gibt auch eine Fülle historischer Beweise dafür, dass Gewalt gegen Schwarze und Armut von Schwarzen nicht in einem engen kausalen Zusammenhang stehen. Niemand kann leugnen, dass die wirtschaftliche Lage der Schwarzen in der Zeit der Sklaverei und des Sharecropping viel schlechter war als heute. Dennoch gab es in dieser Zeit nur drei bekannte Negeraufstände, und selbst diese waren von geringer Bedeutung. Der größte wurde 1831 von Nat Turner in Southampton County, Virginia, angeführt. Wenn dieses eher unrühmliche Ereignis - bei dem insgesamt zehn Männer, vierzehn Frauen und einunddreißig Kinder starben - die größte Explosion der Negerwut auf dem nordamerikanischen Festland seit drei Jahrhunderten war, kann man mit Sicherheit davon ausgehen, dass die Schwarzen nicht von WASP-Sklavenhaltern zur Gewalt angestachelt wurden.[437]

Anderswo war die Bilanz der Neger anders. Die französischen Erfahrungen in Haiti, wo es zu einem fast vollständigen Massaker an der weißen Bevölkerung kam, und der jüngste Krieg zwischen Nigeria und Biafra, in dem eine Million Schwarze starben, deuten kaum auf eine Neigung der Schwarzen zum Pazifismus hin. Auch das Blutbad zwischen den Stämmen 1994 in Ruanda, bei dem mehr als 500.000 Männer, Frauen und Kinder abgeschlachtet wurden, deutet nicht darauf hin. Was jedoch darauf hindeutet, ist, dass Neger eher zu Revolten oder Aufständen neigen, und zwar nicht, wenn sie unterdrückt werden, sondern wenn sie durch Stammesinbrunst, rassistische Reden schwarzer und weißer Radikaler und winkende Gelegenheiten für Massenplünderungen aufgestachelt werden.

Eine unbestreitbare Ursache der schwarzen Gewalt ist die Schwächung des weißen Widerstands. In der gesamten amerikanischen Geschichte war die weiße Vorherrschaft eine Grundvoraussetzung für die sozialen Beziehungen des Landes. Selbst die glühendsten Abolitionisten verströmten den Hauch des Großen Weißen Vaters. In der Tat war die weiße Vorherrschaft von so überwältigender Akzeptanz, so fest verankert und so gründlich institutionalisiert, dass die Neger es kaum wagten, sie zu kritisieren, geschweige denn energischere Maßnahmen zu ergreifen. Heute jedoch ist die weiße Vorherrschaft oder, um ihr ihren modernen Namen zu geben, der weiße Rassismus, so geschwächt, dass die Militanz der Neger nicht nur möglich, sondern auch gewinnbringend ist. Dass sie zum Stillstand käme, sobald die Neger sowohl Chancengleichheit als auch

---

einen Arbeitsplatz angeboten bekämen, diesen entweder ablehnten oder bald wegen Inkompetenz oder Abwesenheit entlassen würden.

[437] Zwei dieser drei Rebellionen wurden von negerischen Haussklaven verraten. Sie wurden jeweils durch die Französische Revolution oder durch entsprechende Passagen aus dem Alten und Neuen Testament inspiriert. Franklin Frazier, *The Negro in the United States*, Macmillan, New York, 1957, S. 87-91.

gleiche Ergebnisse erzielten, ist die reinste Form von Wunschdenken. Wer würde die Richter sein? Schwarze Aktivisten? Militante schwarze Politiker? Und wie sollen gleiche Ergebnisse gemessen werden?

Wenn die Mitglieder der Mehrheit nur begreifen würden, dass der ganze Sinn, der ganze Antrieb, das eigentliche Wesen des Rassismus der Minderheiten nicht darin besteht, Gleichheit zu erreichen, sondern Überlegenheit zu erlangen, würden die meisten Missverständnisse und Fehlinterpretationen des heutigen Verhaltens der Neger vermieden werden. Rassismus kann nicht durch Alibi-Ernennungen im Kabinett, Sitze am Obersten Gerichtshof oder Rassenquoten aufgefangen werden. In seinen dynamischen Stadien kann der Rassismus nur durch eine überlegene Kraft kontrolliert oder unterdrückt werden, eine Kraft, die am wirksamsten durch einen entgegengesetzten oder entgegenwirkenden Rassismus bereitgestellt wird. Unbestreitbar ist, dass die einzige Möglichkeit, die Militanz der Neger nicht zu stoppen, darin besteht, sie zu belohnen.

Es gibt keinen besseren Beweis für den Niedergang der amerikanischen Mehrheit als die anhaltenden Erfolge des schwarzen Rassismus. Die Neger gehören zu den rückständigsten der großen Rassen der Welt und zu den rückständigsten der großen Bevölkerungsgruppen Amerikas. Dennoch ist es ihnen in den letzten Jahrzehnten gelungen, eine Art Staat im Staate zu errichten und im Namen der Gleichheit eine Art von Übergleichheit zu erreichen, die zur Etablierung eines doppelten Standards - einen für sie selbst, einen für die Weißen - in den Bereichen Justiz, Bildung und Wirtschaft der amerikanischen Gesellschaft geführt hat. Die Tatsache, dass das, was als "affirmative action" bekannt geworden ist, so schnell erreicht werden konnte, ist ein anschaulicher Beweis für die Macht des Rassismus. Neger haben, wie einige ihrer eigenen Führer unter vier Augen zugeben werden, kaum eine andere Möglichkeit, für sich zu arbeiten. Es wurden mehrere Theorien aufgestellt, um die Rückständigkeit der Neger zu erklären. Eine der bekanntesten wurde von Arnold Toynbee aufgestellt, der in seinem monumentalen Werk *Study of History* einundzwanzig Zivilisationen aufzählt, von denen die meisten von Weißen, einige von Gelben und keine von Schwarzen geschaffen wurden.[438] Toynbee erklärte das zivilisatorische Defizit des Negers mit der Theorie von Herausforderung und Reaktion. Umgeben von der Fülle der Natur in den üppigen afrikanischen Tropen musste der Neger, so Toynbees Postulat, nur seine Hand heben, um seinen Lebensunterhalt zu verdienen. Bei einem Minimum an Herausforderung gab es auch ein Minimum an Reaktion. Da der Neger sozusagen von Mutter Natur mit dem Löffel gefüttert wurde, war er nicht ausreichend stimuliert, um seinen geistigen Apparat zu seinem vollen Potenzial zu entwickeln.[439]

---

[438] Bd. 1, S. 232.

[439] Bd. 2, S. 26-29.

Eine andere Hypothese, die sich auf das stützt, was der verstorbene A. L. Kroeber kulturelle Diffusion nannte, behauptet, dass der Neger, der durch die Geographie vom Hauptweg des sozialen Fortschritts abgetrennt wurde, unter dem Mangel an Kontakt mit anderen Zivilisationen litt und folglich auf dauerhafte Barbarei programmiert war. Eine elegantere Theorie, die so elegant ist, dass sie praktisch nicht zu widerlegen ist, besagt, dass die Lage des Negers einfach auf Pech zurückzuführen ist, dass das Schicksal aller Rassen das Ergebnis eines blinden Zufalls und eines historischen Unfalls ist und dass die Weißen, wenn das Schicksal ihnen nicht so wohlgesonnen gewesen wäre, immer noch in Höhlen leben würden. Stull vertritt einen anderen, eher rationalisierenden als rationalen Standpunkt und behauptet, dass der gegenwärtige Zustand der Neger auf ein geschickt eingefädeltes weißes Komplott zurückzuführen ist. Weiße Sklavenhändler werden beschuldigt, blühende Negerzivilisationen in Afrika absichtlich ausgelöscht zu haben, und die weißen Imperiumsgründer, die ihnen folgten, werden beschuldigt, die überlebenden Stammesstaaten in schmutzige finanzielle Enklaven und von Bossen beherrschte Plantagen verwandelt zu haben.

Wie zu erwarten war, haben einige oder alle dieser Vermutungen bei den umweltwissenschaftlichen Schulen der Sozialwissenschaften Anklang gefunden, obwohl sie voller Ungereimtheiten, Vermutungen und rassistischem Axt-Schleifen sind. Toynbees Hypothese von Herausforderung und Reaktion verliert viel von ihrer Glaubwürdigkeit, wenn man sich vor Augen führt, dass viele geografische Zonen, die von afrikanischen Negern bewohnt werden - wie das ostafrikanische Hochland -, ziemlich untropisch sind und in Bezug auf Klima, Flora und Fauna den Gebieten ähneln, die einige der 21 Zivilisationen von Toynbee hervorgebracht haben.[440] Was die Theorie der kulturellen Verbreitung betrifft, so lebten Neger seit jeher in großer Zahl an der südlichen Grenze des alten Ägypten und waren somit das nächstgelegene aller Völker - nur eine kurze Fahrt den Nil hinunter zu einer der frühesten und größten Zivilisationen der Welt. Angesichts dieses Vorsprungs sollten die Neger anderen Rassen in ihren kulturellen Errungenschaften weit voraus sein. Was die Theorie des historischen Zufalls betrifft, so kann man nur sagen, dass sich das Glück der Neger in 6.000 Jahren mindestens einmal geändert haben sollte.

Diejenigen, die genetische Gründe für die Rückständigkeit der Neger finden, scheinen ein viel stärkeres Argument zu haben als die Behavioristen und Equalitarians. Sie verweisen auf die These von Carleton Coon, dass die Negerrasse in ihrer Entwicklungsstufe jünger ist als andere Rassen.[441] Sie legen

---

[440] Möglicherweise ist es eine Krankheit und nicht eine unzureichende Herausforderung, die den Neger so lethargisch gemacht hat. Die Hälfte aller schwarzen Afrikaner leidet an Sichelzellenanämie, einer endemischen Krankheit, die sie zwar gegen Malaria immunisiert, aber ihre körperlichen und geistigen Funktionen einschränkt. An der Sichelzellenanämie leiden 50.000 Amerikaner, die meisten von ihnen sind Schwarze.

[441] Siehe S. 19.

medizinische Forschungsergebnisse vor, die belegen, dass Negerkinder eine schnellere Reifung haben als weiße Kinder, so wie auch Tiere eine schnellere Reifung haben als Menschen. Hinsichtlich der Spaltbildung, der Dicke der supragranulären Schichten und der Anzahl der Pyramidenneuronen stellten sie fest, dass der Frontallappen und die Hirnrinde bei Negern weniger entwickelt sind als bei Weißen.[442]

Diejenigen, die den Genen mehr Glauben schenken als der Umwelt, legen auch eine Fülle von Unterlagen vor, die aus jahrzehntelangen Intelligenztests stammen und zeigen, dass der durchschnittliche IQ des Negers 15 bis 20 Punkte unter dem des Weißen liegt.[443] Sie verweisen auf Studien, die die anhaltend schlechten Leistungen von Negern in der Bildung auf angeborene Lernschwächen zurückführen.[444] Sie stellen die Emanzipation der Neger in den Vereinigten Staaten der gleichzeitigen Emanzipation der russischen Leibeigenen gegenüber und vergleichen die soziale Mobilität der Nachkommen der letzteren mit der anhaltenden Trägheit der amerikanischen Schwarzen nach der Sklaverei.[445] Sie verweisen auf die Erfolgsgeschichte der chinesischen Kulis, die bei ihrer Ankunft in Amerika genauso ungebildet und mittellos waren wie die Neger nach der Ersten Republik und mit den amerikanischen Gepflogenheiten weit weniger vertraut. Dennoch brauchten sie nicht mehr als ein Jahrhundert, um das mittlere Einkommensniveau zu erreichen und zu übertreffen. Sie zitieren Hegel, Conrad, Schweitzer und Faulkner, um darauf hinzuweisen, dass die

---

[442] Zu den Reifungsraten siehe Marcelle Geber, *The Lancet*, 15. Juni 1957, Vol. 272, Nr. 6981, S. 1216-19. Für Studien über Frontallappen und Kortex siehe C. J. Connolly, *External Morphology of the Primate Brain*, 1950, Springfield, Illinois, S. 146, 203-4; C. W. M. Pynter und J. J. Keegan, "A Study of the American Negro Brain," 1915; *Journal of Comparative Neurology*, Vol. 25, S. 183-212; Ward C. Halstead, *Brains and Intelligence*, 1947, Chicago, S. 149; F. W. Vint, "The Brain of the Kenya Native," 1934, *Journal of Anatomy*, Vol. 68, S. 216-23.

[443] Audrey M. Shuey, *The Testing of Negro Intelligence*, Social Science Press, New York, 1966. Das Buch analysiert 380 solcher Tests, die über einen Zeitraum von vierzig Jahren durchgeführt wurden.

[444] Die bemerkenswerteste dieser Studien ist die von Dr. Arthur R. Jensen, der feststellte, dass weiße Schüler eine "deutlich größere Fähigkeit haben, abstrakte Konzepte zu erfassen". Siehe Kapitel 20.

[445] Über die Nachkommenschaft der russischen Leibeigenen schrieb Pitirim Sorokin, dass sie "eine beträchtliche Anzahl von Genies ersten Ranges hervorgebracht haben, ganz zu schweigen von den bedeutenden Menschen kleineren Kalibers ... die amerikanischen Neger haben bis heute kein einziges Genie großen Kalibers hervorgebracht." Zeitgenössische soziologische Theorien, S. 298, Fußnote 162.

Unterschiede zwischen Negern auf die Natur und nicht auf die Erziehung zurückzuführen sind.[446]

Die Verfechter der Vererbung untermauern ihre Argumente mit dem Hinweis auf die politische und kulturelle Leistung des Negers. Sie weisen darauf hin, dass der Neger weder in der Alten noch in der Neuen Welt jemals ein Regierungssystem hervorgebracht hat, das über die elementarsten Formen des Absolutismus hinausging; dass die einheimischen Negergesellschaften keine Literatur, keine Inschriften oder Dokumente, kein Gesetzeswerk, keine Philosophie, keine Wissenschaft - kurz, keine Geschichte hinterlassen haben. Selbst in den Bereichen der Kunst, in denen die Neger eine gewisse Kreativität und Originalität an den Tag gelegt haben, war die letztendliche Wirkung, zumindest im Westen, antikulturell - die verzerrte Hässlichkeit der modernen Malerei und Bildhauerei, das Dschungelgekreische von Jazz und Rockmusik, das groteske Schlurfen und Weben der neuesten Tanzverrücktheiten.

Es wäre überflüssig zu sagen, dass Neger-Intellektuelle und ihre weißen Parteigänger diesen biologisch geprägten Argumenten nicht zustimmen. Um sie zu widerlegen, sind sie jedoch nicht davor gefeit, die Geschichte zu retuschieren. Die steinernen Ruinen von Simbabwe in Südrhodesien werden als Beweis dafür angeführt, dass eine alte und hochentwickelte Negerzivilisation in voller Blüte stand, als die Europäer sich ihren Weg durch das dunkle Mittelalter bahnten. Wenig später läuteten die "Königreiche" Ghana, Mali und Songhai angeblich ein goldenes Zeitalter in Westafrika ein, wo zwei neu entstehende Nationen nach ihnen benannt worden sind. Die Tatsache, dass die steinerne "Festung" von Simbabwe wahrscheinlich von arabischen Händlern im elften Jahrhundert mit hottentottischen Arbeitskräften erbaut wurde, sollte einer guten Legende keinen Abbruch tun. Ghana, Mali und Songhai wurden von hamitischen Berbern und semitischen Arabern gegründet und lagen nicht in Westafrika, sondern weiter östlich.[447] Die am weitesten entwickelten kulturellen Enklaven, die ausschließlich von Negern bewohnt wurden, befanden sich im westlichen Nigeria und bedürfen keiner geschichtlichen Ausschmückung durch diejenigen,

---

[446] Hegel, der Lieblingsphilosoph von Marx, stellte die Schwarzen auf eine Stufe mit den Tieren. *Vorlesungen tiber die Philosophie der Geschichte*, Stuttgart, 1971, S. 137-44. Für Conrads Erhellung der dunklen Abgründe der Negerpsyche siehe *Herz der Finsternis*. Schweitzer, der einen Großteil seines Lebens in Afrika verbrachte, bezeichnete den Weißen als den "älteren Bruder" des Negers. Er betrachtete den durchschnittlichen Neger als Kind und fügte hinzu, dass "bei Kindern nichts ohne den Einsatz von Autorität getan werden kann". Putnam, *Race and Reason*, S. 76, und *Newsweek*, 8. April 1963, S. 21. So sehr er die Neger auch mochte und respektierte, sagte Faulkner, dass er sich gezwungen sehen würde, sich in seinem Heimatstaat Mississippi gegen die Vereinigten Staaten zu stellen und Neger auf der Straße zu erschießen, wenn die rassistische Hetze gegen Weiße zunehmen würde. *Reporter*, 22. März 1956, S. 18-19.

[447] R. Gayre, "Negrophile Falsification of Racial History", *The Mankind Quarterly*, Januar-März 1967, S. 131-43. Siehe auch "Zimbabwe" desselben Autors in der Ausgabe April-Juni, 1965.

die darauf bestehen, schwarze Errungenschaften mit weißen Maßstäben zu messen.

In einem übereifrigen Versuch, den Negerstolz auf den Siedepunkt zu bringen, hat ein ghanaischer Historiker geschrieben, dass Moses und Buddha ägyptische Neger waren, dass das Christentum seinen Ursprung im Sudan hat und dass die Schriften von Nietzsche, Bergson, Marx und den Existentialisten Reflexionen des Bantu-Denkens sind. Ebenso werden die "ursprünglichen Hebräer" und der heilige Paulus als schwarz beschrieben, und Spinoza wird als "schwarzer spanischer Jude" bezeichnet.[448] Die nubische oder 25. Dynastie, die in der Dämmerung der altägyptischen Geschichte (730-663 v. Chr.) auftrat, wird als Beweis dafür angesehen, dass die brillanten ägyptischen Zivilisationen des Alten und Mittleren Reiches das Werk von Schwarzen waren.[449] Dem Fernsehpublikum wird Kleopatra manchmal als Negerin dargestellt.[450] Ein schwarzes Fernsehprogramm informierte seine Zuschauer darüber, dass ein westafrikanischer König 200 Jahre vor Kolumbus hundert Schiffe nach Südamerika schickte.[451] Was die US-Geschichte betrifft, so ist Crispus Attucks, der ein Neger oder ein Indianer gewesen sein mag, zu einem schwarzen Helden geworden, der als erster Patriot gefeiert wird, der im Kampf für die amerikanische Unabhängigkeit sein Leben gelassen hat.[452]

Das vielleicht weit hergeholteste Beispiel für den Geschichtsrevisionismus der Neger ist die Version der Genesis von Elijah Muhammad, dem verstorbenen Propheten der schwarzen Muslime, der behauptet, dass vor 6.600 Jahren, als alle Menschen Neger waren, ein schwarzer Wissenschaftler namens Yacub mit 59.999 Anhängern aus Mekka verbannt wurde. Aus Verbitterung gegenüber Allah beschloss Yacub, eine Teufelsrasse von "ausgebleichten Weißen" zu schaffen. Wissenschaftlich auf Blondheit gezüchtet, wurden Yacubs Anhänger in aufeinanderfolgenden 200-Jahres-Phasen braun, rot, gelb und schließlich "blonde, bleichhäutige, kalte, blauäugige Teufel - Wilde, nackt und schamlos; haarig, wie Tiere, die auf allen Vieren laufen und in Bäumen leben". Später wurden diese Weißen von Negern zusammengetrieben und in europäische Höhlen geschickt, wo Moses nach 2.000 Jahren hinging, um sie zu zähmen und zu zivilisieren. Dann brachen sie auf, um die Erde für 6.000 Jahre zu

---

448 *Autobiographie von Malcolm X,* S. 180, 190.

449 Das Alte Reich baute Festungen, um Nubier abzuwehren. Das Mittlere Reich verhinderte die Einreise von allen außer Sklaven aus Nubien. Darlington, The Evolution of Man and Society, S. 121.

450 Kleopatra war nicht einmal eine gebürtige Ägypterin, "da sie halb griechisch und halb mazedonisch abstammte". John Buchan, Augustus, Houghton Mifflin, Boston, 1937, S. 77.

451 Aus dem Programm, *Soul*, WNET, New York, 21. August 1969.

452 Im Massaker von Boston 1770. *New York Times Magazine*, 20. April 1969, S. 33, 109-110.

beherrschen. Das weiße Interregnum sollte enden, als ein Retter, Meister W. D. Fard, ein halb weißer, halb schwarzer Seidenverkäufer, 1931 Elijah Muhammad Allahs Botschaft und göttliche Führung überbrachte.[453]

Die Vergoldung der Vergangenheit der Neger durch religiöse und historische Enthusiasten wirft wenig konstruktives Licht auf die große Debatte über die Rassenunterschiede der Neger. Wenn die Umweltschützer Recht haben, dann sollten die Neger zu den Weißen aufschließen, sobald ihnen gleiche politische und rechtliche Rechte sowie gleiche Bildungs- und Wirtschaftschancen eingeräumt werden. Wenn, wie der verstorbene Marshall McLuhan behauptete, der Neger tatsächlich ein überlegenes Wesen ist, sollte die Zeitspanne sehr kurz sein.[454] Dennoch gewinnt das Negerproblem mit jedem Tag an Bedeutung. Je mehr den Negern geholfen wird, desto mehr scheinen sie Hilfe zu brauchen, und desto lauter fordern sie sie. Je mehr Fortschritte sie machen, desto mehr scheint Amerika als Nation zurückzufallen.

Wenn andererseits diejenigen, die das genetische Argument vorbringen, Recht haben, dann werden sich all die kurzfristigen Fortschritte, die die Neger in den letzten Jahrzehnten gemacht haben, zu einer langfristigen Katastrophe summieren. Anstatt zu versuchen, den Weißen ebenbürtig zu sein, sollten die Neger versuchen, bessere Neger zu sein. Anstatt das Spiel der Weißen mit Würfeln zu spielen, die die Vererbung gegen sie geladen hat, sollten sie ihre eigenen besonderen Talente auf ihre eigene Weise entwickeln. Die Frustrationen der Neger, sagen die Vererbungswissenschaftler, werden nur dann verschwinden, wenn die amerikanischen Neger ein schwarzes statt ein weißes Leben führen.

Die Überzeugung, dass die Rassenunterschiede der Neger so ausgeprägt sind, dass eine Integration nahezu unmöglich ist, wird von den amerikanischen Negern selbst mit am stärksten unterstützt. Booker T. Washington ermahnte sein Volk, die Rassentrennung zu akzeptieren und sich von den Hauptströmungen der weißen Zivilisation fernzuhalten.[455] Marcus Garvey, der nach dem Ersten Weltkrieg die erste echte Massenbewegung der Neger organisierte, entschied,

---

[453] *Autobiographie von Malcolm X*, S. 164-67. Nach dem Tod von Elijah Muhammad übernahm sein Sohn Wallace die Führung der Black Muslims und milderte die anti-weiße Rhetorik.

[454] McLuhans Rassentheorien räumen sowohl dem Indianer als auch dem Neger den ersten Platz ein. Der in Kanada geborene Sozialkritiker schrieb: "Neger und Indianer... sind dem fragmentierten, entfremdeten und distanzierten Menschen der westlichen Zivilisation psychisch und sozial tatsächlich überlegen... Es war das traurige Schicksal des Negers und des Indianers,... eher vor als hinter ihrer Zeit geboren zu sein." Julius Lester, *Search for the New Land*, Dial Press, New York, 1969, S. 57-58.

[455] "In allen rein sozialen Dingen", sagte Washington, "können wir getrennt sein wie die Finger, aber eins wie die Hand in allen Dingen, die für den gegenseitigen Fortschritt wesentlich sind." Putnam, *Rasse und Vernunft*, S. 90.

dass die Lösung darin bestehe, nach Afrika zurückzukehren.[456] Pater Divine, obwohl Mutter Divine eine blonde Kanadierin war, bestand darauf, seine Gemeinde in ummauerte Gemeinden zu verlegen, die von der weißen Kontamination verschont blieben.

Die jüngsten Verfechter des schwarzen Separatismus sind schwarze Muslime und einige schwarze nationalistische Gruppen, die entweder eine Rückkehr nach Afrika oder die Gründung eines oder mehrerer unabhängiger Negerstaaten auf amerikanischem Boden fordern. Indem sie sich mit weißen Randgruppen und feindlichen ausländischen Regimen verbünden, machen die schwarzen Führer ihre Probleme nur noch größer.

Das große Hindernis für den schwarzen Separatismus sind nicht die Integrationsbestrebungen diverser schwarzer Marxisten und schwarzer Aufsteiger, sondern der gesamte Überbau des modernen liberalen Denkens. Wenn die Idee der Rassengleichheit dem Separatismus, der die Rassenunterschiede anerkennt und institutionalisiert, weichen muss, werden Umweltbewusstsein, Behaviorismus, Wirtschaftsdeterminismus und sogar die Demokratie selbst bald in Frage gestellt. Die vorherrschenden westlichen Orthodoxien könnten sich dann in Luft auflösen, und der abendländische Geist müsste möglicherweise einen völlig neuen Weg einschlagen oder zu einem alten zurückfinden. Aus politischer Sicht wäre der schwarze Separatismus ein großer Verlust für die Koalition aus Liberalen und Minderheiten. Da jede Art von Rassentrennung den rassistisch gesinnten Weißen durchaus nicht unangenehm ist, ist es nicht undenkbar, dass sich die unter Druck stehenden Mitglieder der Mehrheit, insbesondere im tiefen Süden, zusammen mit den unter Druck stehenden Mitgliedern der assimilierbaren Minderheit in den größten Städten der Nation mit den schwarzen Separatisten zusammentun würden, um sowohl die Weißen als auch die Schwarzen von einer integrationsorientierten liberalen Regierung in Washington zu befreien. Sollte der Neger-Separatismus jemals zur Tagesordnung übergehen, könnten auch andere nicht assimilierbare Minderheiten den Wink mit dem Zaunpfahl annehmen und den Liberalismus als Ideologie auf der Suche nach einer Partei aufgeben. Im anderen Extrem würde die totale Integration der politischen Macht der Linken einen ebenso tödlichen Schlag versetzen, indem sie den Untergang aller Minderheiten und damit auch der wichtigsten Existenzberechtigung des heutigen Liberalismus bedeuten würde.[457] Nur in der Grenzzone zwischen der segregierten und der integrierten

456 Es ist bezeichnend, dass Garvey ein Vollblutneger war, der seinen Appell an die schwärzeren Teile der Negerbevölkerung richtete. Er war eine Ausnahme von der zweifelhaften Regel, dass die Führer schwarzer Bewegungen Mulatten sein müssen, deren Mischlingsstatus sie zu idealen Vermittlern zwischen Weißen und Negern macht.

457 "Wir kommen zu dem Schluss, dass 'Integration' in sozialer Hinsicht für keine der beiden Seiten gut ist. Integration' würde letztlich die weiße Rasse zerstören ... und die schwarze Rasse vernichten." *Autobiographie von Malcolm X*, S. 276.

Gesellschaft, zwischen Realität und Utopie, fühlt sich der heutige Liberale wirklich zu Hause.

Weil so viel mehr auf dem Spiel steht als das Schicksal der amerikanischen Neger, treibt die Koalition aus Liberalen und Minderheiten, unterstützt von einem beträchtlichen Teil der sogenannten Konservativen, die Integration um jeden Preis voran. Wie immer werden diejenigen, die den Mut haben, gegenteilige Ansichten zu äußern, entweder ignoriert oder sofort zum Gegenstand von Rufmord gemacht.

Doch während der Liberalismus in der Sozialpolitik noch immer das Denken des Landes beherrscht, hat er wenig Kontrolle über die organischen Prozesse der Gesellschaft. Als Stammesangehöriger war der Neger ein Mitglied der Stammesfamilie. Als Sklave hatte er die Familie seines Herrn. Als Teilpächter hatte er seine eigene Familie. Als Industriearbeiter oder Schwerstarbeitsloser hat er überhaupt keine Familie, da das heutige Wohlfahrtssystem vaterlose Haushalte und jedes uneheliche Kind finanziell versüßt. Das Ergebnis ist, dass der städtische Neger in eine Sackgasse geraten ist, in der er nur noch seine Hautfarbe und sein Gefühl der Unterdrückung hat. Nachdem er seine Heimat, seine Wurzeln, seine Religion und seinen Weg verloren hat, verliert er auch schnell die wenigen sozialen Verpflichtungen, die er noch hat.[458]

Nachdem das Schlimmste geschehen ist, fordern die dynamischeren Neger Wiedergutmachung, so wie undisziplinierte Kinder, die ihre Unschuld verloren haben, Wiedergutmachung von den Eltern verlangen, die sie im Stich gelassen haben. Auf diese Forderungen haben die Weißen die Wahl zwischen vier Antworten: Unterdrückung, was unmoralisch ist;[459] Integration ohne Mischehen, was unmöglich ist; Integration mit Mischehen, was unvorstellbar ist; und Trennung, was unpraktisch ist.

Von diesen vier unhaltbaren Vorgehensweisen ist die letzte, die eine Rückführung nach Afrika oder die Gründung unabhängiger Negergemeinschaften, die die weißen Gemeinden in Staaten mit einer großen Anzahl von Schwarzen tangieren, beinhalten würde, vielleicht die am ehesten vertretbare. Was auch immer geschehen mag, der amerikanische Neger wird früher oder später aus seiner privaten Wildnis herauskommen. Er wird entweder in seine Heimat in der Alten Welt zurückkehren oder eine Heimat in der Neuen

[458] Charles Murray hat in seinem Buch *Losing Ground* (Basic Books, 1984) die Bundesprogramme analysiert, die seiner Meinung nach direkt zur heutigen Misere der Neger geführt haben.

[459] Es ist viel zu spät für die Taktik, die Tacitus einem römischen General in den Mund legt, der einen Aufstand der Gallier niederzuschlagen versucht. "Nunc hostis, quia molle servitium; cum spoliati exutique fuerint, amicos fore." *Historiarum*, IV, lvii. "Jetzt sind sie unsere Feinde, weil die Last ihrer Knechtschaft leicht ist; wenn wir sie beraubt und ausgeplündert haben, werden sie unsere Freunde sein."

Welt zugewiesen bekommen, oder es wird für niemanden, weder für Weiße noch für Nichtweiße, eine Heimat im städtischen Amerika geben.

TEIL V

Der Kulturkonflikt

KAPITEL 18

Die Auflösung der Kunst

Das Hauptthema der Teile I-IV war der Niedergang der Mehrheit und der Aufstieg der nicht assimilierten Minderheiten. Das Nebenthema war der Konflikt zwischen der Mehrheit und den Minderheiten selbst, einschließlich der Ursprünge, Motivationen und Anzahl der Kämpfer. Im weiteren Verlauf dieser Studie wird untersucht, wie sich dieser Konflikt auf die Bereiche Kunst, Religion, Bildung, Politik, Wirtschaft, Recht und Außenpolitik ausweitet. Dieses Kapitel, das erste von drei Kapiteln, die sich mit dem Eindringen der Minderheiten in die Kultur der Nation befassen, wird sich mit der künstlerischen Phase des Kampfes befassen.[460] Bei der Enteignung der Mehrheit sind es die Künstler der Mehrheit, die das größte Opfer zu beklagen haben.

Eine Grundannahme des zeitgenössischen westlichen Denkens ist, dass die Demokratie die politische Form und der Liberalismus die politische Ideologie ist, die am meisten Kunst hervorbringt. Je mehr von beidem vorhanden ist, so die allgemeine Annahme, desto größer wird die künstlerische Entfaltung sein, sowohl in quantitativer als auch in qualitativer Hinsicht. Daraus ergibt sich die Annahme, dass der Horizont der Kunst grenzenlos wird, sobald sie von der Last der Kaste, der Klasse und der religiösen und rassischen Bigotterie befreit ist.

Von allen modernen Mythen ist dies vielleicht der irreführendste. Wenn überhaupt, dann scheint Kunst, oder zumindest große Kunst, von zwei sozialen Phänomenen abhängig zu sein, die sich von Demokratie und Liberalismus unterscheiden. Sie sind:

(1) eine dominante, homogene Bevölkerungsgruppe, die lange genug in dem Land gelebt hat, um aus ihren Reihen eine verantwortungsvolle und funktionierende Aristokratie hervorzubringen;[461] (2) eine oder mehrere Schulen

---

460 Kultur ist "ein Streben nach unserer völligen Vervollkommnung durch das Kennenlernen ... des Besten, was in der Welt gedacht und gesagt worden ist; und durch dieses Wissen einen Strom frischer und freier Gedanken auf unsere bestehenden Vorstellungen und Gewohnheiten zu lenken, denen wir jetzt standhaft, aber mechanisch folgen, wobei wir uns eitel einbilden, dass es eine Tugend gibt, ihnen standhaft zu folgen, die den Unfug ausgleicht, ihnen mechanisch zu folgen." Matthew Arnold, *Culture and Anarchy*, Cambridge University Press, England, 1961, S. 6.

461 Mit Aristokratie ist hier die Herrschaft der Wohlgeborenen gemeint. Der Begriff beschränkt sich nicht auf Familien mit hohem sozialem Ansehen oder auf die Produkte von ein oder zwei Generationen politischer oder finanzieller Vormachtstellung.

von Schriftstellern, Malern, Bildhauern, Architekten oder Komponisten, die dieser Bevölkerungsgruppe angehören und deren schöpferische Impulse den Geschmack, den Ton und die Sitten der aristokratischen Führung zu einer ausstrahlenden kulturellen Kontinuität kristallisieren.

Nur wenige werden bestreiten, dass die Gesellschaften des homerischen Griechenlands, des augusteischen Roms, des mittelalterlichen Westeuropas, des elisabethanischen Englands, des Spaniens des 16. und 17. Jahrhunderts, des Frankreichs Ludwigs XIV, des Wiens von Mozart, des Weimarer Goethes und des Russlands des 19. Noch weniger werden bestreiten, dass in diesen Gesellschaften große Kunst geschaffen wurde.[462] Aber was ist mit Athen, dem Schauplatz der großartigsten künstlerischen Entfaltung aller Zeiten, und mit Florenz, dem Ort mit dem höchsten Pro-Kopf-Genie der Renaissance? Fehlte diesen Stadtstaaten nicht ein Adel oder eine formale Aristokratie? Ist es nicht so, dass weder Perikles noch Cosimo de' Medici ein Fürst war?

Bevor irgendwelche Schlussfolgerungen gezogen werden, sollten diese beiden Städte und ihre beiden größten Staatsmänner in einen schärferen historischen Fokus gerückt werden. Wenn Athen der Ruhm Griechenlands war, so war das Zeitalter des Perikles - künstlerisch gesehen - der Ruhm Athens. Im Jahr 431 v. Chr., zwei Jahre vor Perikles' Tod, bestand die erwachsene männliche Bevölkerung Athens aus 50.000 Bürgern, 25.000 Metikern oder ansässigen Ausländern und 55.000 Sklaven.[463] Da die Sklaven nur wenige oder gar keine Rechte hatten, da Metiker und Frauen nicht wählen durften und da die Staatsbürgerschaft auf diejenigen beschränkt war, die auf beiden Seiten athenische Eltern hatten, hat ein Historiker, Cyril Robinson, Athen als "eine Aristokratie einer halb verarmten Klasse" beschrieben.[464] Diese Aristokratie, deren prominentes Mitglied Perikles war, führte ihre Abstammung auf den Trojanischen Krieg zurück.[465]

Aristokraten der letztgenannten Art sind in allen Staaten zu finden, auch in proletarischen und plutokratischen Gesellschaften. Für diejenigen, die davon überzeugt sind, dass es eine unüberbrückbare Kluft zwischen Aristokratie und Freiheit gibt, schrieb Alexis de Tocqueville die folgenden warnenden Worte: "parmi toutes les sociétés du monde, celles qui auront toujours le plus de peine à échapper pendant longtemps au gouvernement absolu seront précisément ces sociétés ou l'aristocratie n'est plus et ne peut plus être." *L'ancien régime et la révolution*. Michel Lévy Frères, Paris, 1856, S. xvi.

[462] Große Kunst gilt in diesem Zusammenhang als zeitlos, nicht als veraltet; große Künstler als kreative, nicht als interpretierende Genies.

[463] Cyril Robinson, *A History of Greece*, Barnes & Noble, New York, 1957, S. 83.

[464] Ebd., S. 82.

[465] Die Mutter von Perikles entstammte einer antiken athenischen Familie, den Alkmaeoniden, und sein Vater war ein siegreicher Seekommandant.

In Bezug auf Florenz sollte es nicht überraschen, dass es 1494, als die liberalste Verfassung der Stadt in Kraft war, nicht mehr als 3.200 Bürger bei einer Gesamtbevölkerung von 90.000 gab."[466] Von der Zeit Dantes bis zum Aufstieg der Medici war Florenz, abgesehen von einigen kurzen Versuchen einer Volksregierung durch die Kaufleute und Zünfte, weitgehend der politische Spielball zweier rivalisierender aristokratischer Fraktionen, der Guelfen (pro-Papst) und der Ghibellinen (pro-Kaiser). Cosimo de' Medici, der Mäzen von Donatello, Ghiberti, Brunelleschi und Luca della Robbia, konnte sich einer Abstammung rühmen, die sich über zehn Generationen florentinischer Geschichte erstreckte. Obwohl Cosimo selbst Titel mied, trugen später Kardinäle, Prinzen, regierende Herzöge und sogar zwei Päpste den Namen Medici.

Wenn man Florenz und Athen als Halbaristokratien oder zumindest als aristokratische Republiken anerkennt, ist es offensichtlich, dass alle großen künstlerischen Epochen des Westens in aristokratischen Gesellschaften stattgefunden haben. Auch in nicht-aristokratischen Gesellschaften hat es Kunst gegeben, oft gute Kunst, aber nie etwas, das an die griechische Bildhauerei und das Drama, die gotischen Kathedralen, die Malerei der Renaissance, die Stücke Shakespeares, die deutsche Musik oder die russischen Romane heranreicht. Die bloße Existenz einer Aristokratie ist keine Garantie für große Kunst. Es muss sich um eine vitale Aristokratie handeln, deren Haltungen, Sitten und Lebensweisen die Gesellschaft, in der sie wirkt, fest prägen. Sie muss nicht, ja sollte nicht zu wohlhabend sein. Wichtiger ist der Besitz eines kulturellen Bewusstseins sowie die Muße und der Wille, dieses Bewusstsein in Form von Kunst auszudrücken. Für den Künstler ist eine Aristokratie von unschätzbarem praktischen Wert, da sie ihm ein kultiviertes und anspruchsvolles Publikum bietet, das ihn auf dem kreativen *Weg hält*, sowie einen Sinn für Raffinesse und eine Reihe von kritischen Standards, die sowohl ein Modell als auch einen Anreiz für die höchste Qualität des künstlerischen Handwerks darstellen.

Paradoxerweise sind die Beziehungen zwischen Künstler und Mäzen in einer Aristokratie im Allgemeinen "demokratischer" als in einer Demokratie.[467] Der

466 Pasquale Villari, *Life and Times of Machiavelli*, Fisher, Unwin, London, S. 4.

467 Perikles, Augustus und die Medici verkehrten offen mit den großen Künstlern ihrer Zeit. Vergil las Augustus bei dessen Rückkehr aus Ägypten im Jahr 30 v. Chr. seine vollendeten *Georgien* vor. Das Treffen war von großer Bedeutung, denn Vergils Zeilen könnten Augustus' latenten Italianismus wiederbelebt haben. Buchan, *Augustus*, S. 124. Lincoln hat Melville, abgesehen von einem kurzen Händedruck bei einem Empfang im Weißen Haus, nie getroffen. Raymond Weaver, *Herman Melville*, Pageant Books, N.Y., 1961, S. 375. Auch Franklin D. Roosevelt ist Faulkner oder T. S. Eliot nie begegnet. John F. Kennedy mag Robert Frost ein paar Minuten Freundschaft geschenkt haben, aber das ist kaum mit der Aufmerksamkeit zu vergleichen, die Ludwig XIV. Racine und Molière widmete. Der Sonnenkönig fungierte einst als "Vorarbeiter" für Racines *Esther* und spielte sogar eine Rolle in einer von Molières Inszenierungen. Racine, *Théâtre complet*,

Aristokrat, der durch Geburt und Erziehung mit der Kunst vertraut ist, fühlt sich in der Gesellschaft von Künstlern sehr wohl und sucht sie im Allgemeinen auf. Der Selfmademan hingegen, egal wie hoch er in Politik oder Wirtschaft aufsteigt, kann sein angeborenes Spießbürgertum nie ganz ablegen. Er mag sich für Kunst interessieren, oft heimlich, um dem Vorwurf der Verweichlichung zu entgehen, aber er wird immer Schwierigkeiten haben, sich in Künstlerkreisen frei zu bewegen.

Die enge Verbindung zwischen Kunst und Aristokratie ist für den Künstler auch insofern von Vorteil, als sie ihm die persönliche Bekanntschaft mit vielen der führenden Männer seiner Zeit ermöglicht. Aristoteles sagt uns, dass die Tragödie nur dann wirklich erfolgreich ist, wenn sie den Fall eines großen oder edlen Mannes zum Thema hat - eine Theorie, die auch durch die tapfersten Bemühungen liberaler und marxistischer Dramatiker nicht widerlegt wird. Die Geschichte oder das Zeitgeschehen mögen Namen und Handlung liefern, aber nur der enge Kontakt mit den herrschenden Schichten seiner Zeit gibt dem Dramatiker, der die hohe Tragödie in Angriff nimmt, das Fleisch und die Sehne einer glaubwürdigen Darstellung und Charakterisierung.

Dass große Künstler der dominierenden Bevölkerungsgruppe einer Nation angehören müssen, scheint ebenso unumstößlich zu sein wie das Gesetz, dass große Kunst am besten auf aristokratischem Boden gedeiht. Ein rassischer und kultureller Hintergrund, der dem seines Auftraggebers ähnelt, ermöglicht es dem Künstler, die üblichen psychologischen und sozialen Hürden zu umgehen, die die Kommunikation zwischen Angehörigen rassisch und kulturell unterschiedlicher menschlicher Gruppen oft verlangsamen oder zum Erliegen bringen.

Der fatale Fehler, der dem Minderheitskünstler einen Platz unter den großen Künstlern verwehrt, ist seine inhärente Entfremdung. Weil er nicht wirklich dazugehört, weil er für "andere Leute" schreibt oder malt oder komponiert, drängt er ein wenig zu sehr, erhebt seine Stimme ein wenig zu hoch, macht seinen Standpunkt ein wenig zu verzweifelt. Er ist unweigerlich ein bisschen verrückt - im Land, aber nicht vom Land. Seine Kunst scheint immer mit einer künstlichen Dimension belastet zu sein - dem Beweis seiner Zugehörigkeit.[468]

Edition Garnier Frères, Paris, 1960, S. 598; H. C. Chatfield-Taylor, *Molière*, Duffield, New York, 1906, S. 189-90.

[468] Ein paar Beispiele, die einem schnell in den Sinn kommen, sind Heines superromantische deutsche Lieder, Mendelssohns dröhnende christliche Hymnen, El Grecos hyperbolische spanische Landschaften und langgestreckte heilige Männer, Jakob Wassermans aufgemotzte christliche *Wahnschaffe*, Siegfried Sassoons synthetische *Memoirs of a Fox-Hunting Man* und Rodgers und Hammersteins völlig gefälschtes *Oklahoma*. Zum besseren Verständnis des Unterschieds zwischen dem Authentischen und dem Unauthentischen in der Kunst vergleichen Sie Goethes *Faust* mit Heines *Doktor Faust*.

In einer nicht-aristokratischen, heterogenen, fragmentierten Gesellschaft, in einer Arena konkurrierender Kulturen oder Subkulturen, kann sich der Künstler, der einer Minderheit angehört, darauf konzentrieren, seine "Nicht-Zugehörigkeit" zu beweisen. Anstatt die Gastkultur zu übernehmen, lehnt er sie nun ab und versinkt entweder im Nihilismus oder kehrt zu den kulturellen Traditionen seiner eigenen ethnischen Gruppe zurück. In diesem Prozess wird seine Kunst zur Waffe. Nachdem er sein Talent der Unmittelbarkeit geopfert und es der Proportion und Subtilität beraubt hat, die Kunst zur Kunst machen, senkt der Minderheitskünstler nicht nur seine eigenen künstlerischen Standards, sondern auch die der Gesellschaft insgesamt. Alles, was bleibt, ist die rohe Kraft seiner Schärfe und seiner "Botschaft".[469]

Der vielleicht deutlichste Beweis für die kunstschaffenden und kunstfördernden Eigenschaften von Aristokratie und rassischer Homogenität findet sich in der Geschichte jener Nationen, die sowohl aristokratische als auch demokratische, homogene und heterogene Phasen durchlaufen haben. Die Kathedralen von Chartres und Reims wurden nicht in der Ersten, Zweiten, Dritten oder Vierten Französischen Republik errichtet, sondern im feudalen Frankreich, als es eine dominierende ethnische Gruppe (die Germanen) gab und die Gesellschaftsstruktur aristokratisch war. Die höchsten Höhenflüge des englischen Genies fanden in der Regierungszeit absoluter, nicht konstitutioneller Monarchen statt - lange bevor die Engländer in der vergrößerten und heterogeneren Bürgerschaft des Vereinigten Königreichs von Großbritannien und Irland aufgingen. Das Rom des Augustus, das die Patrizier begünstigte und bereicherte und die Plebejer, Nicht-Römer und Sklaven mit Beschränkungen belegte, brachte das Goldene Zeitalter der lateinischen Literatur hervor. Das Rom des Caracalla, der 211 n. Chr. das Bürgerrecht auf alle freien Einwohner des Römischen Reiches ausdehnte, hinterließ nur wenig von künstlerischer Bedeutung. Das Spanien Philipps II., III. und IV. mit all seiner religiösen Bigotterie und seinem Inquisitionseifer war die Ära von Cervantes und Calderon, Künstlern von einem Kaliber, das in liberaleren Epochen der spanischen Geschichte nicht zu finden war. Dostojewski und Tolstoi, der Höhepunkt des russischen literarischen Genies, blühten unter den Zaren auf, nicht unter den Kommissaren der Minderheit.

Liberales Dogma hin oder her, solche populären Ziele wie die allgemeine Alphabetisierung sind nicht unbedingt förderlich für große Literatur. Das England von Shakespeare hatte nicht nur eine viel kleinere Bevölkerung, sondern auch eine viel höhere Analphabetenrate als das heutige

[469] Die Musik von Darius Milhaud, die Bildhauerei von Jacques Lipchitz, die Poesie von Allen Ginsberg und die Theaterstücke von LeRoi Jones sind Beispiele für eine zeitgenössische Minderheitenfeindlichkeit.

Großbritannien.[470] Auch das allgemeine Wahlrecht scheint die Qualität des künstlerischen Schaffens nicht zu erhöhen. Als Bach *Konzertmeister* in Weimar war und jeden Monat eine neue Kantate komponierte, konnte niemand wählen. Etwa 220 Jahre später gab es in der Weimarer Republik zig Millionen Wähler, aber keine Bachs.

Das große Drama, das in der Regel eine große Poesie beinhaltet, ist die seltenste Form der großen Kunst. Kunstkritiker und Historiker konnten sich nicht erklären, warum große Dramen in der Geschichte so selten auftraten, und dann auch nur in bestimmten Gruppen - Athen im fünften Jahrhundert (vor Christus), England im späten sechzehnten und frühen siebzehnten Jahrhundert, Spanien und Frankreich im siebzehnten Jahrhundert. Die Antwort könnte darin liegen, dass die Bedingungen für ein großes Drama nur dann gegeben sind, wenn Künstler und Publikum sowohl biologisch als auch sprachlich in Einklang stehen. Eine solche Übereinstimmung ist leider nur von kurzer Dauer, da die Epoche des großen Dramas in der Regel von großen wirtschaftlichen und materiellen Fortschritten begleitet wird, die dazu führen, dass der nationale Charakter aufgeweicht, die Klassenspaltung verschärft und fremde rassische und kulturelle Elemente aus dem Ausland angezogen werden. Für den großen Dramatiker ist ein heterogenes oder gespaltenes Publikum überhaupt kein Publikum.

Nicht nur die hohe Kunst, sondern die gesamte Kunst scheint in einem Umfeld von streitenden Minderheiten, verschiedenen Religionen, aufeinanderprallenden Traditionen und gegensätzlichen Gewohnheiten zu stagnieren. Das ist wahrscheinlich der Grund, warum Weltstädte wie Alexandria und Antiochia in der Antike und New York City und Rio de Janeiro in der Neuzeit trotz ihres enormen Reichtums und ihrer Macht nichts hervorgebracht haben, was mit der Kunst von Gemeinden vergleichbar wäre, die nur einen Bruchteil ihrer Größe haben. Der Künstler braucht ein Publikum, das ihn versteht - ein Publikum aus seinem eigenen Volk. Der Künstler braucht ein Publikum, für das er schreiben, malen und komponieren kann - eine Aristokratie aus seinem eigenen Volk. Dies scheinen die *beiden unabdingbaren Voraussetzungen* für große Kunst zu sein. Wo sie fehlen, fehlt die große Kunst.

Wie sonst lassen sich die zeitlose Kunst des "gottlosen" Mittelalters und die bereits veraltete Kunst des "fortgeschrittenen" zwanzigsten Jahrhunderts erklären? Wie kommt es, dass all die kulturellen Ressourcen einer *dernier* cri-Supermacht wie den Vereinigten Staaten kein einziges musikalisches Werk hervorbringen können, das sich mit einer kleinen Komposition von Mozart

---

[470] Alphabetisierung bedeutet hier die einfache Fähigkeit, lesen und schreiben zu können. Die reichhaltige Sprache der elisabethanischen Literatur und des elisabethanischen Dramas deutet darauf hin, dass damals zwar nur wenige Menschen schreiben konnten, dass aber diejenigen, die schreiben konnten, viel besser schrieben als die zeitgenössischen Engländer. Selbst die "Analphabeten" jener Zeit schienen ein tieferes Verständnis für Literatur zu haben als ihre gebildeten Nachfolger.

vergleichen lässt? Jahrhunderts nicht von den Engländern, Amerikanern, Australiern oder Kanadiern geleistet wurde, sondern von den Iren - dem nationalistischsten, stammesbezogensten, religiösesten und rassistischsten aller heutigen englischsprachigen Völker. Das moderne England mag seinen D. H. Lawrence und die Vereinigten Staaten ihren Faulkner gehabt haben, aber nur Irland hat in diesem Jahrhundert ein so beeindruckendes literarisches Aufgebot wie Yeats, Synge, Shaw, Joyce, O'Casey, Elizabeth Bowen, Paul Vincent Carroll, Joyce Carey und James Stephens hervorgebracht. Wenn nach gängiger Meinung liberale Demokratie, Internationalismus und kultureller Pluralismus den Boden der Kunst bereichern, dann sind diese irischen Künstler in einem sehr unwahrscheinlichen Garten aufgeblüht.

Die geschichtliche Abfolge menschlicher Gemeinschaften scheint aus Rassenbildung, Nationenbildung, Kunstbildung und Reichsbildung zu bestehen. Je mehr sich das Land dem Imperialismus nähert, desto weiter entfernen sich die Menschen voneinander. Die Bindekräfte des Staates werden durch Kriege, Bürgerkriege und Entropie geschwächt, während die kulturelle Hülle von Außenstehenden durchdrungen wird. Die Aristokratie zieht sich in eine isolierte Dekadenz zurück, an ihre Stelle tritt eine Plutokratie. Angehörige der einst dominierenden Bevölkerungsgruppe vermischen sich mit den Neuankömmlingen und sind, um konkurrenzfähig zu bleiben, gezwungen, viele ihrer Gewohnheiten zu übernehmen. Die Kunst wird multirassisch, multinational, multidirektional und facettenreich.

Ein Großteil der westlichen Kunst, insbesondere in den Vereinigten Staaten, befindet sich in einem solchen Stadium der Auflösung. Die surrealistischen Maler, die atonalen Jazz-Musiker, die prosaischen Dichter, die Brechmittel-Romanautoren, die Krypto-Pornographen und die revanchistischen Pamphletisten behaupten, sie suchten nach neuen Formen, weil die alten Formen erschöpft seien. In Wirklichkeit holen sie die ältesten Formen von allen hervor - einfache geometrische Formen, Farbkleckse, Trommelschläge, Genitalien, Wörter mit vier Buchstaben und Sätze mit vier Wörtern. Die alten Formen sind nicht erschöpft. Der Minderheitskünstler hat einfach kein Gefühl für sie, denn sie sind nicht seine Formen. Da Stil keine Ware ist, die man kaufen oder erfinden kann, kann sich die *Avantgarde,* die keinen eigenen Stil hat, nur auf einen stillosen Primitivismus zurückziehen.

Die Auflösung der Kunst ist gekennzeichnet durch das Auftauchen des falschen Künstlers[471] - des Mannes ohne Talent und Ausbildung, der durch Selbstdarstellung und Selbstpromotion zum Künstler wird. Er gedeiht in einer zerklüfteten Kultur, weil es ein Kinderspiel ist, die künstlerische Sensibilität der bunt zusammengewürfelten *Neureichen,* der verschiedenen Kulturgeier, der

---

471 Der gefälschte Künstler ist nicht mit dem Anti-Künstler verwandt, der im Frühjahr 1970 den *Denker* vor dem Cleveland Museum in die Luft sprengte. Es handelte sich um einen der elf Abgüsse, die unter der persönlichen Aufsicht von Rodin angefertigt wurden. *New York Times*, 17. Juli 1970.

sexuell ambivalenten Kunstkritiker und der Minderheiten-Kunstagenten, die das Niveau des modernen Geschmacks diktieren, zu verwirren. Es ist nicht so leicht, diejenigen zu täuschen, deren Geschmacksnormen sich im Laufe von Generationen entwickelt haben.

In einer homogenen Gesellschaft muss sich der Künstler mit weniger Vorurteilen auseinandersetzen. Er muss seine Kunst nicht abwägen und ausgleichen, um "gerecht" zu sein. Er braucht keine tödliche Angst zu haben, die religiösen und rassischen Gefühle anderer zu verletzen. Obwohl sich seine Instinkte, Meinungen und Urteile oft zu Vorurteilen summieren, können sie für den Künstler selbst die treibenden Kräfte seiner Kreativität sein. Was die Kunst wirklich einschränkt und entkräftet, sind nicht die Vorurteile des Künstlers, sondern die Vorurteile des Publikums, von denen es in einer riesigen heterogenen Gesellschaft wie den Vereinigten Staaten eine unendliche Vielfalt gibt. Der Künstler hat mit einem Zensor genug Probleme. Wenn er zwanzig hat, verwandelt sich seine Kunst in ein alltägliches Entgegenkommen.

Aristokratien sind scharf kritisiert worden, weil sie das gemeine Volk in Kasten und Klassen einfrieren. Dennoch haben Künstler in einem Staat, der von einem kultivierten Adel geführt wird, mit Sicherheit bessere Chancen als in einem Staat, der von einem Kongress von Babbitts geleitet wird. Homer, Virgil, Dante, Chaucer, Michelangelo, Shakespeare, Cervantes, Molière, Mozart, Beethoven, Wagner und Dostojewski sind keineswegs auf dem Lande geboren und haben es geschafft, in aristokratischen Gesellschaften genügend soziale Mobilität zu erlangen, um den Gipfel der künstlerischen Perfektion zu erklimmen. Wie viele dieser Genies unter dem Druck der Nivellierung im Amerika des späten zwanzigsten Jahrhunderts zu Grunde gegangen wären, ist eine offene Frage.

Die Aristokratien wurden wegen der Verdummung der Kunst angegriffen, obwohl Künstler, die in traditionell orientierten Gesellschaften arbeiten oder an sie glauben, viel mehr künstlerische Durchbrüche erzielt haben als soi-disantische liberale oder progressive Künstler. Aristophanes, der die Komödie revolutionierte, Wagner, der die Musik revolutionierte, Dostojewski, der den Roman revolutionierte, und T. S. Eliot, der die moderne Poesie revolutionierte,[472] waren sicherlich keine Liberalen. Der proletarische oder gleichmacherische Künstler hingegen geht kaum über fotografischen Naturalismus oder kindliche Kritzeleien hinaus - die obligatorische

[472] Vergleichen Sie die verblüffend neue Wirkung der Poesie von Eliot, der sich selbst als Royalist und Anglo-Katholik bezeichnete, mit den fast klassischen Versen der besten Werke des französischen marxistischen Dichters Louis Aragon. William Butler Yeats, der andere große Dichter der Neuzeit, kann kaum als Linker bezeichnet werden.

Traktorenkunst der späten Sowjetunion und die Op-Art, Pop-Art und Spray-Paint-Kunst der "freien Welt".[473]

Keine große Kunst ist jemals aus der Isolation heraus entstanden, und kein großer Künstler ist jemals in voller Blüte der Stirn des Zeus entsprungen. Große Künstler sind die Produkte von Kunstschulen. Ihre Werke sind die Gipfel, die sich über ein kulturelles Hochplateau erheben. Die "ersten Familien", deren Einstellungen und Geschmäcker durch jahrhundertelange Teilnahme an den höheren Ebenen des nationalen Lebens geprägt sind, begnügen sich nicht damit, alte Kunst zu sammeln. Sie sorgen dafür, dass Künstlerschulen damit beschäftigt sind, das Bestehende weiterzuentwickeln und zu verbessern - der sicherste Weg zur künstlerischen Evolution. Im Gegensatz dazu gibt das heutige Sammelsurium halbgebildeter Millionäre, die mit Kunst spekulieren wie mit Kupfer- oder Vieh-Termingeschäften,[474] ihr Geld für alte Meister und "namhafte" Künstler aus, deren Werke mit einem stattlichen Gewinn weiterverkauft oder verschenkt werden können, um einen stattlichen Steuerabzug zu erhalten. Da keine Nachfrage nach Kontinuität in der Kunst mehr besteht, verschwinden die Künstlerschulen bald und werden durch Künstlercliquen ersetzt.[475] Der Schiedsrichter des Geschmacks ist nicht mehr der Kunstliebhaber, sondern der Kunsthändler.[476] Kunst verwandelt sich in Künstlertum.

---

473 Das Gemälde einer Campbell-Suppendose von Andy Warhol, einem polnisch-amerikanischen Homosexuellen, wurde 1970 bei einer Auktion in New York City für 60.000 Dollar versteigert und stieg danach noch weiter im Preis. Der verstorbene britische Kunstkritiker Herbert Read besaß zwei Gemälde eines Schimpansenpaares, das, wie er erklärte, "seine Pinsel von instinktiven Gesten leiten ließ, genau wie die amerikanischen Action Painter". *Times Literary Supplement*, 28. August 1970.

474 Über Joseph Hirshhorn, den Uran-König, schrieb James Yaffe: "Wenn ihm die Arbeit des Malers gefällt, kauft er sie oft in großen Mengen und besteht auf einem Preisnachlass, so wie jeder Bekleidungshersteller, der Stoffe kauft." Yaffe, *Die amerikanischen Juden*, S. 233.

475 Picasso, der oft als der größte Maler des zwanzigsten Jahrhunderts angesehen wird, soll dies über seine Rolle in der modernen Kunst gesagt haben: "Ich bin nur ein öffentlicher Entertainer, der seine Zeit verstanden hat und den Schwachsinn, die Eitelkeit und die Gier seiner Zeitgenossen so gut wie möglich ausgenutzt hat. Das ist ein bitteres Geständnis, schmerzhafter als es scheinen mag, aber es hat das Verdienst, aufrichtig zu sein." Ob Picasso diese Worte wirklich gesagt hat, ist nicht bewiesen. Dennoch schrieb *Life*, damals das auflagenstärkste amerikanische Magazin, sie Picasso zu (27. Dezember 1968, S. 134). Siehe auch *Picasso, Order and Destiny* von Michael Huffington.

476 Frank Lloyd, ein Ölunternehmer aus Wien, betrieb eine Kette von Kunstgalerien in London, Rom und New York, die in der Kunstwelt "wie U.S. Steel [in] einer Gemeinde von Schmieden" auffiel. Ein Konkurrent sagte über Herrn Lloyd, der selbst keine Bilder sammelt, "er könnte genauso gut im Gebrauchtwagengeschäft tätig sein..." *Wall Street Journal*, 31. Dezember 1968, S. 1, 10. Als man das letzte Mal von ihm hörte, war Lloyd

Die in den vorangegangenen Abschnitten skizzierten Muster des künstlerischen Wachstums und Niedergangs haben die Kreativität der Künstler der Mehrheit bereits größtenteils ausgelöscht. Heute schreibt der jüdische Amerikaner über den Juden und sein Erbe, der Neger über den Neger, der italienische Amerikaner über den Italiener, und so weiter. Aber über wen schreibt der amerikanische Amerikaner, der Schriftsteller der Mehrheit? Über Nordics und Angelsachsen? Wenn er das täte und sie als blonde Helden darstellte, würde man ihn in der modernen amerikanischen Literatur auslachen. Das Bewusstsein des eigenen Volkes, eine der großen emotionalen Reserven, eines der großen künstlerischen Stimulanzien, wird dem Künstler der Mehrheit genau in dem Moment verwehrt, in dem der Maler, Komponist und Schriftsteller der Minderheit sich so gierig davon ernährt. Neben ihren anderen psychologischen Nachteilen baut diese einseitige, selektive Zensur offensichtlich eine hohe Mauer der Frustration um das freie Spiel der Phantasie.

Im Bewusstsein oder in Unkenntnis der Kräfte, die gegen sie arbeiten, sind viele Künstler der Mehrheit ins Ausland geflohen, um die kulturelle Verwandtschaft zu suchen, die sie zu Hause vermissen. Stephen Crane starb in England. Eliot wurde britischer Staatsbürger. Robert Frost wurde zum ersten Mal entdeckt und veröffentlicht, als er auf der Zepterinsel lebte. Pound, der wahrscheinlich mehr Einfluss auf die moderne englische Literatur ausübte als jeder andere, ließ sich in Rapallo, Italien, nieder, wo er sich mit rechtsgerichteter Politik beschäftigte. Hemingway zog nach Frankreich, Italien, Spanien, Afrika und Kuba, bevor er in Idaho Selbstmord beging. Thomas Wolfe und F. Scott Fitzgerald verbrachten viele ihrer kreativsten Jahre im Ausland. Als sie schließlich nach Hause zurückkehrten, starben beide früh an einer Alkoholvergiftung, die sie entweder begünstigt oder herbeigeführt hatten. Das Filmgenie D.W. Griffith war ein weiteres Opfer der Flasche.

Einige Künstler der Mehrheit versuchten, dem Dilemma der Entwurzelung durch eine Art geistige Emigration zu entkommen. Der Dichter Robert Lowell, der zu den Bostoner Lowells gehörte, die nur mit den Cabots sprachen, konvertierte zum römischen Katholizismus.[477] Andere ergriffen noch verzweifeltere Maßnahmen. Hart Crane, ein vielversprechender Dichter, sprang von einem Schiff und ertrank in der Karibik.[478] Ross Lockridge, Jr., schrieb einen hervorragenden ersten Roman, *Raintree County*, schloss dann sein Garagentor,

---

ein Flüchtiger vor der Justiz, der auf den Bahamas lebte. Zu den Kunstgeschäften von Bernard Berenson und Lord Duveen, die beide zufällig Juden waren, siehe Colin Simpson, *The Partnership*, Bodley Head, London, 1987.

[477] *Time*, 17. Juni 1965, S. 29.

[478] *New York Times*, 28. April 1932, S. 4.

stieg in sein Auto und startete den Motor.[479] Thomas Heggen, ein weiterer junger Autor, der die Hohlheit des Erfolgs in einer fremden Gesellschaft kennenlernte, schrieb *Mister Roberts* und nahm dann in einer gemieteten New Yorker Wohnung eine Überdosis Schlaftabletten.[480] F. O. Matthiesen, ein brillanter moderner Literaturkritiker, hörte den Sirenengesang des Kommunismus und stürzte sich aus einem Bostoner Hotelzimmer in den Tod.[481] W. J. Cash, ein in Carolina geborener Essayist mit einer feinen Intelligenz, geißelte seine Heimat im Süden zur Freude liberaler Kritiker, aber offenbar nicht zu seiner eigenen Freude. Man fand ihn an seiner Krawatte erhängt im Badezimmer eines Hotels in Mexiko-Stadt.[482] Andere talentierte Autoren der Mehrheit ziehen sich in die Sterilität und Barbarei von College-Campus zurück, wo sie das Problem des Inhalts vermeiden, indem sie sich auf die Form konzentrieren, in einem hoffnungslosen und fruchtlosen Versuch, das Untrennbare zu trennen.

Alle Künstler der Mehrheit erleben zwangsläufig die schmerzhafte Depression, die sich aus der erzwungenen kulturellen Heimatlosigkeit ergibt. Von allen Menschen ist der Künstler am wenigsten in der Lage, in einem Vakuum zu arbeiten. Daran gehindert, sein eigenes "Volkstum" auszuüben, sucht der Künstler der Mehrheit nach Ersatz im Rassismus der Minderheiten, in exotischen Religionen und orientalischen Kulten, in waghalsigen Aktionen des zivilen Ungehorsams, in afrikanischer und präkolumbianischer Kunst, in der Psychoanalyse, in Drogen und in der Homosexualität. Zu letzterem Thema hat die bekannte jüdische Wissenschaftlerin Susan Sontag Folgendes gesagt:

> Juden und Homosexuelle sind die herausragenden kreativen Minderheiten in der zeitgenössischen städtischen Kultur. Kreativ im wahrsten Sinne des Wortes: Sie sind Schöpfer von Sensibilitäten. Die beiden bahnbrechenden Kräfte der

---

[479] *New York Times*, 8. März 1948, S. 1. Andere Schriftsteller, die sich mehrheitlich das Leben nahmen: die Dichter John Berryman und Sylvia Plath; Laird Goldsborough, Autor der Time Foreign Affairs; Parker Lloyd-Smith, Genius of Fortune.

[480] *New York Times*, 20. Mai 1949, S. 1.

[481] *Time*, 10. April 1950, S. 43. Ein anderer begabter Schriftsteller, der das gleiche Lied hörte und der vielleicht besser als jeder andere das tragische Schicksal des Künstlers der Mehrheit in einer von Minderheiten besessenen Gesellschaft symbolisierte, war Howard Rushmore. Als Amerikaner der zehnten Generation, der in South Dakota geboren wurde, schrieb Rushmore zunächst für den *Daily Worker* und verlor schließlich seinen Job, weil er sich weigerte, in seinen Filmkritiken negerfeindliche Gefühle zu äußern. Danach wechselte er zu antikommunistischen Bombastartikeln für Hearst-Zeitungen. Zuletzt arbeitete er für das verleumderische Klatschmagazin *Confidential,* für das er, ohne es selbst und seinen Verleger zu wissen, einige der besten Satiren der amerikanischen Literatur schrieb. Im Jahr 1958 erschoss er sich und seine Frau auf dem Rücksitz eines Taxis. *Newsweek*, 13. Januar 1958, S. 19-20.

[482] W. J. Cash, *The Mind of the South*, Knopf, New York, 1941. Siehe auch Joseph L. Morrison, W. J. Cash, Knopf, New York, 1967, S. 131.

> modernen Sensibilität sind die jüdische moralische Ernsthaftigkeit und die homosexuelle Ästhetik und Ironie.[483]

George Steiner, ein jüdischer Experte, könnte dem nicht mehr zustimmen:

> Das Judentum und die Homosexualität (am intensivsten dort, wo sie sich überschneiden, wie bei einem Proust oder einem Wittgenstein) können als die beiden wichtigsten Erzeuger der gesamten Struktur und des Geschmacks der urbanen Moderne im Westen angesehen werden.[484]

Das Verbot der Darstellung des Ethnozentrismus der Mehrheit in der Kunst - ein Verbot, das in der heutigen amerikanischen Kultur in Stein gemeißelt ist - reicht auch bis in die kulturelle Vergangenheit der Mehrheit zurück. Chaucer und Shakespeare wurden ausgeschnitten und mit blauem Stift geschrieben, und einige ihrer Werke wurden auf den Index der Minderheiten gesetzt.[485] Die Verfilmung von Charles Dickens' Oliver Twist hatte es wegen der erkennbar jüdischen Züge von Fagin schwer, freigegeben zu werden.[486] Das Meisterwerk des amerikanischen Stummfilms, *The Birth of a Nation*, kann nicht mehr öffentlich gezeigt werden, ohne dass Streikposten drohen, während von Juden produzierte schwarze "Sexploitation"-Filme wie *Mandingo* (1975), die mit den gröbsten rassistischen Beleidigungen gegen Weiße gespickt sind, landesweit vorgeführt werden. *Huckleberry Finn wurde ausgerechnet* aus der Bibliothek der Mark Twain Intermediate School in Virginia entfernt.[487]

---

483 Susan Sontag, "Notes on Camp" in *Against Interpretation*, Dell, New York, 1969, S. 291-92.

484 George Steiner, "Der Kleriker des Verrats", *New Yorker*, 8. Dezember 1980, S. 180.

485 Nachdem das New Yorker Board of Rabbis gegen die Fernsehaufführung des *Merchant of Venice* protestiert hatte, wurde das Stück aus dem Englisch-Lehrplan der High Schools in New York City gestrichen. *Time*, 29. Juni 1962, S. 32. Eine ABC-Fernsehaufführung von *Der Kaufmann von Venedig* (16. November 1974) endete damit, dass sich Rachel vom Haus ihres Mannes abwandte, während im Hintergrund ein jüdischer Kantor sang. Bei Shakespeare betrat sie das Haus. 1941 erschien bei Simon and Schuster eine Ausgabe von Chaucers *Canterbury Tales* mit einem Vorwort von Mark Van Doren, jedoch ohne *The Prioresses Tale*, in der ein von Juden begangener abscheulicher Mord geschildert wird. Die Oberammergauer *Passionsspiele*, die seit 1634 fester Bestandteil der europäischen Kultur sind, wurden vom American Jewish Congress wegen ihres "notorisch antisemitischen Textes" ständig angegriffen. Im Jahr 1980 wurden organisierte Besichtigungen des Stücks für in Westdeutschland stationierte Soldaten vom Armeeminister verboten.

486 *The Saturday Review of Literature*, 26. Februar 1949, S. 9-10.

487 Die Schulbehörde von Philadelpia verbannte Huckleberry Finn aus dem öffentlichen Schulsystem der Stadt und ersetzte es durch eine Version, in der alle abfälligen Verweise auf Neger gestrichen wurden. *San Francisco Chronicle, This World*, 27. Mai 1962, S. 16 und 27. April 1963, S. 8.

Henry Millers Tropic of Capricorn wurde von dem millionenschweren Romancier Leon Uris als "antisemitisch" angegriffen.[488] Highschool- und College-Bands aus den Südstaaten wurde es verboten, bei öffentlichen Veranstaltungen Dixie zu spielen. Sogar Kinderreime und Stephen-Foster-Lieder werden umgeschrieben und verschlimmbessert.[489] Eine Privatschule in Chicago änderte sogar den Titel der Theateraufführung von *Schneewittchen* in *Prinzessin des Waldes*, aus Angst, des Rassismus bezichtigt zu werden. In der Zwischenzeit wird immer noch ein unermüdlicher, heimlicher literarischer Rachefeldzug gegen so herausragende moderne Schriftsteller, Komponisten und Gelehrte, sowohl amerikanische als auch europäische, wie Eliot, Dreiser, Pound, Toynbee, Ernst Junger, D. H. Lawrence, Céline, Roy Campbell, Wyndham Lewis, Kipling, Knut Hamsun, Franz Lehar und Richard Strauss geführt. Ihre Verbrechen bestanden darin, eine zufällige Bemerkung fallen zu lassen, ein Gedicht, einen Roman oder einen Essay zu schreiben[490], sich einer politischen Bewegung anzuschließen oder zumindest nicht gegen sie zu opponieren, die eine oder mehrere Minderheiten beleidigt. Es erübrigt sich zu erwähnen, dass es keine nennenswerte Gegenvendetta der Literaturkritiker der Mehrheit gegen Künstler gegeben hat, die sich dem Rassismus von Minderheiten hingeben.

An dieser Stelle sei hinzugefügt, dass praktisch alle führenden Dirigenten, Musiker und Operninterpreten, die während des Zweiten Weltkriegs in Deutschland blieben oder in Deutschland auftraten, nach Kriegsende Opfer des Judenboykotts wurden. Die Liste umfasst: Wilhelm Furtwangler, Herbert von Karajan, Walter Gieseking und Elisabeth Schwarzkopf.[491] Die vielleicht

---

[488] *Los Angeles Times*, 16. Februar 1962, Abschnitt Briefe. Uris' Angriff war besonders ungnädig, weil er der rassistische Schriftsteller der Minderheit *schlechthin* ist. Sein Bestseller "Exodus", der die israelische Eroberung Palästinas bejubelt, ist ein fünftklassiger Kipling.

[489] In *My Old Kentucky Home*, der Staatshymne von Kentucky, wurden Ausdrücke wie "Massa", "Darkies" und "Mammy" sorgfältig gestrichen. Die Staatshymne von Virginia, *Carry Me Back to Old Virginny*, wurde von einem Neger-Senator als "abscheulich für seine Rasse" angegriffen. Ein Kongressabgeordneter aus den Südstaaten hat - nicht ganz ernst gemeint - vorausgesagt, dass die Lobbyarbeit der Minderheiten schließlich die Umbenennung des Weißen Hauses bewirken wird. *U.S. News & World Report*, Aug. 9, 1957, S. 43 und *New York Times*, 2. März 1970, S. 28.

[490] Random House schloss alle Werke von Pound aus einer Gedichtanthologie aus, obwohl Conrad Aiken, einer der Herausgeber, ausdrücklich zwölf Pound-Gedichte zur Aufnahme ausgewählt hatte. Charles Norman, *Ezra Pound*, Macmillan, N.Y., 1960, S. 416.

[491] Jahrelang waren jüdische "Beobachter" in der Zeit nach dem Zweiten Weltkrieg auch dafür verantwortlich, dass dem amerikanischen Publikum das berühmte Bolschoi-Ballett vorenthalten wurde, dessen Amerika-Tournee 1970 nach einer Reihe von zionistischen Anschlägen, einschließlich eines Bombenanschlags, gegen sowjetische Einrichtungen in New York City abgesagt wurde. Der Plan war, die Russen für den angeblichen

bigotteste Zensur wurde von Flüchtlingsakademikern ausgeübt, die Martin Heidegger, einen der originellsten und verstörendsten Denker der Neuzeit, jahrelang erfolgreich "ausschlossen" oder herabwürdigten. Sie ließen die Ideen des deutschen Philosophen nur in den verdünnten und mimetischen Bearbeitungen von Sartre durchsickern.

Um auf das Hauptthema dieses Kapitels zurückzukommen: Die Kraft und der Halt, die ein Künstler aus der Zugehörigkeit zu einer rassisch und kulturell homogenen Gemeinschaft bezieht, erklären den Erfolg von William Faulkner, dem einzigen erstklassigen Schriftsteller der Mehrheit, der sowohl als Individuum als auch als Künstler die landesweite Entwurzelung seines kulturellen Erbes überlebt hat. Faulkner wurde in Mississippi geboren, lebte, blühte auf und ist dort begraben, dem Staat mit dem viertgrößten Analphabetismus.[492] Da sie die gemeinschaftliche Natur der Kunst ignorieren müssen, können Liberale und Marxisten Faulkner nur als Paradoxon behandeln.[493] Die Logik der Umweltschützer kann ebenso wenig erklären, warum ein angeblich rückständiger Staat im tiefen Süden Amerikas größten Romancier des zwanzigsten Jahrhunderts hervorbringen sollte, wie die gebildetste Nation Europas Hitler erlag.

Außerhalb des Südens ist die amerikanische Kunst von Angehörigen von Minderheiten überschwemmt worden. Um die Behauptung zu untermauern, dass der Grundton des amerikanischen kreativen intellektuellen Lebens jüdisch geworden ist, muss man nur die schier endlose Liste von Juden und Teiljuden in der Kunst aufrollen.[494] Das Kontingent an schwarzen und anderen Minderheiten

---

Antisemitismus einiger hoher Kremlfunktionäre und für die Unterstützung der palästinensischen Sache zu bestrafen.

[492] Schätzung 1960 durch das Bureau of Census.

[493] Genauso paradox ist die Tatsache, dass eine unverhältnismäßig große Zahl aller modernen literarischen Größen der Mehrheit aus den Südstaaten stammt: James Agee, Flannery O'Connor, Katherine Anne Porter, John Crowe Ransom, Robert Penn Warren, Thomas Wolfe, Walker Percy, James Dickey, Stark Young, Carson McCullers, Eudora Welty, Allen Tate, Tom Wolfe, um nur einige zu nennen.

[494] *Die Autoren*: Edna Ferber, Gertrude Stein, Fannie Hurst, Mary McCarthy, Nathanael West, Bruce Jay Friedman, J. D. Salinger, Herbert Gold, Harvey Swados, Bernard Malamud, Saul Bellow, Norman Mailer, Irving Stone, Jerome Weidman, Irwin Shaw, Howard Fast, Budd Schulberg, Ben Hecht, Irving Wallace, Harold Robbins, Philip Roth, Joseph Heller, Herman Wouk, Meyer Levin, S. J. Perelman, Alexander King, E. L. Doctorow, Rona Jaffe, William Goldman.

Dichter: Louis Untermeyer, Dorothy Parker, Delmore Schwartz, Kenneth Fearing, Babette Deutsch, Karl Shapiro, Allen Ginsberg, Joseph Auslander, Howard Nemerov, Muriel Rukeyser.

Dramatiker: Elmer Rice, Ceorge S. Kaufman, Moss Hart, Lillian Hellman, Sidney Kingsley, Clifford Odets, Sam und Bella Spewack, Arthur Miller, J. Howard Lawson,

angehörenden Künstlern, Schriftstellern,[495] und Komponisten ist zwar nicht mit dem jüdischen Aggregat vergleichbar, wird aber jeden Tag größer.

Die Vorherrschaft einer Minderheit in der zeitgenössischen Kunstszene wird durch die Präsenz einer anderen, noch nicht erwähnten Minderheit erschwert, die sich sowohl aus Mitgliedern der Mehrheit als auch der Minderheit zusammensetzt. Es handelt sich um den Homosexuellen-Kult. Homosexuelle sind bekanntlich eine der beiden Hauptstützen des amerikanischen Theaters, die zweite sind die Juden.[496] Juden besitzen fast alle großen Theaterhäuser, stellen

---

Neil Simon, Jack Gerber, Arthur Kopit, Paddy Chayefsky, Abe Burrows, Murray Schisgal, S. N. Behrman.

Kritiker: Charles Angoff, Clifton Fadiman, Leslie Fiedler, John Gassner, Milton Hindus, Alfred Kazin, Louis Kronenberger, Norman Podhoretz, George Steiner, Diana Trilling, Lionel Trilling, Irving Kristol, Paul Goodman, Paul Jacobs, William Phillips, Irving Howe, Joseph Wechsberg, Midge Decter.

Maler und Bildhauer: George Grosz, Saul Steinberg, Moses und Raphael Soyer, Leon Kroll, Saul Raskin, Jacques Lipchitz, Jacob Epstein, Larry Rivers, Chaim Gross, Helen Frankenthaler, Mark Rothko, Jack Levine, Ben Shahn, Abraham Walkowitz, Milton Avery, Leonard Baskin, Eugene Berman, Leonid Berman, Hyman Bloom, Jim Dine, Louis Eilshemius, Adolph Gottlieb, Philip Guston, Hans Hoffman, Morris Louis, Louise Nevelson, Barnett Newman, Jules Olitski, Philip Pearlstein, George Segal.

Komponisten: Aaron Copland, Ernest Bloch, Darius Milhaud, George Gershwin, Leonard Bernstein, Jerome Kern, Sigmund Romberg, André Previn, Marc Blitzstein.

Orchesterdirigenten, Virtuosen und Sänger: Bruno Walter, Serge Koussevitsky, Pierre Monteux, Erich Leinsdorf, Eugene Ormandy, George Szell, Mischa Elman, Jascha Heifetz, Yehudi Menuhin, Rudolf Serkin, Artur Schnabel, Alexander Kipnis, Nathan Milstein, Artur Rubinstein, Jan Peerce, George London, Robert Merrill, Vladimir Horowitz, Gregor Piatorgorsky, Arthur Fiedler, George Solti, Richard Tucker, Michael Tilson-Thomas, James Levine, Antal Dorati, Otto Klemperer, Roberta Peters, Regina Resnik, Beverly Sills, Wanda Landowska, Emil Gilels, Dame Myra Hess, Isaac Stern, Joseph Szigeti.

495 Zu den Neger-Romanautoren und -Dichtern gehören: Ralph Ellison, Frank Yerby, Langston Hughes, Countee Cullen, Claude McKay, Richard Wright, James Baldwin, Lorraine Hansberry, Claude Brown, James Weldon Johnson, Maya Angelou und Poet Laureate, Rita Dove. Obwohl man sie kaum als Mitglieder der Mehrheit bezeichnen kann, bezeichnete *Time* (17. März 1980, S. 84) den in Russland geborenen und in der Schweiz lebenden Vladimir Nabokov als Amerikas größten lebenden Romancier und Isami Noguchi als "den herausragenden amerikanischen Bildhauer".

496 "Ohne einen von beiden [Juden oder Homosexuellen] wäre der Broadway hoffnungslos geschwächt; ohne beide wäre er ein klarer Fall von Ausweidung." William Goldman, *The Season*, Harcourt, Brace & World, New York, 1969, S. 12. In seiner statistischen Analyse der achtundfünfzig Stücke der Broadway-Saison 1967-68 stellte Goldman fest, dass Homosexuelle achtzehn produzierten und bei zweiundzwanzig Regie führten. Ebd., S. 237. Der jüdische Anteil am Broadway wurde durch die Tatsache belegt, dass von den dreißig Mitgliedern des Dramatist's Guild Council mindestens zwei Drittel Juden waren. Ebd., S. 148. Über David Merrick und Hal Prince, die jüdischen Produzenten, die 40 Prozent der Bruttoeinnahmen der Saison einspielten, schrieb

die meisten Produzenten und fast die Hälfte der Regisseure und stellen die Hälfte des Publikums und der Dramatiker. Die anderen Dramatiker sind meist bekannte Homosexuelle aus der Mehrheit.[497] Kombiniert man diese beiden Zutaten, fügt man die Gehaltserhöhungen, Schmiergelder, den Kartenverkauf und das gewerkschaftliche Federvieh hinzu, die alle Broadway-Produzenten plagen, wird leicht verständlich, warum in New York, dem immer noch strahlenden Kern des amerikanischen Theaters, die größte aller Kunstformen zu homosexueller oder heterosexueller Pornographie,[498] linken und marxistischen Botschaftsstücken, ausländischen Importen und schrillen Musical-Komödien verkommen ist.[499] Es ist fraglich, ob ein neuer Aischylos, Shakespeare oder Pirandello am heutigen Broadway auch nur eine Minute überleben könnte.

Das Vordringen von Minderheiten in die Kommunikationsmedien verstärkt die kulturelle Vorherrschaft von Minderheiten in hohem Maße, denn Presse, Zeitschriften und Fernsehen sind die Transmissionsriemen der Kunst und als solche ihre obersten Schiedsrichter. Indem sie Bücher,[500] Gemälde, Skulpturen, Musik und andere künstlerische Werke loben, verurteilen, hervorheben, unterbewerten oder ignorieren, entscheiden die Medien faktisch darüber, was verbreitet wird (und bekannt wird) und was nicht verbreitet wird (und unbekannt bleibt). Ein Buch, das in den einflussreichen, meinungsbildenden Kolumnen der *New York Times*, der *New York Times Book Review*, der *Time*, der *Newsweek*

Goldman: "Der Punkt ist folgender: Keiner von ihnen hat das geringste Interesse, die Zeit, den Geschmack, die Fähigkeiten oder das Wissen, um ein originales amerikanisches Stück zu produzieren." Ebd., S. 111.

[497] Der wichtigste dramatische Beitrag des homosexuellen Dramatikers ist die sensible Heldin in einer gefühllosen Gesellschaft und die zickige Heldin in einer verkommenen Gesellschaft, wobei erstere die Gefühle des Autors und letztere sein Handeln darstellt. Homosexuelle entwerfen die meisten der auffälligen Bühnenbilder und ausgefallenen Tanzroutinen der Musical-Spektakel.

[498] *Che* von Lennox Raphael, einem Dramatiker aus der Minderheit, war das erste amerikanische Stück, das den Akt der Kopulation auf der Bühne darstellte.

[499] "Die amerikanische Musikkomödie ... scheint manchmal weitgehend eine Erfindung der Juden zu sein". Yaffe, a.a.O., S. 225. Owen Wister, der das Bostoner Musikangebot der späten 1870er Jahre beschrieb und es mit dem New Yorker Angebot fünfzig Jahre später verglich, schrieb: "*Pinafore* hatte gerade seinen Weg der Melodie und des Lachens über unsere Landkarte gebahnt, hübsche und witzige komische Opern aus Paris und Wien zogen überfüllte Häuser an, aber noch keine Musikshow war von den Broadway-Juden für den amerikanischen Trottel ausgeheckt worden..." Owen Wister, *Roosevelt, The Story of a Friendship*, Macmillan, New York, 1930, S. 17-18.

[500] Apropos Bücher: Mehr als die Hälfte der großen amerikanischen Verlagshäuser haben heute jüdische Eigentümer oder jüdische Chefredakteure.

und einiger so genannter Cocktail-Publikationen[501] ungünstig oder gar nicht rezensiert wird, hat wenig oder gar keine Chance, in Bibliotheken oder in die besseren Buchhandlungen zu gelangen.

Dieser literarische Ausleseprozess erstreckt sich auch auf die Werbung. Anzeigen für Bücher, die den Rassismus von Minderheiten fördern, werden von den meisten Zeitungen und Zeitschriften akzeptiert. Anzeigen für Bücher, die den Rassismus der Mehrheit fördern, nicht. Nicht nur, dass keine große Zeitung oder Zeitschrift *The Dispossessed Majority* rezensieren würde, auch keine der führenden Wochenzeitschriften würde bezahlte Werbung für das Buch akzeptieren.[502] Pressearbeit in Form von Lob von Kolumnisten und Fernsehpersönlichkeiten ist ein weiteres probates Mittel, um Künstlern aus der Minderheit oder aus der Mehrheit, die sich auf Minderheitenthemen spezialisiert haben, unter die Arme zu greifen. Das vielleicht banalste Beispiel für die gegenseitige Bewunderung von Minderheiten in der Kunst ist die Praxis der *New York Times Book Review*, Bücher, die den Neger-Rassismus befürworten, von Neger-Rassisten rezensieren zu lassen. *Die Nigger Die!* von H. Rap Brown, einem Flüchtling, der nach einem Überfall auf einen New Yorker Saloon wieder verhaftet wurde, erhielt eine allgemein positive Rezension, obwohl Brown schrieb, dass er "keinen Sinn darin sah, Shakespeare zu lesen", der ein "Rassist" und eine "Schwuchtel" sei.[503]

Während seines gesamten Lebens und seiner Karriere identifiziert sich der minderheitenbewusste Künstler mit einer Gruppe von Amerikanern - seiner Gruppe. Dabei greift er häufig die Mehrheit und die nordeuropäische kulturelle Tradition an, und zwar aus dem einfachen Grund, dass das Amerika der Mehrheit nicht sein Amerika ist. Die Puritaner werden auf Hexenjäger, reaktionäre Pietisten und selbstgefällige Fanatiker reduziert. Der Süden der Vorkriegs- und Nachkriegszeit wird in ein riesiges Konzentrationslager verwandelt. Die Industriegiganten werden als Raubritter bezeichnet. Die ersten Pioniere und Siedler werden als Spezialisten für Völkermord dargestellt. Die Polizei sind

---

501 "Amerikanische literarische und politische 'Highbrow'-Magazine bieten das deutlichste Beispiel für diese [jüdische] Vorherrschaft. Hier wählt eine Voreingenommenheit, die merkwürdigerweise ziemlich unbewusst ist, die Themen, die Behandlung und die Autoren aus, die der jüdischen Sensibilität am meisten zusagen (oder die sich am besten in sie einfügen). Man kann mit Fug und Recht behaupten, dass diese Zeitschriften von dem dominiert werden, was man das jüdische kulturelle Establishment nennen kann. Van den Haag, *Die jüdische Mystik*, S. 129.

502 Siehe Wilmot Robertson, *Ventilations*, Kapitel 3. Einige Zeitungen nahmen einmal eine verwässerte Anzeige auf, erlaubten aber nicht, sie zu wiederholen.

503 *New York Times Book Review*, 15. Juni 1969, S. 6, 38. Brown, so schien der Rezensent erfreut zu berichten, stahl während eines Treffens mit Präsident Johnson einige Artikel aus dem Weißen Haus. Er wollte ein Gemälde stehlen, wusste aber nicht, wie er es unter seinem Mantel verbergen sollte.

"Schweine". Die Mitglieder der Mehrheit sind "Goys, Rednecks, Honkies" oder einfach nur "Bestien".

Um dem *Kulturkampf* der Minderheiten Rechnung zu tragen, werden in einem Broadway-Stück die Indianer zu einer Rasse tugendhafter, höherer Wesen, während die Weißen als unwürdige Wilde dargestellt werden und die vermeintliche Heldenfigur Custer als zweitklassiger Gangster über die Bühne stolziert.[504] Ein Hollywood-Film zeigt, wie amerikanische Kavalleristen indianische Jungfrauen vergewaltigen und verstümmeln.[505] Ein Fernsehspiel, das in den Depressionsjahren der 1930er Jahre spielt, gibt der Mehrheit die Schuld an Amerikas Missständen und endet mit einer gezielten Tirade gegen "Angelsachsen".[506]

Aber sie geht weit darüber hinaus. Ein Hauptthema der modernen Negerliteratur ist die Vergewaltigung der Frauen der Mehrheit. In seinem Bestseller *Soul on Ice*, der in den Englischkursen hunderter Colleges zur Pflichtlektüre gehört, erzählt der militante Neger Eldridge Cleaver, ein auf Kaution freigelassener Schwarzer, der zuletzt als wiedergeborener Christ auftrat, wie er sich dabei fühlt, weiße Frauen "bewusst, absichtlich, vorsätzlich und methodisch" zu vergewaltigen. "Es gefiel mir, dass ich mich über das Gesetz des weißen Mannes hinwegsetzte und es mit Füßen trat... dass ich seine Frauen schändete... Ich fühlte, dass ich mich rächen wollte... [wollte Wellen der Bestürzung durch die weiße Rasse schicken."[507]

Auf derselben Seite zitiert Cleaver zustimmend einige Zeilen aus einem Gedicht des Negers LeRoi Jones: "Vergewaltigt die weißen Mädchen. Vergewaltigt ihre Väter. Schneidet ihren Müttern die Kehle durch." Der Verkehr mit den Frauen der Mehrheit, wenn auch in einem etwas ruhigeren und kontrollierteren Rahmen, ist ein Thema, das auch in den Schriften der so genannten jüdischen literarischen Renaissance häufig auftaucht. Die Helden der jüdischen Belletristik suchen sich oft nichtjüdische Mädchen aus, weil "sie weniger Respekt brauchen und daher mehr Möglichkeiten haben ..., Dinge zu tun, die man mit einer Person, die man respektieren muss, nicht tun könnte."[508]

---

[504] *Die Indianer* von Arthur Kopit.

[505] *Soldat Blau.*

[506] Millard Lampell's *Hard Travelin'*, WNET, New York, 16. Oktober 1969.

[507] Eldridge Cleaver, *Soul on Ice*, McGraw-Hill, New York, 1968, S.14.

[508] Van den Haag, a.a.O., S. 217. Der Autor bezieht sich insbesondere auf Philip Roths Roman *Portnoy's Complaint* (Random House, New York, 1969), in dem diese Passage erscheint (S. 143-44): "Aber die Schicksen, ach, die Schicksen sind wieder etwas anderes... der Anblick ihrer frischen, kalten, blonden Haare, die aus ihren Tüchern und Mützen quellen... Wie werden sie nur so schön, so gesund, so blond! Meine Verachtung für das, woran sie glauben, wird durch meine Bewunderung für ihr Aussehen mehr als neutralisiert..."

Zeitgenössische weiße künstlerische Bemühungen werden von LeRoi Jones auf der Titelseite (zweiter Abschnitt) der Sunday *New York Times* als "Zuhälterkunst" abgetan.[509] Ein jüdischer Autor erklärt: "Die Familie ist der amerikanische Faschismus". Ein jüdischer Literaturkritiker nennt den verstorbenen Thomas Wolfe, der das Talent aller Romanautoren von Minderheiten erreichte oder übertraf, einen "professionellen Hinterwäldler". Ein führender schwarzer Schriftsteller bezeichnet Amerika als "das Vierte Reich". Wie bereits erwähnt, bezeichnet eine literarische Jüdin die weiße Rasse als "das Krebsgeschwür der Menschheitsgeschichte".[510]

Das eigentliche Ziel geht jedoch über die Unterdrückung der Mehrheitskultur hinaus. Es gibt eine zunehmende Tendenz in der Literatur der Minderheiten, subtile und nicht so subtile Aufrufe zur körperlichen Belästigung und sogar zum regelrechten Massaker an Weißen einzubringen. Dies war die Botschaft von LeRoi Jones' Stück *Slave Ship*.[511] Mit dem gleichen bissigen Ton schreibt Eldridge Cleaver anerkennend über "junge Schwarze da draußen, die Weißen die Kehle durchschneiden".[512] Eine schwarze Dichterin, Nikki Giovanni, hat ein Gedicht in einer populären schwarzen Anthologie veröffentlicht, das diese Zeilen enthält: "Can you kill/Can you run a Protestant down with your/'68 El Dorado/...Can you [obscenity] on a blond head/Can you cut it off."[513] Ice-T, ein Paradebeispiel für einen so genannten "Gangsta"-Rapper, schrieb für seinen Auftraggeber Time Warner einen Hit mit dem Titel Cop Killer, in dem er seine Fans aufforderte, "Cops abzustauben".[514] Die Äußerungen einer schwarzen Rapperin, Sister Souljah, richteten sich nicht nur gegen Polizisten, sondern gegen Weiße im Allgemeinen. "Wenn Schwarze jeden Tag Schwarze töten, warum nicht eine Woche lang Weiße töten".[515] Andres Serrano, ein Nicht-Weißer, der mit einem Stipendium des National Endowment for the Arts in Höhe von 15.000 Dollar gefördert wurde, tauchte ein Kruzifix in ein Glas Urin, betitelte sein fotografisches Meisterwerk mit "Piss Christ" und reichte es an sabbernde Aussteller weiter.[516] Zu den weiteren Zuschussempfängern gehörten

---

509 16. November 1969, Sek. 2, S. 1.

510 Die Urheber dieser Zitate sind in dieser Reihenfolge: Paul Goodman, Alfred Kazin, James Baldwin und Susan Sontag. Siehe Benjamin De Mott, *Supergrow*, S. 74-75 und *Partisan Review*, Winter, 1967. James Agee, ein Trucker mit einigem Talent, zog Chinesen und Neger seinem eigenen Volk vor, verachtete Iren und Deutsche und heiratete eine Jüdin, *Letters of James Agee to Father Flye*, G. Braziller, N.Y., 1962, S. 151.

511 Siehe Fußnote 23, S. 92.

512 Cleaver, op. cit., S. 15.

513 *The Black Poets*, Bantam Books, New York, 1971, S. 318-19.

514 *Los Angeles Times*, 23. März 1993, S. D6.

515 *USA Today*, 15. Juni 1992, S. 2A.

516 *Washington Times*, 22. Februar 1992, S. A7.

eine Annie Sprinkle (60.000 $), eine jüdische Künstlerin, deren Auftritt seinen Höhepunkt erreichte, als sie auf der Bühne urinierte; der homosexuelle Robert Mapplethorpe, der von der NEA 30.000 $ für eine Wanderausstellung seiner sadistischen und homoerotischen Fotos erhielt; 15.000 Dollar für eine Wanderausstellung von Tongues of Flame (in den Programmhinweisen wurde Jesus als drogensüchtig eingestuft und Kardinal John O'Connor als "fetter Kannibale aus dem Haus mit den wandelnden Hakenkreuzen in der Fifth Avenue" beschrieben).[517]

Was oben beschrieben wurde, hat natürlich wenig mit Kunst zu tun. Man könnte es eher als Anti-Kunst bezeichnen. Menschen, die nicht in der Lage sind, hohe Kunst zu produzieren oder zu schätzen, beneiden diejenigen, die es können. Aber anstatt ihre rudimentäre Kunst zu höheren Formen zu entwickeln, konzentrieren sie sich darauf, jede Kunst, die sie in die Finger bekommen, zu pervertieren und zu banalisieren. Auf diese Weise zeigen sie ihren Hass auf den echten Künstler und all seine Werke. Julius Lester, ein viel beachteter älterer Negerliterat, hat, vielleicht unbewusst, den wahren Groll der Minderheitskünstler erkannt - die strahlende westliche Kunst, die für immer außerhalb der Reichweite der Neger zu liegen scheint -, als er bis nach Paris die Zerstörung von Notre Dame forderte, "weil sie den Menschen von sich selbst trennt".[518]

Da ihm die Kommunikationsmedien und die wichtigsten akademischen Foren weitgehend verschlossen sind, hat der Künstler der Mehrheit keine angemessene Verteidigung gegen die heftigen Angriffe der Minderheiten auf seine Kultur. Er muss es vermeiden, sein eigenes Volk *als Volk* zu preisen - *und* er muss es vermeiden, andere Völker zu geißeln, insbesondere die dynamischeren Minderheiten. Der Minderheitenkünstler hingegen trägt keine solche kulturelle Zwangsjacke. Er lobt frei, wen er mag, und verdammt frei, wen er nicht mag, sowohl als Individuum als auch als Gruppe. Der Künstler der Mehrheit hat eine engere Auswahl an Helden und Schurken und damit auch eine engere Auswahl an Themen. Ohne den Elan und die brachiale Kraft des Minderheitenrassismus neigt die Kunst der Mehrheit dazu, fade, harmlos, emotionslos, steril und langweilig zu werden.[519] Da es dem Künstler der Mehrheit untersagt ist, den Text

[517] Ebd.

[518] Lester, *Suche nach einem neuen Land*, S. 144.

[519] Ein Kunsthistoriker der Zukunft, der nur Listen von Bestsellern, Kunstausstellungen und Musikkonzerten für das letzte Drittel des zwanzigsten Jahrhunderts zur Verfügung hat, könnte zu dem Schluss kommen, dass die amerikanische Mehrheit nicht mehr existiert. Wie die *Time* (19. Mai 1969, S. 12) berichtet, waren die fünf führenden Belletristik-Bestseller der Nation: #Nr. 1: *Portnoy's Complaint mit einem* jüdischen Helden oder Antihelden; Nr. 2: *The Godfather,* ein italienisch-amerikanischer Roman über italienische Amerikaner und die Mafia; Nr. 3: *The Salzburg Connection,* eine Spionagegeschichte mit Nazi-Bösewichten von einer Engländerin; Nr. 4: *Slaughterhouse Five,* ein Weltkriegsroman von einem Truckler der Mehrheit; Nr. 5: *Sunday the Rabbi*

und den Kontext seines kollektiven Bewusstseins zu erforschen, zieht er sich auf Surrealismus, Science Fiction, Krimis, Fantasy, Reiseführer und Pornografie zurück.[520] Dabei wird er zum Sandsack des Minderheitenaktivisten, der "den wesentlichen Kampf des Menschen als sozialen Kampf gegen andere Menschen und nicht als moralischen Kampf gegen sich selbst" betrachtet.[521]

Viele potenzielle Künstler der Mehrheit[522] spüren wahrscheinlich schon im Voraus die Hindernisse, die einer erfolgreichen künstlerischen Karriere im Wege stehen, und wenden sich der Wissenschaft zu, wo ihre Kreativität weniger behindert wird. Ähnliche Situationen in der Vergangenheit mögen verdeutlichen, warum in der Lebensspanne von Nationen die künstlerische Entfaltung im Allgemeinen der wissenschaftlichen vorausgegangen ist - warum Sophokles vor Archimedes kam, Dante vor Galilei, Shakespeare vor Newton und Faraday, Goethe vor Planck. Mathematik, Physik und Chemie, nicht aber die

---

Came Home. Die drei Top-Bestseller in der Belletristik laut *New York Times* (5. September 1976) waren: #Platz 1, *Trinity* von Leon Unis; Platz 2, *Dolores* von Jacqueline Susann; Platz 3, *The Lonely Lady* von Harold Robbins. Alle drei Autoren sind Juden. Wenn man bedenkt, dass nur 17 Prozent der amerikanischen Erwachsenen ein Buch pro Jahr lesen, dass 50 Prozent der amerikanischen College-Absolventen kein einziges Buch pro Jahr lesen, dass 50 Prozent der Amerikaner noch nie ein Buch zu Ende gelesen haben, dann sind die amerikanischen Lesegewohnheiten eine noch größere Tragödie, als es die Bestsellerlisten aussagen. Siehe Nancy Polette und Marjorie Hamlin, *Reading Guidance in a Media Age*, Scarecrow Press, Metuchen, New Jersey, 1976.

[520] Die Pornographie nimmt in Zeiten des kulturellen Zusammenbruchs einen immer größeren Platz ein, nicht weil sie, wie einige Apostel der Freizügigkeit gerne behaupten, den künstlerischen Horizont erweitert, sondern weil sie ihn schrumpfen lässt. So wie das schlechte Geld das gute verdrängt, verdrängt die Kunst der Geschlechtsteile die Kunst des Herzens und des Geistes. Von allen künstlerischen Tätigkeiten des Menschen erfordert die Pornographie, wenn man sie denn als Kunst bezeichnen kann, die geringste geistige Anstrengung. Vielleicht hat nichts dem zerrissenen Gefüge der amerikanischen Zivilisation mehr geschadet als das Urteil des Obersten Gerichtshofs von 1957 in der Rechtssache *Roth v. U.S.*, in der Obszönität als etwas "völlig ohne erlösende soziale Bedeutung" definiert wurde. Da ein gewiefter Jurist in jeder Art von Schund zumindest eine Spur von "sozialer Bedeutung" finden kann, wurde die Büchse der Pandora geöffnet, und die Minderheitenmagnaten von Hollywood, Broadway und Publishers' Row nutzten die Gelegenheit - und die Gewinne - sofort aus.

[521] John Leggett, "The Wasp Novel", *New York Times Book Review*, 30. November 1969, S. 2.

[522] Das Genie, das in dem von Matthew Arnold so genannten "nationalen Glanz" gebadet ist, hat es weniger schwer als das Genie in einer zersplitternden Kultur, die jedem die eine oder andere Parteilichkeit aufzwingt. Wie Goethe es ausdrückte: "Bedauert doch den ausserordentlichen Menschen, dass er in einer so erbarmlichen Zeit leben, dass er immerfort polemisch wirken musste." Eckermann, *Gespräche mit Goethe* (7.2.1827).

Biowissenschaften, sind weniger umstritten als die Kunst.[523] In einer gespaltenen, pluralistischen Gesellschaft können sie die letzte Zuflucht der freien Meinungsäußerung und der freien Forschung sein. Ortega y Gasset hat einmal gesagt, dass "die Menschen lesen, um ein Urteil zu fällen". Der Aphorismus könnte dahingehend erweitert werden, dass die Menschen, je älter die Nationen werden und je mehr sie sich in Bezug auf Politik, Religion, Klasse und Rasse voneinander unterscheiden, lesen, um ihre Vorurteile zu beruhigen oder zu schüren.

In der ersten Hälfte des neunzehnten Jahrhunderts zeichnete sich in den Vereinigten Staaten eine große künstlerische Epoche ab. In Neuengland, New York, Philadelphia und im Süden entwickelte sich aus Generationen von Landbesitzern, Schifffahrtsmagnaten, Armee- und Marineoffizieren sowie führenden Persönlichkeiten aus Regierung, Kirche und Bildungswesen eine eigene amerikanische Aristokratie. Zur gleichen Zeit entstanden Schulen von Künstlern der Mehrheit, deren Wachstumsrate mit der der aufstrebenden Aristokratie synchronisiert war. Es war vielleicht kein Zufall, dass das Hudson River Valley, das Revier der ersten amerikanischen Aristokraten, den ersten großen amerikanischen Schriftsteller, Washington Irving, den größten amerikanischen Schriftsteller, Herman Melville, und die erste amerikanische Malerschule hervorbrachte. Die holländischen Patroons von Neu-Amsterdam hatten ihre Ländereien am Fluss schon Jahrzehnte vor der Gründung der Plantagen in Virginia angelegt, als Boston noch eine Blockhütten-Theokratie war.[524]

---

[523] Die am wenigsten umstrittene Kunst ist die Musik und folglich die letzte, die durch Zensur entkräftet wird. Die einzige Kunst, die sich noch in den Händen der Mehrheit befindet, ist die Country-Musik, und selbst diese gerät unter den dreifachen Angriff von Negro-Jazz, Drogen und zynischen Veranstaltern aus dem Showbusiness. Der Kritiker Richard Goldstein, der für die jungen Leserinnen von *Mademoiselle* (Juni 1973) schrieb, warf der Country-Musik vor, sie sei "bedrohlich" für jüdische Empfindungen. An ihrer Stelle empfahl er den geschmeidigen Klang der Neger-Rhythmen. Die Rockfestivals, die ein gigantisches Publikum und eine gigantische Medienaufmerksamkeit auf sich ziehen, sind zum Teil ein konfuser Versuch, die populäre Musik aus der Tin Pan Alley zu retten. Aber sie sind keineswegs so improvisiert, wie die Presse sie erscheinen lässt. Das Woodstock-Festival hatte einen Kartenvorverkauf von 1.400.000 Dollar, der durch die 200.000 Dollar zustande kam, die seine beiden jüdischen Produzenten, John Roberts und Mike Lang, für Radio- und Zeitungsanzeigen ausgaben. *New York Times Magazine,* 7. September 1969, S. 122, 124.

[524] Bezeichnenderweise war Melvilles Mutter, Maria Gansevoort, eine Nachfahrin einer alten holländischen Familie, eine "kalte, stolze Frau, arrogant im Sinne ihres Namens, ihres Blutes und des Wohlstands ihrer Vorfahren". Raymond M. Weaver, *Herman Melville,* S. 34. Siehe auch Morison, *Oxford History of the American People,* S. 1777, 487, für einen chronologischen Vergleich der Aristokratien von New York und Neuengland.

Die traumatische Erfahrung des Bürgerkriegs war nicht allein dafür verantwortlich, dass die große künstlerische Verheißung Amerikas ein Ende fand. Da war die überbordende soziale Dynamik, die auf den Krieg folgte und die Besiedlung des Westens ermöglichte. Im Handel, in der Industrie, im Bergbau und auf dem Land gab es viel Geld zu gewinnen, und während die Plutokratie zunahm, nahm die Kunst ab.[525] Hinzu kam die neue Einwanderung, die die normalen, organischen Prozesse der künstlerischen Entwicklung durcheinanderbrachte.

Im letzten Moment der Römischen Republik, als die römische Kultur Anzeichen der Totenstarre aufwies, hielt Augustus die Auflösung der römischen Kunst auf, indem er die Enteignung der römischen Mehrheit stoppte. Das Ergebnis war das Goldene Zeitalter der lateinischen Literatur. Erst als der Niedergang Roms richtig begann - laut Gibbon mit der Thronbesteigung des Commodus im Jahr 180 n. Chr. -, befanden sich die römische Kunst und die römische Mehrheit auf einem unumkehrbaren Weg in den Untergang.

Um der amerikanischen Mehrheit und der amerikanischen Kunst willen ist zu hoffen, dass sich die Vereinigten Staaten in ihrem voraugustianischen und nicht in ihrem vorkommodanischen Stadium befinden."[526]

[525] "Die wirkliche Revolution [in den USA] war nicht das, was in den Geschichtsbüchern als Revolution bezeichnet wird, sondern ist eine Folge des Bürgerkriegs, aus dem eine plutokratische Elite hervorging." T. S. Eliot, *Notes towards the Definition of Culture*, Harcourt Brace, New York, 1949, S. 44.

[526] Die Mittel und Wege, die Augustus bei seiner Rehabilitierung der "alten Römer" anwandte, sollten denjenigen, die an einer Umkehrung der Enteignung der Mehrheit interessiert sind, reichlich Stoff zum Nachdenken geben. Augustus ging davon aus, "dass die italienische Rasse jeder anderen unermesslich überlegen war, und er wollte nicht, dass sie in einem polyglotten Durcheinander unterging". Buchan, *Augustus*, S. 20. "Da er es auch für sehr wichtig hielt, das Volk rein und unbefleckt von fremdem oder sklavischem Blut zu halten, war er sehr vorsichtig bei der Verleihung des römischen Bürgerrechts und setzte der Manumission eine Grenze." Sueton, *Divus Augustus*, übersetzt. J. C. Rolfe, XL, 3.

KAPITEL 19

Die Säkularisierung der Religion

KUNST IST EINES DER Schlachtfelder des Kulturkampfes, der sich derzeit in den Vereinigten Staaten abspielt. Die Religion ist ein weiteres. In diesem Kapitel geht es jedoch nicht darum, sich in theologischen Spekulationen zu ergehen oder die Wahrheit oder den Irrtum eines bestimmten Glaubens in Frage zu stellen, sondern die rein soziale und pragmatische Seite der Religion und ihre Eignung für die derzeitigen Gezeiten des politischen, wirtschaftlichen und sozialen Wandels zu untersuchen.

Gott mag tot sein, wie es einst hieß, dass der Große Pan tot sei, und wie viele Kirchenmänner des zwanzigsten Jahrhunderts in Anlehnung an das Wunschdenken Nietzsches verkünden. Aber der religiöse Instinkt ist sehr lebendig. Auch wenn die Wissenschaft noch weit davon entfernt ist, dies zu bestätigen, scheint es oft so, als ob die Menschen mit einem religiösen Gen geboren werden. Die spirituelle Anziehungskraft und die Erhebung der formellen Religion mögen in der Neuzeit in erschreckendem Maße abgenommen haben, aber die Menschen haben dies dadurch wettgemacht, dass sie ihre angeborene Religiosität auf weltlichere Glaubensbekenntnisse - Demokratie, Liberalismus, Kapitalismus, Nationalismus, Faschismus, Sozialismus und Kommunismus - übertragen haben. Wenn eine Fülle von Heiligen, Teufeln, Märtyrern und Propheten ein Zeichen für religiösen Eifer ist, sollte das zwanzigste Jahrhundert als das religiöseste aller Jahrhunderte gelten. Noch nie seit den Tagen Roms wurden so viele lebende und tote Staatsoberhäupter in so großem Umfang vergöttert oder diabolisiert. Der Glaube an die alten Götter mag flackern, aber der Glaube an die weltlicheren Gottheiten der Gegenwart leuchtet hell.

Ein Überblick über die organisierte Religion in Amerika sollte mit einer Diskussion über das Christentum beginnen. Bis vor kurzem wurden die Vereinigten Staaten als christliche Nation bezeichnet, und statistisch gesehen gehören immer noch etwa 60 Prozent aller Amerikaner einer christlichen Kirche an.[527] Aber was genau ist ein Christ? Die Definition scheint von der religiösen

[527] Der *Weltalmanach* von 1980 listet 169 religiöse Konfessionen in den Vereinigten Staaten mit einer Gesamtmitgliederzahl von 170.185.693 oder 78% der Bevölkerung auf. Davon sind 49.836.176 römisch-katholisch, 3.970.735 östlich-orthodox, 1.850.000 Juden, 2.000.000 Moslems und 21.000 Buddhisten. Von den verbleibenden 112.507.782 sind die meisten Protestanten, Quasi-Protestanten und Angehörige von nicht-konfessionellen christlichen Sekten. Die Zahl der römischen Katholiken ist ziemlich irreführend, da die katholische Kirche alle Getauften als Mitglieder zählt. Die Zahl der

Konfession des Definierenden abzuhängen. In den Augen der römisch-katholischen Kirche waren der heilige Franziskus, einer der wenigen, die Christus jemals wörtlich genommen haben, und Bonifatius VIII, mehr Cäsar als Papst, beide Christen. In protestantischen Augen war das auch Kapitän (später Reverend) John Newton, der die allseits beliebte Hymne How Sweet the Name of Jesus Sounds" komponierte, während das Schiff, das er kommandierte, vor der Küste Guineas wartete, um eine Ladung Sklaven aus dem Landesinneren abzuholen.[528] Zu den anderen Christen gehörten in Säulen sitzende Syrer, schwertschwingende Nordmänner, kannibalische Schwarze, lüsterne Kaiserinnen und frömmelnde Nonnen.

Die Schwierigkeit, einen Christen zu definieren, rührt zum Teil von den massiven Polarisierungen und zyklischen Versöhnungen des Christentums in den fast zwei Jahrtausenden seiner Existenz her. Keine Religion war für so viele Gläubige und so viele Theologen so vielseitig. Keine hat so viele Häresien und Schismen, so viel Krieg und so viel Frieden, so viel Feindseligkeit und so viel Liebe, so viel Erbsenzählerei und so viel Ekstase hervorgerufen. Vielleicht war das Christentum nur in seinen Anfängen wirklich einheitlich und wirklich eine Religion, als es ein einfacher Ableger des Judentums war - eine der vielen Sekten, die in dem geistigen Ferment aufblühten, das durch die römischen Eingriffe in die jüdische Staatlichkeit ausgelöst wurde.

Das erste große Problem des Christentums war ein rein rassisches. Sollte es eine Religion für Juden oder für Heiden sein? Jesus selbst war ein Galiläer aus "Galiläa der Heiden". Es gibt keinen eindeutigen Beweis dafür, dass er ein Jude war, aber es ist fast sicher, dass er in einem jüdischen Kulturkreis aufgewachsen ist.[529] Zunächst sahen viele Juden in ihm einen möglichen Messias, der ihre Sehnsucht nach einer Rückkehr zum zeitlichen Ruhm Salomos stillen sollte.

Juden wurde im *Weltalmanach* 1981 unerklärlicherweise auf 3.985.000 erhöht, obwohl die Juden bekanntlich die unreligiöseste amerikanische Bevölkerungsgruppe sind. Viele der größeren protestantischen Kirchen zählen dagegen nur die aktiven Kirchenbesucher und Kommunikanten. Die Aufteilung der größeren protestantischen Konfessionen ist wie folgt: 15.862.749 Baptisten, 12.486.912 Methodisten, 10.331.405 Lutheraner, 3.745.526 Presbyterianer, 2.818.130 Episkopalisten, 2.237.721 Pfingstler.

[528] *Times Literary Supplement*, 9. Januar 1964, S. 25.

[529] Die Bezeichnung "Galiläa der Heiden" findet sich in Matthäus 4,15. Zur Zeit von Jesu Geburt hatte Galiläa, eine römische Provinz im Norden Palästinas, eine gemischte jüdische und assyrische Bevölkerung und galt seit weniger als einem Jahrhundert als jüdisch. Toynbee, *Study of History*, Bd. II, S. 73-74, und *Ency. Brit.*, Bd. 9, S. 978. Sowohl Ultra- als auch Antisemiten haben gelegentlich versucht, aus Jesus etwas anderes als einen Juden zu machen. Die talmudische Tradition einer teilrömischen Abstammung ist in Fußnote 105, S. 199, erwähnt worden. Ein Ariseur von Jesus verweist auf eine Abstammung von "Proto-Nordischen", die einst in und um Galiläa lebten. C. G. Campbell, *Race and Religion*, Peter Nevill, London, 1973, S. 151. Houston Stewart Chamberlain stellte in seinem Werk *Foundations of the Nineteenth Century* ebenfalls das Judentum Jesu in Frage.

Später, als das Wirken Jesu begann, Außenstehende anzusprechen, und als er mehr Interesse an einem jenseitigen als an einem weltlichen Reich zeigte, verschlossen die Juden schnell ihre Herzen und ihre Geldbeutel.[530] In den Worten von Arnold Toynbee: "Dieser inspirierte jüdische Spross zwangsbekehrter galiläischer Heiden wurde dann von den judäischen Führern des Judentums seiner Zeit abgelehnt und zu Tode gebracht."[531]

Das nächste Problem, mit dem das Christentum konfrontiert wurde, nachdem es sich vom Judentum gelöst hatte, war die Frage, wie viel von seinem ursprünglichen jüdischen Hintergrund und seiner Tradition erhalten bleiben würde oder sollte. Eine Fraktion, die Marcioniten, versuchte, die frühe Kirche von jeglichem jüdischen Einfluss zu reinigen, und ging sogar so weit, das Alte Testament als Werk des Teufels zu bezeichnen. Die petrinische Kirche vertrat den gegenteiligen Ansatz, indem sie die jüdische Bibel akzeptierte, einen großen Teil der jüdischen Theologie und des jüdischen Rechts heilig sprach und die Juden als Geburtshelfer des Christentums betrachtete. Tatsächlich übernahmen die katholische Kirche in Rom und die orthodoxe Kirche in Konstantinopel fast alles Jüdische, außer den Juden selbst. Schließlich besiegten die Judaisierer praktisch alle ihre Rivalen, obwohl Reste des marcionitischen Einflusses fortbestanden, bis die Katharer in Südfrankreich im zwölften Jahrhundert von päpstlichen Hilfstruppen liquidiert wurden.[532] Hätten sich die Marcioniten durchgesetzt, hätte es im jüdisch-christlichen Erbe der westlichen Zivilisation kein Judentum gegeben.[533]

---

530 Der spanische Philosoph Miguel de Unamuno nannte einen weiteren Grund, warum sich die Juden von Jesus abwandten. Er predigte die Unsterblichkeit, an der Juden kaum Interesse haben. Unamuno, *Del Sentimiento Tragico de la Vida*, Las Americas Publishing, New York, 1966, Kapitel IIT.

531 *Eine Studie zur Geschichte*, Bd. V, S. 658.

532 *Ency. Brit.*, Bd. 5, S. 72, und Bd. 14, S. 868.

533 In diesem geteilten Erbe lassen sich bestimmte rassische Merkmale erkennen. Marcion, der aus dem nördlichen Kleinasien stammte, wurde außerhalb der semitischen Ökumene geboren. Die Heiligen Petrus und Paulus und viele andere Führer der petrinischen Kirche waren konvertierte Juden. Ein wichtiges jüdisches Erbe für das Christentum war die Lehre von der Erbsünde, die vom heiligen Augustinus, einem Nordafrikaner, nachdrücklich vertreten und von Pelagius, einem gebürtigen Briten, in einer der schwersten theologischen Auseinandersetzungen des Christentums entschieden bekämpft wurde. Die drei Weisen des Neuen Testaments, die Versuchung auf dem Berg, die Taufe, das Paradies und die Auferstehung waren dem hebräischen Denken und der hebräischen Tradition fremd, aber zu fest etabliert, um von den fanatischeren Judaisierern gestrichen zu werden. Diese nichtjüdische Seite des Christentums geht nach einer Auffassung auf den persischen Propheten Zarathustra zurück, dessen Lehren Jesus durch seine Verbindung und vielleicht auch Blutsverwandtschaft mit den Amoritern, die enge Kontakte zu den Persern unterhielten, bekannt geworden waren. C. G. Campbell, op. cit., Kapitel II. Zu den scheinbar angeborenen Unterschieden im religiösen Empfinden von

Eines der Hauptthemen von Gibbons großartigem Nachruf auf das Römische Reich war die wichtige Rolle des Christentums bei dessen Verfall und Auflösung.[534] Hätte der große Historiker die Funktionsweise der frühen Kirche eingehender untersucht, wäre er vielleicht zu dem Schluss gekommen, dass der eigentliche Schuldige nicht die christliche Religion als solche war, sondern diejenigen, die die gleichmacherischen und aufrührerischen Elemente des Christentums auf Kosten des grundlegenderen christlichen Konzepts der Unsterblichkeit hochspielten. Auf der einen Seite wurden die Macht und die Privilegien der schwindenden römischen Elite durch die Betonung von Brüderlichkeit und Verzicht im Neuen Testament unterminiert. Auf der anderen Seite wurden die unterworfenen Völker durch die aufrührerischen Predigten der frühen Kirchenväter, die in ihrem strikten Vorgehen gegen das römische Heidentum die Vernichtung aller mit der alten Religion verbundenen Elemente forderten, zu Gewalttätigkeit angestachelt. Im Jahr 310 n. Chr. kam es zu einem letzten Aufflackern der heidnischen Unterdrückung, als Kaiser Galerius den Christen geschmolzenes Blei in die Kehle schüttete und die Löwen im Kolosseum ein letztes Mal mit den Märtyrern speiste. Zwei Jahre später sah Konstantin das brennende Kreuz, und Rom hatte bald einen christlichen Kaiser.

Als das Christentum zur Staatsreligion wurde, änderten die Bischöfe ihre Haltung. Anstatt sich gegen die Regierung zu stellen, wurde die Kirche zu deren Hüterin. Anstatt den Militärdienst anzugreifen, befürwortete sie ihn. Einst die Unterdrückten, waren die Christen nun die Unterdrücker. Die Flammen der griechischen und römischen Tempel erhellten den Nachthimmel des sterbenden Roms. Obwohl es zu spät war, um den Zusammenbruch des Reiches zu verhindern, gelang es den Bischöfen, die erobernden Germanen zu bekehren, die später das westliche Christentum vor den Hunnen, Arabern, Türken und anderen heidnischen Plünderern retteten.

Zur Zeit der Kreuzzüge hatte sich das Christentum in die römisch-katholische und die griechisch-orthodoxe Kirche gespalten. Sie spaltete sich erneut, als

---

Semiten und Nicht-Semiten äußerte sich T. E. Lawrence wie folgt: "Ich hatte geglaubt, die Semiten seien unfähig, die Liebe als Bindeglied zwischen sich und Gott zu benutzen... Das Christentum schien mir das erste Glaubensbekenntnis zu sein, das die Liebe in dieser oberen Welt verkündete, von der die Wüste und die Semiten (von Moses bis Zeno) sie ausgeschlossen hatten... Seine Geburt in Galiläa hatte es davor bewahrt, nur eine weitere der unzähligen Offenbarungen der Semiten zu sein. Galiläa war die nicht-semitische Provinz Syriens, deren Kontakt für den vollkommenen Juden fast eine Unreinheit darstellte... Christus verbrachte seinen Dienst aus freien Stücken in dieser geistigen Freiheit... " *Sieben Säulen der Weisheit*, Doubleday, Doran, Garden City, N.Y., 1935, S. 356. Möglicherweise gab es auch eine rassische Abneigung der Heiden gegen einige jüdische religiöse Praktiken, insbesondere gegen den Aspekt des Beschneidungsrituals, bei dem ein "ehrwürdiger und verehrter Gast gebeten wird, seinen Mund an den Penis anzulegen und den ersten Blutstropfen aufzusaugen." Ernest Van den Haag, *Die jüdische Mystik*, S. 160.

[534] *Niedergang und Fall des Römischen Reiches*, Kapitel 15 und 16.

Nordeuropa, angestachelt von Fürsten und Potentaten, die den Reichtum des Heiligen Stuhls begehrten, mit dem geistlichen Absolutismus und der weltlichen *Realpolitik* der lateinisierten Päpste brach. Die Reformation zog die religiösen Grenzen, die noch heute das protestantische vom katholischen Europa trennen, und die rassischen Grenzen, die in vielen Gebieten noch immer die Nordländer von den Alpenländern trennen.

Der verstorbene Professor Guignebert von der Universität Paris, ein Bibelexperte, hat einen interessanten Seitenblick auf die Entwicklung des Christentums geworfen, indem er das sich verändernde "Aussehen" Jesu im Laufe der Jahrhunderte feststellte.[535] Die ersten Darstellungen von Jesus zeigten ihn haarig, hässlich und abweisend. Später, in gotischen Rosetten und Statuen sowie in Gemälden und Fresken der Renaissance, wurde Christus mit nordischen Zügen ausgestattet und sah manchmal eher wie Siegfried aus als wie der Sohn eines mediterranen Zimmermanns. Auf vielen Gemälden der Heiligen Familie wurden die Jungfrau und das Christuskind mit blondem Haar und blauen Augen dargestellt. Das Ästhetische Requisit war in den größten Meisterwerken der christlichen Kunst überall zu sehen.

Das Christentum wurde von Angehörigen praktisch aller christlichen Konfessionen in die Vereinigten Staaten gebracht - von Anglikanern und Täufern, Katholiken und Mennoniten, Lutheranern, Quäkern und Shakern, Griechisch-Orthodoxen und Doukhoboren. Die Episkopalkirche - zwei Drittel der Unterzeichner der Unabhängigkeitserklärung waren Episkopale[536] - und die calvinistischen Kirchen (vor allem Kongregationalisten und Presbyterianer) blieben bis zum Aufkommen der Erweckungsbewegung und der evangelikalen Sekten im frühen 19. Die Sklavenfrage löste die christliche Einheit zwischen Nord und Süd auf, und viele Yankees wandten sich von der Auge-um-Auge-Moral und der eisernen Prädestination des Calvinismus[537] dem Unitarismus und anderen weniger strengen und weniger selektiven Glaubensrichtungen zu. In denselben Jahren befestigten die Kirchen des Südens in den Sklavenstaaten ein geschichtetes, rassisch getrenntes Christentum und rechtfertigten ihr Handeln mit undurchsichtigen Bibelstellen über die menschliche Knechtschaft.[538]

---

[535] Charles Guignebert, *Jésus*, Le Renaissance du Livre, Paris, 1933, S. 189-96. In *The Everlasting Gospel* beschreibt Blake zwei verschiedene Gesichter Jesu: "Die Vision von Christus, die du siehst, ist der größte Feind meiner Vision. Deine hat eine große Hakennase wie deine, meine hat eine Stupsnase wie meine.

[536] *Ency. Brit.*, Bd. 18, S. 612.

[537] Jahrhunderts in Neuengland wurde durch Samuel Adams verkörpert, der "kein Revolutionär, sondern ein Rassist und Anti-Katholik war, der Minderheiten nicht schätzte". Samuel Morison, *Oxford History of the American People,* S. 211.

[538] Das meistzitierte Zitat war Genesis 9,22-27. Ham, der von einigen Theologen als Stammvater der Negerrasse angesehen wird, sieht seinen Vater Noah in seiner

Kurz vor dem Bürgerkrieg begann der römische Katholizismus, eine gewisse Bedeutung in den nationalen Angelegenheiten zu erlangen. Zusätzlich zu ihrer religiösen Funktion diente die katholische Kirche dem massiven Zustrom hungriger, heimwehkranker irischer Einwanderer als immense Sozialeinrichtung. Jahrzehnte später wurde sie zum geistlichen und gelegentlich auch zum politischen Hirten für die Millionen mittel- und südeuropäischer Katholiken, die den Großteil der neuen Einwanderer stellten. In den frühen 1930er Jahren war die katholische Kirche die größte und mächtigste religiöse Organisation in den Vereinigten Staaten. Im Jahr 1928 verlor Alfred E. Smith die Präsidentschaftswahlen unter anderem deshalb, weil er Katholik war. Im Jahr 1960 gewann John F. Kennedy die Präsidentschaft, auch weil er Katholik war. Im 97. Kongress (1981-82) gehörten mehr Kongressabgeordnete der katholischen Kirche an als irgendeiner anderen Konfession.

Heute hat das Christentum in den Vereinigten Staaten - die Fundamentalisten ausgenommen - sein Augenmerk von Gott auf den Menschen gerichtet und sich zum Anwalt der Minderheiten gemacht. Viele protestantische Geistliche nehmen das Geld aus ihren Kollekten und geben es für Projekte für Schwarze und Hispanoamerikaner aus, die oft eher politisch als wohltätig sind. Kirchen werden zu Treffpunkten für schwarze Banden umfunktioniert.[539] Geistliche bekunden dem schwarzen Aktivisten, der in die Riverside Church in Manhattan stürmte und 500 Millionen Dollar an "Wiedergutmachung" forderte, ihre "tiefe Wertschätzung".[540] Viele Kirchenmänner, die lange Zeit den Kommunismus in seinen verschiedenen stalinistischen, titoistischen und maoistischen Ausprägungen toleriert haben[541], befürworten jetzt offen die Revolution in

---

Trunkenheit nackt. Als Noah davon erfährt, belegt er Kanaan, den Sohn Hams, mit einem Fluch, der ihn dazu bestimmt, ein "Diener der Diener" zu sein. Sem (der erste Semit) und Jafet (der erste Nicht-Semit?), die beiden Brüder Hams, sollten nach Ansicht der Befürworter der Sklaverei im Alten Testament bis in alle Ewigkeit von Kanaan bedient werden.

539 Alles vergeblich, wie Nietzsche vor einem Jahrhundert prophezeite: "Es gibt nichts Schrecklicheres als eine barbarische Sklavenklasse, die gelernt hat, ihr Dasein als Unrecht zu betrachten, und sich nun anschickt, nicht nur sich selbst, sondern alle künftigen Generationen zu rächen. Wer wagt es, sich angesichts solch bedrohlicher Stürme vertrauensvoll auf unsere blassen und erschöpften Religionen zu berufen..." *Die Geburt der Tragödie* aus *Die Philosophie von Nietzsche,* trans. Clifton Fadiman, Modern Library, New York, S. 1048.

540 *Time*, 16. Mai 1969, S. 94.

541 Laut dem Untersuchungsbeamten des Kongresses, J. B. Matthews, vertraten einst 7.000 amerikanische Geistliche die kommunistische Parteilinie. Als die Sowjetunion immer raffgieriger und kriegerischer wurde, übernahmen viele von ihnen sicherere und akzeptablere Formen des Marxismus. Für Matthews' Schätzung, siehe Walter Goodman, *The Committee*, Farrar Straus, New York, 1968, S. 335.

Mittelamerika, schmuggeln illegale Einwanderer ein[542], propagieren die einseitige Abrüstung[543], erhöhen die Kaution für Black-Panther-Schläger[544] und verschwören sich gegen eine künftige Wehrpflicht, so wie sie sich gegen die Kriegsanstrengungen der Vereinigten Staaten in Vietnam verschworen haben.[545] Einige katholische Priester haben aktiv zu Streiks von mexikanisch-amerikanischen Wanderarbeitern gegen kalifornische Farmer aufgerufen.[546] Andere, vor allem die Brüder Berrigan, sind in Büros des Selective Service eingebrochen und haben Einberufungsunterlagen vernichtet.[547] Wieder andere sind auf die Straße gegangen und haben in offener Missachtung staatlicher und lokaler Gesetze und der strengen Vorschriften von Papst Johannes Paul II. gegen Priester in der Politik Massen-Sit-ins durchgeführt.

Aus verschiedenen Gründen ist die derzeitige liberale Minderheitenversion des Christentums in Amerika nicht glaubwürdig und hat den Beigeschmack von Dilettantismus. Jesus war ein Außenseiter. Seine Armut und seine Zugehörigkeit

---

542 Ein vom Ökumenischen Rat der (protestantischen) Kirchen organisiertes Londoner Konklave veröffentlichte einen Bericht, in dem es heißt: "Guerillakämpfer, die gegen rassistische Regime kämpfen, müssen von der Kirche unterstützt werden, wenn alles andere versagt hat." Weiter heißt es: "Die Kirche muss unter bestimmten Umständen Widerstandsbewegungen, einschließlich Revolutionen, unterstützen, die auf die Beseitigung der politischen oder wirtschaftlichen Tyrannei abzielen, die den Rassismus ermöglicht." Den Vorsitz der Konferenz führte Senator George McGovern, ein methodistischer Laiendelegierter. *Time*, 6. Juni 1969, S. 88. Im Laufe der Jahre hat der Weltrat, dem die meisten amerikanischen protestantischen Konfessionen angehören, weiterhin schwarze Terrorgruppen in Afrika mit Predigten und Geld unterstützt.

543 Ebenso wie die Nationale Konferenz der Katholischen Bischöfe im Jahr 1985.

544 *New York Times*, 31. Januar 1970, S. 9. Im September 1970 wurde die schwarze Aktivistin Angela Davis, die wegen des Besitzes der Waffen, mit denen ein kalifornischer Richter getötet wurde, auf der Liste der zehn meistgesuchten Personen des FBI stand, geehrt, indem ihr Porträt beim jährlichen Liberation Sunday in der St. Stephen's Episcopal Church in St. Louis an prominenter Stelle ausgestellt wurde. *Miami Herald*, 27. September 1970, S. 30A. Miss Davis, eine wütende Stalinistin, wurde später von einer rein weißen Jury freigesprochen.

545 Der Kaplan der Universität Yale, William Sloane Coffin Jr., der einst mit der Tochter des Ballerina Artur Rubinstein verheiratet war, wurde 1968 zu zwei Jahren Gefängnis verurteilt, weil er jungen Amerikanern geraten hatte, sich dem Wehrdienst zu entziehen. Das Urteil der Jury wurde später von einem höheren Gericht aufgehoben. *Weltalmanach* 1970, S. 922.

546 *Time*, 10. Dezember 1965, S. 96.

547 *New York Times*, 9. August 1970, Sek. 4, S. 7. Im Januar 1971 wurden die Berrigans angeklagt, weil sie geplant hatten, die Heizungsanlagen von fünf Regierungsgebäuden in Washington in die Luft zu sprengen und Henry Kissinger zu entführen. Laut *Time* waren die beiden Brüder "Rebellen in die Wiege gelegt". Ihr Vater, Tom Berrigan, ein Gewerkschaftsorganisator, war der Sohn irischer Einwanderer, die in die USA geflohen waren, um der Armut in den Ould Sod zu entkommen. *Time*, 25. Januar 1971, S. 14-15.

zu einer Minderheit regten ihn zu einer ehrlichen Sorge um die Unterdrückten und Geknechteten an. Der wohlgenährte, gut finanzierte Kleriker, der ein oder zwei Meilen auf einem "Freiheitsmarsch" mitläuft, in Hanoi den roten Teppich ausgelegt bekommt und von Zeit zu Zeit vorbeischaut, um zu sehen, wie es seinen Negerfreunden in den Slums geht, wirkt ein wenig unecht. Genauso wie das "soziale Gewissen" des Vatikans (80 Milliarden Dollar an Vermögenswerten, einschließlich eines Aktienportfolios von 5,6 Milliarden Dollar)[548] und des amerikanischen religiösen Establishments (allein das Vermögen wird auf 102 Milliarden Dollar geschätzt).[549] Ein derartiger Reichtum, der in der Kirchengeschichte nichts Neues ist, hat das Christentum in den Augen von Linksradikalen schon immer verdächtig gemacht. Das erklärt auch, warum das Christentum in den drei großen Revolutionen der modernen Geschichte - der französischen, der russischen und der chinesischen - offiziell oder inoffiziell geächtet wurde, obwohl christliche Liberale alles getan haben, um den Weg zu bereiten.

Obwohl es fast eine Milliarde Christen gibt, kühlt ihr Glaube ab.[550] Päpste befehlen keine Armeen mehr, exkommunizieren keine Könige, richten keine Ketzer hin und organisieren keine Kreuzzüge. Es werden keine Sainte Chapelles mehr gebaut und es gibt keine Künstler mehr, die auch nur ein Jota von der religiösen Intensität eines Fra Angelico-Gemäldes haben. Die Federn von Luther und Milton sind still. Die mitreißenden protestantischen Hymnen von einst haben ihre sonntägliche Kraft verloren und werden immer seltener gesungen. Erweckungsversammlungen in Zelten und im Fernsehen ziehen nach wie vor große Menschenmengen an, obwohl mehr Lippen als Herzen bekehrt werden. Die Religion der alten Zeit ist in einigen Gegenden immer noch lebendig, aber sie hat mehr Bedeutung für die zeitlichen Ambitionen der kanzelpaukenden Evangelisten als für Gott. Katholische und protestantische Prediger mögen in der

---

548 Nino Lo Bello, *The Vatican Empire*, Fireside, Simon and Schuster, New York, 1970, S. 23, 135. Der Heilige Stuhl, der seinen Anteil an Finanzskandalen hatte, hat diese Schätzungen offiziell dementiert, obwohl er zugab, dass er so sehr in die Hochfinanz verstrickt ist, dass er enge Beziehungen zu den Rothschilds aufgebaut hat. *New York Times*, 22. Juli 1970, S. 8. Papst Johannes Paul II. enthüllte, dass die Kirche 1979 ein Haushaltsdefizit von 20 Millionen Dollar hatte. UPI-Bericht, 10. November 1979.

549 *Time*, 18. Mai 1970, S. 44. Von den 17,6 Milliarden Dollar, die amerikanische Einzelpersonen oder Organisationen 1969 für wohltätige Zwecke spendeten, waren 7,9 Milliarden Dollar für religiöse Zwecke bestimmt. *U.S. News & World Report*, 13. Juli 1970, S. 65. Die Spenden für wohltätige Zwecke stiegen 1992 auf 124,3 Milliarden Dollar.

550 *Dem Weltalmanach* von 1994 zufolge gibt es 1.833.022.100 Christen im Vergleich zu 971.328.000 Moslems, 732.812.000 Hindus, 314.939.000 Buddhisten, 187.107.000 chinesischen Volksreligiösen, 18.800.000 Sikhs, 17.822.000 Juden, 10.493.000 Schamanisten, 6.028.000 Konfuzianern und 6.028.000 Baha'is. Trotz der großen Zahl von Christen soll Rabbi Arthur Hertzberg, Präsident der American Jewish League, gesagt haben: "Ich glaube, das Christentum ist tot". *New York Daily News*, 13. Mai 1975, S. 44.

Presse viel positive Publicity bekommen, wenn sie ihre Schäfchen im Stich lassen, um ihre "frohe Botschaft" unter den Minderheiten zu verbreiten, aber bei ihren Heimatgemeinden können sie damit wenig punkten. Die Führer der so genannten Moralischen Mehrheit haben eine gewisse Anerkennung gewonnen, allerdings nicht für die Verkündigung des Evangeliums, sondern für den Angriff auf die pandemische Korruption und Unmoral der weltlichen Mächte. Ironischerweise kann ein Teil dieser Korruption den Priestern und Predigern zugeschrieben werden, die lautstark dagegen wettern.

Die Deformation der Religion in Amerika, der Übergang vom alttestamentarischen Stempel der ersten weißen Siedler zum freizügigen sozialen Christentum der Gegenwart, wirft die uralte Frage auf, wie wirksam Religion den Charakter formt und wie wirksam der Charakter die Religion formt. Nach modernen Maßstäben war der Amerikaner aus der Kolonialzeit mit dem Gewehr in der einen und der Bibel in der anderen Hand die Karikatur eines Christen. Vielleicht las er seiner Familie einmal in der Woche aus der Heiligen Schrift vor, aber er ging selten in die Kirche. Es ist bekannt, dass die Pilger nach ihrer Ankunft neun Jahre lang keinen Pastor hatten. In Virginia war weniger als jeder Neunzehnte ein Kirchenmitglied. Unter den Kolonisten der Massachusetts Bay war nur ein Fünftel bekennende Christen.[551] Josua, wenn auch vielleicht nicht der verstorbene Bischof Pike,[552] wäre stolz auf die Pilgerväter gewesen. Als es

---

[551] William W. Sweet, *The Story of Religion in America*, Harper, New York, 1950, S. 5, 45, 48.

[552] Die öffentliche Unmoral vieler moderner Kirchenführer ist der beste Beweis für den tiefgreifenden Wandel, der in der amerikanischen Religion stattgefunden hat. Bischof Pike zum Beispiel war fast das Gegenteil des puritanischen Gottes aus dem siebzehnten Jahrhundert. Geboren als Katholik in Hollywood, besuchte Pike eine Jesuitenschule und wurde Anwalt, bevor er zum Episkopalpriester geweiht wurde. Als er zum Bischof befördert wurde, war er Alkoholiker und war dreimal verheiratet und zweimal geschieden. Sein Sohn und eine beliebte Sekretärin begingen Selbstmord; seine Tochter unternahm einen Selbstmordversuch. Bevor er in Israel starb, trat er unter Beschuss von seinem Bischofsamt zurück und widmete sich dem Spiritualismus. *Time*, 11. Nov. 1966, S. 56, und *New York Times*, 8. Sept. 1969, S. 1. Zwei prominente schwarze Kirchenmänner gaben ein ebenso schlechtes Beispiel ab. Adam Clayton Powell mit seinen gepolsterten Gehaltslisten und Spesenabrechnungen und Martin Luther King, Jr. mit seinen Versuchen, den Kurs der amerikanischen Außen- und Innenpolitik zu bestimmen, benahmen sich eher wie Renaissance-Kardinäle als wie Baptistenpfarrer. *New York Times*, 4. Januar 1969, S. 1 und *Time*, 17. August 1970, S. 13. Selbst der "Prophet" der Black Muslims, Elijah Muhammad, der eine dreijährige Haftstrafe wegen Wehrdienstverweigerung verbüßte, skandalisierte seinen obersten Leutnant durch seine Tändelei mit der Bürohilfe. *Autobiographie von Malcolm X*, S. 209-10, 299. Dean Moorehouse, ein ehemaliger methodistischer Pfarrer, kam ins Gefängnis, weil er LSD an Minderjährige abgegeben hatte. Er war ein Freund von Charles Manson, dem Anführer einer Sekte an der Westküste, die mindestens neun Morde beging. Moorehouse blieb Mansons Freund, auch nachdem dieser Moorehouse' fünfzehnjährige Tochter in seine Mörderbande "adoptierte". *New York Times Magazine*, 4. Januar 1970, S. 32. Als der

ihnen gelang, zur Plymouth Church zu gehen, marschierten sie in Dreierreihen mit ihren Musketen und Gewehrläufen im Anschlag, während andere Gemeindemitglieder sechs Kanonen auf dem Dach bemannten, die jeweils vier bis fünf Pfund schwere Eisenkugeln verschießen konnten.[553] War dies eine andere Art von Christentum? Oder war es eine andere Art von Christentum?

Viele andere Aspekte des frühen amerikanischen Christentums sind den modernen Kirchenführern ebenso zuwider. John Winthrop, der erste Gouverneur der Massachusetts Bay Colony, sprach wahrscheinlich für alle puritanischen Ältesten, als er sagte, dass die Demokratie "immer als die gemeinste und schlechteste aller Regierungsformen angesehen wurde".[554] In Connecticut und Massachusetts wurde das Wahlrecht auf Kirchenmitglieder beschränkt, was für diejenigen, die glauben, dass die amerikanische politische Tradition unabänderlich an die Trennung von Kirche und Staat gebunden ist, ein Ärgernis sein mag.[555] Ebenso erschütternd ist die Tatsache, dass die Kirche von Neuengland vom Sklaven- und Rumhandel lebte und dass viele bekannte kongregationalistische Geistliche Sklavenhalter waren.[556]

Die protestantische Religion hat ihre alttestamentliche Pionierphase und, trotz vieler lärmender Fundamentalisten, ihre neutestamentliche, evangelikale Phase durchlaufen. Sie befindet sich jetzt in ihrer liberalen Phase. Die katholische Religion in Amerika befindet sich auf einem ähnlichen, aber später beginnenden

---

bischöfliche Bischof Robert Hatch erfuhr, dass seine Tochter nackt in einem Theater in San Francisco auftrat, sagte er: "Ich bin froh, dass sie die Möglichkeit hat, sich auszudrücken." *Time,* 8. Juni 1970, S. 40. Reverend Ted McIlvenna, ein Methodistenprediger in San Francisco, drehte vierundsechzig explizite Sexfilme und verkaufte sie für 150 bis 250 Dollar pro Stück an 8.000 Kunden, "einer unserer größten Kunden war die Bundesregierung". Er verwendete eine Besetzung von zehn unbezahlten, freiwilligen Paaren. *New York Times,* 18. Mai 1980. Einige Jahre zuvor waren neunzig führende bischöfliche Priester der Meinung, homosexuelle Handlungen zwischen einwilligenden Erwachsenen seien "moralisch neutral" und könnten sogar eine gute Sache sein. *New York Times,* 29. November 1967, S. 1. Der Tiefpunkt der Religion in Amerika wurde vielleicht in Jonestown, Guyana, erreicht, wo der psychopathische Reverend Jim Jones 1978 den Massenselbstmord von 911 seiner größtenteils schwarzen Anhängerschaft anordnete. Ein anderer verrückter Gott, David Koresh, leitete die Selbsttötung von 85 seiner halbhypnotisierten Anhänger in seiner Auseinandersetzung mit Bundesbeamten in Waco 1993. Für diejenigen mit einem kurzen Gedächtnis: In den 80er und frühen 90er Jahren gestand eine beträchtliche Anzahl katholischer Priester, homosexuell zu sein oder Kinder zu missbrauchen.

[553] Sweet, op. cit., S. 46-47.

[554] Ebd., S. 51.

[555] Ebd., S. 53.

[556] Ebd., S. 285-86. Im Jahr 1776 gab es in Massachusetts 6.000 Sklaven.

Zeitplan.[557] Der brennende Glaube, den die Einwanderer aus Irland und Mittel- und Südeuropa mitbrachten, hat sich allmählich abgekühlt. Viele ihrer Nachkommen gehorchen nun einem weniger starren und toleranteren Kodex, der es ihnen erlaubt, sich über das Verbot von Verhütungsmitteln und Scheidungen durch die Kirche hinwegzusetzen, die Messe zu schwänzen, um Golf zu spielen, und aus dem warmen Schutz ihres religiösen Kokons in die unbekannten Weiten des Agnostizismus zu fliehen oder darüber nachzudenken, zu fliehen.

Priester und sogar einige Nonnen heiraten, nicht immer innerhalb der Kirche.[558] Kirchliche Schulen werden aus Mangel an Geld geschlossen. Mitglieder der Hierarchie stellen die päpstliche Unfehlbarkeit in Frage. Da sich die Möglichkeit eines weiteren großen Schismas abzeichnet, fällt es der Kirche immer schwerer, ihre immer weniger gläubigen Gläubigen unter einem Dach zu halten. Wenn sich die Kirche zu weit nach links bewegt, um ihren wachsenden hispanischen Anteil zu beschwichtigen, entfremdet sie ihre Iren und andere assimilierte weiße Katholiken. In dem Maße, wie sich die Rassenunterschiede in den eigenen Reihen verschärfen und der alte Kampf gegen die Protestanten zu einem internen Machtkampf wird, könnte die katholische Einheit, die einst eine so starke politische Kraft in den Vereinigten Staaten war, bald so weit zurückgehen, dass die Katholiken nicht mehr nach ihrer Religion, sondern nach ihrer Rasse wählen.[559]

Das Judentum in Amerika hat den gleichen hylotheistischen Weg eingeschlagen wie der Protestantismus und der Katholizismus. Der orthodoxe Eifer der Sephardim aus der Zeit vor der Revolution ist mit der rationaleren Religiosität des heutigen Reform- und konservativen Judentums vergleichbar wie eine Acetylenfackel mit einer Kerze. Gegenwärtig halten sich nicht mehr als 10 Prozent des amerikanischen Judentums an die Speisegesetze. Umfragen legen nahe, dass jüdische College-Studenten deutlich weniger religiös sind als nichtjüdische Studenten.[560] In den Vereinigten Staaten gibt es etwa 4.000 jüdische Gemeinden, die etwa 70% aller jüdischen Familien umfassen. Dennoch können die meisten Juden, die einer Synagoge angehören, kaum als fromm

---

[557] Die "katholische" Kolonie Maryland war weitgehend eine Fiktion. Während der meisten Zeit ihres Bestehens wurde katholischen Einwanderern die Einreise verweigert und die katholische Religionsausübung verboten. Beard, *The Rise of American Civilization*, Bd. I, S. 65.

[558] Schwester Jacqueline Grennan heiratete den jüdischen Witwer Paul Wexler. Mrs. Wexler wurde Präsidentin des Hunter College. Philip Berrigan, der radikale Priester, der seines Amtes enthoben wurde, heiratete eine Nonne, die später wegen Ladendiebstahls verhaftet wurde. *Time*, 18. September 1973, S. 46.

[559] Eine Umfrage des Princeton Religion Research Center aus dem Jahr 1992 ergab, dass 26 Prozent der Amerikaner der römisch-katholischen Kirche angehören und 56 Prozent verschiedenen protestantischen Konfessionen.

[560] Albert L. Gordon, *Intermarriage*, Beacon, Boston, 1964, S. 42, 47-48, 50, 97.

bezeichnet werden. Nur 19 Prozent der amerikanischen Juden besuchen einmal pro Woche einen Tempel.[561]

Die Gründung Israels hat diesen säkularen Trend umgekehrt oder zumindest verlangsamt und einige Juden durch die Wiederbelebung ihres Interesses an der jüdischen Geschichte zurück in die religiöse Gemeinschaft gelockt.[562] Das Judentum ist für viele Juden auch aus einem Grund weiterhin attraktiv, der nichts mit Religion und viel mit praktischer Politik zu tun hat. Ein prominenter amerikanischer Jude erklärte: "Wenn es darum geht, im Ausland für die Rechte der Juden zu kämpfen, ist der religiöse Ansatz in der Regel derjenige, den die jüdische Führung für den ratsamsten hält."[563] Er hätte hinzufügen können, dass das Judentum auch als nützliche Tarnung für jüdische Aktivitäten im Inland dient. In der Zwischenzeit wurde ihre alte religiöse Abneigung gegen das Christentum besänftigt, da die Juden die Vorteile entdecken, die sich aus der Betonung der selektiven Toleranz durch die christlichen Liberalen und der Unterstützung Israels durch die christlichen Konservativen ergeben.

Die ökumenische Bewegung hat zwar Protestanten und Katholiken erfolgreich näher zusammengebracht als je zuvor seit der Reformation, konnte aber nicht verhindern, dass die verschiedenen christlichen Konfessionen ihre moralische Vorherrschaft über das amerikanische Leben aufgaben. Wenn die Säkularisierung in ihrem jetzigen Tempo weitergeht, wird das Christentum im amerikanischen Leben vielleicht bald keine größere Bedeutung mehr haben als der Sport. Der Protestantismus ist in der Tat so lau geworden, dass selbst die Frage der Bundeshilfe für das Bildungswesen in den Drüsen der Baptisten und Methodisten keine übermäßigen Mengen an Adrenalin mehr auslöst. Ohne Rücksicht auf kleine, verstreute Proteststimmen subventionieren die Regierungen von Bund, Ländern und Gemeinden oft kirchliche Schulen mit

---

561 Gallup-Umfrage, 13. Januar 1974.

562 Zahlenmäßig kann sich das religiöse Judentum kaum behaupten, trotz der jüngsten Ankunft großer Gruppen russischer Juden aus der zersplitterten Sowjetunion. Bestenfalls gibt es etwa 3.000 Konversionen pro Jahr, meist nichtjüdische Frauen, die sich darauf vorbereiten, traditionell orientierte jüdische Männer zu heiraten. Nicht viele konvertieren jedoch zum orthodoxen Zweig des Judentums, einem Verfahren, bei dem man bis zum Hals in einer Wanne mit Wasser sitzt, während zwei gelehrte Älteste über die großen und kleinen Gebote sprechen. Litvinoff, *A Peculiar People*, S. 26, und Yaffe, op. cit., S. 46, 100, 102. Die sinkende Zahl der Juden hat Rabbiner Alexander Schindler, Präsident der Union of American Hebrew Congregations, dazu veranlasst, eine radikale Lösung vorzuschlagen. Normalerweise betrachtet das jüdische Gesetz nur das Kind einer jüdischen Mutter als Jude. In Anbetracht der wachsenden Zahl von Mischehen schlug Rabbi Schindler vor, das Kind eines jüdischen Vaters und einer nichtjüdischen Mutter als Jude anzuerkennen. Konservative und Reformjuden schienen sich an diesem Vorschlag nicht zu stören. Orthodoxe Juden waren empört. *Chicago Sentinel*, 20. Dezember 1979, S. 6.

563 Israel Goldstein, *The American Jewish Community*, Block Publishing, 1960.

kostenlosem Mittagessen und kostenloser Beförderung. Kirchliche Hochschuleinrichtungen werden mit fünf- und sechsstelligen Beträgen für die Natur- und Sozialwissenschaften unterstützt. Kaum ein Aufschrei ist zu hören, wenn der flammend liberale Jesuit Robert Drinan, dessen weißer Kragen im Scheinwerferlicht des Fernsehens erstrahlt, für ein öffentliches Amt kandidiert.[564]

In den letzten Jahren war der heikelste Bereich des Verhältnisses zwischen Kirche und Staat nicht die Vermischung von Religion und Politik, sondern die öffentliche Ausübung der Religion. Urteile des Obersten Gerichtshofs gegen das Sprechen von Gebeten in öffentlichen Schulen[565] und die Zurschaustellung religiöser Symbole an öffentlichen Plätzen,[566] Angriffe von Minderheiten auf den Weihnachtsumzug im Klassenzimmer,[567] Beschwerden von Minderheiten über Weihnachtsbriefmarken mit religiösen Motiven[568] - all dies sind die Auswüchse einer im Wesentlichen zunehmenden Rassenkontroverse.

Früher bedeutete die Trennung von Kirche und Staat, dass die Kirchen ohne finanzielle, rechtliche oder sonstige Unterstützung durch die Regierung allein dastehen sollten. Heute bedeutet sie eher, dass die Religion von der Öffentlichkeit isoliert und sogar unter Quarantäne gestellt werden muss. Dies könnte eher als eine Einschränkung denn als eine Erweiterung der Religionsfreiheit verstanden werden. Die freie Religionsausübung ist ohne die Freiheit des religiösen Ausdrucks kaum möglich.

---

[564] Aber es gibt einen Aufschrei in der Öffentlichkeit oder vielmehr in den Medien, wenn fundamentalistische Prediger politische Predigten halten. Pater Drinan gab 1980 auf Geheiß von Papst Johannes Paul II. seinen Sitz im Kongress auf, wurde aber sofort zum Präsidenten der Americans for Democratic Action gewählt.

[565] Im Jahr 1962 entschied der Gerichtshof, dass das Aufsagen des Vaterunsers oder von Bibelversen in öffentlichen Schulen verfassungswidrig sei, was nach Ansicht von Senator Ervin aus North Carolina Gott selbst verfassungswidrig macht. L. A. Huston, *Pathway to Judgement*, Chilton Press, Philadelphia, 1966, S. 4. Das Gebet, auf das sich das Gericht stützte, lautete einfach: "Allmächtiger Gott, wir bekennen unsere Abhängigkeit von Dir und bitten Dich um Deinen Segen für uns, unsere Eltern, unsere Lehrer und unser Land."

[566] Der Gerichtshof hat mit fünf zu zwei Stimmen die Errichtung eines Kreuzes in einem Stadtpark in Eugene, Oregon, untersagt. *New York Times*, 5. Oktober 1969, S. 68.

[567] Im Jahr 1969 verbot der Leiter des öffentlichen Schulsystems von Marblehead, Massachusetts, jegliche Erwähnung von Weihnachten, änderte dies jedoch nach einer Reihe von Demonstrationen von Kindern der Mehrheit. *Washington Evening Star*, Dez. 1, 1969, S. 4.

[568] Die US-Post wurde vom Amerikanisch-Jüdischen Kongress scharf verurteilt, weil sie eine Briefmarke herausgab, die eine Reproduktion des großen Renaissance-Gemäldes "*Madonna mit Kind*" von Hans Memling enthielt. *New York Times*, 17. Juli 1966. Als Reaktion auf den Druck der Neger tauchen schwarze Weihnachtsmänner und "integrierte Engel" jetzt fast überall in der Weihnachtszeit auf.

Die Kampagne gegen die öffentlichen Feiern der Religion der Mehrheit,[569] , wird neben ihrem eingebauten Ikonoklasmus zwangsläufig auch zu einer Kampagne gegen die Kultur der Mehrheit. Abgesehen von seiner religiösen Bedeutung ist das Weihnachtsfest mit seinem geschmückten Baum, dem Weihnachtsbaum, dem Weihnachtsmann, den Elfen, den Rentieren und dem Schlitten, der durch die Lüfte schwebt, eine überschwängliche Manifestation, vielleicht die überschwängliche Manifestation der Volksbräuche der Mehrheit.

Die Mitglieder der Mehrheit haben bereits zugelassen, dass ihr wichtigster Feiertag von riesigen Kaufhäusern und Discountern, von denen viele im Besitz von Nichtchristen sind, in einen überkommerzialisierten orientalischen Basar verwandelt wird. Jede weitere Zensur oder Perversion von Weihnachten wäre eine weitere Einschränkung, nicht nur der Religionsfreiheit der Mehrheit, sondern auch des Zugangs zu ihrer Kultur. Richter Potter Stewart, der einzige Abweichler bei der Entscheidung des Obersten Gerichtshofs zum Schulgebet, machte diesen Punkt deutlich, als er sagte, dass der Gerichtshof nicht neutral gegenüber der Religion sei, sondern sogar feindselig, wenn er Schülern "die Möglichkeit verweigert, am geistigen Erbe der Nation teilzuhaben".[570]

T. S. Eliot schrieb, "die Kultur eines Volkes [ist] eine Inkarnation seiner Religion", und "keine Kultur ist erschienen oder hat sich entwickelt - außer zusammen mit einer Religion..."[571] Dies ist gleichbedeutend mit der Aussage, dass Religion und Kultur untrennbar miteinander verbunden sind, dass die eine nicht von der anderen isoliert werden kann, ohne beiden schweren Schaden zuzufügen. Für Eliot war es kein Zufall, dass die größten künstlerischen Errungenschaften der Menschheit entstanden, als Kirche und Staat zusammen und nicht getrennt arbeiteten.

In der Tradition der europäischen Mutterländer hatten neun der dreizehn Kolonien Kirchen gegründet, ebenso wie England und die _ skandinavischen

---

569 Das Christentum kann als die Nationalreligion der USA angesehen werden, da höchstens 4% der Bevölkerung nichtchristlichen Kirchen angehören und die restlichen 96% entweder durch Religionszugehörigkeit, Kirchenzugehörigkeit, Geburt, Taufe, Tradition oder Neigung eine gewisse Verbundenheit mit dem christlichen Glauben aufweisen. Obwohl einer Gallup-Umfrage aus dem Jahr 1968 zufolge nur 50.000.000 Amerikaner regelmäßig die Kirche besuchen, betrachten sich die meisten Amerikaner, die nicht zur Kirche gehen, dennoch als Christen. *San Francisco Sunday Examiner & Chronicle, Diese Welt,* 29. Dezember 1968, S. 10. Eine Gallup-Umfrage aus dem Jahr 1974 ergab, dass 55 Prozent der Katholiken, 37 Prozent der Protestanten und 19 Prozent der Juden jede Woche in die Kirche gehen.

570 *New York Times,* 26. Juni 1962, S. 16, und 18. Juni 1963, S. 28. In Boston schlug der Jewish Advocate in einem Leitartikel, in dem er dem Gebetsbeschluss zustimmte, vor, ihn logischerweise auf das Verbot der traditionellen Zurschaustellung der Weihnachtskrippe und anderer religiöser Symbole bei öffentlichen Versammlungen oder Feiern auszuweiten. *Wall Street Journal,* 6. Juli 1962, S. 1.

571 *Anmerkungen zur Definition von Kultur,* S. 32, 13.

Länder während des größten Teils ihrer Geschichte. Die Abschaffung der Kirchen in Amerika erfolgte während des Unabhängigkeitskrieges, der die kolonialen Bindungen an die Kirche von England zerriss. Sie wurde durch den Ersten Verfassungszusatz offiziell gemacht, der vor allem auf Franklin, Jefferson und Madison zurückgeht, die viele ihrer religiösen (oder irreligiösen) Ideen aus der französischen Aufklärung übernommen hatten.

Wären die Griechen Disestablishmentisten gewesen, hätte es keinen Parthenon gegeben, der mit staatlichen Mitteln erbaut wurde, und keine der großen Theaterstücke von Aischylos, Sophokles, Euripides und Aristophanes, die in einem staatlichen Amphitheater aufgeführt wurden, das zum Teil aus der Staatskasse subventioniert und bei staatlich geförderten religiösen Festlichkeiten der Öffentlichkeit zugänglich gemacht wurde. Wären Kirche und Staat im Mittelalter und in der Renaissance getrennt gewesen, hätte es keine Abtei von Cluny, keine gotischen Kathedralen, kein Florentiner Baptisterium, keine Sixtinische Kapelle und kein *letztes Abendmahl gegeben.* Bach hat übrigens einen Großteil seines musikalischen Lebens in staatlich geförderten Kirchen verbracht. Da die eifrigsten Verfechter der Trennung von Kirche und Staat häufig diejenigen sind, die jedes Wort der Bibel als göttliche Offenbarung betrachten, sollten sie daran erinnert werden, dass das Alte Testament das Buch der alten Hebräer war, die mehr als jedes andere Volk glaubten, dass Kirche und Staat eins sind.

Es ist eine Ironie des Schicksals, dass der Oberste Gerichtshof, derzeit der mächtigste Gegner der Einheit von Kirche und Staat, in einem nachgebauten griechischen Tempel sitzt, dessen Originale ohne die Subventionen einer etablierten Kirche niemals gebaut worden wären.[572] Könnte es sein, dass die Armut und Unoriginalität der Architektur Washingtons - dessen höchstes Monument einem ägyptischen Obelisken nachempfunden ist und dessen berühmteste Wahrzeichen sklavisch griechische, hellenistische und römische Baustile nachahmen - etwas mit der Tatsache zu tun hat, dass es die Hauptstadt der einzigen großen Nation ist, in der Kirche und Staat seit mehr als hundert Jahren getrennt sind? Die größte Anziehungskraft der Religion ist nach Meinung von Miguel de Unamuno das Versprechen der Unsterblichkeit.[573] Ebenso

---

[572] Wie anachronistisch es ist, im Zeitalter interessanter neuer Baumaterialien antike Baustile zu imitieren, wurde allen klar, als die korinthischen Säulen des Gebäudes des Obersten Gerichtshofs erst nach dem Aufsetzen des Dachs angebracht wurden.

[573] *Del sentimiento trágico de la vida,* S. 42. Neben seiner rein religiösen Wirkung hat das Konzept eines Lebens nach dem Tod offensichtlich auch einen enormen sozialen Nutzen. Individuen und Rassen können die Ungleichheiten der irdischen Existenz leichter ertragen, wenn sie glauben oder davon überzeugt werden können, dass sie im Jenseits eine andere - und bessere - Existenz haben werden. In diesem Zusammenhang kann das Versprechen der Unsterblichkeit nicht anders als eine beruhigende und stabilisierende Wirkung auf die Gesellschaft insgesamt ausüben. Andererseits kann die Wirkung auch zu beruhigend und stabilisierend sein, vielleicht bis hin zu einer sozialen Stagnation. Nach

anziehend, wenn Beständigkeit und Überleben Anzeichen für Attraktivität sind, sind religiöse Zeremonien, Riten, Sakramente, Liturgien und Festtage - die Schnittpunkte zwischen Religion und Volkstum, zwischen Glaube und Kunst. Die nordischen Götter sind nach Walhalla gegangen, aber der Weihnachtsbaum brennt noch immer. In der Sowjetunion wurde die orthodoxe Kirche ihres Primats und ihrer Privilegien beraubt, aber die spektakulären russischen Ostergottesdienste begeisterten weiterhin Gläubige und Nichtgläubige gleichermaßen. (Jetzt, wo 70 Jahre Verfolgung vorbei sind, ist die Kirche wieder im Geschäft, obwohl sie noch viel Nachholbedarf hat, um den Einfluss und die Sonderstellung, die sie unter den Zaren hatte, wiederzuerlangen). In Mexiko dürfen Priester auf der Straße keine Soutane tragen, und doch pilgern jedes Jahr Hunderttausende von Mexikanern zum Kreuzweg, wobei sich einige sogar mit Dornenkronen den Kopf blutig schlagen.

Im Gegensatz zu Unamuno wollen die meisten Menschen sowohl in der Gegenwart als auch im Jenseits leben. Die unmittelbar verständlichen und genussvollen Emanationen der Religion - insbesondere ihre Dramaturgie - erscheinen dem westlichen Menschen und der westlichen Ästhetik ebenso notwendig wie ihre Theologie. Als ob die liberal-minderheitliche Koalition dies wüsste, greift sie eher die Erscheinungsformen des Christentums an als das Christentum selbst. Diejenigen, die an der Spitze des Angriffs stehen, finden es jedoch bereits einfacher, Gebete in öffentlichen Schulen zum Schweigen zu bringen als Weihnachtslieder.

Viele gläubige Christen, die den offenen Umgang der Intelligenz mit Religion und religiösen Bräuchen zur Kenntnis genommen haben, kommen zu dem Schluss, dass sie in einer profanen Zeit leben. Sie haben insofern recht, als die Zeiten für die organisierte Religion ungünstig sind. Aber, wie bereits erwähnt, ist das Reservoir des menschlichen Glaubens immer voll. Es ist nicht die Menge

---

Ansicht von Martin Heidegger, dessen Lehren von der so genannten existenzialistischen Schule der Philosophie in unverständlicher Weise verdreht wurden, hat die Unsterblichkeit die Tendenz, das Leben zu entwerten. Es ist das Bewusstsein des Todes und seiner Endgültigkeit, das die menschliche Existenz intensiviert und ihr ihren tiefsten Sinn verleiht. Wie das Drama ohne Schlussvorhang kein Drama ist, so ist die unendliche, unermessliche Zeit gar keine Zeit. Heideggers Philosophie steigert die Individualität des Menschen bis zu dem Punkt, an dem sie fast gottgleich wird - und fast unerträglich. Sie passt jedoch gut zu der neuen antikopernikanischen Sichtweise. Der Mensch, der stark verkleinert wurde, als die Erde vom Zentrum des Universums zum galaktischen Fleck degradiert wurde, ist jetzt wieder groß geworden, vielleicht größer als zuvor. Möglicherweise ist der Mensch das einzige intelligente Wesen im gesamten Weltraum - ein Status, der ihm bis zur Renaissance zugestanden wurde. Wenn es im Kosmos höhere Lebensformen gibt, ist es fast mathematisch sicher, dass einige von ihnen dem Menschen im Evolutionsprozess weit genug voraus sind, um ihm einfache Signale zu senden, die von Radioteleskopen und anderen hochentwickelten elektronischen Abhörgeräten aufgefangen werden können. Zumindest im Moment ist es im Weltraum sehr still. Zu den großen Chancen, die gegen intelligentes außerirdisches Leben sprechen, siehe *Science News*, 24. Februar 1979, und *Natural History Magazine*, Mai 1979.

des Glaubens, die sich ändert, sondern die Richtung. Religiöse Zeitalter weichen nicht Zeitaltern der Skepsis, wie manche Historiker behaupten. Der alte, etablierte Glaube weicht einfach einem neuen, unbestimmten Glauben. Ein Großteil der religiösen Gefühle, die heute in der Welt umherschwirren, findet sich in den Herzen derjenigen, die sich am meisten dagegen sträuben, als religiös bezeichnet zu werden.

Eine häufige Folge des Niedergangs der formellen Religion ist das Wiederauftauchen des Schamanen oder Hexendoktors, dessen Tasche mit magischen Tränken und Heilmitteln so alt ist wie die Menschheit selbst. In Zeiten einer etablierten Kirche muss der Schamane im Verborgenen arbeiten. Aber in Zeiten religiöser "Freiheit" ist er überall gleichzeitig, sammelt hier Anhänger, sammelt dort Spenden und verbreitet die Botschaft seiner eigenen besonderen Metaphysik landauf, landab. Manchmal agiert der Schamane an den äußeren Rändern einer universellen Religion. Manchmal führt er seine Herde aus einer universellen Religion in eine andere, wie Elijah Muhammad von den schwarzen Muslimen. Gelegentlich distanziert er sich von allen zeitgenössischen religiösen Manifestationen und kehrt zum Urgestein der Religion zurück - zum Animismus und Anthropomorphismus.

Das phänomenale Wiederaufleben von Astrologie und Wahrsagerei ist ein Beispiel für diesen Trend. Doch den eindrucksvollsten Beweis für den Abstieg der Religion vom Erhabenen zum Unterschwelligen liefert jener spezielle und etwas illegitime Zweig der Psychologie, der als Psychoanalyse bekannt ist. Hier findet sich in einer betörenden Geschenkverpackung fast das gesamte religiöse Inventar des antiken Menschen - Teufelsaustreibungen, Traumdeutungen, Inzestmythen, obsessive Sexualteleologien und herzzerreißende Beichtgespräche. Der Regisseur der Show? Kein anderer als der große alte Schamane selbst, Sigmund Freud.

Als wissenschaftliche Methode zur Erforschung des inneren Menschen, als therapeutisches Mittel bei Geisteskrankheiten, kann die Psychoanalyse von kaum einem vernünftigen Menschen ernst genommen werden. Dennoch wurde dieses Meisterwerk des spirituellen Primitivismus zu einer derartigen psychologischen, philosophischen und sogar religiösen Größe erhoben, dass es eine zutiefst zersetzende Wirkung auf die westlichen Sitten und Moralvorstellungen ausgeübt hat und weiterhin ausübt. Im Bereich der Kunst und der Ästhetik, wo sie wahrscheinlich am meisten Schaden angerichtet hat, hat die Psychoanalyse den Menschen, der einst als etwas niedriger als die Engel angesehen wurde, auf die Ebene der Bestie herabgestuft.

Um etwas über die Funktionsweise des menschlichen Gehirns zu erfahren, wäre es klüger gewesen, das Neuron, eine physiologische Tatsache, zu untersuchen als das Es, das Ich und das Über-Ich, die kaum mehr sind als psychologische oder, genauer gesagt, psychomantische Phantasien. Dass Freud nicht den schwierigeren Ansatz wählte, ist eines der Geheimnisse seiner Popularität. Intuition und Offenbarung, der wissenschaftliche Euphemismus dafür ist

Synthese, ziehen ein viel größeres Publikum an als stundenlange kontrollierte Laborexperimente.[574] Um seinen beruflichen Status zu festigen und zu bewahren, umhüllte Freud seine Lehren mit gerade genug psychologischem Wissen, um die unvorsichtigen, labilen und ungebildeten Menschen davon zu überzeugen, dass er kein Humbug war. Trotz seines wissenschaftlichen Anspruchs stand er eher in der Tradition von Joseph und Daniel, seinen entfernten Vorfahren, als in den Fußstapfen derjenigen, die die mühsame, schmerzhafte Forschung betrieben, die für die echten Fortschritte in der Erforschung des menschlichen Verhaltens verantwortlich war.[575]

Wenn man Freud liest, fällt es schwer, sich vorzustellen, wie die Welt bis zum Aufkommen der Psychoanalyse zurechtkam. Entweder wussten die Opfer der Neurose vor Freud nicht, woran sie litten, oder das Leiden war nicht älter als die Diagnose. Obwohl sich nur die Reichen eine Psychoanalyse leisten können, kann sich der Normalbürger täglich zu günstigen Preisen einer solchen unterziehen, indem er sich dem massiven Freud'schen Backwash in der Kunst aussetzt. Es ist wahrscheinlich unnötig, darauf hinzuweisen, dass die größten Schriftsteller der modernen englischen Literatur - Eliot, Yeats und D. H. Lawrence, um nur drei zu nennen - Freud verabscheuten. Lawrence machte sich sogar die Mühe, zwei antifreudianische Traktate zu schreiben, *Fantasia of the Unconscious* und *Psychoanalysis and the Unconscious*. Zweitklassige Schriftsteller hingegen machten den Freudianismus zu einem zentralen Bestandteil ihres Werks. James Joyce und Thomas Mann waren zwei der besseren Romanciers, die sich stark an Freud anlehnten, obwohl Mann in *Der Zauberberg* davor warnte, dass es einen Aspekt der Psychoanalyse gibt, der "das Leben an seinen Wurzeln verstümmelt".

Der Liberalismus erhob die Umwelt zur Gottheit. Freud predigte das Unbewusste, das Es, diese brodelnde Masse sexueller Instinkte und Triebe, diesen inneren Teufel, der nur von der Freudschen Priesterschaft wirksam ausgetrieben werden kann. Theoretisch dürften der moderne Liberalismus und die Psychoanalyse nicht einen Quadratzentimeter gemeinsam haben. Ersterer appelliert an das Rationale im Menschen oder gibt vor, daran zu appellieren, letztere an das Irrationale. Dennoch gibt es unterirdische Verbindungen, die eine

---

[574] Die Neigung jüdischer Wissenschaftler, sich auf mathematische statt auf physikalische Gesetze zu verlassen, auf induktive Sprünge statt auf die mühsame Anhäufung empirischer Beweise, ist so ausgeprägt, dass man sie fast als rassische Eigenschaft bezeichnen kann. Einstein ist der berühmteste Fall. Spengler schrieb, dass Hertz, der Halbjude war, der einzige bedeutende moderne Wissenschaftler war, der versuchte, den Begriff der Kraft aus seiner Physik zu eliminieren. *Der Untergang des Abendlandes*, Bd. 1, S. 414.

[575] Während Freud über Neurosen und Psychosen postulierte, verbrachte John Houghlings Jackson (1835-1911), ein bekannter britischer Neurologe, sein Leben damit, die Funktion und Entwicklung des Nervensystems zu untersuchen. Jacksons Evolutionstheorie der Gehirnentwicklung ist für die Untersuchung der Funktion oder Fehlfunktion des menschlichen Intellekts von grundlegender Bedeutung. Aber wie viele haben schon von John Houghlings Jackson gehört?

sehr merkwürdige Symbiose begründen. Freud, der selbst ein Autoritarist ersten Ranges war, ließ seine Schriften nur selten über den Equalitarismus hinaus in den politischen Bereich der Rasse vordringen. Als politischer Liberaler, Mitglied einer Minderheit und fanatischer Feind des Nationalsozialismus hat er wahrscheinlich mehr als jeder andere dazu beigetragen, die westliche Zivilisation zu verändern, vor allem in den Vereinigten Staaten, wo man ihm seinen illiberalen Historizismus, seinen Determinismus und seine ekelhafte Betonung der reptilien- und säugetierartigen Aspekte des menschlichen Verhaltens verzieh und ihn in den Club aufnahm.

Freud verschärfte seinen Angriff auf die Willensfreiheit, indem er mehrere wichtige Erscheinungsformen der Individualität als Verdrängungen einstufte, die er als Vorboten von Neurosen, Psychosen oder Schlimmerem definierte. Eine dieser Verdrängungen war die Schuld, Freuds liebstes Schreckgespenst, deren Beseitigung er als eines der Hauptziele der Psychotherapie festlegte.[576] Indem man sich der Schuldgefühle entledigt, entledigt man sich aber auch eines Bollwerks der sozialen Stabilität und Ordnung - des praktischsten und möglicherweise kostengünstigsten aller bekannten Abschreckungsmittel gegen Verbrechen. Wenn sie die Wahl hätte, was würde die Gesellschaft vorziehen: Mörder, die sich schuldig fühlen, oder solche, die sich nicht schuldig fühlen?

Freuds Plädoyer für eine willfährige Anpassung an die Umgebung ist nicht unabhängig von der weit verbreiteten intellektuellen Konformität, die in Amerika Einzug gehalten hat. Sein kloakaler Ansatz zu den Wurzeln des menschlichen Denkens und Handelns hat eine ganz neue Dimension der Vulgarität und Geschmacklosigkeit eröffnet und dazu beigetragen, den Weg für das heutige Zeitalter der Pornographie zu ebnen. Das Freudsche Gegenmittel für das durch Technologie, Entwurzelung und die zeitgenössische soziale Zentrifuge verursachte geistige Ungleichgewicht besteht darin, in den Ereignissen der eigenen Kindheit nach sexuellen Gespenstern zu wühlen. Die brodelnde Sorge des guten Doktors um das Bizarre, das Banale und das Perverse[577] hat so viele neurotische Persönlichkeiten in sein Lager gelockt, dass es oft schwierig ist, zwischen Patient und Analytiker zu unterscheiden.

---

[576] Wenn es um die Schuld der Mehrheitsangehörigen gegenüber Negern und anderen Minderheiten oder der Deutschen gegenüber den Juden geht, haben Freudianer oft bequeme dogmatische Aussetzer und wenden sich von den Lehren der Psychoanalyse dem Alten Testament zu.

[577] Nur ein Spezialist für Perversität konnte sich solche Freiheiten mit den schönen griechischen Legenden des Phönix und des Prometheus herausnehmen. Über den Phönix schrieb Freud: "Wahrscheinlich war die früheste Bedeutung des Phönix die des wiederbelebten Penis nach seiner Erschlaffung und nicht die der Sonne, die in der Abendröte untergeht und wieder aufgeht." Freud lehnte Prometheus als "Penis-Symbol" ab und gab seine eigene Version der Entdeckung des Feuers. "Nun vermute ich, dass der Mensch, um sich des Feuers zu bemächtigen, auf den homosexuell gefärbten Wunsch

Ein Beispiel dafür ist Dr. Douglas Kelley, einer der gerichtlich bestellten Psychiater der Nürnberger Prozesse, der einen Bestseller über die neurotischen Tendenzen der inhaftierten Naziführer schrieb, wobei ein großer Teil des Textes einer Analyse von Hermann Göring gewidmet war. Später beging Kelley, wie auch Göring, Selbstmord, indem er eine Zyankalikapsel schluckte.[578] Ein anderer Freudianer, Wilhelm Reich, der 1957 im Bundesgefängnis von Lewisburg starb, während er eine Strafe für Postbetrug verbüßte, gründete und leitete eine schismatische psychoanalytische Sekte, die sich dem Wissen, der Funktion und den psychologischen Verzweigungen des Orgasmus widmete.[579]

In ihren abwegigen Versuchen, psychische Störungen zu heilen oder zu kontrollieren, ist es der Psychoanalyse gelungen, bestimmte axiomatische Wahrheiten zu verschleiern, aber nicht zu verbergen. Der Geist zerbricht dauerhaft oder vorübergehend durch Überarbeitung oder Überlastung. Manche Menschen werden mit Defekten geboren. Manche entwickeln sie. Wenn der Verstand allein lebt, wenn er versucht, mit seinem eigenen Abfall zu überleben, wird er ungeordnet. Vernunft ist eine Funktion der Zielsetzung. Entfernt man die spirituellen Stützen, die kulturellen Verstärkungen, die bewährten Moralapostel, die vierdimensionale Versicherung von Familie, Rasse, Nation und Kirche, kann die fein ausbalancierte menschliche Mentalität leicht zerbrechen. Selbst ein so leistungsfähiges Gehirn wie das von Nietzsche könnte der Belastung durch ständige Isolation nicht standhalten.

Die Psychoanalyse erkennt die Wurzellosigkeit als Ursache für psychische Störungen an, vermeidet aber das Thema der Rasselosigkeit, des Extremfalls der Wurzellosigkeit. Sie betont die Bedeutung des Zugehörigkeitsgefühls für die psychische Gesundheit, ignoriert aber das Rassenbewusstsein, eine der intensivsten Ausdrucksformen dieses Gefühls. Aus diesen und anderen Gründen geht die Psychoanalyse völlig an der Sache vorbei, wenn sie versucht, die

---

verzichten musste, es durch einen Urinstrahl zu löschen ... für den Urmenschen bedeutete der Versuch, das Feuer mit seinem eigenen Wasser zu löschen, einen lustvollen Kampf mit einem anderen Phallus." Aus diesen Gründen, so Freud, übertrugen die primitiven Gesellschaften den Frauen die Verantwortung für das Feuer, da ihre Anatomie es nicht zuließ, der Versuchung der Männer nachzugeben. Freud, *Collected Papers,* Hogarth Press, London, 1950, Bd. 5, S. 288, 291-92, und *Civilization and its Discontents,* trans. Joan Riviere, Jonathan Cape und Harrison Smith, New York, 1930, S. 50, Fußnote 1.

[578] Douglas Kelley, *22 Cells in Nürnberg,* Greenberg, New York, 1947, S. 76-77. Ben Swearingen, Autor von *The Mystery of Hermann Goering's Suicide* (Harcourt Brace Jovanovich, New York, 1985), behauptet, dass Leutnant Jack White dem stellvertretenden Nazi-Befehlshaber die Pille wenige Stunden vor seiner geplanten Hinrichtung zusteckte. Er hatte sie Monate zuvor aus Görings Gepäck geholt.

[579] Wilhelm Reich, *Selected Writings,* Noonday Press, New York, 1956. Reich baute ein florierendes Geschäft mit dem Verkauf von "Orgonboxen" an seine Gruppe von wahren Gläubigen auf.

Ursprünge des schlimmsten aller psychischen Leiden zu erklären - den Geisteszustand, der zum Selbstmord führt.

Selbstmord ist in den Vereinigten Staaten die neunte Todesursache in der Allgemeinbevölkerung, die dritte in der Altersgruppe der 15- bis 19-Jährigen und die zweite bei College-Studenten.[580] Einige der niedrigsten Selbstmordraten finden sich in weniger wohlhabenden Staaten wie Mississippi und South Carolina, einige der höchsten in den wohlhabenderen Pazifikstaaten. Eine Studie aus dem Jahr 1992 ergab, dass die Selbstmordrate amerikanischer Weißer 2,5 Mal höher war als die der amerikanischen Schwarzen.[581] Im Zeitraum 1950-77 stieg die jährliche Selbstmordrate junger weißer Männer von 3,5/100.000 auf 15,3/100.000, was einem Anstieg von 437 Prozent entspricht. Im Jahr 1992 nahmen sich 3.360 amerikanische Männer im Alter von 15-24 Jahren das Leben.

Die rassischen Zusammenhänge, die sich aus diesen Statistiken ergeben, scheinen den Psychoanalytikern fast völlig entgangen zu sein, die Selbstmord weiterhin mit Todeswünschen, depressiven Zuständen, der Enttäuschung über hohe Erwartungen und der Implosion aggressiver Instinkte erklären. Die Statistiken stehen auch in krassem Widerspruch zu marxistischen und umweltpolitischen Theorien, die vorhersagen, dass die Reichen mit ihrem größeren materiellen Segen weniger zum Selbstmord neigen als die Armen.

Es ist natürlich das Gegenteil der Fall. Die meisten Selbstmorde ereignen sich nicht in den rückständigen Gebieten der Welt, sondern in den fortgeschrittenen. Die höchsten Selbstmordraten sind in der Regel bei den Reichen und "Erfolgreichen" zu finden, nicht bei den Armen. Wo es mehr Rassismus gibt, gibt es wahrscheinlich auch weniger Selbstmord. Verstädterung, Verlust der Religion, berufliche Rückschläge und intellektuelle Erschöpfung sind Faktoren, die zum Selbstmord beitragen, aber ein wichtiger Zusammenhang bleibt die "rassische Moral" einer bestimmten Bevölkerungsgruppe zu einer bestimmten Zeit.

Fast jeder, der sich mit den Ursprüngen der Psychoanalyse befasst hat, weiß, dass sie ein Produkt des Geistes einer Minderheit ist. Nicht nur Freud war Jude, sondern auch praktisch alle seine Mitarbeiter.[582] Nur wenige sind sich jedoch

---

[580] *Time*, 25. November 1966, S. 48, und *Weltalmanach* 1994, S. 956.

[581] Die niedrige Selbstmordrate bei den Nichtweißen war fast ausschließlich auf die Neger zurückzuführen, da die Rate bei den Indianern 11,5, bei den japanischen Amerikanern 6,9 und bei den chinesischen Amerikanern 13,1 betrug. Louis Dublin, *Suicide*, Ronald Press, New York, 1963, S. 33-35.

[582] Sachar, *The Course of Modern Jewish History*, S. 400. Zum ursprünglichen Freudschen Kreis gehörten Kahane, Reitler, Heller, Graf, Sadger, Steiner, Sachs und Silberer. Zu den wichtigsten Anhängern Sigmund Freuds gehörten Adler, Rank, Abraham, Stekel, Federn, Klein, Reich, Horney und Fromm, auch wenn einige von ihnen weit über die Grenzen der Lehre des Gründers hinausgingen. Ruth L. Monroe, *Schools of*

bewusst, dass die Psychoanalyse auch das Produkt eines Minderheitenfeinds ist. Laut Howard Sachar, einem bekannten jüdischen Gelehrten, war eine der Hauptmotivationen der Pioniere der Freudianer

> war der unbewusste Wunsch der Juden, die Ehrbarkeit der europäischen Gesellschaft, die sie ausgeschlossen hatte, zu demaskieren. Es gab keinen anderen Weg, dies zu tun, als die schmutzigen und infantilen sexuellen Verirrungen aus der menschlichen Psyche auszugraben... Selbst Juden, die keine Psychiater waren, müssen sich an der Leistung der sozialen Gleichstellung durch Freuds "neues Denken" erfreut haben. Die B'nai B'rith-Loge in Wien zum Beispiel hörte Freuds Theorien gerne zu...[583]

Freud konnte eine große Zahl prominenter Sozialwissenschaftler zu seinen Anhängern zählen. Claude Lévi-Strauss, der "strukturelle Anthropologe", hat das Freudsche Schema in die moderne Anthropologie eingebracht, indem er im typischen psychoanalytischen Jargon schrieb: "In der Sprache ... des Mythos ist Erbrechen der korrelative und inverse Begriff des Koitus, und Defäkation ist der korrelative und inverse Begriff zur auditiven Kommunikation."[584]

Herbert Marcuse, der verstorbene Mentor der Neuen Linken, konstruierte eine Synthese aus Marx und Freud, indem er den Ödipuskomplex so abwandelte und umstellte, dass der Vater für den Kapitalismus und der Sohn für das Proletariat steht.[585] Solch phantasievoller Unsinn wäre eine interessante Fußnote in der Geschichte der wissenschaftlichen Dummheit, wenn er nicht von so vielen liberalen Intellektuellen ernst genommen würde.

Psychoanalytic Thought, Dryden Press, New York, 1955, S. 14. Die drei prominentesten nicht-jüdischen Psychoanalytiker waren Ernest Jones, der wortgewandte und begabte Waliser, der als Freuds Apostel der Angelsachsen" bekannt war und eine jüdische Frau hatte, Harry Stack Sullivan irischer Abstammung, der einzige hochrangige amerikanische Psychoanalytiker, und Carl Jung, ein Schweizer. Freud war so sehr daran interessiert zu verhindern, dass die Psychoanalyse als "jüdische Wissenschaft" bezeichnet wurde, dass er Jung als Leiter der Internationalen Psychoanalytischen Gesellschaft duldete, obwohl dieser mit dem Freudschen Dogma grundsätzlich nicht einverstanden war. Jung interessierte sich schließlich eher für das kollektive als für das individuelle Unbewusste und beschäftigte sich mit Problemen des rassischen Gedächtnisses und der rassischen Archetypen. Dafür und für einige nicht allzu unfreundliche Bemerkungen über das nationalsozialistische Deutschland wurde er als Faschist gebrandmarkt. Weyl, *The Creative Elite in America*, S. 95, und die *Saturday Review of Literature*, 6. September 1947, S. 21, und 11. Juni 1949, S. 10. Obwohl er sich nie ganz von dem Freudschen Makel befreien konnte, könnte sich herausstellen, dass Jungs wichtigste Arbeit eher auf dem Gebiet der Mythologie und der Kulturgeschichte als bei der Erforschung der Psyche lag.

583 Sachar, op. cit., S. 400-401.

584 Edmund Leach, *Lévi-Strauss*, Fontana/Collins, London, 1970, S. 81.

585 Alasdair MacIntyre, *Marcuse*, Fontana/Collins, London, 1970, S. 41-54 und *New York Times Book Review*, Oct. 26, 1969, S. 66.

Die Mitglieder der Mehrheit wenden sich auf der Suche nach Linderung ihrer tatsächlichen oder eingebildeten Geisteskrankheit häufig an Freudianer. Er wird sofort einem schmutzigen, erniedrigenden, demoralisierenden und entwürdigenden Verhör unterzogen, das jeden Funken Selbstachtung, den er noch hat, auslöscht.[586] Der Kern seines Problems wird nicht berührt, und das Problem selbst wird verschlimmert. Für den Patienten der Mehrheit ist die Couch des Psychoanalytikers das Bett des Prokrustes, wie er oder besser gesagt sie vielleicht nicht rechtzeitig entdeckt. In keinem anderen Bereich des Kulturkampfes war der Tribut für die Psyche der Mehrheit so hoch.[587]

Religiöse Inbrunst kann ein großer Katalysator für menschliche Energie sein. Aber eine Pseudoreligion wie der Freudianismus kann, wenn sie von einer Minderheitspriesterschaft an eine Mehrheitsgemeinde herangetragen wird, nur zu einem lethargischen Hedonismus führen, der das Schlimmste in jedem hervorbringt. Was kann schon Gutes von den "schrecklichen Göttern" kommen, wie Jung sie nannte, "die nur ihre Namen geändert haben und sich nun auf ‘ism’ reimen"?[588]

Percival Bailey, Forschungsdirektor am Illinois Psychiatric Institute, sagte in dem vielleicht vernichtendsten Angriff, der je auf den Freudianismus geschrieben wurde, voraus, dass die Psychoanalyse auf lange Sicht wahrscheinlich als etwas in Erinnerung bleiben wird, das dem animalischen

---

[586] Jüdischen Patienten ergeht es nicht viel besser, auch wenn ihr ausgeprägtes ethnisches Bewusstsein der Ausgrenzung mehr Widerstand bietet. In dem Maße, in dem sie sich vom Judentum abwenden, wenden sich immer mehr Juden der Analyse zu, weil "Konzepte wie Gleichheit, Brüderlichkeit und Internationalismus für Juden in unterschiedlicher Weise attraktiv waren". Sie war besonders "für Juden osteuropäischer Herkunft ..., die in talmudischen Traditionen verwurzelt sind, attraktiv, weil sie eine höchst abstrakte Handhabung abstruser Konzepte und ein Minimum an wissenschaftlichen Experimenten beinhaltete." Weyl, op. cit., S. 96.

[587] "So ist es ein ganz unverzeihlicher Fehler", schrieb Carl Jung, "die Schlussfolgerungen einer jüdischen Psychologie als allgemein gültig zu akzeptieren. Niemand käme auf die Idee, die chinesische oder indische Psychologie als verbindlich für uns zu betrachten. Der billige Vorwurf des Antisemitismus, der mir aufgrund dieser Kritik gemacht wurde, ist ungefähr so intelligent, wie mir ein antichinesisches Vorurteil zu unterstellen. Zweifellos haben alle menschlichen Rassen auf einer früheren und tieferen Ebene der psychischen Entwicklung, wo es noch unmöglich ist, zwischen einer arischen, semitischen, hamitischen oder mongolischen Mentalität zu unterscheiden, eine gemeinsame kollektive Psyche. Aber mit dem Beginn der rassischen Differenzierung entwickeln sich auch wesentliche Unterschiede in der kollektiven Psyche. Aus diesem Grunde können wir den Geist einer fremden Rasse nicht *in globo* in unsere eigene Mentalität verpflanzen, ohne diese empfindlich zu verletzen, eine Tatsache, die jedoch verschiedene Naturen mit schwachem Instinkt nicht davon abhält, die indische Philosophie und dergleichen zu beeinflussen." *Gesammelte Werke,* trans. R. F. C. Hull, Pantheon Books, New York, 1953, Bd. 7, S. 149, Fußnote 8.

[588] *Psychological Reflections,* Harper & Row, New York, 1961, S. 134.

Magnetismus ähnelt.[589] Um die Freudsche Sackgasse zu vermeiden, die seiner Meinung nach noch nie einen Psychiatriepatienten aus einem Irrenhaus herausgeholt hat, und um den Mitgliedern der Mehrheit auf der Suche nach einer Religion einen warnenden Leitfaden an die Hand zu geben, beruft sich Dr. Bailey auf einige denkwürdige Worte von D. H. Lawrence:

> Die Seele soll keine Schutzwälle um sich herum auftürmen. Sie soll sich nicht zurückziehen und innerlich in mystischen Ekstasen ihren Himmel suchen. Sie soll nicht zu einem jenseitigen Gott um Erlösung schreien. Sie soll die offene Straße ins Unbekannte hinuntergehen, so wie die Straße sich öffnet, und sich mit jenen zusammenschließen, deren Seele sie zu sich zieht, und nichts anderes vollbringen als die Reise und die Werke, die mit der Reise verbunden sind, auf der langen Lebensreise ins Unbekannte, wobei die Seele in ihrer subtilen Sympathie sich selbst auf dem Weg vollendet.[590]

Der Psychologe Franz Winkler bilanzierte die Freudsche Psychoanalyse weniger poetisch: "An die Stelle der 'geheilten' seelischen Konflikte und Kämpfe traten fast ausnahmslos eine zunehmende Gleichgültigkeit gegenüber den Bedürfnissen anderer Menschen, eine Symptomverschiebung mit

---

[589] Percival Bailey, "A Rigged Radio Interview-with Illustrations of Various Ego-Ideals", *Perspectives in Biology and Medicine*, The University of Chicago Press, Winter, 1961, S. 199-265. Ein weiterer führender Antifreudianer ist Dr. Thomas Szasz, der Geisteskrankheiten nicht so sehr als Krankheit, sondern vielmehr als eine Form des Rollenspiels betrachtet, bei dem der Patient absichtlich irrational handelt, um seinen eigenen Willen durchzusetzen. Thomas Szasz, *The Myth of Mental Illness*, Hoeber-Harper, New York, 1961, Kapitel 13. R. D. Laing, ein sehr aktueller Psychiater, behauptet, dass jede Psychose den Keim ihrer eigenen Heilung in sich trägt und dass einige Formen des Wahnsinns eine enorm bereichernde menschliche Erfahrung sind, wenn man ihnen ihren Lauf lässt. Weitere Informationen zu Laings Theorien finden Sie in *Time*, 7. Februar 1969, S. 63. Der Philosoph Alfred North Whitehead hatte mehr an den Freudianern auszusetzen als an Freud selbst. "Die Ideen Freuds wurden von Leuten popularisiert, die sie nur unvollkommen verstanden, die nicht in der Lage waren, die große Anstrengung zu unternehmen, die erforderlich war, um sie in ihrer Beziehung zu größeren Wahrheiten zu begreifen, und die ihnen deshalb eine Bedeutung beimaßen, die in keinem Verhältnis zu ihrer wahren Bedeutung stand." *Dialoge von Alfred N. Whitehead*, Little, Brown, Boston, 1954, S. 211. Henri Ellenberger, Autor von *The Discovery of the Unconscious* (Basic Books, New York, 1970), hat gezeigt, dass viele dieser "Ideen von Freud" übernommen wurden und dass Freud aufgrund seines Genies der Selbstpopularisierung die Lorbeeren dafür erhielt. Sicherlich haben die Medien Freud sehr wohlwollend behandelt. Erst in den späten 1970er Jahren erfuhr die Öffentlichkeit, dass der Begründer der Psychoanalyse kokainsüchtig gewesen war und 1885 tatsächlich "einen Aufsatz über die Vorzüge des Kokains" veröffentlicht hatte... Martin Gross, *The Psychological Society* Random House, New York, 1978, S. 235.

[590] D. H. Lawrence, *Studies in Classical American Literature*, Viking Press, New York, 1964, S. 173.

schwerwiegenden psychosomatischen Beschwerden und ein tief sitzendes Unglücklichsein."[591]

[591] Franz Winkler, *Der Mensch: Die Brücke zwischen zwei Welten*, Harper, New York, 1960, S. 2.

KAPITEL 20

Die Atrophie der Bildung

BILDUNG, die dritte der drei Hauptkampfzonen im Kulturkampf, ist der Prozess, durch den das wertvollste Gut des Menschen, seine Kultur, an die Nachwelt weitergegeben wird. Wenn dieser Prozess gestört wird, wenn das kulturelle Testament eines Volkes oder einer Rasse sozusagen noch während der Testamentseröffnung verändert wird, kann das Erbe selbst verkümmern. Es ist die schleichende Verkümmerung der traditionellen Mechanismen des Kulturflusses von einer Generation zur anderen, die den gegenwärtigen Zustand des amerikanischen Bildungswesens kennzeichnet.

Im letzten Kapitel von *The Decline and Fall of the Roman Empire (Der Untergang des Römischen Reiches)* sagte Edward Gibbon, er habe den Triumph der Barbarei und der Religion beschrieben. Ein zukünftiger Historiker, der eine Übersicht über den Verfall des amerikanischen Bildungswesens erstellt, könnte mit der gleichen groben Vereinfachung sagen, er habe den Triumph von John Dewey und Benjamin Spock beschrieben. Dr. Spock wurde besonders hervorgehoben, weil sein *Common Sense Book of Baby and Child Care* mehr als 40 Millionen Exemplare verkauft hat und - abgesehen von der Bibel - Amerikas Bestseller aller Zeiten sein dürfte.[592] Man schätzt, dass zwischen 1945 und 1955 jedes vierte amerikanische Kind nach den Spock'schen Regeln erzogen wurde.[593] Da die häusliche Phase der Erziehung ebenso wichtig ist wie alle späteren Phasen, hat Spock wahrscheinlich mehr Einfluss auf die amerikanische Erziehung ausgeübt als jede andere lebende oder tote Person.

Was die Vorzüge oder Nachteile eines solchen Einflusses angeht, sollte eines klar sein: Dr. Spock ist nicht nur Kinderarzt, sondern auch Psychiater, und zwar ein Freudscher Psychiater. Folglich gründen sich seine Theorien auf so banale Freudiana wie Geburtstrauma, infantile Sexualität, orale und anale Stadien und Penisneid.[594] Spock stellte bei der Vorschulerziehung des Kindes das Kind in

---

[592] Alice Hackett, *70 Years of Best Sellers*, Bowker, New York, 1967, S. 12, und *American Health*, Juni 1992, S. 38.

[593] *Aktuelle Biographie*, 1956, S. 599-601. Der Prozentsatz ist seit 1956 zurückgegangen, aber immer noch beträchtlich.

[594] Spock begann seine Karriere als Psychiater und wurde erst später Kinderarzt. Nach der ersten Veröffentlichung von *Baby and Child Care* im Jahr 1946 war er weiterhin als außerordentlicher Professor für Psychiatrie an der Universität von Minnesota tätig. Anschließend wechselte er an die psychiatrische Abteilung der Case Western Reserve University, wo er fast zwei Jahrzehnte lang tätig war. Freuds Tochter Anna, die sich auf

den Mittelpunkt und nicht Eltern und Kind als Einheit - das Glied und nicht die Kette des menschlichen Kontinuums. Selbstausdruck ist in Spocks *Weltbild* wichtiger als Disziplin, Zuneigung wichtiger als Führung. Am wichtigsten, auch wenn er es nie genau so beschreibt, ist das, was man die Ökonomie der elterlichen Sorge nennen könnte. Fast nichts wird schief gehen, verspricht Spock, wenn man den Dingen ihren Lauf lässt. In dieser Hinsicht reduziert sich Spocks Wildlife-Ansatz in der Kinderheilkunde auf ein gigantisches Nostrum zur Entlastung der elterlichen Ängste. Millionen amerikanischer Mütter haben Spock zum Dank dafür, dass er ihnen die traditionelle Last der Verantwortung abnimmt und einen großen Teil davon auf das Kind abwälzt, zum Multimillionär gemacht.[595]

Es war von Anfang an klar, dass Eltern, die Spocks Lehren folgten, ihre Kinder verwöhnen und verhätscheln würden, aus Angst, ihr Ego zu verletzen und ihnen Neurosen einzupflanzen, die sie für den Rest ihres Lebens mit sich herumtragen könnten. Die Früchte dieser Freizügigkeit zeigten sich in den Aktivitäten der Blumenkinder", der Hippie-Kultisten und der studentischen Aufständischen, die alle zur ersten von Spock geschulten Generation von Amerikanern gehörten.[596] Die Ergebnisse sind auch in Spocks ältestem Sohn Michael zu finden, einem Problemkind und dreimaligen College-Abbrecher, der neun Jahre in einer Tiefenanalyse verbrachte.[597]

Zu spät und etwas widerwillig erkannte Spock, zumindest schemenhaft, den Fehler seines Handelns. Er gab zu, dass er "zu nachgiebig" gewesen war, und nahm einige der weitläufigen Grenzen, die er der Selbstdarstellung gesetzt hatte, zurück. In späteren Ausgaben seines Buches taucht das Wort Disziplin häufiger auf. 1968, nachdem er sein Interesse von der Kinderheilkunde auf den Krieg in Vietnam verlagert hatte, wurde Spock wegen Verschwörung zur Wehrdienstverweigerung zu einer Gefängnisstrafe verurteilt. Er war endgültig

---

die Anwendung der Psychoanalyse auf Kinderkrankheiten spezialisiert hat, hat Spock fast ebenso stark beeinflusst wie Freud selbst.

595 Spocks Popularität kann zum Teil auf das zurückgeführt werden, was Alexis Carrel als "la trahison des femmes" bezeichnet hat - die Vorrangigkeit von Karriere, sexuellen Vergnügungen, Brückenspielen und Kinobesuchen vor der Kindererziehung. Er forderte die Frauen auf, "nicht nur Kinder zu zeugen, sondern sie auch zu erziehen". *L'homme, cet inconnu*, S. 372, 431.

596 Man fragt sich, wie viel von der Rede von Jerry Rubin, einem der "Chicago 7"-Hooligans, vor einer Versammlung von College-Studenten in Ohio auf Spock zurückgeführt werden kann. Rubin sagte unter anderem: "Der erste Teil des Yippie-Programms ist es, eure Eltern zu töten, wisst ihr. Und das meine ich ganz ernst, denn wenn man nicht bereit ist, seine Eltern zu töten, ist man nicht wirklich bereit, das Land zu verändern..." *Human Events*, 16. Mai 1970, S. 31.

597 Michael Spock, "Mein Vater", *Ladies Home Journal*, Mai, 1968, S. 72. Michael enthüllte auch - ziemlich überraschend, wenn man bedenkt, wie viel Wert sein Vater auf elterliche Liebe legte - dass sein Vater ihn nie geküsst hatte.

zum Märtyrer geworden, wenn auch nur für kurze Zeit. Das Urteil wurde später revidiert.[598]

Nachdem Spock begonnen hatte, den größten Teil seiner Zeit den Protestbewegungen und dem Straßentheater zu widmen, wurde sein Platz zum Teil von dem in Israel geborenen Dr. Haim Ginott eingenommen, der als "Dr. Spock der Gefühle" bezeichnet wird. Ginotts Hauptthese lautet, dass Eltern Amateurpsychologen werden sollten, um das Verhalten ihrer Kinder zu "entschlüsseln". Fehlverhalten darf toleriert, aber nicht sanktioniert werden. Ein Gleichgewicht zwischen Strenge und Nachsicht wird am besten durch eine Strategie der Sympathie erreicht.[599]

Der Einfluss der Minderheit auf die Erziehung der Kinder der Mehrheit wurde durch Zeitungs- und Zeitschriftenkommentatoren, deren Leserschaft in die Millionen geht, noch verstärkt. Die Kolumnisten, die am meisten Einfluss auf die Einstellung von Eltern und Jugendlichen haben, sind diejenigen, die persönliche Probleme in Form von Antworten auf Briefe behandeln, von denen einige echt sind, andere aber offensichtlich manipuliert oder recycelt wurden. Die beiden meistgelesenen "Sob-Sisters" sind Abigail van Buren ("Dear Abby") und Ann Landers, eineiige jüdische Zwillinge.[600] Die Schöpferin der *Sesamstraße*, der Fernsehsendung, die Kindern im Vorschulalter Integration beibringt, ist Joan Ganz Cooney, ebenfalls jüdischer Herkunft. Dr. Ruth Westheimer, die Fernsehsexologin, war einst Mitglied der Haganah Underground in Israel.

Sobald das Kind das Elternhaus verlässt und in die Schule geht, werden die dogmatischen Verlockungen der Kinderpsychiater, der Laien und der Profis, gegen die der formalen Pädagogen ausgetauscht. Schon in der ersten Klasse stehen die Kinder unter dem langen, quixotischen Schatten des verstorbenen John Dewey, der treibenden Kraft dessen, was als progressive Erziehung bekannt geworden ist. Für Spock ist das Kind der ältere Partner der Eltern. Für Dewey ist der Schüler der ranghöhere Partner des Lehrers.

---

598 Es sei darauf hingewiesen, dass Spock ein selektiver Pazifist ist. Er hat zugegeben: "Wenn ein neuer Hitler käme, würde ich genauso gut in den Krieg ziehen und das Risiko eingehen, getötet zu werden." Aber als er die Chance hatte, im Zweiten Weltkrieg gegen den lebenden, atmenden Hitler zu kämpfen, verbrachte er die meiste Zeit seines Dienstes in einer San Francisco Naval Medical Facility und schrieb abends an seinem Bestseller. Jessica Mitford, *The Trial of Dr. Spock*, Knopf, New York, 1969, S. 8, 10-12.

599 *Time*, 30. Mai 1969, S. 62-63. Ginott weigerte sich beharrlich zu sagen, ob er selbst Kinder hatte. Sein Buch *Between Parent and Child* (Macmillan, New York, 1965) wurde in dreizehn Sprachen übersetzt.

600 Geboren am 4. Juli 1918 als Sohn von Herrn und Frau Abraham Friedman aus Sioux City, Iowa. In ihrer Kolumne im *Miami Herald* (28. Januar 1974, S. 3D) vertrat Ann Landers die Theorie der rassischen Überlegenheit der Juden.

Nach Deweys Auffassung ist der Bildungsgegenstand nicht so wichtig wie die Methode. Charakterbildung und moralische Erziehung müssen der Problemlösung und dem Lernen durch Handeln weichen. Von der Verwendung religiöser und historischer Vorbilder zur Vermittlung von Mut, Loyalität, Stolz und guter Staatsbürgerschaft wird abgeraten. Das wahre Ziel der Bildung wird als die Suche nach einer besseren sozialen Ordnung definiert. Die Disziplin im Klassenzimmer wird zugunsten des Dialogs zwischen Lehrer und Schüler gelockert. Der Lehrer ist mehr mit dem *Wie* des Lernens beschäftigt als mit dem *Was*.

Es war absehbar, dass die progressive Erziehung bald in einen Zustand der Bildungsanarchie überging. Es war ein edler Versuch, wie so viele der großen Ideale des Liberalismus und der Demokratie in der Theorie edel sind, bevor ihre wahllose Anwendung sie in der Praxis unwürdig macht. Leider ist der Mensch, der zum *Homo sapiens* und nicht zu einer Götterrasse gehört, weder geistig, noch moralisch, noch physisch autark. Die intelligenteste, fortschrittlichste und verantwortungsvollste Gesellschaft der Geschichte hätte kaum von solchen unkontrollierten und unkoordinierten Lernversuchen profitieren können. Dennoch wurden sie immer größeren Horden entwurzelter, in Slums lebender Kinder aufgezwungen, deren Erziehung, Umgebung und Bildungsfähigkeiten kaum über dem Niveau der Neandertaler lagen. In kürzester Zeit wurden all die großen Hoffnungen und guten Absichten zu Schibboleths von Rassen- und Klassenagitatoren reduziert, während in großen städtischen Gebieten der Mangel an ethischem Unterricht und die unaufhörliche Abwertung bewährter gesellschaftlicher Werte eine ganze Generation geistig betäubter, moralisch desorientierter Nihilisten hervorbrachte.

Selbst Dewey begann in seinen letzten Tagen das Licht zu sehen. Wie Spock strich er die Segel, indem er sich für die Wiedereinführung einer gewissen pädagogischen Disziplin einsetzte.[601] Aber das war viel zu wenig und viel zu spät. Der Tafeldschungel, die Angriffe von Studenten auf Lehrer, die Gewalt auf dem Campus und die Sitzstreiks, die sinnlose Zerstörung von Labors und Bibliotheken - all das signalisierte den Todeskampf eines einst großartigen Bildungssystems. Hätte Dewey gelebt, wäre er als Altgläubiger und ehrlicher Pragmatiker, der wusste, dass der Beweis der Theorie in der Erprobung liegt, gezwungen gewesen, fast alle seine pädagogischen Ideen aufzugeben.[602] *Si monumentum requiris, circumspice.*

---

[601] *Ency. Brit.*, Bd. 7, S. 347.

[602] Es ist bedauerlich, dass die brillanten Köpfe, die so häufig versuchen, die Gesellschaft auf neue pädagogische Wege zu führen, die Angewohnheit haben, ihre sozialen Versuchskaninchen vor den offensichtlichen Fallstricken zu warnen, *nachdem sie es getan haben*, anstatt es *vorher zu* tun. Bei aller Anerkennung von Deweys erkenntnistheoretischem Gespür und seinen Beiträgen zur modernen Philosophie gibt es einfach keine Entschuldigung dafür, dass er den rassischen Faktor in der Bildung

Ein extremes Beispiel für das völlige Versagen der Bildung bei der Vorbereitung junger Amerikaner auf die Herausforderungen des modernen Lebens war der Massenmord an acht Krankenschwestern in Chicago im Jahr 1966. Eine neunte Krankenschwester, ein philippinisches Mädchen, war die einzige, die entkam. Es war kein Zufall, dass sie diejenige war, die am wenigsten mit den modernen Erziehungsmethoden vertraut war. Sie versteckte sich unter dem Bett, während die anderen nacheinander abgeführt und zu Tode gestochen wurden. Die anderen Krankenschwestern leisteten keinen Widerstand, weil sie glaubten, sie könnten mit dem Mörder reden. Sie dachten, sie könnten ihn mit Verfahren beruhigen, die sie im Unterricht gelernt hatten. Sie "hatten alle einen Psychologen und waren ziemlich scharfsinnig", berichtete eine Zeitung.[603]

Obwohl sich das amerikanische Bildungswesen *in einer extremen Krise* befindet, gab es nur wenige Versuche, es zu retten. Ein Vorschlag lautete, die "großen Bücher" zurückzubringen und sie als ständige Wegweiser für das Lernen zu nutzen.[604]

Die Probleme des amerikanischen Bildungswesens sind jedoch viel zu komplex, als dass sie durch den einfachen Austausch des ganz Alten gegen das ganz Neue gelöst werden könnten. Ein anderer Vorschlag wurde von den "essenzialistischen" Pädagogen unterbreitet, die sich auf einen gemeinsamen Kern des Lernens geeinigt haben, der von allen Menschen unabhängig von ihren Fähigkeiten oder persönlichen Zielen aufgenommen werden soll.[605] Einige Pädagogen berufen sich auf Platon, der der Meinung war, dass die Erziehung die Entfaltung der angeborenen Ideen sei, und der nicht genug auf die moralischen Aspekte des Unterrichts hinweisen konnte.

> [Wenn man sich allgemein die Frage stellt, welchen beträchtlichen Vorteil die Stadt aus der Bildung der Gebildeten zieht, ist die Antwort einfach. Bildung ist der Weg, gute Männer hervorzubringen, und wenn sie einmal hervorgebracht sind, werden solche Männer edel leben...[606]

Aristoteles, der einst als die größte Autorität auf dem Gebiet der Erziehung galt, ist von den westlichen Pädagogen weitgehend aufgegeben worden. Der griechische Philosoph vertrat die Ansicht, dass der Hauptzweck der Erziehung

---

ausklammerte und erklärte, dass jede Lerntätigkeit, "die unter äußerem Zwang oder Diktat erfolgt, ... keine Bedeutung für den Verstand desjenigen hat, der sie ausübt." *Intelligence in the Modern World, John Dewey's Philosophy*, Modern Library, New York, 1939, S. 607-8. Wie viel von dem Chaos des modernen Bildungswesens rührt von einer solchen Prämisse her?

603 *San Francisco Chronicle*, 23. Juli 1966, S. 7.

604 S. E. Frost, Jr., *Introduction to American Education*, Doubleday, Garden City, N.Y., 1962, S. 42.

605 Ebd., S. 26-27.

606 *Gesetze*, I, 641c.

darin bestehe, die Bürger so zu formen, dass sie zu der Regierungsform passen, unter der sie leben, in ihnen ein Gefühl der Zuneigung für den Staat zu entwickeln und das Wachstum und die Entfaltung der menschlichen Intelligenz zu fördern.[607] Nach wie vor in aller Munde, aber größtenteils aus den falschen Gründen, sind die Bildungstheorien von Locke, der die Lehre von Toleranz und bürgerlicher Freiheit betonte. Populärer sind die Ideen von Rousseau, der seine eigenen fünf Kinder im Stich ließ, dessen Emile aber mehr Einfluss auf die Kindererziehung hatte als jedes andere Werk bis zu Dr. Spocks *Hauptwerk.* Obwohl Rousseau erklärte, dass Neger den Europäern intellektuell unterlegen seien,[608] ist er ein Lieblingstheoretiker derjenigen, die sich am stärksten für die Aufhebung der Rassentrennung in den Schulen einsetzen. Während Plato vorschlug, dem Schüler durch Erziehung das Gute einzupflanzen, entschied Rousseau, dass das Gute bereits vorhanden sei und die Aufgabe des Lehrers darin bestehe, es an die Oberfläche zu locken.

In der Kolonialzeit und in den ersten Tagen der Unabhängigkeit war die amerikanische Bildung in erster Linie eine religiöse Angelegenheit. Erst in der letzten Hälfte des neunzehnten Jahrhunderts wurde sie öffentlich, weltlich, obligatorisch und "universell". Gegenwärtig ist die religiöse Kontrolle und Förderung des Bildungswesens auf kirchliche und einige andere Privatschulen beschränkt. In den Jahren 1990-91 unterhielt die römisch-katholische Kirche 8.731 kirchliche Schulen. Im gleichen Zeitraum besuchten 2.555.930 Schüler kirchliche Schulen,[609] - eine Zahl, die in der nächsten Generation voraussichtlich sinken wird. Das katholische Bildungswesen wird durch die Tatsache unterstützt, dass Tausende von Ordensmitgliedern bereit sind, gegen ein geringes Entgelt zu unterrichten. Es erübrigt sich zu sagen, dass der stetige Anstieg der Lebenshaltungskosten und der stetige Rückgang des Glaubens die Zukunft des katholischen Lehrerberufs ernsthaft bedrohen.

Während die Zahl der katholischen Schulen rückläufig ist, hat die Zahl der Anmeldungen an anderen Privatschulen, insbesondere an christlichen Akademien im Süden, in diesem Zeitraum deutlich zugenommen, da weiße Familien aller Glaubensrichtungen ihre Kinder von den desegregierten öffentlichen Schulen abziehen.

---

[607] Platon stand dem spartanischen Erziehungssystem, das alle männlichen Kinder im Alter von sieben Jahren von zu Hause abholte und in staatliche Einrichtungen steckte, wo sie in einem elfjährigen Indoktrinationskurs soldatische Eigenschaften wie Tapferkeit und Mut vermittelt bekamen, positiver gegenüber als Aristoteles. Da das ROTC in Sparta so früh eingeführt wurde, gelten die Spartaner als bildungsmäßig rückständig, obwohl sie die einzigen Griechen waren, die für die Ausbildung von Frauen sorgten. Zu Aristoteles' Gedanken zur Bildung siehe *Politik*, VIII, 1, und *Ency. Brit.*, Bd. 7, S. 983-84.

[608] *Émile,* Éditions Garnier Frères, Paris, 1964, S. 27.

[609] *Weltalmanach 1994,* S. 197.

Wie bereits angedeutet, führt ein Rückgang der formellen Religion nicht unbedingt zu einer Nation von Atheisten. Der religiöse Instinkt stirbt nicht ab. Er fließt in verschiedene Kanäle auf der Suche nach verschiedenen Gottheiten. Im Schulsystem, wie in so vielen anderen amerikanischen Institutionen, wird das Christentum einfach durch den modernen religiösen Synkretismus von Demokratie, Gleichheit und Minderheitenrassismus verdrängt. Jeder, der mit den Lehrplänen der heutigen Schulen und Colleges vertraut ist, kann kaum umhin, einen theologischen Ton in einem Großteil des Lehrstoffs zu erkennen. Was auch immer sie sonst sein mögen, politikwissenschaftliche Vorlesungen sind immer schwerer von Predigten zu unterscheiden.

Kein Angriff auf das amerikanische Bildungswesen - nicht einmal die Bombenanschläge, der Drogenhandel auf dem Schulhof oder der unglaubliche Vandalismus - war so erschütternd wie die Aufhebung der Rassentrennung in den Schulen. Das Urteil des Obersten Gerichtshofs von 1954 in der Rechtssache *Brown vs. Board of Education of Topeka* könnte eines Tages als das Fort Sumter des Zweiten Amerikanischen Bürgerkriegs bezeichnet werden. Obwohl die Verfassung nichts über das Bildungswesen aussagt, ordnete das Gericht die Aufhebung der Segregation aller öffentlichen Schulen mit der Begründung an, dass die Segregation Minderheiten die Chancengleichheit verweigert. Selbst wenn die Schuleinrichtungen gleich wären - was in einigen Fällen der Fall war, in den meisten aber sicher nicht -, würde nach Ansicht des Gerichts allein die Tatsache der Trennung bei schwarzen Kindern "ein Gefühl der Minderwertigkeit in Bezug auf ihren Status in der Gemeinschaft hervorrufen, das ihre Herzen und ihren Verstand in einer Weise beeinflussen könnte, die wahrscheinlich nie wieder rückgängig gemacht werden kann". Das Gericht stützte seinen Fall auf die Gleichheitsklausel des 14. Verfassungszusatzes.[610]

Bei seiner Entscheidung hat der Oberste Gerichtshof soziologisches Beweismaterial zur Kenntnis genommen, das in den unteren Instanzen nicht angehört worden war, Beweismaterial, das während der Anhörungen durch eine juristische Formalität, den so genannten "Brandeis-Schriftsatz", eingeführt wurde. Normalerweise lassen Berufungsgerichte keine neuen Fakten oder Beweise zu. Als Richter am Obersten Gerichtshof brach Brandeis jedoch mit diesem langjährigen Präzedenzfall, indem er die Zulassung von Schriftsätzen förderte, die Materialien enthielten, die er als unanfechtbar und nicht offen gegen eine der beiden Seiten des Rechtsstreits voreingenommen ansah. Wie sich herausstellte, handelte es sich bei dem Brandeis-Schriftsatz, den der Oberste Gerichtshof in der Rechtssache Brown anhörte, lediglich um die Wiederholung und Ausarbeitung der These des Rassengleichheitsdenkens der liberalen Minderheit. Der genetische Aspekt des Arguments und die Auswirkungen der

[610] Frost, op. cit., S. 305-6.

Integration auf die Bildung weißer Kinder wurden völlig ignoriert.[611] Der Verteidigung wurde keine "wissenschaftliche" Gegenargumentation gestattet.[612]

Da die Aufhebung der Rassentrennung eine soziale Vermischung von Weißen und Negern bedeutete, regte sich im Süden sofort Widerstand gegen das Urteil des Obersten Gerichtshofs.[613] Im Norden dauerte es länger, bis er sich entwickelte, da die De-facto-Segregation in den Ghettos den Behörden die Möglichkeit gab, wegzusehen. Sowohl im Norden als auch im Süden bedeutete die Integration jedoch die Aufgabe des Konzepts der Nachbarschaftsschule, da sie nur durch die Bildung ganzer Schulbezirke und durch erzwungene Busse erreicht werden konnte.[614] Sobald solche Schritte unternommen oder von den lokalen Schulbehörden ernsthaft in Erwägung gezogen wurden, zeigte sich der Norden oft unkooperativer und feindseliger als der Süden.

Die Aufhebung der Rassentrennung in den Schulen, die durch die massive Nichteinhaltung der Vorschriften durch die Weißen verlangsamt wurde, hat zu einer Abwanderung der Weißen in die Vorstädte geführt. Im Geburtsort der Integration, Washington, D.C., ist das öffentliche Schulsystem nun fast vollständig schwarz. Obwohl man erwarten könnte, dass die staatlichen Förderer der Desegregation zumindest den Anschein erwecken, das zu tun, wozu sie andere zu zwingen versuchen, gibt es nur sehr wenige authentische Fälle, in denen hochrangige weiße Mitglieder der Exekutive, Legislative oder Judikative ihre eigenen Kinder auf desegregierte öffentliche Schulen schicken.

Im Vorfeld des Urteils des Obersten Gerichtshofs im Fall *Bakke* wurde nachgewiesen, dass weniger qualifizierte schwarze und hispanische Bewerber für die medizinische Fakultät der Universität von Kalifornien in Davis

---

611 In seiner Stellungnahme erwähnte der Oberste Gerichtshof namentlich den schwedischen Soziologen Gunnar Myrdal. Myrdals Traktat, *An American Dilemma,* hat in etwa die gleiche Beziehung zur zeitgenössischen schwarzen Revolution in Amerika wie Diderots *Encyclopédie* zur Französischen Revolution. Myrdals fast lächerliche Fehleinschätzung der gesellschaftlichen Entwicklungen in den USA wurde bereits in Fußnote 11, S. 223, erwähnt.

612 Ein Versuch, *Brown* durch die Einführung solcher Beweise in einem anderen Desegregationsfall, *Stell v. Savannah Board of Education,* zu kippen, scheiterte, als der Oberste Gerichtshof es ablehnte, über eine Berufung des Fifth Circuit Court of Appeals zu entscheiden. Eine detaillierte Beschreibung des Stell-Prozesses sowie eine Analyse der faktischen Fehler in den in *Brown* vorgelegten Zeugenaussagen finden Sie in Putnam, *Race and Reality,* Kapitel IV.

613 Das Brown-Urteil "krönte die Arbeit einer ganzen Generation des American Jewish Congress in innenpolitischen Angelegenheiten und vollendete das Bündnis zwischen den beiden Minderheiten, rief aber bei den weißen Konservativen tiefe Ressentiments hervor." Litvinoff, *A Peculiar People,* S. 51.

614 Alle Präsidenten der letzten Jahre, einschließlich Clinton, haben die Zwangsbusse weiter eingeführt, obwohl eine Gallup-Umfrage ergab, dass die Amerikaner sie mit einer Mehrheit von acht zu eins ablehnten. *New York Times,* 5. April 1970.

zugelassen wurden, während höher qualifizierte weiße Bewerber abgelehnt worden waren. Obwohl die gelehrten Richter zugaben, dass dies falsch war, entschieden sie, dass die Rasse von den Zulassungsstellen der Hochschulen berücksichtigt werden kann. Infolgedessen verfolgen diese Gremien dieselbe rassistische Zulassungspolitik wie zuvor, hüten sich aber davor, sie als Quoten zu bezeichnen, was genau das ist, was sie sind. Sie ziehen es vor, sie als Ziele zu bezeichnen. Im direkten Widerspruch zur Verfassung hatte der Oberste Gerichtshof die Rasse zu einem Faktor bei der Hochschulzulassung gemacht.

In ehemals rein weißen Schulen, in denen heute etwa die Hälfte der Negerschüler der Nation unterrichtet wird, waren die Ergebnisse der Desegregation alles andere als erfreulich.[615] Die Schüler beider Rassen neigen dazu, die schlechtesten Sitten, Gewohnheiten, Moralvorstellungen und die Sprache der anderen zu übernehmen. Kluge Schüler, ob schwarz oder weiß, haben die Schule entweder verlassen oder versucht, sie zu verlassen, und in vielen Schulen mussten alle sozialen Aktivitäten aufgegeben werden.[616] Gewalt in den Klassenzimmern und Vandalismus haben die Qualität der Bildung ebenso verringert wie ihre Kosten erhöht (etwa 181 Milliarden Dollar in den Jahren 1980-81).[617]

Der stetige Rückgang der nationalen Durchschnittswerte der Scholastic Aptitude Tests, die von Millionen von College-Bewerbern absolviert werden, ist ein dramatisches Beispiel dafür, was mit der amerikanischen Bildung geschehen ist. 1962 lag der nationale Durchschnitt für den SAT verbal bei 478, 1991 bei 422. Der nationale Durchschnitt für den SAT-Mathetest sank im gleichen Zeitraum von 502 auf 474. Jeder, der auch nur die geringste Ahnung von rassischen Unterschieden in der Intelligenz hat, hätte diese Ergebnisse vorhersagen können, aber die Experten hatten alle Gründe, nur nicht den richtigen. Der Rückgang dieser Prüfungsergebnisse über ein halbes Jahrhundert hinweg war fast genau proportional zum Rückgang des Prozentsatzes der Weißen, die den Test

---

615 Fünfundzwanzig Jahre nach *Brown* besuchten 60 Prozent der schwarzen Schüler Schulen, die mindestens zur Hälfte schwarz waren. Anstatt ihre Kinder auf desegregierte städtische Schulen zu schicken, verloren Millionen und Abermillionen von weißen Amerikanern Hunderte und Abermillionen von Dollars, indem sie in die Vororte oder darüber hinaus zogen. Als die Schwarzen der Mittelschicht ihnen folgten, zogen viele weiße Familien erneut um. Zum Entsetzen seiner eifrigen Befürworter erwies sich *Brown als* das wirksamste soziale Instrument, das je zur Trennung der Rassen in Wohngebieten entwickelt wurde.

616 *Los Angeles Herald-Examiner*, 10. Oktober 1980, S. 19.

617 Eine Studie des Senats über 757 öffentliche Schulbezirke ergab, dass der Vandalismus an Schulen die amerikanischen Steuerzahler in einem Zeitraum von drei Jahren 500 Millionen Dollar kostete, dass es 70.000 Angriffe auf Verwaltungsangestellte und Lehrer und mehrere hunderttausend auf Schüler gab und dass über hundert Schüler ermordet wurden. *Christian Science Monitor*, 10. April 1975, S. 5.

absolvierten.[618] Im Jahr 1972 machten Nicht-Weiße 13% der Schüler aus, die den Test absolvierten; 1994 waren es 30%. Um den Eindruck zu vermeiden, dass der Standard Aptitude Test eine angeborene Lernfähigkeit misst, wurde sein zweiter Name Anfang 1994 in Assessment geändert. Im selben Jahr wurde die durchschnittliche Punktzahl sowohl im mündlichen als auch im mathematischen Bereich willkürlich auf 500 angehoben, damit alle eine höhere Note erhalten konnten, um denjenigen, die eine niedrige Punktzahl erreichten, ein besseres Gefühl zu geben. Dies ähnelt in gewisser Weise der Praxis einiger Colleges und Universitäten, die praktisch jedem Studenten eine Eins oder eine Zwei geben. (Stanford hat versprochen, im akademischen Jahr 1995-96 wieder damit zu beginnen, Studenten durchfallen zu lassen, indem NP oder keine Noten vergeben werden).

Die Vermischung von kaukasischen Kindern mit Schwarzen, die zwei bis drei Jahre im Bildungsniveau zurückliegen und deren IQ um fünfzehn bis zwanzig Punkte niedriger ist, hat nicht nur die Fortschritte der Schüler insgesamt erheblich verlangsamt, sondern auch die Zahl der Schulabbrecher erhöht, da die schwarzen Schüler unter Druck gesetzt werden, über ihre Fähigkeiten hinauszugehen. Die berühmte Jensen-Studie, die behauptet, dass etwa 80% der individuellen IQ-Schwankungen auf die Vererbung zurückzuführen sind, kam zu dem Schluss, dass Negerschüler zwar beim Auswendiglernen genauso geschickt sind wie Weiße, beim kognitiven Lernen jedoch weitaus weniger geschickt sind.[619] Obwohl diese Erkenntnisse eindeutig andere Lehrpläne für

---

618 Ein noch verheerenderer und entmutigenderer Kommentar zum gegenwärtigen Zustand des amerikanischen Bildungswesens stammt vom National Center for Health Statistics, das in einem Bericht von 1974 feststellte, dass eine Million Amerikaner in der Altersgruppe der 12- bis 17-Jährigen Analphabeten sind.

619 Dr. Arthur R. Jensen ist Professor für Pädagogische Psychologie an der University of California in Berkeley. Die *Harvard Educational Review* (Winter 1969) widmete sich weitgehend Jensens statistikgestützter Untersuchung über die Unfähigkeit der Erziehung, genetische Unterschiede in der Intelligenz von Negern und Weißen zu korrigieren. Nach der Veröffentlichung erhielt Jensen eine noch nie dagewesene Menge an bösartiger Post, darunter auch einige Morddrohungen. In Berkeley setzten die Studenten für eine demokratische Gesellschaft einen Lautsprecherwagen ein, um Jensens Entlassung zu fordern, drangen später in sein Klassenzimmer ein und zwangen ihn, seine Vorlesungen heimlich abzuhalten. Schließlich musste er die Polizei einschalten, um seine Akten zu schützen, und er musste die ganze Nacht das Licht in seinem Büro brennen lassen, um Plünderer abzuschrecken. Einige seiner liberalen Kollegen brachten ihn vor einen eigens eingerichteten Untersuchungsausschuss, der alle Merkmale eines mittelalterlichen Hexenprozesses aufwies - das erste Mal in der amerikanischen Wissenschaftsgeschichte, dass ein Professor eine wissenschaftliche Arbeit vor einem Inquisitionsverfahren mit Videokameras verteidigen musste. *New York Times Magazine,* 31. August 1969, S. 11. 1970 forderte eine Gruppe von Harvard-Studenten die *Harvard Educational Review auf,* alle Einnahmen aus dem Verkauf oder der Verbreitung des Jensen-Artikels an den Black Panther Legal Fund zu übergeben. Sie verlangten ferner, dass alle im Umlauf befindlichen

schwarze Schüler erfordern, geht das Streben nach landesweiter Bildungskonformität unvermindert weiter.

Um ihnen beim "Aufholen" zu helfen, werden Negerschüler häufig nach Alter und nicht nach Leistung befördert, was dazu führt, dass einige Schüler mit einem Leseniveau der dritten Klasse in der neunten und zehnten Klasse zu finden sind.[620] Was die höhere Bildung betrifft, so ist nur etwa die Hälfte der schwarzen Highschool-Absolventen voll und ganz in der Lage, einen College-Lehrplan zu bewältigen.[621] Wenn sie erst einmal auf dem College sind, erhalten Schwarze für die gleiche Arbeit unter Umständen bessere Noten als Weiße.[622] Es ist bekannt, dass Professoren in ihren Klassen alle durchlassen, um schwarze Studenten nicht durchfallen zu lassen.[623] Das gleiche zweistufige Benotungssystem wird auch von anderen Lehrern angewandt, um dem Vorwurf von Rassenvorurteilen vorzubeugen. Der Neid, die Frustration, das Misstrauen und der Zynismus, die durch solche Praktiken, einschließlich des weit verbreiteten Schummelns, hervorgerufen werden, sind an den Universitäten und Colleges am deutlichsten zu spüren, die in ihrer Eile, Neger zu studieren, ihre traditionellen Zulassungsbedingungen fallen gelassen haben.[624] Die Minderheiten, die darauf bestanden, dass diese Praxis allgemeingültig wird, schlossen sogar das City College of New York, um ihren Forderungen Nachdruck zu verleihen. Nachdem Bürgermeister John Lindsay und sein Bildungsministerium nachgegeben hatten, wurde 1970 eine offene Zulassungspolitik für das City College eingeführt. Jeder New Yorker, der die High School abgeschlossen hatte, war unabhängig von seinen Noten zum Eintritt berechtigt. Im Jahr 1978, nachdem das City College zu einem akademischen Monstrum geworden war, wurde die Tür für die offene Einschreibung teilweise geschlossen. Highschool-Absolventen mit Mathematik-

---

Kopien und Nachdrucke vernichtet und keine weitere Vervielfältigung und Verbreitung gestattet werden sollten. Neben dem Vorwurf des Rassismus lautete der Hauptvorwurf gegen Jensen, dass IQ-Tests kulturell bedingt gegen Nichtweiße gerichtet seien, obwohl Orientalen manchmal bessere Ergebnisse erzielten als "Weiße" (eine Kategorie, zu der oft Hispanics gehörten) und obwohl auch Indianer besser abschnitten als Schwarze. Jensen hat diese Behauptungen in seinem Buch *Bias in Mental Testing*, The Free Press, New York, 1980, entkräftet. In der Zwischenzeit entschied ein Bundesrichter in San Francisco, dass die LQ-Tests voreingenommen waren, und ein anderer Bundesrichter in Chicago entschied, dass sie es nicht waren.

620 *San Francisco Sunday Examiner*, 20. Mai 1967, S. 2.

621 Laut Fred Crossland, einem Bildungsexperten der Ford Foundation. Andere Schätzungen sind viel niedriger.

622 Ein solcher Fall an der New York University wurde von James Burnham in seinem Buch *Suicide of the West*, John Day, New York, 1964, S. 197, beschrieben.

623 *New York Times Magazine*, 28. Juli 1969, S. 49.

624 Im Jahr 1964 besuchten 234.000 Schwarze ein College, 1980 waren es 1.100.000.

und Lesekenntnissen unter dem Niveau der achten Klasse wurden ausgeschlossen![625]

Die Zulassung zum College ohne entsprechende akademische Leistungen ist eine neue Idee im amerikanischen Bildungswesen. Sollte sie weiterverfolgt werden, könnte sie zu gewissen Komplikationen führen, insbesondere im Bereich der wissenschaftlichen Studien. Wenn Studenten mit unzureichender Vorbereitung am College teilnehmen können, werden sie dann einen Abschluss erhalten, obwohl sie die meisten ihrer Kurse nicht bestanden haben? Und wenn sie solche Abschlüsse erhalten, können sie sie dann nutzen, um eine Anstellung als Konstrukteure von Wolkenkratzern, Brücken und Flugzeugen zu bekommen? Die Antworten haben nicht nur direkte Auswirkungen auf die nationale Sicherheit - in den meisten anderen Ländern werden Ingenieurabschlüsse auf der Grundlage von Noten und nicht aufgrund der Hautfarbe vergeben -, sondern auch auf die Sicherheit aller Bürger, die in diesen Wolkenkratzern arbeiten, diese Brücken überqueren und in diesen Flugzeugen fliegen müssen.

Die Invasion der Neger im amerikanischen Bildungswesen hat Black Studies-Programme mit sich gebracht, die den Rassismus der Minderheiten in Klassenzimmern lehren, in denen jede positive Anspielung auf den Rassismus der Mehrheit verboten ist. Aber die Einführung des Rassismus von Minderheiten in die Lehrpläne von Colleges und Highschools ist nicht ausschließlich das Werk von Negergruppen. Jüdische und hispanische Organisationen sind ebenfalls auf der Suche nach "rassischen Beleidigungen" in Kursen und Lehrbüchern, die den Beitrag der Minderheiten zur amerikanischen Geschichte oder die Verfolgung von Minderheiten im Ausland nicht ausführlich behandeln.[626] Auf Drängen dieser Gruppen, das oft an offenen Zwang grenzt, wurden viele Lehrbücher umgeschrieben und weitere ersetzt.[627] Gleichzeitig wurden öffentliche Bildungseinrichtungen Minderheitengruppen für Forschungsprojekte zur

---

[625] *Time*, 16. Mai 1969, S. 59, und *New York Times*, 8. Februar 1970, S. 25. 1971 war die Hälfte der Studenten des City College drogenabhängig. *New York Daily News*, 24. Februar 1971, S. 4. Siehe auch *Chicago Tribune*, 29. April 1979, Sect.

[626] Im Oktober 1960 sandte das New York City Board of Education einen Brief an 100 Schulbuchverlage mit der Bitte um "substanzielle Überarbeitungen" der Geschichtsbücher, um die deutschen Gräueltaten gegen Minderheiten im Zweiten Weltkrieg stärker zu betonen. *Überblick*, Oktober, 1961, S. 53.

[627] In Kalifornien erzwangen die Lobbys der Minderheiten eine Resolution der Schulbehörde von Oakland zum Kauf von Schulbüchern, die "den Beitrag der Minderheitengruppen in Amerika genau darstellen". *San Francisco Chronicle*, 23. Januar 1963, S. 30.

Verfügung gestellt, die sich äußerst kritisch über die Institutionen der Mehrheit äußerten.[628]

Obwohl die Minderheiten im Allgemeinen die Briten unterstützten oder sich im Unabhängigkeitskrieg neutral verhielten,[629] würde eine Lektüre der kürzlich veröffentlichten Schul- und College-Texte darauf hindeuten, dass die Amerikaner ohne die Unterstützung der Minderheiten heute vielleicht der Königin von England die Treue schwören würden. Crispus Attucks wurde zu einer so wichtigen Figur der amerikanischen Geschichte hochstilisiert, dass ihm in einer illustrierten Kindergeschichte der Kolonialzeit mehr Platz eingeräumt wird als George Washington.[630] Haym Salomon, einem in Polen geborenen jüdischen Kaufmann, wurde in der *Encyclopaedia Britannica* ein Artikel unter seinem eigenen Namen gewidmet, obwohl dieser "Held" der Revolution, der einer Minderheit angehört, mehr als einmal hinter den britischen Linien willkommen geheißen wurde.[631] Andererseits werden die Neger im Unabhängigkeitskrieg, die britische Kriegsschiffe vor der Südküste versorgten und als Freiwillige an Bord blieben, in der "neuen Geschichte" nur selten erwähnt.[632]

Was auch immer man über das amerikanische Bildungswesen sagen mag, sein heutiger Zustand ist weit entfernt von den 1660er Jahren, als sich die gesamte Studentenschaft und die Fakultät von Harvard frei in Latein unterhielten.[633] Noch weiter entfernt ist sie von der einstigen disziplinierten Ernsthaftigkeit der westlichen Bildung, die in der lateinischen Ermahnung zum Ausdruck kommt, mit der die Winchester School vor sechs Jahrhunderten ihre neuen Schüler begrüßte: *Aut disce aut discede; manet sors tertia caedi.*[634] Ein Hauch von Melvilles *Benito Cereno*[635] lag über der bewaffneten Gruppe schwarzer

---

628 Die Anti-Defamation League stellte der University of California, einer staatlichen Universität, 500.000 Dollar zur Verfügung, um die Rolle der christlichen Kirchen bei der Förderung des Antisemitismus zu untersuchen. *Look*, 4. Juni 1963, S. 78.

629 William H. Nelson, *The American Tory*, Beacon Press, Boston, 1968. S. 89.

630 *Rezension von An Album of Colonial America* in der *New York Times Book Review*, 6. Juli 1969, S. 16.

631 *Ency. Brit.*, Bd. 19, S. 2.

632 Nelson, op. cit., S. 11.

633 *Ency. Brit.*, Bd. 5, S. 876.

634 "Lerne oder geh weg; eine dritte Alternative ist, ausgepeitscht zu werden."

635 Die Figur des Benito Cereno, eines spanischen Kapitäns, der auf seinem eigenen Schiff von Schwarzen gefangen gehalten wurde, wird in der modernen Bildungsszene am ehesten von Kingman Brewster, dem ehemaligen Präsidenten der Yale-Universität, verkörpert. Brewster verbot George Wallace 1963 den Zutritt zum Yale-Campus, öffnete ihn aber 1970 für ein Treffen der Black Panther am 1. Mai. *New York Times*, 30. April

Aktivisten, die das Studentenwerk der Cornell University vierunddreißig Stunden lang besetzt hielten und dann mit vorgehaltener Waffe abmarschierten, um eine Generalamnestie von Verwaltung und Fakultät zu erhalten.[636] Es hatte etwas Surrealistisches an sich, dass Princeton Brent Henry zum Treuhänder ernannte, nachdem der einundzwanzigjährige Neger sich bei der Eroberung eines Campusgebäudes hervorgetan hatte.[637]

Wenn der Zweck der Bildung die Weitergabe der Kultur ist, wie ein großer moderner Dichter meinte,[638] dann ist die Aufgabe der Erzieher die Bewahrung der Kultur. Hier ist das Versagen der amerikanischen Bildung am eklatantesten. Eines der vielen Beispiele für dieses Versagen ist die Karriere von Dr. Hsue Shen-tsien. Mit Hilfe von Stipendien, die zum Teil von der amerikanischen Regierung bezahlt wurden, erwarb Dr. Hsue seinen Master-Abschluss am Massachusetts Institute of Technology und seinen Doktortitel am California Institute of Technology. Anschließend kehrte er in sein Heimatland zurück, wo er mit der Entwicklung und Produktion von Raketensystemen für die neuen H-Bomben Rotchinas betraut wurde.[639]

Das Konzept des amerikanischen Bildungswesens als entstaatlichte Datenbank, deren Einlagen allen gehören und von allen an alle weitergegeben werden sollten, ist nicht sehr realistisch - insbesondere in einer Welt, in der die meisten Nationen eine völlig andere Vorstellung vom Lernprozess haben. Das kommunistische China und das kapitalistische Deutschland halten an der altmodischen Auffassung fest, dass die Aufgabe der Bildung darin besteht, den Staat zu stärken, und dass jeglicher Unterricht, ein marxistischer Euphemismus für Indoktrination, letztlich auf dieses Ziel ausgerichtet sein sollte. Diese Haltung ist im Wesentlichen aristotelisch[640], ungeachtet dessen, was die verärgerten Erben Lenins sagen mögen, und wird von den Angehörigen amerikanischer Minderheiten geteilt, deren Schrei nach besonderen

---

1970, S. 38. Brewster, der behauptete, Schwarze könnten in den Vereinigten Staaten keinen fairen Prozess bekommen, nahm großen Anteil an der landesweiten Trauer um die "Kent State 4", die von der Presse als typische amerikanische Studenten dargestellt wurden, obwohl drei von ihnen Juden waren und das Mädchen, das auf dem weit verbreiteten Foto neben dem toten Studenten kniete, eine fünfzehnjährige Ausreißerin aus Florida war, die später wegen Prostitution verhaftet wurde. Brewster und seine Wählerschaft der so genannten Neuen Linken erhoben keinen Aufschrei, als bei einem Bombenanschlag der Linken auf ein Physik- und Mathematikzentrum der Universität von Wisconsin ein Student ermordet und weitere Studenten verwundet wurden. *Time*, 7. September 1970, S. 9.

[636] *Time*, 2. Mai 1969, S. 37-38.

[637] *New York Times*, 8. Juni 1969, S. 1.

[638] Eliot, *Anmerkungen zur Definition von Kultur*, S. 98.

[639] *Life*, 28. Mai 1965, S. 92, 94.

[640] *Politik*, 1337.

Bildungsmöglichkeiten in Wirklichkeit eine Forderung nach Macht ist und nicht nach Lernen um des Lernens willen.

Die Sowjetunion hat vor ihrem Untergang ihre nicht-russischen Nationalitätengruppen verwöhnt, indem sie ihnen eigene Schulen und Universitäten gab, an denen sie ihre Geschichte und Literatur in ihrer Muttersprache studieren konnten.[641] Bislang hat der wiedererstandene Staat Russland dasselbe getan. Allerdings müssen sich die Studenten nicht mehr an das Diktum des Achten Parteikongresses (1919) halten, wonach die russischen Schulen in eine "Waffe der kommunistischen Wiedergeburt der Gesellschaft" verwandelt werden sollten.[642]

Im Allgemeinen legen die amerikanischen Schulen viel weniger Wert auf die Wissenschaften und die Berufsausbildung als andere fortgeschrittene Länder. Hinzu kommt, dass amerikanische Akademiker Freud immer noch viel ernster nehmen als vergleichbare europäische Hochschulen. Bei Tests, an denen amerikanische und elf andere Schülerteams aus den fortgeschrittenen Ländern teilnahmen, belegte das amerikanische Kontingent sowohl in der wissenschaftlichen als auch in der akademischen Abteilung den letzten Platz.

Manche führen die Krise des amerikanischen Bildungswesens auf die Kluft zwischen den Generationen zurück, ein soziales Phänomen, das in fragmentierten Gesellschaften schon immer in gewissem Maße existiert hat. Aber im heutigen Amerika ist die Kluft eher öffentlich bekannt als real. Diejenigen, auf die die Beschreibung der Zugehörigkeit zu einer entfremdeten jüngeren Generation zutrifft - die derzeitige wird als Generation X bezeichnet - haben sich nicht so sehr gegen ihre Eltern gewandt, sondern wurden von ihnen gegen sie aufgehetzt, und zwar häufig von intellektuellen Minderheiten, die alt genug sind, um ihre Großväter zu sein. Es war der siebzigjährige deutsche Flüchtlingsphilosoph Herbert Marcuse (1907-79), der den meisten ideologischen Anstoß zu jenem Teil des Lehrerberufs gab, der versucht, die Studenten der Mehrheit nicht nur gegen ihre Familien, sondern auch gegen ihre Geschichte, ihre Institutionen, ihre Rasse und sogar gegen sich selbst aufzubringen. Nachdem Marcuse zu dem Schluss gekommen war, dass eine Revolution nach der alten marxistischen Formel des Klassenkampfes nicht mehr möglich ist, schlug er vor, eine neue revolutionäre Basis auf der Grundlage einer Allianz von

---

641 Nicholas Hans, *Vergleichende Erziehung*, Routledge, London, 1949, S. 28, 31, 58.

642 *Enzyklopädie über Russland und die Sowjetunion*, S. 150. Es ist bemerkenswert, dass die Russen ein spezielles Erziehungssystem für ihre *bezprizorny*, die große Zahl obdachloser Kinder, entwickelt haben, die während der Wirren und des Chaos nach der Oktoberrevolution 1917 von ihrem Verstand und von Kriminalität lebten. Für eine ebenso große Zahl von obdachlosen Ghettokindern, die ähnliche kriminelle Symptome zeigen, versuchen amerikanische Pädagogen, anstatt sie in Förderschulen zu stecken, das Problem zu lösen, indem sie sie in denselben Klassenraum mit normalen Kindern stecken.

Studenten und Schwarzen zu schaffen.[643] Außerdem schlug er vor, denjenigen, die für Krieg, Rassismus, Ausbeutung und Brutalität eintreten, das verfassungsmäßige Recht auf freie Meinungsäußerung zu entziehen.[644]

Trotz intensiver Gehirnwäsche durch ihre politik- und sozialwissenschaftlichen Fakultäten scheuten sich 1970 22 Prozent der amerikanischen College-Studenten nicht, sich als "rechts der Mitte" zu bezeichnen.[645] Natürlich war es nicht diese Gruppe, die die Gewalt auf dem Campus provozierte, die über das Land hereinbrach. Auch waren es nicht immer die radikalen Studenten. Es waren nicht Studenten, die einen Computer der New York University beschlagnahmten und drohten, ihn zu zerstören, wenn nicht 100.000 Dollar an die Black Panther gespendet würden. Es war, so behauptete der Staatsanwalt von New York City, die Tat zweier Minderheitenprofessoren, Robert Wolfe und Nicholas Unger.[646] Bei der missglückten Entführung eines Richters in San Rafael, Kalifornien, wurde nicht mit einem Studentengewehr geschossen. Sie war zwei Tage zuvor von der schwarzen Philosophiedozentin Angela Davis gekauft worden, die Marcuse als seine "beste" Schülerin bezeichnet hatte.[647] Es war nicht die Studentenschaft als Ganzes, die die Universität von Kalifornien in Berkeley, einst der Stolz des amerikanischen öffentlichen Bildungswesens, in eine intellektuelle Schmuddelecke verwandelte. Es war eine hirnlose Clique von Nichtstudenten, Minderheitenstudenten, Studienabbrechern, radikalisierten Fakultätsmitgliedern und rückgratlosen Verwaltern.

Es ist nicht schwer, eine bessere Erklärung als den Generationsunterschied für den Wandel zu finden, der im amerikanischen Bildungswesen eingetreten ist. Im Jahr vor dem Tod der vier Studenten an der Kent State University stieg der Anteil der Minderheiten an den Colleges des Mittleren Westens um 25 Prozent.[648] Die Fakultät in Harvard, einem der größten Zentren der Unruhe und Agitation, wird jetzt "von Juden dominiert", und 15 bis 25 Prozent der Fakultät anderer führender Universitäten sind jüdisch.[649] Juden machen jetzt 25 Prozent der

---

[643] MacIntyre, *Marcuse*, S. 88.

[644] UPI-Bericht, 18. Mai 1964.

[645] Gallup-Umfrage, *Baltimore Evening Sun*, 26. Mai 1975. Je länger die Studenten an der Universität blieben, desto mehr bewegten sie sich nach links. Nur 40 Prozent der Erstsemester bezeichneten sich selbst als "links der Mitte" oder "weit links". Dreiundfünfzig Prozent der Seniorstudenten bezeichneten sich selbst so.

[646] *New York Times*, 30. Juli 1970, S. 54.

[647] *Life*, 11. Sept. 1970, S. 26-27.

[648] *New York Times*, 20. Mai 1970, S. 1.

[649] Yaffe, a.a.O., S. 51. Wahrscheinlich ist der Prozentsatz in den sozialwissenschaftlichen Fakultäten, in denen sich jüdische Pädagogen versammeln, höher. Es ist diese hohe Konzentration von Juden in den sensibleren Bereichen des

Studenten in Harvard, 18 Prozent in Yale, 15 Prozent in Princeton und 40 Prozent in Columbia aus.[650]

Wenn man den gegenwärtigen Zustand des amerikanischen Bildungswesens zusammenfasst, sollte man dies betonen: Wie die meisten etablierten Institutionen ist auch das amerikanische Bildungssystem aus einer spezifischen Konkretion von Menschen, Umwelt und Geschichte hervorgegangen. Die Annahme, dieses System würde unter auffallend unterschiedlichen Bedingungen für auffallend unterschiedliche ethnische Gruppen effizient funktionieren, bedeutet, dass der Mensch aus ephemeren Mikrokosmen zeitlose Makrokosmen konstruiert. Ein Vielvölkerstaat, insbesondere einer, der kulturellen Pluralismus zulässt und befürwortet, würde logischerweise ein multirassisches Bildungsprogramm erfordern, nicht nur, weil sich die Bevölkerungsgruppen in ihren Lernfähigkeiten, sondern auch in ihren Lernzielen unterscheiden. Schüler aus Minderheiten und der Mehrheit mit einer dünnen Lehrplansuppe zu füttern, die zu einem Teil aus liberalem Dogma, zu einem Teil aus der Verharmlosung der Mehrheit und zu einem Teil aus der Mythologie der Minderheiten besteht, ist für niemanden eine gute Bildungsgrundlage.

Wie schlecht es um die Ernährung bestellt ist, zeigten die Ergebnisse eines Vierzehn-Nationen-Tests mit 13-jährigen Kindern. Amerikanische Schüler belegten in Mathematik den vorletzten Platz und schnitten in den Naturwissenschaften kaum besser ab. Die Südkoreaner lagen in beiden Kategorien an der Spitze. Offenbar werden die klügsten amerikanischen Jungen und Mädchen in Zukunft noch weniger Bildungsnahrung erhalten. Die neueste Modeerscheinung im Bildungsbereich nennt sich "Outcome Based Education" (ergebnisorientierte Bildung), bei der es darum geht, begabte Schüler zu "verdummen", damit sich die weniger begabten nicht über ihre schlechten Noten ärgern müssen. Dieses "Kunststück" wird durch die Abschaffung von Noten und die Verlangsamung des Unterrichtsprozesses erreicht, damit die schwächeren Schüler ihren Rückstand aufholen können. Während der Aufholphase wird den leistungsstarken Schülern nichts beigebracht. Sie müssen ihre Zeit in der Klasse damit verbringen, den langsameren Schülern Nachhilfe zu geben.[651]

Zur Verwirrung und Bestürzung der schwarzen und weißen Integrationsbefürworter fordern die Neger-Separatisten mehr, nicht weniger, Segregation im Bildungswesen, damit sie ihre rassische und kulturelle Identität besser entwickeln können. Wenn man diesem Vorschlag zustimmt, könnte dies zur Einrichtung getrennter Schulen und Colleges für alle nicht assimilierbaren

---

Bildungsprozesses, die van den Haags Kommentar Gewicht verleiht: "Der gebildete amerikanische Geist ist in gewissem Maße dazu gekommen, jüdisch zu denken, jüdisch zu reagieren. Man hat es ihm beigebracht, und er war bereit dazu". *Die jüdische Mystik*, S. 98.

[650] Yaffe, op. cit., S. 52.

[651] Pete du Pont, *Washington Times*, 31. Mai 1994, S. A13.

Minderheiten führen, die per Definition weder durch Bildung noch durch andere Mittel assimiliert werden können. Dies würde die Eigenständigkeit all dieser Minderheiten formalisieren und gleichzeitig die assimilatorische Verkleidung einiger durchbrechen. Auf jeden Fall könnte eine solche Maßnahme der Bildung der Mehrheit neuen Auftrieb geben, indem sie sie der Kontrolle ihrer Verleumder und Verderber entzieht.

Alles in allem ist das große Versagen eines heterogenen Schulsystems darauf zurückzuführen, dass es nicht in der Lage ist, die moralisierenden Aspekte der Bildung wirksam zu betonen. Es gibt keinen größeren Anreiz zum Lernen als das Selbstwertgefühl, das sich spontan aus dem Bewusstsein einer großen Vergangenheit ergibt - ein Bewusstsein, das nicht aus den vom Bildungsministerium veröffentlichten Richtlinien oder aus sterilisierten Lehrbüchern stammt, die allen gefallen und niemanden erziehen sollen.

Die Art des Lernens, die ein Volk darauf vorbereitet, sich durchzusetzen und zu bestehen, muss durch Jahrhunderte gemeinsamer Geschichte und Jahrtausende gemeinsamer Abstammung vorbereitet werden. Die Aufhebung der Rassentrennung tötet sie, indem sie ihre verbindende Kraft zerstört - die Homogenität von Lehrern und Schülern. Das Verschwinden dieses lebenswichtigen Bandes aus den amerikanischen Klassenzimmern könnte sich als die größte Bildungstragödie überhaupt erweisen.

TEIL VI

Der politische Konflikt

KAPITEL 21

Die Anpassungsfähigkeit des Dogmas

WENN DIE KULTURELLE PHASE der Enteignung der Mehrheit als Angriff auf die Seele der Mehrheit beschrieben werden kann, ist die politische Phase der Angriff auf den Geist der Mehrheit. Politische Macht kann aus dem Lauf einer Waffe kommen, wie der Vorsitzende Mao einst vorschlug.[652] Eine Waffe ist jedoch kaum wirksam ohne den Willen zu schießen, eine Zutat, die von jener Form der intellektuellen Programmierung geliefert wird, die als Dogma bekannt ist.

Der Verstand ernährt sich unersättlich von Dogmen, denn der Mensch hungert nach einem Denksystem, einem Bezugsrahmen, mit dem er die Welt betrachten kann. Nur sehr wenige einsame Seelen haben die Ausdauer, den Mut und die Weisheit, ihre eigenen Überzeugungen aus unabhängiger Beobachtung zu entwickeln. Und es werden jeden Tag weniger. Je weiter die Grenzen des Wissens nach außen verschoben werden, desto schwer fassbarer wird dieses Wissen und desto weiter entfernt es sich von dem, was der Einzelne erfassen kann. Verzweifelt auf der Suche nach der Wahrheit und vom Zweifel geplagt, greifen selbst die besten Köpfe zum Dogma, dem großen Feind des Zweifels, der immer bereit, aber selten fähig ist, die intellektuelle Leere zu füllen. Pontius Pilatus erhielt keine unmittelbare Antwort, als er seine berühmte Frage stellte.[653] Als das Christentum richtig organisiert war, antwortete ihm die Kirche - mit einem Dogma.

Von den Hauptbestandteilen des Dogmas - Wahrheit, Unwahrheit, Meinung und Autorität - ist die Autorität die größte. Eine der ältesten menschlichen Gewohnheiten, eine Gewohnheit, die durch die unermessliche Trägheit des Gehirns noch gefördert wird, besteht darin, sich einem bestimmten Dogma hinzugeben, einfach weil es eine alte Tradition hat. Es war die Autorität des Alters, die es möglich machte, dass leicht erkennbare Unwahrheiten im Alten Testament und in der aristotelischen Naturphilosophie mehr als 1.500 Jahre lang als Wahrheiten galten.

Die wenigen, die sich weigern, ein Dogma nur halb oder gar nicht zu akzeptieren, wählen es bis zu einem gewissen Grad aus. Aber das Dogma, auf das sie sich schließlich einigen, wird in der Regel nicht wegen seiner Relevanz oder seiner Übereinstimmung mit den Tatsachen ausgewählt, sondern weil es

---

[652] Siehe Kapitel 34 für weitere nietzscheanische Äußerungen des Gründungsvaters des chinesischen Kommunismus.

[653] Johannes 18:38.

mit ihren eigenen Vorurteilen, Animositäten und Ängsten übereinstimmt. Moderne Intellektuelle hielten noch lange an kommunistischen Dogmen fest, nachdem sie deren Widersprüche, Persiflagen und Fehler erkannt hatten. Tatsächlich schienen sie es gerade in dem Moment am meisten zu verehren (auf dem Höhepunkt der großen stalinistischen Säuberungen in den 1930er Jahren), als sie am meisten getäuscht wurden. Sie wollten glauben, also haben sie geglaubt. *Credo quia absurdum.*[654]

Zum Leidwesen der Menschheit hat der Intellektuelle aufgrund seiner verbalen Ausbildung und seiner sprachlichen Fähigkeiten fast ein Monopol auf die Formulierung und Verbreitung von Dogmen. Die flinke Zunge (oder Feder) und das Dogma scheinen sich gegenseitig zu befruchten. Diese enge, geradezu prädestinierte Verbindung zwischen Dogma und Intellektuellen veranlasste den französischen Literaturkritiker Brunetière, den Intellektuellen als jemanden zu definieren, der sich dogmatisch in Dinge einmischt, von denen er keine Ahnung hat.[655]

Man würde logischerweise annehmen, dass man umso weniger anfällig für Dogmen ist, je mehr Bildung man hat. Es ist genau das Gegenteil der Fall. Das Bildungswesen ist, abgesehen von den Naturwissenschaften, die selbst nicht immer davon ausgenommen sind, eines der berüchtigtsten Beispiele für organisierte Indoktrination. In der Tat ist der am besten ausgebildete Mensch oder, genauer gesagt, der "am besten ausgebildete" Mensch nur allzu oft auch der dogmatischste. Der Lehrer, der sein Leben damit verbringt, Dogmen zu lehren, ist sozusagen dogmatisch blind geworden. Er ist schnell dabei, gegnerische Dogmen anzugreifen, aber langsam, seine eigenen zu verurteilen oder auch nur zu erkennen.

Nur ungebildete Geister, deren Zahl Legion ist, und große Geister, *rarissimae aves*, haben eine gewisse Immunität gegen das Dogma entwickelt, das die vorherrschende westliche politische und soziale Ideologie stützt. Erstere sind weder durch Erziehung, noch durch Ausbildung, noch durch Neigung in der Lage, dieses Dogma zu verstehen, während letztere es nur ungern schlucken, weil sie es nur allzu gut verstehen.

Es sollte daher nicht schockieren, wenn man feststellt, dass ein "gebildeter" Mensch der Gesellschaft mehr schaden kann als ein ungebildeter. Der Gebildete

---

[654] Tertullian wirkt in mehr als einer Hinsicht modern. Der karthagische Jurist und dogmatischste der frühen Kirchenväter riet den Christen, den Militärdienst unter den römischen Kaisern zu verweigern und Gesetzen, die sie für ungerecht hielten, nicht zu gehorchen. Will Durant, *Caesar und Christus*, S. 647. Für die genauen Worte Tertullians siehe Toynbee, *Study of History*, Band V, S. 56.

[655] *Times Literary Supplement*, 22. Juni 1962, S. 462. Der Unterschied zwischen einem intellektuellen und einem intelligenten Menschen könnte als der Unterschied zwischen einem, der seinen Verstand benutzt, und einem, der seinen Verstand weise benutzt, beschrieben werden.

hat die Möglichkeit, seine Unwissenheit im Ausland zu verbreiten, sein Dogma im großen Stil zu verkaufen. Der ungebildete Mensch kann seine Überzeugungen nur an die Menschen in seiner unmittelbaren Umgebung weitergeben.

Manchmal ist ein politisches Dogma so fest in den Köpfen der Menschen verankert, dass man sich schon selbst ins Abseits stellt, wenn man es in Frage stellt. Oft zieht das gesamte intellektuelle Establishment einer Kultur beim geringsten Versuch, ein objektives Licht auf die schattenhaften Abgründe des Dogmas zu werfen, mit dem es zu leben gelernt hat, schildkrötenartig den Kopf ein. Die geringste Spur von Kritik wird als zynische, asoziale Mischung aus Ikonoklasmus und Entheiligung gewertet. Wenn der Kritiker im Verborgenen arbeitet, fühlt er sich schließlich wie ein Verbrecher. Tritt er an die Öffentlichkeit, wird er als solcher betrachtet. Um es mit den Worten von Charles Peirce zu sagen: "Wenn man weiß, dass man ernsthaft eine tabuisierte Überzeugung vertritt, kann man sicher sein, dass man mit einer Grausamkeit behandelt wird, die weniger brutal, aber raffinierter ist, als wenn man wie ein Wolf gejagt wird."[656]

Politische Dogmen beruhen, wie alle Dogmen, letztlich auf Meinungen und Gefühlen und nicht auf Fakten. Es kann nur durch die fast unmögliche Methode objektiv getestet werden, ähnliche Bevölkerungsgruppen über einen Zeitraum von Generationen in ähnlichen Umgebungen unterzubringen und sie jeweils einem anderen politischen System zu unterwerfen. Selbst dann müssten die Ergebnisse dieser langwierigen und komplizierten Tests nach so zweifelhaften Kriterien wie wirtschaftlicher Fortschritt, kulturelle Errungenschaften, staatliche Stabilität und öffentliche Sicherheit gemessen werden - allesamt Kriterien, die sich leicht für unterschiedliche Interpretationen eignen.

Angesichts der unheilbaren "Dogmatitis" des Menschen überrascht es nicht, dass wissenschaftliche Dogmen oft die gleiche unkritische Anerkennung und Akzeptanz erfahren wie politische Dogmen, wie das Leben und die Werke Albert Einsteins eindrucksvoll beweisen. Der deutsch-jüdische Physiker gilt allgemein als Vater der Relativitätstheorie, obwohl der französische Physiker Henri Poincaré 1904, ein Jahr vor Einsteins Veröffentlichung der Speziellen Relativitätstheorie, in St. Louis einen Vortrag über das "Relativitätsprinzip" hielt.[657] Darüber hinaus beruhen die verschiedenen Teile der Speziellen Relativitätstheorie, die sich recht gut bewährt haben, weitgehend auf den mathematischen Gleichungen zweier theoretischer Physiker, George FitzGerald, einem Iren, und Hendrik Lorentz, einem Holländer. Die Rede ist von der FitzGerald-Lorentz-Kontraktion und den Lorentz-Transformationen.

---

[656] *The Fixation of Belief, Collected Papers,* Harvard University Press, Cambridge, Mass. 1934, S. 245-46.

[657] *The Einstein Myth and the Ives Papers,* hrsg. Richard Hazelett und Dean Turner Devin-Adair, Old Greenwich, Conn., 1979, S. 154.

1916, als Einstein seine Allgemeine Relativitätstheorie vorstellte, war er in der Welt der Physik noch praktisch unbekannt. Wenn von Relativität die Rede war, wurde sie in der Regel mit dem Namen Lorentz in Verbindung gebracht.[658] Dann, 1919, kam die berühmte britische wissenschaftliche Expedition zur Untersuchung der totalen Sonnenfinsternis. Die Biegung des Lichts beim Durchgang durch das Gravitationsfeld der Sonne entsprach in etwa den von Einstein vorhergesagten Messungen. Fast über Nacht machten die Medien mit Hilfe des bekannten britischen Wissenschaftlers Sir Arthur Eddington Einstein zu einer internationalen Berühmtheit. Im Jahr 1921 unternahm der inzwischen weltberühmte Physiker eine triumphale Tournee durch die Vereinigten Staaten, allerdings nicht, um seine neue Physik zu predigen, sondern um Geld für den Zionismus zu sammeln.

In der Weimarer Republik war die Begeisterung eher gedämpft. Einige führende deutsche Physiker beriefen einen Anti-Relativitätskongress ein, auf dem Einstein vorgeworfen wurde, die westliche Wissenschaft vom Pfad des Experiments in die wilden Weiten des Mystizismus, der Abstraktion und der Spekulation zu führen. Hundert Wissenschaftler und bekannte Persönlichkeiten trugen zu einem Buch bei, in dem Einstein vorgeworfen wurde, eine Physik zu entwickeln, die mit der physikalischen Realität nichts mehr zu tun habe.[659] Als Hitler auf den Plan trat und die Attacke zu einer lauten Breitseite gegen die "jüdische Physik" ausweitete, ging Einstein nach Amerika.

Die Deutschen waren nicht die einzigen Kritiker der Relativitätstheorie. Einige prominente britische und amerikanische Physiker stimmten mit einigen oder allen Ideen Einsteins nicht überein und scheuten sich nicht, dies zu sagen. Zu ihnen gehörten solche Koryphäen wie: Dayton C. Miller, Präsident der American Physics Society, Herbert Dingle, Präsident der britischen Royal Astronomical Society, Herbert Ives, der amerikanische Optikphysiker, der zur Entwicklung des Fernsehens beitrug, und nach dem Zweiten Weltkrieg Louis Essen, der britische Experte für Atomuhren. Doch als Einsteins Ruhm wuchs, traten diese Stimmen in den Hintergrund. FitzGerald, Lorentz, Poincaré und andere Pioniere gerieten weitgehend in Vergessenheit, als die Medien Einstein ein exklusives und unanfechtbares Patent auf die Relativitätstheorie zusprachen.

Die spezielle Relativitätstheorie besagt, dass sich nichts schneller als mit Lichtgeschwindigkeit bewegen kann und dass die Masse mit der Geschwindigkeit zunimmt und bei 186.282 Meilen/Sek. unendlich wird. So wie es eine Schallgrenze gab, gibt es jetzt eine Lichtgrenze. Wer weiß, wie lange Einsteins Lichtschranke noch Bestand haben wird? Gegenwärtig wurden vier extragalaktische Radioquellen beobachtet, die sich mit der zwei- bis zwanzigfachen Lichtgeschwindigkeit ausdehnen.[660] Die Anhänger der

[658] Ebd., S. 266.

[659] *Hundert Autoren gegen Einstein*, R. Voigtlander Verlag, Leipzig, 1931.

[660] *Scientific American*, Aug. 1980, S. 82B.

Relativitätstheorie haben diese Beobachtungen als Illusionen abgetan, so wie die Geozentriker die Entdeckung der Jupitermonde durch Galilei.

Im Gegensatz zur Speziellen Theorie wurde die Allgemeine Relativitätstheorie nur selten und nur in Ansätzen bestätigt. Jedes Mal, wenn eine Sonnenfinsternis auftritt oder ein mysteriöses Objekt in den Tiefen des Weltraums entdeckt wird, verkünden die Medien, aber nicht unbedingt die Astronomen, dramatisch, dass Einstein wieder einmal Recht behalten hat. Wenn die Allgemeine Theorie so solide ist, warum muss sie dann so oft bewiesen werden? Tatsache ist, dass es mehrere andere plausible Theorien über die Schwerkraft, das Grundthema der Allgemeinen Theorie, gibt. Eine davon, die Brans-Dicke-Theorie, hat sich gelegentlich ebenso gut bewährt wie die Allgemeine Theorie.[661] Trotz der zunehmenden Sterblichkeitsrate mehrerer fest etablierter physikalischer Gesetze,[662] , bleibt die Allgemeine Relativitätstheorie jedoch unanfechtbar. Ein guter Grund dafür ist, dass ein Wissenschaftler, der sich zu laut gegen Einstein ausspricht, seine Karriere gefährden könnte.

Einsteins politische Irrwege - seine Unterstützung der Koalition von Kommunisten und Linken im Spanischen Bürgerkrieg, sein utopischer Sozialismus, seine Zusammenarbeit mit mindestens elf kommunistisch geführten Organisationen in den Vereinigten Staaten, die Leihgabe seines Namens an zahllose stalinistische Manifeste,[663] seine Rolle als "Verkäufer" der Atombombe,[664] seine Freundschaft mit dem kommunistischen Ostdeutschland nach dem Zweiten Weltkrieg - all dies hat ihm schlechte Noten bei einem so bedeutenden Westler wie Ortega y Gasset eingebracht:

> Albert Einstein hat sich das Recht angemaßt, eine Meinung zum Spanischen Bürgerkrieg zu äußern und einen einseitigen Standpunkt dazu einzunehmen. Albert Einstein zeigt eine tiefe Unkenntnis darüber, was in Spanien heute, vor Jahrhunderten und schon immer geschehen ist. Der Geist, der diese unverschämte Intervention inspiriert hat, ist derselbe, der auch andere Intellektuelle in Misskredit gebracht hat, da sie die Welt in die Irre führen, indem sie ihr den *pouvoir spirituel* vorenthalten.[665]

---

[661] *Scientific American*, Nov. 1974, S. 25-33.

[662] 1962 wurde eine Theorie, die im wissenschaftlichen Dekalog fester verankert war als die Relativitätstheorie, über den Haufen geworfen, als Professor Bartlett von der University of British Columbia Xenon-Platinhexafluorid herstellte. Bis dahin galt in der Chemie das "unumstößliche" Gesetz, dass Platin und Xenon, ein Edelmetall und ein Edelgas, völlig resistent gegen eine chemische Verbindung sind. *San Francisco Chronicle, Diese Welt*, 9. Dezember 1962, S. 25.

[663] Über Einsteins langjährigen Flirt mit dem Stalinismus siehe *Fifth Report of the Senate Fact-Finding Committee on Un-American Activities*, California Legislature, 1949.

[664] Siehe S. 542-43.

[665] *La rebelión de las masas*, S. 189. Der Absatz wurde von der Autorin dieser Studie übersetzt.

H. L. Mencken war sogar noch schärfer:

> [Kein jüdischer Wissenschaftler hat es je mit Newton, Darwin, Pasteur oder Mendel aufnehmen können... solche scheinbaren Ausnahmen wie Ehrlich, Freud und Einstein sind nur scheinbar... Freud war zu neun Zehnteln ein Quacksalber, und es gibt gute Gründe für die Annahme, dass Einstein sich nicht halten wird; auf lange Sicht kann sein gekrümmter Raum den psychosomatischen Beulen von Gall und Spurzheim zugeordnet werden.[666]

Wie auch immer die Geschichte mit Einstein umgeht, wie auch immer seine Leistungen den Test der Zeit bestehen, es ist unbestreitbar, dass er viel mehr Anerkennung erhalten hat, als ihm zusteht. Was ihn "rüberbrachte", war seine Fähigkeit, sich so gut an das vorherrschende liberal-minderheitliche Dogma anzupassen, an den aus dem Ruder gelaufenen Humanismus, den wurzellosen Internationalismus, den Antinazismus, den Zionismus, die Toleranz und gelegentlich sogar Zuneigung für Marx und Freud. All diese Zutaten wurden zu einem Rezept kombiniert, das für die Medien unwiderstehlich war. Einstein wurde in einem Meer wohlwollender Publicity gebadet, wie es keinem seiner Zeitgenossen vergönnt war, mit der möglichen Ausnahme von Franklin D. Roosevelt und Churchill. Ein genialer Physiker, der sich unablässig und verwirrend in der Politikwissenschaft versuchte, wurde zum größten Kopf des zwanzigsten Jahrhunderts, wenn nicht sogar aller Jahrhunderte.

Wie Einstein selbst zugegeben hätte, gibt es einen entscheidenden Unterschied zwischen wissenschaftlichen und politischen Dogmen. Erstere können unter kontrollierten Laborbedingungen getestet werden.[667] Wenn es bestätigt wird,

---

666 *Minority Report, H. L. Menckens Notizbücher,* Knopf, New York, 1956, S. 273-74.

667 Macaulay war einer der wenigen Politiker, die die Anwendung der wissenschaftlichen Methode auf die Politik befürworteten: "Wie sollen wir dann zu gerechten Schlussfolgerungen in einer für das Glück der Menschheit so wichtigen Frage kommen? Sicherlich durch die Methode, die in jeder experimentellen Wissenschaft, auf die sie angewandt wurde, durch jene Methode, an deren Stelle unsere neuen Philosophen Spitzfindigkeiten setzen würden, die der barbarischen Respondenten und Gegner des Mittelalters kaum würdig sind - durch die Methode der Induktion - durch Beobachtung des gegenwärtigen Zustandes der Welt - durch eifriges Studium der Geschichte vergangener Zeitalter - durch Sichtung der Beweise von Tatsachen - durch sorgfältige Kombination und Gegenüberstellung derjenigen, die authentisch sind - durch Verallgemeinerung mit Urteilsvermögen und Vorsicht - durch ständige Prüfung der Theorie, die wir aufgestellt haben, durch neue Tatsachen - durch Korrekturen, oder sie ganz aufgibt, je nachdem diese neuen Tatsachen sich als teilweise oder grundlegend unhaltbar erweisen. Indem wir so vorgehen - geduldig, fleißig, aufrichtig -, können wir hoffen, ein System zu bilden, das demjenigen, das wir untersucht haben, an Anspruch weit unterlegen ist und ihm an echtem Nutzen so weit überlegen ist, wie die Rezepte eines großen Arztes, die sich mit jedem Stadium jeder Krankheit und mit der Konstitution jedes Patienten von der Pille des werbenden Quacksalbers unterscheiden, die alle Menschen, in allen Klimazonen, von allen Krankheiten heilen soll." *The Miscellaneous Works of Lord Macaulay,* "Mill on Government", Universal Library Association, Philadelphia, Pennsylvania, Vol. 1, S. 399.

wird es zu einem Gesetz, ein erhabener Status, den nur selten ein politisches Dogma oder eine politische Ideologie erreicht. Wenn ein wissenschaftliches Dogma umgestoßen wird, geht eine Welle des Erstaunens durch die wissenschaftliche Gemeinschaft, und das war's. Wenn jedoch ein politisches Dogma untergeht - es kann zwar durch die Vernunft ausgemerzt, aber nur durch ein anderes Dogma ersetzt werden -, wird sein Untergang häufig von sozialem Chaos, Revolution und der Zerstörung von Tausenden oder sogar Millionen von Leben begleitet.

Die mächtigsten Dogmen sind diejenigen, die einen zeitlosen, universellen Appell an die Herzen und den Verstand aller Menschen haben. Doch gerade die Universalität der großen Dogmen macht sie so wankelmütig und unberechenbar und erlaubt es ihnen, mit den Hoffnungen und Bestrebungen ihrer Verfechter so schnell zu spielen. Dogmatische Verlautbarungen über die unveräußerlichen Rechte des Menschen haben in einrassigen Gesellschaften eine völlig andere politische und soziale Wirkung als in multirassischen Gesellschaften. Dasselbe religiöse Dogma, das zur Zerstörung des Römischen Reiches beitrug, half auch, das Heilige Römische Reich zu erhalten. Dasselbe politische Dogma, das eine Rasse dazu inspirierte, die amerikanische Gesellschaft aufzubauen, inspiriert nun andere Rassen dazu, sie zu zerreißen.

Es liegt die Vermutung nahe, dass die großen Dogmen nicht allein aufgrund ihres Inhalts Jahrhunderte oder gar Jahrtausende überlebt haben. Ihre Vitalität muss auch stark von ihrer Anpassungsfähigkeit abhängen, von ihrer Fähigkeit, so viele menschliche Sorgen zu lindern und so viele widersprüchliche menschliche Ziele zu erfüllen. Die Gabe, das Dogma an das nationale Wachstum und den Fortschritt anzupassen, ist sicherlich eine der größten Gaben, die ein Volk besitzen kann. Eine noch größere Gabe ist jedoch die Fähigkeit, Dogmen zu verwerfen, die keinen konstruktiven Nutzen mehr bringen.

Aus der Sicht der amerikanischen Mehrheit ist das politische Dogma, das ihr während des größten Teils der amerikanischen Geschichte so gut gedient hat, nun zu einem der Hauptfaktoren für ihren Niedergang geworden. Aus der Sicht der Minderheiten ist dasselbe Dogma zu einem mächtigen Instrument für ihren Aufstieg geworden, denn fast jede politische Handlung, ob in der Vergangenheit oder in der Gegenwart, wird nun am Maßstab der Minderheiteninteressen gemessen und einer Station auf dem Marsch der Demokratie zugeordnet. Dies führt zu der trügerischen und verzerrten Ansicht, dass der gegenwärtige politische Kampf zwischen Liberalismus und Konservatismus, Ausbeutern und Ausgebeuteten, Toleranz und Intoleranz, Gleichheit und Ungleichheit, Freiheit und Unterdrückung stattfindet. Da die wahre Natur des Geschehens und die wahren Absichten der Dogmatiker auf diese Weise verschleiert werden, müssen die intelligenten Mitglieder der Mehrheit begreifen, dass sie in einer Zeit und in einer Welt leben, in der die Auslegung des Dogmas eine ebenso starke Kraft geworden ist wie das Dogma selbst.

KAPITEL 22

Die drei Phasen der Demokratie

Der Soziologe William Graham Sumner sagte einmal über die Demokratie: "Es ist unmöglich, sie zu diskutieren oder zu kritisieren ... Niemand behandelt sie mit völliger Offenheit und Aufrichtigkeit."[668] In den Jahren, seit Sumner diese Zeilen schrieb, hat sich das Klima für Objektivität nicht merklich verbessert. Doch ohne ein klareres Verständnis der Demokratie, als es in der Bevölkerung vorhanden ist, kann man die gegenwärtige amerikanische Politik kaum verstehen.

Die meisten zeitgenössischen Politikwissenschaftler stellen die Demokratie gerne an die Spitze der politischen Evolution, obwohl Spuren davon in den Stammesorganisationen der rückständigsten und ältesten Völker gefunden wurden. Robert Marrett, Oxford-Dozent und bekannter Anthropologe, vertritt die Meinung: "Wo die Gesellschaft am primitivsten ist, ist sie am demokratischsten..."[669]

Historisch gesehen tauchte die Demokratie als anerkannte Regierungsform erst in der Blütezeit der griechischen Stadtstaaten auf, als sie einen so hohen Stellenwert erlangte, dass sie in die fünf politischen Taxone von Platon aufgenommen wurde. In der Reihenfolge ihrer Entstehung waren dies: (1) Aristokratie, Herrschaft der Besten; (2) Timokratie, Herrschaft der Ehrenhaften; (3) Oligarchie, Herrschaft der Wenigen; (4) Demokratie, Herrschaft des Volkes; (5) Tyrannei, Herrschaft des Despoten oder Emporkömmlings.[670] Platons Klassifizierungen waren fünf Stufen einer absteigenden Treppe, die die meisten griechischen Stadtstaaten hinabsteigen mussten. Die Treppe konnte zwar wieder hinaufgestiegen werden, entweder teilweise oder ganz, aber es würde unweigerlich einen weiteren Abstieg geben, möglicherweise sogar nach der Schaffung des perfekten Staates, der höchsten Leistung der platonischen Utopie, der Traumpolis, in der "entweder Philosophen Könige werden ... oder diejenigen, die wir jetzt unsere Könige und Herrscher nennen, sich der Philosophie widmen ..."[671]

Aristoteles fand einen ähnlichen degenerativen Prozess in der Politik. Er unterteilte die Regierung in drei gute und drei schlechte Formen. Die guten

---

[668] *Folkways*, S. 77.

[669] *Ency. Brit.*, Bd. 19, S. 105.

[670] *Republik*, trans. Paul Shorey, VIII, 544-45.

[671] Ibid., V, 473d.

Formen waren die Monarchie, die Aristokratie und die konstitutionelle Regierung, die in Tyrannei, Oligarchie bzw. Demokratie "pervertiert" wurden.[672] In der Politikwissenschaft des Aristoteles gab es fünf verschiedene Arten von Demokratie, die er nur schwer abgrenzen konnte. Er machte jedoch einen scharfen Unterschied zwischen Demokratien, in denen das Gesetz über dem Volk stand, und Demokratien, in denen das Volk über dem Gesetz stand.[673]

Aristoteles' Politik war zum Teil von seinem Glauben an das Bürgertum geprägt, dem er zufällig angehörte. Sein bevorzugter Staat war eine bürgerliche Republik, die der begrenzten repräsentativen Regierung der Vereinigten Staaten in den ersten Jahren ihrer Unabhängigkeit nicht allzu unähnlich war.[674] Aber Aristoteles war auch ein politischer Relativist, der glaubte, dass die beste Regierung diejenige sein könnte, die am besten zu den Menschen, der Zeit und den Umständen passt. Er war kein fanatischer Gläubiger der inhärenten Überlegenheit eines bestimmten politischen Systems.[675]

Der Aristokrat Platon stand der Demokratie feindlicher gegenüber als Aristoteles, dessen Endstadien er mit Begriffen beschrieb, die seltsam modern klingen:

> [Diejenigen, die die Regeln befolgen, schmäht sie als willige Sklaven und Nichtsnutze, aber sie lobt und ehrt in der Öffentlichkeit und im Privatleben die Herrscher, die den Untertanen ähneln, und die Untertanen, die wie die Herrscher sind... Der Vater versucht gewöhnlich, dem Kind zu ähneln, und fürchtet sich vor seinen Söhnen, und der Sohn gleicht sich dem Vater an und empfindet keine Ehrfurcht oder Angst vor seinen Eltern...Und der ansässige Ausländer fühlt sich dem Bürger gleich, und der Bürger ihm, und der Ausländer ebenso ... Der Lehrer fürchtet und schämt sich vor den Schülern, und die Schüler achten weder auf den Lehrer noch auf ihre Aufseher. Und im Allgemeinen ahmen die Jungen die Älteren nach und wetteifern mit ihnen in Rede und Handlung, während die Alten, sich den Jungen anpassend, voller Freundlichkeit und Anmut sind und die Jungen nachahmen, aus Angst, sie könnten für unangenehm und autoritär gehalten werden... Und fast hätte ich vergessen, die Freiheit und Gleichberechtigung in den Beziehungen der Männer zu den Frauen und der Frauen zu den Männern zu erwähnen...[676]

---

[672] Politik, trans. Jowett, II, 7.

[673] Ibid., IV, 4.

[674] Ibid., IV, 11.

[675] Ebd.

[676] *Republik*, trans. Shorey, VIII, 562-64. Einer von Platons aufschlussreichsten Vorwürfen gegen die Demokratie war ihr Versagen, die Entwicklung tugendhafter Staatsmänner zu fördern: "[Außer] im Falle transzendenter natürlicher Gaben kann niemand jemals ein guter Mensch werden, wenn nicht von Kindheit an sein Spiel und all sein Streben auf das Schöne und Gute gerichtet sind - wie vortrefflich tritt [die

Wie in Kapitel 18 angedeutet, hatte die griechische Demokratie nur sehr wenig mit der Art von Demokratie gemein, die die heutigen demokratischen Regime auszeichnet. In ihren demokratischen Phasen hielten fast alle griechischen Stadtstaaten hartnäckig an der Institution der Sklaverei fest und verweigerten Frauen, Ausländern und Metamenschen das Wahlrecht - und entzogen sogar vielen Einheimischen durch rassische und vermögensrechtliche Qualifikationen das Stimmrecht. Andererseits trieben einige Städte wie Athen die Demokratie auf die Spitze, indem sie ein Wahlsystem einführten, bei dem die Amtsträger nicht durch Wahlen, sondern durch das Los bestimmt wurden. Sortierung, eine Art demokratisches Bingo, ist nur dort denkbar, wo eine kleine, homogene, hochintelligente Bürgerschaft über ein hohes Maß an politischer Kultiviertheit verfügt.

Die römische Republik hatte ihre demokratischen Momente. Die griechischen Demokratieexperimente waren den römischen Politikern wohlbekannt, und im Laufe der Zeit rang die Plebs den herrschenden Familien ein Zugeständnis nach dem anderen ab, darunter auch die Kontrolle über das Tribunal. Der Senat jedoch, die beständigste und prestigeträchtigste politische Institution Roms, war von Natur aus autoritär und ein Hort der Privilegien. Als die flackernde Kerze der Demokratie schließlich von den Gracchiten und Diktatoren, die die Republik zu Grabe trugen, ausgelöscht wurde,[677] brannte sie erst im siebzehnten Jahrhundert wieder.

Während dieser langen Unterbrechung gab es einige schwache demokratische Bestrebungen. Im Jahr 930 n. Chr. fand die erste Sitzung des isländischen *Althing* statt. Da dieses parlamentarische Gremium noch heute tagt, können die Isländer für sich in Anspruch nehmen, die Begründer der dauerhaftesten repräsentativen Regierung der Geschichte zu sein.[678]

Andere fahle demokratische Regungen lassen sich in den Anfängen des englischen Parlaments, in den Schweizer Kantonen und in den mittelalterlichen Gemeinden, "dem wichtigsten Vorläufer der modernen Demokratie", feststellen.[679]

Es ist allgemein anerkannt, dass die moderne Demokratie während der Volksreaktion gegen die Stuart-Dynastie in England entstand. Ihr Geburtshelfer

---

Demokratie] alle solchen Ideale mit Füßen, indem sie sich nicht darum kümmert, aus welchen Gewohnheiten und welcher Lebensweise heraus sich ein Mensch der Politik zuwendet, sondern ihn nur dann ehrt, wenn er sagt, dass er das Volk liebt!" Ebd., 558b.

677 Die römische kaiserliche Herrschaft wurde vielleicht am besten von Tiberius zusammengefasst, der schrieb, es sei die Aufgabe eines guten Hirten, seine Herde zu scheren, nicht sie zu häuten. Suetonius, *Tiberius*, trans. J. C. Rolfe, Loeb Classical Library, XXXII.

678 *Ency. Brit.*, Bd. 12, S. 45.

679 Durant, *The Age of Faith*, S. 641.

war John Locke, dessen Abhandlungen über die bürgerliche Regierung viele bahnbrechende demokratische Ideen enthielten. In Formulierungen, die später von Jefferson in der Unabhängigkeitserklärung überarbeitet und teilweise plagiiert wurden, behauptete Locke, dass die Menschen, die alle über bestimmte natürliche Rechte verfügten, "frei, gleich und unabhängig" seien und dass "niemand einen anderen in seinem Leben, seiner Gesundheit, seiner Freiheit oder seinem Besitz verletzen dürfe".[680]

Doch dann schlug Locke eine dogmatische Richtung ein, die ihn für immer von den Orakeln des zeitgenössischen demokratischen Denkens entfremdete. Der grundlegende Zweck einer Regierung, so erklärte er, sei die Erhaltung des Eigentums.[681] Wenn Monarchen die materiellen Besitztümer ihrer Untertanen nicht schützen könnten, hätten die Menschen das Recht, woanders Schutz zu suchen, notfalls auch bei sich selbst.[682]

Für Locke war die Erhaltung des Eigentums gleichbedeutend mit der Erhaltung der menschlichen Freiheit. Um diese Freiheit zu schützen, forderte er die Aufteilung der Regierung in Legislative und Exekutive. Später erweiterte der französische Philosoph Montesquieu die Locke'sche Gewaltenteilung durch die Hinzufügung einer dritten Staatsgewalt, der Judikative.[683] Jean-Jacques Rousseau vervollständigte die Grundstruktur der vormarxistischen Demokratietheorie, indem er den Menschen als von Natur aus gut bezeichnete, d. h. als fähig und würdig, sein Schicksal ohne Einmischung oder Reglementierung von außen selbst zu bestimmen.[684] Für Rousseau, der in der relativ reinen moralischen Atmosphäre von Genf geboren wurde, war es eine geringere geistige Belastung, solche heuristischen Ansichten zu vertreten als für Philosophen, die in den Fleischtöpfen von Paris oder London aufgewachsen waren. Die englische Demokratie machte zwar große Fortschritte, nachdem die Stuarts ein zweites und letztes Mal abgesetzt worden waren, verlor aber ihren

680 Locke, *Of Civil Government*, First Treatise, Vorwort, S. 3. Auch Ency. Brit., Bd. 16, S. 172D und Bd. 7, S. 217. Es sei darauf hingewiesen, dass Locke in der Verfassung, die er für Carolina ausarbeiten sollte, so seltsame demokratische Bettgenossen wie erbliche Leibeigenschaft und Primogenitur aufnahm. Beard, *Rise of American Civilization*, Bd. 1, S. 66.

681 Locke, op. cit., *Zweite Abhandlung*, Nr. 94.

682 Ebd., Nr. 228-29.

683 *L'esprit des lois*, XI, vi.

684 Diesen Eindruck gewinnt man zumindest bei der Lektüre der ersten Seiten von Rousseaus *Du contrat social*. Im letzten Teil wird der Bürger mit dem Tod bedroht, wenn er nicht an die Artikel der Religion des Staates glaubt, in dem er sich gerade aufhält. Rousseau hielt übrigens eine Mischung aus Aristokratie und Demokratie für die beste Regierungsform. Er hielt die direkte Demokratie für unmöglich und war der Meinung, dass Menschen, die in arktischen oder tropischen Gebieten leben, eine absolute Herrschaft benötigen. Durant, *Rousseau und die Revolution*, S. 173-74.

aristokratischen Beigeschmack erst mit dem Reform Act von 1832. Auf der anderen Seite des Atlantiks, in Nordamerika, waren die britischen Kolonisten den konservativen Zwängen des Königs und der Lords sicherer entronnen und ließen der Demokratie freiere Hand. In Neuengland forderten diese Kolonisten nach der Abschaffung der puritanischen Theokratie das Recht, sich in die Regierungsgeschäfte einzumischen, die Richter öffentlich zur Rechenschaft zu ziehen, vor ein Geschworenengericht gestellt zu werden und gesetzliche Garantien für die persönliche Freiheit zu genießen, und, was vielleicht am dramatischsten und umstrittensten war, den Bürgern die Möglichkeit zu geben, den Steuersatz selbst festzulegen, und setzten sich in einigen Fällen auch durch. Die Gesamtheit dieser radikalen Gesetzgebung, die die Briten in Großbritannien vor Neid erblassen ließ, wurde allmählich als das Geburtsrecht der meisten Weißen in den dreizehn Kolonien angesehen.[685]

Der demokratische Überschwang der Stadtversammlungen in Neuengland schwappte jedoch nicht auf die neue Nation als Ganzes über, als die Kolonien ihre Unabhängigkeit erlangten.[686] Einige der Intellektuellen unter den Gründervätern, vor allem im Süden, schlossen sich vielen der Ideen, Binsenweisheiten und Plattitüden an, aus denen die Französische Revolution hervorging. Diese doktrinäre Art der politischen und sozialen Gleichmacherei unterschied sich jedoch deutlich von der evolutionären und pragmatischen Demokratie der meisten unabhängig denkenden Amerikaner. Es stimmt zwar, dass Jeffersons klare Appelle an die menschliche Freiheit dazu beitrugen, die Kriegslust der Kolonisten zu steigern, doch waren sie nur rhetorische Schatten im Vergleich zu den substanziellen demokratischen Errungenschaften der Pioniere und Siedler der Mehrheit, die noch nie etwas von Naturgesetzen, Gesellschaftsverträgen oder "unveräußerlichen Rechten" gehört hatten und denen das "Streben nach Glück" blasphemisch und geradezu hedonistisch erschienen wäre.

Vielleicht mehr als jeder andere Amerikaner muss Thomas Jefferson die Verantwortung dafür übernehmen, dass die amerikanische Demokratie mit der Zweideutigkeit und dem Geschwafel belastet ist, die sie über die Jahre hinweg verfolgt haben. Wenn einer der größten Sklavenhalter in Virginia feierlich schreibt: "Alle Menschen sind gleich geschaffen", muss entweder seine Semantik oder seine Integrität in Frage gestellt werden. Was Jefferson und die meisten anderen Unterzeichner der Unabhängigkeitserklärung mit Gleichheit meinten, war, dass die englischen Kolonisten das gleiche natürliche Recht auf

---

685 De Tocqueville, *De la démocratie en Amérique,* Tome 1, S. 38, Tome 2, S. 298.

686 Als die Vereinigten Staaten 1776 eine souveräne Nation wurden, zählte die Bevölkerung weniger als vier Millionen Menschen, von denen nur sechs Prozent wahlberechtigt waren. *Time,* 22. März 1963, S. 96. Da die Beteiligung der Bürger an der Regierung in Neuengland viel höher war als anderswo, muss sie in den meisten anderen Kolonien extrem niedrig gewesen sein.

Selbstverwaltung hatten wie die Engländer im Mutterland.[687] Aber das ist nicht das, was geschrieben wurde. Und es ist das, was geschrieben wurde, das sich, in das heutige Jahrhundert übertragen und in einem anderen Kontext verwendet, als so wirksame Zeitbombe in den Händen derjenigen erwiesen hat, die Projekte und politische Maßnahmen befürworten, die der Jeffersonschen Demokratie völlig zuwiderlaufen.

Um ein klareres Bild von Jeffersons Auslegung der Gleichheit zu erhalten, muss man nur die Unabhängigkeitserklärung ganz durchlesen. Zu Beginn ist der Ton gleichberechtigt. Doch im weiteren Verlauf schreibt Jefferson von "den gnadenlosen indianischen Wilden, deren bekannte Regel der Kriegsführung die unterschiedslose Vernichtung aller Altersgruppen, Geschlechter und Zustände ist."[688] Weitere Anzeichen für eine grundsätzlich gleichheitsfeindliche Gesinnung sind Jeffersons Glaube an die "natürliche Aristokratie" und sein Beharren auf der angeborenen Vormachtstellung des amerikanischen Yeoman oder Kleinbauern. Trotz seiner starken Sympathien für die Französische Revolution schrieb er an Lafayette: "Die Yeomanry der Vereinigten Staaten ist nicht die Canaille von Paris."[689]

Jefferson gab der amerikanischen Demokratie nur so lange eine Überlebenschance, wie das Land im Wesentlichen landwirtschaftlich geprägt war. Er war davon überzeugt, dass Kaufleute und Spekulanten korrupt waren, dass Städte "pestilentiell" waren, dass der städtische Pöbel "die Zuhälter des Lasters und die Instrumente sind, durch die die Freiheiten eines Landes im Allgemeinen umgestürzt werden."[690] Paradoxerweise ist derselbe Jefferson heute zusammen mit Lincoln das Idol des Volkes, das er verabscheute. Dieses Paradoxon wird durch die Demokratische Partei noch verstärkt, die sich trotz ihrer Machtbasis in den Großstädten zum politischen Erben Jeffersons erklärt hat.

---

[687] Richard Hofstadter, *Die amerikanische politische Tradition*, S. 12. Stephen Douglas sagte (1858): "Die Unterzeichner der Erklärung hatten keinerlei Bezug auf den Neger ... [sie bezogen sich] auf weiße Männer, Männer von europäischer Geburt und europäischer Abstammung ... dass dies ihr Verständnis war, zeigt sich in der Tatsache ... jede der dreizehn Kolonien war eine sklavenhaltende Kolonie, jeder Unterzeichner der Erklärung vertrat eine sklavenhaltende Wählerschaft ... wenn sie beabsichtigten zu erklären, dass der Neger dem weißen Mann gleichgestellt ist ... waren sie als ehrliche Männer an diesem Tag und zu dieser Stunde verpflichtet, ihre Neger mit sich selbst gleichzustellen.

[688] Zu Jeffersons Bemerkungen über Neger siehe S. 219.

[689] Hofstadter, op. cit., S. 22.

[690] Ebd., S. 31-32.

Jefferson hielt sich während der Ausarbeitung der Verfassung in Frankreich auf[691] - ein guter Grund dafür, dass das Wort Demokratie nirgendwo in diesem Dokument vorkommt. Die Gründungsväter, von denen die meisten eine konservative Gesinnung hatten, waren entschlossen, die Vereinigten Staaten zu einer Republik zu machen, was in jenen Tagen fast jede Regierung bedeutete, die keine Monarchie war.[692] Die wenigen Delegierten des Verfassungskonvents, die sich zu demokratischen Gefühlen bekannten, vertraten Ansichten, die den griechischen und römischen Konzepten der Demokratie näher standen als den nivellierenden Vorstellungen der utopischen Pariser Regicides. John Adams vertrat wahrscheinlich die Gefühle der meisten seiner Kollegen, als er erklärte: "Denken Sie daran, dass die Demokratie nie lange währt. Sie vergeudet, erschöpft und ermordet sich bald selbst. Es hat noch nie eine Demokratie gegeben, die nicht Selbstmord begangen hat."[693]

Diese prophetische Düsternis war in nicht geringem Maße für die Angst vor der Demokratie verantwortlich, die vielen Gesetzen und Verfahren innewohnte, die die politische Haltung und das Verhalten der Nation während ihrer Kindheit und Jugend prägten. Die Senatoren wurden von der Legislative der einzelnen Staaten gewählt, nicht durch direkte Volksabstimmung.[694] In fast allen Staaten gab es vermögensrechtliche und gelegentlich sogar religiöse Voraussetzungen für das Wahlrecht. Ein Neger wurde für statistische Zwecke als drei Fünftel eines weißen Mannes gezählt. Die Sklaverei wurde von der Bundesregierung und von den meisten Staaten anerkannt und geschützt.[695] Das Interesse an der Wahrung der Bürgerrechte war groß, wie die Bill of Rights zeigt, das Interesse an der Förderung der unabhängigen Beteiligung der Bürger am Regierungsprozess jedoch weitaus geringer, wie das Aufkommen der Maschinenpolitik beweist.

---

691 "Die Männer, die 'Wir, das Volk' in die Verfassung geschrieben haben, fürchteten, von einigen Ausnahmen vielleicht abgesehen, die Herrschaft des Volkes und wären entsetzt gewesen, wenn sie all das hätten voraussehen können, was in den nächsten 150 Jahren unter ihrer Verfassung geschehen sollte." Beard, *Die Republik*, S. 4. Die Verfassung, so könnte man hinzufügen, wurde sogar in einer undemokratischen Atmosphäre geschaffen, da alle Sitzungen des Konvents geheim waren.

692 Es ist unnötig zu erwähnen, dass das Wort inzwischen eine demokratische Schattierung erhalten hat. *Webster's Third New International Dictionary* bietet als alternative Definition von Republik an: "eine Gemeinschaft von Wesen, die durch eine allgemeine Gleichheit unter den Mitgliedern gekennzeichnet ist".

693 Hofstadter, a.a.O., S. 13. Hamilton, der das Volk eine "große Bestie" nannte, war sogar noch pessimistischer gegenüber der Demokratie als Adams. Charles Beard, *Die Republik*, S. 11.

694 Verfassung, Art. I, Sec. 3, Par. 1.

695 Art. I, Sec. 2, Par. 3; Art. IV, Sec. 2, Par. 3. Die Sklaverei wurde 1787 im Nordwestterritorium verboten. Der letzte Nordstaat, der die Sklaverei abschaffte, war New Jersey, das 1804 mit der schrittweisen Abschaffung der Sklaverei begann.

Dennoch war die demokratische Saat gepflanzt worden. Die anschließende Kampagne zur Verbreiterung und Ausweitung der Wählerschaft, um jeden Bürger und jeden erwachsenen Bürger zu einem Wähler zu machen, ist einer der am deutlichsten erkennbaren Stränge in der amerikanischen Geschichte. Zunächst verlief die Entwicklung des Wahlrechts eher langsam. In einigen Bundesstaaten gab es noch bis 1856 eine Eigentumsvoraussetzung für das Wahlrecht.[696] Die Sklaven wurden 1863 befreit, aber das Wahlrecht für Neger wurde erst 1870 ausdrücklich festgeschrieben.[697] Die Senatoren wurden erst mit dem 17. Zusatzartikel (1913) direkt gewählt. Frauen erhielten erst mit dem 19. Zusatzartikel (1919) das Wahlrecht. Das Wahlverfahren für die Wahl der Präsidenten wurde beibehalten, hängt nun aber fast vollständig von der Volksabstimmung ab. Die Kopfsteuer wurde erst mit dem 24. Zusatzartikel (1962) verboten. Die Entscheidungen des Obersten Gerichtshofs in den Jahren 1962, 1964 und 1968 zum Grundsatz "ein Mann, eine Stimme" machten es zwingend erforderlich, dass die Wahlbezirke für die Vertreter der rechtmäßig gebildeten Stadt-, Kreis- und Gemeinderegierungen im Wesentlichen die gleiche Bevölkerungszahl aufweisen.[698] Wenn die Wahlbezirke der Vertreter ein und desselben gesetzgebenden Organs zu große Unterschiede in der Bevölkerungszahl aufwiesen, mussten sie durch Neuaufteilung angeglichen werden. Nur Senatoren, von denen einige heute Staaten mit der zehn- bis zwanzigfachen Bevölkerungszahl anderer Staaten vertreten, sind von dieser Regel ausgenommen.[699]

Die Tatsache, dass es in den Vereinigten Staaten theoretisch ein allgemeines Wahlrecht und eine gleichberechtigte Vertretung gibt, bedeutet nicht, dass jeder wählen geht.[700] Bei den Präsidentschaftswahlen beispielsweise geht nur etwas mehr als die Hälfte der wahlberechtigten Bevölkerung zu den Urnen.[701] Bei Kongresswahlen außerhalb des Jahres liegt die Wahlbeteiligung manchmal bei nur 10 bis 15 Prozent.[702]

Eine Erklärung für dieses schlechte Abschneiden ist, dass die Kandidaten für öffentliche Ämter nur selten die Themen ansprechen, die den Wählern am meisten am Herzen liegen. Wenn die Menschen sich nicht zu den nationalen und

---

696 *Ency. Brit.*, Bd. 7, S. 218.

697 Der 15. Verfassungszusatz (1870) verbot es, jedem Bürger aufgrund von "Rasse, Hautfarbe oder früherer Leibeigenschaft" das Wahlrecht zu verweigern.

698 *Time*, 6. Juli 1969, S. 62-63.

699 Die Befreiung ist in der 17. Änderung und in Art. 1, Sec. 3, Par. I der Verfassung.

700 Es gibt immer noch einige Beschränkungen in Bezug auf den Wohnsitz, das Wahlalter und die Lese- und Schreibfähigkeitstests, sofern diese Tests keine Rassendiskriminierung bedeuten.

701 *Weltalmanach* 1980, S. 280.

702 Ferdinand Lundberg, *Der Verrat des Volkes*, S. 9-10.

lokalen Problemen äußern können, die sie am meisten interessieren, warum sollten sie sich dann die Mühe machen, zu wählen? Schuld daran sind auch die glanzlosen Kandidaten, die, obwohl sie verschiedenen Parteien angehören, oft dieselbe politische Sprache zu sprechen scheinen, eine fade, einschläfernde Rhetorik, deren einzige Wirkung darin besteht, die Apathie der Wähler zu verstärken. Hinzu kommt die Aussichtslosigkeit, die politische Maschinerie zu besiegen, deren Konzept des allgemeinen Wahlrechts sich auf die Registrierung von Wählern erstreckt, die Wiederholungstäter, Verstorbene oder fiktive[703] sind, und das Ergebnis ist ein allgemeiner Zynismus, gewürzt mit einer wachsenden Ungläubigkeit gegenüber dem politischen System. Von denjenigen, die ihr Vertrauen in die demokratische Regierung verloren haben, kann kaum erwartet werden, dass sie sich mit ganzem Herzen am Wahlprozess, dem grundlegenden Mechanismus der demokratischen Regierung, beteiligen.

Belgien, Australien und einige andere Länder locken die Wähler an die Urnen, indem sie Abwesenheitsgelder verhängen. Ohne zu solchen Extremen zu greifen, könnten amerikanische Politiker den gleichen Zweck erreichen, indem sie ihren Wählern klare Themen präsentieren, die sie entweder unterstützen oder ablehnen können. Die seit langem bestehende Gewohnheit der Kandidaten, sich über sekundäre statt über primäre Themen zu streiten, ist einer der großen Fehler der amerikanischen Demokratie.

Bei den Präsidentschaftswahlen 1940, bei denen es um die Frage ging, ob man in den Zweiten Weltkrieg eingreifen sollte oder nicht, versprachen beide Kandidaten der großen Parteien, die Vereinigten Staaten aus dem Konflikt herauszuhalten, obwohl beide im Grunde genommen Interventionisten waren. Tatsächlich führte Präsident Roosevelt, während er für seine dritte Amtszeit kämpfte, bereits eine Politik der Militärhilfe für Großbritannien durch, die eine amerikanische Beteiligung fast unvermeidlich machte.[704]

Mehr als ein Vierteljahrhundert später war die Situation in Bezug auf Affirmative Action ähnlich. Fast alle republikanischen und demokratischen Präsidentschaftskandidaten unterstützten sie oder behandelten sie mit Schweigen, obwohl Umfragen zeigten, dass eine Mehrheit der Wähler dagegen war. In den 1970er Jahren sprachen sich mindestens 75 Prozent der Amerikaner gegen die Zwangsbeschulung aus, die von den Führern der beiden Parteien eher ausgeweitet als eingeschränkt wurde. Beide großen Parteien unterstützten vor, während und nach dem arabischen Ölembargo von 1973, das die Benzinpreise

---

[703] Bei den Präsidentschaftswahlen 1960 wurden in 5.199 Wahlbezirken von Cook County (Chicago) 150.000 "Geisterstimmen" abgegeben. Bei der gleichen Wahl erklärten texanische Richter schätzungsweise 100.000 Stimmzettel für ungültig. Eine Verschiebung von 23.117 Stimmen in Texas und 4.430 Stimmen in Illinois hätte Nixon die Präsidentschaft beschert, nicht John. F. Kennedy. So aber musste Nixon noch 12 Jahre warten, bevor er ins Weiße Haus einziehen konnte. *Reader's Digest*, Juli 1969, S. 37-43.

[704] Beard, *President Roosevelt and the Coming of the War*, 1941, S. 5, 413.

in die Höhe schießen ließ, enorme Mengen an militärischer und finanzieller Hilfe für Israel. Auch hier hatten die Wähler kein wirksames Mittel, um eine Politik von entscheidender Bedeutung zu billigen oder abzulehnen.

1964, in derselben Wahl, in der Präsident Johnson, ein glühender Verfechter der Bürgerrechte, Kalifornien mit 1,2 Millionen Stimmen für sich entschied, stimmten die Bürger dieses Bundesstaates in einem landesweiten Referendum mit zwei zu eins Stimmen für die Aufhebung eines Gesetzes über die offene Wohnungsfrage, das dann prompt vom Obersten Gerichtshof des Bundesstaates für verfassungswidrig erklärt wurde.[705] Proposition 13, die eine Senkung der Grundsteuer vorsah, war ein weiteres Referendum in Kalifornien, das die überwältigende Unterstützung der Wähler fand, obwohl es von der Landesregierung, den Medien und den Geldmagnaten mit Händen und Füßen bekämpft wurde. Bislang wurde es trotz einiger Aufregung von den Gerichten nicht aufgehoben. In der Zwischenzeit können Verfassungsänderungen, die das Busing und die Rassenquoten verbieten, die Ausschüsse des Kongresses nicht passieren, obwohl sowohl der Senat als auch das Repräsentantenhaus mit der erforderlichen Zweidrittelmehrheit liberale Änderungsanträge für die Gleichberechtigung der Frau und die Eigenstaatlichkeit des District of Columbia angenommen haben. In den Parlamenten der Bundesstaaten stießen sie jedoch auf weit weniger Begeisterung. Einer der größten Wählerausschlüsse ereignete sich während des Vietnamkriegs. Im Präsidentschaftswahlkampf 1968 schlugen beide Kandidaten der großen Parteien eine Strategie des langsamen Rückzugs vor. Diejenigen Amerikaner, die den Krieg gewinnen wollten oder einen sofortigen Abzug wünschten, hatten einfach keine Stimme, oder keine Stimme, die zählte. Der einzige Kandidat, der sowohl in der Kriegs- als auch in der Rassenfrage eine härtere Gangart einschlug, war George Wallace, dessen American Independent Party 9.897.141 Stimmen oder 13,53 Prozent der Stimmen erhielt - der höchste Prozentsatz, den eine dritte Partei seit der Kandidatur von Senator La Follette auf dem Ticket der Progressiven im Jahr 1924 erreicht hatte.[706]

Wallace vollbrachte dieses kleine Wunder, obwohl das gesamte amerikanische politische Establishment und das Kommunikationsnetz fest gegen ihn aufgestellt waren. Selbst im Süden unterstützte ihn keine einzige wichtige Zeitung.[707] Hätte Wallace die politische Maschinerie einer großen Partei gehabt, hätten auch nur 10 Prozent der Presse hinter ihm gestanden, hätten die Republikaner nicht

---

[705] *Time*, 13. November 1964, S. 39, 43. Dass die Gerichte ein Referendum - den reinsten Ausdruck der Demokratie nach der Wahl - kippen können, wirft Fragen darüber auf, wie demokratisch die amerikanische Form der Demokratie wirklich ist. Da der offene Wohnungsbau von den Medien fast einhellig befürwortet wurde, diente das Referendum auch als Beweis dafür, dass die Meinung der Redaktionen in der Regel viel näher an der Meinung der Minderheit als an der der Mehrheit ist.

[706] *San Francisco Chronicle*, Dez. 12, 1968, S. 11.

[707] *Time*, 18. Oktober 1968, S. 70.

versucht, ihm im Laufe des Wahlkampfes den Wind aus den Segeln zu nehmen, hätte er vielleicht fast so viele Stimmen gewonnen wie Nixon oder Humphrey.[708]

Bei der Wahl zum Gouverneur von Louisiana 1991 erhielt David Duke mehr weiße Stimmen (55%) als der Sieger Edwin Edwards, obwohl Edwards einen äußerst schlechten Ruf hatte und obwohl Duke landesweit von den Führern beider Parteien (er kandidierte als Republikaner) heftig angegriffen wurde. Der Moloch an Macht, der sich gegen ihn richtete, war unermesslich.

All dies beweist, dass die Demokratie, wie sie heute in den Vereinigten Staaten funktioniert, die Wünsche der Öffentlichkeit nicht wirklich widerspiegelt. Sowohl der Wähler als auch der Kandidat erhalten einfach keine faire Chance, ihre Meinung kundzutun, wenn sie von der akzeptierten Linie der großen Parteien abweicht. Selbst in den seltenen Fällen, in denen es den Wählern gelingt, jemanden zu wählen, der für ihre Interessen einzutreten scheint, wird er, sobald er in den Kongress einzieht, wahrscheinlich seine feierlichsten Wahlkampfversprechen in Frage stellen, sobald er den heißen Atem der Medien, der altgedienten Politiker und der liberal-minderheitlichen Lobbys spürt.

Eine Hauptursache für dieses mächtige und allgegenwärtige antidemokratische Element in der modernen amerikanischen Demokratie ist, dass die Wahlen alle zwei, vier oder sechs Jahre stattfinden, während die Presse und die Interessengruppen jeden Tag ihre Propaganda verbreiten. Es ist für jeden Politiker sehr schwierig, dem kombinierten Ansturm der Presse, hunderter Radio- und Fernsehsender und zahlreicher politischer Fachzeitschriften lange standzuhalten. Nur der härteste Politiker zieht den teilweisen Verrat an seiner Wählerschaft oder sogar den Verlust einer Wahl dem sozialen Sibirien vor, das für den Außenseiter reserviert ist, der darauf besteht, die Interessen der Gesellschaft als Ganzes über die Interessen von Einzelnen zu stellen. Das traurige Schicksal von James Forrestal und Senator Joseph McCarthy sollte eine unvergessliche Lektion sein, wie gefährlich es ist, eine Politik zu betreiben, die sich zwar an das Volk wendet, aber nicht an die Menschen, die zählen.[709]

---

[708] Bei den Vorwahlen 1972 schnitt Wallace noch spektakulärer ab: Er gewann in Michigan, wurde dann aber durch einen Schuss in die Wirbelsäule physisch und durch die McGovern-Dampfwalze auf dem Parteitag in Miami politisch lahmgelegt.

[709] Eine außergewöhnliche Serie persönlicher Angriffe von Zeitungskolumnisten und Radiokommentatoren trug dazu bei, den ersten Verteidigungsminister der Nation 1949 in den Selbstmord zu treiben. Ein Kommentator, Ira Hirschman, ging so weit, Forrestal zu beschuldigen, die Bombardierung einer Chemiefabrik der I. G. Farben in Deutschland im Zweiten Weltkrieg verhindert zu haben, weil er Aktien des Unternehmens besaß. Ein anderer, Walter Winchell, beschuldigte Forrestal, weggelaufen zu sein, während seine Frau ausgeraubt wurde. Forrestal hatte sich den Zorn des organisierten Judentums zugezogen, weil er gegen die amerikanische Unterstützung der zionistischen Übernahme Palästinas und die Aufwiegelung der arabischen Welt gegen die Vereinigten Staaten war. Arnold Rogow, *Victim of Duty*, Rupert Hart-Davis, London, 1966, S. 24. Der

Die Tatsache, dass dem Wähler nur eine eingeschränkte oder gar keine Wahlmöglichkeit eingeräumt wird, hat dazu geführt, dass sich die Regierung zu einer "Unternehmensdemokratie" entwickelt hat - Mussolini hätte es einen "Unternehmensstaat" genannt -, in dem Berufe, Religionen, regionale Wirtschaftszweige, Unternehmens- und Arbeitnehmergruppen, Klassen und Rassen das Individuum als grundlegende Wahleinheit verdrängen. Jeder Politiker reagiert äußerst sensibel auf die Stimmen der Arbeiter, der Religionen, der Bauern und der Minderheiten. Seine politischen Reflexe reagieren jedoch langsamer auf die Wünsche des einzelnen Mehrheitswählers, der nicht über den leichten Zugang der Blockwähler zu den Medien verfügt. Es ist dieses korporative Repräsentationssystem - die organisierte Stimme oder, genauer gesagt, die Angst vor einer solchen Stimme -, das die meisten politischen Maßnahmen und Entscheidungen der heutigen Mandatsträger inspiriert.

Die Wirtschaftsblöcke, die unter dem schützenden Dach der repräsentativen Regierung entstehen, sind Sturmsignale für die zweite Phase des demokratischen Zyklus, den Übergang von der politischen zur wirtschaftlichen Demokratie.[710] Führende Persönlichkeiten, die zur Entwicklung der politischen Demokratie beigetragen haben - Locke, die britischen Parlamentarier des 18. Jahrhunderts, einige Philosophen der Aufklärung und die Verfasser der amerikanischen Verfassung - haben die Wirtschaftsdemokratie im Allgemeinen verachtet und sie als Hirngespinst ungeordneter und gefährlicher Köpfe abgetan. Aber es gibt viele, die behaupten, dass es ohne eine "gerechte" Verteilung des Reichtums überhaupt keine Demokratie geben kann - und wenn man die egalitären Prämissen der Demokratie akzeptiert, ist ihre Logik kaum zu widerlegen. Der einzige große Stolperstein in dieser Argumentation wird in der Regel stillschweigend übergangen. Um die Anhäufung großer Mengen von Eigentum in den Händen Einzelner zu verhindern und die Höhen und Tiefen der nationalen Einkommenskurve wirksam abzuflachen, bedarf es einer zentralisierten Kontrolle, die nur einen Schritt vom Absolutismus entfernt ist.

Die Wirtschaftsdemokratie geistert schon fast so lange durch die Hallen der Regierung wie die politische Demokratie. Die Levellers, von denen gesagt wird, dass sie die erste politische Partei in der modernen Geschichte gegründet haben, waren in der Anfangsphase des englischen Bürgerkriegs glühende Anhänger von Cromwell, obwohl ihre wirtschaftlichen Forderungen, zu denen auch die Abschaffung der Handelsmonopole gehörte, Cromwell schließlich dazu

---

Rachefeldzug der Medien gegen McCarthy und seine fast beispiellose Zensur durch den Senat schienen ihn sowohl körperlich als auch geistig zu zermürben und hatten sicherlich viel mit seinem frühen Tod im Jahr 1957 zu tun. *Time*, 30. Mai 1949, S. 13-14, und *U.S. News & World Report*, 7. Juni 1957, S. 143.

[710] Weitere wirtschaftliche Aspekte der drei Demokratietypen werden in Teil VI, The Economic Clash, eingehender untersucht.

veranlassten, sich gegen sie zu wenden.[711] In der Folgezeit gab es sowohl in England als auch auf dem Kontinent bis zur Französischen Revolution nur wenige Anzeichen von Wirtschaftsdemokratie. Was dazu beitrug, sie in Schach zu halten, war das Fehlen eines entwickelten Lehrkörpers, eines Korpus wie dem von Locke, der ihr Richtung und Kohärenz gab.

Wenn Locke der Apostel der politischen Demokratie war, war Marx der Prophet der wirtschaftlichen Demokratie. Marx entlehnte viele seiner Ideen und Methoden von der Hardliner-Fraktion des französischen Jakobinismus und entwarf ein leidenschaftliches, enzyklopädisches Programm aus utopischer Eschatologie, zwanghaftem Materialismus und grober wirtschaftlicher Nivellierung, das so heftig mit der klassischen Demokratietheorie kollidierte, dass letztere sich nie ganz davon erholt hat. "Leidenschaftlich besorgt um die Verwirklichung der Wirtschaftsdemokratie, wie er sie sich vorstellte, hatte [Marx] kein wirkliches Interesse an oder Verständnis für die Probleme der demokratischen Politik.[712] Das Fehlen dieses Verständnisses bei seinen Anhängern wurde in der bolschewistischen Revolution deutlich.

Die Wirtschaftsdemokratie wurde erst mit dem Aufkommen des Populismus zu einer festen Größe auf der amerikanischen politischen Bühne. Bryan konnte zwar nicht verhindern, dass die Menschheit an einem goldenen Kreuz gekreuzigt wurde, aber er und die ihn unterstützende Populistische Partei verankerten ein dauerhaftes Bewusstsein für die Wirtschaft im politischen Bewusstsein der Amerikaner. Theodore Roosevelt, der die Treuhand ausschaltete, Senator La Follette und seine Progressive Partei, Woodrow Wilson und seine gestaffelte Einkommenssteuer und vor allem der Aufstieg von Big Labor - sie alle gaben der Demokratie einen wirtschaftlichen Anstrich, der im New Deal gipfelte, der sich in seinen Anfangsjahren fast ausschließlich mit demokratischen Lösungen für wirtschaftliche Probleme befasste. Wohlfahrt in Form von Altersvorsorge, Mindestlohn, Kranken- und Arbeitslosenversicherung und all die anderen Dollar-und-Cent-Gesetze der letzten Regierungen sind weitere Beispiele für die anhaltende Betonung wirtschaftlicher Fragen durch die Demokratie.

Die dritte Phase der Demokratie ist die soziale Phase. Wie die politische und wirtschaftliche Demokratie ist auch die soziale Demokratie nicht neu. Aber sie kommt am Ende des Zyklus des demokratischen Wachstums (oder Verfalls). Da sie sich die tieferen, instinktiven Unterströmungen des menschlichen Verhaltens zunutze macht, sind ihre historischen Erscheinungsformen nicht immer leicht zu erkennen und dringen nicht oft in die herkömmlichen Geschichtsbücher ein. Seine theoretische Genese ist jedoch nicht schwer nachzuvollziehen, denn sie setzt sich zusammen aus dem religiösen Konzept der Brüderlichkeit der Menschen, den Behauptungen von Locke und Jefferson über die

---

[711] *Ency. Brit.*, Bd. 13, S. 964.

[712] Frederick M. Watkins in dem Artikel "Democracy", *Ency. Brit.*, Bd. 7, S. 222.

Menschenrechte, der marxistischen Klassenagitation und den Äußerungen moderner Anthropologen und Soziologen über die Gleichheit der Menschen.

Sobald sich die politischen und wirtschaftlichen Formen der Demokratie in einer Gesellschaft durchgesetzt haben, wird der Druck auf die soziale Demokratie mit Sicherheit zunehmen. Dies gilt insbesondere in einem Vielvölkerstaat. Unweigerlich werden die Ungewaschenen, die Benachteiligten und die Neider zu fragen beginnen oder von ehrgeizigen Politikern dazu aufgefordert werden: "Warum sollte der Mensch, wenn er politisch gleich ist und wirtschaftlich gleich wird, nicht auch sozial gleich sein?" Im Kontext der heutigen demokratischen Politik gibt es auf diese Frage nur eine Antwort.

Die Sozialdemokratie ist die heikelste Phase der Demokratie, insbesondere in einem Vielvölkerstaat, da sie die Kontaktfläche, die soziale Schnittstelle, zwischen den verschiedenen demografischen Elementen stark ausweitet. Die politische Demokratie schreibt vor, dass Angehörige verschiedener Bevölkerungsgruppen gemeinsam abstimmen und gemeinsam Gesetze erlassen. Die wirtschaftliche Demokratie sieht vor, dass sie gemeinsam arbeiten. Die so genannte soziale Demokratie vergrößert die Berührungsfläche exponentiell, indem sie die unterschiedlichsten Bevölkerungsgruppen zum Zusammenleben zwingt. Gegenwärtig ist diese soziale Durchmischung hauptsächlich auf Schulen, Arbeitsplätze, die Regierung und das Militär beschränkt.[713] Aber es sind Kräfte am Werk - die Fernsehsendung von gestern Abend, der Zeitungsartikel von gestern, die neueste Bundesverordnung -, die die Sozialdemokratie in den letzten Schutzwall des Individualismus und der Privatsphäre, das Zuhause, tragen.

Die inneren Widersprüche der drei Phasen sowohl der antiken als auch der modernen Demokratie werden deutlich, wenn man sich vor Augen führt, dass die politische Demokratie als Mittel zum Schutz des Eigentums begann, während die Wirtschaftsdemokratie die Verteilung des Eigentums anstrebt und die Sozialdemokratie dessen Diebstahl begünstigt. In der ironischen Kette von Ereignissen, die den demokratischen Zyklus bestimmt, werden dieselben Rechte, die in der politischen Phase der Demokratie - oft unter großen Schwierigkeiten - gesichert und anerkannt wurden, in der wirtschaftlichen und sozialen Phase häufig wieder aufgehoben. Es ist schwer vorstellbar, dass das Recht auf Privatsphäre, das Recht, sich Freunde, Nachbarn und Schulkameraden

[713] Juden, die verhältnismäßig viel mehr Vereine und Organisationen haben als jede andere Bevölkerungsgruppe, haben unter der Führung des American Jewish Committee eine unaufhörliche Kampagne geführt, um nichtjüdische Vereine zu zwingen, sie als Mitglieder aufzunehmen, mit der Begründung, dass ein Ausschluss sie sowohl finanziell als auch sozial diskriminiert. Viele prominente Politiker und andere Persönlichkeiten des öffentlichen Lebens wurden dazu überredet, aus solchen Clubs auszutreten, um dem Vorwurf des Antisemitismus zu entgehen. In jüngster Zeit sind Kandidaten für hohe Regierungsämter aus "rein weißen" Clubs ausgetreten, um verschiedenen Senatsausschüssen zu beweisen, dass sie keine Vorurteile gegen Schwarze haben.

auszusuchen, brüderlichen oder sozialen Organisationen beizutreten, seine Meinung in der Öffentlichkeit zu äußern und das Recht auf Zugang zur eigenen Kultur nicht ebenso grundlegend für die menschliche Freiheit sind wie jedes andere. Dennoch sind dies genau die Rechte, die von den eifrigsten Verfechtern der Sozialdemokratie am wenigsten geschätzt werden.

Im Nachhinein und mit einem gewissen Maß an historischer Rationalisierung lassen sich die drei Phasen der Demokratie in Amerika als drei Phasen der Enteignung der Mehrheit betrachten. Die politische Demokratie spaltete die Mehrheit in Parteien, die verschiedene geografische, regionale und sektorale Interessen vertraten. Die Wirtschaftsdemokratie und die mit ihr einhergehende Inflation, Wohlfahrtssubventionen und hohe Steuern verringerten den Reichtum der Mehrheit. Da die wirtschaftliche Nivellierung, zumindest in ihrem Anfangsstadium, das Klassenbewusstsein schärft, wurde die Mehrheit durch die Verschärfung ihrer Klassenspaltung weiter geschwächt.

Nachdem die Mehrheit eines Großteils ihrer politischen und wirtschaftlichen Macht beraubt worden war, wurde sie als nächstes der Art von Angriffen ausgesetzt, die ihren Gegnern am besten gefiel. Sie wurde als Rasse angegriffen. Die Strategie, die manchmal bewusst, manchmal unbewusst, aber immer unbewusst verfolgt wurde, bestand darin, den Rassismus der Minderheiten zum Siedepunkt zu bringen und gleichzeitig das Rassenbewusstsein der Mehrheit der betäubenden Ideologie des Liberalismus zu unterwerfen. Der zweite Plan bestand darin, eine raffinierte Technik zu entwickeln, um jeden Versuch der Mehrheit, Widerstand zu leisten, zu unterdrücken. Dies wurde auf zwei Arten erreicht: (1) Kontrolle der Stimmen durch gesteuerte Nachrichten, erzieherische Indoktrination und die Nominierung sorgfältig ausgewählter Kandidaten; (2) Umgehung der Abstimmung, wenn nötig, durch Urteile des Obersten Gerichtshofs und geheime außenpolitische Verpflichtungen. Sollte die Sozialdemokratie zu schnell zu weit gehen und ein Funke des Widerstands aufflammen, könnte man sich des Problems annehmen, indem man Rufmord begeht, Aktivisten der Mehrheit niederschreien lässt, ihre Versammlungen und Demonstrationen auflöst, Fabriken, Regierungsbüros und Bildungszentren besetzt oder, im schlimmsten Fall, auf Verhaftungen zurückgreift und ein neues Dokudrama im Netzfernsehen veröffentlicht.

Obwohl das Aufblähen der Sozialdemokratie unaufhaltsam zu sein scheint, haben Minderheiten immer die nagende Befürchtung, dass eines Tages die Mehrheit lebendig werden und eine Mehrheitspartei bilden könnte. In diesem Fall würde die mühsam aufgebaute liberal-minderheitliche Infrastruktur wie ein Kartenhaus zusammenfallen. Um dies zu verhindern, haben die Propheten der Sozialdemokratie doktrinäre Gegenmittel gegen jede mögliche Manifestation dessen formuliert, was sie nervös als "Tyrannei der Mehrheit" bezeichnen, eine Formulierung, die sie von John Stuart Mill übernommen haben. Ein Vorschlag besteht darin, dass die Stimmen von Minderheiten mehr zählen als die Stimmen der Mehrheit, und zwar durch den einfachen Umstand, dass ethnische und wirtschaftliche Gruppen zusätzlich zu den auf herkömmliche Weise gewählten

Vertretern ihre eigenen Vertreter haben dürfen. Dies würde es den Abgeordneten von Minderheiten, städtischen Zusammenschlüssen und Wohlfahrtsverbänden ermöglichen, genauso viel Macht auszuüben wie die Abgeordneten des Volkes insgesamt.[714] Eine weitere Taktik zur Umgehung des Mehrheitswillens ist die kumulative Stimmabgabe, die Idee von Lani Guinier, der halb schwarzen, halb jüdischen Frau, deren Nominierung als stellvertretende Generalstaatsanwältin für Bürgerrechte von Präsident Clinton zurückgezogen wurde, als ihre agitatorischen Ansichten bekannt wurden. Bei einer Wahl für sieben Bezirkskommissare würde Frau Guinier beispielsweise jedem Wähler das Recht einräumen, sieben Stimmen abzugeben. Dies würde es den Wählern von Minderheiten ermöglichen, alle ihre Stimmen für einen Kandidaten zu bündeln, was es den Weißen erschweren würde, alle sieben Sitze zu gewinnen, wie es ihnen im üblichen System "ein Mann, eine Stimme" oft gelingt, wenn sie in allen Wahlbezirken die Schwarzen und andere Minderheiten in der Überzahl sind.[715] Eine weitere Bemühung zur Stärkung des Stimmrechts von Minderheiten, die bereits im Voting Rights Act gesetzlich verankert ist, besteht in der Annahme, dass illegale Wahlpraktiken stattgefunden haben, wenn Weiße in Bezirken gewählt werden, die stark von Nicht-Weißen bevölkert sind.[716]

Die amerikanische Demokratie, selbst in ihrer sozialen oder "verdorbenen"[717] Phase, könnte ein zu starkes Gerrymandering von Minderheiten kaum überleben. Alles in allem liegt die einzige reale Möglichkeit für eine demokratische

---

714 *New York Times Magazine,* 3. August 1969. Dass dieser Vorschlag in Form eines langen Artikels in der angesehensten Zeitung Amerikas erschien, bedeutete, dass er ernst zu nehmen war. Der Autor war Herbert J. Gans, ein bekannter Soziologe. Im Verlauf seiner Argumentation schlug Gans vor, dass die Zustimmung von 25 Prozent einer gesetzgebenden Körperschaft für die Einführung von Gesetzen, die von einer Minderheit unterstützt werden, ausreichen würde, während 76 Prozent notwendig wären, um deren Verabschiedung zu verhindern.

715 *Die Zeit,* April 25, 1994.

716 Einige Minderheitenpolitiker haben ein Auge auf das Verhältniswahlrecht geworfen, das in einigen europäischen Ländern eingeführt wurde. Parteien, die fünf Prozent oder mehr der Stimmen erhalten, haben Anspruch auf Sitze in der nationalen Legislative im Verhältnis zu ihrem Anteil an den Wählerstimmen. Folglich werden die Kandidaten von Minderheiten nicht durch das "Winner-take-all"-System ausgeschlossen. Mitunter verleiht das Verhältniswahlrecht Minderheitenparteien mehr Macht, als ihre Zahl vermuten ließe, vor allem dann, wenn die Wechselwähler ein wichtiges Gesetz verabschieden oder verhindern können.

717 De Tocqueville benutzte das Wort mit Bedacht, als er vorhersagte, dass die politische Zukunft der Amerikaner "zwischen zwei unvermeidlichen Übeln lag; dass die Frage nicht mehr lautete, ob es eine Aristokratie oder eine Demokratie geben würde, sondern zwischen einer Demokratie ohne Poesie oder Erhebung, aber mit Ordnung und Moral, und einer undisziplinierten und verdorbenen Demokratie". Brief an M. Stoffels, Alexis de Tocqueville, *Democracy in America,* trans. Phillips Bradley, Knopf, New York, 1963, Bd. I, S. xx, xxi.

Wiederbelebung in der Schaffung eines geeinten Mehrheitsblocks. Doch bevor dies geschehen kann, muss man verstehen, dass eine echte Demokratie ernsthafte geistige und moralische Anforderungen an ihre Teilnehmer stellt, so wie es einst klar verstanden wurde. Sie beschränkt ihr Freiheitsangebot auf diejenigen, die mit der Freiheit umgehen können. Die Demokratie funktioniert nur dann gut, wenn sie die Herrschaft eines Volkes ist, nicht mehrerer Völker. Die utopischste und quixotischste aller politischen Formen kann Ausdruck einer rassischen Veranlagung sein. Wenn das der Fall ist, dann sind die modernen Sozialwissenschaftler der Kategorie Rassenmischung die größten Goldsucher in der Geschichte der Politik.

KAPITEL 23

Die Metamorphose des Liberalismus

Wenn Demokratie und Liberalismus in einem Atemzug genannt werden, ist es schwierig, eine Unterscheidung zwischen beiden zu treffen. Eine Möglichkeit, diese Schwierigkeit zu lösen, besteht darin, die Demokratie als politisches System und nicht als politische Theologie zu betrachten, als Ausdruck eines Dogmas und nicht als das Dogma selbst. Dann kann der Liberalismus als das demokratische Credo betrachtet werden - die Ideologie, die sowohl die intellektuelle Rechtfertigung als auch den emotionalen Antrieb der Demokratie liefert.

Webster's Third New International Dictionary bietet als eine Definition des Liberalismus "eine politische Philosophie, die auf dem Glauben an den Fortschritt, das Gute im Menschen und die Autonomie des Individuums beruht und für Toleranz und die Freiheit des Individuums von willkürlicher Autorität in allen Lebensbereichen steht..." Mit weniger Ausführlichkeit und Bombast und in besserem Englisch beschreibt ein populäres Wörterbuch den Liberalen als "frei von Vorurteilen oder Bigotterie".[718] Wenn ein historischer Verweis helfen soll, die Flüchtigkeit des Liberalismus zu verdeutlichen, so war der erste Liberale laut Walter Bagehot Jerobeam, vermutlich weil er "die Niedrigsten des Volkes zu Priestern in hohen Positionen" ernannte und König Rehabeam bat, "das Joch, das dein Vater uns auferlegt hat, leichter zu machen".[719] Auf eine respektlosere Art und Weise könnte ein moderner Liberaler als jemand definiert werden, der zwar eine Abscheu vor dem Totalitarismus bekundet, aber eine bestimmte Art von Totalitarismus einer anderen vorzieht;[720] der eine Abscheu vor Rassismus bekundet, aber aktiv den Rassismus von Minderheiten fördert; der eine Abscheu vor dem Großkapital bekundet, aber ein begeisterter Unterstützer des Großkapitals ist. Der intolerante Verfechter der Toleranz, der moderne Liberale,

[718] *The American Everyday Dictionary*, Random House, New York, 1955.

[719] Walter Bagehot, *Physics and Politics*, Knopf, New York, 1948, S. 31. Als Antwort versprach Rehabeam, Jerobeam nicht mit Peitschen, sondern mit Skorpionen zu züchtigen. Daraufhin spaltete Jerobeam den jüdischen Staat endgültig in zwei Teile, indem er das Nordreich Israel gründete, in dem er zwei goldene Kälber anbetete. Erste Könige 12:4-19; 13:33.

[720] Im August 1939, dem Monat der Unterzeichnung des deutsch-russischen Nichtangriffspakts, der die Weichen für den Zweiten Weltkrieg stellte, erschienen die Namen von 400 führenden amerikanischen Liberalen in einem Manifest, in dem bekräftigt wurde, dass Russland ein Bollwerk des Friedens sei und die sowjetischen Bürger ebenso viele bürgerliche Freiheiten genössen wie die Amerikaner. *Nation*, 26. August 1939, S. 228.

ist der bigotte Feind der Bigotterie. Es stimmt, dass er bereit ist, bei der Suche nach neuen Wegen zur Förderung der Gleichberechtigung in Politik, Bildung und zwischenmenschlichen Beziehungen rücksichtslos voranzugehen. Aber er ist nicht so fortschrittlich, wenn es um die Erforschung des Weltraums, die Politikwissenschaft[721] (die einzige Regierungsform, von der er hören wird, steht links) und die Anthropologie (mit Ausnahme der Schulen von Boas und Lévi-Strauss) geht. Es erübrigt sich, hinzuzufügen, dass er der Genetik sehr misstrauisch gegenübersteht und sich dem Thema Eugenik verschlossen hält.

Die scharfen Diskrepanzen zwischen liberalem Anspruch und liberalem Verhalten, zwischen liberaler Pose und liberaler Leistung sind relativ junge Phänomene und nicht typisch für den Liberalismus, der vor zwei Jahrhunderten oder gar zwei Jahrtausenden existierte. Wie die Demokratie hatte auch der Liberalismus einen kurzen Auftritt in Griechenland und Rom, wo kynische und stoische Philosophen gelegentlich Könige und Diktatoren mit Anti-Establishment-Epigrammen bewarfen. Es gab liberale Gedanken in einigen der Sprüche Jesu,[722] und eine liberale Einstellung in einigen der Schriften von Spinoza.[723] Aber der Liberalismus fand erst zur Zeit von John Locke seine Stimme - eine Stimme, die zu einem Chor anschwoll, als sie von den donnernden Äußerungen anderer liberaler Weisen wie Hume, Voltaire, Rousseau, Adam Smith und Thomas Jefferson ergänzt wurde. Der Begriff des Liberalismus wurde mit den Whig-Regierungen des achtzehnten Jahrhunderts in England, der Gründung der Vereinigten Staaten und der europäischen *Aufklärung* zu einem festen Begriff.

Aber der alte Liberalismus von Locke und Jefferson war eine ganz andere Art von Ideologie als der neue Liberalismus von heute. Der alte Liberalismus betonte individuelles und nicht kollektives Unternehmertum, weniger Regierung und nicht mehr, Rechte der Staaten und nicht föderale Kontrolle, Laissez-faire und nicht Wohlfahrt, Freiheit und nicht Sicherheit, Evolution und nicht Revolution. Außerdem waren nur sehr wenige der großen Liberalen der Vergangenheit

---

[721] Der Nobelpreisträger Linus Pauling, eine Säule des modernen amerikanischen Liberalismus, nannte das Apollo-Projekt, lange bevor es startete, eine "erbärmliche Demonstration". *Science,* Nov. 1, 1963, S. 560.

[722] Sowohl Liberale als auch Konservative können die Heilige Schrift zitieren, aber der gegenwärtige weltweite Ton des Christentums ist entschieden liberal - auf den radikalen, familienfeindlichen Jesus, der Vater gegen Sohn und Mutter gegen Tochter aufhetzte (Lukas 13,53), nicht auf den unpolitischen Jesus des "Gebt dem Kaiser" und auch nicht auf den autoritären Jesus, der sagte: "Meine Feinde aber, die nicht wollen, dass ich über sie herrsche, bringt her und tötet sie vor mir" (Lukas 19,27). Fundamentalisten mögen die Radiowellen in den Vereinigten Staaten füllen, aber liberale Theologen bekommen eine viel bessere Presse.

[723] "Die politische Philosophie Spinozas ist die erste Darstellung des Standpunkts eines demokratischen Liberalismus in der Geschichte." Lewis Feuer, *Spinoza and the Rise of Liberalism,* Beacon Press, Boston, 1966, S. 65.

bereit, trotz ihrer lautstarken Appelle zur Gleichheit die Gleichheit der Rassen anzuerkennen.

Heute, in den Händen derer, die sich selbst als moderne Liberale bezeichnen, ist der große humanistische Entwurf des Liberalismus des 18. und 19. Jahrhunderts auf einen mechanischen Katechismus der "Fürsorge für andere" reduziert worden. Zeitgenössische liberale Künstler kümmern sich mehr darum, was andere über ihre Arbeit denken, als was sie selbst denken. Liberale Staatsmänner und Politiker agieren nicht. Sie reagieren. Die liberalen Hüter der nationalen Sicherheit stellen die Verteidigung über die Offensive und stützen ihre Nuklearstrategie auf Massenvergeltung und die wahllose Vernichtung der Stadtbevölkerung, nicht auf einen Präventivschlag gegen feindliche ICBM-Anlagen. In den seltenen Fällen, in denen sie an Gott denken, ziehen es liberale Intellektuelle vor, ihn für das Böse im Menschen verantwortlich zu machen, anstatt ihn für das Gute zu loben.[724] Immer wieder verlagert sich der Fokus vom Kern der Sache auf die Peripherie.

Obwohl der Liberale aufgrund seiner zwanghaften Extrovertiertheit kaum Gelegenheit hat, seine eigenen Probleme zu lösen, fühlt er sich dennoch verpflichtet, seiner und allen anderen Bevölkerungsgruppen vorzuschreiben, wie sie ihre Probleme zu lösen haben. Persönlichkeiten des öffentlichen Lebens, deren Privatleben ein Scherbenhaufen war und die sich als völlig unfähig erwiesen haben, ihre eigenen Kinder zu erziehen, maßen sich an, umfangreiche Zeitungskolumnen und Zeitschriftenartikel über Familienleben, Eheprobleme und Kindererziehung zu schreiben. Die Mutter mit einer straffälligen Tochter wird Sozialarbeiterin und versucht, anderen Familien mit straffälligen Töchtern zu helfen, anstatt die Bedingungen in ihrem eigenen Haus zu verbessern.

In der liberalen Welt klafft eine immer größere Lücke zwischen der Person und der Handlung, dem Gedanken und der Tat. Der Politiker, der für die schulische Integration kämpft, schickt seine eigenen Kinder auf Privatschulen. Der Kriminelle ist nicht wirklich schuldig. Er hat lediglich eine unglückliche Tat begangen, die durch ein ungünstiges oder feindliches Umfeld verursacht wurde. Jemand anderes oder etwas anderes ist schuldig. Millionäre liberaler Gesinnung sind oft mehr daran interessiert, armen Ausländern zu helfen als armen Amerikanern. Der Liberale liebt alle Menschen jeder Rasse, aber er flieht in die Vorstädte, wo er am liebsten unter Weißen lebt, sogar unter konservativen Weißen.

Es ist kein Geheimnis, dass den Liberalen die Menschheit lieber ist als der Mensch. Die tragische Sicht des Lebens - der Kampf eines einzelnen Menschen, nicht der Masse, gegen die Unabänderlichkeit des Schicksals - passt nicht ohne

---

724 "Gott hat meinen Körper gemacht, und wenn er schmutzig ist, dann liegt die Unvollkommenheit beim Hersteller, nicht beim Produkt". Das Zitat stammt von dem verstorbenen Lenny Bruce, einem Komiker, den viele liberale Autoren zu einem Märtyrer, wenn nicht gar zu einem Heiligen machen wollten. *Holiday*, Nov. 1968, S. 74.

weiteres in das liberale Denken. Ebenso wenig wie der Patriotismus. Während der Durchschnittsamerikaner die Vereinigten Staaten als sein Land ansieht - nicht mehr und nicht weniger -, zieht es der Liberale vor, sie als Hort liberaler Prinzipien zu betrachten.

Es ist diese Gewohnheit der Verdinglichung, diese Angst vor der persönlichen Note in menschlichen Angelegenheiten, die vielleicht erklärt, warum das moderne liberale Pantheon nur Platz für Helden hat, die eine ausgesprochen antiheroische Ader haben. Woodrow Wilson und Franklin Roosevelt haben zwei wichtige Kriege gewonnen, aber zwei ebenso wichtige Kriege verloren. Winston Churchill, der als britischer Tory in etwa einem liberalen Republikaner in den Vereinigten Staaten entsprach, schlug die Deutschen zurück, leitete aber die Auflösung des britischen Empire.[725] Charles de Gaulle, der als großer liberaler Kreuzritter gefeiert wurde, als er die Freien Franzosen gegen Hitler führte, gab nach dem Krieg Frankreichs reichsten Besitz, Algerien, auf. Es war der vergötterte liberale Demokrat, Präsident John Kennedy, der zuließ, dass Kuba, einst ein amerikanischer Wirtschaftsvorposten, zu einem russischen Klientenstaat wurde.

Zusammenfassend lässt sich sagen, dass die Verwandlung des klassischen Liberalismus - des Liberalismus von Locke, Jefferson und Lincoln - in den modernen Liberalismus so wundersam und vollständig war wie die Verwandlung der Kaulquappe in die Hoppelkröte. Was den Menschen in den Mittelpunkt stellte, ist zum Staat geworden; was dem Schutz des Eigentums gewidmet war, bedroht es nun; was versuchte, dem Menschen die erdrückende Last des Absolutismus vom Hals zu schaffen, belastet ihn nun mit Reglementierungen; was einst im wahrsten Sinne des Wortes fortschrittlich war, ist nun zur ideologischen Krücke von Nihilisten, Spinnern, Obskuranten und, ja, Reaktionären geworden.

Wie ist diese 180-Grad-Wende in der liberalen Orthodoxie zu erklären? Wie hat es dieser sophistische, schizophrene, illiberale Liberalismus neuen Stils geschafft, sich als das authentische Produkt auszugeben? Warum wurde diese verdrehte und unausgegorene Denkweise nicht in Frage gestellt oder ins

[725] Churchills Formulierungen und Kadenzen mögen für diejenigen, die ihre Reden gerne mit sonorem Korn serviert bekommen, wie Gibbon und Macaulay geklungen haben, aber Held ist kaum das richtige Wort für einen brillanten politischen Opportunisten, der während eines Sturms das Ruder des Staatsschiffs übernimmt und es trotz einiger galanter Steuerkünste als treibenden Schiffsrumpf zurücklässt. In einigen seiner schwierigsten Momente im Zweiten Weltkrieg machte Churchill aus nicht allzu schwer zu entschlüsselnden Motiven viel von seiner amerikanischen Abstammung Gebrauch. Seine Mutter, Jennie, war die Tochter von Leonard Jerome, einem New Yorker Playboy und Promoter. Aber Churchill sagte wenig über das indianische Blut, das ihm durch die Familie Jerome übertragen worden sein könnte. Ralph Martin, *Jennie: the Life of Lady Randolph Churchill*, Prentice-Hall, Englewood Cliffs, New Jersey, 1969, Bd. 1, S. 2, 12.

Lächerliche gezogen? Und vor allem: Wie konnte sie sich in den Köpfen der Amerikaner so festsetzen?

Eine Antwort hat mit der Hartnäckigkeit der Tradition zu tun. Als Credo der Demokratie hat der Liberalismus einen ähnlichen Weg zurückgelegt wie die Demokratie. Seine Glaubensartikel nährten und inspirierten die Volksbewegungen, die die Europäer in der Alten Welt und die europäischen Kolonisten in der Neuen Welt von der erdrückenden Autorität der dekadenten Monarchen, Fürsten und Päpste befreiten. Seine hochtrabenden Äußerungen über die Natur des Menschen brachten einige der schönsten Stunden des britischen Parlaments und des amerikanischen Kongresses hervor. In seiner großen Zeit veränderte der klassische Liberalismus die politische Seele der westlichen Welt.

Doch als sich die Zeiten änderten, als der Besitzer von vierzig Morgen Land und einem Maultier in eine gemietete Kaltwasserwohnung zog, als das Finanz- und Industriemonopol die Grenzen der Vernunft überschritt, als sich die Bevölkerung verdoppelte und verdoppelte, begannen die Liberalen, sich auf wirtschaftliche Probleme zu konzentrieren. Etwas entschuldigend erklärten sie, dass eine dezentralisierte Regierung der gegenseitigen Kontrolle, die Art von Regierung, für die sie in der Vergangenheit immer eingetreten waren, nicht die Macht hatte, die wirtschaftliche Gesetzgebung und Kontrolle zu erlassen und durchzusetzen, die die Ungerechtigkeiten und die Unsinnigkeiten der Massenarbeitslosigkeit, der Boom-and-Bust-Konjunkturzyklen und der ungezügelten Ausbeutung der Umwelt erforderten. Unter dem Vorwurf, die Eigentumsrechte zu vernachlässigen, verwiesen sie auf das Elend der Armut und erklärten, dass die "Menschenrechte" nun Vorrang haben müssten.

Es war dieser neue lotusfressende Liberalismus, der kaum von einer verwässerten Form des Sozialismus zu unterscheiden ist, der den Weg für den Wohlfahrtsstaat und die durch die Defizitfinanzierung ermöglichten Sozialleistungen bereitet hat. Wären da nicht die Inflation und der Pazifismus, die damit einhergehen und die Nationen, die sich diesen Liberalismus zu eigen machen, zum Freiwild für härtere, sparsamere und aggressivere Nachbarn machen, könnten die Festlichkeiten ewig weitergehen.

In seiner Anhänglichkeit an den Kollektivismus hat der moderne Liberalismus die gleiche Richtung eingeschlagen wie der Sozialismus und der Kommunismus, ohne jedoch ganz so weit zu gehen. Ständig von Hardcore-Marxisten wegen ihrer lauwarmen Haltung gegenüber der Revolution angegriffen und beleidigt, haben die Liberalen die andere Wange hingehalten und weiterhin eine Vielzahl ultralinker Anliegen unterstützt und respektiert. Wenn es die Wendungen der Kreml-Politik zuließen, schlossen sich europäische Liberale den Kommunisten in Volksfrontregierungen an. Während der Roosevelt- und Truman-Administrationen wurde es so schwierig, zwischen Liberalen und Kommunisten zu unterscheiden, dass ihre Gegner sie oft für eineiige Zwillinge hielten.

In den letzten Jahren haben sich der Liberalismus und die leninistische Version des Kommunismus tendenziell voneinander entfernt, obwohl ihre Feindseligkeit gegenüber der Laissez-faire-Wirtschaft so stark ist wie eh und je. Der Grund dafür ist, dass sich der Liberalismus in letzter Zeit eher auf die Sozialdemokratie und die Angleichung der Rassen als auf die wirtschaftliche Angleichung sowie auf die Menschenrechte konzentriert hat, ein Thema, das von den marxistischen Regierungen zu kurz gekommen ist.

In den letzten Jahrzehnten hat sich der moderne Liberalismus in den Vereinigten Staaten zu einem Parteiprogramm des Minderheitenrassismus entwickelt. Mit nur wenigen Änderungen in der Formulierung - *Rasse* für *Menschen, Sicherheit* für *Freiheit, Minderheitenrechte* für *Menschenrechte* - ist der gesamte Apparat des westlichen liberalen Denkens mit Sack und Pack in das Lager der Minderheiten übergegangen. Der Feind - immer die wichtigste Figur in jeder aggressiven Ideologie - ist nicht mehr die lasterhaften europäischen Monarchen, die Hamiltonschen Reaktionäre, die Sklavenhalter der Südstaaten, die Industriemagnaten des 19. Jahrhunderts, italienische und deutsche Faschisten oder japanische Militaristen. Es ist jetzt die Unternehmenselite, der militärisch-industrielle Komplex, die weiße Machtstruktur, der weiße Rassismus, die WASPs - kurz, die amerikanische Mehrheit.

Der moderne Liberalismus gibt natürlich nicht zu, rassistisch zu sein. Im Gegenteil, er gibt vor, antirassistisch zu sein. Aber jedes Wort, das er spricht, jede Politik, die er unterstützt, jedes Programm, für das er wirbt, jede Sache, die er unterstützt, jedes Gesetz, das er einführt, hat wahrscheinlich eine direkte oder schwache rassistische Konnotation. Der klassische Liberalismus in Amerika befasste sich trotz seiner Betonung der Menschheit hauptsächlich mit den Interessen und Bestrebungen der Mehrheit zu einer Zeit, als Neger, Indianer und andere Minderheiten kaum zählten. Der moderne Liberalismus ist trotz seiner betörenden ökumenischen Klischees ebenfalls einem Teil der amerikanischen Bevölkerung gewidmet, den unassimilierbaren Minderheiten.

Der Liberalismus, dessen ursprünglicher Zweck untergraben, dessen ursprüngliche Ideale umgedeutet und neu interpretiert wurden, ist zu einer grotesken Maske geworden, in der die Akteure die Handlung nicht an das Wort anpassen können und wollen und in der die Plattitüden des Drehbuchs die Handlung, die sich um den Machthunger der Protagonisten rankt, fast völlig verdecken. Dieses ständige Aufeinanderprallen von Dialogen und Motiven ist die Ursache für die dramatischen Widersprüche zwischen modernem liberalen Denken und modernem liberalen Verhalten, Widersprüche, die nicht durch verstaubte Selbstgespräche über Humanität gelöst werden, die die enge Zusammenarbeit zwischen Liberalismus und Minderheitenrassismus in wichtigen Bereichen der Politik, Wirtschaft, Gesellschaft und Außenpolitik verschleiern sollen.[726]

Der moderne Liberalismus ist für Minderheiten besonders nützlich, weil er die rassistische Perspektive der Mehrheit verdunkelt und verzerrt. Sein zweideutiger Idealismus und sein gefälschter barmherziger Samaritertum ermutigen die Mitglieder der Mehrheit, die Minderheit zu unterstützen, ohne sich bewusst zu sein, dass sie damit gegen die Interessen ihres eigenen Volkes arbeiten. Ebenso wichtig ist, dass sie es auch denjenigen Mitgliedern der Mehrheit, die sich durchaus bewusst sind, was sie tun, ermöglicht, ihr gegen die Mehrheit gerichtetes Verhalten zu rationalisieren.

Eine der bemerkenswerten Kuriositäten des modernen Liberalismus ist die auffällige Abweichung zwischen der liberalen Mehrheit und der liberalen Minderheit - eine Abweichung der Absicht, nicht des Inhalts. Mehrheits- und Minderheitsliberale haben nicht nur unterschiedliche Motivationen, ihnen werden auch deutlich unterschiedliche Privilegien zugestanden. Für die liberale Mehrheit ist der Liberalismus bestenfalls ein warmer Glaube an das Gute im Menschen und an die menschliche Intelligenz, schlimmstenfalls eine zweifelhafte Reihe von Werturteilen, die zu akzeptieren klüger und sicherer ist als sie abzulehnen. Für den Minderheitsliberalen ist der Liberalismus ein Paket solider Errungenschaften, das ihm nicht nur Geld in die Tasche spült, sondern ihn auch mit einer Ideologie ausstattet, mit der er die Mehrheit, den traditionellen Feind, angreifen kann. Der Liberalismus ist für das Mitglied der Minderheit also ein pragmatisches Aufstiegsprogramm, ein Mittel zur Rache und ein idealistischer Kreuzzug. Er hüllt ihn in ein glitzerndes Gewand aus leuchtenden Allgemeinplätzen und erlaubt ihm gleichzeitig das Privileg, ein Rassist zu sein. Dem Liberalen der Mehrheit ist ein solches Gewand nicht gestattet. Ein Rassist, der in der Minderheit ist, kann ein guter Liberaler sein. Ein Rassist der Mehrheit kann überhaupt kein Liberaler sein und wird als beginnender Nazi verteufelt.

Früher wurde die Frage gestellt, wie der Liberalismus mit seinen monumentalen Ungereimtheiten und Verirrungen im heutigen Amerika überleben kann. Diese Frage kann nun nicht mehr allgemein, sondern konkret beantwortet werden. Der Liberalismus hat überlebt und gedeiht sogar, weil er direkt mit der Sache des Minderheitenrassismus verbunden ist, der dynamischsten Bewegung im zeitgenössischen amerikanischen Leben. Er wird so lange überleben und gedeihen, bis der Minderheitenrassismus keine Verwendung mehr für ihn hat, bis er nicht mehr in der Lage ist, als "emotionale Deckung" für die Liberalen der Mehrheit in ihrer Rolle als Mitläufer der Minderheiten zu fungieren.

Je weiter die Jahre voranschreiten und je härter der Rassenkampf in Amerika wird, desto verdächtiger wird der Mehrheitsliberale, und zwar nicht nur für die

726 "Der Liberalismus ist die Laienreligion der amerikanischen Juden", schrieb James Yaffe, der darauf hinwies, dass die Hälfte der Mitglieder des Friedenskorps, der vielleicht liberalsten Behörde der US-Regierung, Juden sind. Yaffe, a.a.O., S. 245-46.

Mitglieder der Mehrheit im Allgemeinen, sondern auch für die Mitglieder der Minderheiten, die als gute Rassisten nur Verachtung für rassistische Abtrünnige empfinden können. Während der Mehrheitsliberale weiter sein Gesicht verliert und es immer schwieriger und demütigender findet, den Rassismus anderer zu beschimpfen, wird er wahrscheinlich keine andere Wahl haben, als sich auf den Konservatismus zurückzuziehen, der in seiner jetzigen Form, wie das nächste Kapitel zeigen wird, einfach ein selektiver und zweckmäßiger Aufguss des klassischen Liberalismus ist, inspiriert von Leuten, viele von ihnen ehemalige Marxisten, deren Motive alles andere als rein sind.

Im weitesten Sinne bedeutet die Metamorphose des Liberalismus die Umwandlung eines innerrassischen Kampfes um individuelle Rechte und Freiheit in einen rassenübergreifenden Kampf um Macht. Der Kampf ist ein umfassender Kampf. Er umfasst jeden Bereich amerikanischer Bestrebungen, von den niedrigsten Ebenen der Brutalität bis hin zu den höchsten Ebenen der Kunst, Religion, Bildung und Philosophie. Es war nicht *Sokrates* - siehe Nietzsche -, der der griechischen Kreativität ein Ende setzte. Er war ein Sämann und ein Schnitter des innergriechischen Konflikts. Die großen Werke von Platon und Aristoteles kamen später. Was den Niedergang Griechenlands und die damit einhergehende Metamorphose des Liberalismus einläutete, war die noch spätere Etablierung der kynischen, epikureischen und stoischen Philosophieschulen.[727] Für diejenigen, die mit der Funktionsweise der Rassendynamik vertraut sind, dürfte es keine Überraschung sein zu erfahren, dass die Gründer dieser Schulen nicht aus Griechenland selbst, sondern aus Kleinasien stammten.

Diogenes, der zynischste aller Kyniker und der Archetyp des Hippies, war ein bekennender Fälscher aus Sinope, einer halbgriechischen Kolonie weit oben an der Schwarzmeerküste Kleinasiens. Er hielt sich für einen "Weltbürger" und feierte die "Redefreiheit" über allen anderen Menschenrechten. Er sprach sich auch entschieden für Kannibalismus und Inzest aus. Menippus, ein weiterer bekannter Kyniker, stammte aus Coele-Syrien. Obwohl er sein Leben als Geldverleiher begann, lehrte er, dass die Reichen ihren Reichtum mit den "tugendhaften" Armen teilen müssen. Epikur, der Dreh- und Angelpunkt der epikureischen Philosophie, wurde auf Samos geboren, einer Insel eine Meile vor der kleinasiatischen Küste. Will Durant zufolge "machte er keine Unterschiede zwischen Stand und Rasse...". Zeno, der erste Stoiker, stammte aus Citium, einer phönizischen Stadt auf Zypern. Er war einer der reichsten Männer seiner Zeit und war möglicherweise der erste, der sagte: "Alle Menschen sind von Natur aus gleich." Der Stoizismus, schreibt Durant, entstammt dem semitischen

[727] Sokrates starb 399 v. Chr.; Platon 347 v. Chr.; Aristoteles 322 v. Chr. Nach dem Tod von Aristoteles begannen die kynischen, epikureischen und stoischen Philosophien zu blühen. Die Stoiker schlugen "eine riesige Gesellschaft vor, in der es keine Nationen, keine Klassen, keine Reichen oder Armen, keine Herren oder Sklavengeben würde..." Durant, *The Life of Greece*, S. 506-7, 656.

Pantheismus, dem Fatalismus und der Resignation...".[728] Epiktet, der Apostel des Stoizismus bei den Römern, war ursprünglich ein phrygischer Sklave.[729]

Sowohl inhaltlich als auch zeitlich sind die neueren Schulen der griechischen Philosophie in vielerlei Hinsicht mit den neueren "westlichen" Lehren von Marx, Freud und Boas vergleichbar. Obwohl sie alle von einer starken gleichmacherischen Tendenz durchzogen sind, ist das Endergebnis niemals Gleichheit, sondern die Schaffung neuer Klassen- oder Rassenhierarchien. Unter einem universellen Etikett verbreitet, üben diese alten und modernen Lehren, obwohl sie sich scheinbar an alle Menschen richten, eine besondere Anziehungskraft auf diejenigen aus, die die soziale Ordnung revolutionieren wollen. Es muss nicht hinzugefügt werden, dass in den Reihen der führenden Bekehrer und der führenden Bekehrten die Mitglieder der Mehrheit Mangelware sind.

Die Metamorphose des Liberalismus findet statt, wenn die normalen Schutzmechanismen der Gesellschaft herabgesetzt werden, wenn die Euphorie und der Jubel der Eroberung, der Besiedlung und des Aufbaus von Nationen der Rasselosigkeit und der Gedankenlosigkeit weichen, die die bitteren Früchte einer gut erledigten Aufgabe sind. Wohlstand führt zu Materialismus, der wiederum zu dem führt, was Gustave Le Bon weise als "Entkräftung des Charakters" bezeichnet hat.[730] Man könnte die Situation mit der einer Luftfolie vergleichen, deren Druck mit zunehmender Windgeschwindigkeit abnimmt. Je heftiger der Wind der Spießigkeit weht, desto mehr Minderheiten strömen in das Vakuum.

[728] Ebd., S. 644-45.

[729] Biographische Daten aus Diogenes Laertius, *The Lives and Opinions of the Eminent Philosophers*, trans. C. D. Yonge, Bohn's Classical Library, London, 1904.

[730] "Or ce fût toujours par cet affaiblissement du caractère, et non par celui de l'intelligence, que de grands peuples disparurent de l'histoire." *Psychologie Politique*, Flammarion, Paris, 1919, S. 295.

KAPITEL 24

Konservatismus neu definiert

JETZT, da der Inder nicht mehr als solcher bezeichnet werden kann, ist der klassische Konservative zum verschwindenden Amerikaner geworden. In Anbetracht seiner Überzeugungen - und in Anbetracht der Zeit - ist das kein Wunder. Der klassische Konservative hält die Mystik der Autorität und des Ranges in der Gesellschaft aufrecht. Er ist von Geburt an ein Aristokrat, von Natur aus antidemokratisch, und seine Hauptanliegen sind Familie, Rasse und Kontinuität. Für ihn ist die Kette wichtiger als die einzelnen Glieder. Er erkennt die göttliche Begabung im Menschen, aber er erkennt auch die Widrigkeiten, gegen die sie arbeitet. Er stellt die kollektive Weisheit der Spezies (Volksbräuche und Institutionen) über die Weisheit von Regierungen und Individuen (Gesetze und Politik).

Der moderne Konservative hat mit diesen Ansichten wenig gemein. Er befürwortet die Demokratie bis zu einem gewissen Grad, glaubt an die Gleichheit der Rassen - oder behauptet dies zumindest - und will weniger Staat, nicht mehr. Er setzt sich für die Menschenrechte ein, ist aber ebenso, wenn nicht sogar noch mehr, von den Eigentumsrechten begeistert. Er hält sich für einen rationalen, vernünftigen Menschen und nimmt seine Religion mit Vorsicht zu genießen. Alles in allem ist er ein klassischer Liberaler[731] und hat sich von den Urvätern des klassischen Konservatismus - Platon, Dante und Hobbes - ebenso weit entfernt wie der moderne Liberale von Locke. Wo sich der moderne Konservatismus vom modernen Liberalismus unterscheidet - in seiner Sorge um das Eigentum, die dezentralisierte Regierung und das Laissez-faire - ist genau dort, wo sich der klassische Liberalismus vom modernen Liberalismus trennt.

Der moderne Konservatismus wurde Ende des 18. Jahrhunderts von Edmund Burke von dem abgelenkt, was man als konservative Weltanschauung bezeichnen könnte. Burke, ein irischer Protestant, der eine römisch-katholische Frau heiratete und eine englische Quäkerschule besuchte, verfügte über überraschende Referenzen für einen Führer des konservativen Denkens. Er gehörte der Whig-Partei an, war ein Versöhner und Beschwichtiger im Streit mit den amerikanischen Kolonien und lehnte die Politik von König Georg III. und den britischen Imperialismus entschieden ab. Was Burke in die Höhen der politischen Philosophie katapultierte, war der Anarchismus der Französischen

[731] "Der klassische Liberalismus, der im achtzehnten und neunzehnten Jahrhundert seine charakteristische Form annahm, hat sich in abgewandelter Form in den Konservatismus unserer Zeit verwandelt". Henry Girvetz, *The Evolution of Liberalism*, Collier Books, New York, 1963.

Revolution. Er war einer der ersten, der erkannte, dass die jakobinische Wut für die bestehende europäische Gesellschaftsordnung tödlich war. In seinen *Reflexionen über die Revolution in Frankreich sprach* sich Burke, wie schon Locke vor ihm, für individuelle Verantwortung, die Unantastbarkeit des Eigentums und minimale politische und wirtschaftliche Kontrollen aus. Im Gegensatz zu Locke betonte er Religion, Tradition und Verordnungen, womit er die Gesamtheit der alten Rechte, Moralvorstellungen und Bräuche eines Volkes meinte.[732]

Trotz des Verlustes des aristokratischsten Teils der amerikanischen Bevölkerung, der 100.000 Loyalisten, die während des Unabhängigkeitskrieges vertrieben wurden oder sich freiwillig nach Kanada und anderswo zurückzogen, hatte der amerikanische Konservatismus einen relativ guten Start. Präsident Washington, die Partei der Föderalisten und ihr führender Intellektueller, Alexander Hamilton, sowie der größte Teil der Richterschaft waren allesamt konservativ im Burke'schen Sinne, und die Verfassung war ein so konservatives Dokument, wie man es von Männern erwarten konnte, die vor kurzem eine repräsentative Regierung errichtet hatten, die den entsetzten europäischen Autokraten wie eine wütende Ochlokratie erschien. John Adams, der zweite Präsident, war zwar kein so guter Christ wie Burke, stand aber ein wenig weiter rechts. Aufgrund seines hohen Amtes konnte er seinen Konservatismus gelegentlich durch exekutive Anordnungen zum Ausdruck bringen - etwas, wozu Burke trotz seiner brillanten, orakelhaften Karriere im Unterhaus nie in der Lage war.

Im Laufe der Jahre folgte der amerikanische Konservatismus der liberalen Tendenz der amerikanischen Geschichte, wenn auch im Allgemeinen mit einer Zeitverzögerung von einem oder mehreren Jahrzehnten. Die Jeffersonsche und Jacksonsche Demokratie versetzten dem Konservatismus einige harte Schläge, doch der härteste Schlag war der Bürgerkrieg, der die Konservativen des Nordens und des Südens entzweite und den Traum des Südstaatlers John Calhoun von einer aristokratischen, rassisch orientierten, sklavenhaltenden Republik nach dem perikleischen Modell beendete.[733]

---

732 *Reflections on the Revolution in France,* Dolphin Books, N.Y., 1961, S. 71, 167.

733 In der Post-Bellum-Periode, nachdem der geschundene Süden in einen hermetischen Nativismus zurückgesunken war, kehrten so konservative Nordstaatler wie Herman Melville, Henry Adams und Brooks Adams dem amerikanischen Traum schließlich ganz den Rücken. In seinen späteren Werken polarisierte sich Melville in einen düsteren Pessimismus (*Clarel*) und einen hochtrabenden religiösen Mystizismus (*Billy Budd*). Henry Adams konzentrierte seine Aufmerksamkeit und Phantasie auf das Mittelalter (*Mont-Saint-Michel und Chartres*) und die schreckliche Zukunft (*The Education of Henry Adams*), während Bruder Brooks den Schwamm einwarf, indem er den unausweichlichen Triumph eines kalten, gefühllosen wissenschaftlichen Determinismus vorhersagte und sogar entwarf (*The Law of Civilization and Decay*).

Die große industrielle Expansion in der zweiten Hälfte des 19. Jahrhunderts und die Eroberung des Westens halfen dem Konservatismus indirekt durch die politische Stabilität, die mit Wohlstand und Wirtschaftswachstum einherging. Umgekehrt wurde die konservative Sache durch die Flutwellen der neuen Einwanderung geschädigt, die Millionen von liberalen Rekruten ins Land brachte. Trotz gewisser liberaler Tendenzen war Theodore Roosevelts dynamische Mischung aus aufgeklärtem Patriotismus, einem anstrengenden Leben und einer "America First"-Außenpolitik vielleicht der letzte Ausdruck eines amerikanischen Konservatismus mit einem hohen Sinn für nationale Ziele. (Als er nicht mehr im Weißen Haus saß und sich vergeblich um die Präsidentschaft als Kandidat einer dritten Partei bemühte, sang Roosevelt eine andere Melodie. Sein Aufruf zum Eingreifen in den Ersten Weltkrieg warf einen Schatten auf das tragische und katastrophale internationale Abenteurertum von Woodrow Wilson, Franklin D. Roosevelt und den meisten der nachfolgenden Staatsoberhäupter).

Die Große Depression war ein Rückschlag für den Konservatismus von fast katastrophalem Ausmaß. Als Verfechter des Eigentums, des uneingeschränkten Kapitalismus und eines unregulierten Aktienmarktes wurden die Konservativen direkt für das finanzielle Chaos und das Elend der Depressionsjahre verantwortlich gemacht. Die modernen Liberalen hingegen konnten, da sie ihre Locke'sche Verankerung im Eigentum längst abgeschüttelt hatten, politisch von der Angst und der Verwirrung profitieren und sich das Verdienst anrechnen lassen, die dringenden wirtschaftlichen Gegenmaßnahmen durchgesetzt zu haben. Während der New Deal kühn mit den beängstigenden Produktions- und Verteilungsproblemen in der höchstindustrialisierten Gesellschaft der Welt kämpfte, verschlimmerten die Konservativen die Lage durch ihre destruktive Kritik, ihre reaktionären Finanznostrums und ihre antiquierten und pathetischen Appelle für eine Rückkehr zu den "guten alten Zeiten".

Der Aufstieg des europäischen Faschismus bot den Liberalen eine weitere Gelegenheit, die konservative Opposition zu erniedrigen und zu demoralisieren. Natürlich gibt es vage Abstammungslinien, die bestimmte Aspekte des Konservatismus mit der nietzscheanischen Attitüde Hitlers verbinden, so wie es historische Verbindungen gibt, die bestimmte Aspekte des Liberalismus mit der dämonischen Politik Lenins verbinden.[734] Sowohl die Liberalen als auch die Konservativen haben diese schwachen Analogien oft für gegenseitige Verleumdungen ausgenutzt. Da jedoch die Liberalen seit den 1930er Jahren die Macht innehatten, konnten sie ihre Verleumdungen besser durchsetzen.[735] Diese

---

[734] Man kann auch argumentieren, dass der klassische Konservatismus und der moderne Liberalismus in ihrer Hochachtung vor staatlicher Autorität einander und Lenin und Hitler näher stehen als dem klassischen Liberalismus und dem modernen Konservatismus.

[735] "... für den jüdischen Geist erfordert die *Gestalt* der Rechten Antisemitismus". Van den Haag, op. cit., S. 139.

Verleumdungen, die durch die Ereignisse und angeblichen Ereignisse des Zweiten Weltkriegs sowie durch die nachklingenden Erinnerungen an die Depression noch an Glaubwürdigkeit gewannen, hielten Millionen von normalerweise konservativen Wählern in der Demokratischen Partei. Erst in der Mitte des Jahrhunderts, als entscheidende liberale Versäumnisse in der Außenpolitik und unglaubliche liberale Versäumnisse in der nationalen Sicherheit nicht mehr verheimlicht werden konnten, wurde ein Wiederaufleben des Konservatismus spürbar. In den 1960er und 70er Jahren profitierten die Konservativen in hohem Maße von der Gegenreaktion der Weißen, die durch Negerunruhen, umgekehrte Diskriminierung, steigende Kriminalität und massive illegale und legale Einwanderung ausgelöst wurde.[736] Die Inflation war jedoch wahrscheinlich die Hauptursache für den Wahlsieg von Reagan im Jahr 1980.

Ironischerweise war das Wiedererstarken der Konservativen auch ein Sieg der Liberalen. Inzwischen war der moderne Liberalismus so gefestigt, dass er die Argumente und sogar die Taktik seiner Kritiker diktieren konnte. Bevor ihm eine landesweite Plattform gewährt wurde, musste der moderne Konservative beweisen, dass er ein Mitglied der loyalen Opposition war, dass er in den "heiklen" Fragen mit den Liberalen einer Meinung war. Keine öffentliche Manifestation des klassischen Konservatismus - d.h. kein unverblümter Angriff auf die Demokratie und den Rassismus der Minderheiten - wurde geduldet. Wenn die Feuer des Minderheiten-Illiberalismus und des Minderheiten-Rassismus nicht durch bescheidene, leise Appelle zum Anstand gelöscht werden konnten, sollten sie weiter wüten. Die einzigen Töne des Dissenses, die dem modernen Konservativen erlaubt waren, waren die sicheren Töne. Er könnte mehr Ehrfurcht vor dem Großkapital, dem Eigentum, dem Patriotismus, der Religion, der Dezentralisierung der Regierung und Recht und Ordnung haben. Er konnte dem Sozialismus, dem Marxismus, Castro, der Überregulierung, den Gewerkschaften und den Haushaltsdefiziten gegenüber kritischer sein. Aber die zulässigen Unterschiede waren nur graduell, nicht in der Art. In den größeren

---

[736] Nach der Übernahme des New Deal hatte der Konservatismus nur noch wenig intellektuelle Führung. Die Werke der Rassenhistoriker Madison Grant und Lothrop Stoddard gerieten in Verruf, und die Stimmen der beiden College-Professoren Paul Elmer More und Irving Babbitt, die versuchten, Burke zu rehabilitieren, waren kaum zu hören. Nach dem Zweiten Weltkrieg fanden die Ideen der drei mitteleuropäischen Ökonomen Wilhelm Röpke, Ludwig von Mises und F. A. Hayek, die alle die Abschaffung wirtschaftlicher Kontrollen und die Wiederherstellung eines freien Marktes vorschlugen, nur oberflächliche Beachtung. Der Monarchismus und Anglo-Katholizismus des im Ausland lebenden T. S. Eliot hatte keinen erkennbaren Einfluss auf das amerikanische Denken. Ebenso wenig wie die Wirtschafts- und Rassentheorien von Ezra Pound. Die beiden einflussreichsten konservativen Intellektuellen im dritten Viertel des Jahrhunderts waren William F. Buckley, Jr. und Russell Kirk, dessen Denken rein burkeistisch war und der sich verzweifelt vor der Rassenfrage drückte. Kirk griff übrigens die allgemeine militärische Ausbildung so vehement an wie jeder Liberale. *The Conservative Mind*, Henry Regnery, Chicago, 1960, S. 378.

Fragen, den Fragen hinter den Fragen, wurden der moderne Liberalismus und der moderne Konservatismus oft zu Synonymen.[737]

Das waren und sind die liberalen Spielregeln, die liberalen Minderheitenbeschränkungen für die konservative politische Debatte. Kein einziger prominenter konservativer Politiker der jüngeren Vergangenheit hat sie nicht beachtet.[738] Die drei prominentesten - der verstorbene Senator Robert Taft, Senator Barry Goldwater und Ronald Reagan - waren alle sehr darauf bedacht, bei ihrer Kritik am liberalen Establishment ihr uneingeschränktes Bekenntnis zum demokratischen Prozess, zur Rassengleichheit und zum liberalen Dogma im Allgemeinen zu verkünden.[739] Die Präsidenten Eisenhower und Nixon, die in der Mitte des Spektrums standen, predigten die Grundprinzipien des modernen Liberalismus so lautstark wie kein anderer Amerikaner im öffentlichen Leben. Plato, ganz zu schweigen von Locke und Jefferson, hätte diese beiden Republikaner wahrscheinlich als wildgewordene Radikale eingestuft.

Es ist relativ einfach, den modernen konservativen Experten und Politiker zu identifizieren. Aber wer sind die Mitglieder der konservativen Anhängerschaft? Es müssen sehr viele sein, denn eine Gallup-Umfrage aus dem Jahr 1970 ergab, dass es mehr amerikanische Konservative als Liberale gibt. Von denjenigen, die sich selbst als konservativ oder liberal bezeichneten, waren die ersteren fast drei zu zwei in der Überzahl.[740]

Von Berufs wegen gelten Landwirte, Führungskräfte, Offiziere der Streitkräfte, Fachleute und Angestellte als konservativ. Geistliche, Hochschulprofessoren, Medienleute, Arbeiter und Sozialhilfeempfänger werden in der Regel als Liberale eingestuft. Eigentum und ein Aktienportfolio machen einen Menschen

---

[737] So wie die Konservativen zu Liberalen wurden, wurden einige führende Kommunisten in der späten Sowjetunion zu Konservativen. "Suslow ist der Führer der Parteikonservativen", schrieb Stalins Tochter Swetlana Allilujewa. *Only One Year*, Harper & Row, New York, 1969, S. 47.

[738] Selbst der politische Außenseiter George Wallace hielt sich an das Verbot der offenen Diskussion des Rassenproblems. In seinen Wahlkampfreden verließ er sich eher auf Schlussfolgerungen als auf Erklärungen und überließ es seinen Zuhörern, ihre eigenen Schlüsse zu ziehen, wenn er die schulische Integration angriff. Im Dezember kehrte der verkrüppelte Wallace zu seiner alten Form zurück, indem er sich für seine frühere Haltung gegenüber der weißen Vorherrschaft entschuldigte und für Jimmy Carter stimmte.

[739] Für Karl Hess, einen vertrauten Redenschreiber und Ideengeber von Goldwater, war es kein so großer Gedankensprung, wie manche glaubten, sich in einen "radikalen und philosophischen Anarchisten" und einen Unterstützer der Nordvietnamesen und der Studenten für eine demokratische Gesellschaft zu verwandeln. *New York Times*, 28. September 1969, S. 62.

[740] Die Verteilung war konservativ, 52 Prozent; liberal, 34 Prozent; keine Meinung, 14 Prozent. Gallup-Umfrage, New York Times, 11. Mai 1970, S. 56. In einer Gallup-Umfrage aus dem Jahr 1977 bezeichneten sich 47 Prozent der Befragten als "rechts der Mitte", 32 Prozent als "links der Mitte" und 10 Prozent als "Mitte der Straße".

angeblich zu einem Konservativen. Fehlender Besitz und ein Haufen unbezahlter Rechnungen machen ihn zu einem Liberalen.

Solche Verallgemeinerungen, die für viele Soziologen zum Glaubensartikel geworden sind, entsprechen zwar einigen, aber nicht allen Fakten. Die Juden, die reichste Bevölkerungsgruppe in Amerika - das heißt, die reichste pro Kopf - waren fast das ganze zwanzigste Jahrhundert lang fast durchweg liberal[741] und sind es in den meisten sozialen Fragen immer noch, obwohl der schwarze Antisemitismus im Inland und der Antizionismus im Ausland nicht wenige in das neokonservative Lager gelockt hat. Viele Arbeiter haben auffallend konservative Tendenzen entwickelt. Wann immer es zu einer direkten politischen Konfrontation zwischen den weißen und den nicht-weißen Armen kommt, werden die ersteren in der Regel weniger liberal in ihrem Wahlverhalten.

Geografisch sind die Großstädte als liberales Territorium abgegrenzt, die Vorstädte und ländlichen Gebiete als konservatives Land. Die Flucht vom Land in die Städte, die im Ersten Weltkrieg begann, ließ die Reihen der städtischen Liberalen anschwellen, ebenso wie die Flucht aus den Städten in die Vorstädte nach dem Zweiten Weltkrieg die Zahl der Konservativen ansteigen ließ. Wenn man seinen Wohnsitz wechselt, ändert sich oft auch die Politik. Regional gesehen gelten der Mittlere Westen, der tiefe Süden und der so genannte "Sonnengürtel" als konservativ, während die nördlichen Industriestaaten, die Megastädte überall und der Nordwesten liberal sind.

Auch hier gibt es viel Wahrheit, aber auch viel Halbwahrheit. Der tiefe Süden hat seine "liberalen" Neger, die jetzt in großer Zahl zur Wahlurne gehen. Der Sonnengürtel hat seine "liberalen" mexikanischen Amerikaner, die ebenfalls zunehmend dem Blockwahlverhalten verfallen. Der Nordwesten, wo die alten Mehrheiten der Demokraten schwinden, ist immer noch liberal, aber mehr aus Tradition als aus Überzeugung. Aufgrund seines relativ hohen Grades an Homogenität ist der Nordwesten eine der wenigen Regionen Amerikas, die von

---

741 "Alle verfügbaren Beweise deuten darauf hin, dass die Juden politisch gesehen unverhältnismäßig links stehen. Sie wählen zu 75-85 Prozent die Demokraten... Jüdisches Geld unterstützt einen Großteil der Bürgerrechtsaktivitäten in diesem Land... Radikale Bewegungen in Amerika... sind wieder unverhältnismäßig stark jüdisch geprägt." *Kommentar*, Juli, 1961, S. 68. Bei den Präsidentschaftswahlen 1960 stimmten 80 Prozent der Juden für die Demokraten. Yaffe, *Die amerikanischen Juden*, S. 240. Bei der Wahl 1968 stimmten mehr als 90 Prozent der Juden für die Demokraten. *Time*, 10. November 1968, S. 21-22. 1968 wählten die Wähler von Scarsdale, New York, einem der reichsten Vororte der USA und stark jüdisch geprägt, Hubert Humphrey statt Richard Nixon. Phillips, *The Emerging Republican Majority*, S. 179. Dass viele Juden 1972 für Richard Nixon, 1976 für Gerald Ford und 1980 für Ronald Reagan stimmten, bedeutete nicht, dass sie den Liberalismus aufgeben würden. Diese Neokonservativen, wie sie sich selbst nannten, waren einfach der Meinung, dass diese Politiker "besser für Israel" waren und dass die Betonung der Republikanischen Partei auf einer starken Wirtschaft und einem starken Militär die Vereinigten Staaten in eine bessere Position versetzen würde, um den zionistischen Staat zu verteidigen.

der Gewalt von Minderheiten relativ verschont geblieben ist, wobei zu bedenken ist, dass "relativ" immer noch eine Menge Chaos und Überfälle in Seattle und Portland zulässt. Ohne Rassenprobleme trägt sich der Liberalismus besser.

Die rassische Korrelation von Liberalismus und Konservatismus ist eindeutiger als ihre geografische und wirtschaftliche Korrelation. Die amerikanische Mehrheit ist weitgehend konservativ. Die nicht assimilierbaren Minderheiten sind liberal, obwohl eine oder zwei asiatische Bevölkerungsgruppen auf dem amerikanischen Festland sowie die Kubaner in Florida die Republikaner wählen, während die Indianer nur wenige dauerhafte politische Verpflichtungen jeglicher Art aufweisen. Da der Konservatismus neben vielen anderen Faktoren eine Funktion der Assimilation ist, haben sich die assimilierbaren Minderheiten von der liberalen zur konservativen Seite bewegt.

Aus politischer Sicht hat das Zweiparteiensystem sowohl dem Liberalismus als auch dem Konservatismus wahrscheinlich mehr geschadet als genutzt. Die Demokraten des Südens, einst die konservativsten Amerikaner, haben lange Zeit den Ultraliberalismus der Norddemokraten gebremst. Gleichzeitig hat der liberale Flügel der Republikanischen Partei das Wachstum des Konservatismus in den Reihen der Republikaner immer wieder gebremst.

Wenn Parteien grundlegende politische Unterschiede repräsentieren sollen, sollten die Republikaner die Partei des Konservatismus und die Demokraten die Partei des Liberalismus sein. Bis zu einem gewissen Grad wurde dieses Desiderat bereits von den liberalen Norddemokraten erfüllt, die in den letzten Jahrzehnten die Mitglieder der Partei im Süden ausmanövriert und in den Schatten gestellt haben. Die Anwesenheit von Präsident Carter, einem liberalen New-South-Truckler, hatte nur die geringste bremsende Wirkung auf dieses Machtspiel. Bis 1980 konnte man mit Fug und Recht behaupten, dass die Süddemokraten, anstatt sich gegen den nördlichen Flügel der Partei zu mobilisieren, in zwei Teile gespalten waren. Die Fraktion des Neuen Südens schloss sich den Liberalen des Nordens an, teils aus ideologischen Gründen, teils um die Stimmen der Neger zu halten, während die Fraktion des Alten Südens entweder für die konservativen Demokraten der alten Linie oder für die Republikaner stimmte. Dieses Szenario setzte sich mehr oder weniger unverändert während der Amtszeit von Bill Clinton fort, dem zweiten Südstaaten-Truckler, der im letzten Drittel des Jahrhunderts ins Weiße Haus einzog.

Die republikanische Partei hat trotz entsprechender Beteuerungen noch einen weiten Weg vor sich, bevor sie zum Verfechter des Konservatismus wird. Ihr Versuch, ihre Anhängerschaft im Süden zu vergrößern, die so genannte Südstaatenstrategie, hatte und wird nur begrenzten Erfolg haben, solange republikanische Präsidenten die Urteile des Obersten Gerichtshofs zu Busing und umgekehrter Diskriminierung durchsetzen. Was die "Hard-Hat"-Strategie betrifft, so mag die republikanische Verführung der Arbeiterschaft durch Sirenenversprechen von sichereren Straßen, mehr Arbeitsplätzen und weniger

Inflation viele Wähler aus assimilierten Minderheiten für sich gewinnen, aber sie könnte ebenso viele alteingesessene Republikaner verärgern, die Gewerkschaften immer noch mit roten Fahnen und Straßenbarrikaden in Verbindung bringen.

Selbst wenn es den republikanischen Konservativen gelingen sollte, die unangefochtene Kontrolle über ihre Partei zu erlangen, selbst wenn sich sowohl die Südstaaten- als auch die Hardhat-Strategie auszahlen würden, selbst wenn die Republikaner in der Lage wären, die amerikanische Politik so lange und so effektiv zu dominieren wie die von Roosevelt eingeleitete Herrschaft der Demokraten, hätten sie der amerikanischen Mehrheit immer noch wenig zu bieten. Indem sie die humanistischen Abstraktionen des klassischen Liberalismus mit modernen liberalen Vorstellungen von Gleichheit und Sozialdemokratie verbinden, bewirken die modernen Konservativen bei den Mitgliedern der Mehrheit, dass sie ihren rassistischen Schutz genau dann fallen lassen, wenn sie ihn am meisten brauchen. Deshalb ist der moderne Konservative von allen, die sich bewusst oder unbewusst gegen die Sache der Mehrheit stellen, der gefährlichste. Die Liberalen der Mehrheit und der Minderheit sind dem durchschnittlichen, nicht engagierten Mitglied der Mehrheit immer etwas suspekt. Der unterschiedliche rassische oder religiöse Hintergrund des liberalen Minderheitenvertreters kann seine Glaubwürdigkeit beeinträchtigen, während der vorgetäuschte Humanismus und das spezielle Plädoyer des professionellen Mehrheitsliberalen hohl und wenig überzeugend klingen können. Der moderne Konservative hingegen wird aufmerksamer angehört. Seine Ideen und Argumente, die weniger minderheitenorientiert sind (außer wenn es um Israel geht), werden weniger ruppig vorgetragen und sind weniger geeignet, die Mitglieder der Mehrheit zu verärgern. Die Tatsache, dass der moderne konservative Politiker in der Regel der Mehrheit angehört, wirkt sich ebenfalls zum Vorteil des Minderheitsmitglieds aus. Die Menschen sind eher bereit, "einem der ihren" zu folgen.

Der Altgläubige,[742] , der der Inbegriff des modernen Konservativen ist, weil er der Inbegriff des klassischen Liberalen ist, ist wahrscheinlich der effektivste aller Amerikaner, wenn es darum geht, die Mehrheit in der tiefen Kälte der rassistischen Apathie zu halten. Der Altgläubige ist ehrlich zu seinen politischen Ansichten gekommen und wertet sie nicht mit Hintergedanken ab. Er ist aufrichtig davon überzeugt, dass die Grundsätze von Locke und Burke in den Vereinigten Staaten immer noch gültig sind. Er glaubt noch immer an die angeborene Güte des Menschen und an die Kraft der Vernunft. Im Gegensatz zu den modernen Liberalen setzt er sich für den Fortschritt aller Menschen ein, nicht nur für Minderheiten, und er findet in seinem Herzen immer noch einen Platz für die Religion, auch wenn er die sozialen Lehren Christi der christlichen Theologie vorzieht. Er ist sich nicht bewusst, dass er durch die Veröffentlichung der Botschaft von Gleichheit und Toleranz in diesem besonderen Moment die

[742] 12. Siehe S. 110-12.

Mehrheit entwaffnet, die sich gerade in der Phase ihrer Enteignung befindet. Und da er für all das steht, was das Beste an der amerikanischen Erfahrung ist, wird die Argumentation des Altgläubigen durch den Appell an die Tradition verschönert.

Es gibt natürlich auch viele weniger idealistische Konservative: die Millionäre und Hektomillionäre, die den Konservatismus in der Hoffnung unterstützen, dass er ihre Steuern niedrig und ihre Gewinne hoch hält; die Ayn-Rand-Kultisten, die den Kapitalismus vergöttert und den Dollar geheiligt haben. Nicht zu vergessen die religiösen Fundamentalisten und Evangelisten, die mehr daran interessiert sind, ihre Kirche zu retten als ihre Gemeinden. Und dann sind da noch die ängstlichen Konservativen, die wissen, dass der moderne Konservatismus nicht ausreicht, aber auch wissen, dass er so weit rechts ist, wie sie gehen können, ohne ihr Ansehen oder ihre Existenzgrundlage zu verlieren.

Zu den anderen Konservativen gehören: Sonnenschein-Patrioten, die ihr Gewissen beruhigen und ihr Portemonnaie füllen, indem sie sich auf einen reaktionären Konservatismus spezialisieren, der vor allem auf kleine alte Damen und große alte Generäle abzielt; zwanghafte Antikommunisten, die der Rassenfrage ausweichen, indem sie unter jeder Matratze bärtige Bolschewiken entdecken;[743] mitleiderregende Ex-Kommunisten, die sich der pekuniären Belohnungen eines Widerrufes bewusst sind; reformierte Liberale, die sich ihrer politischen Kurzsichtigkeit schämen. Nicht zuletzt gibt es nostalgische Südstaatler, die sehnsüchtig daran glauben, dass der Tag kommen wird, an dem eine Lockerung der staatlichen Kontrollen und eine erneute Bekräftigung der Rechte der Bundesstaaten es dem Süden ermöglichen wird, sein eigenes Schicksal zu gestalten.

Es ist wahrscheinlich unnötig, darauf hinzuweisen, dass in den oben genannten Kategorien mehr als nur ein paar Minderheitenmitglieder auftauchen. Schließlich ist der moderne Konservatismus heute ebenso sicher gleichberechtigt wie der moderne Liberalismus, und die Anwesenheit von Intellektuellen aus Minderheiten in seinen höheren Rängen kann nur dazu beitragen, dass dies so bleibt. Zu den führenden lebenden oder verstorbenen jüdischen oder teilweise jüdischen Konservativen gehören: Ayn Rand, die in Russland geborene Autorin von *Atlas Shrugged*, einer wortreichen, heldenverehrenden, kapitalistischen Seifenoper mit einem poltroonischen

---

[743] Es ist leichter, die konservative und katholische Überempfindlichkeit gegenüber der Handvoll amerikanischer Kommunisten zu verstehen und zu verzeihen, wenn man sich daran erinnert, dass es zu Beginn des Spanischen Bürgerkriegs nur 10.000 Kommunisten in Spanien gab, die einen Ausweis besaßen - währenddessen ermordete die republikanische Seite 12 Bischöfe, 283 Nonnen, 5.255 Priester, 2.492 Mönche und 249 Novizen. Hugh Thomas, *Der Spanische Bürgerkrieg*, S. 99, 172-74. Im Jahr 1917, dem Jahr von Lenins erfolgreicher Revolution, kam ein russischer Bolschewik auf 2.777 Russen. Im Jahr 1947 kam ein amerikanischer Kommunist auf 1.814 Amerikaner. Goodman, *Das Komitee*, S. 196.

Industriegiganten;[744] David Lawrence, Gründer von *U.S. News & World Report*, dem konservativen Massen-Nachrichtenmagazin; Lionel und Diana Trilling (Literaturkritik); Herman Kahn (Zukunftsforschung); Alan Greenspan, Vorsitzender des Federal Reserve System; Milton Friedman (Wirtschaft); Nathaniel Weyl (Geschichte und Sozialkritik); Ralph de Toledano,[745] Victor Lasky, Mona Charen, Norman Podhoretz, David Horowitz, William Safire (Meinungsmache); die verstorbene Lessing Rosenwald[746] vom American Council for Judaism; unermüdlich polemisierende Ideologen und Intellektuelle wie Irving Kristol, Daniel Bell, Nathan Glazer, Seymour M. Lipset, Milton Himmelfarb, Walter Laqueur, Midge Decter, Sidney Hook, Daniel Boorstin, Ben J. Wattenberg und Richard Hofstadter. Der wohl bekannteste jüdische Konservative ist Senator Barry Goldwater, ehemaliger republikanischer Präsidentschaftskandidat.

In den letzten Jahren sind die Reihen der jüdischen Konservativen durch ein politisches Phänomen gestärkt worden, das als Neokonservative bekannt ist. Liberale Juden, bestürzt über die Tendenz liberaler israelischer Regierungen, mit Jassir Arafat über die Rückgabe von Land für den Frieden zu palavern, und ebenso bestürzt über die Zunahme des schwarzen Antisemitismus, haben einige ihrer liberalen Züge abgelegt und eine konservativere Haltung eingenommen. Jüdische Neokonservative fühlen sich mit Nicht-Juden, die Israel ihre Treue geschworen haben, wohler als mit jüdischen Liberalen. Sie arbeiten offen und hinter den Kulissen für konservative Regierungen in Israel, die darauf eingeschworen sind, jeden Zentimeter Land, der den Palästinensern genommen wurde, fest im Griff zu behalten. In vielen Fällen fühlen sich die jüdischen Neokonservativen bei republikanischen als bei demokratischen Politikern wohler.[747]

Obwohl die Intellektuellen und Politiker der unassimilierbaren Minderheiten den modernen Konservatismus infiltriert haben, sind die Massen der unassimilierbaren Minderheiten auf Distanz geblieben. Sie haben keineswegs Angst vor dem Konservatismus in seiner heutigen anämischen Form, aber sie

---

[744] Poltroonisch, weil Miss Rands Held, als er von Liberalen und Kommunisten bis zum Äußersten gehetzt wurde, statt zurückzuschlagen, "streikte" und sich in die Sicherheit einer Festung in den Rocky Mountains zurückzog. Ayn Rand, *Atlas Shrugged*, Random House, New York, 1957, Teil III.

[745] Das "de" wurde von Toledano selbst in einem Akt der Selbstveredelung hinzugefügt.

[746] Rosenwald, von den Sears, Roebuck Rosenwalds, führte die kleine, fast unsichtbare Schar amerikanischer Juden an, die glaubten, dass der Zionismus den Interessen der Vereinigten Staaten schadet - und auch den jüdischen Interessen. Gegenwärtig sind die prominentesten antizionistischen Juden Murray Rothbard und Robert Novak.

[747] "Die Entwicklung des Neokonservatismus in den letzten 20 Jahren war eine Reaktion auf ein großes Trauma - die Angst vor Antisemitismus." Isadore Silver, Professor für Verfassungsrecht am John Jay College of Criminal Justice. *New York Times*, 4. Dezember 1977, S. 73.

haben Angst vor dem, was der Konservatismus in der Vergangenheit war und was er in der Zukunft sein könnte. Sie können den aristokratischen, klassischen Konservatismus, der ihre Vorfahren jahrhundertelang sowohl in der Alten als auch in der Neuen Welt "an ihrem Platz" gehalten hat, kaum vergessen. Sie kennen den deutschen Nationalsozialismus, den sie mit dem Konservatismus gleichsetzen, obwohl der Nationalsozialismus viele radikale Facetten hatte, gut - und einige haben ihn aus erster Hand erlebt. Sie verstehen sehr gut, dass der ruhende Rassismus der Mehrheit eines Tages wieder erwachen und sich gegen bestimmte Arten von Weißen sowie gegen alle Arten von Nicht-Weißen richten könnte.

Trotz ihrer wilden Überreaktion auf das kleinste Anzeichen von ernsthaftem Konservatismus am amerikanischen politischen Horizont sind die meisten Minderheiten oft viel konservativer (im alten Stil) als die Mehrheit.[748] Viele weiße Minderheiten mögen in der Wahlkabine Liberale sein, aber in ihrem Wohnzimmer sind sie oft reaktionär. Sie führen ihre innere Welt nach Regeln und Vorschriften, die sie in der Außenwelt öffentlich anprangern. Ihr Familienleben ist autoritär. Der Vater ist immer noch der Familienvater, und die Kinder sind, wenn sie aus der Schule kommen, immer noch kindlich. Es ist dieser Konservativismus am Kamin, dieser aktualisierte Tribalismus, der den Rassismus hervorbringt, der so viele Siege der Minderheiten im ethnischen Wettstreit um die Macht errungen hat.

Der moderne Konservatismus, dem der rassistische Antrieb des modernen Liberalismus fehlt, war und wird auch in Zukunft wenig hilfreich sein, um die Mehrheit zu vereinen und sie auf die hohe Leistungsstufe zu heben, die notwendig ist, um ihren derzeitigen Niedergang umzukehren.[749] Es bedarf einer stärkeren Medizin für diejenigen, die in einem außer Kontrolle geratenen Rassenbrand gefangen sind und die Feuer mit Feuer bekämpfen müssen, um nicht in den Flammen zu versinken.

Der einzige Konservatismus, der der Mehrheit in ihrem gegenwärtigen Belagerungszustand von Nutzen sein kann, ist ein Konservatismus, der vom toten Gewicht überholter politischer Dogmen befreit ist, ein Konservatismus, der sowohl an die Jungen als auch an die Alten, an das Herz als auch an den

---

[748] Selbst Neger, deren schwache Verbindungen zur Vergangenheit teilweise dafür verantwortlich sind, dass sie die unkonservativsten aller Amerikaner sind, werden etwas konservativer, da sie nach Teilen ihres afrikanischen Erbes suchen und erfinden, was sie nicht finden können. Es gibt einige Neger-Kolumnisten, die mit der modernen konservativen Standardlinie hausieren gehen. Thomas Sowell und Walter Williams sind zwei von ihnen. Der bekannteste Neger-Konservative ist natürlich der Richter des Obersten Gerichtshofs Clarence Thomas.

[749] Einige der erbittertsten Angriffe gegen den Rassismus der Mehrheit und einige der freundlichsten Worte für den Rassismus der Minderheit stammen von den modernen Konservativen. Es war William F. Buckley, Jr. und nicht Senator Javits oder Senator Kennedy, der vorschlug, dass Israel der einundfünfzigste Staat werden sollte.

Geldbeutel, an die Vorstellungskraft als auch an die Vernunft appelliert - kurzum ein Konservatismus, der die Tradition belebt und Kontinuität schafft, während er sich auf die Pflege und Ernährung des Ethos der Mehrheit konzentriert.

TEIL VII

Der wirtschaftliche Konflikt

KAPITEL 25

Die Biologie der Revolution

Wenn es jemals eine Disziplin gegeben hat, die auf Vernunft und nur auf Vernunft beruhen sollte, dann ist es die Wirtschaftswissenschaft. Doch wie die Politik ist auch die Ökonomie inzwischen so theoretisiert und theologisiert, so überladen mit Neigungen und Unvernunft, dass sie dem neugierigen Auge der Objektivität fast völlig entzogen ist.[750] Die Priesterschaft der verschiedenen fiskalischen Kulte, die das moderne ökonomische Denken beherrschen - von denen sich viele weit von den traditionellen Anliegen der Ökonomie entfernen und sich in praktisch jeden Aspekt des menschlichen Verhaltens einmischen - ist ein Mischmasch aus liberalen Historikern, doktrinären Materialisten, bürokratischen Statistikern, anarchischen Utopisten und steuerfreudigen Plutokraten.

Jedes Wirtschaftssystem muss sich im Laufe der Zeit als falsch oder unzureichend erweisen, und zwar aus dem offensichtlichen Grund, dass sich kein einziges Wirtschaftssystem wirksam an die stark schwankenden wirtschaftlichen Bedingungen anpassen kann, die jede Nation im Laufe ihres Lebens plagen und bedrängen. Was für ein Land mit unbegrenzten natürlichen Ressourcen und einer fleißigen, wachsenden Bevölkerung eine gute Wirtschaft ist, kann für eine Nation ohne Ressourcen und mit einer sinkenden Geburtenrate eine schlechte Wirtschaft sein. Da Kriege im Ausland oder Bürgerkriege in der Regel die besten wirtschaftlichen Pläne zunichte machen, kann selbst eine kleine Veränderung in der Wirtschaft eines Landes in einer immer stärker voneinander abhängigen Welt eine Kettenreaktion in den Volkswirtschaften anderer Länder auslösen.

Einer der trostlosesten Anblicke in der Geschichte ist der von zwei politischen Fraktionen, die ein Land auseinanderreißen, um der breiten Bevölkerung ein wirtschaftliches Lieblingsdogma aufzuzwingen. Das Beste, was passieren kann, wenn zwei wirtschaftliche Doktrinen in scharfer Opposition zueinander stehen,

---

[750] Ein Kurs in vergleichender Wirtschaftswissenschaft wäre eine äußerst aufschlussreiche Ergänzung des Lehrplans an den Hochschulen. Ebenso aufschlussreich wäre ein obligatorischer Test über die wissenschaftliche Methode, den jeder Autor über wirtschaftliche Themen *vor der Veröffentlichung* ablegen und bestehen müsste. "Die wissenschaftliche Methode", so eine Interpretation, "beinhaltet einen geschickten Umgang mit dem zu untersuchenden Material, sorgfältige Beobachtungen, kontrollierte Experimente, wenn möglich, große Aufmerksamkeit für Details ... intellektuelle Ehrlichkeit ... Aufgeschlossenheit ... Vorsicht bei der Schlussfolgerung ... Bereitschaft zur Wiederholung von Experimenten ... Wachsamkeit für das Auftreten möglicher Fehler in Hypothesen, Theorien, Beweisen und Schlussfolgerungen." Hegner und Stiles, *College Zoology*, Macmillan, New York, 1959, S. 11.

ist, dass eine von ihnen richtig ist oder zumindest besser geeignet ist, dem Land in diesem bestimmten Moment zu dienen. Oft sind beide falsch und völlig unangemessen. Dennoch müssen Tausende, manchmal Millionen von Menschen sterben, damit die eine oder die andere Seite ihren Standpunkt durchsetzen kann. Zwei Physiker, die sich ein Duell auf Leben und Tod über das Ergebnis eines Laborexperiments liefern, bevor sie es durchführen, würden als hoffnungslos wahnsinnig gelten. Aber Massenduelle auf Leben und Tod zwischen Anhängern von Wirtschaftssystemen über unbewiesene und unbeweisbare wirtschaftliche Annahmen sind immer häufiger geworden.

Es scheint für den modernen Menschen fast unmöglich zu sein, die grundlegende Relativität der Wirtschaft zu verstehen oder zu akzeptieren, so wie es für den Menschen der Antike unmöglich war. Indem er die Wirtschaft auf den gemeinsamen Nenner des Geldbeutels reduziert und aus den wirtschaftlichen Zusammenbrüchen, die den Lebensstandard und manchmal sogar das Leben selbst beeinträchtigen, Kapital schlägt, gelingt es dem politischen Agitator, Irrationalität, Emotionen und Fanatismus in ein Thema einzubringen, das ein Höchstmaß an Rationalität erfordert. So wie der Mensch seine Politik auf die Tatsache abstimmt, dass es mehr Bürgerliche als Aristokraten gibt, so stimmt er seine Wirtschaft auf die Tatsache ab, dass es mehr Arme als Millionäre gibt. Folglich hat der Politiker, der verspricht, von den Reichen zu nehmen und den Armen zu geben, immer mehr Stimmen oder mehr potenzielle Stimmen in der Tasche als sein Gegner. Außer in den seltenen Fällen, in denen sich ein hochverantwortliches und begabtes Volk inmitten einer fast grenzenlosen Ausdehnung fruchtbaren, unerschlossenen Landes befindet und zu sehr mit Pionierarbeit, Entdeckungen oder dem Erwerb weltlicher Güter beschäftigt ist, um auf die Sirenengesänge der wirtschaftlichen Loreleis zu hören, ist Robin Hood immer eine weitaus beliebtere Figur als Horatio Alger.

Wenn man die beiden großen rivalisierenden Wirtschaftssysteme des zwanzigsten Jahrhunderts, den Kapitalismus und den Sozialismus, auf der Grundlage der Produktion beurteilt, wird man feststellen, dass das erstere (in seiner amerikanischen Version) das letztere (in seiner sowjetischen Version vor Gorbatschow) bei den Konsumgütern um bis zu zwanzig zu eins übertrifft.[751] Trotz seines niedrigeren Lebensstandards hat der Sozialismus jedoch während des größten Teils dieses Jahrhunderts den Kapitalismus bei der Gewinnung von Konvertiten oder Wehrpflichtigen überflügelt, insbesondere in China und der Dritten Welt, während der Kapitalismus selbst mehr und mehr sozialistische Kontrollen eingeführt hat.

---

[751] Im Jahr 1964, nach fast einem halben Jahrhundert marxistisch-leninistischer Wirtschaft, musste der durchschnittliche Moskauer Bürger immer noch 16 Minuten für einen Laib Brot, 315 Minuten für ein Zwei-Pfund-Huhn und 71 Minuten für einen Liter Milch arbeiten. Der durchschnittliche New Yorker hingegen arbeitete nur 8 Minuten für sein Brot, 23 Minuten für sein Huhn und 7 Minuten für seine Milch. *San Francisco Chronicle*, 12. November 1964, Finanzteil.

Die wiederholten Verweise auf die Erfolge des Kapitalismus rufen nicht mehr die Pollyanna-Reaktionen der Vergangenheit hervor. Sie tragen auch nicht dazu bei, die zyklischen Rezessionen und Depressionen des Kapitalismus, die schleichende und galoppierende Inflation, die hohe Arbeitslosigkeit, die riesigen Gebiete der Trostlosigkeit und der Armut sowie die monopolistischen Neigungen der großen Produzenten zu rechtfertigen. Aber die Mängel des Sozialismus sind ebenso beträchtlich. Sozialistische Volkswirtschaften haben ihre eigenen schmerzhaften Inflationsperioden und werden ständig von schweren wirtschaftlichen Engpässen und Verwerfungen geplagt. Die Sozialisten haben die durch die Kollektivierung des Bodens entstandene Sackgasse in der Landwirtschaft nie gelöst, und es ist ihnen nie gelungen, die Gewohnheit zu vermeiden, die individuelle Initiative zu ersticken, indem sie das Wachstum monströser, schwerfälliger Bürokratien förderten, deren Herzlosigkeit und Rückgratlosigkeit die der kapitalistischen Variante noch übertreffen.

Die Hin- und Herbewegung zum Sozialismus, der den Verbrauchern keine wirklichen wirtschaftlichen Vorteile bietet, muss durch andere als wirtschaftliche Faktoren erklärt werden. Der wichtigste davon ist, dass die sozialistische Wirtschaftsdoktrin - wenn auch nicht die sozialistische Wirtschaftspraxis - auf den Zeitgeist zugeschnitten ist. In einer Zeit der Gleichmacherei und des Minderheitenrassismus konzentriert sich die Wirtschaftspolitik auf die Verteilung und nicht auf die Schaffung von Wohlstand, auf die Sicherung und nicht auf die Verbesserung von Arbeitsplätzen. Es geht nicht mehr darum, einen anständigen Lohn zu verdienen, sondern darum, einen anständigen Lohn *garantiert zu* bekommen, es geht nicht mehr darum, Ersparnisse für den Ruhestand anzusammeln, sondern darum, ein Alterseinkommen zu erhalten. In psychologischer Hinsicht weichen die Neidgefühle und die Unsicherheit der Proletarier auf dem Weg vom Kapitalismus zum Sozialismus dem Konsumdenken.

Stimmen werden immer noch mit wirtschaftlichen Versprechungen gekauft, aber die Versprechungen richten sich jetzt nicht nur an Einzelpersonen, sondern auch an Rassen, Klassen und Bevölkerungsgruppen. Der Angriff auf das Privateigentum wird nicht deshalb schärfer, weil, wie die offizielle sozialistische Doktrin besagt, die staatliche Kontrolle der Produktions- und Verteilungsmittel größere wirtschaftliche Vorteile mit sich bringt, sondern weil das Privateigentum einer der größten Stolpersteine auf dem Weg zu einer modernen Demokratie ist.[752] Die Koalition aus Liberalen und Minderheiten begehrt das Eigentum nicht nur, um es gerechter unter den Bürgern aufzuteilen. Die wohlhabenden

752 In der Blütezeit des Sowjetkommunismus war das Privateigentum nicht tot. Die Menschen konnten immer noch Häuser besitzen, Bankkonten haben und ihren Besitz an Erben vererben. Doch die Abschaffung des Gewinnsystems verhinderte die Anhäufung großer Vermögen, auch wenn die Kluft zwischen hohen und niedrigen Löhnen in der UdSSR marxistische Puristen erschaudern ließ.

Minderheiten und die meisten Mehrheitsliberalen haben bereits genug Besitz, und die armen Minderheiten sind ebenso gierig wie bedürftig. Die Hauptmotivation ist eine seltsame Mischung aus Mitleid und Ressentiments. Das sinkende Vermögen derjenigen, die auf dem Weg nach unten sind, scheint denjenigen, die auf dem Weg nach oben sind, eine Art schaurige Befriedigung zu verschaffen.

Ebenso verteidigen die Mitglieder der Mehrheit das Privateigentum nicht nur um seiner selbst willen oder wegen der Macht und des physischen Komforts, den es bietet. Sie verteidigen eine Institution, die aus den großen Tagen der Mehrheit überliefert ist.[753] Eigentum, insbesondere Eigentum in Form von Ackerland, war eine fixe Idee der Siedler der Mehrheit, die Amerika in das Füllhorn verwandelten, das heute die Bevölkerungen ernährt, deren Herrscher die kollektive Landwirtschaft bevorzugen.

Die nicht-ökonomischen Grundlagen der Wirtschaftsdoktrin zeigen sich deutlich in Revolutionen, die marxistische Historiker als Kriege zwischen Klassen definieren. Diese Interpretation mag eine gewisse Relevanz haben, wenn sie sich auf monorassische Nationen beschränkt, aber in den meisten Fällen von Klassenkriegen hat der rassische Faktor wahrscheinlich den wirtschaftlichen überwogen.[754] In den unaufhörlichen Auseinandersetzungen zwischen den römischen Patriziern und Plebejern und zwischen der mittelalterlichen Bauernschaft und dem germanischen Adel unterschieden sich die streitenden Parteien sowohl rassisch als auch wirtschaftlich, wobei die rassischen Unterschiede der Etablierung von Klasse und Kaste eher vorausgingen als folgten.[755]

---

[753] Max Weber hat behauptet, dass die großen wirtschaftlichen Leistungen des Kapitalismus des 19. Jahrhunderts von der protestantischen Ethik inspiriert wurden. Er hätte die Inspiration noch weiter zurückverfolgen können, nämlich zu den nordeuropäischen Völkern selbst, die nicht nur für den Protestantismus, sondern auch für den Kapitalismus und die damit einhergehende industrielle Revolution verantwortlich waren. Weber war jedoch darauf bedacht, zwischen dem protestantischen Kapitalismus, der "bürgerlichen Organisation der Arbeit", und dem jüdischen Kapitalismus, einem "spekulativen Paria-Kapitalismus", zu unterscheiden. Max Weber, *Die protestantische Ethik und der Geist des Kapitalismus,* trans. Talcott Parsons, Allen and Unwin, London, 1930, insbesondere S. 271, Fußnote 58.

[754] Darlington stellt fest, dass die Urheber von Revolutionen kaum wirtschaftliche Motive haben. "Die meisten [Revolutionäre] stammten aus Gruppen, die aus nationalen, rassischen oder religiösen Gründen keine Chancen in der Gesellschaft hatten: Iren in Großbritannien, Polen in Russland, Juden in Deutschland und später in Russland, Bastarde (wie Herzen) überall." *Die Entwicklung von Mensch und Gesellschaft,* S. 543.

[755] "Die Klassenunterschiede sind letztlich alle auf genetische und in der Regel rassische Unterschiede zurückzuführen... es sind die Ungleichheiten, die den Fortschritt in der Gesellschaft schaffen, und nicht der Fortschritt in der Gesellschaft, der die Ungleichheiten schafft." Ebd., S. 547.

Obwohl die Französische Revolution als Prototyp des modernen Klassenkampfes gilt, könnte es sich lohnen, die Worte einer führenden britischen Literaturzeitschrift über Restif de la Bretonne zu beherzigen, dessen Augenzeugenberichte über Paris auf dem Höhepunkt des Terrors einen schier unerschöpflichen Fundus an Hintergrundmaterial für Historiker darstellen.

> Auch bei Restif gibt es Hinweise auf einen Klassenrassismus, auf die Ängste der Bourgeoisie und der Handwerker vor den blassen Männern mit dunklem, ungepflegtem Haar, stechenden Augen und zotteligen Schnurrbärten... Seine Canaille ist immer dunkel und finster... Die Anständigen, die Männer mit Besitz, die tugendhaften Handwerker, sind hell und haben einen guten Teint... Restif verweist auf die wesentliche Unschuld von Charlotte Corday, denn sie ist blond und normannisch. In den 1780er Jahren war die Bevölkerung von Paris... noch überwiegend hell. In den 1790er Jahren machen sich die royalistischen Pamphleteure über die Tatsache lustig, dass die Terroristen eher dunkel und aus dem Mittelmeerraum stammten: Vor allem Marat diente ihnen in dieser Hinsicht. Und so werden auch Restifs Massaker fast zwangsläufig als Männer des Südens dargestellt.[756]

Abbé Siéyes, der ebenfalls aus dem Süden stammte und mit perfektem Timing vom Katholizismus zu Robespierres Göttin der Vernunft und wieder zurück wechselte, enthüllte die rassischen Beweggründe der Revolutionäre, als er darauf drängte, die französische Aristokratie in die "deutschen Sümpfe" zurückzubringen, aus denen sie gekommen war.[757] Siéyes' rassistische Linie wurde von Tausenden von authentischeren Sansculotten aufgegriffen, die darauf bestanden, sich als Gallier darzustellen, die für die Befreiung von den barbarischen Franken kämpften.[758]

Wenn die Rasse etwas mit dem Sturz der bourbonischen Könige zu tun hatte, so hatte sie[759] viel mit dem Sturz der Romanows zu tun. Die bolschewistische Führungsclique bestand fast ausnahmslos aus Angehörigen russischer Minderheiten.[760] Lenin war ein Sammelsurium von Rassen. Darlington schreibt,

---

[756] *Times Literary Supplement*, 27. Oktober 1961.

[757] Ripley, *The Races of Europe*, S. 156.

[758] Toynbee, *Study of History*, Band VI, S. 217.

[759] Die Entbürgerlichung des französischen Adels und der Elite der katholischen Hierarchie stellte eine aristokratische Spaltung in den Reihen dar. Der Dritte Stand allein wäre niemals stark genug gewesen, um die Französische Revolution herbeizuführen, wenn ihm nicht 1789 50 Adlige, 44 Bischöfe und 200 Pfarrer beigetreten wären. Im Jahr 1792 bestand der Nationalkonvent aus 782 Delegierten, von denen nur zwei Arbeiter waren. Selbst Danton und Robespierre waren so unproletarisch, dass sie ursprünglich als d'Anton und de Robespierre bekannt sein wollten. Darlington, a.a.O., S. 534.

[760] "Bei einem Bevölkerungsanteil von 1,77 Prozent machten Juden in Lenins Russland 5,2 Prozent der gesamten Parteimitglieder, 25,7 Prozent des Zentralkomitees der Partei und 36,8 bis 42,9 Prozent des regierenden Politbüros aus, während unter den sowjetischen

dass Lenins Großmutter "einen wohlhabenden jüdischen Arzt im Ruhestand, Alexander Blank, heiratete... Lenins vier Großeltern waren... von vier verschiedenen Rassen und Religionen..."[761]

Nach dem Sieg der Revolution und der Enteignung der Enteigner, so die marxistische Theorie, gäbe es keinen Grund mehr für interne Machtkämpfe und machiavellistische Spielchen. Reaktionäre und innerparteiliche Politik waren die fatalen Folgen solch primitiver Wirtschaftssysteme wie Feudalismus und Kapitalismus. Die Rassentheorie hingegen sagt voraus, dass die Minderheiten, sobald sie den Zaren, die Aristokratie, die orthodoxe Kirche und die kapitalistische Elite vertrieben hätten, ihren Rassismus gegeneinander richten würden. Und genau das geschah natürlich. Nach Lenins Tod begann Stalin, ein Angehöriger der georgischen Minderheit Russlands, seinen mühsamen Aufstieg zur Alleinherrschaft, zunächst durch die Verbannung seines Rivalen Trotzki (den er später in Mexiko-Stadt ermorden ließ), dann durch die aufeinander folgende Liquidierung von Kamenew, Rykow, Sinowjew, Jagoda, Jeschhof und Radek, die alle zufällig Juden waren.

Während des Zweiten Weltkriegs wurden andere Minderheiten in die Schranken gewiesen: 600,000 Wolgadeutsche sowie die meisten Angehörigen der Nationalitätengruppen der Tataren, Kalmücken, Karatschaier, Balkaren und Tschetschenen-Inguschen wurden nach Sibirien deportiert.[762] Auf dem Höhepunkt des deutschen Angriffs, als Russland am Rande des Zusammenbruchs stand, kam die russische Mehrheit wieder zum Zuge, da sie den größten Teil der Kampfhandlungen übernehmen musste.[763] Auf den 1954 verstorbenen Stalin folgte als kommunistischer Parteichef Malenkow, ein Südrusse mit "mongolischer Beimischung"[764] auf den wiederum

---

Diplomaten und vor allem den hohen Beamten der Geheimpolizei der Anteil der Juden sogar noch höher war." Geoffrey Bailey, *The Conspirators*, Harper, New York, 1960, S. 129, Fußnote.

761 Darlington, op. cit., S. 557. Der Autor weist auch auf den Minderheitenstatus zweier anderer historischer Gleichmacher hin: Engels, der britische Kapitalist und Baumwollmagnat, der ein Deutscher hugenottischer Abstammung war, und Rousseau, der französische Moralist aus der Schweiz. Ebd., S. 543, 545. Nur wenige hohe jüdische Beamte entkamen der gerichtlichen Ermordung oder Sibirien, darunter Maxim Litwinow und Lazar Kaganowitsch. Der ranghöchste sowjetische Offizier, der von Stalin gesäubert wurde, war Marschall Tuchatschewski, der Halbitaliener war.

762 *Enzyklopädie von Russland und der Sowjetunion*, S. 230.

763 "[Stalin] schaffte ... die weitreichende kulturelle Autonomie ab, die die Minderheiten in den 1920er Jahren genossen hatten, und überließ ihnen am Ende kaum mehr als das Recht, ihre Sprache zu benutzen ... und sich an der Volkskunst zu erfreuen. Stalin... sah sich gezwungen, die Minderheiten zu diskriminieren, nicht nur bei der Besetzung von Staats- und Parteistellen, sondern auch in kulturellen Angelegenheiten." Ebd., S. 380.

764 Milovan Djilas *Conversations with Stalin*, Harcourt Brace, N.Y., S. 108.

Chruschtschow, ein Ukrainer, und der in der Ukraine geborene Breschnew folgten.[765] Es war Malenkow, der Beria, Stalins georgischen Landsmann und langjährigen Chef der Geheimpolizei, absetzte und dessen Erschießung anordnete, obwohl er den armenischen Finanzexperten Mikojan behielt.[766] Alexej Kossygin, ein Großrusse, war Premierminister unter Breschnew. Als Kossygin 1980 zurücktrat, wurde er durch Nikolai Tichonow ersetzt, der Breschnew kennen gelernt hatte, als sie in der Ukraine studiert hatten. In den letzten Tagen der Sowjetunion setzte sich die herrschende Clique fast ausschließlich aus Slawen zusammen, wobei der Schwerpunkt auf den Großrussen lag. Was die Juden anbelangt, so wurden sie in den Jahren vor dem Zusammenbruch der UdSSR, wie schon während der Stalin-Diktatur, zur Zielscheibe einer offiziellen antizionistischen und einer quasi-offiziellen antisemitischen Kampagne - eine Wendung, die einen höchsten Akt der Undankbarkeit gegenüber Marx und anderen jüdischen Wegbereitern des Sowjetkommunismus darstellte.[767]

Die herausragende Rolle, die Minderheiten, insbesondere jüdische Minderheiten, bei den gescheiterten oder kurzlebigen Revolutionen nach dem Ersten Weltkrieg in Ungarn, Bayern und Preußen spielten, wurde bereits in Kapitel 15 erwähnt. Marschall Tito, der Architekt des kommunistischen Jugoslawiens, gehörte der kroatischen Minderheit in seinem Land an. Die ursprüngliche Führung der polnischen und tschechoslowakischen kommunistischen Parteien war stark jüdisch[768] und wurde dementsprechend von Stalin dezimiert.[769] In China waren die wichtigsten Berater der lokalen

---

765 Ebd., S. 74-45, 274, 329.

766 Ebd., S. 329, 355.

767 Siehe Kapitel 33 der vorliegenden Studie. Juri Andropow, Breschnews Erbe, mag halb jüdisch oder halb armenisch gewesen sein, aber er war darauf bedacht, die Rolle eines Großrussen zu spielen, ebenso wie sein Nachfolger, der in Sibirien geborene Konstantin Tschernenko. Michail Gorbatschow, Tschernenkos Erbe, war ein echter Großrusse und begann seine Regierungszeit mit einer für Kommunisten untypischen Offenheit in der Innen- und Außenpolitik.

768 Typisch für die Revolutionäre, die zu Beginn des Jahrhunderts durch Europa zogen, war Parvus-Helphand, geboren in Ungarn als Sohn jüdischer Eltern, Student des Marxismus in der Schweiz, führender Ideologe des linken Flügels der Sozialistischen Partei Deutschlands, Freund Lenins, deutscher Spion, Förderer der Bolschewiki und schließlich millionenschwerer Bodenspekulant. Parvus-Helphand wird wahrscheinlich am besten für seine unsterblichen Worte bei seiner ersten Ankunft in Deutschland in Erinnerung bleiben: "Ich bin auf der Suche nach einem Vaterland. Wo kann ich es billig kaufen?" *Ich suche ein Vaterland, wo ist ein Vaterland zu haben fiir billiges Geld?* Winfried Scharlan und Zbynek Zeinan, *Fretbeuter der Revolution*, Verlag Wissenschaft und Politik, Köln, 1964, insbesondere S. 36.

769 Sachar, *The Course of Modern Jewish History*, S. 545.

Marxisten in den 1920er Jahren Vasili Blucher, ein Russe, und Mikhail Borodin, ein russischer Jude, der einst in Chicago unterrichtete.[770]

In den Vereinigten Staaten wurde die Kommunistische Partei von Anfang an von Minderheiten dominiert. Obwohl die Zahl der irischen Amerikaner in den höchsten Parteigremien groß war,[771] war der Anteil der Juden überwältigend.[772] Als die Juden infolge von Stalins Säuberungen und des deutsch-russischen Nichtangriffspakts von 1939 auszutreten begannen, gaben sie nicht unbedingt ihre traditionellen radikalen Neigungen auf, sondern kanalisierten sie in andere nicht-sowjetische oder antisowjetische Formen des Marxismus.[773] Gegen Ende der 1960er Jahre stellten amerikanische Juden "mindestens die Hälfte der aktiven Demonstranten in der Neuen Linken",[774] und "die nicht-populistische Art des Radikalismus [war] laut, intellektuell, ideologisch und hauptsächlich jüdisch".[775]

Vor dem geistigen Auge von Marx[776] würde die proletarische Revolution, die ultimative Ausweitung des Klassenkriegs, zuerst in den hochindustrialisierten

---

[770] *Enzyklopädie von Russland und der Sowjetunion*, S. 70, 72-73.

[771] Siehe S. 132-33.

[772] Noch 1947 schätzte man, dass 39,3 Prozent der amerikanischen kommunistischen Parteiaktivisten Juden waren - etwa zwölfmal so viel wie der jüdische Anteil an der Bevölkerung zu dieser Zeit. In den 39,3 Prozent waren die jüdischen Mitläufer nicht enthalten. Weyl, *Die kreative Elite in Amerika*, S. 103.

[773] Einige Juden wurden zu entschiedenen Antikommunisten, aber ihr Antikommunismus war dialektisch, polemisch und häufig hysterisch. Einige Juden hielten durch, egal was geschah. Herbert Aptheker ist Cheftheoretiker des schwindenden amerikanischen Zweigs der Partei geblieben. Andere Juden haben ihre verbleibende Sympathie für den Kommunismus durch eine wachsende Sympathie für Israel gemildert. Ein Beispiel für solche gemischten Gefühle, wenn es nicht dem *Wall Street Journal* (3. Juli 1962) entnommen wäre, würde zu den wilderen Seiten der *Protokolle von Zion passen*. Der kommunistische Spion Robert Soblen, der eine Kaution von 100.000 Dollar hinterlegt hatte, suchte Zuflucht, nicht in Russland, sondern in Israel. Ein Teil der Kaution wurde von Mrs. Benjamin Buttenwieser, der Frau eines Partners von Kuhn, Loeb, aufgebracht, die Mrs. Soblen 60.000 Dollar lieh, unter der Bedingung, dass George Kirstein, der Herausgeber der Nation, im Falle eines Verlustes die Hälfte des Betrages zurückerstatten würde. Soblen, eine Psychiaterin, beging später in England Selbstmord, als sie in die USA zurückkehrte.

[774] Nach einer Schätzung von Nathan Clazer, Professor für Soziologie an der Universität von Kalifornien. *New York Times*, 4. Mai 1969, S. 80. Ein anderer Soziologieprofessor formulierte seine Schätzung anders: "Von zehn Radikalen sind wahrscheinlich fünf jüdisch." Van den Haag, a.a.O., S. 118.

[775] Yaffe, op. cit., S. 255.

[776] Ein Zeichen dafür, dass die menschliche Evolution gerade erst begonnen hat oder bereits am Ende ist, ist die Ernsthaftigkeit und der Respekt, den Generationen westlicher Geister dem "Denken" von Marx und Engels entgegengebracht haben. Wie die meisten

Nationen stattfinden, die zu seiner Zeit Großbritannien und Deutschland waren.[777] Da er Russland gegen Ende des revolutionären Zeitplans und China

---

ihrer Zeitgenossen waren beide in Biologie und Genetik so bewandert wie ein heutiger "Flat Earther" in Himmelsmechanik und Astrophysik. Obwohl sie sich abfällig über Neger äußerten und über die "tartarisierten und mongolisierten" Slawen spotteten, waren die beiden Gründerväter des Kommunismus davon überzeugt, dass alle Anzeichen rassischer Minderwertigkeit schnell ausgerottet und alle minderwertigen Menschen schnell auf das Niveau der fortgeschrittenen Rassen gehoben würden, sobald das Proletariat die Macht übernommen hätte. Weyl und Possony, *Geography of Intellect*, S. 20, und Darlington, op. cit., S. 546. Engels war besonders bekannt für eine perverse Art von hegelianischem Kauderwelsch, das völlig lächerlich wäre, würde es nicht von einem großen Teil der Menschheit als heilige Schrift betrachtet. "Schmetterlinge zum Beispiel entspringen aus dem Ei durch eine Negation des Eies", schrieb Engels in *Ant-Dühring*, trans. Emile Burns, International Publishers, New York, 1966, S. 149. "Aber nehmen wir ... eine Dahlie oder eine Orchidee: wenn wir den Samen und die Pflanze, die daraus wächst, wie ein Gärtner behandeln, erhalten wir als Ergebnis dieser Negation der Negation nicht nur mehr Samen, sondern auch qualitativ bessere Samen [und] jede wiederholte Negation der Negation erhöht diese Verbesserung." Ibid. Wie die Höhlenmenschen der Steinzeit, die die Welt als ein Schlachtfeld rivalisierender übernatürlicher Mächte sahen, hatte Engels eine ebenso vereinfachende Sichtweise - einen Weltkampf zwischen Ausbeutern und Ausgebeuteten, Kapitalisten und Arbeitern. "Die ganze Geschichte der Vergangenheit war die Geschichte von Klassenkämpfen... die sich bekämpfenden Klassen der Gesellschaft sind immer das Produkt der Produktions- und Tauschverhältnisse...", ebd., S. 33. Es gab natürlich keine Möglichkeit einer rationalen Debatte mit Marx und Engels, da "ihre Gegner nur entweder bürgerliche Idioten oder proletarische Verräter sein konnten." Ludwig von Mises, *Theorie und Geschichte*, Arlington House, New Rochelle, N.Y., 1969, S. 131. Im Laufe der Zeit stützten die Marxisten "ihre Hoffnungen nicht mehr auf die Kraft ihrer Argumente, sondern auf den Groll, den Neid und den Hass der Massen". Ebd., S. 65. In seiner *Rede über den Bürgerkrieg in Frankreich* (1871) zeigte Marx seine philosophische Distanz, indem er den Vizepräsidenten Jules Favre beschuldigte, "im Konkubinat mit der Frau eines Dipsomanen zu leben". Ebd., S.134. "Was die ... Theorie der materialistischen Geschichtsauffassung von Marx betrifft, [fügte er] keine einzige neue Idee auf diesem Gebiet hinzu..." Pitirim Sorokin, *Zeitgenössische soziologische Theorien*, S. 520, Fußnote 24. Sorokin bemerkte, dass ein wenig bekannter preußischer Ökonom, Georg Wilhelm von Raumer, eine ökonomische Theorie der Geschichte formulierte, die fast identisch mit der von Marx war. Ebd., S. 521-22.

[777] Der verachtete "Rassist" de Gobineau war ein viel besserer Prophet der europäischen Ereignisse als Marx. In einem Brief aus dem Jahr 1866 schrieb der Autor von *"Die Ungleichheit der Rassen"*, dass, wenn die gegenwärtigen Trends in der deutschen Politik anhalten, "die Macht dem ersten Korporal zufallen wird, der sie im Vorübergehen ergreift". Dostojewski zeichnete in seinem Roman *Die Besessenen* ein fast genaues Bild des Russlands des zwanzigsten Jahrhunderts. Der unheimlichste Vorhersager der Zukunft war jedoch der französische Anthropologe Vacher de Lapouge, der 1899 voraussagte: (1) den kometenhaften Aufstieg und Fall des Dritten Reiches; (2) den absoluten Sozialismus in Russland; (3) einen Wettstreit um die Weltherrschaft zwischen Russland und den Vereinigten Staaten, wobei letztere bevorzugt würden, weil sie 15 Prozent der nordischen

ganz am Ende ansiedelte, schenkte er den Einflüssen, die rassische Homogenität oder Heterogenität bei der Auslösung oder Abschwächung der Revolution haben könnten, wenig oder keine Beachtung. Marx' Vorhersagen wären vielleicht nicht so abwegig gewesen, wenn er bedacht hätte, dass ebenso wie einige Rassen eher zur Industrialisierung neigen als andere, einige resistenter gegen die Revolution sind als andere, insbesondere die Revolution in ihrer proletarischen Form.

Warum ist Japan trotz einer Niederlage im Zweiten Weltkrieg, die mit atomarer Zerstörung einherging, die stabilste Großmacht in Asien und am wenigsten anfällig für Revolutionen? Ist nicht ein Teil der Antwort, dass es die rassisch homogenste der großen asiatischen Nationen ist? Warum ist Costa Rica das wohlhabendste und fortschrittlichste Land in Mittelamerika? Die Tatsache, dass es der einzige mittelamerikanische Staat mit einer überwiegend weißen Bevölkerung ist, könnte einen Hinweis darauf liefern. Warum ist Deutschland nach der Niederlage im Ersten Weltkrieg fast einer Revolution erlegen, und warum wurde sein westlicher Teil nach der viel schlimmeren deutschen Niederlage im Zweiten Weltkrieg zur wohlhabendsten Nation in Europa? Könnte es sein, dass die dynamische Minderheit, die nach dem Ersten Weltkrieg in großer Zahl vorhanden war, nach dem Zweiten Weltkrieg durch ihre Abwesenheit auffiel?[778]

Und war nicht dieselbe Minderheit, die hyperaktiv das revolutionäre Chaos schürte, das zu Russlands Niederlage im Ersten Weltkrieg beitrug, unfähig und unwillig, den russischen Patriotismus im Zweiten Weltkrieg zu entkräften? Es war die russische Mehrheit und nicht die Völker der Sowjetunion als Ganzes, wie Stalin selbst zugab, die weitgehend für die Niederlage der deutschen Streitkräfte an der Ostfront verantwortlich war.[779]

Die Frage in den vorangegangenen Absätzen soll nicht die Grundlage für eine umfassende rassistische Interpretation der Geschichte bilden. Sie deutet lediglich an, dass die Rasse oft eine bessere Erklärung für Ereignisse liefert als die Klasse.[780] Vielleicht ist das der Grund, warum im Sprachgebrauch des

---

Weltbevölkerung gegenüber den 9 Prozent Russlands aufwiesen; (4) den jüdischen Aufstieg, der seiner Meinung nach nur durch den Sozialismus gebrochen werden könne. Lapouge, der selbst ein eingefleischter Antisemit war, wandte sich gegen den französischen Antisemitismus seiner Zeit, den er als eine seltsame Mischung aus wirtschaftlichem Protektionismus und liberalem Klerikalismus bezeichnete, die das gallische Element Frankreichs zum Nachteil des germanischen begünstigte. *L'Aryen, son rôle social*, Fontemoing, Paris, 1899, S. 345, 371, 464, 469, 482, 510.

[778] Am Ende des Ersten Weltkriegs gab es 600.000 Juden in Deutschland - am Ende des Zweiten Weltkriegs nur noch 25.000 in Westdeutschland. Sachar, a.a.O., S. 425, 489.

[779] Für eine Analyse des Zusammenbruchs der Sowjetunion siehe Kapitel 33.

[780] Die *reductio ad absurdum* des Marxismus ist der Fall von Marx selbst. Wenn die marxistische Diagnose der ökonomischen Motivation des menschlichen Verhaltens

modernen Liberalismus Klasse oft zu einem Euphemismus, wenn nicht gar zu einem Codewort für Rasse geworden ist. Rasse hat einen hässlichen Klang und neigt dazu, alle Argumente auf eine persönliche Gleichung zu reduzieren. Der Begriff "Klasse" hingegen eignet sich gut für die aktuelle politische und wirtschaftliche Semantik. Intelligente Minderheitenführer, die den rassischen Hintergrund der meisten Klassengegensätze aus erster Hand kennen, erkennen, dass sie durch die Thematisierung der Rasse das Rassenbewusstsein derjenigen wecken können, die durch die Klassenpropaganda so effektiv gespalten und entwaffnet wurden. Da in einigen Ländern eine Koalition von Minderheiten für einen erfolgreichen revolutionären Kampf notwendig ist, könnte zu viel Gerede über Rasse eine Minderheit gegen eine andere aufbringen.

Wenn die von den Marxisten sehnsüchtig erwartete proletarische Revolution in den Vereinigten Staaten jemals ausbricht, dann nicht wegen der Verhärtung der Klassengegensätze oder der kapitalistischen Ausbeutung,[781] sondern wegen der Heterogenität der amerikanischen Bevölkerung, des Rassismus von Minderheitselementen innerhalb dieser Bevölkerung und der Ausgrenzung der amerikanischen Mehrheit. Die Schlachtreihenfolge ist bereits festgelegt. Auf der revolutionären Seite der Barrikaden werden die feuerspeienden Aktivisten der nicht assimilierbaren Minderheiten, die weniger assimilierten Führer der assimilierbaren Minderheiten und die verzweifelten und kompromittierten Liberalen der Mehrheit stehen. Auf der konterrevolutionären Seite[782] werden der Kern der Mehrheit und die assimilierten Minderheiten stehen. Wie bei allen Revolutionen wird der größte Teil der Bevölkerung ein sehr niedriges und sehr neutrales Profil annehmen oder versuchen, es anzunehmen.

---

richtig ist, dann muss Marx' eigene Karriere die Ausnahme sein, die die Regel bestätigt. Der bürgerliche Sohn eines wohlhabenden jüdischen Anwalts, der zum Protestantismus konvertierte, strebte nach dem Adel, wie seine Heirat mit Jenny von Westphalen, der Tochter eines Regierungsbeamten, der dem Kleinadel angehörte, beweist. Welche klassenbedingten Beweggründe könnten Marx dazu bewogen haben, sich für das Proletariat zu engagieren? Als Angehöriger einer Minderheit werden jedoch sein sozialer Aufstieg, sein eigennütziger Dogmatismus und sein Hass auf die europäische Zivilisation des neunzehnten Jahrhunderts verständlicher. Wie alle überzeugten Dogmatiker war Marx zudem nicht bereit, das zu praktizieren, was er predigte. Zu der Zeit, als er sein Meisterwerk *Das Kapital* fertigstellte, investierte er schwer und töricht in den Londoner Aktienmarkt und musste seinen Onkel Philips, einen Bankier, dessen Nachkommen das riesige niederländische Elektronikunternehmen gleichen Namens gründeten, um Hilfe bitten. Siehe die deutsche Zeitschrift *Capital*, Hamburg, Juni 1970, S. 166.

[781] Im direkten Widerspruch zur marxistischen Theorie und wie bereits auf S. 224-25 festgestellt, scheint die Militanz der Neger in den Vereinigten Staaten in direktem Verhältnis zum Einkommen der Neger zuzunehmen.

[782] Die Begriffe revolutionär und konterrevolutionär können irreführend sein, wenn sie auf die Befürworter und Gegner einer Revolution angewandt werden. Auf lange Sicht kann eine erfolgreiche Konterrevolution mehr Institutionen umstürzen und die Gesellschaft radikaler verändern als die Revolution, die sie inspiriert hat.

Eine proletarische Revolution würde der Enteignung der Mehrheit offensichtlich den letzten Schliff geben. Um den Tag zu beschleunigen, versetzen die aufrührerische Rhetorik, die Aufstände in den Städten und der Guerillakrieg, den die Medien immer noch lieber als Verbrechenswelle bezeichnen, so viele Amerikaner in eine so revolutionäre Stimmung, dass eine weitere Eskalation der Gewalt kaum notwendig sein wird. Ein paar weitere Jahrzehnte dieser Aufweichung, dieser Vorbereitung auf die Tötung, könnten für die Mehrheit genauso schädlich sein wie ein marxistischer Putsch.

In diesem Sinne - oder leider in so vielen Fällen nicht in diesem Sinne - untermauern viele der reichsten und einflussreichsten Mitglieder der Mehrheit weiterhin die Vorstellung vom Klassenkampf durch ihre starrköpfige Unterwerfung unter das Wirtschaftsdogma des 19. Ihr Abstimmungsverhalten, ihre Lektüre und ihre Reden vermitteln oft den Eindruck, dass sie mehr an der Rettung eines Wirtschaftssystems als an der Rettung ihres Volkes, ihres Landes oder ihrer selbst interessiert sind. Die Marxisten, die ebenfalls daran glauben, dass die Wirtschaftsdoktrin mit dem Schicksal der Nationen verbunden ist, freuen sich über den paranoiden Materialismus der alten Garde der Mehrheit.

Wenn die Wirtschaft zu einer heiligen Kuh wird, wird sie auch zu einem trojanischen Pferd. Der einzig wahre Maßstab für jedes Wirtschaftssystem ist seine Fähigkeit, das Umfeld für die maximale Entfaltung der Kreativität der Menschen zu schaffen. Wenn man die Wirtschaft auf andere Weise misst, wenn man zulässt, dass die Wirtschaft zu den mürrischen kleinen Dogmen verkommt, die derzeit den Widerstand der Mehrheit entwaffnen, dann beschleunigt man den wirtschaftlichen Zusammenbruch, auf den die Koalition aus Liberalen und Minderheiten mit angehaltenem Atem wartet.

KAPITEL 26

Das proletarische Syndrom

Ein kurzer Überblick über die amerikanische Gewerkschaftsbewegung liefert einen weiteren Beweis für den rassischen Charakter des Klassenkampfes. Welche Form die Gewerkschaften in den Vereinigten Staaten auch immer angenommen haben - die paternalistischen Handwerksgewerkschaften, die revolutionären Industrial Workers of the World, die dynamischen Industriegewerkschaften der dreißiger Jahre, die riesigen millionenstarken Gewerkschaftskonglomerate der Gegenwart -, fast alle hatten einen gemeinsamen Nenner. Ihre Führung, zumindest in jüngster Zeit, stammte nicht oft aus den Reihen der Mehrheit.

Es ist nichts Neues zu sagen, dass in den modernen Gewerkschaften nur noch wenig von der mittelalterlichen Zunft zu finden ist. Die religiösen Bindungen der Zunft, die Schwüre der Brüderlichkeit, die Betonung von Qualität statt Quantität, der persönliche Stolz auf das fertige Werk - all das ist weit entfernt von der Praxis und Philosophie der heutigen Riesengewerkschaften. Der Zünftler sorgte sich darum, was er für seine Arbeit erhielt. Aber er kümmerte sich auch um das Produkt seiner Arbeit. Nicht so das typische Mitglied einer großen Industriegewerkschaft, dem es fast ausschließlich um seinen Lohn und seine Zusatzleistungen geht.

Im Amerika des neunzehnten Jahrhunderts hatten die Gewerkschaften eine wechselhafte und teilweise gewalttätige Geschichte.[783] Oft wurde schon ihre Existenz als illegal eingestuft. Bis weit ins zwanzigste Jahrhundert hinein verhängten Gerichte routinemäßig Antistreik-Verfügungen. Dann kamen die wirtschaftlichen Schwierigkeiten der frühen 1930er Jahre, als sich das Gewicht des Gesetzes auf die Seite der Gewerkschaften verlagerte.

Statt des Arbeitnehmers, der für Gewerkschaftsaktivitäten bestraft wurde, war es nun der Arbeitgeber, der für "union busting" bestraft wurde. Da der geschlossene Betrieb zu einer heiligen Institution wurde, wurde der "Yellow Dog"-Vertrag (der den Arbeitnehmern den Beitritt zu einer Gewerkschaft verbietet) verboten.

Erst in der Mitte des Jahrhunderts wurde die scheinbar unwiderstehliche Kraft, die die Arbeiterbewegung in der Ära des New Deal erlangt hatte, in Frage

[783] Jahrhunderts waren die Molly Maguires, eine geheime Gruppe irischer Bergarbeiter, die in den Jahren 1862-76 in den kohleproduzierenden Bezirken Pennsylvanias Mord und Chaos begingen. Neunzehn Mitglieder der Gruppe wurden gehängt. Viele andere wurden inhaftiert. *Ency. Brit.*, Bd. 15, S. 678.

gestellt. Das Taft-Hartley-Gesetz (1947), das gegen das Veto von Präsident Truman verabschiedet wurde, schränkte bestimmte gewerkschaftliche Missbräuche ein, indem es eine Bedenkzeit für Streiks vorsah, die das nationale Interesse berührten, und indem es den Bundesstaaten erlaubte, den Gewerkschaftsbetrieb durch Gesetze zum Recht auf Arbeit einzuschränken. Die Wirtschaftsdeterministen, die automatisch jeden Zusammenhang zwischen Gewerkschaftsbewegung und Rasse leugnen, könnten zur Kenntnis nehmen, dass die neunzehn Staaten, die 1966 Gesetze zum Recht auf Arbeit hatten, mit einer oder zwei Ausnahmen diejenigen waren, in denen der politische Einfluss der Mehrheit am stärksten war.[784]

Der Zwang zur Assimilierbarkeit oder Unassimilierbarkeit der Minderheit in den amerikanischen Gewerkschaften war von Anfang an offensichtlich. Die Knights of Labor wurden zur ersten bedeutenden nationalen Gewerkschaftsorganisation, was vor allem Terence Powderly zu verdanken war, dem Sohn irischer Einwanderer und Rechtsanwalt.[785] Aus den Knights of Labor entwickelte sich später die American Federation of Labor, deren erster Präsident der Zigarrenfabrikant Samuel Gompers war, der in Großbritannien als Sohn niederländisch-jüdischer Eltern geboren wurde. Eugene Debs, Organisator der ersten großen Eisenbahngewerkschaft und mehrjähriger Präsidentschaftskandidat der Sozialistischen Partei, war der Sohn französisch-elsässischer Einwanderer.[786]

Die großen Nadelgewerkschaften bestanden fast ausschließlich aus Minderheiten, von der jüdischen Führung an der Spitze bis zu den jüdischen und italienischen Mitgliedern an der Basis. Sowohl David Dubinsky als auch Sidney Hillman, die an der Spitze der International Ladies Garment Workers bzw. der Amalgamated Clothing Workers standen, wurden im Ausland als Kinder jüdischer Eltern geboren. Hillman spielte zusammen mit John L. Lewis, dem

[784] Die Staaten waren: Alabama, Arizona, Arkansas, Florida, Georgia, Iowa, Kansas, Mississippi, Nebraska, Nevada, North Carolina, North Dakota, South Carolina, South Dakota, Tennessee, Texas, Utah, Virginia und Wyoming.

[785] Eine Liste der irisch-amerikanischen Gewerkschaftsführer finden Sie auf S. 132.

[786] Mitglieder von assimilierbaren Minderheiten, von denen einige selbst von Minderheiten in ihren Heimatländern in der Alten Welt abstammen, haben als Gewerkschaftsführer sowohl ein berufliches als auch ein persönliches Interesse daran, sich der Assimilierung zu widersetzen. Da die Gewerkschaften in einem Vielvölkerstaat wie den Vereinigten Staaten kaum umhin können, sich in gewissem Maße an die Minderheiten anzupassen, ist ein Minderheitenhintergrund eine hilfreiche und oft notwendige Qualifikation für die Gewerkschaftsführung. Die sorgfältig kultivierte "Minderheitspose" vieler Gewerkschaftsfunktionäre, die assimilierbaren Minderheiten angehören, kann nicht umhin, auf ihre privaten Einstellungen und Gefühle abzufärben und viele psychologische Hindernisse auf dem Weg zu ihrer Assimilierung zu errichten.

farbigen Sohn eines walisischen Bergarbeiters,[787] eine Hauptrolle bei der Gründung des CIO (Congress of Industrial Organizations). Er verkörperte den Höhepunkt der Gewerkschaftsmacht auf dem Parteitag der Demokraten 1944, als Präsident Roosevelt die Anweisung gab, dass jeder, der Vorschläge zur Parteiplattform oder zur politischen Strategie machen wollte, dies zuerst mit Sidney abklären musste.[788]

Andere hochrangige Gewerkschaftsführer mit assimilierbarem oder nichtassimilierbarem Minderheitenhintergrund waren oder sind: William Green, der zweite Präsident der American Federation of Labor, wie Lewis Sohn eines walisischen Bergarbeiters; George Meany, langjähriger Präsident der AFLCIO, ein irischer Amerikaner; Ike Gold, der jüdische Chef der United Rubber Workers; Sol Stetin, der jüdische Chef der Textile Workers; Caesar Petrillo von der American Federation of Musicians; Philip Murray von den United Steelworkers, geboren in Schottland von irischen Eltern; Joseph Curran von der National Maritime Union; Mike Quill von den Transport Workers; Walter Reuther von den United Auto Workers, Sohn eines deutschen Sozialisten und Ehemann einer jüdischen Sozialarbeiterin; Harry Bridges, ein Australier, Chef der International Longshoremen, verheiratet mit einer Japanerin; Albert Shanker, jüdischer Chef der American Federation of Teachers; Jerry Wurf, jüdischer Chef der American Federation of State, County and Municipal Employees; Cesar Chavez von den United Farm Workers; und Jackie Presser, jüdischer Chef der Teamsters, der größten Gewerkschaft des Landes. Aufgrund seiner Verbindungen zu Gangstern hatte Presser vor seinem Tod 1986 ernsthafte Auseinandersetzungen mit dem Gesetz.

Natürlich gibt es Millionen von Mitgliedern der Mehrheit in den Reihen der amerikanischen Gewerkschaften, aber sie sind nicht oft in den Führungsetagen der Gewerkschaften zu finden. Es ist die hohe Konzentration von assimilierbaren und nichtassimilierbaren Minderheitenmitgliedern in den führenden Kreisen der Gewerkschaften, die der Gewerkschaftsbewegung einen Minderheitscharakter verleiht und die Ausgabe großer Mengen von Gewerkschaftsgeldern für eine minderheitenorientierte Politik erklärt, die häufig den Interessen der Mitglieder insgesamt zuwiderläuft.[789] Die Aufhebung der Rassentrennung in den Schulen,

---

[787] Lewis' Vater war Angehöriger einer britischen Minderheit. Sein Sohn muss zugelassen haben, dass seine geerbten Minderheitsgefühle und seine Gewerkschaftszugehörigkeit den Assimilationsprozess verzögerten, den ein Amerikaner britischer Abstammung der zweiten Generation normalerweise durchläuft. Es ist zweifelhaft, ob ein vollständig assimilierter Amerikaner 1944 einen landesweiten Kohlenstreik ausgerufen hätte, während sein Land in einen Weltkrieg verwickelt war.

[788] Adrian A. Paradis in *Labor in Action*, Julian Messner, New York, 1963, S. 119.

[789] Sowohl Gewerkschaften als auch Unternehmen sind gesetzlich daran gehindert, direkt zu nationalen politischen Kampagnen beizutragen, obwohl beide "politische Aktionsausschüsse" sponsern können, um Geld an Kandidaten zu leiten. Es versteht sich

die Beschwichtigung schwarzer Kämpfer, die Sanktionen gegen Südafrika und Rhodesien, die Interventionspolitik im Nahen Osten und die finanziellen Zuschüsse für marxistische Gewerkschaftsorganisationen im Ausland entsprechen sicherlich nicht den Wünschen der typischen Gewerkschaftsmitglieder.

Die amerikanische Arbeiterschaft ist in Verbindung mit der amerikanischen Wirtschaft für die Lawine von Waren und Dienstleistungen verantwortlich, die den amerikanischen Lebensstandard bis vor kurzem zum höchsten der Welt gemacht haben. Obwohl die Gewerkschaften bemerkenswerte Erfolge bei der Erhöhung des Einkommens der Arbeitnehmer und der Beendigung einiger der schlimmsten Missbräuche des Zahn- und Krallenkapitalismus erzielt haben, haben sie keine makellose Bilanz vorzuweisen. Der durch Federbetten, massiven Arbeitsausfall und Streiks verursachte Produktionsverlust ist eine der größten wirtschaftlichen Vergeudungen der Geschichte.[790]

Die Gewerkschaften ordnen sich immer noch gerne der progressiven Seite der politischen Bilanz zu, aber ihre egoistische und ängstliche Haltung gegenüber der Automatisierung hat die Gewerkschaftsbewegung zu einem der rückschrittlichsten und reaktionärsten Elemente im amerikanischen Leben gemacht.[791] Im Kommunikationsbereich ist es den Gewerkschaften gelungen, was den Presseherrschern nie gelungen ist - einige der größten Ballungsgebiete auf zwei Tageszeitungen zu reduzieren, die oft demselben Verleger gehören. Im Bereich der Kultur war der Einfluss der Gewerkschaften katastrophal.

---

von selbst, dass die Unternehmensleitung Druck auf die Beschäftigten ausüben kann, damit diese spenden, und die Gewerkschaftsführer können ihre Mitglieder in ähnlicher Weise "unter Druck setzen". Das Ergebnis ist, dass Unternehmensmitarbeiter und Gewerkschaftsmitglieder gezwungen werden können, eine Partei, ein Thema oder einen Kandidaten zu unterstützen, die oder den sie ablehnen. PACs aus der Wirtschaft sind überraschenderweise oft bereit, wirtschaftsfeindliche und arbeitnehmerfreundliche Kandidaten zu finanzieren. In einer vorläufigen Auswertung des Präsidentschaftswahlkampfes von 1980 gaben 867 registrierte Unternehmens-PACs 3,8 Millionen Dollar an Demokraten und 3,6 Millionen Dollar an Republikaner. Im gleichen Zeitraum spendeten die PACs der Arbeitnehmer den Demokraten 4,9 Millionen Dollar, den Republikanern nur 400.000 Dollar. *Wall Street Journal,* 13. Oktober 1980, S. 1, 13. Im Präsidentschaftswahlkampf 1968 spendeten die Gewerkschaften 60 Millionen Dollar für den Wahlkampf von Hubert Humphrey, obwohl 44 Prozent der Arbeitnehmerstimmen an Nixon gingen. Siehe die Zeitungskolumne von Victor Riesel, 11. November 1968. Die Teamsters' Union unterstützte Nixon 1972, nachdem der Präsident die Haftstrafe von James Hoffa umgewandelt hatte.

[790] Im Jahr 1970 gingen bei 5.716 Arbeitsniederlegungen 66.414.000 Arbeitsstunden verloren.

[791] Die Angst der Arbeiter vor dem technischen Fortschritt könnte man mit der von Vespasian vergleichen. Als dem römischen Kaiser eine Maschine gezeigt wurde, die den Einsatz von Arbeitskräften beim Transport schwerer Steinsäulen überflüssig machen würde, soll er sich geweigert haben: "Lasst mich meine armen Bürger ernähren."

Fantastische Lohntarife und die erzwungene Einstellung von überflüssigen Bühnenarbeitern und Musikern haben das Theater, die Oper und den Konzertsaal in ein großes Unternehmen verwandelt, in dem die Kunst der Finanzierung Vorrang vor der Kunst selbst hat.

Die Mehrheit hat von der Basis der amerikanischen Arbeiterschaft, ob gewerkschaftlich oder nicht, wenig zu befürchten. Die meisten weißen Arbeiter sind entweder echte Mitglieder der Mehrheit oder werden rasch in die Mehrheit integriert. Was die Mehrheit zu fürchten hat, sind die unassimilierbaren oder herumlungernden Gewerkschaftsführer, die bei nationalen Notfällen zu Streiks aufrufen, die ihren Würgegriff über verschiedene Wirtschaftszweige dazu nutzen, die Löhne so hoch zu treiben, dass amerikanische Produkte auf ausländischen Märkten keinen Preis mehr erzielen, die Gewerkschaftsbeiträge für nicht-gewerkschaftliche Zwecke umleiten und die sich mehr um die Geschehnisse in der lokalen und nationalen Politik kümmern als um ihre eigenen Gewerkschaften.

In einem relativ homogenen Land wie Großbritannien ist die Gewerkschaftsbewegung die Verkörperung des Klassenkampfes und nicht als Auswuchs eines Rassenkonflikts zu betrachten, auch wenn der Minderheitenanteil der britischen Bevölkerung fast immer auf der Seite der Gewerkschaften zu finden ist. Der Erfolg der britischen Gewerkschaftsbewegung, die dazu beigetragen hat, ein Empire in einen Wohlfahrtsstaat zu verwandeln, lässt sich eher auf einen Alterungsprozess zurückführen, bei dem die Aristokratie, der Landadel und der öffentliche Dienst, die durch jahrhundertelange imperiale Säbelrasseln und zwei völkermörderische Weltkriege bis zum Aussterben ausgedünnt waren, ihren Einfluss verloren. Mit anderen Worten: Der Klassenkrieg in Großbritannien wird nicht von der britischen Gewerkschaftsbewegung gewonnen. Er wird durch die Entropie der britischen herrschenden Klasse verloren. Da die Institutionen einer Nation die Übergabe der Macht an eine andere Klasse überleben können, aber nicht an eine andere Rasse, ist Großbritannien in den letzten Jahren zwar nicht von Arbeitsgewalt verschont geblieben, hat aber eine Revolution vermieden.[792]

In einem Vielvölkerstaat hingegen kann die Gewerkschaftsbewegung nicht verhindern, dass sie zu einer Stütze des Minderheitenrassismus wird. Zum Glück für die amerikanische Mehrheit ist sie aufgrund der Rassenunterschiede, die eine große Kluft zwischen der Gewerkschaftsführung und den Gewerkschaftsmitgliedern aufgerissen haben, eine schwache Stütze. Solange die Gewerkschaftsführer für höhere Löhne und größere Zusatzleistungen für die

---

792 In Großbritannien gibt es eine wachsende farbige Bevölkerung und eine sehr reiche, wenn auch kleine, jüdische Minderheit. Es ist gut möglich, dass diese aggressiven Minderheitselemente mit erheblicher Hilfe der britischen Proleten in der Lage sein werden, Großbritannien vom evolutionären Sozialismus zu einer eher leninistischen Variante zu führen.

Mitglieder sorgen, ist alles in Ordnung.[793] Doch wenn die Gewerkschaftspolitik zu sehr mit den sozialen Einstellungen und politischen Instinkten eines beträchtlichen Teils der Gewerkschaftsmitglieder kollidiert, beginnt das empfindliche Bündnis zu bröckeln.

Einige Elemente der Gewerkschaftsbewegung haben einen militanten Standpunkt gegen die Übergriffe der Sozialdemokratie eingenommen - Übergriffe, die von den Bossen der Gewerkschaftsbewegung gefördert und zum Teil subventioniert werden. Während die meisten Mitglieder der Mehrheit vor der Gewalt der Minderheiten zurückschrecken, haben es die Angestellten der Handwerksgewerkschaften, von denen viele zu den assimilierten Minderheiten gehören, gewagt, die Straßenbanden der nicht assimilierbaren Minderheiten mit ihren eigenen Waffen auf ihrem eigenen Boden zu bekämpfen. Die Aggressivität der Bauarbeiter, die 1970 in der Wall Street "Friedens"-Demonstranten angriffen, versetzte nicht nur der marxistischen Theorie einen weiteren tödlichen Schlag, sondern zeigte auch, dass die American Legion und die Daughters of the American Revolution nicht mehr die Nase vorn haben, wenn es um Patriotismus geht.

Auf der Sollseite stehen viele dieser Hartgesottenen, wie auch die meisten anderen Gewerkschaftsmitglieder, die sich der Lohn-Preis-Spirale verschrieben haben, die das Großkapital und die Großindustrie zu einem Synonym für Monopol und Inflation gemacht hat. Nur die wohlhabendsten Unternehmen sind heute in der Lage, sich die ausufernden Löhne, die kostenlose medizinische Versorgung, die Unfallversicherung, die Altersversorgung, den langen Urlaub, die zahlreichen Ruhezeiten, die Fehlzeiten, die Bummelstreiks und die Arbeitsniederlegungen zu leisten, die unweigerlich mit den Gewerkschaftsverträgen verbunden sind. Es ist nicht zu erwarten, dass der Rückzieher einiger großer Gewerkschaften angesichts der zunehmenden Konkurrenz aus Japan einen landesweiten Trend setzt. Die Tatsache, dass Lohnerhöhungen vorübergehend auf Eis gelegt wurden, oft im Gegenzug für eine Gewinnbeteiligung, könnte als Eingeständnis der großen Gewerkschaften gewertet werden, dass sie zu viel gefordert haben.

Da sie nicht in der Lage sind, steigende Kosten, immer höhere Steuern und immer mehr staatliche Vorschriften zu bewältigen, geraten viele kleine Unternehmen in die roten Zahlen, und Kleinbauern sind gezwungen, zu verkaufen. Der altgediente amerikanische Unternehmer, der Ladenbesitzer, der

---

[793] Es ist sowohl logisch als auch vorherbestimmt, dass die amerikanischen Gewerkschaftsorganisationen einen höheren Lebensstandard, bessere Arbeitsbedingungen und sichere Arbeitsplätze für ihre Mitglieder anstreben. Wenn das Endergebnis jedoch eine Arbeiterschaft ist, die mühsam fünfunddreißig Stunden oder weniger pro Woche arbeitet, während die Arbeiter eines aggressiven Staates - in dem Akkordarbeit und Produktionsquoten florieren und Streiks verboten sind - im Durchschnitt fünfzig oder mehr Stunden pro Woche arbeiten, wie sicher ist dann das Land mit den besseren Arbeitsbedingungen?

Wildhüter, der Goldsucher, der Rancher mit einem kleinen Viehbestand, der Landwirt[794] - viele von ihnen üben traditionelle Berufe der Mehrheit aus - schließen sich den Reihen des Proletariats an oder stehen vor der Aussicht, dazu gezwungen zu werden.

"Das wahre Kennzeichen des Proletariers", schrieb Toynbee, "ist weder Armut noch bescheidene Geburt, sondern das Bewusstsein - und der Groll, den dieses Bewusstsein hervorruft -, von seinem angestammten Platz in der Gesellschaft enterbt und in einer Gemeinschaft, die sein rechtmäßiges Zuhause ist, unerwünscht zu sein; und dieser subjektive Proletarismus ist nicht unvereinbar mit dem Besitz von materiellen Gütern."[795] Um Toynbees Worte auf die Vereinigten Staaten der 1990er Jahre anzuwenden, ist der Proletarier der Mehrheit ein Opfer der anhaltenden Rassenkonfrontation. Sein Körper mag unversehrt sein, aber sein Geist und sein Wille sind vorübergehend oder dauerhaft geschädigt worden. Und als Proletarier, als jemand, der rassisch neutralisiert wurde, kann er schließlich dazu überredet werden, sich den Kräften anzuschließen, die ihn zu Fall gebracht haben.

Die Proletarisierung reicht oft bis in die Hochhausbüros der Unternehmensleitung, wo die Führungskräfte der Mehrheit, die in einem Wust von staatlichen Vorschriften, Arbeitsverträgen, Steuern, Fördermaßnahmen und Verwaltungsvorschriften gefangen sind, ebenso zu gesichtslosen Rädchen einer seelenlosen Wirtschaft geworden sind wie die niedrigsten Arbeiter in den Sweatshops. Ihre sechsstelligen Einkommen, ihre übermäßig großzügigen Spesenkonten und ihre imposanten Titel entschädigen kaum für die Frustration, dass sie das Kommando verlieren, dass sie weniger Befehle erteilen und mehr entgegennehmen, dass sie sich endlos vor Washingtoner Bürokraten, lästigen Aktionären und aufdringlichen Gewerkschaftsvertretern verbeugen und kratzen müssen. Sie haben die Befugnis zu entlassen verloren oder sind dabei, sie zu verlieren, und sie verlieren die Befugnis, Einstellungen vorzunehmen. Der Gewerkschaftsbetrieb hat das Erstere abgeschafft. Die Quoten für rassische Minderheiten heben letzteres auf.

Die Trennung von Eigentum und Management in großen Firmen und die zunehmenden Schwierigkeiten, das Eigentum in kleinen Firmen zu behalten, haben die einst hart arbeitenden Führungskräfte der Mehrheit in eine nomadische bürokratische Kaste verwandelt, die in einer nicht enden wollenden, oft unproduktiven zirkulären Wanderung von Unternehmen zu Unternehmen zieht. In vielen Unternehmen wurde der eckenschneidende, peitschenknallende Geschäftsführer - in einigen Fällen der Mann, der das Unternehmen von Grund auf aufgebaut hat, in den meisten Fällen der einzige Mann, der die Dinge in Gang

---

[794] In den Vereinigten Staaten gab es 1940 6.097.799 landwirtschaftliche Betriebe; 1992 waren es 2.094.000. *Weltalmanach* 1994, S. 121. Die Zahl der Negerfarmen ist noch stärker zurückgegangen als die der weißen Farmen.

[795] *Eine Studie zur Geschichte*, Bd. V, S. 63.

bringen kann - durch Buchhalter oder Anwälte ersetzt, mit dem Ergebnis, dass die hochwertige Massenproduktion, die große Erfindung des Geschäftsgenies der Mehrheit, finanziellen und steuerlichen Erwägungen untergeordnet wurde.[796] Noch demütigender für die Entscheidungsträger der alten Schule ist die Tatsache, dass viele wichtige Unternehmensrichtlinien nicht mehr von der Geschäftsleitung, sondern von Bundesbehörden und der "öffentlichen Politik" formuliert werden.[797]

Bei ihren tagtäglichen Angriffen auf die Wirtschaft der Mehrheit setzt die liberal-minderheitliche Intelligenz noch eins drauf, indem sie ständig das Schreckgespenst eines "militärisch-industriellen Komplexes" heraufbeschwört, der als eine Art Großverschwörung der WASP-Militärs und WASP-Industrieführer gegen das amerikanische Volk dargestellt wird.[798] Da es nur eines Federstrichs des Präsidenten bedarf, um einen beliebigen Offizier aus den Streitkräften zu entfernen, müssen die Präsidenten selbst in das Komplott eingeweiht gewesen sein. Da sich der Komplex angeblich vom Krieg ernährt, muss er unter den demokratischen Regierungen, die die Vereinigten Staaten in den Ersten und Zweiten Weltkrieg sowie in den Korea- und Vietnamkonflikt verwickelten, viel besser genährt worden sein. Anders ausgedrückt: Der militärisch-industrielle Komplex, wenn es ihn überhaupt gibt, muss zum Teil das Geistesprodukt seiner Kritiker sein. Die Tatsache, dass solch mächtige Verschwörer eine so schlechte Presse bekommen und dass jeder hochkarätige Fernsehkommentator, Zeitungsredakteur oder Kolumnist zehnmal so viel Einfluss hat wie ein Manager eines großen Unternehmens oder ein General des

[796] Robert McNamara, ehemaliger Präsident der Ford Motor Company und späterer Verteidigungsminister, begann seine berufliche Laufbahn als Buchhalter und kam erst mit dreißig Jahren zu Ford. *Aktuelle Biographie,* 1961, S. 292. Heute sitzen in den Vorständen der drei großen Detroiter Automobilunternehmen einige Mitglieder, die wahrscheinlich nicht einmal wissen, wie man einen Reifen wechselt.

[797] Monroe J. Rathbone, als Präsident von Standard Oil of New Jersey, erklärte: "Wir unternehmen nie etwas von Bedeutung, ohne vorher die Aspekte der Öffentlichkeitsarbeit genau zu bedenken." Wall Street Journal, Vol. LXVII, Nr. 99, S. 1.

[798] Der Satz tauchte erstmals in Präsident Eisenhowers Abschiedsrede zum Ende seiner zweiten Amtszeit auf, die von Malcolm Moos verfasst wurde. *Nation*, 28. April 1969, S. 525, und *U.S. News & World Report*, 19. September 1958, S. 17. Als Leiter der Universität von Minnesota im Jahr 1969 zog Moos es vor, keine disziplinarischen Maßnahmen gegen 70 schwarze Studenten zu ergreifen, die 24 Stunden lang ein Gebäude besetzten und 5.000 Dollar Schaden anrichteten. *New York Times*, 26. Oktober 1969, S. 59. Das, was einem militärisch-industriellen Komplex am nächsten kommt, trat erstmals während des Ersten Weltkriegs in Erscheinung, als Bernard Baruch die amerikanische Industrie reglementierte, um den Anforderungen der totalen Kriegsführung gerecht zu werden. Er wurde im Zweiten Weltkrieg als Teil des von Louis Johnson, dem stellvertretenden Kriegsminister, entwickelten und von Präsident Roosevelt genehmigten Industrial Mobilization Plan wiederbelebt. *New York Times*, 22. März 1970.

Pentagon, scheint gegen die Wahrscheinlichkeit einer solchen Verschwörung zu sprechen.

Der militärisch-industrielle Komplex ist nur einer von vielen semantischen Schreckgespenstern - eine aktualisierte Version des bürgerlichen Ausbeuters, des kapitalistischen Monsters, des ökonomischen Royalisten, des Zürcher Gnoms, des Wall-Street-Blutsaugers, des Faschisten, des Nazis und anderer liberaler und marxistischer Pejorative -, die darauf abzielen, die Mehrheit in Klassen aufzuteilen, in Reiche und Arme, Unternehmen und Arbeiter, Begünstigte und Benachteiligte. All dies ist Teil des großen Plans, den Menschen in wirtschaftliche statt in genetische Kategorien einzuteilen, eine sehr praktische und sehr wirksame Strategie für Minderheiten, die Mehrheiten überwinden wollen.

Die Gewerkschaftsführer wissen besser als jeder andere, dass der direkteste Weg zum Herzen der Menschen der Appell an das Eigeninteresse ist, der in bester Gewerkschaftstradition sowohl das Zuckerbrot der Lohnerhöhung als auch die Peitsche der Arbeitslosigkeit beinhaltet. Sie wissen auch, dass in jedem Menschen ein Stück Proletarismus steckt und dass es ihre Aufgabe ist, diesen zu maximieren und an die Oberfläche zu bringen. Was sie nicht wissen oder vorgeben, nicht zu wissen, ist, dass der Mensch, wenn er auf den wirtschaftlichen Menschen reduziert wird, den größten Teil seiner Menschlichkeit verliert.

KAPITEL 27

Die fiskalische Kampffront

OBERFLÄCHLICH ist die Besteuerung ein Mittel zur Deckung der Kosten des Staates und - in diesen letzten Tagen des keynesianischen Zeitalters - zur Regulierung der Wirtschaft. Unter der Oberfläche ist die Besteuerung ein Mittel, um die Kontrolle über den Staat zu erlangen und zu behalten, um die Besetzer der Sitze der Macht zu wählen. In der Vergangenheit hatten die Eroberer einer Nation die Angewohnheit, sich selbst von der Besteuerung zu befreien und die Steuerlast direkt der unterworfenen Bevölkerung aufzuerlegen. Die Besteuerung war folglich der Preis der Niederlage. Mit dem Aufkommen der Wirtschafts- und Sozialdemokratie hat sich daran wenig geändert. Der Zweck der Besteuerung wurde von der Erschließung des Reichtums auf dessen Ausgleich und Umverteilung ausgedehnt. Es überrascht nicht, dass diese neuen Steuerfunktionen, die unter dem Namen "Steuerreform" den Amerikanern eine immer höhere Steuerrechnung beschert haben, eine besondere Anziehungskraft auf die Koalition aus Liberalen und Minderheiten ausübten.

Die Steuern, die sich am ehesten für einen Steuerkrieg eignen, sind die Einkommensteuer für Privatpersonen und Unternehmen sowie die Erbschafts- und Schenkungssteuer. Im Gegensatz zu Vermögens-, Verbrauchs- und Verkaufssteuern haben diese "selektiven" Steuern eine gleitende (manche würden sagen: erdrückende) Skala. Der überwiegende Teil aller Bundessteuereinnahmen stammt heute aus der Einkommenssteuer für Privatpersonen und Unternehmen sowie aus den "Sozialversicherungssteuern" - Steuern, die es um die Jahrhundertwende noch gar nicht gab.[799]

Es war die demokratische Regierung von Woodrow Wilson, die 1913 die Einkommensteuer auf Bundesebene durchsetzte, im selben Jahr, in dem der 16.[800] Der Steuersatz betrug pauschal 1 Prozent auf Einkommen über 3.000 Dollar (Alleinstehende) und 4.000 Dollar (Verheiratete) mit Aufschlägen von 1

[799] Im Haushaltsjahr 1992 brachte die Einkommenssteuer für Einzelpersonen dem Finanzministerium 476 Milliarden Dollar ein, die Körperschaftssteuer über 100 Milliarden Dollar, Sozialversicherungssteuern, Renten- und Arbeitslosenbeiträge mehr als 413 Milliarden Dollar, Verbrauchssteuern (Alkohol, Tabak, Kraftstoff usw.), Zölle sowie Erbschafts- und Schenkungssteuern etwa 101 Milliarden Dollar. *Weltalmanach* 1994, S. 99.

[800] Während und nach dem Bürgerkrieg gab es zehn Jahre lang eine Bundeseinkommenssteuer und 1894 eine weitere, die vom Obersten Gerichtshof für verfassungswidrig erklärt wurde.

bis 6 Prozent auf steuerpflichtige Einkommen über 20.000 Dollar. Bis zum Ersten Weltkrieg stiegen die Einkommenssteuern auf 6 bis 12 Prozent mit Zuschlägen von bis zu 65 Prozent.[801]

Es war eine andere demokratische Regierung, nämlich die von Franklin Roosevelt, die die Einkommenssteuer für Einzelpersonen auf sparschädigende Sätze anhob, die von mindestens 23% bis zu maximal 94% reichten. Die Körperschaftssteuer, die zu Wilsons Zeiten 1% betrug, wurde auf 52% angehoben.[802] Seit dem Zweiten Weltkrieg gab es einige Senkungen der Einkommenssteuer für Privatpersonen und Unternehmen, aber nur wenige von großer Bedeutung, abgesehen von großen Senkungen im oberen Bereich der individuellen Steuerklasse. Für die Amerikaner, die von Investitionen oder Spekulationen profitieren (das Internal Revenue Service unterscheidet kaum zwischen den beiden), gibt es eine Kapitalertragssteuer, die in den letzten Jahren gesenkt wurde. Da die Gehälter angehoben werden, um mit den steigenden Lebenshaltungskosten aufgrund der schleichenden, manchmal sprunghaften Inflation Schritt zu halten, werden die Steuerzahler in höhere Steuerklassen eingestuft und müssen folglich eine unverhältnismäßig höhere Einkommensteuer zahlen. Dies kann durch die Indexierung aufgehalten werden. Inzwischen haben 38 Bundesstaaten und mindestens vierzig Städte eine eigene Einkommensteuer.[803]

In ihrer jetzigen Form diskriminiert die Einkommensteuer die amerikanische Mehrheit aus vielen subtilen und weniger subtilen Gründen. Die Geschichte zeigt, dass die Einkommenssteuer, eine nordeuropäische Steuerinstitution, nur in Ländern effektiv funktioniert, in denen Nordeuropäer oder Nachkommen von Nordeuropäern vorherrschen.[804] In vielen lateinamerikanischen Ländern ist der Betrug bei der Einkommenssteuer so weit verbreitet, dass die Steuererhebung - mit Ausnahme der Quellensteuer - auf ein "Catch as catch can"-Verfahren reduziert worden ist, das praktisch nicht durchsetzbar ist. Es erübrigt sich hinzuzufügen, dass sich die Steuergewohnheiten vieler Völker der Alten Welt durch ihre Nachkommen in der Neuen Welt nicht grundlegend geändert haben.[805]

---

[801] *Ency. Brit.*, Bd. 12, S. 136.

[802] Ebd.

[803] *Weltalmanach* 1994, S. 148.

[804] "Das Verdienst für die Einführung der ersten großen erfolgreichen Einkommenssteuer der Welt wird gewöhnlich Großbritannien zugeschrieben. Die britische Steuer wurde erstmals 1779 eingeführt..." *Ency. Brit.*, Bd. 12, S. 136.

[805] In Italien werden die Menschen oft nach ihrem "scheinbaren" und nicht nach ihrem tatsächlichen Einkommen besteuert. Aus diesem Grund lassen sie ihre Sportwagen in den Tagen vor der Einkommensteuerveranlagung in der Garage stehen.

Ein Blick auf die Steuerbetrugsfälle der letzten Jahre in den Vereinigten Staaten zeigt einen ungewöhnlich hohen Anteil an Namen von Minderheiten.[806] Die Zeiten der mittelalterlichen Bremer Bürger, die ohne Steuereintreiber und Steuergesetze ihre Steuern "in ehrlicher Einschätzung der eigenen Leistungsfähigkeit und in freiwilliger Erfüllung einer Ehrenpflicht" zahlten, sind längst vorbei.[807] Aber man kann mit Fug und Recht behaupten, dass die Mehrheit in der Liste der Steuerhinterzieher, die nach einer Schätzung des Internal Revenue Service den Fiskus der Vereinigten Staaten jährlich um 95 Milliarden Dollar betrügen, immer noch unterrepräsentiert ist.[808] Die Mafia zahlt natürlich wenig oder gar keine Steuern auf ihre geschätzten jährlichen 30 Milliarden Dollar "Einnahmen".[809]

Da sich die Minderheiten gerade an den beiden Enden des amerikanischen Einkommensspektrums konzentrieren, ist die Steuerlast erdrückend auf die Mitte des Spektrums, die Mehrheitsmitte, gefallen. Steuerschlupflöcher helfen den sehr Reichen und Steuerbefreiungen helfen den sehr Armen. Wenn sie ein Haus besitzen, können die Amerikaner der Mittelschicht die Hypothekenzinsen absetzen, aber ansonsten profitieren sie kaum vom Steuersystem. Quellensteuern machen es Angestellten unmöglich, dem Steuereintreiber zu entkommen, aber Arzt- und Anwaltshonorare, die Bezüge der von Minderheiten besetzten Berufe, sind oft schwer nachzuvollziehen. Was die Steuerreform betrifft, die von allen Politikern als absolut notwendig bezeichnet wird, so artet sie in der Regel in einen Aufschrei gegen Steueroasen und sechsstellige Einkommen aus, während über steuerhinterziehende Stiftungen, politisch motivierte "Bildungs"-Organisationen und riesige steuerlich absetzbare Spenden an Israel wenig oder gar nichts gesagt wird.

Die gestaffelte Einkommenssteuer geht nicht nur zu Lasten des Geldbeutels der Mehrheit, sondern auch zu Lasten der Arbeitsgewohnheiten der Mehrheit. Wenn die Steuern zu hoch werden, zerstören sie den Anreiz, entmutigen das Sparen und fördern das Ausgeben - ein wirtschaftliches Verhalten, das auf eine Ablehnung der protestantischen Ethik hinausläuft, der traditionellen Leitlinie der Arbeitsgewohnheiten der Mehrheit. Die jahrhundertelange religiöse Indoktrination und einige mögliche genetische Einflüsse machen es für die Mehrheit schwieriger als für die Minderheit, sich an die neue verschwenderische Ethik der Spesenkonten, der Kreditkarten und der unbegrenzten Ratenkäufe anzupassen - die "Fly-now, pay-later"-Moral einer verschwenderischen Wirtschaft. Am härtesten trifft es die Unternehmer der Mehrheit, die in den

[806] Siehe Kapitel 30.

[807] Wilhelm Ropke, *Eine humane Wirtschaft*, Regnery, Chicago, 1960, S. 133.

[808] Mehr als ein Drittel des Haushaltsdefizits des Jahres 1992 in Höhe von 290.204.000.000 $.

[809] Wenn die Mafia Steuern auf ihre illegalen Gewinne zahlen würde, könnte es eine 10-prozentige Steuersenkung für alle geben. *Reader's Digest*, Jan. 1969, S. 225.

frühesten Phasen des Unternehmenswachstums durch hohe Gewinnsteuern und Wucherzinsen gezwungen sind, Fremdkapital zu beschaffen, um zu überleben. Wenn er es irgendwie schafft, zahlungsfähig zu bleiben und sein Unternehmen zu wachsen, wird er zum Hauptziel für die Raubzüge von Minderheitsunternehmen.

Die Erben derjenigen Mehrheitsvermögen, die noch nicht verprasst wurden, halten immer noch den Großteil ihrer Beteiligungen an den von ihren Vorfahren gegründeten Großunternehmen. Die Einkünfte aus diesen Vermögenswerten sind nun das Ziel eines doppelten Besteuerungssystems geworden, bei dem die Gewinne der Unternehmen mit etwa 35 Prozent besteuert werden und die aus dem verbleibenden Gewinn ausgeschütteten Dividenden wiederum als normales Einkommen besteuert werden. Noch nachteiliger für die Erhaltung des Mehrheitskapitals sind die föderalen Erbschafts- und Schenkungssteuern (über 50 Prozent), die in erster Linie für die Schaffung des monumentalen Steuertricks verantwortlich sind, der als steuerbefreite Stiftung bekannt ist.

Im Jahr 1985 gab es in den Vereinigten Staaten etwa 24.000 dieser steuervermeidenden Gruppen mit einem Vermögen von 20 Milliarden Dollar, die jährlich 1,5 Milliarden Dollar an Zuwendungen ausschütten.[810] Durch die Gründung dieser Stiftungen ist es vielen Millionären und Milliardären der Mehrheit gelungen, einen großen Teil ihres Reichtums dem Zugriff der Steuerbehörde zu entziehen, aber sie haben nicht verhindert, dass diese Cash Cows in die Hände von Menschen fallen, deren politische und wirtschaftliche Philosophien weit von denen der Gründer entfernt sind. Die meisten dieser Organisationen fallen in die Hände von Anwälten und professionellen Fondsmanagern, die dann großzügige Spenden für liberale und Minderheitenprojekte leisten. [811]

Man kann sich gut vorstellen, wie verärgert Henry Ford war, als er erfuhr, dass die Ford Foundation, eine der reichsten Stiftungen überhaupt, von einem schwarzen Anwalt, Franklin Thomas, geleitet wurde. Noch verblüffter wäre er gewesen, wenn er erfahren hätte, dass die Stiftung, die mit seinem Geld gegründet wurde, dem Congress of Racial Equality 175.000 Dollar zur Verfügung stellte, um die Wahl des ersten schwarzen Bürgermeisters von Cleveland, Carl Stokes, zu unterstützen.[812] Die Ford Foundation hat auch das Schreiben und die Produktion von schwarzen rassistischen Melodramen

[810] *Encyclopedia Americana*, Ausgabe 1985, Band 11, S. 646.

[811] Alger Hiss leitete einst die Carnegie-Stiftung für Internationalen Frieden. Eine andere Carnegie-Stiftung, die Carnegie Corporation, finanzierte Gunnar Myrdals *An American Dilemma*. Von den wenigen mehrheitsorientierten Stiftungen ist der Pioneer Fund die einzige wirklich antiliberale Stiftung mit nennenswertem Vermögen. Die Alexis de Toqueville Institution und die John M. Olin Foundation gelten als rechtslastig, aber ihr Konservatismus weicht selten von der Mitte des Weges ab.

[812] *Time*, 19. Januar 1968, S. 16.

subventioniert, deren Figuren oft nichts anderes tun, als Verwünschungen gegen alles Weiße auszusprechen.[813] Als Antisemit hätte es Ford jedoch sicher amüsiert, wenn er gewusst hätte, dass seine Stiftung ein Experiment zur Dezentralisierung von Schulen in New York City finanzierte, das zu einem erbitterten Rassenstreit zwischen Negereltern und jüdischen Lehrern führte.[814]

Kleine Stiftungen sind wahrscheinlich noch stärker auf Minderheiten ausgerichtet als größere Stiftungen. Immer mehr Stiftungen werden von Minderheitenmagnaten gegründet, die festlegen, dass ihr Geld ausschließlich für die Förderung von Minderheiten im In- und Ausland verwendet werden soll. Reiche Minderheiten neigen auch eher dazu, den alternativen Weg der Vermeidung von Erbschaftssteuern einzuschlagen, indem sie vor ihrem Tod einen großen Teil ihres Vermögens direkt an "wohltätige Organisationen" spenden - Organisationen, die sich ausschließlich den Interessen ihrer eigenen Bevölkerungsgruppen im In- oder Ausland widmen.[815]

Es ist eine Ironie des Schicksals, dass die Mitglieder der Mehrheit, deren Vorfahren als erste das revolutionäre Konzept entwickelt haben, dass die Besteuerung auf der Zustimmung des Steuerzahlers beruhen sollte, und deren Schlachtruf im Kampf gegen König Georg III. lautete: "Keine Besteuerung ohne Vertretung", ihre steuerlichen Vorrechte so leicht aufgeben konnten. Theoretisch bestimmen die Mitglieder des Kongresses immer noch die nationale Steuerstruktur. In der Praxis sind die Staatsausgaben so enorm geworden, dass der Kongress oft nichts anderes tun kann, als sie abzusegnen, wenn Steuergesetze im Eiltempo verabschiedet werden, um sie zu erfüllen.[816] Wie auch in anderen Bereichen der Gesetzgebung sind die Vertreter der Mehrheit so empfänglich für die Lobbyarbeit der liberalen Minderheiten, dass sie häufig für Steuern stimmen, die ihre eigenen Wähler direkt benachteiligen.

---

[813] Die von der Ford Foundation gesponserten Stücke waren nicht ganz so schlimm wie die, die von der Black Arts Theater School mit 44.000 Dollar aus Bundesmitteln zur Armutsbekämpfung aufgeführt wurden. Selbst Sargent Shriver, der Schwager von Präsident Kennedy, der letztlich für die Vergabe dieser Mittel verantwortlich war, musste zugeben, dass es sich um "abscheuliche, rassistische Stücke" handelte. *New York Times*, 38. Februar 1966, S. 11, und 9. März 1966, S. 24. 1951 gründete die Ford Foundation den Fund for the Republic, der neben anderen Projekten ein kleines Vermögen ausgab, um das House Committee on UnAmerican Activities anzugreifen. Goodman, *Das Komitee*, S. 379.

[814] *Wall Street Journal*, 18. Februar 1969, S. 16.

[815] Von den 107 steuerbefreiten Stiftungen in Maryland im Jahr 1967 waren siebenundfünfzig jüdisch, fast alle mit spezifisch jüdischen Zielen. *Das Stiftungsverzeichnis*, S. 315-28. Der jüdische Anteil an der Bevölkerung von Maryland lag 1970 bei etwa 5 Prozent.

[816] Die bekanntesten Steuersenkungen sind rein politischer Natur und halten nur selten mit der Erhöhung der Lohnabzüge für die Sozialversicherung Schritt.

Die Besteuerung ist jedoch nur ein Aspekt des Steuerkrieges, der gegen die Mehrheit geführt wird. Die Wohlfahrt ist ein anderer. Die Aufgaben und Verpflichtungen der Gesellschaft gegenüber den Bedürftigen, Kranken, Alten und Arbeitslosen wurden früher von der Familie, dem Dorf, der privaten Wohltätigkeit und der Kirche übernommen. Heute sind diese Aufgaben weitgehend von Bund, Ländern und Gemeinden übernommen worden. Auch hier sind die Leistungen nicht gerecht verteilt. Die Armen, die zu einem unverhältnismäßig hohen Anteil nicht weiß sind, können so viele Kinder haben, wie sie wollen, da sie kostenlose medizinische und Krankenhausversorgung sowie dickere Sozialhilfe-Schecks für jedes weitere Kind erhalten. Amerikaner mit mittlerem Einkommen, von denen die meisten immer noch darauf bestehen, für ihren Lebensunterhalt selbst aufzukommen, können sich große Familien nicht mehr leisten.

Jetzt, da die Nächstenliebe nicht mehr zu Hause beginnt, gibt die Bundesregierung einer Studie zufolge jährlich 305 Milliarden Dollar für die Wohlfahrt aus.[817] In dieser Summe sind die vielen staatlichen Wohlfahrtsprogramme, die nicht von Washington finanziert werden, nicht enthalten. Das Programm "Aid to Dependent Children" für 4,5 Millionen Familien (Geschäftsjahr 1992) kostete 21,9 Milliarden Dollar.[818] Die Zahl der Mütter mit unehelichen Kindern steigt, wenn ihre abhängigen Töchter eigene Kinder bekommen, so daß drei Generationen derselben Familie die öffentlichen Kassen belasten.[819] In einem New Yorker Mietshaus war "jedes Mädchen ... über 13 Jahren schwanger oder hatte ein Kind zur Welt gebracht. [Mit 18 konnten sie damit rechnen, ihren eigenen knackigen, von IBM bearbeiteten Scheck für die öffentliche Unterstützung zu erhalten."[820]

Die Arbeitseinstellung der immer größer werdenden Gruppe der Bedürftigen in Amerika erschwert die Abhilfe. Ein Arbeitsloser kann eine Arbeit als "niedere Arbeit" betrachten, sie ablehnen und trotzdem Anspruch auf Arbeitslosenversicherung haben. Doch sind diese sogenannten niederen Tätigkeiten die einzigen, für die viele Arbeitslose qualifiziert sind.[821] Das

---

[817] *Issues* '94, Heritage Foundation, Washington D.C., S. 55.

[818] *Weltalmanach* 1994, S. 372.

[819] *Wall Street Journal*, 7. Februar 1964, S. 1.

[820] Ebd. Zitiert aus einem Zeitschriftenartikel eines Beraters des Senats des Bundesstaates New York.

[821] Im Jahr 1964 kostete die Arbeitslosigkeit die Nation etwa 75.600.000 verlorene Arbeitswochen, obwohl es 2.000 staatlich unterstützte Arbeitsämter gab, die den Arbeitslosen bei der Arbeitssuche halfen. Im selben Jahr musste Kalifornien Zehntausende von Mexikanern für die Erntearbeit importieren. George Pettitt, *Prisoners of Culture,* Scribner's, New York, 1970, S. 140, 142. 1992 lag die Zahl der Arbeitslosen bei 9,3 Millionen, was 7,4 Prozent der zivilen Erwerbsbevölkerung entsprach. *Weltalmanach* 1994, S. 130.

Problem der Arbeitslosigkeit hat also nicht nur wirtschaftliche, sondern auch soziale Gründe. Möglicherweise hat es auch genetische Wurzeln. Allzu viele der "Benachteiligten" in Amerika waren schon immer "benachteiligt", egal in welchem Land sie gelebt haben. Wenn man dieser bedürftigen Klasse erlaubt und sie sogar dazu ermutigt, sich viel schneller zu vermehren als die Mehrheit[822] , dann verschärft man nur die Hilfskrise und zwingt die Nichtproduzenten dazu, einen immer größeren Anteil des Bruttosozialprodukts zu verwenden.

Die Wohlfahrt trägt das Gewand der Humanität, aber ihr politischer Schlupfwinkel ist offensichtlich. Man kann davon ausgehen, dass der Hauptzweck der Wohlfahrt darin besteht, denjenigen, die aufgrund von Alter, Krankheit oder Unfällen arbeitsunfähig sind, einen angemessenen Lebensstandard und ein menschenwürdiges Leben zu sichern. Aber die aktivsten Befürworter des Wohlfahrtsstaates sprechen von Sicherheit von der Wiege bis zur Bahre, von garantierten Einkommen für jeden Erwachsenen und gelegentlich von Kapitalabgaben zur Umverteilung des Reichtums. Sie gehen weit, aber oft in die falsche Richtung. Sie suchen nach den wirtschaftlichen und sozialen Ursachen der Armut, während sie die genetischen Ursachen ausblenden. Sie fordern die Räumung der Slums, aber nicht die Beendigung der unverantwortlichen Zucht, die so viel Verantwortung für die Entstehung und den Fortbestand der Slums trägt.

Der politische Charakter der Wohlfahrt zeigt sich am besten daran, dass die schwarzen und hispanischen Minderheiten Geburtenkontrolle als eine Lösung für das Armutsproblem nur zögerlich akzeptieren. Wie ein hochrangiger NAACP-Funktionär erklärte, müssen Schwarze "mehr Babys produzieren, nicht weniger", um mehr politischen Einfluss zu erlangen.[823]

Der Wohlfahrtsstaat trägt den Keim seiner eigenen Zerstörung in sich, indem er die Inflation als Mittel zur Deckung der ständig steigenden Staatsausgaben garantiert. Um die Wählerstimmen zu erhalten und ihre Wahlkampfversprechen bezüglich größerer und häufigerer staatlicher Subventionen einzulösen, müssen die Politiker des Wohlfahrtsstaates - zu denen heute einige der mächtigsten Politiker beider Parteien gehören - auf das Mittel der Defizitfinanzierung zurückgreifen. Während die Staatsverschuldung in die Höhe schießt, schrumpft der Wert des Dollars. Da sich die Gewerkschaften weigern, den Unternehmen, von denen einige am Rande des Konkurses stehen, Lohnkürzungen zu gestatten, wenden sich immer mehr Firmen an ausländische Lieferanten und Arbeitskräfte. Das Handelsungleichgewicht betrug 1992 mehr als 7 Milliarden Dollar pro Monat.

---

[822] Auch eine Kretin-Klasse ist auf dem Vormarsch. Im Jahr 1965 gab es 1.117.800 geistig zurückgebliebene Kinder, 972.000 geistig gestörte Kinder und 486.000 Kinder mit Lernschwierigkeiten. Pettitt, op. cit., S. 221.

[823] *Time*, 25. Juli 1969, S. 21.

Das ist alles sehr keynesianisch, aber es schadet der Mehrheit, dem stabilsten Teil der Bevölkerung, mehr als jeder anderen Gruppe. Es ist die Mehrheit, die aus Gewohnheit und Tradition - manchmal sogar aus Patriotismus - Sparkonten, Lebensversicherungen und Staatsanleihen, die "sicheren" Anlagen, die während der Inflation am meisten an Wert verlieren, den Spekulationen und Spekulationsgeschäften vorzieht, die in Zeiten der Geldentwertung ein Vermögen für die Finanziers abwerfen. Und es werden die Mitglieder der Mehrheit sein, die sich verzweifelt an die letzten Fetzen des protestantischen Ethos klammern, die zweifellos weiterhin diese wirtschaftliche Niederlage einstecken werden, bis der amerikanische Dollar beginnt, die deutsche Mark nachzuahmen, die Ende 1923 mit einer Geschwindigkeit von 50 Prozent pro Stunde zusammenbrach.[824]

Die Inflation ist ein langsam wirkendes Gift. Es zerstört eine Volkswirtschaft nicht so schnell und dramatisch wie das zerstörerische Gift eines Börsendebakels oder einer militärischen Besetzung. Aber auf lange Sicht ist es genauso tödlich. Die Tatsache, dass der Tag des Jüngsten Gerichts für die Großspender mit Sicherheit kommen wird, sollte die Mehrheit nur wenig trösten. Bis dahin wird es zu spät sein, so wie es für Äsops Grashüpfer zu spät war, als der Winter kam.

Die Inflation kann gebremst werden, indem jede Lohnerhöhung von einer Produktionssteigerung abhängig gemacht wird. Dem müssen jedoch weitreichende Veränderungen im Denken und in der Zusammensetzung der monetaristischen Hierarchie vorausgehen. Das Wohlfahrtssystem, das den Geist aushungert, während es den Körper ernährt, könnte gerettet werden, indem man weiterhin die Bedürftigen unterstützt, aber aufhört, die Müßiggänger, die Straftäter, die illegalen Einwanderer und die Zuchtstuten der Ghettos zu belohnen. Die Steuerkraft kann zurückgewonnen werden, indem sie auf die Deckung der Kosten der Regierung beschränkt wird. Steuergesetze sollten einem höheren Zweck dienen als der rechtlichen Absicherung von willkürlichen und selektiven Veranlagungen, die eine Bevölkerungsgruppe dazu ermutigen, vom Einkommen einer anderen zu leben. Wenn es Steuerschlupflöcher geben soll, dann sollen sie dem Landwirt, dem Fabrikanten, dem Produktionsarbeiter, dem Ingenieur und dem Künstler zugute kommen - den Schöpfern und Bewahrern der Zivilisation, nicht den Schmarotzern.

Aber keine dieser lebenswichtigen Reformen wird durchgeführt werden, solange sie als reine Steuerangelegenheiten betrachtet werden. Die Steuerpolitik ist nicht Ausdruck oder Markenzeichen eines Wirtschaftssystems. Sie sind Ausdruck dessen, wie verschiedene Völker den Input, den sie der Gesellschaft geben wollen, und den Output, den sie erwarten, messen. Als die Arbeitskräfte in Detroit europäischer Abstammung waren, war die amerikanische Automobilindustrie weltweit führend in der Autoproduktion. Als sich die

[824] Ende 1923 kostete das Porto für einen Ortsbrief in Deutschland 100 Milliarden Mark. Die Löhne und Gehälter wurden oft täglich ausgezahlt, so dass sich die Lohnempfänger sofort mit dem Nötigsten versorgen konnten.

Arbeiterschaft verdunkelte, als Buchhalter, Anwälte und Regierungsbeamte die Unternehmer und Ingenieure als CEOs ablösten, ging die Führung an die Deutschen und Japaner über.[825]

Die Frage läuft nicht auf die Wirtschaft, sondern auf die Rasse hinaus.[826] Es gibt diejenigen, die Arbeit als Selbstzweck betrachten, die sich Amerika, die Welt und sogar den Kosmos als eine unendliche Reihe von Grenzen vorstellen, die unendliche Möglichkeiten der Arbeit bieten. Sie sollen wissen, dass die Grenzen gezählt sind, dass die letzten in Sicht kommen, und dass ihr Ansporn und ihre Initiative fast verschwinden werden. Dann gibt es diejenigen, die Arbeit als Mittel, als Mühsal, oft als Fluch betrachten. Ihr Amerika ist ein geschlossener Kreislauf, ein wirtschaftliches Projekt, das vollendet werden kann und muss, damit alle menschliche Arbeit auf das absolute Minimum reduziert werden kann. Ihre Welt und ihre Phantasie sind endlich.[827] Selbst ihr Universum ist durch die Einsteinsche Krümmung des Raums begrenzt.

---

[825] "Von 1947 bis 1965 stieg das BSP der USA um 3,4 Prozent pro Jahr, sank in den 70er Jahren auf 2,3 Prozent, 1979 auf 0,9 Prozent und 1993 auf 0,7 Prozent. (Japans Produktivitätswachstum hingegen stieg mit einer durchschnittlichen jährlichen Rate von etwa 7,3 Prozent.)" *Time*, 8. Dezember 1980, S. 73 und *Weltalmanach* 1994, S. 58.

[826] Heute betreiben die Westdeutschen die erfolgreichste kapitalistische Wirtschaft der weißen Welt. Die Ostdeutschen hatten bis zur Wiedervereinigung die erfolgreichste Wirtschaft der kommunistischen Welt. Doch Ökonomen vermeiden es sorgfältig, Rasse oder Genetik zu erwähnen, wenn sie aufgefordert werden, dieses Phänomen zu erklären.

[827] "Die wichtigeren grundlegenden Gesetze und Tatsachen der physikalischen Wissenschaft sind alle entdeckt worden, und diese sind jetzt so fest etabliert, dass die Möglichkeit, dass sie jemals durch neue Entdeckungen verdrängt werden, an sechster Stelle der Dezimalzahlen gesucht werden muss." Albert A. Michelson, 1894, bei der Einweihung des Ryerson Physical Laboratory, University of Chicago. Ein weiteres Beispiel für statisches Denken ist das Argument der Boas-Schule der Anthropologie, das am lautesten von Margaret Mead vertreten wird, dass niemand seine Zeit mit der Suche nach den Ursprüngen der Kultur verschwenden sollte, da es für diese Frage "keine gültigen Beweise gibt und geben kann". Leslie A. White, *The Evolution of Culture*, McGraw-Hill, New York, 1959, S. 71. Ein ebenso schriller Aufschrei des Negativismus war von Richard Lewontin, einem Harvard-Genetiker, zu hören: "Wir müssen uns der Möglichkeit stellen, dass wir die Organisation des Zentralnervensystems nur auf der oberflächlichsten Ebene verstehen *werden*." Die Hervorhebung stammt von Lewontin. Das Zitat stammt aus einem Artikel, den er für die *New York Review of Books* schrieb (20. Januar 1983, S. 37). Die vielleicht engstirnigste Aussage von allen kam aus dem Mund von Max Born, einem bekannten jüdischen Physiker, der 1928 voraussagte: "Die Physik, wie wir sie kennen, wird in sechs Monaten vorbei sein." *New York Review of Books*, 16. Juni 1988. Die Prophezeiungen von Kassandra, der trojanischen Prinzessin, sind immer eingetreten, aber niemand hat ihr je geglaubt. Bei Born war das Gegenteil der Fall.

Die derzeitigen Machthaber der amerikanischen Wirtschaft bringen die Nation nicht in die Zukunft. Sie lassen sie rückwärts marschieren, um sich einer uralten Arbeitsphilosophie anzupassen, die nicht die der Mehrheit ist - und nie war.

TEIL VIII

Der Rechtsstreit

KAPITEL 28

Die Verfälschung des Gesetzes

Viel Aufmerksamkeit wurde in dieser Studie der Geschicklichkeit gewidmet, mit der die unassimilierbaren Minderheiten die Institutionen der Mehrheit zu ihrem eigenen Vorteil anpassen. Nirgendwo hat sich dieses Talent so dramatisch gezeigt wie auf dem Gebiet der Rechtsprechung. Die Ergebnisse sind so erschütternd, dass ein paar einleitende Worte über das Wesen und den Ursprung des Rechts dazu beitragen können, ein klareres Bild von dem zu zeichnen, was geschehen ist.

Gesetze haben ihren Ursprung in den Bräuchen des Stammes. Die ersten Gesetze entstanden wahrscheinlich aus dem plumpen Versuch, die sozialen Normen des primitiven Lebens zu formalisieren. Im Laufe der Zeit erhielten einige weise alte Stammesangehörige, die um die Angst ihrer Verwandten vor dem Übernatürlichen wussten, von jenseitigen Stimmen direkte Anweisungen zu Verhaltensregeln. Dementsprechend erhielten die Gesetze eine religiöse Sanktion. Selbst wenn der Gesetzgeber keine himmlische Verbindung behauptete, wie im Fall von Lycurgus und Hammurabi, wurde er schnell in einen halbgöttlichen Status erhoben. Das kanonische Recht ist der beste Beweis für die frühe und anhaltende Beziehung zwischen Jurist und Priester.

Als die sozialen Systeme immer komplexer wurden, wurden Gesetze kodifiziert und begannen, ihre Netze über die gesamte Länge und Breite der menschlichen Aktivitäten zu spinnen. In höher entwickelten Gesellschaften wurden Gesetze zu den Spielregeln der Zivilisation. In dem Maße, in dem die Achtung vor dem Gesetz abnahm, wucherten die Gesetze oder degenerierten vielmehr zu einem Wust von bürokratischen und oft widersprüchlichen Vorschriften. Tacitus beschrieb die Beziehung zwischen Ursache und Wirkung in einem seiner schönsten Epigramme: "Wenn der Staat am korruptesten ist, sind die Gesetze am zahlreichsten."[828]

Dennoch hat ein etablierter Bestand an Gesetzen einen konservativen Einfluss auf die Gesellschaft. Je älter die Gesetze sind, desto träger werden sie und desto schwieriger ist es, sie zu ändern, vor allem, wenn sie durch Gewohnheit, Religion und praktische Erfahrung gestützt werden. Es ist eine Binsenweisheit, dass diese dreifachen Grundlagen eines wirksamen Rechtssystems in homogenen Gesellschaften weitaus häufiger anzutreffen sind als in heterogenen. Eine Vielfalt von Völkern bedeutet eine Vielfalt von Bräuchen, die zu grundlegenden Widersprüchen im Recht führen. Wie Matthew Arnold einmal feststellte, "neigt die Vermischung von Menschen verschiedener Rassen in ein

828 "et corruptissima re publica plurimae leges". *Ab Excessu Divi Auvgusti*, I, xxvii.

und demselben Gemeinwesen dazu, alle Beziehungen des menschlichen Lebens und die Vorstellungen der Menschen von Recht und Unrecht zu verwirren, es sei denn, eine Rasse hat die vollständige Vorherrschaft..."[829]

In seinem Artikel über das englische Recht in der Encyclopaedia Britannica vertrat Frederic Maitland einen ähnlichen Ansatz, indem er feststellte: "Law was a matter of race".[830] Das Recht der Nordeuropäer war in der Tat das germanische Recht, das sich später zum angelsächsischen Recht oder Common Law entwickelte und in Großbritannien, einigen ehemaligen abhängigen Ländern und den Vereinigten Staaten immer noch praktiziert wird. Es war unter den hochentwickelten Rechtssystemen selten, da es sich eher auf Präzedenzfälle als auf geschriebene Gesetzbücher stützte (eine teilweise Ausnahme sollte für die amerikanische Verfassung gemacht werden). In Strafsachen galt ein Angeklagter nach dem Common Law so lange als unschuldig, bis er von einer Jury Gleichgestellter für schuldig befunden wurde.[831]

Die Beziehung zwischen dem Recht und den anderen Symbolen der Staatsgewalt ist ebenso wichtig wie das Recht selbst. De Tocqueville sagte, dass die Stabilität Englands weitgehend auf das Bündnis zwischen der Aristokratie und der Anwaltschaft zurückzuführen sei. Die Instabilität Frankreichs führte er darauf zurück, dass die Bourbonen die französischen Anwälte als Klasse brüskierten und so deren anhaltenden Groll schürten.[832] Edmund Burke stimmte mit de Tocqueville überein, als dieser die französische Revolutionsversammlung dafür kritisierte, dass sie "aus den minderwertigen, ungelernten, mechanischen, bloß instrumentellen Mitgliedern des juristischen Berufsstandes ... dem ganzen Gefolge der Minister für städtische Rechtsstreitigkeiten" bestand.[833]

In den Vereinigten Staaten, so stellte de Tocqueville fest, gab es für die Anwälte keine Aristokratie, der sie sich hätten widersetzen oder der sie sich anschließen können, also schufen sie sich ihre eigene und wurden zu einem *Teil,* einem echten *Adel im Gewand.* Der französische politische Philosoph beschrieb die amerikanische Anwaltschaft als eine mächtige Barriere gegen die Launen der Demokratie und kam zu dem Schluss, dass sie eine Macht darstellte, die kaum wahrgenommen wurde, keine großen Ängste auslöste, sich ruhig den Bedürfnissen der Zeit anpasste und bereitwillig an allen Bewegungen des Staatswesens teilnahm, während sie gleichzeitig tief in jede Wirtschaftsklasse

---

829 Zitiert von Walter Bagehot, *Physics and Politics,* S. 29-30.

830 Band 8, S. 47.

831 Das Schwurgerichtsverfahren wurde von den Normannen nach England gebracht und stammt wahrscheinlich aus Skandinavien, wo die Zahl von 12 Geschworenen immer sehr verehrt wurde. William Forsyth, *History of Trial by Jury,* John Parker, London, 1852, S. 4.

832 *De la démocratie en Amérique,* Tome I, S. 275-76.

833 *Überlegungen zur Revolution in Frankreich,* S. 54.

eindrang, im Verborgenen arbeitete und unaufhörlich darauf hinwirkte, die Gesellschaft nach ihren Wünschen zu formen.[834]

De Tocquevilles etwas kastenhaftes, etwas romantisches Bild der amerikanischen Anwälte hatte in den Tagen von Patrick Henry, Jefferson und Lincoln - allesamt Anwälte - eine gewisse Relevanz. Auch wenn eine solche Charakterisierung von Anwälten heute absurd erscheinen mag, bleibt de Tocquevilles Aufmerksamkeit für konspirative Elemente, die in der Anwaltschaft am Werk sind - konspirativ nicht in der Art der Soldatenanwälte Alexander Hamilton und John Marshall, die sich mit Stift und Gewehr verschworen, um die Kolonien von ihren britischen Oberherren zu befreien,[835] sondern in der Art des Gewerkschaftsanwalts und Richters am Obersten Gerichtshof, Arthur Goldberg, der sich darauf spezialisiert hatte, die Arbeiterschaft gegen die Wirtschaft auszuspielen, und des verstorbenen Anwaltsagitators Saul Alinsky,[836] der sich darauf spezialisiert hatte, Schwarze gegen Weiße auszuspielen. Was die anderen zeitgenössischen Mitglieder des juristischen Berufsstandes betrifft - einschließlich der Heerscharen von Scheidungsanwälten, Ambulanzjägern, Mafia-Sprachrohren und anderen Gaunern, deren Hauptaufgaben darin bestehen, Familien für erpresserische Honorare zu zerstören, millionenschwere Fahrlässigkeitsklagen einzureichen und im Allgemeinen dafür zu sorgen, dass die Schuldigen auf freien Fuß kommen -, so haben sie im Großen und Ganzen ein einstmals großartiges Gesetzeswerk auf bloße Wortspiele und prozessuale Spielereien reduziert. In der Zwischenzeit haben sich die wenigen Anwälte der Mehrheit, die noch an der Tradition der *noblen Robe* festhalten, größtenteils in nussbaumgetäfelten Wolkenkratzer-Suiten eingemauert, wo sie ihre Firmenkunden gegen "Sammelklagen" verteidigen, weil sie nicht genügend Frauen, Schwarze und Hispanics einstellen oder befördern.[837]

---

[834] Dieser Absatz fasst in groben Zügen das Unterkapitel "De l'esprit légiste aux Etats-Unis" in de Tocquevilles *De la démocratie en Amérique*, Tome 1, S. 274-81, zusammen.

[835] Das Verhältnis von Juristen zu Nicht-Juristen im Ersten Kontinentalkongress betrug 24/45, im Zweiten 26/56 und im Verfassungskonvent 33/55. Beard, *The Rise of American Civilization*, Bd. 1, S. 101.

[836] *Time*, 2. März 1970, S. 56-57.

[837] Wenn dies harte Worte sind, sollte man sich daran erinnern, dass selbst Jesus Christus seinen Gleichmut verlor, als er über den Anwaltsberuf sprach. "Wehe euch, ihr Anwälte, denn ihr bürdet den Menschen schwere Lasten auf, und ihr selbst rührt die Lasten nicht mit einem Finger an... ihr habt den Schlüssel der Erkenntnis weggenommen..." Lukas I I: 46, 52. Shakespeare hat wahrscheinlich seinen persönlichen Gefühlen freien Lauf gelassen, als Dick the Butcher Jack Cade rät, nach der Revolution als Erstes alle Anwälte zu töten." Cade stimmte bereitwillig zu, wobei er sich fragte, warum "ein Pergament, das über und über gekritzelt ist, einen Mann ungeschehen machen sollte". II. *Heinrich VI*, 4. Akt, 1. Szene. Harold Laski, der sich als Experte auf diesem Gebiet qualifiziert, hat

Die Rechtsstatistiken für das Jahr 1990, als die Amerikaner 100 Milliarden Dollar für den Anwaltsberuf ausgaben, wiesen 755.694 zugelassene Anwälte in den Vereinigten Staaten aus. Von den 54.989 Anwälten in Washington, D.C., arbeiteten 20.489 für die Bundesregierung.[838] In einer Erhebung von 1990 wurden 192 Anwälte im Repräsentantenhaus und 62 im Senat gezählt.

Das Verhältnis von Anwälten zur amerikanischen Bevölkerung beträgt etwa eins zu 360, in Japan eins zu 10.500. Die Schadensersatzzahlungen beliefen sich 1990 auf über 300 Millionen Dollar, was etwa 2,4 Prozent des BIP entsprach. Landesweit sind 20 Prozent aller Anwälte jüdisch, in New York City sind es 60 Prozent. An den besten juristischen Fakultäten machen Juden inzwischen fast ein Viertel oder ein Drittel der Studienanfänger aus. In Harvard, der einflussreichsten und prestigeträchtigsten juristischen Fakultät (25 Prozent der Juraprofessoren des Landes sind Harvard-Absolventen), ist fast die Hälfte des Lehrkörpers jüdisch.

Je stärker der Einfluss von Minderheiten auf das amerikanische Rechtssystem geworden ist, desto deutlicher wird sein Zusammenbruch. Das englische Gewohnheitsrecht, das sich aus dem nordeuropäischen Volksrecht ableitet,[839] funktionierte in den Vereinigten Staaten angemessen, manchmal sogar hervorragend, solange die Nation von Menschen englischer und nordeuropäischer Abstammung dominiert wurde. Als jedoch Minderheiten sowohl bei der Rechtsetzung als auch bei der Rechtsanwendung eine wichtige Rolle spielten, erfuhr das amerikanische Recht einen tiefgreifenden Wandel. Das Rechtssystem, das sich bisher hauptsächlich mit den *gruppeninternen* Beziehungen der Mehrheitsangehörigen befasst hatte, war nun gezwungen, seine Aufmerksamkeit auf die *gruppenübergreifenden* Beziehungen einer zunehmenden Zahl fremder Elemente zu richten.

Im Gegensatz zu den Theorien des Rechtsabsolutismus ist das Recht kein abstraktes Bündel von Grundsätzen, die für alle Menschen gleichermaßen gelten, sondern ein organischer Bestandteil der Kultur eines Volkes, mit einem Stil und einer Form, die seiner Kultur eigen sind. Das englische und

---

gesagt, dass in jeder Revolution die Anwälte den Weg zur Guillotine oder zum Erschießungskommando weisen. Fred Rodell, *Woe Unto You, Lawyers!*, Pageant Press, New York, 1957, S. 17.

[838] Die Zahlen und Fakten in diesem Absatz stammen aus Martin Mayer, *The Lawyers*, Harper & Row, New York, 1967, S. 97-98; *Washington Post*, 27. August 1980, S. A25; Economist, 18. Juli 1992; und *Washingtonian magazine*, Nov. 1990. Die vielleicht bedrohlichste Statistik ist die rasche Zunahme der Zahl der Anwälte. Im Jahr 1963 gab es 43.000 Jurastudenten; 1990 waren es 124.471. Der Anwaltsberuf, so könnte man hinzufügen, kostet die Amerikaner inzwischen jährlich 500 Milliarden Dollar. *Wall Street Journal*, 3. Januar 1991.

[839] In den alten angelsächsischen Gesetzen finden sich kaum walisische, irische oder römische Spuren, sie scheinen überwiegend fränkischen (germanischen) Ursprungs zu sein. *Ency. Brit.*, Bd. 8, S. 546, 548.

amerikanische Gewohnheitsrecht stützte sich schließlich auf das Axiom der individuellen Verantwortung und auf allgemein gültige moralische Haltungen und gemeinsame Vorstellungen von Leben und Eigentum. Die Vorstellung von kollektiver statt persönlicher Schuld, die Angewohnheit, die Gesellschaft und nicht den Einzelnen für kriminelle Handlungen verantwortlich zu machen, widerspricht sowohl dem Inhalt als auch der Praxis der amerikanischen Rechtsprechung in hohem Maße. Weder das jüdische noch das orientalische Recht, weder die "Gerichte" der Negerstämme noch die Negersitten haben jemals einen substanziellen Rechtsschutz für das Individuum geboten, dessen Interessen stets hinter denen der Nation oder des Stammes zurückgestellt wurden. Dieser kollektive Ansatz ist im heutigen Recht deutlich zu erkennen, in dem den Rechten von Minderheiten mehr Bedeutung beigemessen wird als den Rechten des Einzelnen.

Die Verwässerung der Blutlinien des angelsächsischen Rechts durch die liberalen Minderheiten wurde in den Nürnberger Prozessen (1945-46) deutlich, die der verstorbene Senator Robert Taft als "einen Schandfleck in der amerikanischen Geschichte, den wir lange bedauern werden" bezeichnete. Die Urteile, so Taft, "verletzen das Grundprinzip des amerikanischen Rechts, dass ein Mensch nicht aufgrund eines Ex-post-facto-Gesetzes verurteilt werden kann". Er fügte hinzu, der Zweck der Prozesse sei es, "Rache in die Form eines juristischen Verfahrens zu kleiden".[840]

Es versteht sich von selbst, dass die Presse die Nürnberger Prozesse fast einhellig unterstützte, ebenso wie den Eichmann-Prozess im Jahr 1960, in dem der Angeklagte von feindlichen Richtern in einem Prozess ohne Rechtsprechung zum Tode verurteilt wurde für ein Verbrechen, das in keinem anerkannten Völkerrecht existierte, als er es begangen haben soll. Eichmann, der von israelischen Agenten aus Argentinien entführt worden war, musste seinen Fall ohne die Aussage seines wichtigsten Zeugen der Verteidigung abschließen, dem die israelische Regierung die Ausstellung eines sicheren Geleitscheins verweigert hatte.[841]

Von allen amerikanischen Rechtsinstitutionen hat diejenige, die in den letzten Jahren am meisten gelitten hat, das Schwurgerichtsverfahren. Es ist eine Sache, von seinen Nachbarn und Gleichaltrigen beurteilt zu werden. Eine ganz andere Sache ist es, zwölf Personen mit sehr unterschiedlichem Intelligenzniveau, wirtschaftlichem Status sowie rassischem und kulturellem Hintergrund ein einstimmiges Urteil zu entlocken. Noch schwieriger ist es, wenn rassisch gemischte Geschworene in Fällen eingesetzt werden, die bereits rassistische

---

840 *New York Times*, 6. Oktober 1946, S. 1.

841 Yosal Rogal, *The Eichmann Trial*, Center for Study of Democratic Institutions, Santa Barbara, Kalifornien, 1961, S. 28. Die Broschüre (S. 25) kontrastiert rückwirkende Gesetze mit der traditionellen westlichen Haltung von *nullum crimen sine lege, nulla poena sine lege*.

Implikationen haben oder in die skrupellose Anwälte solche Implikationen einbringen können. In einem Prozess in San Francisco wurden zehn weiße Geschworene, die für die Verurteilung eines schwarzen "Sitzstreik"-Demonstranten stimmten, von den überwiegend schwarzen Zuhörern im Gerichtssaal sogar mit Gewalt bedroht, während die beiden schwarzen Geschworenen, die für einen Freispruch stimmten, als Helden beklatscht wurden.[842] In einem Mordprozess in Los Angeles konnte kein Urteil gefällt werden, weil sich zwei Geschworene, die einer Minderheit angehörten (ein Neger und ein Mexikaner), von weißen Geschworenen rassistisch beleidigt fühlten.[843] In den Mord- und Verschwörungsprozessen, die durch die Gewalt der Black Panther und die Unruhen in Chicago 1968 ausgelöst wurden, gelang es den Bürgerrechtsanwälten, die Rasse zum Hauptthema und die Gerechtigkeit zur Nebensache zu machen.[844] In einem Prozess im District of Columbia wurde ein siebzehnjähriger schwarzer Jugendlicher von einer ausschließlich schwarzen Jury freigelassen, nachdem er versucht hatte, ein achtzehnjähriges weißes Mädchen zu vergewaltigen, und es ihm gelungen war, ein anderes gleichaltriges weißes Mädchen zu vergewaltigen, beides am selben Tag. Später räumte der Richter ein, dass der Angeklagte seine Verbrechen gegenüber der Polizei freiwillig gestanden hatte, aber aufgrund von Entscheidungen des Obersten Gerichtshofs konnte das Geständnis nicht als Beweis zugelassen werden.[845]

---

[842] *San Francisco Chronicle*, 21. Mai 1964, S. 16.

[843] *Life*, 28. März 1960, S. 76. Die Zulassung von Negern zu Geschworenengerichten in den Südstaaten hat eine weitere seltsame juristische Perversion hervorgebracht - den Analphabeten unter den Geschworenen. Der Vorsitzende einer ausschließlich aus Negern bestehenden Jury unterzeichnete eine Erklärung, in der er den Angeklagten für unschuldig erklärte, obwohl er und der Rest der Jury ihn für schuldig befunden hatten. *Time*, 27. August 1965, S. 40.

[844] Der verstorbene William Kunstler, ein Jude und der umstrittenste Bürgerrechtsführer, führte 1970 die Verteidigung im so genannten "Chicago 7"-Prozess an, in dem es den Angeklagten, Anwälten und dem Richter, die fast alle einer Minderheit angehörten, beinahe gelungen wäre, die Verhandlung im Gerichtssaal in eine ununterbrochene Schlägerei zu verwandeln. Kunstler wurde wegen Missachtung des Gerichts zu vier Jahren Gefängnis verurteilt und verbrachte tatsächlich einige Tage im Gefängnis, bevor die Vorladung wegen Missachtung aufgehoben wurde. Später, nachdem er eine unverantwortliche Rede an der University of California in Santa Barbara gehalten hatte, inszenierten einige seiner Zuhörer einen nächtlichen Aufstand, bei dem sie die örtliche Filiale der Bank of America niederbrannten. *New York Times*, 1. Oktober 1969, S. 30, und 27. Februar 1970, S. 1. Kunstlers neuester juristischer Trick ist das "Syndrom der schwarzen Wut". Im Fall von Colin Ferguson, einem Schwarzen, der 1993 in einem Pendlerzug der Long Island Railroad sechs Menschen, darunter fünf Weiße, erschoss und elf weitere Weiße verwundete, entschuldigten Kunstler und sein vom Angeklagten entlassener Anwaltspartner Lawrence Kuby das Massaker mit der Begründung, die Rassendiskriminierung habe die Schwarzen um den Verstand gebracht.

[845] *Miami Herald*, 6. Dezember 1972, S. 7-A.

Die Auswahl der Geschworenen ist heute in den Vereinigten Staaten zu einer hohen Kunst geworden. Wenn der Staatsanwalt einen weißen Angeklagten verurteilen will, wird er versuchen, die Geschworenen mit Schwarzen zu besetzen. Das war das Geheimnis so vieler Watergate-Verurteilungen. Die Prozesse fanden in der Hauptstadt statt, wo die Geschworenen mehrheitlich schwarz sind. Andererseits fordern die Verteidiger die Einbeziehung schwarzer Geschworener, wenn sie das beste Ergebnis für schwarze Verbrecher erzielen wollen. Wenn sie nicht genügend von ihnen bekommen, beantragen sie einen neuen Prozess. In "heiklen" Fällen werden von der Verteidigung eine Reihe von Sozialwissenschaftlern, die Minderheiten angehören, und speziell ausgebildete Anwälte, die Minderheiten angehören, hinzugezogen, um die Geschworenenlisten und die Geschworenen mit Hilfe von Volkszählungsdaten, Computern, Telefonumfragen und anthropologischen Studien über "Körpersprache" und Kleidungsstil zu überprüfen.[846]

Der vielleicht schlimmste Aspekt des heutigen Strafrechtssystems ist die Rückkehr der doppelten Strafverfolgung, ein juristischer Trick, der in den fortgeschritteneren Ländern schon lange als tot gilt. Im Fall der Prügelattacke auf Rodney King, nachdem eine weiße Jury die weißen Polizisten für unschuldig befunden hatte, kam es in Los Angeles zu einem Aufstand und einer Plünderungsorgie in Höhe von 1 Milliarde Dollar. Um die Schwarzen zu beschwichtigen, wurde ein zweiter Prozess in Los Angeles selbst abgehalten, in dem die Polizisten angeklagt wurden, Kings Bürgerrechte verletzt zu haben. Ein gemischtes Geschworenengericht befand die Polizisten für schuldig und verurteilte zwei von ihnen zu Gefängnisstrafen. Einige Monate später sprach ein weiteres gemischtes Geschworenengericht King, der nach seiner Prügelattacke mindestens dreimal mit dem Gesetz in Konflikt geraten war, in seiner Schadensersatzklage gegen Los Angeles die stolze Summe von 3,8 Millionen Dollar zu.

Unglaublicherweise ist die doppelte Strafverfolgung inzwischen zu einer gerichtlich anerkannten Möglichkeit geworden, einen Angeklagten wegen Bürgerrechtsverletzungen zu verurteilen, wenn er einer Verurteilung in einem früheren Strafverfahren entgeht.

In der Vergangenheit wurde das Vorhandensein verschiedener rassischer und kultureller Elemente in ein und derselben Gesellschaft durch die Einrichtung mehrerer Rechtssysteme gelöst. Die alten Juden hatten eine Reihe von Gesetzen für sich selbst und eine andere für die Heiden in ihrer Mitte.[847] Die Römer behielten das jus civile den römischen Bürgern vor und nutzten das jus gentium für Streitigkeiten zwischen Nicht-Römern aus verschiedenen Provinzen. Lokale

---

[846] *Miami Herald,* Aug. 5, 1973, S. 16-A.

[847] Dtn. 15:3 und 23:6-20. Das vielleicht bekannteste Beispiel für diese rechtliche Doppelmoral ist das Gesetz, das es den Juden erlaubte, Fremden Geld gegen Zinsen zu leihen, nicht aber einander.

Gesetze wurden nur dann durch römisches Recht und kaiserliche Edikte außer Kraft gesetzt, wenn die Sicherheit des Reiches auf dem Spiel stand.[848] Im Mittelalter gab es in England das Gewohnheitsrecht, aber auch ein Sonderrecht für Juden und ausländische Kaufleute.

Obwohl die Vereinigten Staaten nie formell getrennte Rechtssysteme für ihre Minderheiten anerkannt haben, mischen sie sich nicht allzu eifrig ein, wenn Indianer interne Probleme nach alten Stammesgesetzen regeln. Da Sklaven nicht unter das Gewohnheitsrecht fielen, entwickelte sich zusammen mit der Sklaverei ein ganzer Korpus von Sondergesetzen, von denen einige auf die richterlichen Anordnungen der Plantagenbesitzer zurückgingen und nicht nur die Einstellung der Weißen, sondern auch die aus Afrika mitgebrachten Negerbräuche widerspiegelten. Selbst nachdem die Neger durch den 13., 14. und 15. Verfassungszusatz offiziell in das amerikanische Rechtssystem einbezogen worden waren, selbst nachdem ihnen in den letzten Jahrzehnten die volle rechtliche Gleichstellung gewährt wurde, ist die Strafjustiz immer noch auf die "Unterschiede" der Neger ausgerichtet. Im Süden werden geringfügige Verstöße von Negern gegeneinander häufig übersehen.[849] Im Norden werden offen aufrührerische Aufrufe militanter Neger zur Brandstiftung, zum Abschießen von "weißen Schweinebullen" und zum bewaffneten Aufstand oft ignoriert.

Wenn die Vereinigten Staaten die juristische Flexibilität haben, den *Code Napoléon* als das staatliche Recht von Louisiana anzuerkennen, könnten sie dann nicht auch die Notwendigkeit separater Rechtssysteme für die unassimilierbaren Minderheiten anerkennen - die Notwendigkeit von Gesetzen, die auf die unterschiedlichen Haltungen zugeschnitten sind, die diese Gruppen seit jeher in Bezug auf Eigentum, Familienbeziehungen, Geschäftsbeziehungen und Staatsbürgerschaft an den Tag legen? Abgesehen davon, dass es unpraktisch und ungerecht wäre, das Recht eines Volkes einem anderen aufzuerlegen, hätte dies einen doppelten Zweck: die rassische und kulturelle Identität *aller* Amerikaner zu bewahren und den immensen psychologischen Schaden zu verhindern, der durch aggressive kulturelle Überschneidungen entsteht. Sicherlich ist der Schutz einer Bevölkerungsgruppe vor dem kulturellen Monopol einer anderen eine ebenso grundlegende menschliche Pflicht wie der Schutz einer Bevölkerungsgruppe vor dem finanziellen Monopol einer anderen.

Heutzutage beginnt selbst der begriffsstutzigste Amerikaner zu verstehen, dass kein Rechtssystem groß genug oder breit genug ist, um sowohl den städtischen Militanten, der "das Gesetz" als seinen Todfeind betrachtet, als auch den Farmer aus Pennsylvania zu erfassen, der dasselbe Land bearbeitet, das seine Vorfahren

---

[848] *Ency. Brit.*, Bd. 19, S. 447-48.

[849] Ein Geschäftsmann aus Georgia, der sein Leben lang als Geschworener tätig war, sagte einmal: "Bei all meinen Erfahrungen mit den Gerichten habe ich noch nie erlebt, dass einem Neger Gerechtigkeit widerfahren ist. Was er bekam, war Gnade." Putnam, *Race and Reality*, S. 168.

vor acht Generationen gerodet haben, und der eine fast genetische Affinität zur angelsächsischen Rechtsprechung hat. Die Zusammenführung sehr unterschiedlicher Bevölkerungsgruppen in ein einziges riesiges juristisches Supersystem, ein riesiges Geflecht unverständlicher Gesetze, inkohärenter Vorschriften und nicht durchsetzbarer Regeln ist eine ebenso undankbare und gefährliche Aufgabe wie jede andere Art von Zwangsintegration. Der Weg aus der Sackgasse führt genau in die entgegengesetzte Richtung - Minderheitengesetze für Minderheiten und Mehrheitsgesetze für die Mehrheit.

Eine ethnische Aufteilung des amerikanischen Rechts würde den Minderheiten die Gesetze zurückgeben, nach denen sie seit Tausenden von Jahren gelebt haben, während die Mitglieder der Minderheiten aus dem Geltungsbereich der Gesetze herausgenommen würden, nach denen sie nie gelernt haben zu leben. Das nationale Recht wäre das *Salus populi suprema est lex*[850] der Römer, das bei Streitigkeiten zwischen, aber nicht innerhalb von Bevölkerungsgruppen Vorrang hätte. Das Recht der Mehrheit wäre eine Mischung aus angelsächsischem Gewohnheitsrecht und amerikanischem Verfassungsrecht, die in einem Klima der Vernunft, des Respekts und der Verantwortung wiederhergestellt und bereit wäre, sich wieder auf das zu konzentrieren, was ihr Hauptzweck sein sollte - die Handlungsfreiheit der Mehrheit zu schützen und zu erweitern.

[850] Das oberste Gesetz ist die Sicherheit des Volkes.

KAPITEL 29

Die gesetzgebende Judikative

Es war vorhersehbar, dass die Hauptwelle der juristischen Angriffe gegen die Mehrheit von der Judikative ausgehen würde. Sich über den Willen der Mehrheit der Amerikaner hinwegzusetzen, ist für neun Männer, die in ein Amt berufen werden und niemandem gegenüber verantwortlich sind, leichter zu bewerkstelligen als für Gesetzgeber, die regelmäßig durch Wahlen kontrolliert werden. Die Urteile der liberalen und der Minderheitsrichter des Obersten Gerichtshofs boten den Fraktionen, die gegen die Mehrheit waren, ein quasi-legales Mittel, um gesellschaftliche Ziele zu erreichen, die im normalen Gesetzgebungsverfahren niemals hätten durchgesetzt werden können.

Die Charta des Obersten Gerichtshofs ist die Verfassung, ein Dokument, dessen bloße Existenz gegen die angelsächsische Rechtstradition verstieß. Die englischen Vorfahren der Gründerväter waren gegenüber schriftlichen Rezepten für die Regierung sehr misstrauisch geworden und hatten beschlossen, so Walter Bagehot, "dass die meisten von ihnen viele Fehler enthalten ... die besten von ihnen sind bemerkenswert für seltsame Auslassungen ... alle von ihnen werden völlig versagen, wenn sie auf einen Zustand der Dinge angewandt werden, der sich von dem unterscheidet, den sich ihre Autoren jemals vorgestellt haben."[851] Dass die amerikanische Verfassung nicht wie ihr britisches Gegenstück ungeschrieben blieb, ist zum Teil dem Einfluss von frankophilen Persönlichkeiten wie Franklin und Jefferson zu verdanken. Während ihres Aufenthalts in Paris hatten sich diese beiden großen Staatsmänner vom Vertragsfieber der französischen Aufklärung anstecken lassen.[852] Glücklicherweise kann die Verfassung trotz ihrer massiven institutionellen Trägheit geändert werden, was bis 1993 siebenundzwanzig Mal geschehen ist. Sie kann auch durch die auslegende Funktion des Obersten Gerichtshofs geändert werden, was an sich schon eine Form der Gesetzgebung ist, wie der ehemalige Oberste Richter Earl Warren freimütig zugegeben hat.[853]

Heute ist die Verfassung für die Konservativen zu einem Gegenstand besonderer Verehrung geworden. Sie betrachten sie als Stolperstein für den modernen Liberalismus und konzentrieren ihren Zorn auf das, was der Oberste Gerichtshof versucht hat, aus ihr zu machen, und nicht auf das Dokument selbst. Sie haben

[851] *Bagehot's Historical Essays,* Anchor Books, New York, 1965, S. 348-49.

[852] Ein Franzose, der nicht der Aufklärung angehörte, hatte eine englische Auffassung von Verfassungen: "Dès que l'on écrit une constitution", schrieb Joseph de Maistre, "elle est morte".

[853] Wie er in einem Fernsehinterview im WNET am 8. September 1969 sagte.

offenbar vergessen, dass einige der großen amerikanischen Konservativen der Vergangenheit mit der Verfassung sehr unzufrieden waren. Alexander Hamilton, der sich wie kein anderer für die Verabschiedung der Verfassung einsetzte, nannte sie ein "zerbrechliches und wertloses Gewebe".[854] Patrick Henry war sogar noch pessimistischer: "Ich betrachte dieses Papier als den verhängnisvollsten Plan, den man sich ausdenken kann, um ein freies Volk zu versklaven."[855]

In ihren oft zitierten schriftlichen und mündlichen Debatten weigerten sich die Verfasser der Verfassung, ihr Denken oder Handeln von Rassenfragen dominieren zu lassen. Wenn man John Jay, den ersten Obersten Richter des Obersten Gerichtshofs, liest, würde man kaum glauben, dass es in der neuen Nation überhaupt Minderheiten gab. "Die Vorsehung", so schrieb er im zweiten Federalist-Papier, "hat es gut gemeint, dieses eine zusammenhängende Land einem geeinten Volk zu geben - einem Volk, das von denselben Vorfahren abstammt, dieselbe Sprache spricht, sich zur selben Religion bekennt, denselben Regierungsprinzipien anhängt und in seinen Sitten und Gebräuchen sehr ähnlich ist...[856]

Obwohl Indianer und Neger einen höheren Anteil an der Gesamtbevölkerung ausmachten als heute, wurden sie in der Verfassung mit einer gewissen Gleichgültigkeit behandelt. Sklaven wurden als "andere Personen" bezeichnet und für die Zwecke der Aufteilung als drei Fünftel eines Weißen gezählt. Unbesteuerte Indianer wurden als Nicht-Personen behandelt und überhaupt nicht gezählt.[857] Das lästige Thema der Sklaverei wurde sorgfältig umgangen - mit zwei Ausnahmen. Der Sklavenhandel war bis 1808 erlaubt, und die Rückführung von flüchtigen Sklaven wurde zur Pflicht gemacht.[858]

Die "Neutralität" der Verfassung in Bezug auf die Sklaverei provozierte die Abolitionisten bis über die Grenzen des zivilen Diskurses hinaus. William Lloyd Garrison forderte im Norden nichts Geringeres als die Aufhebung dieses "Paktes mit dem Tod", "Abkommens mit der Hölle" und "Hort der Lüge".[859] Die Südstaatler schlossen sich langsam der Verteidigung des Dokuments an. Der Oberste Richter Taney, ein Pflanzer-Sohn aus Maryland, erreichte mit seinem Urteil im Fall Dred Scott (1857) den Höhepunkt der verbalen Kontroverse.

---

[854] Frank Donovan, *Mr. Madison's Constitution*, Dodd, Mead and Co., New York, 1965, S. 1.

[855] Ebd., S. 2.

[856] *The Federalist Papers*, Mentor Books, New York, 1961, S. 38.

[857] Art. I, Sec. 2, Par. 3.

[858] Art. I, Sec. 9, Par. 1, und Art. IV, Sec. 2, Par. 3.

[859] Carl Becker, *The Declaration of Independence*, Knopf, New York, 1956, S. 242. Die Eltern von Garrison, einem Schuhmacherlehrling, stammten aus der britischen Provinz New Brunswick.

Neger, so erklärte er, seien "Wesen minderer Ordnung und gänzlich ungeeignet, sich mit der weißen Rasse zu vereinen... so weit minderwertig, dass sie keine Rechte haben, die der weiße Mann zu respektieren verpflichtet ist..."[860]

Nach dem Bürgerkrieg erhielt die Verfassung ein völlig anderes Gesicht, als sie aktualisiert wurde, um der rachsüchtigen Stimmung der nördlichen Sieger zu entsprechen. Der 13., 14. und 15. Zusatzartikel schafften die Sklaverei ab und garantierten den Negern die Staatsbürgerschaft und andere Rechte, wobei jedoch bekräftigt wurde, dass "Indianer, die nicht besteuert werden", bei der Zuteilung der Kongressabgeordneten nicht berücksichtigt werden durften. Die Tatsache, dass diese zusätzlichen Änderungen notwendig waren - sie waren bereits in der Bill of Rights skizziert worden - bewies erneut, dass die Verfassung in ihrer ursprünglichen Form nie für Nichtweiße gelten sollte. Nach dem Ende der Reconstruction und dem Abzug der nördlichen Besatzungstruppen wurde keine dieser Änderungen im Süden ernsthaft durchgesetzt. Der Oberste Gerichtshof kehrte sich erneut um und fällte zwei wegweisende Entscheidungen, die die Nichtdurchsetzung zu billigen schienen: *Civil Rights* (1883), in dem er entschied, dass der Kongress Weiße nicht daran hindern konnte, Neger an öffentlichen Orten zu diskriminieren, und *Plessy v. Ferguson* (1896), in dem die historische Doktrin "getrennt, aber gleich" festgelegt wurde.

Mit der Ernennung von Louis Brandeis durch Woodrow Wilson im Jahr 1916 erhielt der Oberste Gerichtshof sein erstes Minderheitenmitglied. Zusammen mit Oliver Wendell Holmes, einem Verfassungs- und Rechtsrelativisten, stellte Brandeis den Rekord für die meisten Meinungsverschiedenheiten am Gerichtshof auf. Obwohl er mehrfacher Millionär war, kämpfte er hart gegen den "Fluch der Größe", womit er die Konzerne der Mehrheit meinte. Ebenso hart kämpfte er für das, was er "seine Brüder" nannte, und unternahm große anthropologische Anstrengungen, um ihre biologische Besonderheit nachzuweisen.

"Der Prozentsatz an fremdem Blut bei den Juden ist heute sehr gering", schrieb er. "Wahrscheinlich ist keine wichtige europäische Rasse so rein." Brandeis, der heute als einer der Großen des Obersten Gerichtshofs gilt, nutzte das Prestige seines hohen Amtes, um junge amerikanische Juden aufzufordern, "sich im Zionismus ausbilden zu lassen ... die große Vergangenheit ihrer Vorfahren zu kennen, [damit] auch sie, wenn sie erwachsen sind, für die schwierigere Aufgabe des Aufbaus Palästinas gerüstet sind ..."[861]

Nachdem die Ernennung von Brandeis die Fesseln der Gewohnheit gesprengt hatte, begann das Konzept eines ständigen "jüdischen Sitzes" am Obersten Gerichtshof die Phantasie der Leitartikler zu beflügeln. Als Richter Holmes 1932 zurücktrat, ernannte Herbert Hoover, ein republikanischer Präsident, Benjamin

[860] Bernard Steiner, *Roger B. Taney*, Williams and Wilkins, Baltimore, 1922, S. 347.

[861] *Brandeis über den Zionismus*, Zionist Organization of America, 1942, S. 77.

Cardozo, einen liberalen Demokraten, um die freie Stelle zu besetzen. Cardozo, der wie Brandeis seine Millionen als Krankenwagenfahrer verdiente, hatte keine Schwierigkeiten, vom Senat bestätigt zu werden, weil die Presse die unangenehme Tatsache unterdrückt hatte, dass sein Vater Mitglied des korrupten Tweed-Rings gewesen war und während eines _der immerwährenden politischen Skandale in New York City als Richter am Obersten Gerichtshof zurücktreten musste.[862]

Cardozo starb 1938. Ein Jahr später wurde Felix Frankfurter an den Gerichtshof berufen. Frankfurter war der in Wien geborene Juraprofessor aus Harvard, der durch seine eifrige Agitation für Sacco und Vanzetti, zwei von der liberalen Presse heiliggesprochene Weltenretter, die 1920 vom Staat Massachusetts wegen ihrer Beteiligung an einem Bostoner Raubmord hingerichtet wurden, seinen ersten großen Durchbruch in der Öffentlichkeit erlangte.[863] Frankfurter, ein Gründungsvater der American Civil Liberties Union, strebte in seinen späteren Jahren nach der Bezeichnung "konservativ".[864] Er schied 1962 im Alter von achtzig Jahren aus dem Gericht aus und machte Platz für Arthur Goldberg, einen Anwalt der Gewerkschaft CIO. Goldberg trat 1965 zurück, um Botschafter bei den Vereinten Nationen zu werden, woraufhin Präsident Johnson Abe Fortas zu seinem Nachfolger ernannte.

Als Johnson versuchte, Fortas zum Obersten Richter zu befördern, weigerte sich der Senat, dem zuzustimmen. Obwohl die Medien wüteten, waren die Senatoren gut beraten. Nachdem 1969 die Wahrheit über seine Finanzgeschäfte mit dem verurteilten Betrüger Louis Wolfson ans Licht gekommen war, musste Fortas

---

862 *Dictionary of American Biography*, Vol. XXII, Supplement Two, Scribner's, New York, 1958, S. 94.

863 In einem Artikel, den er für den *Atlantic* (März 1924) schrieb, nannte Frankfurter das Urteil von Richter Thayer in diesem Fall "ein Farrago von falschen Zitaten, falschen Darstellungen, Unterdrückungen und Verstümmelungen". Hätte ein Juraprofessor in England eine solche Äußerung zu einem Berufungsfall gemacht, wäre er ins Gefängnis gewandert. *Times Literary Supplement*, 26. Juli 1963, S. 546. Ein Jahr vor Pearl Harbor schickte Frankfurter, als Richter am Obersten Gerichtshof, ein "persönliches Geheim"-Kabel an Winston Churchill, in dem er ihn drängte, Roosevelt "Honig um den Bart zu schmieren", um die Vereinigten Staaten in den Zweiten Weltkrieg zu ziehen. Kolumne von Jack Anderson, 19. Oktober 1973. Bevor Frankfurter in den Gerichtshof eintrat, erhielt er über Jahre hinweg 50.000 Dollar von Richter Brandeis dafür, dass er dessen Ideen an die Medien und verschiedene Politiker weitergab. Nie war die Gewaltenteilung weniger getrennt. Bruce Murphy, *The Brandeis/Frankfurter Connection*, Oxford University Press, N.Y., 1982.

864 Ein authentisch konservativer Richter des Obersten Gerichtshofs, James McReynolds, wurde von Frankfurter des "primitiven Antisemitismus" beschuldigt. *Felix Frankfurter Reminisces*, Reynal, New York, 1960, S. 101.

den Gerichtshof verlassen.[865] Thurgood Marshall, der erste schwarze Richter, wurde 1967 nominiert und bestätigt.

Die Stimmen dieser Mitglieder der unassimilierbaren Minderheit reichten zusammen mit denen der liberalen Richter aus, um die weitreichenden Entscheidungen herbeizuführen, die die amerikanische Gesellschaft so drastisch umgestaltet haben.[866] Die drei Mitglieder der Mehrheit, die am meisten für die Umwertung des amerikanischen Ethos durch den Gerichtshof verantwortlich waren, waren der Oberste Richter Warren und die beigeordneten Richter Black und Douglas. Einige Hinweise auf die Beweggründe dieser Männer sind bereits gegeben worden.[867] Andere lassen sich durch die Lektüre einiger dunklerer Abschnitte ihrer umfangreichen Biographien herausfinden.

Earl Warren war ein Amerikaner der zweiten Generation, da seine Eltern beide im Ausland geboren wurden. Sein norwegischer Vater, Erik Methias Varran, dessen Ausbildung in der siebten Klasse endete, war ein mittelloser Mechaniker, der später ein wohlhabender kalifornischer Grundbesitzer wurde. Im Jahr 1938 wurde er mit einem Eisenrohr erschlagen - ein Mord, der nie aufgeklärt wurde.[868] Earl, der damals Bezirksstaatsanwalt war, soll sich ein Vermögen von 177.653 Dollar mit seiner Schwester geteilt haben.[869]

Als Generalstaatsanwalt von Kalifornien befürwortete Warren 1942 einen der verfassungswidrigsten Akte in der amerikanischen Geschichte - die Inhaftierung von Massen japanisch-amerikanischer Bürger in verschiedenen westlichen

---

[865] Siehe S. 432-33.

[866] Die Auswirkungen des Gerichtshofs auf die Kriminalität und die Rechte von Straftätern werden in Kapitel 30 untersucht. Laut Warren war die wichtigste Entscheidung, die er und seine Kollegen fällten, *Baker v. Carr* (ein Mann, eine Stimme). Die nächste war *Brown v. Board of Education* (Aufhebung der Rassentrennung in Schulen). Es folgten *Gideon v. Wainwright* (kostenloser Rechtsbeistand für mittellose Angeklagte), *Mapp v. Ohio* (Unzulässigkeit rechtswidrig beschlagnahmter Beweismittel), *Escobedo v. Illinois* (Recht des Verdächtigen auf Rechtsbeistand während des Verhörs) und *Miranda v. Arizona* (Pflicht der Polizei, den Angeklagten über seine Rechte zu belehren). Die folgenden Entscheidungen hielt Warren offenbar nicht für bedeutsam genug, um sie zu kommentieren: die Entscheidung von 1963, die Gebete und Bibellesungen in öffentlichen Schulen verbot, die Urteile zur Pornographie, die Verfassungswidrigkeit der Zwangsregistrierung von Mitgliedern der kommunistischen Partei, die Aufhebung des Rassengesetzes von Virginia, die Definition von Verleumdung als böswillige und rücksichtslose Unwahrheit und nicht als Missachtung der Wahrheit. Eine kurze Zusammenfassung des Urteils des Warren Court findet sich in *Time*, 14. Juli 1969, S. 62-63.

[867] Siehe Kapitel 11.

[868] Luther Huston, *Pathway to Judgement*, Chilton, Philadelphia, 1966, S. 13, 15.

[869] John D. Weaver, *Warren*, Little, Brown, Boston, 1967, S. 50. Ein anderer Warren-Biograph sagt, er habe nur 6.000 Dollar geerbt. Huston, a.a.O., S. 17.

"Umsiedlungszentren".[870] Zwei Jahre später wurde dieses stalinistische Konzept der inneren Sicherheit vom Obersten Gerichtshof in der Rechtssache *Korematsu gegen die Vereinigten Staaten* offiziell gebilligt, wobei Richter Black die Mehrheitsmeinung schrieb und Richter Douglas zustimmte.[871] 1952, nachdem er zum Gouverneur von Kalifornien aufgestiegen war und die Nominierung für die Präsidentschaftswahlen verpasst hatte, stimmte Warren in einem kritischen Moment des republikanischen Parteitags für Eisenhower. Ein Jahr später, als Oberster Richter Vinson starb, erhielt Warren seine Belohnung, obwohl Eisenhower nie zugab, dass es eine politische Bestechung gegeben hatte.

Als er 1963 von der Ermordung Präsident Kennedys erfuhr, bezeichnete Warren den Mörder in einer landesweiten Pressemitteilung mit vielen Worten als rechtsgerichteten Fanatiker.[872] Trotz seiner Vorverurteilung des Falles - und seiner falschen Vorverurteilung - wurde Warren mit der Leitung der von Präsident Johnson eingesetzten Kommission zur Untersuchung des Attentats betraut. Auf die Frage eines Reporters, ob alle Fakten jemals öffentlich gemacht werden würden, antwortete Warren: "Ja... Aber vielleicht nicht zu Ihren Lebzeiten."[873]

Der *Warren-Report* hatte, trotz seiner Länge, Lücken. Die Ermittlungen schienen merklich abzukühlen, als es um Jack Rubys Gangster-Hintergrund, den seltsamen Zufall seiner Kuba-Reise, die Rolle hoher Regierungsbeamter bei der Vermittlung der Rückkehr des Überläufers Oswald nach Amerika und die

---

[870] Siehe S. 108, 209-10.

[871] Weaver, op. cit., S. 105-6. Robert Jackson war einer der drei Richter, die *Korematsu* nicht leiden konnten, obwohl er sich später beurlauben ließ, um Chefankläger bei den Nürnberger Prozessen zu werden. Ein anderer Richter des Obersten Gerichtshofs, Tom Clark, der 1942 als Beamter des Justizministeriums an der Leitung der Razzien gegen japanische Amerikaner beteiligt war, sagte 1966: "Ich habe in meinem Leben viele Fehler gemacht, aber es gibt zwei, die ich öffentlich zugebe. Der eine ist meine Rolle bei der Evakuierung der Japaner aus Kalifornien... und der andere sind die Nürnberger Prozesse. Ich glaube nicht, dass sie irgendeinen Zweck erfüllten..." Ebd., S. 113.

[872] *New York Times*, 23. November 1963, S. 8. Der Versuch der Medien, aus dem Kennedy-Attentat ein Komplott weißer Rassisten zu machen, scheiterte kläglich, als Warrens eigene Kommission einräumte, dass Oswald vor der Ermordung des Präsidenten auf den rechtsgerichteten General Edwin Walker geschossen hatte. *Report of the President's Committee on the Assassination of President John F. Kennedy*, U.S. Government Printing Office, Washington, D.C., 1964, S. 13-14.

[873] Leo Katcher, *Earl Warren*, McGraw-Hill, New York, 1967, S. 458. Ein prominentes Mitglied der Warren-Kommission, Senator Richard Russell aus Georgia, war überzeugt, dass mehr als eine Person an dem Attentat beteiligt war. "Es gab zu viele Dinge - die Tatsache, dass er [Oswald] in Minsk war, und das war das wichtigste Zentrum für die Ausbildung kubanischer Studenten ... einige der Reisen, die er nach Mexiko-Stadt unternahm, und eine Reihe von Unstimmigkeiten in den Beweisen ... veranlassten mich, daran zu zweifeln, dass er es ganz allein geplant hatte." *Human Events*, 31. Januar 1970, S. 2.

Verbindungen von Marina Oswalds Familie zur russischen Geheimpolizei ging.[874] Die Kommission ignorierte Rubys Aussage, er habe Oswald ermordet, weil "er wollte, dass die ganze Welt weiß, dass die Juden Mumm haben".[875]

Selbst Warrens eifrigste Befürworter mussten zugeben, dass er in seiner Laufbahn eine breite Palette von Inkonsequenzen aufwies. Er war mehr als jeder andere Amerikaner für die Aufhebung der Rassentrennung in den Schulen verantwortlich, hat aber keines seiner eigenen vier Kinder (eines davon adoptiert) auf eine integrierte Schule geschickt. Er erklomm die politischen Höhen als Republikaner, verhielt sich aber meist wie ein Demokrat und wurde sogar von Präsident Truman als solcher bezeichnet.[876] Bestimmte Entscheidungen des Warren-Gerichts hätten sich zumindest teilweise auf wissenschaftliche Beweise stützen sollen, aber Warren war äußerst abgeneigt, solche Beweise zu berücksichtigen, möglicherweise weil er, so die Gerüchteküche, in der High School in Naturwissenschaften fast durchgefallen wäre.[877]

Warren, der sich nie von Präzedenzfällen, seien sie rechtlich oder anderweitig, einschränken ließ, wurde erst dann zum Vorkämpfer für die Rechte der Angeklagten, als er seinen Platz auf dem Hohen Richterstuhl einnahm. In seiner Anfangszeit als schlagzeilenträchtiger Bezirks- und Staatsanwalt im Golden State hatte er eine gewisse Berühmtheit erlangt, weil er Verdächtige willkürlich behandelte und sie gelegentlich über Nacht ohne Kaution festhielt.[878] Heute jedoch gilt Warren als der emeritierte Prophet jener Schule des Strafverfahrens, die der Meinung ist, dass dem Angeklagten nicht nur jeder Vorteil des Zweifels, sondern auch jede Formalität des Gesetzes zugestanden werden sollte. Nur auf dem Gebiet der Religion bewahrte Warren, den man getrost als Querdenker bezeichnen kann, eine gewisse Konsequenz. Wie einer seiner Biographen

---

[874] *Hearings Before the President's Commission on the Assassination of President Kennedy*, Bd. 1, S. 278. Marina Oswalds Onkel, bei dem sie viele Jahre lang gelebt hatte, war ein sowjetischer Sicherheitsoffizier.

[875] Melvin Belli, *Dallas Justice*, David McKay, New York, 1964, S. 167. Belli war Rubys Hauptverteidiger in dem Mordprozess. Nachdem er den Fall für seinen Mandanten verloren hatte, gab Belli seinem Versagen teilweise die Schuld, weil er glaubte, dass Dallas "antisemitisch" sei. *New York Times*, 16. März 1964, S. 23.

[876] WNET-Fernsehinterview, 8. September 1969.

[877] Huston, op. cit., S. 25. Siehe auch Fußnote 21, S. 294, in dieser Studie und Putnam, *Race and Reality*, Kapitel IV.

[878] Huston, a. a. O., S. 47. Als der Justizausschuss des Senats über die Ernennung Warrens zum Obersten Richter debattierte, wurde die Person, die die meisten Anschuldigungen gegen ihn vorbrachte, ein gewisser R. J. Wilson, verhaftet, nachdem er eine Exekutivsitzung des Ausschusses auf telegrafische Aufforderung des Polizeichefs von San Francisco verlassen hatte. Wilson wurde später aus Mangel an Beweisen freigelassen. Ebd., S. 99.

feststellte, "war Warren, der mit einer frommen Baptistin verheiratet war und dessen Kinder ... in ihren Ehen keine Grenze zwischen Katholiken und Protestanten, Heiden und Juden gezogen haben, nie jemand, der seine Frömmigkeit öffentlich zur Schau stellte."[879]

Warrens Begründung für seine Arbeit am Obersten Gerichtshof war die gleiche wie die seiner anderen liberalen Kollegen. Er bestand darauf, dass er einfach die Bill of Rights für alle Amerikaner und nicht nur für einige ausbuchstabierte. Seine Rechtsphilosophie wäre vielleicht verständlich, wenn die von einem Volk mühsam entwickelten Rechtsinstitutionen mit Sack und Pack über die Jahrhunderte hinweg transportiert und so gestaltet werden könnten, dass sie für einen Bevölkerungsmix aus vielen Völkern effizient funktionieren, ohne dass ein "i" ausgelassen oder ein Komma gestrichen wird. Leider können sie das nicht. Was für das eine Volk das Recht auf Leben, Freiheit und das Streben nach Glück ist, kann für ein anderes Volk das Recht auf Verbrechen sein. Rechte, die eine Gruppe *erworben hat*, werden in Text und Kontext seltsam verändert, wenn sie einer anderen Gruppe *geschenkt werden*. Aus diesem Grund ist die Änderung von Gewohnheiten durch richterlichen Erlass eine der schädlichsten Formen der Tyrannei. Warren ist das klassische Beispiel eines Politikers, der in einer Zeit des Niedergangs und des Zerfalls auf den höchsten Ebenen der Regierung auftaucht - ein Mann, der klug genug ist, um schön mit dem politischen Strom zu schwimmen, aber nicht intelligent genug, um die evolutionären Strömungen in der Tiefe zu erforschen. Das Geheimnis des Erfolgs einer solchen Person ist eine delikate Mischung aus Unwissenheit, übersteigertem Ehrgeiz und einem scharfen Gespür für die Wünsche und Stimmungen derjenigen, die die öffentliche Meinung kontrollieren. In einer der seltsamsten Wendungen in der Saga menschlicher Bestrebungen beruht Warrens Ruhm auf seiner fast völligen Fehleinschätzung der Eins-zu-eins-Beziehung zwischen Recht und Kultur.[880]

Obwohl es die Grenzen der zulässigen Karikatur sowohl in Bezug auf den Warren Court als auch auf Warrens Rolle darin überschreitet, kann der verstorbene Richter Hugo Black als Warrens Johannes der Täufer bezeichnet werden. Black, der "Jura studierte... weil er zu schlecht ausgebildet war, um irgendwo anders hinzugehen",[881] wurde nicht als Liberaler geboren. Wie Warren hat er den Liberalismus in demselben Maße erworben, in dem er Macht anhäufte. In den Jahren 1923-24 war er ein beitragszahlendes Mitglied des Ku-Klux-Klan,

---

[879] Weaver, op. cit., S. 268.

[880] Andere Missverständnisse von Warren waren ebenso erschreckend. In einem extremen Beispiel für Analphabetismus in hohen Positionen, das über einen öffentlichen Fernsehsender ausgestrahlt wurde, gab er seine uneingeschränkte Zustimmung zur "römischen Demokratie", die, wie er erklärte, "tausend Jahre" überdauerte, weil die Römer es verstanden, sich selbst zu regieren - eine Aussage, die natürlich für Marius, Sulla, Julius Cäsar und Elagabalus eine Neuigkeit gewesen wäre. WNET-Fernsehsendung, 8. September 1969.

[881] John P. Frank, *The Warren Court*, Macmillan, New York, 1964, S. 42.

ein strenger Prohibitionist und ein wohlhabender Anwalt, der sich auf Personenschäden spezialisiert hatte. Als er 1926 für den Senat der Vereinigten Staaten kandidierte, hielt Black es für politisch geboten, seine Klan-Mitgliedschaft aufzugeben. Doch nachdem er seinen Sitz im Senat gewonnen hatte, erhielt er den Grand Passport des Klans, den er in einer öffentlichen Zeremonie dankbar entgegennahm. [882]

Black wurde 1937 zum Mitglied des Obersten Gerichtshofs ernannt, nachdem er Roosevelt davon überzeugt hatte, dass er ein authentischer, nicht-klanischer New Dealer war. Wie er als Richter am Obersten Gerichtshof seinen neu erworbenen Liberalismus auslebte, wurde bereits im Zusammenhang mit der Korematsu-Entscheidung erwähnt. In *Yamashita* (1946) ging er noch viel weiter, als er das Todesurteil gegen einen japanischen General in einem "Kriegsverbrecher"-Prozess aufrechterhielt, der gegen fast alle Artikel und Paragraphen der Bill of Rights verstoßen hatte, also gegen das Dokument, für das Black eigentlich eintreten sollte.[883] 1967 verärgerte der gelehrte Richter, der mit seiner metaphysischen Verherrlichung von ordnungsgemäßen Verfahren und sozialer Freizügigkeit dazu beigetragen hatte, das Recht des Landes an die Schwelle zur Anarchie zu bringen, seine liberal-minderheitliche Anhängerschaft, indem er die Urteile gegen Straßendemonstranten bestätigte, die für schuldig befunden worden waren, ihre Proteste mit Gewalt zu untermalen.[884] Als die letzten Tage seiner juristischen Laufbahn näher rückten, schien Black nur noch schemenhaft zu erkennen, was er dem Gesetz angetan hatte und was rückgängig gemacht werden musste, um seinen Zerfall zu verhindern. Aber er hat nie eine formale Wiedergutmachung für seinen juristischen Hyperaktivismus geleistet.

Der stellvertretende Richter William Douglas, wie Black ein Produkt der gespaltenen Mehrheit in den Reihen, war ein kräftiger Bergsteiger, Fernwanderer, Weltreisender, Naturschützer und Lebemann, der Black selbst oft übertraf. Der ebenso freizügige wie liberale Mann heiratete im Alter von siebenundsechzig Jahren seine vierte Frau, eine zweiundzwanzigjährige Studentin.[885] Einige Monate später stellte sich heraus, dass Douglas jährlich 12.000 Dollar von der so genannten Albert Parvin Foundation erhielt, deren Einnahmen hauptsächlich aus Hypotheken auf ein Hotel und ein Spielkasino in Las Vegas stammten.[886] Douglas weigerte sich, auf diese unentgeltliche Ergänzung seines ohnehin schon hohen Einkommens (Gehalt des Obersten

---

[882] Leo Pfeffer, *This Honorable Court*, Beacon, Boston, 1965, S. 326-27.

[883] Rocco J. Tresolini, *Justice and the Supreme Court*, Lippincott, Philadelphia, 1963, Kapitel VIII.

[884] Weaver, op. cit., S. 337-40.

[885] *Time*, 29. Juli 1966, S. 17.

[886] *San Francisco Examiner*, 16. Oktober 1966, S. 1.

Gerichtshofs, Spesen, Vortragshonorare, Buchtantiemen) zu verzichten, bis sich herausstellte, dass Albert Parvin einst als Mitverschwörer mit Louis Wolfson in einem von dessen zahlreichen schmutzigen Finanzgeschäften genannt worden war.[887] Obwohl Douglas' Beziehung zu Wolfsons Freund ebenso unethisch war wie Fortas' Beziehung zu Wolfson, weigerte sich Douglas, sein Mandat niederzulegen.[888] 1970, nach der Anhörung des Justizausschusses des Repräsentantenhauses, bei der es um die Frage ging, ob ein Amtsenthebungsverfahren gegen ihn eingeleitet werden sollte, wurde Douglas vom zweiundachtzigjährigen Ausschussvorsitzenden Emanuel Celler wie erwartet rehabilitiert. Die Koalition aus Liberalen und Minderheiten schützt ihre eigenen Leute.

Was auch immer die Ursache für Douglas' extreme Belastbarkeit war, ob Drüsenerkrankung oder Kompensation für einen kindlichen Lähmungsanfall, er war zweifellos der energischste Richter in der Geschichte des Obersten Gerichtshofs. Er war auch einer derjenigen, die am meisten widersprachen, bis er sich der liberalen Mehrheit anschließen konnte, die sich nach der Ernennung Warrens herausbildete. In der Cramer-Entscheidung (1945), die ihren Ursprung in einer gescheiterten deutschen Sabotageaktion während des Krieges hatte, verwarf das Gericht mit Douglas' abweichender Meinung ein Todesurteil wegen Hochverrats, da die Verfassung ausdrücklich vorsieht, dass "niemand wegen Hochverrats verurteilt werden darf, es sei denn, zwei Zeugen können dieselbe Tat bezeugen.[889] Es gab zwar zwei Zeugen, aber keiner von ihnen konnte eine Straftat nachweisen. Douglas begründete seine abweichende Meinung damit, dass die bloße Anwesenheit von Cramer in Gesellschaft von zwei deutschen Saboteuren für eine Verurteilung ausreiche.[890]

Nachdem es ihm nicht gelungen war, die Hinrichtung eines pro-deutschen Staatsbürgers durch Stromschlag zu erreichen, gelang es Douglas, der sich später als Erzfeind der Todesstrafe darstellte, auch in einem anderen Fall nicht, einen pro-russischen Staatsbürger vor dem Gefängnis zu retten. In der Rechtssache *Dennis gegen die Vereinigten Staaten* (1950) definierte er in seiner

---

[887] *Time*, 6. Juni 1969, S. 23.

[888] Neben anderen Verfehlungen verkaufte Douglas 1969 einen Artikel für 350 Dollar an die Zeitschrift *Avant Garde*, deren Herausgeber Ralph Ginzburg wegen Pornografie zu einer fünfjährigen Haftstrafe verurteilt worden war. Als Ginzburgs Fall zuvor vor den Obersten Gerichtshof kam und das Urteil bestätigt wurde, war Douglas der einzige Abweichler. Im Jahr 1970 wurde Douglas' Buch *Points of Rebellion (Punkte der Rebellion)* veröffentlicht. Darin ermutigte er zu ungesetzlichen Demonstrationen und schrieb, dass "Gewalt vielleicht die einzige wirksame Antwort" auf die aktuellen amerikanischen Probleme sei. *Human Events*, 14. Februar 1970, S. 4, und 14. März 1970, S. 3.

[889] Art. III, Sec. 3, Par. 1.

[890] Frank, op. cit. S. 60-61.

Minderheitenansicht kommunistische Aufrufe zur Revolution als strikt gesetzeskonform.[891] Angesichts seiner ultraliberalen Neigung war es nicht verwunderlich, dass sich die Verteidiger, nachdem der Gerichtshof 1953 die Überprüfung des Falles Rosenberg als Atomspion abgelehnt hatte, direkt an Douglas wandten, der sich in letzter Minute dafür einsetzte, die Hinrichtung der Rosenbergs auszusetzen.[892] Douglas zeigte einmal mehr seine Vorliebe für die totalitäre Linke, als er sich in der Anti-McCarthy-Hysterie begeistert der Mehrheit des Gerichtshofs in der Rechtssache Watkins (1957) anschloss, in der es darum ging, die Macht der Kongressuntersuchungen einzuschränken, indem er einen engstirnigen Mitläufer von einer Vorladung wegen Missachtung durch das House Un-American Activities Committee befreite.[893]

Weitere Mitglieder des Warren Court waren William Brennan, Byron White und John M. Harlan. Brennan, dessen Vater in Irland geboren wurde, arbeitete sich vom Kohleschaufler zum Gewerkschaftsvertreter hoch, bevor er Anwalt wurde. White, ein überzeugter Kennedy-Anhänger, war 1938 der bestbezahlte Profi-Footballspieler der Nation. John M. Harlan war ein Anwalt für Wall-Street-Unternehmen, dessen Großvater als Mitglied des Obersten Gerichtshofs die einst berühmten (und heute anachronistischen) Worte "Die Verfassung ist farbenblind" aussprach. Von allen Richtern des Warren Court zeigte sich nur Potter Stewart gelegentlich besorgt um die Rechte der Mehrheit. Als einziger Abweichler bei der Entscheidung über das Schulgebet war er der einzige Richter, der das eigentliche Problem in diesem Fall erkannte, wie seine Äußerungen zeigen, dass das Urteil ebenso sehr ein Angriff auf die "religiösen Traditionen unseres Volkes" wie auf die Religion selbst war.[894]

Als Richard Nixon 1969 die Präsidentschaft übernahm, ließ er verlauten, dass er den Linksdrall des Gerichtshofs umkehren wolle. Obwohl die beiden von ihm vorgeschlagenen konservativen Südstaaten-Richter beide vom Senat abgelehnt wurden, wurde seine Ernennung von Warren Burger zum Obersten Richter bestätigt, ebenso wie die Ernennung von Lewis Powell, William Rehnquist und Harry Blackmun. Da Warren in den Ruhestand ging, Black tot war, Douglas kränkelte und Fortas in Ungnade zurücktrat, war das Land für eine juristische Gegenreaktion gerüstet.

Was das Land bekam, war jedoch mehr vom Gleichen. Der Burger Court erwies sich als ideologisch eher auf die Koalition aus Liberalen und Minderheiten eingestellt als auf Nixon. Es gab eine gewisse Verschärfung des

---

[891] Ebd., S. 58-59.

[892] Pfeffer, op. cit., S. 374-76.

[893] Katcher, op. cit., S. 365-68.

[894] Siehe die ausführlichen Profile dieser Richter in John Franks *The Warren Court*. Weitere Äußerungen von Richter Stewart zum Fall des Schulgebets finden Sie auf S. 275 dieser Studie.

Strafrechtssystems, eine gewisse Lockerung der Beschränkungen für Klagen gegen die Regierung und eine gewisse Einschränkung der Privilegien der Presse, aber im Hinblick auf die Interessen der Mehrheit hat der Burger Court ebenso wie Warren die Verfassung verfälscht. Einige der berüchtigten Entscheidungen der Burger Nine: (1) *Bakke* (1978), in dem eine medizinische Hochschule angewiesen wurde, einen qualifizierten weißen Bewerber zuzulassen, der zugunsten von weniger qualifizierten Mitgliedern einer unassimilierbaren Minderheit abgelehnt worden war, während gleichzeitig entschieden wurde, dass die Rasse als ein Faktor in der Zulassungspolitik von Hochschulen betrachtet werden kann; (2) *Weber* (1979), in dem das Gericht zustimmte, dass eine 50-prozentige Quote für Schwarze in einem betrieblichen Ausbildungsprogramm rechtmäßig war; (3) *Fullilove* (1980), in dem das Gericht entschied, dass es für die Regierung durchaus verfassungsgemäß war, festzulegen, dass 10 Prozent der Aufträge in einem Bundesprogramm für öffentliche Arbeiten an Auftragnehmer aus Minderheiten vergeben werden.

Trotz seiner durch und durch liberalen Urteile zur Aufhebung der Rassentrennung in Schulen, zur Pornographie, zum Strafrecht und zum Wahlrecht ging der Warren Court nie so weit, den Begriff der Rassenquoten in seine Entscheidungen aufzunehmen. Er überließ diese unerledigte Aufgabe den so genannten Moderaten und Konservativen des Burger-Gerichts, die der amerikanischen Öffentlichkeit das Schauspiel boten, wie das höchste Gericht des Landes das Gesetz auf den Kopf stellte. Der Kongress hatte im Bürgerrechtsgesetz von 1964 feierlich bekräftigt, dass es keine Rassendiskriminierung in der Beschäftigung oder bei den Beschäftigungsmöglichkeiten geben würde. Der Gerichtshof hat dieses Gesetz in den Urteilen *Bakke*, *Weber* und *Fullilove* heimtückisch sabotiert oder außer Kraft gesetzt.

Man muss Burger und seinem Nachfolger William Rehnquist zugestehen, dass beide in der Regel gegen die freizügigsten Urteile des Gerichtshofs stimmten. Aber die Ernennung von Sandra Day O'Connor, der ersten Richterin, und David Souter durch Präsident Reagan und Präsident Bush zu stellvertretenden Richtern hat den Gerichtshof kaum davon abgehalten, bei der Förderung von Minderheiten Katz und Maus zu spielen. Auch die neu ernannten so genannten konservativen Richter Anthony Kennedy, Antonin Scalia, der erste Italo-Amerikaner in der obersten Richterriege, und Clarence Thomas, ein schwarzer Republikaner,[895] waren nicht in der Lage, die gesetzlichen Beschränkungen der Beschäftigungsmöglichkeiten und Beförderungen weißer Männer einzuschränken. Mit der Ernennung von zwei jüdischen Richtern, Ruth Bader Ginsburg und Stephen Breyer, durch Präsident Clinton kehrte das Gericht zur

---

[895] Thomas, der mit einer Weißen verheiratet ist, besetzte den so genannten "schwarzen Sitz" am Gericht, der von Thurgood Marshall, dem ersten schwarzen Richter, frei geworden war, der ebenso weit links stand wie sein Nachfolger rechts.

Rechtsideologie von Earl Warren zurück, zum Social Engineering und zur Neuschreibung, nicht zur Auslegung, der Gesetze des Landes.

Da das eine gewöhnlich mit dem anderen einhergeht, ging der Mangel an Gerechtigkeit, den der Oberste Gerichtshof in der zweiten Hälfte dieses Jahrhunderts an den Tag legte, mit einem Mangel an Würde einher. Letzteres begann 1949, als die Richter Felix Frankfurter und Stanley Reed vor einem Bundesgericht in New York City als Leumundszeugen für Alger Hiss auftraten.[896] Seitdem haben die internen Querelen der Richter, ihre Schwarzarbeit in den Hörsälen, ihre politische Parteinahme und ihre moralische Feigheit wenig dazu beigetragen, das schwindende Vertrauen der Öffentlichkeit in die ehemals angesehenste Instanz der Regierung wiederherzustellen.[897]

---

[896] *New York Times,* 23. Juni 1949, S. 1. Hiss begann als einer von Frankfurts Happy Hot Dogs an der Harvard Law School. Nachdem er als Referent von Richter Reed gearbeitet hatte, trat er in das Außenministerium ein. Reed selbst hatte bei Brandeis als Referent gearbeitet.

[897] Die Geschichte wird die Richter des Warren-, des Burger- und des Rehnquist-Gerichts nach ihren Leistungen und nach ihrem unklugen Verhalten als Einzelpersonen beurteilen:

Gegenstand. Fortas auf der Gehaltsliste eines notorischen Betrügers. Douglas auf der Gehaltsliste eines Gangsters. Brennan ist in dubiose Immobiliengeschäfte mit Fortas verwickelt.

Gegenstand. Brennan stellt eine groteske Nixon-Maske in seinem Amtszimmer zur Schau. Marshall bricht ein Mittagessen am "Dirty-Movie"-Montag ab, um nicht zu verpassen, die Hardcore-Exponate in Obszönitätsfällen zu sehen. White fügt einem Burger-Memo über Richard Speck, der acht Frauen vergewaltigt und getötet hat, den Zusatz "Some man" hinzu.

Gegenstand. Der fast blinde Harlan, der sein Krankenhauszimmer zu seinem Arbeitszimmer machte und sein Bettlaken statt eines Schriftsatzes unterschrieb. Der halb gelähmte Douglas, der darauf bestand, auf der Richterbank zu sitzen, als er in seinem Rollstuhl nicht mehr länger als ein oder zwei Stunden wach bleiben konnte.

Artikel. Der Gerichtshof hebt die Verurteilung von Muhammad Ali wegen Wehrdienstverweigerung aufgrund einer Formalität auf, weil er befürchtet, dass dies den Unmut der Schwarzen wecken könnte.

Punkt. Marshalls mangelnde Bereitschaft, seine Hausaufgaben zu machen, bis zu dem Punkt, an dem er nichts über den Inhalt einiger der Stellungnahmen wusste, die seine Mitarbeiter für ihn geschrieben hatten.

Punkt. Marshall stimmte dafür, Nixon zu zwingen, Richter Sirica seine Tonbänder auszuhändigen, während er zugab, dass er nicht wollte, dass seine eigenen aufgezeichneten Gespräche mit Präsident Johnson veröffentlicht wurden. Powell stellt einen jüdischen Harvard-Radikalen als Rechtsreferenten ein, um zu beweisen, dass er kein alter Kauz ist.

Gegenstand. Der Anwalt William Kunstler umarmt Harry Blackmun, nachdem dieser die Entscheidung eines unteren Gerichts gegen die Polizei von Philadelphia unterstützt hatte.

Zu all dem - und mehr - siehe Bob Woodward und Scott Armstrong, *The Brethren*, Simon and Schuster, New York, 1979.

Im trügerischen Glanz der Weltanschauung der liberalen Minderheit schwelgend, versuchte das Warren-Gericht, das organische Recht der amerikanischen Mehrheit in einen Kodex moralischer und rassischer Gebote zu verwandeln, die auf die entscheidenden Fragen des Tages ebenso wenig anwendbar wie durchsetzbar waren. Die Gerichte Burger und Rehnquist trafen nie sinnvolle Gegenentscheidungen, um diesen Trend umzukehren. Durch seine schlecht getimte und schlecht durchdachte Neuinterpretation der Bill of Rights und anderer Verfassungsgarantien hat der Oberste Gerichtshof faktisch die gesetzgebende Funktion des Kongresses an sich gerissen - ein grober Missbrauch der richterlichen Macht, wie sie in der Verfassung definiert ist.

Bevor sie sich der unpraktischen Aufgabe widmeten, die Menschen durch Gesetzesänderungen zu verändern, hätten die Richter über die Worte von Savigny (1779-1861) nachdenken können, der in seiner *Theorie des organischen und natürlichen* Rechts schrieb:

> Das Recht wird ebenso wenig von Juristen gemacht wie die Sprache von Grammatikern. Das Recht ist das natürliche moralische Produkt eines Volkes... die beständigen Bräuche einer Nation, die organisch aus ihrer Vergangenheit und Gegenwart hervorgehen. Selbst das Gesetzesrecht lebt im allgemeinen Konsens des Volkes.[898]

Einige haben vorgeschlagen, dass das komplizierte und wenig genutzte Verfahren der Amtsenthebung das beste Mittel ist, um einen aus dem Ruder gelaufenen Obersten Gerichtshof in die Schranken zu weisen. Aber das würde die Krankheit nicht beseitigen, sondern nur einige der Träger. Wenn das Gericht ernsthaft bekämpft werden soll, muss es mit seinen eigenen Waffen und auf seinem eigenen Boden bekämpft werden. Was das Gesetz pervertiert, kann durch das Gesetz bekämpft werden. Der Gerichtshof, das braucht man nicht zu betonen, existiert und agiert unter der Duldung der Verfassung. Eine einfache Änderung könnte seine Befugnisse einschränken, seine Zuständigkeit auf staatliche Gerichte übertragen oder ihn ganz abschaffen.

Wenn die Geschichte ihr endgültiges Urteil über den Obersten Gerichtshof fällt, wird er in vielen Punkten schuldig gesprochen werden, in keinem jedoch so sehr wie in seiner jüngsten Manipulation des Strafrechts. Das Strafrecht war ursprünglich dazu gedacht, die Gesellschaft vor Rechtsbrechern zu schützen. Als der Warren Court damit fertig war, bestand seine Hauptfunktion darin, den Gesetzesbrecher vor der Gesellschaft zu schützen. Es erübrigt sich zu erwähnen, dass die übertriebene Ausweitung der strafrechtlichen Rechte durch den Gerichtshof den Minderheiten, die kriminelle Kasten in ihren Reihen beherbergen, direkt zugute kam. Mit ihren teuren Anwälten können organisierte Kriminelle, seien es Mitglieder der Mafia, schwarze Revolutionskader, jüdische Terroristen oder bombenlegende Studentenbanden, viel mehr von der

[898] Zitiert nach Carl Becker, *The Declaration of Independence*, Knopf, New York, 1942, S. 264.

gesetzlichen Freizügigkeit profitieren als kriminelle Einzelgänger. Indem das Gericht falsche Erwartungen auf einen unmittelbaren wirtschaftlichen Gewinn weckte und scheinbar zustimmte, dass die Armut und die mangelnde Leistung der Neger ausschließlich auf die vergangene und gegenwärtige Diskriminierung durch böswillige Weiße zurückzuführen sei, verschärfte es die Spannungen zwischen den Rassen.

Wie wir im nächsten Kapitel sehen werden, hat der Oberste Gerichtshof eine Büchse der Pandora geöffnet, die ohne repressive Maßnahmen, die die Strafjustiz und vieles andere, was von der amerikanischen Rechtsprechung übrig geblieben ist, um mehrere Jahrhunderte zurückwerfen, nicht wieder geschlossen werden kann. Nur die vollständige Ablehnung und Umkehrung der wichtigsten Urteile des Gerichtshofs zum Strafrecht wird die notwendige rechtliche Handhabe bieten, um das Unkraut auszurotten, das die westliche Zivilisation in weiten Teilen der größten Städte Amerikas so gut wie beendet hat. In der Zwischenzeit wächst die Gewaltkriminalität ins Unermessliche und damit auch der Katalog der Kriminellen und derjenigen, die mit ihnen Hand in Hand arbeiten. Dieser Katalog ist inzwischen so umfangreich und mit so vielen berühmten Namen gespickt, dass er langsam dem *Who's Who in America* ähnelt.

KAPITEL 30

Die Minderheit im Untergrund

Die am wenigsten rettende Dimension des Konflikts, der gegen die Mehrheit geführt wird, ist der Krieg im Untergrund, der von den Strafverfolgungsbehörden und den Medien fälschlicherweise als Verbrechenswelle bezeichnet wird. Das Ausmaß und die Grausamkeit dieses Krieges wird durch die vom Federal Bureau of Investigation in regelmäßigen Abständen in Form von Kriminalitätsstatistiken veröffentlichten Opferlisten deutlich. Für einen Teil dieser Rechtsverletzungen sind die kriminellen Elemente verantwortlich, die es in jeder Gesellschaft und in jeder Rasse gibt. Ein zunehmender Teil davon ist jedoch auf die kalkulierten Bemühungen von Minderheitengruppen und Minderheitenindividuen zurückzuführen.

Die Straßenkriminalität in den USA ist eine Form des "langsamen Aufruhrs" und "bleibt im Vergleich zu anderen Industrienationen astronomisch". Die in Anführungszeichen gesetzten Worte stammen nicht aus den 1990er Jahren, sondern ein halbes Jahrhundert früher aus dem Bericht der Eisenhower-Stiftung (3. März 1945). Wenn die Kriminalität damals schlecht war, was hätte diese Stiftung dann heute über die Kriminalität geschrieben?

Im Jahr 1992 wurden in den USA 33.649.340 Verbrechen begangen, von denen 6.621.140 als Gewaltverbrechen eingestuft wurden. Zu den Gewaltverbrechen gehörten 140.930 Vergewaltigungen oder versuchte Vergewaltigungen, 1.225.520 versuchte oder vollendete Raubüberfälle und 5.254.690 tätliche Angriffe.[899]

Was ist von diesen Statistiken zu halten? Sie sind sicherlich mehr als ein "langsamer Aufstand". Manche ausgewachsene Kriege haben weniger Opfer gefordert. In Wirklichkeit haben wir es hier mit einem schwelenden Rassenkrieg zwischen Schwarzen und Weißen zu tun, wobei erstere in die Offensive gehen und letztere eine weitgehend erfolglose Verteidigung betreiben. In diesem Krieg haben Schwarze, die derzeit für 55% aller Morde verantwortlich sind, 1992 1.698 Weiße getötet. In den Fällen, in denen die Rasse des Mörders bekannt ist, töten Schwarze doppelt so viele Weiße wie Weiße Schwarze. Anders ausgedrückt: Die Wahrscheinlichkeit, daß ein Schwarzer einen Weißen tötet, ist im Durchschnitt 12,38mal größer als die, daß ein Weißer einen Schwarzen tötet. Im Jahr 1988 gab es 9.406 Vergewaltigungen von Schwarzen gegen Weiße und weniger als zehn Vergewaltigungen von Weißen gegen Schwarze. Genaue Zahlen über Vergewaltigungen sind schwer zu ermitteln, da nach Schätzungen

[899] *National Crime Victimization Survey*, 1993. Die jährlich 23.000 Morde wurden nicht berücksichtigt, da die Erhebung auf der Befragung von Opfern beruht.

einiger Kriminologen nur eine von sieben Vergewaltigungen angezeigt wird. Ein liberaler Forscher, Andrew Hacker, fand heraus, dass schwarze Männer weiße Frauen 30 Mal so oft vergewaltigen wie weiße Männer schwarze Frauen.[900]

Was andere Straftaten betrifft, so hat eine präsidiale Verbrechenskommission festgestellt, dass weniger als die Hälfte davon angezeigt werden.[901] Allein auf der Grundlage der gemeldeten Straftaten ist es eine mathematische Wahrscheinlichkeit, dass jedes Jahr gegen eine von fünf amerikanischen Familien eine Straftat begangen wird.[902] Nach Ansicht des ehemaligen Senators Kenneth Keating aus New York "kann jeder in diesem Land damit rechnen, mindestens einmal in seinem Leben Opfer eines schweren Verbrechens zu werden, wenn er sechzig Jahre alt wird.[903]

Im Zusammenhang mit der Explosion der Kriminalität standen mehrere Urteile des Obersten Gerichtshofs, die die traditionellen Methoden der Strafverfolgung in Frage stellten und vielleicht sogar dazu beitrugen. In *Gideon gegen Wainwright* (1963) bestätigte der Gerichtshof das Recht des Angeklagten auf einen Rechtsbeistand, notfalls auf Kosten der Steuerzahler. In *Escobedo v. Illinois* (1964) entschieden die Richter, dass ein Verdächtiger nicht daran gehindert werden darf, während eines Polizeiverhörs seinen Anwalt zu sehen. In der Rechtssache *Miranda gegen Arizona* (1966) stellte der Gerichtshof fest, dass die Polizei den Verdächtigen vor der Befragung auf sein Recht, zu schweigen und sich durch einen Anwalt vertreten zu lassen, hinweisen muss.[904] Da alle diese Entscheidungen rückwirkend galten, hatten sie katastrophale Auswirkungen auf die bereits überfüllten Gerichtskalender und die bereits überlasteten Strafverfolgungsbeamten. Nach Gideon wurden allein in Florida 976 Gefangene freigelassen und von der Wiederaufnahme des Verfahrens befreit, während 500 weitere ein zweites Mal angeklagt werden mussten.[905]

Dass der Gerichtshof eine derart weitreichende Ausweitung des Rechts auf ein ordentliches Verfahren genau zu dem Zeitpunkt vornahm, als es für Millionen

---

[900] Einen ausführlicheren Überblick über die Kriminalitätsstatistiken bietet Jared Taylor, *Paved With Good Intentions*, Carroll & Graf, N.Y., 1992, S. 92f.

[901] *San Francisco Examiner*, 4. Juni 1963, S. 1. Nur etwa ein Zehntel der Ladendiebstähle wird gemeldet. Einzelhändler sagen, sie könnten die Preise allgemein um 15 Prozent senken, wenn Ladendiebstahl unterbunden würde. *New York Times Magazine*, 15. März 1970.

[902] Wie Earl Morris, Präsident der American Bar Association, erklärte. *U.S. News & World Report*, 5. Februar 1968, S. 50.

[903] *Wall Street Journal*, Bd. LXV, Nr. 68, S. 1.

[904] *Time*, 4. Juli 1969, S. 63. Escobedo, der auf Grund des nach ihm benannten Urteils des Obersten Gerichtshofs aus der Haft entlassen wurde, wurde später wegen des Verkaufs von 11 Gramm Heroin erneut verhaftet. *San Francisco Chronicle*, Aug. 4, 1967, S. 2.

[905] Anthony Lewis, *Gideon's Trumpet*, Random House, New York, 1964, S. 205.

amerikanischer Bürger unmöglich wurde, nachts durch die Straßen ihrer eigenen Städte zu gehen, war reine juristische Verantwortungslosigkeit. Wie schon bei seinen Urteilen zur Rassenmischung, zur Aufhebung der Rassentrennung in der Schule und zum Schulgebet hat der Gerichtshof auch hier seine Favoriten ausgesucht. Wie in fast allen seinen Grundsatzentscheidungen entschied er auch hier zugunsten von Klägern, die von Anwälten aus Minderheiten vertreten wurden, und zwar in Berufungsverfahren, die größtenteils von minderheitenorientierten Organisationen finanziert wurden.

Obwohl der deutliche Anstieg der Kriminalität zum Teil auf den Zusammenbruch der Strafverfolgung zurückzuführen ist, der durch die Bevormundung von Kriminellen durch den Gerichtshof verursacht wurde, ist er auch auf das Auftreten einer neuen Art von Kriminellen zurückzuführen. Nicht, dass die Kriminalität von Minderheiten in Amerika etwas Neues gewesen wäre. Wie Samuel Eliot Morison schrieb, war die "Allianz zwischen städtischen Politikern, der Unterwelt des Glücksspiels und der Prostitution und den ausländischen Wählern bereits 1850 etabliert".[906] Aber die Invasion der Städte durch eine Armee von Negerplünderern, Brandstiftern und Scharfschützen mehr als ein Jahrhundert später hob die Minderheitenkriminalität auf die Ebene der städtischen Kriegsführung.

Die durch die Negeraufstände in den Großstädten von 1964-68 verursachten Sachschäden und Todesopfer wurden bereits in Kapitel 17, "Die Neger", beschrieben. Nicht mehr als gewöhnlicher Dieb oder Straßenräuber, sondern als selbsternannter Revolutionär begann der Negerkriminelle von seinen eigenen Leuten und von einigen ultraliberalen Weißen als eine Art Robin Hood des späten zwanzigsten Jahrhunderts betrachtet zu werden.[907] Die bewaffnete

---

906 Morison, *The Oxford History of the American People*, S. 487.

907 Die meisten führenden Neger-Aktivisten hatten ein Vorstrafenregister, lange bevor sie Revolutionäre wurden. Malcolm X war ein verurteilter Zuhälter, Drogenhändler und Räuber; Eldridge Cleaver ein verurteilter Vergewaltiger; H. Rap Brown ein verurteilter Einbrecher; Marion Barry wurde zum Bürgermeister von Washington wiedergewählt, nachdem er wegen Kokainbesitzes im Gefängnis saß. Die von Bobby Seale und anderen im Rahmen ihrer revolutionären Aktivitäten für die Black Panthers begangenen Verbrechen überschatteten ihre früheren Gesetzesverstöße. Alcee Hastings, Richter am Bundesbezirksgericht, der 1988 vom Senat wegen Fehlverhaltens angeklagt wurde, schlug zurück, indem er die Floridianer dazu brachte, ihn in den Kongress zu wählen. Kweisi Mfume, der Vorsitzende des Congressional Black Caucus und wohl mächtigste schwarze Politiker des Landes, wurde mehrmals verhaftet, als er ein junger Schläger in Baltimore war. Die Heldenverehrung dieser Personen durch die Negergemeinde und viele weiße Liberale war wahrscheinlich ein ebenso großer Anreiz für die Kriminalität der Schwarzen wie die Anordnungen weißer und schwarzer Bürgermeister, die der Polizei verboten, Plünderer zu erschießen. *Time* (14. Februar 1969, S. 60) fasste die Haltung der Neger-Slumbewohner so zusammen, dass sie "Verbrechen nicht nur passiv hinnehmen, sondern die Verbrecher auch aktiv bewundern - vor allem, wenn ihre Opfer weiß sind." Charles Evers, ein von den Medien und seinen schwarzen Wählern hochgelobter Neger-

Übernahme von College-Gebäuden durch schwarze Studenten und die bewaffnete Invasion einer staatlichen Legislative durch stolzierende schwarze Kommandotruppen wurden als Akte der Befreiung begrüßt.[908] Natürlich gab es nach wie vor erhebliche Verbrechen zwischen Schwarzen und Schwarzen. Aber wie weiße Stadtbewohner und Vorstädter aus erster Hand erfuhren, wurde ein unerträglicher Anteil der Kriminalität von Schwarzen gegen Weiße verübt.[909]

Die Gesetzesübertretungen der Neger sind insofern halbmilitarisiert, als sie sich größtenteils gegen "den Feind" richten. Allzu viele der Opfer machen sich nicht die Mühe, Straftaten bei der Polizei anzuzeigen, sie werden einfach zu "Opfern" und warten stillschweigend auf weitere Angriffe von Banden aus den unantastbaren Zufluchtsorten der Großstadtghettos, wo weiße Amerikaner nicht sicherer sind als in einer Vietcong-Hochburg. Die Negerkriminalität ist auch insofern tribalisiert worden, als sie mit Initiationsriten und Tapferkeitsbeweisen verbunden ist. Im Jahr 1972 wurden Mitglieder einer schwarzen Gruppe namens De Mau Mau angeklagt, neun Weiße in Illinois getötet zu haben.[910] Bei der Zebra-Mordserie 1973 in Kalifornien tötete eine Negerbande namens Death Angels nach Polizeiangaben dreiundzwanzig Weiße, wobei sie einen von ihnen fast einen Tag lang folterte, bevor sie ihn in kleine Stücke zerschnitt, diese in eine Plastiktüte wickelte und an einem nahe gelegenen Strand entsorgte. Der Autor eines Buches über die grausamen Morde behauptete, die Zahl der weißen Todesopfer belaufe sich in Wirklichkeit auf 135 Männer, 75 Frauen und 60

Politiker aus den Südstaaten, war ein ehemaliger Zuhälter, der es häufig versäumte, seine Einkommenssteuer zu zahlen. Ronald Reagan freute sich, dass Evers ihn im Präsidentschaftswahlkampf 1980 unterstützte.

908 1967 marschierte eine Gruppe von Negern mit geladenen Gewehren in das State Capitol in Sacramento, Kalifornien, ein, während die Legislative tagte. Die Bestrafung erfolgte milde oder gar nicht. *New York Times,* 3. Mai 1967, S. 24.

909 In einem Regierungsbericht von 1970 wurde festgestellt, dass Schwarze in Städten acht- bis zwanzigmal häufiger als Weiße wegen Mordes, Vergewaltigung, schwerer Körperverletzung und Raub verhaftet werden. Da ein großer Teil der Opfer schwarzer Straftaten Schwarze sind, wurde unaufgefordert hinzugefügt, dass aus dem Bericht keine rassistischen Schlussfolgerungen gezogen werden sollten. *New York Times,* 8. September 1970, S. 1. Die Tatsache, dass die Kriminalitätsrate einer bestimmten Rasse um ein Vielfaches höher ist als die anderer Rassen, mag für Regierungsbürokraten keinen rassistischen Beigeschmack haben, für weiße Opfer von Negerkriminalität hat sie jedoch einen solchen. In Washington, D.C., waren in den Jahren 1959-65 neun von zehn Vergewaltigern schwarz und 59 Prozent der vergewaltigten weißen Frauen wurden von Schwarzen vergewaltigt. *San Francisco Chronicle,* 4. Januar 1967, S. 2. Ein weiterer ominöser Trend ist die Entführung junger weißer Frauen am helllichten Tag. Eine blonde Hausfrau wurde von einem Busbahnhof in Birmingham entführt und in ein von Schwarzen betriebenes Prostitutionshaus gebracht. Nach drei Tagen gelang ihr die Flucht, indem sie aus einem Fenster im zweiten Stockwerk sprang. *Birmingham News,* 10. Juni 1980, S. 1.

910 *Miami Herald,* 16. Oktober 1972, S. 2-A.

Kinder. Die Mitglieder der Death Angels erhielten für den Massenmord besondere Beförderungen und Belobigungen von ihren Anführern.[911] In Illinois und Michigan kam es zu ähnlichen Ausschreitungen. Im letztgenannten Bundesstaat sagte der Anführer einer Bande junger Neger zu einem 22-jährigen Mitglied: "Beweise dich als schwarzer Krieger. Bring die Ohren eines weißen Mannes her." Der junge Schwarze gehorchte und ließ einen 16-jährigen weißen Jugendlichen nicht nur ohrlos, sondern auch tot zurück.[912] Bei den Unruhen in Miami 1980 wurden Weiße, die das Pech hatten, in die randalierende Menge zu geraten, sowohl vor als auch nach ihrer Ermordung verstümmelt.

Es stimmt, dass es eine gewisse Gegenreaktion auf die Gewalt der Weißen gab, einige Beweise für die Rache der Weißen an den Schwarzen, wie etwa einige Scharfschützenmorde in verschiedenen Städten. Aber die Zahl der getöteten oder verwundeten Schwarzen ist im Vergleich zu der Zahl der weißen Opfer verschwindend gering. Obwohl schwarze Kriminelle erschossen wurden, während sie das Leben von Polizeibeamten bedrohten oder vom Tatort flohen, war die Zahl der weißen Polizisten, die von Schwarzen erschossen wurden, wesentlich höher. Von 1983 bis 1992 wurden 963 Polizeibeamte getötet, 536 von Weißen, 397 von Schwarzen und 30 von anderen Rassen. Achtzig Prozent der ermordeten Polizeibeamten waren weiß, 10 Prozent schwarz, 1 Prozent andere.[913] Bei der oben genannten Rate wird es nicht mehr lange dauern, bis die Zahl der von Schwarzen getöteten weißen Polizeibeamten die Gesamtzahl der schwarzen Opfer der Südstaaten-Lynchmobs übersteigt. Die *Encyclopaedia Britannica* gibt an, dass zwischen 1882 und 1951 in den Vereinigten Staaten 4.730 Personen gelyncht wurden: 1.293 Weiße und 3.437 Neger.[914]

"Polizeibrutalität", ob real oder eingebildet, wurde zu einer Standardausrede für Negeraufstände und Plünderungen gemacht. Infolgedessen wurden die Polizeibeamten in den meisten Städten angewiesen, mit einem Minimum an Gewalt gegen schwarze Gesetzesbrecher vorzugehen. Die ständige Bedrohung durch schwarze Krawalle hat auch Richter und Geschworene dazu veranlasst, sich zu verbiegen, um angeklagten Schwarzen alle Vorteile des Gesetzes zukommen zu lassen und ihnen die kürzestmögliche Haftstrafe zu gewähren. Eine harte Strafe für einen schwarzen Angeklagten in einem öffentlichkeitswirksamen Prozess kann eine Stadt Dutzende von Millionen Dollar an beschädigtem, ausgebranntem und geplündertem Eigentum kosten. Die gleiche übertriebene Milde gilt auch für die Todesstrafe. Bis Mitte 1982 waren in den Vereinigten Staaten seit 1967 nur fünf Verbrecher hingerichtet

---

[911] Clark Howard, *Zebra,* Richard Marek Publishing, New York, 1979, siehe insbesondere S. 34, 173-81.

[912] Die Jugendgruppe hatte übrigens finanzielle Unterstützung von der "respektablen" steuerbefreiten Urban League erhalten. *New York Times,* 4. März 1970, S. 31.

[913] *Sourcebook of Criminal Justice Statistics,* U.S. Dept. of Justice, 1993, S. 401-05.

[914] *Ency. Brit.*, Bd. 14, S. 526.

worden. Vier von ihnen waren Weiße, obwohl es in den Todeszellen von Schwarzen wimmelt.

Verbrechen von Schwarzen gegen Weiße wurden gegen alle Schichten der weißen Gesellschaft begangen. Ein weißer Richter wurde in seinem Gerichtssaal in Kalifornien von Schwarzen erschossen. Ein schwarzer Räuber verwundete Senator John Stennis vor seinem Haus in Washington, D.C. Die meisten weißen Opfer waren jedoch Besitzer oder Angestellte von Fastfood-Läden, Tankstellen und kleinen Einzelhandelsgeschäften. Allzu oft töten die Räuber die Beraubten, nachdem sie die Kasse geleert haben.

Inzwischen ist eine andere große kriminelle Kaste,[915] die Cosa Nostra, weniger militant und sogar halbwegs seriös geworden, während sie neue Höhen des Wohlstands erklommen hat; ihre Mitglieder haben ihre weißen Krawatten und breitkrempigen Hüte zugunsten konservativer Brooks-Brothers-Modelle aufgegeben. Auf einen Teil des zeremoniellen Geschwätzes wurde verzichtet, aber der Blutschwur bleibt bestehen, ebenso wie die Grundvoraussetzung für die Mitgliedschaft, der Rassentest der süditalienischen oder sizilianischen Abstammung.[916]

Dieser Rassentest wurde nur für Juden ausgesetzt, die der Mafia die meisten ihrer juristischen und finanziellen Köpfe zur Verfügung gestellt haben. In der Tat war die Führung der Mafia nach den Worten von Ralph Salerno, einem ehemaligen Verbrechensexperten des New York City Police Department, immer eine "glückliche Verbindung von Italienern und Juden". Meyer Lansky, jahrzehntelang der Finanzdirektor der Cosa Nostra, prahlte einmal: "Wir sind größer als U.S. Steel." Da die Bruttoeinnahmen der Mafia auf über 30 Milliarden Dollar pro Jahr geschätzt werden und die jährlichen Gewinne zwischen 7 und 10 Milliarden Dollar liegen, hätte er vielleicht noch ein paar Unternehmen mehr einbeziehen können.[917] Der Reichtum einiger Mafiosi ist kaum zu fassen: In einem Koffer des Sohnes von Buffalos Boss Magaddino wurden 521.000 Dollar in bar gefunden; New Yorks Boss Gambino und seine Adoptivfamilie besaßen Immobilien im Wert von 300 Millionen Dollar; Philadelphias Boss Bruno legte,

[915] Zigeuner können auch als eine kriminelle Kaste definiert werden. Die lateinamerikanischen Banden, die einen Großteil des Drogenhandels übernehmen, sind eher als "Familien" zu bezeichnen. Chassidische Juden, die traditionell im Juwelenschmuggel tätig sind, betrachten ihre Tätigkeit nicht als Verbrechen, da sie nur gegen das "heidnische Gesetz" verstößt. Yaffe, op. cit., S. 120. In Bezug auf jüdische Verbrechen im Allgemeinen schrieb Yaffe: "Niemand, egal wie verwerflich, wird jemals vollständig aus der jüdischen Gemeinschaft herausgelesen." Ebd., S. 277.

[916] *Time*, 22. August 1969, S. 19, 21.

[917] Ebd., S. 18.

als er Sicherheiten für ein Geschäft vorlegen sollte, einen beglaubigten Scheck über 50 Millionen Dollar vor.[918]

Die Cosa Nostra floriert aufgrund dessen, was man als umfassenden politischen Schutz bezeichnen könnte. Zu einem bestimmten Zeitpunkt übten die Mafiosi in unterschiedlichem Maße Kontrolle über etwa fünfundzwanzig Kongressabgeordnete sowie über Tausende von weniger bedeutenden politischen Persönlichkeiten auf staatlicher und lokaler Ebene aus.[919] Die unterwürfigen Beziehungen bestimmter Richter aus New York City und Chicago zu Mafiaführern sind zu gut bekannt, als dass man sie ausführlich dokumentieren müsste. Frank Sinatra, ein Partner führender Mafia-Figuren,[920] war jahrelang einer der wichtigsten Geldbeschaffer der Demokratischen Partei, bevor er seine Talente den Republikanern anbot. Für seine Arbeit bei der Organisation und Leitung des Balls vor der Amtseinführung 1961 in Washington erhielt Sinatra den überschwänglichen Dank von Präsident Kennedy und den ersten Tanz mit der First Lady.[921] Auch Barry Goldwater, der als einer der ehrlichsten Präsidentschaftskandidaten seit Jahrzehnten angepriesen wurde, stand zwei wichtigen Mitgliedern der Unterwelt recht nahe. Über den Gangster Gus Greenbaum, der 1958 zusammen mit seiner Frau bei einem makabren Doppelmord in Phoenix ums Leben kam, sagte Goldwater: "Ich kannte ihn mein ganzes Leben lang." Goldwater war auch ein guter Freund von Willie Bioff, einem verurteilten Verleumder und Erpresser, den der Senator von Arizona in seinem eigenen Flugzeug von Las Vegas nach Phoenix zurückfliegen ließ, nur zwei Wochen bevor Bioff in die Luft gesprengt wurde, als er versuchte, sein Auto zu starten.[922]

---

[918] Ebd., S. 21.

[919] Ebd., S. 19. Ein Auszug aus dem Buch *The Crime Federation* von Ralph Salerno, den die *Time veröffentlicht hat.* Der Anführer der Cosa Nostra von New Jersey, Joe Zicarelli, hatte, so Salerno, eine solche Macht über den Kongressabgeordneten Cornelius Gallagher, dass er ihn aus dem Repräsentantenhaus vorladen konnte, um seine Anrufe zu beantworten. Gallagher war Mitglied des House Government Operations Committee, das die Bundesbehörden überwacht, die wiederum die Mafia überwachen. Im Jahr 1972 bekannte er sich schuldig, 74.000 Dollar an Einkommenssteuern hinterzogen zu haben. *Miami Herald,* 22. Dezember 1972, S. 36-A.

[920] Sinatra war ein persönlicher Freund von Lucky Luciano, dem ehemals ranghöchsten Gangster der Nation. Frank besaß 9 Prozent des von der Mafia kontrollierten Sands Hotel in Las Vegas, bevor Howard Hughes es kaufte. Ed Reid und Ovid Demaris, *The Green Felt Jungle,* Pocket Books, New York, 1964, S. 56, 74-76, 198. Sinatras Glücksspiellizenz, die ihm 1963 wegen seiner Verbindung mit dem Gangster Sam Giancana entzogen worden war, wurde 1981 von der Glücksspielkontrollbehörde von Nevada in veränderter Form wiederhergestellt.

[921] Victor Lasky, *JFK, The Man and the Myth,* Macmillan, New York, 1963, S. 14.

[922] Reid und Demaris, op. cit., S. 43, 144, 202.

Die Verbindungen der Gangster zu den höchsten Regierungsebenen lassen sich an den Begnadigungen ablesen, die häufig für wichtige Bandenmitglieder ausgesprochen wurden. Lucky Luciano, der als Nachfolger von Al Capone an der Spitze der Mafia-Hierarchie stand und ein Spezialist für Drogen, Mord und Prostitution war, wurde 1946 vom New Yorker Gouverneur Thomas Dewey vollständig begnadigt.[923] Lucianos Einfluss war so groß, dass er in Zusammenarbeit mit der amerikanischen Armee im Zweiten Weltkrieg dazu beitrug, die Mafia in ihrer ursprünglichen sizilianischen Heimat wiederherzustellen, wo sie während der Mussolini-Ära weitgehend entmachtet worden war. Auf seine Anweisung hin warfen amerikanische Flugzeuge spezielle Pakete an den Anführer der Weltmafia, Don Calo Vizzini, in der Stadt Villaba ab.[924]

Präsident Kennedy begnadigte einen anderen Gangster, Jake (the Barber) Factor, der vom Justizministerium deportiert werden sollte, aber die Staatsbürgerschaft erhielt, nachdem er 10.000 Dollar an die Demokratische Partei gespendet hatte.[925] Factor revanchierte sich für den Gefallen, indem er seine Spenden erhöhte. Im Jahr 1968 wurde er als der größte Geldgeber für den Präsidentschaftswahlkampf der Demokratischen Partei entlarvt.[926] Eine weitere fragwürdige Begnadigung gewährte Präsident Truman dem Filmmogul Joseph Schenck, der wegen Lügen über seine Mafia-Verbindungen ins Gefängnis gekommen war.[927]

Es gibt kein sichtbareres Zeichen für den nationalen Verfall als die anhaltende Erfolgsgeschichte der Cosa Nostra, einer Organisation, die in den 60er Jahren, als harte Drogen noch kein großes Geschäft waren, unter anderem Heroin im Wert von 350 Millionen Dollar pro Jahr verkaufte.[928] Politiker und Persönlichkeiten des öffentlichen Lebens der Mehrheit und der Minderheit sind auch Jahrzehnte später noch schockiert und entsetzt über die Untaten der Nazis, aber weder sie noch die Medien sind auch nur halb so aufgeregt über die Gräueltaten, die von Mafia-Schlägern an Tausenden von Amerikanern begangen wurden. Obwohl die Anführer der Cosa Nostra in exklusive Vororte umgezogen sind und sich in der Öffentlichkeit mit Handschlag statt mit Kuss begrüßen, rühmen sich einige immer noch damit, ihre Opfer an mafiöse Fleischgroßhändler

[923] *New York Times*, 9. Februar 1946, S. 19.

[924] *Times Literary Supplement*, 18. Juni 1964, S. 534.

[925] *New York Times*, 29. Dezember 1963, S. 4.

[926] *San Francisco Sunday Examiner and Chronicle, This World*, 12. Januar 1969. Factor und seine Frau haben angeblich 350.000 Dollar an verschiedene Humphrey-Muskie-Wahlkampfausschüsse gespendet oder geliehen.

[927] *San Francisco Chronicle, Diese Welt*, 25. Oktober 1961, S. 22. Schenck starb als Multimillionär in seiner Penthouse-Suite im Beverly Wilshire Hotel.

[928] Donald Cressey, *Theft of the Nation*, Harper & Row, N. Y., 1969, S. 91-92.

zu schicken, von wo aus sie in Form von "Manburgern" an Restaurants geliefert werden.[929] Während sich die Medien immer noch auf die Brutalität der Nazis oder der Sowjets konzentrieren, hat die Mafia eine besonders schmerzhafte Mordtechnik verfeinert, bei der der Tod dadurch herbeigeführt wird, dass das Ende eines Feuerlöschers in die Ohren des Verurteilten gesteckt wird.[930] Die Polizei hat ein Telefongespräch der Mafia abgehört, in dem ein kichernder Scharfrichter die letzten drei Tage eines Mannes, der an einem Fleischhaken aufgehängt worden war und bei der Folter mit einem Elektroschocker "schreiend um sich schlug", minutiös beschrieb.[931]

Zwei erfahrene Kriminalreporter haben es auf den Punkt gebracht:

Langsam, aber unaufhaltsam hat die Mafia eine absolute Vormachtstellung eingenommen... Jeder Mafioso, ob jung oder alt, glaubt wirklich, dass er ein unveräußerliches Recht hat, mit Drogen und Prostitution zu handeln, zu plündern und zu morden. Die Gesetze der organisierten Gesellschaft sind für ihn nicht bindend.[932]

Da das kollektive oder organisierte Verbrechen zu einem Monopol der Minderheit geworden ist, würde das Gesetz des Durchschnitts voraussagen, dass die meisten "unabhängigen" Kriminellen, die meisten kriminellen Einzelgänger, Mitglieder der Mehrheit sein würden. Aber das ist nicht der Fall. Auch hier ist die Überrepräsentation der Minderheit unbestreitbar. Wann immer ein Mitglied der Mehrheit, insbesondere eine bekannte Persönlichkeit des öffentlichen Lebens, vor Gericht steht, ist es erstaunlich, wie oft sein Partner oder Partnerin ein Mitglied der Minderheit ist.

Die folgende Liste von Unterschlagungen, Veruntreuungen, Steuerhinterziehungen, schweren Straftaten, Bagatelldiebstählen, Interessenkonflikten oder Verrat am öffentlichen Vertrauen beschränkt sich auf Personen von nationaler oder lokaler Bedeutung. Gelegentlich umfasst der Katalog der Verfehlungen auch Straftaten, bei denen der Bezug zu einer Minderheit nur gering oder gar nicht vorhanden ist. In solchen Fällen soll der moralische Verfall der Führer der Mehrheit in einer Ära der

---

[929] *Saturday Evening Post*, 9. November 1963, S. 21.

[930] Ebd.

[931] *Time*, 22. August 1969, S. 22.

[932] Reid und Demaris, op. cit., S. 186-87. Nach C. D. Darlington sind die Mitglieder der Mafia Gefangene ihrer Gene, "Menschen, für die es keine Möglichkeit des Zwanges, der Korrektur oder der Bekehrung gibt. Nichts auf der Welt wird sie dazu bringen, sich mit dem allgemeinen Körper der Gesellschaft zu arrangieren. Sie sind eine Rasse für sich." *Die Evolution des Menschen und der Gesellschaft*, S. 611.

Minderheitenherrschaft aufgezeigt werden - ein Verfall, der sowohl eine Ursache als auch eine Wirkung dieser Herrschaft war.[933]

Um an der Spitze zu beginnen: Einer der hässlichsten Aspekte der amerikanischen Kriminalität ist ihr häufiges Auftreten im Umfeld der Präsidentschaft. In den letzten Jahrzehnten ist keine einzige Regierung ungeschoren davongekommen. Die meisten, wenn nicht alle, Präsidenten oder Präsidentschaftskandidaten haben sich zu irgendeinem Zeitpunkt auf höchst fragwürdiges Verhalten eingelassen oder hatten bekannte Gesetzesbrecher als Freunde, Berater oder Geldbeschaffer. Ein typisches Beispiel ist die enge Verbindung von Präsident Truman mit der äußerst korrupten Pendergast-Maschinerie, die seinen Einstieg in die Politik förderte. Im Jahr 1939 kam Boss Tom Pendergast, einer der engsten Freunde Trumans, wegen Steuerhinterziehung ins Gefängnis. Im Jahr 1945, als Truman Vizepräsident war, starb Pendergast. Truman flog sofort nach St. Louis und übertrug die Würde des zweithöchsten Amtes im Lande auf die letzte Ölung eines verurteilten Straftäters. Einige Monate später, als er Präsident wurde, begnadigte Truman fünfzehn Gefolgsleute von Pendergast, die wegen des Füllens von Wahlurnen inhaftiert worden waren.[934]

Es war Truman, der den Bostoner Bürgermeister Curley wegen einer früheren strafrechtlichen Verurteilung begnadigte und Curleys Gefängnisstrafe wegen Postbetrugs reduzierte.[935] Es war Truman, der den New Yorker Bürgermeister O'Dwyer, einen Freund des Gangsters Frank Costello, zum Botschafter in Mexiko ernannte und ihn gerade noch rechtzeitig außer Landes brachte, um einer Verhaftung wegen Bestechung zu entgehen. Truman unternahm einen weiteren Versuch, den Lauf der Justiz zu behindern, als er den Fall Alger Hiss Monate vor der Verhandlung als "Ablenkungsmanöver" bezeichnete.[936]

Die Amtszeit von Präsident Eisenhower war nicht mit den Skandalen der Truman-Ära zu vergleichen, obwohl Sherman Adams, Eisenhowers leitender Assistent, zum Rücktritt gezwungen wurde, als bekannt wurde, dass er verschiedene Geschenke und Subventionen von Bernard Goldfine erhalten hatte.

---

933 Unterschiedliche Rassen und Bevölkerungsgruppen scheinen eine unterschiedliche Neigung zur Kriminalität zu haben - der Neger zu Gewaltverbrechen, der Südländer zu Verbrechen aus Leidenschaft, der Jude zu Finanzverbrechen. Im Allgemeinen haben nicht oder nur teilweise assimilierte Menschen eine geringere Kriminalitätsabschreckung, weil sie weniger emotionale und persönliche Bindungen an den Staat und das staatliche Recht haben.

934 Jules Abels, *Die Truman-Skandale*, Henry Regnery, Chicago, 1956, S. 22, 23.

935 Ebd., S. 32.

936 Obwohl er später seine Meinung über Kommunisten änderte, behielt Truman, dem von Franklin D. Roosevelt etablierten Muster folgend, mehrere wichtige Bürokraten im Amt, die das FBI als gutgläubige sowjetische Agenten bestätigt hatte, unter ihnen der stellvertretende Finanzminister Harry Dexter White. Chambers, *Witness*, S. 68, 510.

Goldfine, der 1961 wegen Steuerhinterziehung in Höhe von 7.838.298 Dollar inhaftiert worden war[937], wurde nach weniger als zwei Jahren auf Bewährung entlassen, nachdem er einen großen Teil seiner Strafe in einem Krankenhaus verbüßt hatte.[938] Eisenhower selbst nahm teure Geschenke von Wohltätern an, übte aber im Gegensatz zu Adams keinen Einfluss auf Bundesbehörden in deren Namen aus. Senator Payne aus Maine, der mehr von Goldfines Großzügigkeit erhielt als Adams, wurde bei seinem Versuch der Wiederwahl im Jahr 1958 klar besiegt.[939]

Der riesige Billie-Sol-Estes-Betrug begann in den Eisenhower-Jahren, erreichte aber seinen Höhepunkt in der Kennedy-Regierung. Estes, der über gute Beziehungen in Texas und in der nationalen Politik verfügte, gelang es, das Landwirtschaftsministerium um 500.000 Dollar zu betrügen, indem er Inventurlisten fälschte. Er wurde schließlich ins Gefängnis gesteckt, aber niemand konnte bisher herausfinden, wie es ihm gelang, so viele wichtige Regierungsbeamte zu betrügen, nicht nur einmal, sondern immer wieder. Als die Ermittlungen begannen, beging der ranghöchste Beamte des Landwirtschaftsministeriums in Texas, Hilton Bates, "Selbstmord", indem er sich fünfmal mit einem Repetiergewehr erschoss. Der Beamte des Landwirtschaftsministeriums, der die Hauptverantwortung für die Zahlungen an Estes trug, erwies sich als Unterstaatssekretär Thomas Murphy, der durch die Bemühungen von Estes' Freund Lyndon Johnson, damals Senator von Texas, ernannt worden war.[940]

Abgesehen von der Estes-Affäre und der Abhängigkeit von Leuten wie Frank Sinatra war die Regierung von Präsident Kennedy relativ sauber - so schien es zumindest damals. Später stellte sich heraus, dass JFK, ein unverbesserlicher Frauenheld, eine banale Affäre mit einer Mafia-Braut namens Judith Exner hatte, die er häufig im Weißen Haus unterhielt, wenn seine Frau abwesend war, und mit der er viele Ferngespräche in Chicago führte, während sie neben dem Mafia-Boss Sam Giancana saß.

Das schwarze Schaf der Kennedy-Familie, mit Ausnahme von Vater Joseph Kennedy, der zu Beginn der Depression mit Leerverkäufen an der Wall Street Millionen verdiente,[941] ist der älteste Senator von Massachusetts. Edward (Ted)

---

937 *New York Times,* 30. Januar 1962, S. 12 und 6. Juni, S. 20.

938 Ibid., 21. Februar 1963, S. 10.

939 Ibid., 9. September 1958, S. 1.

940 Clark Mollenhoff, *Despoilers of Democracy,* Doubleday, N.Y., 1965. Kapitel 7-9.

941 Eine typische Operation von Joseph Kennedy war der Libbey-Owens-Ford-Pool, an dem er und das Bankhaus Kuhn, Loeb das größte Interesse hatten. Die Gruppe verschaffte sich die Kontrolle über 1 Million Aktien des Unternehmens, drückte den Preis durch Leerverkäufe und kaufte dann ein, bevor die Aktien stiegen. Kennedy erhielt 60.805

wurde 1951 von Harvard verwiesen, nachdem er einen Kommilitonen überredet hatte, eine Spanischprüfung für ihn zu schreiben.[942] Durch familiären Einfluss gelang es, ihn zwei Jahre später wieder aufzunehmen, obwohl Studenten, die weitaus geringere Vergehen begangen hatten, dauerhaft ausgeschlossen wurden. Im Sommer 1969, in der Nacht vor der Landung zweier Amerikaner auf dem Mond, fuhr Kennedy mit seinem Auto von einer Brücke auf Chappaquiddick Island und ertränkte seine junge Beifahrerin Mary Jo Kopechne. Einige Wochen später wurde der Senator, der zehn Stunden gewartet hatte, bevor er die Polizei benachrichtigte, zu einer zweimonatigen Gefängnisstrafe (auf Bewährung) verurteilt, weil er den Unfallort verlassen hatte.

Während der Amtszeit ihres Mannes als Präsidentin unternahm Jacqueline Kennedy, deren mechanischer Charme und künstlerische Allüren, so ärgerlich sie auch sein mochten, zumindest eine Verbesserung gegenüber der Schäbigkeit ihrer unmittelbaren Vorgänger darstellten, eine ausgedehnte Mittelmeerkreuzfahrt auf der Jacht von Aristoteles Onassis, dem griechischen Schifffahrtsmagnaten, der 1953 wegen Verschwörung zum Betrug an den Vereinigten Staaten angeklagt wurde.[943] Um bei seinem nächsten Besuch in seinem New Yorker Büro nicht verhaftet zu werden, musste Onassis eine Geldstrafe von 7 Millionen Dollar zahlen. Selbst zu Zeiten der verkommensten Kaiser wäre es undenkbar gewesen, dass eine First Lady von Rom offen mit einem Mann verkehrt, der das Reich zugegebenermaßen betrogen hat. Es wäre doppelt undenkbar gewesen, dass sie ihn als Witwe heiratet. Die Hochzeit von Kennedy und Onassis im Jahr 1967 war jedoch aus rassischer Sicht nicht allzu überraschend. Jacquelines Urgroßvater väterlicherseits war ein Schreiner aus Südfrankreich. Ihr Vater, der eine dunklere mediterrane Hautfarbe als Onassis hatte, trug den Spitznamen Black Jack.[944] Nach dem Tod ihres griechischen Ehemanns wurde sie die Geliebte von Maurice Templesman, einem südafrikanischen Juwelier jüdischer Herkunft.

Die Präsidentschaft Kennedys endete mit dem kriminellen Doppelschlag des Jahrhunderts: der Ermordung des Präsidenten durch Lee Harvey Oswald und der anschließenden Ermordung des Attentäters vor Millionen von Fernsehzuschauern durch Jack Ruby (Rubenstein), einen kleinen Mafioso und Striptease-Unternehmer. Ein rassistisches Motiv für Rubys Tat wurde bereits

---

Dollar für seine Beteiligung an der Transaktion. Niemand hat auch nur einen Penny investiert. Frank Cormier, *Wall Street's Shady Side*, Public Affairs Press, Washington, D.C., 1962, S. 3, 9.

[942] *New York Times*, 31. März 1962, S. 1.

[943] Mit Hilfe von Scheinfirmen kaufte Onassis während des Krieges Freiheitsschiffe, die laut Bundesgesetz nur an amerikanische Bürger verkauft werden durften, um die amerikanische Handelsmarine der Nachkriegszeit aufzubauen. *New York Times*, 26. Feb. 1963, S. 2, 9. Feb. 1954, S. 1, und 22. Dez. 1955, S. 47.

[944] *Time*, 16. Mai 1969, S. E7.

festgestellt ([945]), aber die Motive Oswalds sind etwas unklar geblieben. Barbara Garson, eine jüdische Dramatikerin, schrieb ein Stück, "MacBird", in dem sie vorschlug, dass Lyndon Johnson den Tod Kennedys arrangiert habe, um dessen Nachfolge im Amt des Präsidenten anzutreten.[946] Ebenso abwegig war die These eines rechtsgerichteten, rassistischen Komplotts, die angesichts von Oswalds russischen und kubanischen Verbindungen lächerlich war.[947]

Die Ermordung des Bruders von John Kennedy, Robert, im Jahr 1968 hatte eher explizite als implizite Minderheitenkonnotationen. Bei seiner verspäteten Kandidatur für die Präsidentschaftskandidatur der Demokraten forderte Robert Kennedy die Reduzierung des amerikanischen Engagements in Vietnam, bestand aber auf der Beibehaltung des amerikanischen Engagements für Israel. Nachdem er diesen Punkt in einer Fernsehsendung hervorgehoben hatte, war ein junger arabischer Amerikaner aus Palästina ausreichend erregt, um ihn im Keller eines Hotels in Los Angeles niederzuschießen. Hätte Robert Kennedy sich mehr auf die Interessen der Mehrheit und weniger auf die Interessen einer Minderheit konzentriert, die nicht einmal seine eigene war, wäre er vielleicht der 37.

Als Generalstaatsanwalt in der Regierung seines Bruders hatte Robert Kennedy einen lobenswerten Eifer für die Strafverfolgung an den Tag gelegt. Er leitete das Gerichtsverfahren gegen den Teamster James Hoffa ein, das den Chef der größten Gewerkschaft der Nation schließlich wegen Geschworenenbeeinflussung für acht Jahre ins Gefängnis brachte.[948] Roberts Weigerung, Kriminelle zu verhätscheln, hinderte Bruder John jedoch nicht daran, den verurteilten Waffenschmuggler Hank Greenspun, einen Verleger aus Las Vegas und ehemaligen Werbeagenten des Gangsters Bugsy Siegel, vom Präsidenten zu begnadigen.[949] Greenspun nutzte seine wiedererlangten

---

[945] Siehe S. 406.

[946] Das Stück lief fast ein Jahr lang am Broadway. Im Jahr 1972 schrieb der Film *Executive Action* das Attentat den Machenschaften eines rechtsgerichteten texanischen Plutokraten zu. Der halbjüdische Hollywood-Filmproduzent Oliver Stone schlug in seinem Film *JFK aus dem* Jahr 1992 einen ähnlichen verschwörerischen Ton an.

[947] Über Oswalds Vater, der vor der Geburt seines Sohnes starb, ist wenig bekannt. Oswalds Mutter (geborene Claverie) könnte aus einer Cajun-Familie stammen, da sie sagte, ihr Vater sei Franzose gewesen und habe zu Hause Französisch gesprochen. *Hearings Before the President's Commission on the Assassination of President Kennedy*, Bd. 1, S. 252, 437. Bei der Ermordung von Martin Luther King Jr. im Jahr 1967 hatten es die Verschwörungsspinner leichter. James Earl Ray, der Schuldige, hatte sowohl Verbindungen zur Minderheit als auch zur Mehrheit. Er wurde nördlich der Mason-Dixon-Linie geboren, und seine Mutter "stammte aus einer frommen irisch-katholischen Familie". *New York Daily News*, 11. März 1969, S. 4.

[948] *Facts on File*, 1967, S. 78.

[949] Die Art von Greenspuns kriminellen Aktivitäten könnte Kennedys Nachsicht erklären. Siehe Fußnote 19, S. 500.

Bürgerrechte, um erfolglos bei den republikanischen Vorwahlen zum Gouverneur von Nevada zu kandidieren.[950]

Kein Präsident ist so sehr mit minderheitenbedingten Verfehlungen und Skandalen behaftet wie Lyndon Johnson. Die schicksalhaftesten und quälendsten Momente in Johnsons politischem Leben ereigneten sich bei den Vorwahlen zum Senat von Texas im Jahr 1948, als es fast zu einem unentschiedenen Rennen mit seinem Gegner Coke Stevenson kam. In allerletzter Minute, als es so aussah, als würde Stevenson mit 100 Stimmen Vorsprung gewinnen, wurden nach Abschluss der offiziellen Auszählung plötzlich 203 Stimmen für Johnson in einem südtexanischen Bezirk entdeckt, der von einem politischen Chef namens George Parr geleitet wurde. Diese 203 Stimmen gaben Johnson einen Vorsprung von 87 Stimmen, so dass das Endergebnis 494.191 zu 494.104 lautete.[951]

Eine erste Untersuchung ergab, dass die meisten dieser Stimmen von mexikanischen Amerikanern stammten, von denen viele von Johnsons Qualifikationen als Senator so begeistert waren, dass sie aus ihren Gräbern aufgestanden waren, um für ihn zu stimmen. Als eine offizielle Untersuchung eingeleitet wurde, verschwanden die 203 Stimmzettel auf mysteriöse Weise bei einem "versehentlichen" Brand.[952] Am Ende war Johnsons politische Karriere gesichert, als die staatliche Untersuchung eingestellt wurde und der Richter des Obersten Gerichtshofs, Hugo Black, eine Anordnung der unteren Instanz zur Wiederaufnahme der Untersuchung blockierte. Es ist bemerkenswert, dass Abe Fortas während dieser entscheidenden Zeit in Johnsons Leben sein wichtigster Problemlöser in Washington war.[953]

In seiner Rolle als ewiger politischer Fixer war Fortas zuvor vom Präsidenten beauftragt worden, den Jenkins-Skandal zu vertuschen, der mitten im Präsidentschaftswahlkampf 1964 aufkam. Walter Jenkins, Johnsons vertrauenswürdigster Assistent, der als Sekretär des Nationalen Sicherheitsrates Zugang zu fast allen wichtigen Geheimdokumenten in Washington hatte, wurde wegen perversen Verhaltens in einer YMCA-Männertoilette verhaftet. Obwohl Jenkins, ein Baptist, der zum Katholizismus konvertiert war, schon einmal wegen ähnlicher Aktivitäten verhaftet worden war, hatte Johnson ihn behalten. Fortas forderte zusammen mit Clark Clifford, dem späteren

[950] *Time*, 31. August 1962, S. 18.

[951] Harry Provence, *Lyndon B. Johnson*, Fleet, New York, 1964, S. 81, 83-84, 86. Der mexikanische Amerikaner, der für diese Wahlfälschung verantwortlich war, gestand später im Fernsehen sein Verbrechen.

[952] Robert Sherrill, *The Accidental President*, Grossman, N.Y., S. 28-29, 114.

[953] Während seiner Zeit als Vizepräsident erhielt Johnson von Unternehmen und Lobbyisten "mit Bargeld gefüllte Umschläge". Robert Caro, *The Years of Lyndon Johnson*, Bd. 1, 1982.

Verteidigungsminister, verschiedene Zeitungsredakteure auf, die Geschichte zu veröffentlichen. Einige stimmten zu, aber als ein Fernmeldedienst die Nachricht verbreitete, schlug der Zensurplan fehl.[954]

Was die Redlichkeit und die engen Minderheitenbeziehungen der jüngsten Präsidentschaftskandidaten betrifft, so wurde bereits die enge Freundschaft Goldwaters mit den Gangstern Gus Greenbaum und Willie Bioff erwähnt. Adlai Stevenson, der Präsidentschaftskandidat der Demokraten, der 1952 und 1956 gegen Eisenhower verlor, war die "politische Entdeckung" des Anwalts Louis Kohn und Jacob Arvey, des pensionierten Chefs der käuflichen Chicagoer Demokraten-Maschine.[955]

Trotz der finanziellen Unterstützung durch Unternehmen der Mehrheit, von denen ein großer Teil illegal war, bettelte Präsident Nixon um Wahlkampfgelder von Minderheitsspekulanten wie Robert Vesco, dessen Bargeldspende von 200.000 Dollar zu den Strafprozessen gegen die ehemaligen Kabinettsmitglieder John Mitchell und Maurice Stans führte. Beide waren Hauptakteure in der Watergate-Affäre, die die größte Welle der Medienparanoia seit dem Angriff auf Senator Joseph McCarthy auslöste.[956] In dem Bemühen, die Nixon-Administration zu einem Sumpf der Korruption der Mehrheit zu machen, hob die Presse sorgfältig die deutsche und WASP-Herkunft einiger Teilnehmer hervor, während sie die Minderheitenherkunft anderer wichtiger Drahtzieher ignorierte.[957] Henry Kissinger, James Schlesinger, William Safire, Leonard Garment und andere jüdische Mitglieder der Nixon-Administration wurden als unbescholten dargestellt. Kissinger und Schlesinger blieben sogar als Kabinettsmitglieder in der Ford-Regierung, während drei Kabinettsmitglieder der Mehrheit - Maurice Stans, John Mitchell und Richard Kleindienst - wegen verschiedener Vergehen für schuldig befunden und Mitchell ins Gefängnis gesteckt wurde.

---

[954] *Life*, 9. Mai 1969, S. 34, und *Time*, 23. Oktober 1964, S. 19-23.

[955] Kenneth S. Davis, *The Politics of Honor*, Putnam, New York, 1967, S. 178. Stevenson, der von der Koalition der Liberalen und Minderheiten ebenso verehrt wurde wie viele Jahre später Edward Kennedy, war ebenfalls in einen tödlichen Vorfall verwickelt. Als Junge erschoss er unwissentlich Ruth Merwin, ein junges Mädchen, das während der Weihnachtsferien bei seiner Familie zu Besuch war. Eleanor Stevenson und Hildegarde Dolson, *Mein Bruder Adlai*, Morrow, New York, 1956, S. 72.

[956] Eine Phase von Watergate, die Operation der "Klempner" im Weißen Haus, wurde durch den verstorbenen J. Edgar Hoover ausgelöst, der aus Rücksicht auf seine Freundschaft zu Louis Marx, Ellsbergs millionenschwerem Schwiegervater, keine umfassenden Ermittlungen gegen Daniel Ellsberg, den Dieb der Pentagon-Papiere, zuließ.

[957] *Die Washington Post*, die so verbittert über die Watergate-Vertuschung war, hatte sich während der Johnson-Ära bereitwillig an der Vertuschung der Jenkins-Affäre beteiligt.

In gewisser Weise war Watergate (und die damit zusammenhängenden Ereignisse) eine Säuberungsaktion der liberalen Minderheit in der gesamten Präsidialverwaltung. Bevor sie sich des Präsidenten selbst entledigten, hielten Nixons Gegner es für notwendig, den Vizepräsidenten Spiro Agnew, einen ebenso verachteten Feind, zu beseitigen. Dies geschah, indem man Unternehmer, die einer Minderheit angehörten, dazu brachte, über Schmiergelder aus seiner Zeit als Gouverneur von Maryland auszusagen. Nachdem Agnew sicher aus dem Weg geräumt war, richteten die Medien alle Waffen auf Nixon, der seit seinen Wahlsiegen über die Abgeordneten Jerry Voorhis und Helen Gahagan Douglas und seiner prominenten Rolle beim Sturz von Alger Hiss der wichtigste Sandsack des intellektuellen Establishments gewesen war. In Wahrheit hatte Nixon nicht mehr und nicht weniger getan als mehrere andere Präsidenten, indem er seinen Amtseid verletzt hatte. Das Abhören des Telefons eines politischen Gegners und der Diebstahl der Akten eines Psychiaters waren sicherlich unwürdige Handlungen für einen Präsidenten, die er duldete und vertuschte, aber kaum vergleichbar mit dem Wahlbetrug, der Präsident Johnson auf die politische Landkarte brachte, oder den halbwegs vertretbaren Verfehlungen von Franklin D. Roosevelt, der Amerika in den Zweiten Weltkrieg verwickelte. Doch wie der Vietnamkrieg zeigte, waren die Medien inzwischen allmächtig geworden. Obwohl Präsident Nixon gerade in einem der größten Erdrutschsiege in der Geschichte der amerikanischen Politik wiedergewählt worden war, wurde er in weniger als zwei Jahren in Ungnade gestürzt und zum Rücktritt gezwungen, vor allem durch die *Washington Post*, durch Informanten im Weißen Haus und durch das blinzelnde, alles sehende, unversöhnliche Auge der Fernsehröhre. Wenn man sich fragt, wo die wahre Macht in Amerika liegt, muss man sich nur daran erinnern, dass Daniel Ellsberg, der Mann, der wichtige Militärgeheimnisse aus dem Pentagon gestohlen hat, und die Redakteure der *New York Times*, die sie veröffentlicht haben, ungestraft davongekommen sind, während die Agenten des Weißen Hauses, Gordon Liddy und E. Howard Hunt, die versucht haben, Ellsberg zu "enttarnen", jahrelang hinter Gittern saßen.[958]

Die Regierung von Gerald Ford, dem ersten ernannten Präsidenten der Vereinigten Staaten, war relativ skandalfrei, abgesehen von der Begnadigung Nixons durch den Präsidenten. Die Rückkehr einer demokratischen Regierung nach Washington wurde von einem neuen Ausbruch politischer Schikanen begleitet: die finanziellen Machenschaften des guten Freundes und kurzfristigen Haushaltsdirektors von Präsident Carter, Bert Lance; die Verwicklung von Mitarbeitern des Weißen Hauses in den Drogenkonsum; die "Darlehen" der libyschen Regierung an Bruder Billy Carter. Die Carter-Jahre waren auch bekannt für die vielfältigen Verbrechen von Kongressabgeordneten, von denen einige vor versteckten Fernsehkameras Schmiergelder kassierten. Einige Abgeordnete wurden sogar wiedergewählt und kehrten auf ihre Sitze im

[958] Siehe Fußnote 31, S. 95.

Repräsentantenhaus zurück, obwohl sie wegen Verbrechen oder Sexualdelikten verurteilt worden waren.

Die Präsidentschaft Reagans begann mit Frank Sinatra als Unterhaltungsleiter der Eröffnungsfeierlichkeiten, mit einem mit der Mafia verbundenen Teamster-Beamten im Übergangsteam und mit zwei dubiosen Personen in den beiden Spitzenpositionen der CIA. Kein vielversprechender Start für eine, wie die Nation hoffte, relativ ehrliche Regierung. Die Bush-Präsidentschaft war ziemlich sauber. Die Clinton-Administration mit ihren Veruntreuungen in Whitewater und Savings and Loan, einem schwer an Satyriasis erkrankten Regierungschef und den Versuchen des Weißen Hauses, gerichtliche Untersuchungen über den Selbstmord eines hochrangigen Clinton-Kumpanen, Vincent Foster, zu unterdrücken, ist wohl die skandalöseste in der amerikanischen Geschichte.

Der Niedergang der Moral in hohen Positionen wird vielleicht am besten durch die Karrieren der vier Söhne von Präsident Franklin Roosevelt illustriert. James Roosevelt, ein Kongressabgeordneter aus Los Angeles, der Stadt mit der zweithöchsten Konzentration von Juden in den Vereinigten Staaten, diente als eine Art Ein-Mann-Lobby für jüdische und zionistische Interessen in der Hauptstadt des Landes. Nach einer Reihe von Eheproblemen zog er in die Schweiz, wo er als Geschäftsführer einer ausländischen Investmentgesellschaft tätig war, die sich im Besitz einer Minderheit befand.[959] Franklin D. Roosevelt jr., der 1958 mit seinen Einkommenssteuern in Höhe von 38.736 Dollar im Rückstand war, war Anwalt des Diktators Rafael Trujillo in der Dominikanischen Republik.[960] John Roosevelt, der jüngste Bruder, sprach 1961 auf einem Teamsters-Kongress in Miami Beach zur Unterstützung der Wiederwahl von Präsident James Hoffa, der schon damals in großen Schwierigkeiten mit dem Gesetz steckte.[961] Elliott Roosevelt, der mit seinen fünf Ehefrauen der am häufigsten verheiratete und geschiedene Sohn von FDR war, wurde von Louis Wolfson,[962] , dem gefeierten Unternehmensjäger und

---

959 Während er für den Finanzmakler Bernard Cornfeld arbeitete, wurde James Roosevelt von seiner dritten Frau erstochen, als er sich auf seine vierte Ehe vorbereitete. Time, 10. Oktober 1969, S. 98. Cornfeld, der bis zum Zusammenbruch seines Investors Overseas Service 150 Millionen Dollar wert war, wurde 1973 während eines Besuchs in London wegen versuchter Vergewaltigung und unsittlicher Nötigung angeklagt. *Miami Herald,* 10. Februar 1973, S. 9-A. Nach einem kurzen Aufenthalt in einem Schweizer Gefängnis zog Cornfeld nach Beverly Hills, wo er verschwenderische Partys für die Demimonde des Showbusiness veranstaltete.

960 *New York Times*, 23. Mai 1963, S. 1. Juniors dritte Frau war Felicia Sarnoff, eine Enkelin von Jacob Schiff.

961 John Roosevelt war Partner in einer Anlageberatungsfirma, die einen beträchtlichen Teil der Teamster-Pensionsfonds verwaltete. Clark Mollenhoff, *Tentacles of Power,* World Publishing, Cleveland, 1965, S. 345-46.

962 Patricia Roosevelt, *Ich liebe einen Roosevelt,* S. 134, 251, 328, 377, 379.

ehemaligen Insassen des Bundesgefängnisses in Atlanta, zum Bürgermeister von Miami Beach gewählt.[963] Es war derselbe Wolfson, der, als die Regierung wegen Aktienbetrugs gegen ihn ermittelte, dafür sorgte, dass seine steuerbefreite Stiftung dem Richter am Obersten Gerichtshof Fortas lebenslang 20.000 Dollar pro Jahr zahlte.[964]

Minderheiten, die politisch braten oder mit ihrem Einfluss hausieren gehen, haben wenig dazu beigetragen, dem Land zu helfen, das ihren eingewanderten Vorfahren den ersten Vorgeschmack auf die Freiheit gab, die sie je erlebt haben. Auf der Liste stehen unter anderem: Morris Shenker, einer von Hoffas Anwälten, der Senator Edward Long aus Missouri 48.000 Dollar zahlte, während dessen Senatsunterausschuss Abhörmaßnahmen untersuchte, eine Methode krimineller Spionage, die Hoffa verabscheute;[965] Marvin L. Kline, ehemaliger Bürgermeister von Minneapolis, der wegen schweren Diebstahls zu zehn Jahren Haft verurteilt wurde, weil er die Sister Kenny Foundation, eine Wohltätigkeitsorganisation für Opfer von Kinderlähmung, bestohlen hatte;[966] Victor Orsinger, Anwalt aus Washington, der des Diebstahls von 1.5 Millionen Dollar von einem Orden katholischer Nonnen gestohlen zu haben;[967] John Houlihan, ehemaliger Bürgermeister von Oakland, Kalifornien, verurteilt wegen Diebstahls von 95.000 Dollar aus einem Treuhandfonds, dessen Vollstrecker er war;[968] Hugh Addonizio von Newark, New Jersey, ein weiterer ehemaliger Bürgermeister, verurteilt zu zehn Jahren Gefängnis wegen Annahme von Schmiergeldern während seiner Amtszeit.[969] Der führende kriminelle Gouverneur der letzten Zeit war Marvin Mandel aus Maryland, der in ein

---

[963] *San Francisco Sunday Examiner and Chronicle, Diese Welt*, 15. Dezember 1968, S. 5.

[964] Siehe Kapitel 29. Fortas behielt die erste Rate von 20.000 Dollar fast ein Jahr lang, lange nachdem Wolfson angeklagt worden war. In der Zwischenzeit erhielt er 15.000 Dollar für ein paar Vorlesungen am Washington College of Law der American University. Später stellte sich heraus, dass das Honorar nicht von der Universität, sondern von Maurice Lazarus, dem Kaufhausmagnaten, und Gustave Levy und John Loeb, zwei der reichsten Privatbankiers der Welt, gezahlt worden war. Das Geld könnte als Geschenk von Freunden interpretiert werden oder als das Mittel, mit dem die internationale Bankengemeinschaft einen Richter des Obersten Gerichtshofs auf ihrer Gehaltsliste halten kann. *Time*, 23. Mai 1969, S. 23, und *Life*, 23. Mai 1969, S. 38-39.

[965] *Facts on File*, 1967, S. 460.

[966] *New York Times*, 14. September 1963, S. 10.

[967] *Washington Post*, 4. Juni 1970, S. B4.

[968] Nachdem er angeklagt worden war, aber bevor er ins Gefängnis kam, war Houlihan drei Monate lang als Berater für das Center for Study of Democratic Institutions in Santa Barbara, Kalifornien, tätig. *New York Times*, 30. April 1966, S. 28, und 8. September 1968, S. 21, und *Oakland Tribune*, 3. Juni 1966, S. 22.

[969] Bericht der Associated Press, 23. September 1970.

Country-Club-Gefängnis eingeliefert wurde, weil er von Rennbahnbetreibern untertarifliche Zahlungen erhalten hatte. Der vielleicht schlimmste Fall von Einflussnahme betraf den Sprecher des Repräsentantenhauses John McCormack, in dessen Büro zwei politische Fixer, Nathan Voloshen und Martin Sweig, jahrelang tätig waren, manchmal sogar unter dem Namen des Sprechers. Als Sweig und Voloshen vor Gericht gestellt wurden, behauptete McCormack, einer der umsichtigsten Politiker in Washington, er habe nichts von den Machenschaften seiner Freunde gewusst.[970]

Mit Ausnahme von Lowell Birrell, dessen Vater ein protestantischer Geistlicher war, und einigen wenigen anderen gehörte jeder berüchtigte Finanzbetrüger seit dem Zweiten Weltkrieg einer Minderheit an. Der größte Steuerhinterzieher von allen dürfte Samuel Cohen aus Miami Beach gewesen sein, der es nach Angaben des Internal Revenue Service versäumt hat, 25.578.000 $ an steuerpflichtigem Einkommen für das einzige Jahr 1967 zu melden.[971]

An zweiter Stelle könnte Allen Glick stehen, ein Spielhallenbetreiber in Nevada und Gewerkschaftsfunktionär der Teamsters, der dem Internal Revenue Service 9,5 Millionen Dollar an Steuernachzahlungen und Betrugsstrafen schuldete.[972] Ebenfalls im Rennen und ebenfalls jüdisch war Edward Krock, dem mitgeteilt wurde, dass gegen ihn Anklage erhoben wurde, weil er die Regierung um 1,4 Millionen Dollar an Steuern betrogen hatte, während er auf seiner 150-Fuß-Yacht eine gemütliche Sommerreise machte. Ein herausragender Betrüger, Anthony De Angelis, hat seine Freunde, Geschäftspartner und die Regierung mit einem Sojabohnenbetrug um 219 Millionen Dollar betrogen.[973] Im Vergleich zu De Angelis war Eddie Gilbert, der seine Aktionäre um 1,9 Millionen Dollar betrog und sich dann nach Brasilien absetzte, ein kleiner Fisch.[974] Ein weiterer Aktienmanipulator war Morris Schwebel, der zusammen mit einigen anderen Marktteilnehmern den Preis kanadischer Penny Stocks auf fünf Dollar pro Aktie

---

970 *Life*, 31. Oktober 1969, S. 52, und *New York Times*, 13. Januar 1970, S. 1. Der texanische Abgeordnete John Dowdy und Senator Daniel Brewster aus Maryland waren zwei Mitglieder des Kongresses, die mit kriminellen Minderheiten zu tun hatten. Dowdy wurde verurteilt, weil er eine Bestechung von Nathan Cohen angenommen hatte, um eine Untersuchung der Regierung zu verhindern. Brewster wurde zu zwei bis sechs Jahren Haft verurteilt, weil er Geld von Spiegel, einem Versandhaus, angenommen hatte.

971 Bericht des Gannett News Service, 11. Juli 1971.

972 *New York Times*, 19. Juni 1977.

973 *Time*, 4. Juni 1965, S. 20.

974 *New York Times*, 24. April 1964, S. 1, und 28. April 1967, S. 1. Gilbert kam später zurück und stellte sich. Obwohl Benjamin Javits, der Bruder des New Yorker Senators Jacob Javits, ihn vertrat, wurde Gilbert ins Gefängnis gesteckt. Gilberts wohlhabende Mutter zahlte daraufhin eine große Geldsumme an Nathan Voloshen, den Fixer und Mitarbeiter von House Speaker John McCormack, um ihren Sohn aus dem Gefängnis zu holen.

hochtrieb. Als sich die Aktien später als fast wertlos herausstellten, verloren die Anleger 16 Millionen Dollar.[975] Ein noch bösartigerer Typ von Finanzräuber war der internationale Bankier Serge Rubinstein, der seine Geldgeschäfte mit Wehrdienstverweigerung ergänzte und später im Stil einer Bande ermordet wurde.[976]

Louis Wolfson ging bei seinen Finanzgeschäften relativ subtil vor und stützte sich bei seiner Unterstützung stark auf hohe Regierungsbeamte. Mit Hilfe des ultraliberalen Senators (später Abgeordneten) Claude Pepper aus Florida und des millionenschweren Bauunternehmers Matt McCloskey, beide hochrangige Vertreter der Demokratischen Partei, machte Wolfson sein erstes Geschäft, indem er eine amerikanische Marinewerft, die den Steuerzahler 19.262.725 Dollar kostete, für nur 1.926.500 Dollar kaufte.[977] Wie Wolfson kam auch Leopold Silberstein ins Gefängnis, weil er gegen die Vorschriften der Wertpapieraufsichtsbehörde verstoßen hatte. Selbst die Hilfe des ehemaligen Innenministers Oscar Chapman konnte ihn nicht retten.[978]

Andere berüchtigte jüdische Geschäftemacher waren: David Graiver, der 40 Millionen Dollar von der American Bank & Trust Co. plünderte, dem Hauptbankier der marxistischen Terroristen Argentiniens; Robert Vesco, der Erbe des zerfallenden Finanzimperiums von Bernard Cornfeld, der es schaffte, 224 Millionen Dollar aus vier Investmentfonds zu stehlen; Michele Sindona, ein Sizilianer, der den Zusammenbruch der Franklin National Bank, den größten Bankenzusammenbruch in der amerikanischen Geschichte, herbeiführte, indem er 45 Millionen Dollar ihres Vermögens missbrauchte; Rabbi Bernard Bergman, der Medicare um 1,2 Millionen Dollar betrog.2 Millionen Dollar betrog, wofür er zu einer viermonatigen Gefängnisstrafe verurteilt wurde; Eli Black, Präsident von United Brands, der aus seinem Büro im vierundvierzigsten Stock sprang, nachdem er in einen millionenschweren Bestechungsskandal verwickelt war;[979]

---

975 In seinem Prozess wurde Schwebel vom ehemaligen Bundesrichter Simon Rifkind vertreten, der erklärte, dass der Angeklagte ein warmherziger Philanthrop und ein religiöser und kommunaler Führer sei, und hinzufügte, dass sowohl er als auch seine Frau kürzlich einen Herzinfarkt erlitten hätten. Schwebel wurde zu einer Geldstrafe von 15.000 Dollar und zu einem Jahr und einem Tag Gefängnis verurteilt. Die Strafe wurde später zur Bewährung ausgesetzt. *New York Times*, 7. Juni 1964, S. 60 und 26. August 1964, S. 24.

976 *Time*, 6. Mai 1946, S. 84, und 7. Februar 1955, S. 16-17.

977 Leslie Gould, *Die Manipulatoren*, David McKay, New York, 1966, S. 5-6.

978 Benjamin Javits war auch Silbersteins Anwalt. Ebd., S. 53.

979 Für Graiver, der möglicherweise bei einem Flugzeugabsturz in Mexiko auf der Flucht vor der New Yorker Polizei ums Leben kam, siehe *New York Times*, 28. November 1972, S. 1; für Vesco, siehe *Wall St. Journal*, 13. April 1978, S. 13; für Sindona, siehe *Village Voice*, 21. Januar 1980, S. 27; für Bergman, siehe UPI-Bericht, 18. Juni 1971; für Black, siehe *New York Times*, 4. Februar 1975, S. 1.

Stanley Goldblum von Equity Funding überwachte die Fälschung von Versicherungspolicen im Wert von 200 Millionen Dollar.[980]

Zu guter Letzt sind da noch die beiden größten Betrüger von allen: Ivan Boesky und Michael Milken. Beide saßen 22 Monate im Gefängnis. Beide haben bei ihren krummen Börsengeschäften so viel gestohlen, dass sie Geldstrafen in dreistelliger Millionenhöhe zahlen konnten und trotzdem noch Hunderte von Millionen im Falle Milkens und Dutzende von Millionen im Falle Boeskys als Altersvorsorge behalten konnten. Nach seiner Entlassung aus dem Gefängnis machte Milken, der als König der Schrottanleihen bekannt ist, eine Reise nach Israel, die man nur als triumphal bezeichnen kann.

Der zugelassene Anwalt Roy Cohn starb 1986 an AIDS, nachdem er einen Großteil seines Lebens vor Gericht verbracht hatte, um sich gegen eine scheinbar nicht enden wollende Reihe von Anklagen zu verteidigen, die von Verschwörung und Postbetrug bis hin zu Bestechung, Erpressung und Erpressung reichten.[981] Wenn der jüdische Anwalt Abe Fortas die Korruption der Koalition aus Liberalen und Minderheiten symbolisiert, so ist der jüdische Anwalt Cohn, ehemaliger Berater des verstorbenen Senators Joseph McCarthy, das Symbol für die geistige Austrocknung des sogenannten amerikanischen Konservatismus. Nachdem Cohn 1964 in einem Prozess freigesprochen worden war, erhielt er Glückwünsche von Kardinal Spellman, Senator Dirksen und Senator Eastland.[982] Zu Roy Cohns weiteren Freunden zählten Senator Edward Long aus Missouri, dessen Beziehung zu Hoffa bereits erwähnt wurde, und William F. Buckley, Jr.[983]

Cohns engste Beziehungen bestanden zu Lewis Rosenstiel, dem millionenschweren Gründer von Schenley Industries, und Louis Nichols, dem ehemaligen Assistenten des FBI-Direktors. Beide Männer standen dem FBI-Chef J. Edgar Hoover sehr nahe. Rosenstiel war der größte Einzelspender für die J. Edgar Hoover Foundation, und Rosenstiels eigene Stiftung unterstützte zwei Bücher über das FBI, von denen eines von Hoover verfasst wurde.[984] Cohn war bekanntlich auch mit dem Kongressabgeordneten Emanuel Celler, dem Vorsitzenden des Justizausschusses des Repräsentantenhauses, dem Kongressabgeordneten Cornelius Gallagher, der offen beschuldigt wurde, eng mit der Cosa Nostra verbunden zu sein, und Edwin Weisl, dem Finanzberater

---

980 *Miami Herald*, 22. April 1973, S. 7-E.

981 *New York Times*, 14. Dezember 1969, S. 74.

982 *Life*, 5. September 1969, S. 28.

983 Cohn veranlasste eine Bank in Chicago, an der er beteiligt war, Senator Long ein ungesichertes Darlehen in Höhe von 100.000 Dollar zu gewähren. Cohn verschaffte auch Buckley ein Darlehen von 60.000 Dollar, das dieser zum Kauf einer 60-Fuß-Schaluppe verwendete. *Life*, 5. September 1969, S. 28-29.

984 Ebd., S. 29-30.

von Präsident Johnson und seinem persönlichen Botschafter bei der Demokratischen Partei New Yorks, befreundet.[985] Auf Cohns Yacht wählten der Ex-Tamany-Boss und verurteilte Erpresser Carmine DeSapio und andere hohe Tiere der Demokraten eine Reihe von Richtern für die Wahlen in New York City 1969 aus.

Einen Monat vor dem Präsidentschaftswahlkampf 1968 übergab Cohn drei Schecks in Höhe von 9.000 Dollar an republikanische Kandidaten. Im Gegenzug wurde ihm angeblich zugesichert, dass der Vorsitzende der Börsenaufsichtsbehörde, Manuel Cohen, und Robert Morgenthau, Bundesanwalt für den südlichen Bezirk von New York, seine angeblichen "Verfolger", im Falle eines Sieges von Nixon abgesetzt würden. Nach der Wahl wurde Cohen unverzüglich ersetzt, und Morgenthau wurde einige Monate später entlassen.[986] Die Verwicklung der Nixon-Administration mit einer Person wie Cohn war kein Einzelfall. Später wurde Walter Annenberg, der Verleger aus Philadelphia, der wegen Steuerhinterziehung angeklagt war, zum Botschafter in Großbritannien ernannt.[987]

Die Kriminalität ist so tief in die von Minderheiten dominierte Unterhaltungsindustrie eingedrungen, dass sie zu einem Unterweltdschungel geworden ist. Gangster kontrollieren die Jukeboxen, besitzen viele der Nachtclubs der Nation und stellen große Geldbeträge für Broadway-Produktionen zur Verfügung. Aufgrund der Macht der Gangster über das Glücksspiel hat praktisch jeder große Name in der Unterhaltungswelt irgendwann einmal Geld von der Mafia für Auftritte in Kasinos in Las Vegas und anderswo erhalten. Mehrere führende Persönlichkeiten des Showbusiness und des Fernsehens haben ein eigenes Vorstrafenregister. Der verstorbene Jack Benny, einer der bestbezahlten Komiker der Nation, wurde wegen Diamantenschmuggels verurteilt, was seinen Einschaltquoten jedoch nie zu schaden schien.[988] David Begelman, ehemaliger Präsident von Columbia Pictures, hat, obwohl er 1977 gestand, die Namen prominenter Hollywood-Stars

---

[985] Ebd., S. 28-29. Weisl war auch Direktor der Cenco Instruments Corp., die von Alfred E. Strelsin, einem der reichsten und engagiertesten Zionisten des Landes, kontrolliert wurde. Cenco wurde 1975 wegen Bilanzfälschung von der New Yorker Börse verbannt.

[986] Ebd., S. 26. Cohns drei Schecks platzten einige Zeit lang, bevor sie schließlich gedeckt wurden. Einmal stellte er Schecks im Wert von 50.000 Dollar auf ein nicht existierendes Konto aus. Ebd., S. 30.

[987] Annenbergs Vater, Moses, ging für zwei Jahre ins Gefängnis, weil er Einkommenssteuern in Höhe von 1,2 Millionen Dollar hinterzogen hatte. Obwohl er angeklagt war, wurde Walter nie vor Gericht gestellt. *Washington Star*, 7. Januar 1969, S. 1. In der verschwenderischen Annenberg-Villa in Palm Springs, Kalifornien, die über einen privaten 18-Loch-Golfplatz verfügt, trafen sich Präsident Reagan, Ex-Präsident Nixon und eine Reihe anderer Persönlichkeiten des öffentlichen Lebens jeden 31. Dezember, um das neue Jahr zu begrüßen.

[988] *New York Times*, 12. Oktober 1940, S. 19.

für fünfstellige Schecks gefälscht zu haben, nie einen Tag im Gefängnis verbracht. Zwei Jahre später wurde er zum Chef von MGM ernannt, mit einem Gehalt von 500.000 Dollar pro Jahr, zuzüglich Spesen. Winston Burdett, ein redegewandter Fernsehreporter, war ein Spion der Roten Armee in Finnland, als Russland im Winter 1939/40 versuchte, das kleine Land zu überrennen. Nachdem Burdett vor einem Kongressausschuss alles gestanden hatte, behielt sein Arbeitgeber, das Columbia Broadcasting System, ihn auf der Gehaltsliste, als wäre nichts geschehen.[989]

In der Welt der Printmedien ist Obszönität heute so weit verbreitet, dass die Verhaftung von Zeitschriftenherausgebern wegen Pornografie, wie Hugh Hefner vom *Playboy* und Ralph Ginzburg von *Eros*, ihren Ruf stärkt. Nachdem Ginzburg zu einer fünfjährigen Haftstrafe verurteilt worden war, gelang es ihm, Beiträge für eine neue Zeitschrift, *Fact*, von so bekannten Persönlichkeiten wie Bertrand Russell, Mary McCarthy, Linus Pauling und Robert Hutchins zu gewinnen.[990]

Andere Schriftsteller, die fast alle Minderheiten angehörten, hatten nicht unbedingt mit Kriminellen zu tun, sondern waren selbst Gesetzesbrecher. Der beste Vertreter dieser Gattung war Harry Golden, der unter seinem richtigen Namen Herschel Goldhurst fast fünf Jahre in Sing Sing saß, bevor er zum Bestsellerautor von Anti-Südstaaten-Predigten und zum Eigentümer und Herausgeber des *Carolina Israelite* wurde.[991] Norman Mailer, der für seine verunglimpfende Essayserie über die Mondlandung 400.000 Dollar erhielt, wurde 1961 in New York verhaftet und des Frauenmordes angeklagt.[992] Ein weniger skatologischer Schriftsteller, der Literaturkritiker Leslie Fiedler, wurde 1967 zusammen mit Frau Fiedler, seinem Sohn und zwei Teenagern von der Polizei aufgegriffen, weil er Räumlichkeiten unterhielt, in denen Rauschgift konsumiert wurde.[993] Timothy Leary, ehemaliger Harvard-Dozent, Schriftsteller und Guru, wurde für schuldig befunden und zu einer dreißigjährigen Haftstrafe verurteilt (die später aufgehoben wurde), weil er Drogen aus Mexiko ins Land geschmuggelt hatte.[994] Pearl Buck, Majority Truckler und Sinophile, die den

---

[989] Ibid., 30. Juni 1955, S. 1.

[990] *Time*, 3. April 1964, S. 59, und *New York Times*, 26. Juni 1963, S. 26.

[991] Nixon stellte 1973 die Bürgerrechte von Golden wieder her.

[992] *New York Times*, 13. Januar 1961, S. 58; 31. Januar 1961, S. 13; 14. November 1961, S. 45.

[993] *New York Times*, 30. April 1967, S. 78.

[994] *New York Times*, 12. März 1966, S. 1, und 21. Oktober 1966, S. 1. Leary, der später wegen eines anderen Drogenvergehens inhaftiert wurde und dann aus dem Gefängnis ausbrach, ist wahrscheinlich wie kein anderer dafür verantwortlich, einen beträchtlichen Teil einer ganzen Generation von Amerikanern dazu zu bringen, mit Drogen zu experimentieren. Das letzte Mal, dass die Drogensucht ähnliche Ausmaße erreichte, war

Nobelpreis für Literatur erhielt, wurde vom Staat Pennsylvania verboten, weitere Gelder für ihre Stiftung einzuwerben, weil sie fahrlässig mit Wohltätigkeitsgeldern umgegangen war.[995] Die Krönung war der Urkundenfälscher Clifford Irving.

Die polizeilichen Aufzeichnungen führender schwarzer militanter Schriftsteller wurden bereits erwähnt, aber es ist angebracht zu erwähnen, dass LeRoi Jones, der schwarze Dramatiker, 1966 in New York wegen Körperverletzung und Raub verhaftet wurde.[996] Arthur Miller, der angesehenste zeitgenössische jüdische Dramatiker, wurde 1956 wegen Missachtung des Kongresses vorgeladen.[997] Zehn führende Filmautoren aus Hollywood, die bis auf ein oder zwei Ausnahmen einer Minderheit angehörten, waren zuvor wegen desselben Vergehens inhaftiert worden.[998]

Die Betonung von Minderheitenkriminellen in diesem Kapitel soll nicht bedeuten, dass es dort, wo es keine Minderheiten gibt, keine Kriminalität gibt. Es ist kaum nötig zu wiederholen, dass jede Rasse und jede Gesellschaft ihre Kriminellen hat. Aber in multirassischen Gesellschaften gibt es in der Regel mehr Verbrechen pro Kopf, und die multirassische Gesellschaft, in der der Kampf um die Macht zu einem offenkundigen Rassenkampf wird, hat die höchste Kriminalitätsrate. Außerdem gibt es einige Straftaten, die nur in heterogenen Gesellschaften vorkommen können. 1964 sahen achtunddreißig Menschen in einem New Yorker Vorort eineinhalb Stunden lang aus den Fenstern ihrer Wohnungen zu, wie eine junge weiße Frau, Kitty Genovese, die immer wieder um Hilfe rief, im Hof unter ihnen langsam ermordet wurde. Der Mörder, ein schwarzer Nekrophiler, krönte das grausame Schauspiel, indem er sie vergewaltigte, nachdem sie bereits tot war. Dennoch rührte niemand einen

---

im China vor dem Zweiten Weltkrieg. Während die radikale Linke in den Vereinigten Staaten Drogen entweder befürwortet oder toleriert, stellte Mao Tse-tung, der verstorbene chinesische Kommunistenführer und Held der radikalen Linken, nicht nur den Drogenhandel, sondern sogar den geringsten Drogenkonsum unter Strafe.

[995] *Time*, 25. Juli 1969, S. 60. 1965 gehörten Art Buchwald und Sargent Shriver zum Vorstand der Stiftung.

[996] Der Dichter Allen Ginsberg zahlte die Kaution von 500 Dollar.

[997] Miller entkam wahrscheinlich dem Gefängnis, weil er zu dieser Zeit mit Marilyn Monroe verheiratet war, deren Überausbeutung durch Filmmagnaten zu ihrem erbärmlichen Selbstmord führte.

[998] Die schwersten Vergehen dieser Filmproduzenten waren die schwachsinnigen Drehbücher, die sie für Gehälter von bis zu 1.000 Dollar pro Woche verfasst haben. Heute verdienen die Schreiberlinge, die ihre Nachfolge angetreten haben, bis zu 250.000 Dollar pro Film.

Finger, um ihn zu stoppen, oder erhob seine Stimme oder griff zum Telefon, um die Polizei zu rufen.[999]

Ein solches Ereignis hätte sich in einer homogenen Gesellschaft nicht ereignen können. Ein ausgeprägter Sinn für Gemeinschaft und Verwandtschaft, ganz zu schweigen von den moralischen Geboten einer gemeinsamen Religion, hätte die Schaulustigen zum Einschreiten gezwungen. Außerdem wäre in einer homogenen Gesellschaft die Wahrscheinlichkeit, dass eine kriminelle Minderheit auf freiem Fuß ist, viel geringer gewesen. Selbst wenn er eine solche Tat in Erwägung gezogen hätte, wäre sich der Mörder der heftigen Reaktion der Gemeinschaft bewusst gewesen, die er damit ausgelöst hätte - ein Bewusstsein, das sich allein schon als entscheidende Abschreckung erwiesen hätte. Es ist zweifelhaft, dass der Boston Strangler, Albert DeSalvo, in der engmaschigen Gesellschaft Süditaliens, aus der seine Familie stammt, elf Frauen hätte ermorden können. Zum einen wäre er durch die Anwesenheit von Frauen anderer Rassen nicht in Versuchung geraten. Wie zu erwarten war, findet sich kein einziger italienischer Name in der Liste seiner ermordeten Opfer.[1000] Unter den fünfundzwanzig Personen, die Juan Corona bei seinen Morden in Kalifornien tötete, war auch kein einziger Mexikaner. Alle waren Amerikaner angelsächsischer Herkunft mit Ausnahme eines Negers, der in einem separaten Grab beigesetzt wurde.[1001] Sogar der unglaubliche Massenselbstmord an Negern in Guyana, der von Reverend Jim Jones, der wahrscheinlich zum Teil Inder war, angeordnet wurde, und die Massenmorde in Los Angeles, die von Charles Manson, dessen Vater wahrscheinlich ein Mulatte war, angeordnet wurden, hatten rassistische Hintergründe.[1002] Die homosexuell motivierten Mini-Massaker in Texas, Chicago und Atlanta wurden jeweils von einem Mitglied der Mehrheit, einem Ethnischen und einem Schwarzen begangen. Es versteht sich von selbst, dass all diese abscheulichen Morde nicht durch die Freizügigkeit verhindert wurden, die von den Gerichten, den Medien und den Sozialwissenschaftlern aus der Minderheit gefördert wurde, die eine

[999] *Time*, 26. Juni 1964, S. 21-22. Ein ähnlicher Vorfall ereignete sich in Rochester, New York. Hunderte von Autos fuhren an einem zehnjährigen Mädchen vorbei, das am Rande einer Autobahn überfallen wurde. Kein einziges Auto hielt an, auch nicht, als das Mädchen kurzzeitig seinem Angreifer entkam und verzweifelt um Hilfe winkte. Ihre Leiche wurde zwei Tage später in einem Graben gefunden. Bericht der Associated Press, 28. November 1971. Winston Mosely, der Mörder von Kitty Genovese, entkam aus einem Gefängniskrankenhaus in Buffalo, wo er wegen einer selbst zugefügten Wunde behandelt wurde. Er vergewaltigte eine Hausfrau und terrorisierte eine ganze Nachbarschaft, bis er dazu gebracht werden konnte, sich den FBI-Agenten zu stellen. *Time*, 29. März 1968, S. 41.

[1000] Gerold Frank, *The Boston Strangler*, New American Library, New York, 1966, S. 157-58.

[1001] *Miami Herald*, 12. Oktober 1973.

[1002] Vincent Bugliosi, *Helter Skelter*, W. W. Norton, N.Y., 1974, S. 410-11.

Atmosphäre geschaffen haben, in der Perverse ihre Beute mit minimaler Angst vor dem Gesetz oder gesellschaftlicher Verurteilung verfolgen können. Die First Lady Rosalynn Carter posierte für Fotos mit Reverend Jim Jones und John Gacy, dem ungeheuerlichen Schürzenjäger der Demokratischen Partei, der mehr als dreißig junge weiße Männer im Raum Chicago tötete.

Während rassistisch motivierte Straftaten zu einer der häufigsten Formen der Kriminalität werden, hat das amerikanische Recht erst begonnen, sie von anderen Straftaten zu unterscheiden.[1003] Dort, wo alle Menschen vor dem Gesetz gleich sind und Anspruch auf dieselben rechtlichen Garantien haben, gedeiht die kriminelle Minderheit, obwohl sie den Schutz und die Vorteile eines ordnungsgemäßen Verfahrens ebenso wenig verdient wie ein feindlicher Soldat, der im Kampf gefangen genommen wird. Sowohl der feindliche Soldat als auch - in zunehmendem Maße - die Gesetzesbrecher aus der Minderheit haben das Gefühl, dass ihre Verbrechen keine Verbrechen im eigentlichen Sinne sind, sondern einfach Akte gerechtfertigter Gewalt gegen einen Unterdrücker. Aus diesem Grund sind die Chancen für die Rehabilitierung von Rassekriminellen so hoch. Für die meisten Insassen, die einer Minderheit angehören, ist das moderne amerikanische Gefängnis ein Kriegsgefangenenlager, ein Lager, aus dem die Gefangenen entlassen werden, während der Krieg noch im Gange ist, ein Lager, in dem die Truppen beider Seiten zusammen eingesperrt sind, während sie den draußen ausgetragenen Rassenkonflikt aus nächster Nähe verfolgen.[1004]

Der Humanismus, der die Ausdehnung der familiären Liebe auf die gesamte Menschheit bedeutet,[1005] war der Hauptarchitekt des heutigen Gefängnissystems. Es ist noch gar nicht so lange her, dass die meisten zivilisierten Länder ihre Kriminellen mit Geldstrafen belegten, brandmarkten, verstümmelten, versklavten oder töteten, wenn sie sie nicht ins Exil schickten oder in Arbeitsgruppen einteilten. Eine relativ neue Entwicklung in der Kriminologie ist es, eine große Anzahl von Männern in riesige Gefängniskomplexe zu stecken. Lange Haftstrafen verursachen unermessliche psychologische Schäden bei den Insassen, die ihr Leben mit nutz- und nutzlosen Beschäftigungen vergeuden, während die steigenden Kosten für den Unterhalt der Gefängnisse eine schwere finanzielle Belastung für diejenigen darstellen, die

[1003] Ein neuer Straftatbestand - die Verletzung der Bürgerrechte eines Bürgers - begünstigt die unassimilierbaren Minderheiten in ihrem politischen Krieg gegen die Mehrheit. Bürgerrechtsverletzungen erlauben es den Strafverfolgungsbehörden des Bundes, sich in die staatliche Strafverfolgung von "Rassisten" der Mehrheit einzumischen, und zwar bis zu dem Ausmaß, dass sie einer doppelten Strafverfolgung ausgesetzt werden.

[1004] In den Vereinigten Staaten ist der Anteil der Gefängnisinsassen an der Bevölkerung höher als in jedem anderen Land: 426/100.000, im Vergleich zu Südafrika 333/100.000, Großbritannien 97/100.000, Türkei 96/100.000, Frankreich 81/100.000. *Wall Street Journal*, 7. Januar 1991.

[1005] Arnold Gehlen, *Moral und Hypermoral*, Athenäum Verlag, Frankfurt am Main/Bonn, 1970, S. 79, 123, 142.

sich an das Gesetz halten. Und je mehr die Gefängnisse überfüllt sind, desto unerträglicher werden sie. In vielen Gefängnissen sind weiße Insassen heute fast ausschließlich schwarzen Kriminellen ausgeliefert, da letztere etwa die Hälfte der Gefängnisinsassen ausmachen. Die homosexuellen Handlungen, zu denen die jugendlichen Mehrheitsgefangenen gezwungen werden, stellen eine der grausamsten und abscheulichsten Torturen in der Geschichte der Bestrafung dar.[1006]

Es liegt auf der Hand, dass die Antwort auf diesen Rückfall in die Barbarei nicht die juristische Freizügigkeit ist, die die Gerichte so verstopft hat, dass viele Kriminelle zwei oder drei weitere Straftaten begehen, während sie auf Kaution auf ein Verfahren für frühere Verbrechen warten. Wie der italienische Soziologe Vilfredo Pareto Anfang dieses Jahrhunderts feststellte, fördert eine solche Freizügigkeit die Kriminalität eher, als dass sie sie verringert:

> Die Wirkung des Bewährungsgesetzes geht über den Verbrecher, den es schützt, hinaus. Die breite Bevölkerung gewöhnt sich an den Gedanken, dass ein erstes Verbrechen ungestraft begangen werden kann; und wenn sich diese Denkweise in der Stimmung festsetzt und die Abneigung gegen Verbrechen, die der zivilisierte Mensch instinktiv empfindet, verringert, kann die Kriminalität im Allgemeinen zunehmen... Die uneingeschränkte Bestrafung von Verbrechen, die in den vergangenen Jahrhunderten über lange Zeiträume hinweg stattfand, hat dazu beigetragen, eine gewisse Abneigung gegen das Verbrechen aufrechtzuerhalten... Die Nationen, die sich heute in einer Orgie des Humanismus ergehen, handeln wie der verlorene Sohn, der das Vermögen, das er von seinem Vater geerbt hat, vergeudet.
>
> Milde Gesetze im Allgemeinen ... die extreme Barmherzigkeit von Gerichten und Geschworenen; die gutherzige Geduld von Richtern, die Verbrechern erlauben, vor Gericht ihre Verachtung zu zeigen und manchmal persönliche Beleidigungen auszusprechen und die Strafen, die ihnen angedroht werden, ins Lächerliche zu ziehen ... die Milderung von bereits milden Strafen; häufige Umwandlungen und Begnadigungen - all diese Dinge erlauben es einer großen Anzahl von Menschen, leichtfertig über Verbrechen und die Bestrafung von Verbrechen zu denken.[1007]

Es ist ebenso offensichtlich, dass die Kriminalität in Amerika mit ziemlicher Sicherheit weiter ansteigen wird, bis Kriminologen und Sozialwissenschaftler

---

[1006] In drei Gefängnissen in Pennsylvania, in denen 80% der Insassen Schwarze waren, kam es in einem Zeitraum von zwei Jahren zu 2.000 sexuellen Übergriffen. Die Hälfte dieser Übergriffe richtete sich gegen Weiße. *Time*, 20. September 1968, S. 48. Oft besteht die einzige Möglichkeit für ein junges Mitglied der Mehrheit, im Gefängnis zu überleben, darin, sich selbst zu erniedrigen, indem es der "Punk" eines kriminellen, hartgesottenen Minderheitenangehörigen wird, der es dann vor Bandenübergriffen schützt. Trotz dieser entsetzlichen Situation bestätigte der Oberste Gerichtshof eine Entscheidung der unteren Instanzen, die die Trennung von Gefangenen nach Rassen zur Vermeidung von Gewalt verbietet. *Weltalmanach 1969*, S. 49.

[1007] Vilfredo Pareto, *The Mind and Society*, trans. Andrew Bongiorno und Arthur Livingston, Harcourt Brace, New York, 1935, Bd. 3, S. 1284-85.

bereit sind, die genetischen Verzweigungen des Problems zu berücksichtigen. Bisher haben nur einige prominente amerikanische und kanadische Anthropologen, wie Arthur Jensen und J. Philippe Rushton, um nur zwei zu nennen, den Mut gehabt zu behaupten, dass Kriminalität eine rassische Komponente hat. Nach einer anthropologischen Studie über 13.873 männliche Häftlinge in zehn Bundesstaaten erklärte der verstorbene Earnest Hooton, dass der "kriminelle Bestand" des Landes beseitigt werden müsse. Er stellte ferner fest, dass das wirksamste Mittel zur Eindämmung der Kriminalität in der Züchtung eines höheren Typs von Menschen besteht.[1008]

Es überrascht nicht, dass die gleichmacherischen Vorurteile von Franz Boas und Ashley Montagu den größten Teil der anthropologischen Leitlinien für die heutige Kriminologie geliefert haben. Montagu selbst stellte fest: "Es gibt nicht den geringsten Beweis dafür, dass jemand eine Neigung zu kriminellen Handlungen geerbt hat."[1009] Natürlich gibt es neben Hootons Arbeit eine Fülle solcher Beweise. Studien über Drüsenstörungen, Chromosomendefekte und die Korrelation von Körperbau und Kriminalität weisen alle auf den unbestreitbaren biologischen Ursprung verschiedener krimineller Tendenzen hin.[1010]

Wegen der genetischen Komponente des Verbrechens sollte die Verbrechensverhütung zu Hause oder, besser gesagt, im Schlafzimmer beginnen, wie die Tatsache zeigt, dass es bereits viel zu viele kriminelle Amerikaner gibt. Für jene kriminellen Elemente, die darauf bestehen, sich fortzupflanzen - und zwar schneller als nichtkriminelle Elemente - ist die Antwort die Sterilisierung. Nach Ansicht von Professor H. S. Jennings, einem hochkarätigen Psychologen, würde die Verweigerung des Rechts auf Fortpflanzung für Gewohnheitsverbrecher in jeder neuen Generation etwa 11 Prozent der geistig Behinderten (einschließlich der kriminellen Geisteskranken) eliminieren.[1011] Professor Samuel J. Holmes, ein prominenter Biologe, hat

---

[1008] Harry Elmer Barnes und Negley K. Teeters, *New Horizons in Criminology*, Prentice-Hall, Englewood Cliffs, New Jersey, 1959, S. 131-32.

[1009] Ashley Montagu, "The Biologist Looks at Crime", *The Annals of the American Academy of Political and Social Sciences*, Bd. 217, S. 55.

[1010] Die Geschichte der Familie Jukes, die in sechs Generationen Hunderte von Verbrechern hervorbrachte, ist ein weiterer Beweis für die genetische Grundlage vieler Verbrechen. Lothrop Stoddard, *Revolt Against Civilization*, S. 95-96. In jüngerer Zeit wurde der vererbte XYY-Chromosomendefekt versuchsweise mit kriminellem und asozialem Verhalten in Verbindung gebracht. Siehe auch William H. Sheldon, *Varieties of Delinquent Youth*, Harper & Row, New York, 1949.

[1011] Barnes und Teeters, op. cit., S. 137. Man schätzt, dass seit 1900 in dreißig Staaten bis zu 70.000 unfreiwillige Sterilisationen von Geisteskranken vorgenommen wurden. Soweit feststellbar, wurde diese Form der negativen Eugenik aus mehreren Gründen beendet, u. a. wegen der Androhung von Klagen durch Organisationen wie der American Civil Liberties Union. UPI-Bericht, 24. März 1980. Viele, wenn nicht sogar die meisten

erklärt, dass die Sterilisierung von 10 Prozent der Bevölkerung die meisten der erblich bedingten Defekte in Amerika beseitigen würde.[1012]

Der emotionale Rückstoß des Verbrechens und seine abstumpfende und zynische Wirkung auf Gegenseitigkeit, Selbstverleugnung und andere moralische Voraussetzungen des zivilisierten Menschen würde den Rahmen dieser Studie sprengen. Hier genügt die Feststellung, dass eine Bürgerschaft, die einen immer größeren Teil ihrer Zeit und Ressourcen für die persönliche Sicherheit aufwenden muss, weder in der Stimmung noch in der Lage ist, sich um die nationale Sicherheit zu kümmern. Mit anderen Worten: Kriminalität hat einen direkten Einfluss auf die Verteidigungsfähigkeit Amerikas.

Die nackte, demütigende tägliche Bilanz der anhaltenden amerikanischen Verbrechensorgie ist ein schlagender Beweis für die nationale Spaltung und Uneinigkeit. Als solcher regt er die neutralistischen Neigungen der Verbündeten an, während er den aggressiven Instinkt der Feinde ermutigt.

Auf eine Weise, die für die meisten Historiker oder politischen Analysten zu subtil ist, um sie zu begreifen, war eines der Hauptprodukte des Minderheitenuntergrunds die Etiolierung der amerikanischen Außenpolitik.

---

freiwilligen Sterilisationen sind insofern dysgenisch, als sie an gesunden, intelligenten Personen vorgenommen werden, die keine - oder keine weiteren - Kinder haben wollen.

1012 Ebd., S. 137.

TEIL IX

Der außenpolitische Konflikt

KAPITEL 31

Die Entnationalisierung der Außenpolitik

DIE AUSSENPOLITIK der Vereinigten Staaten oder jeder anderen Nation ist die Summe der internen Kräfte, die ihre Innenpolitik prägen, und der externen Kräfte, die durch die Außenpolitik anderer Nationen zum Tragen kommen. Da die amerikanische Innenpolitik während des größten Teils dieses Jahrhunderts eine konsequente Ausrichtung auf die liberale Minderheit widerspiegelt, ist die amerikanische Außenpolitik, die sich im Laufe der Amtszeit demokratischer und republikanischer Präsidenten nur geringfügig unterschied, in dieselbe ideologische Form gegossen worden. Infolgedessen neigt sie dazu, jene Staaten und Regierungen zu bevorzugen, die den Geschmack des modernen Liberalismus und die Emotionen der mächtigeren Minderheiten Amerikas ansprechen. Eine weitere Folge ist, dass die gegenwärtige amerikanische Außenpolitik nicht den Interessen der Nation als Ganzes dient, sondern bestimmten Teilen der Nation.

Die Demokratietheorie geht davon aus, dass die Außenpolitik einer Demokratie ein getreueres Abbild der Einstellungen, Bedürfnisse und Wünsche des Volkes ist als die einer Monarchie, Aristokratie oder Diktatur. Dies mag für ein demokratisches Land mit einer relativ homogenen demografischen Basis zutreffen. Aber die Theorie passt kaum auf große Vielvölkerstaaten, in denen es kein "Volk" gibt, sondern nur Konglomerate einzelner Völker, von denen jedes seine eigenen divergierenden und oft spaltenden Forderungen an die Außenpolitik stellt.[1013]

Die amerikanische Außenpolitik entstand und entwickelte sich aus dem Isolationismus, der der Abgeschiedenheit und den begrenzten Ressourcen der neuen Nation so unausweichlich angemessen war und der in Washingtons Abschiedsrede so prägnant dargelegt wurde.[1014] Obwohl das junge Land aus

---

1013 De Tocqueville, der große Analytiker und Freund der amerikanischen Demokratie, hegte ernste Zweifel an der Fähigkeit demokratischer Regierungen im Bereich der Außenpolitik, da er der Meinung war, dass die Qualitäten, die Demokratien bei der Führung der inneren Angelegenheiten auszeichnen, das Gegenteil von denen sind, die für eine angemessene Gestaltung der Außenbeziehungen erforderlich sind. "La politique extérieure n'exige l'usage de presque aucune des qualités qui sont propres a la démocratie." Im vorhergehenden Absatz schrieb de Tocqueville: "c'est dans la direction des intérêts extérieurs de la société que les gouvernements démocratiques me paraissent décidément inférieurs aux autres." *De la démocratie en Amérique,* Tome I, S. 238.

1014 Washington war, das muss betont werden, nicht gegen Expansion und Imperium. Er war einfach dagegen, sich in die europäische Politik einzumischen und in europäischen Kriegen Partei zu ergreifen.

allen Nähten platzte und eine Energie entwickelte, die andernorts in einen unbändigen Imperialismus gemündet wäre, war es zunächst aufgrund der geografischen Gegebenheiten gezwungen, die kriegerischen Instinkte, die nicht für die Bewahrung seiner Freiheiten reserviert waren, auf die eher eintönigen Aufgaben der Wildnisrodung und Landgewinnung zu richten.

Doch nachdem die Unabhängigkeitskrise überwunden war und der Krieg von 1812 unentschieden endete, ließ Amerika seine isolationistische Maske fallen und umarmte die gesamte westliche Hemisphäre mit den berauschenden Verlautbarungen der Monroe-Doktrin. Wie die meisten Europäer und Lateinamerikaner richtig erkannten, war die Monroe-Doktrin nur ein höflicher diplomatischer Ausdruck für den ansteckenden amerikanischen Expansionismus. Ein anderes Wort dafür war "Manifest Destiny", das zwar erst etwas später zum Glaubensartikel wurde, aber schon seit den ersten Siedlungen an der Ostküste in der Luft lag.

Es ist schwer abzuschätzen, wann und wo die territoriale Vergrößerung aufgehört hätte, wenn die amerikanischen Energien nicht im Bürgerkrieg vergeudet worden wären. Hätte es keine Sklavenfrage gegeben, wäre es gut möglich, dass Kanada, Mexiko, Mittelamerika und die karibischen Inseln heute zusätzliche Sterne im Sternenbanner wären. Nach Appomattox, nachdem die Wunden verbunden worden waren (aber lange bevor sie geheilt waren), wurde der imperialistische *Drang* erneuert. In den Jahren 1898-99 wurde Kuba von Spanien "befreit", und Amerika übernahm die Philippinen. Dann kam Theodore Roosevelt, der letzte einer Art, der letzte der großen amerikanischen Nationalisten, mit seinem großen Knüppel, seiner Weltumsegelungsflotte, seinem Panama-Blitz und seiner aggressiven Schlichtung des Russisch-Japanischen Krieges.

Die Zwillingskräfte des Liberalismus und des Minderheitenrassismus konnten sich erst unter der Regierung Wilson in der amerikanischen Außenpolitik fest etablieren. Thomas Jefferson, Amerikas paradigmatischer klassischer Liberaler, war ebenso isolationistisch wie Washington und, gegen seinen Willen, ebenso expansionistisch wie Theodore Roosevelt.[1015] Es waren die Extremisten unter Jeffersons Anhängern, die versuchten, die Vereinigten Staaten auf der Seite des revolutionären Frankreichs in einen europäischen Krieg zu ziehen. Später sabotierten die Abolitionisten, eine andere Fraktion, die die Ideologie über das Land stellte, das nationale Interesse, wo immer es eine Vergrößerung des

[1015] In seiner ersten Antrittsrede forderte Thomas Jefferson, der immer eine große Zuneigung zu Frankreich gehegt hatte, "verwickelte Bündnisse mit niemandem ... absolute Duldung der Entscheidung der Mehrheit". Es waren die Farmer aus den Süd- und Trans-Appalachen, Jeffersons geschätzte Yeomen, die den größten Teil der Unterstützung für die amerikanische Expansion lieferten. Sehr zu Jeffersons Bestürzung wurde er durch die Verhandlungen über den Kauf von Louisiana unversehens zu Amerikas wichtigstem Imperialisten. Beard, *The Rise of American Civilization*, Bd. 1, Kapitel IX.

Sklavenhaltergebiets bedeutete.[1016] Aber im Großen und Ganzen war die Außenpolitik der USA bis zum Amtsantritt von Woodrow Wilson weitgehend unempfänglich für den Druck der liberalen Minderheiten geblieben. Washingtons Ratschläge waren, zumindest was die Alte Welt betraf, nie verworfen worden.

Die große Wende in der Außenpolitik wurde durch den Eintritt Amerikas in den Ersten Weltkrieg eingeläutet. Bei Ausbruch des Konflikts war die Mehrheit neutral oder leicht positiv gegenüber Großbritannien eingestellt. Die weniger assimilierten Deutschen und die meisten deutschen Juden waren leicht prodeutsch, die osteuropäischen Juden stark antirussisch (aufgrund des zaristischen Antisemitismus) und die eher nicht assimilierten Iren vehement anti-britisch. Die anderen weißen Minderheiten waren, obwohl einige ihrer Heimatländer direkt betroffen waren, entweder unbeteiligt oder ohnmächtig. Die nicht-weißen Minderheiten waren im Allgemeinen stumm.

Da sich der Druck der Minderheiten in der Anfangsphase des Ersten Weltkriegs mehr oder weniger aufhob, kamen die Kräfte der Intervention aus drei Bereichen: (1) diejenigen, die sich ihrer angelsächsischen Abstammung noch bewusst waren oder durch pro-britische Zeitungen dazu gebracht wurden, sich dessen bewusst zu werden; (2) diejenigen, die an die Überlegenheit anglo-amerikanischer politischer Institutionen glaubten und sich von deutschen Militaristen im Stechschritt bedroht fühlten; (3) diejenigen, die ein direktes wirtschaftliches Interesse an einem britischen Sieg hatten, als Ergebnis der engen finanziellen Allianz, die nach der britischen Blockade Deutschlands zwischen Wall und Threadneedle Street entstanden war.

Um ihre Argumente zu untermauern, schmückten die Interventionisten die britisch-französisch-russische Sache mit den üblichen liberalen Schibboleths - Demokratie, Menschenrechte, Selbstbestimmung - aus und schwärzten die deutsche Sache mit den üblichen liberalen Pejorativen - Tyrannei, Militarismus, teutonische Überlegenheit. Doch trotz der nationalen Aufregung über den Untergang der Lusitania im Jahr 1915 kam die Propaganda kaum voran. Die Allegorisierung des Krieges als Kampf zwischen Gut und Böse, Demokratie und Absolutismus enthielt kaum ein Fünkchen Wahrheit, es sei denn, man wollte den Zaren Nikolaus II. als guten Demokraten akzeptieren. Die genetischen, kulturellen und finanziellen Verbindungen des angelsächsischen Raums waren zwar stark, aber nicht wert, dafür zu sterben. Großbritannien, das 1916 am Rande einer Niederlage stand, musste sich nach einem mächtigeren Stein umsehen, um die Vereinigten Staaten in den Krieg zu ziehen.

Ein solcher Magnet hatte sich in Amerika seit dem Beginn der neuen Einwanderung herausgebildet. Der britische Botschafter in Washington, Cecil

[1016] Die Abolitionisten befürworteten die Abspaltung von der Union, wenn es keinen anderen Weg zur Beendigung der Sklaverei gab. Die Annexion von Texas war ihre entscheidende politische Niederlage.

Spring-Rice, hatte ihn unwissentlich entdeckt, als er seiner Regierung über den wachsenden Einfluss des amerikanischen Judentums berichtete. In einer Depesche schrieb er: "Eine jüdische Deputation kam aus New York herunter und 'fixierte' in zwei Tagen die beiden Häuser, so dass der Präsident auf die Idee verzichten musste, einen neuen Vertrag mit Russland zu schließen."[1017] Fast zur gleichen Zeit hatte Chaim Weizmann, der Führer der weltweiten zionistischen Bewegung, in London die Stärke des Weltjudentums dargelegt und Großbritannien seine volle Unterstützung versprochen, wenn es im Gegenzug ein jüdisches Heimatland in Palästina befürwortete.[1018] Die britische Regierung schenkte Weizmanns Vorschlag besondere Beachtung, da er als prominenter Chemiker den britischen Kriegsanstrengungen durch die Entwicklung eines Verfahrens zur Synthese von Aceton, einem wichtigen Bestandteil der Sprengstoffherstellung, sehr geholfen hatte.[1019]

Die Briten und Franzosen beschlossen offenbar 1916, Weizmanns Heimatland-Idee weiterzuverfolgen. Samuel Landman, ein einflussreicher britischer Zionist, der auf Wunsch von Weizmann ins britische Propagandaministerium versetzt worden war, schrieb, dass Mark Sykes, Untersekretär des britischen Kriegskabinetts, sowie Georges Picot und Jean Gout vom französischen Außenministerium 1916 überzeugt waren

> dass der beste und vielleicht einzige Weg (der sich als solcher erwies), den amerikanischen Präsidenten zum Eintritt in den Krieg zu bewegen, darin bestand, die Zusammenarbeit mit den zionistischen Juden zu sichern, indem man ihnen Palästina versprach und so die bis dahin unvermutet mächtigen Kräfte der zionistischen Juden in Amerika und anderswo auf der Grundlage eines Quid-pro-quo-Vertrages zugunsten der Alliierten anzog und mobilisierte. Wie man sehen wird, war die Balfour-Erklärung von 1917 für die Zionisten, die ihren Teil erfüllt und wesentlich dazu beigetragen hatten, Amerika ins Boot zu holen, nur die öffentliche Bestätigung des notwendigerweise geheimen "Gentlemen's Agreement" von 1916...[1020]

Im März 1917 wurde das letzte große Hindernis für die Unterstützung der amerikanischen Juden für die Alliierten beseitigt, als eine Revolution den Zaren stürzte und eine provisorische Regierung in Russland an die Macht brachte. Eine der ersten Handlungen des neuen Regimes bestand darin, der Welt zu versichern,

---

[1017] William Yale, *The Near East*, University of Michigan Press, Ann Arbor, 1958, S. 267. Yale, ein amerikanischer Universitätsprofessor, verbrachte im Auftrag des Außenministeriums mehrere Jahre im Nahen Osten.

[1018] Ebd. Siehe auch Sachar, *The Course of Modern Jewish History*, S. 372-73.

[1019] Sachar, a.a.O., S. 372. Jüdische Arbeit an Hochexplosivstoffen und die greifbaren Vorteile, die sich daraus für jüdische Belange ergaben, sind ein wiederkehrendes Thema der modernen jüdischen Geschichte. Zur jüdischen Rolle bei der Entwicklung von Spaltungs- und Fusionsbomben siehe Kapitel 38 dieser Studie.

[1020] Yale, op. cit., S. 267. Das Zitat und der Verweis stammen aus dem Buch von Samuel Landman, *Great Britain, the Jews and Palestine*, New Zionist Press, London, 1936.

dass der zaristische Antisemitismus der Vergangenheit angehöre und dass die russischen Juden nun die gleichen Rechte wie alle anderen Russen hätten.[1021] Am 2. April forderte Woodrow Wilson, der im November mit dem Wahlslogan "Er hat uns aus dem Krieg herausgehalten" zum Präsidenten wiedergewählt worden war, den Kongress auf, Deutschland den Krieg zu erklären.[1022] Innerhalb weniger Wochen traf der britische Außenminister Arthur Balfour in den Vereinigten Staaten ein. Fast unmittelbar nachdem er Wilson getroffen hatte, führte er eine lange Konferenz mit Richter Louis Brandeis, dem führenden amerikanischen Zionisten.

Einige Monate später überredeten Henry Morgenthau sen. und Felix Frankfurter, die in der zionistischen Hierarchie Amerikas nur wenig unter Brandeis standen, das Außenministerium, sie in geheimer Mission nach Europa zu schicken, um die Türkei zu beeinflussen, aus dem Krieg auszusteigen und einen separaten Frieden zu schließen. Chaim Weizmann leitete sie in Gibraltar an und überzeugte sie davon, dass ein vorzeitiges Ende der Feindseligkeiten mit der Türkei der zionistischen Sache schaden würde. Palästina war damals türkischer Besitz, und Weizmann versicherte ihnen, dass eine gründlich besiegte

Die Türkei würde der Gründung eines zionistischen Staates nicht viel Widerstand entgegensetzen können. Morgenthau und Frankfurter stimmten zu und kehrten in die Vereinigten Staaten zurück, ohne ihren Auftrag erfüllt zu haben.[1023]

Es wird sich wahrscheinlich nie klären lassen, ob der Zionismus der Windstoß war, der die ohnehin schon schwankenden Vereinigten Staaten aus dem Schnürboden der Neutralität riss. Obwohl die Beweise lückenhaft sind und auf Indizien beruhen, haben sie doch ein gewisses Gewicht. In jedem Fall verdient die Angelegenheit weitere Untersuchungen und sollte aus der historischen Tiefkühltruhe geholt werden, in der übervorsichtige Historiker sie verstaut haben.[1024] Die diplomatische Aufmerksamkeit, die Palästina zuteil wurde,

---

1021 *New York Times*, 21. März 1917, S. 1, und 3. April 1917, S. 9.

1022 Die amerikanischen Zionisten hielten daraufhin eine Versammlung ab und übermittelten Wilson ihre offiziellen Glückwünsche. *New York Times*, 11. April 1917, S. 8.

1023 Yale, op. cit., S. 241, und Louis Gerson, *The Hyphenate in Recent American Politics and Diplomacy*, University of Kansas Press, Lawrence, Kansas, 1964, S. 91-92.

1024 Es gibt noch viele andere historische Beweise, die dafür sprechen, dass der Zionismus ein wichtiges Rädchen im Getriebe der amerikanischen Intervention im Ersten Weltkrieg war. Lloyd George gab zu Protokoll, dass die Balfour-Erklärung einen wichtigen Einfluss auf das Weltjudentum außerhalb Russlands haben würde und im besten Interesse jüdischer Finanzkreise sei. Leonard Stein, *Die Balfour-Erklärung*, Simon and Schuster, New York, 1961, S. 575. In Amerika würde die Erklärung, wie Lloyd George betonte, einen besonderen Wert haben, wenn die Alliierten ihre Goldreserven und handelbaren

bewies zumindest, dass der Rassismus von Minderheiten in einigen Bereichen der amerikanischen Außenpolitik einen dominierenden und eigennützigen Einfluss auszuüben begann. Im Falle der Morgenthau-Frankfurter-Mission war es offensichtlich, dass die Zionisten bereits eine zweite amerikanische Außenpolitik betrieben.

Wertpapiere aufgebraucht hätten. Ebd., S. 575. 1915 gab es eine Mission der französischen Regierung bei den amerikanischen Juden; 1916 forderte das britische Außenministerium die britischen Juden auf, amerikanische Juden für die Sache der Alliierten zu interessieren. Ebd., S. 218-19. Französische Zionisten gaben offen zu, dass sie versuchten, die öffentliche Meinung in Frankreich zu beeinflussen, was sogar so weit ging, dass sie Informationskanäle der Regierung nutzten. Ebd., S. 375. Es ist möglich, dass Wilson prominenten Zionisten aus New York City seine wahren Interventionsabsichten versicherte, um im Gegenzug Unterstützung bei den Präsidentschaftswahlen 1916 zu erhalten. Ebd., S. 227. Brandeis empfing zu dieser Zeit zionistische Mitteilungen über den britischen diplomatischen Kurier. Ebd., S. 377. Ein Jahr später stimmte er öffentlich zu, dass die Zionisten von der russischen Revolution profitieren würden. Ebd., S. 382. Nachdem Wilson die Balfour-Erklärung in einem Brief vom 31. August 1918 gebilligt hatte, erklärte Brandeis, dass eine Opposition gegen den Zionismus von nun an als Illoyalität gegenüber den Vereinigten Staaten betrachtet werden könnte". Gerson, op. cit., S. 94. Fast in dem Moment, als die Revolution in Russland begann, schickten die Rothschilds, die sich geweigert hatten, dem zaristischen Regime Geld zu leihen, per Telegramm eine Million Rubel an die neue Regierung. Frederic Morton, *The Rothschilds*, Atheneum, New York, 1962, S. 175. Die türkische Revolution (1908-9), die dazu beitrug, die türkische Herrschaft über Palästina zu schwächen, "war von Saloniki aus organisiert worden, wo die Juden zusammen mit den als Donmeh bekannten Krypto-Juden die Mehrheit der Bevölkerung bildeten". Stein, a.a.O., S. 35. Der britische Premierminister Asquith schrieb 1914: "Es ist eine merkwürdige Illustration von [Disraelis] Lieblingsspruch, dass 'Rasse alles ist', diesen fast lyrischen [zionistischen] Ausbruch aus dem wohlgeordneten, methodischen Gehirn von H.S. zu finden." Stein, a.a.O., S. 112. Asquith bezog sich damit auf Herbert Samuel, einen der mächtigsten Juden Großbritanniens und Mitglied des britischen Kabinetts. Später wurde ein noch mächtigerer Jude, Lord Reading (Rufus Isaacs), ein bankrotter Börsenspekulant und Gegenstand von Kiplings bissigem Gedicht Gehazi, nach Amerika geschickt, zunächst als Leiter einer britischen Finanzmission, dann als britischer Botschafter. H. Montgomery Hyde, *Lord Reading*, Farrar, Straus and Giroux, New York, 1967, S. 188. Reading war ein guter Freund von Colonel House, Wilsons engstem Berater. Sein "Einfluss auf Lloyd George [war] vielleicht größer als der irgendeines anderen Mannes in England". Hyde, a.a.O., S. 229. Samuel Gompers, der jüdische Vorsitzende der American Federation of Labor, schien seine veränderte Haltung gegenüber dem Krieg mit der Veränderung der zionistischen Position in Einklang zu bringen. Im Jahr 1914 rief Gompers klar und deutlich zur Neutralität auf. Im Februar 1917 berief er jedoch eine Sitzung des AFL-Exekutivrats ein und gab eine deutliche Erklärung gegen Deutschland ab. Ronald Radosh, *American Labor and U. S. Foreign Policy*, Random House, New York, 1969, S. 8. Was den Wunsch des Durchschnittsamerikaners anbelangt, in den Ersten Weltkrieg einzutreten, so erklärte Senator La Follette, dass bei einer Volksabstimmung über diese Frage zehn zu eins für eine Nichteinmischung gestimmt worden wären. Beard, a.a.O., Bd. 2, S. 635. Es sei darauf hingewiesen, dass der Sedition Act vom Mai 1918 die meiste Kritik an der Intervention illegal machte. Ebd., S. 640.

Nach einer Geldvermehrung, wie sie sich nur die reichste Nation der Welt leisten konnte, beendeten die Vereinigten Staaten ihren triumphalen Vorstoß in Europa und zogen sich in aller Stille nach Hause zurück, wo die amerikanischen Außenbeziehungen wieder auf ihre traditionelle hemisphärische Reichweite reduziert wurden. Auf der unrühmlichen Friedenskonferenz von Versailles hatten sich Wilsons utopische Hoffnungen auf eine liberale Weltgemeinschaft im Rauch von Nationalismus, Irredentismus und Revolution aufgelöst. Darüber hinaus musste der Präsident die endgültige Demütigung hinnehmen, dass sein eigenes geistiges Kind, der Völkerbund, vom Senat abgelehnt wurde. Als er 1924 starb, wurde allgemein anerkannt, dass der Erste Weltkrieg im direkten Widerspruch zu Amerikas erklärtem Kriegsziel die Demokratie überall gefährdet hatte, indem er die Ossa des Faschismus auf den Pelion des Kommunismus stürzte. Fast jeder denkende Amerikaner, unabhängig von seiner politischen Einstellung, war bereit zuzustimmen, dass die Intervention in Europa eine Katastrophe gewesen war und nie wieder geschehen durfte.

In weniger als einem Vierteljahrhundert geschah es erneut. Diesmal hatten die Interventionisten trotz der Peinlichkeit, ihre feierlichsten Versprechen widerrufen und von ihren standhaftesten Entschließungen abrücken zu müssen, eine viel leichtere Aufgabe. Vor dem Zweiten Weltkrieg hatte sich Hitler als Erzfeind des Liberalismus, des Marxismus und des Judentums etabliert, also genau der drei treibenden Kräfte der liberal-minderheitlichen Koalition, die mit Franklin Roosevelts New Deal an die Macht gelangt war. Die Medien machten sich den vorgefertigten Antinazismus zunutze und wurden bald wütend. Bis 1940 war es schwer, einen liberalen Intellektuellen oder einen Intellektuellen aus einer Minderheit zu finden - abgesehen von ein paar Altgläubigen -, der nicht ein wütender Interventionist war.[1025] Der gelegentliche Führer der Mehrheit, der versuchte, sich über das kriegerische Getöse hinweg Gehör zu verschaffen, wurde schnell durch den Vorwurf des Antisemitismus diskreditiert.[1026]

[1025] Sidney Hillman, der Gewerkschaftsführer der Minderheit, war so erzürnt über Hitler, dass er 1940 persönlich die Niederschlagung eines Streiks bei North American Aviation in Inglewood, Kalifornien, leitete. Radosh, a. a. O., S. 19. Der Mann, der in der Gewerkschaftsbewegung Karriere gemacht hatte, wollte keine Verlangsamung der Produktion von Kriegsmaterial, auch wenn dies bedeutete, eine große Gewerkschaftsorganisation zu verraten.

[1026] Nachdem er die spezifisch jüdische Agitation für die Intervention kurz erwähnt hatte, degradierte die Presse Charles Lindbergh von einem epischen Helden zu einem Handlanger der Nazis. Lindbergh blieb danach für viele Jahre eine Unperson. *New Republic*, 22. September 1941, S. 60-61, und *Time*, 22. September 1941, S. 17. 1970 veröffentlichte Lindbergh seine *Wartime Journals*, in denen er darauf bestand, dass sein Standpunkt der Nichtintervention grundsätzlich richtig gewesen sei und dass die Vereinigten Staaten den Krieg tatsächlich verloren hätten, da sie lediglich eine kleinere Bedrohung vernichtet hätten, um eine größere zu schaffen. Er betonte insbesondere den unwiederbringlichen genetischen Verlust, den die nordeuropäischen Völker während des

Wie Charles Beard anhand einer Fülle von Dokumenten nachweisen konnte, trat Amerika lange vor Pearl Harbor und der Kriegserklärung der Achsenmächte in den Zweiten Weltkrieg ein.[1027] Inoffiziell war der Krieg bereits im November 1940 begonnen worden, als Roosevelt, der das Kunststück Wilsons wiederholte, wiedergewählt wurde, nachdem er feierlich versprochen hatte, die Vereinigten Staaten aus dem Krieg herauszuhalten.[1028] Noch vor seiner Wiederwahl hatte Roosevelt fünfzig amerikanische Zerstörer nach Großbritannien überführt. Nach seiner Wiederwahl überredete er den Kongress zur Verabschiedung des Lend-Lease-Gesetzes, das einen großen Teil der finanziellen Belastung des Krieges dem amerikanischen Steuerzahler aufbürdete. Danach ordnete er in rascher Folge an: (1) amerikanischen Geleitschutz für britische Konvois; (2) offene Kriegsführung gegen deutsche Marineschiffe; (3) die Besetzung Islands; (4) die Ausarbeitung geheimer Verteidigungsabkommen mit Großbritannien; (5) ein Ultimatum an Japan, das den Abzug der japanischen Truppen aus China forderte und das amerikanische Stahl- und Ölembargo verschärfte.[1029] Der offizielle Eintritt der Vereinigten Staaten in den Krieg kam fast wie eine Antiklimax.

Wenn es in der Anfangsphase der amerikanischen Verwicklung in den Zweiten Weltkrieg einige Schwierigkeiten gab, die Interventionskräfte zu identifizieren, so gab es[1030] keine mehr, als die Kanonen aufhörten zu feuern. Die Politik der bedingungslosen Kapitulation, der Morgenthau-Plan,[1031] die Übergabe

---

Krieges erlitten hatten. In seinen schriftlichen Äußerungen wiederholte Lindbergh seine Anschuldigung aus dem Jahr 1941, dass die Juden eine wichtige Rolle bei der Verwicklung der USA in den Zweiten Weltkrieg gespielt hätten, und änderte sie nicht. Siehe Fußnote 34, S. 163, in dieser Studie und *The Wartime Journals of Charles A. Lindbergh*, Harcourt Brace Jovanovich, New York, 1970, S. xv, 218, 245, 404, 481, 538-39, 541, 545.

[1027] Beard, *Präsident Roosevelt und der Ausbruch des Krieges*, 1941.

[1028] In seiner berühmten Wahlkampfrede in Boston (30. Oktober 1940) erklärte Roosevelt: "Ich habe es schon einmal gesagt, aber ich werde es wieder und wieder und wieder sagen: Eure Jungs werden nicht in fremde Kriege geschickt."

[1029] Beard, op. cit., S. 68, 97, 108, 134, 140, 239, 241, 356, 435, 453.

[1030] Der britische Premierminister Neville Chamberlain teilte offenbar einige von Lindberghs Ansichten über die Ursprünge des Konflikts. Laut Botschafter Joseph Kennedy sagte Chamberlain zu ihm: "Amerika und die Weltjuden haben England in den Krieg gezwungen". Die Aussage Chamberlains wurde jedoch erst 1951 bekannt gegeben. *The Forrestal Diaries*, herausgegeben von Walter Millis, Viking, New York, 1951, S. 122.

[1031] Der auf der Zweiten Konferenz von Quebec (1944) von Finanzminister Morgenthau vorgestellte und von Harry Dexter White, dem jüdischen stellvertretenden Finanzminister (der später als sowjetischer Agent identifiziert wurde), verfasste Plan forderte die Demontage der gesamten deutschen Industrie und die Reduzierung Deutschlands auf einen Agrarstaat. Churchill stimmte dem Plan ursprünglich im Gegenzug für eine

Osteuropas an Russland, die deutschen Kriegsverbrecherprozesse und die Entnazifizierungssäuberungen bewiesen eindeutig, dass die Vereinigten Staaten beim besten Willen nicht in einen Überlebenskrieg verwickelt waren, wie Zeitungsartikel fromm verkündet hatten, sondern in einen Krieg, der der totalen Vernichtung Hitlers und des Hitlerismus gewidmet war.[1032]

Als der Zweite Weltkrieg zu Ende ging, gab es keinen amerikanischen Rückzug aus Europa. Wäre dies der Fall gewesen, hätte Westeuropa möglicherweise Osteuropa in den sowjetischen Orbit folgen können. Die amerikanische Außenpolitik wurde nun zwangsläufig zu einem improvisierten Verteidigungsmechanismus im großen Stil, zu einer unendlichen Reihe von Reaktionen und Gegenmaßnahmen auf kommunistische Aggressionen in Europa und Asien. Diese so genannte Eindämmungspolitik machte es erforderlich, dass die Amerikaner dieselben Volkswirtschaften wieder aufbauten, die sie kurz zuvor zerstört hatten, dass amerikanische Soldaten sich mit den Feinden verbündeten, die sie kurz zuvor hatten töten sollen. All dies um den Preis einer weiteren furchtbaren Verausgabung der menschlichen und industriellen Ressourcen Amerikas.[1033]

Während und nach dem Zweiten Weltkrieg ging die amerikanische Außenpolitik abwechselnd weit über das nationale Interesse hinaus und blieb weit dahinter

---

Verlängerung des Lend-Lease-Programms zu. *Current Biography*, 1944, S. 724, *Time*, 9. August 1948, S. 15, und John M. Blum, *From the Morgenthau Diaries*, Houghton Mifflin, Boston, 1967, Vol. III, S. 373.

[1032] Für einige war es schlicht und ergreifend ein Krieg der rassischen Rache. Minister Morgenthau sagte bei der Diskussion über die Nachkriegsbehandlung Deutschlands: "Das Einzige... woran ich mich beteiligen werde, ist die vollständige Stilllegung des Ruhrgebiets... Nehmt es einfach weg. Es ist mir egal, was mit der Bevölkerung passiert... Ich würde jede Mine, jede Mühle und jede Fabrik nehmen und sie zerstören... warum zum Teufel sollte ich mir Sorgen machen, was mit [den] Menschen passiert?" Dass eine solche Politik dreißig Millionen Deutsche hätte verhungern lassen können, war nebensächlich. Morgenthau hielt an seinem Plan fest, obwohl der Gouverneur von New York, Thomas Dewey, erklärte, dass der Morgenthau-Plan zu einem starken Anstieg des deutschen Widerstands führte. Es ist müßig, darüber zu spekulieren, wie viele Tote und Verletzte auf beiden Seiten durch Morgenthaus alttestamentarische Racheaktion verursacht wurden. Blum, a.a.O., Bd. III, S. 354, 378.

[1033] Die Vereinigten Staaten schulden 1978 immer noch 25.730.992.168 $ aus unbezahlten Darlehen des Ersten Weltkriegs. *Weltalmanach* 1980, S. 334. Im Zweiten Weltkrieg beliefen sich die amerikanischen Leihgaben an die Alliierten auf 49 Milliarden Dollar, von denen nur ein Bruchteil zurückgezahlt wurde. Auf den Marshall-Plan für den Wiederaufbau Europas entfielen 8,6 Milliarden Dollar. *Ency. Brit.*, Bd. 4, S. 834. In der Zeit nach dem Zweiten Weltkrieg (Haushaltsjahr 1946 bis Haushaltsjahr 1977) erhielten 139 Nationen und 8 Territorien 143,4 Milliarden Dollar an Auslandshilfe. Weitere 46 Milliarden Dollar wurden in Form von Darlehen vergeben. *Orlando Sentinel Star*, 31. Mai 1978, Kolumne von Charles Reese. Die Auslandshilfe für 1992 belief sich auf 14.784.000.000 $. *Weltalmanach* 1994, S. 840.

zurück. Wie zur Buße dafür, dass sie dem Völkerbund nicht beigetreten waren, wurden die Vereinigten Staaten zum Gründer und Hauptaktionär der Vereinten Nationen.[1034] Doch die UNO war in der Friedenssicherung nicht besser als der Völkerbund. Fast im Alleingang übernahmen die Vereinigten Staaten die Verteidigung des Westens.

In Asien stand Amerika in China auf der Verliererseite und wurde dann entgegen aller militärischen Vernunft in zwei asiatische Landkriege hineingezogen, die es mit Atomwaffen leicht und mit dem uneingeschränkten Einsatz konventioneller Waffen weniger leicht hätte gewinnen können. Im Nahen Osten begannen einst befreundete muslimische Nationen nach Amerikas Unterstützung Israels und des Schahs von Iran, ernsthafte Zweifel an den Vereinigten Staaten zu hegen. Einige radikale arabische Staaten luden die Sowjetunion als Waffenlieferanten und Militärberater in die Region ein, während die gemäßigten Staaten ihre Ölwaffe schärften. Der revolutionäre Iran wandte sich gegen die Amerikaner, während Ägypten, nachdem es die Russen vertrieben hatte, ein Halbbündnis mit Washington einging, in der Hoffnung, dass das Camp-David-Abkommen Israel zwingen würde, den Sinai zurückzugeben (was auch geschah) und einen autonomen palästinensischen Staat zu gründen (der viele Jahre später als Bruchteil davon entstand). In Afrika erhielten die aufstrebenden schwarzen Nationen großzügige finanzielle und ideologische Unterstützung, während die weißen Regierungen von Rhodesien und Südafrika mit militärischen oder wirtschaftlichen Sanktionen bedrängt wurden, bis beide schließlich aufgaben und schwarze Regime installierten. In Lateinamerika ermöglichte die Blindheit eines amerikanischen Präsidenten die Machtergreifung Castros; die Blindheit eines zweiten ermöglichte, dass die Perle der Antillen zu einem russischen Militärstützpunkt wurde; die Blindheit eines dritten ermöglichte die Errichtung mindestens eines sowjetisch geprägten revolutionären Regimes in Mittelamerika.

Prestige und Macht, zwei wichtige Quellen des Respekts, sind eine unschlagbare Kombination, um die Freundschaft und Unterstützung fremder Völker und Regierungen zu gewinnen. Vor nicht allzu langer Zeit genossen Amerika und die Amerikaner den Respekt des größten Teils der Welt, eine universelle Wertschätzung, die die Formulierung und Umsetzung der Außenpolitik relativ einfach machte. Heute ist die Nation, die auf dem Papier die mächtigste Nation der Geschichte ist, so sehr des Respekts beraubt, dass sie Mühe hat, fünftklassige Bananenrepubliken, militärische Stammesjuntas, bankrotte Inseldiktaturen und fanatische Mullahs ihrem Willen zu beugen. Es bedurfte eines umfassenden

[1034] Die Vereinigten Staaten zahlen ein Drittel des Verwaltungshaushalts und einen großen Teil der Gesamtausgaben. Vor ihrem Untergang verfügte die Sowjetunion über drei Stimmen in der Generalversammlung, während die Vereinigten Staaten nur eine Stimme hatten. Nationen mit etwa 5 Prozent der Weltbevölkerung kontrollieren die Mehrheit der Stimmen in der Generalversammlung.

Krieges, um Saddam Hussein aus Kuwait zu vertreiben, und einer umfassenden militärischen Besetzung, um General Raoul Cédras aus Haiti zu entfernen.

Die Nation, die wegen der Versenkung des Schlachtschiffs *Maine* gegen Spanien in den Krieg zog, erstarrte in Untätigkeit und Ohnmacht, als israelische Torpedoboote und Mirage-Jets die *U.S.S. Liberty* bombardierten und beschossen. *Liberty bombardierten und beschossen,* wobei 34 Amerikaner getötet und 171 verwundet wurden; als Nordkorea das Marineschiff *Pueblo* mit seiner gesamten Besatzung kaperte; als ausländische Bewaffnete die amerikanischen Botschafter in Guatemala, im Sudan und in Afghanistan ermordeten; als Venezolaner den amerikanischen Vizepräsidenten steinigten; als entführende Terroristen ungestraft amerikanische Flugzeuge nach Kuba requirierten; als radikale Studenten, die von der iranischen Regierung unterstützt wurden, 52 amerikanische Geiseln in ihre Gewalt brachten und mehr als ein Jahr lang festhielten; als amerikanische Kriegsgefangene in Asien einer Gehirnwäsche unterzogen, gefoltert und erschossen wurden; als amerikanische Bürger im Kongo vergewaltigt und ausgeweidet wurden; als amerikanische Einrichtungen in Übersee routinemäßig geplündert und ausgeweidet wurden; als die Nation, deren Minister in Frankreich, Charles Pinckney, 1797 stolz verkündete: "Millionen für die Verteidigung, aber nicht einen Cent für den Tribut", einem posierenden karibischen Mussolini ein Lösegeld von 53 Millionen Dollar für die Freilassung von 113 Gefangenen zahlte, die im Fiasko der Schweinebucht gefangen genommen wurden.[1035]

Wie die vorstehenden Ereignisse zeigen, hat die amerikanische Diplomatie neuen Stils, bei der die Starken vor den Schwachen kapitulieren oder sich den Schutz der Schwachen durch umfangreiche Auslandshilfe erkaufen, nicht viele mitreißende Erfolge hervorgebracht.[1036] Tatsächlich sind die soliden Erfolge, die die amerikanische Außenpolitik seit dem Zweiten Weltkrieg erzielt hat, größtenteils zwei entscheidenden Faktoren zuzuschreiben, für die die politischen Entscheidungsträger der Nation kaum Anerkennung ernten können. Diese beiden Faktoren sind Amerikas nukleare Vormachtstellung und der Zusammenbruch des sowjetischen kommunistischen Netzwerks (Titoismus, chinesisch-sowjetische Spaltung, osteuropäischer Irredentismus und die Invasion in Afghanistan). Dass die Macher Amerikas es versäumt haben, diese

---

1035 *Weltalmanach 1965,* S. 371.

1036 George F. Kennan, einer der wenigen kreativen Köpfe im diplomatischen Corps, hat das, was er die "theatralische Vergeblichkeit" der amerikanischen Staatskunst nennt, scharf kritisiert. Die Sucht amerikanischer Politiker, fremde Erwägungen in die amerikanische Außenpolitik einfließen zu lassen, macht sie, so Kennan, "unwirksam bei der Verfolgung wirklicher Ziele im nationalen Interesse und lässt sie zu einem bloßen Aufzeigen von Haltungen vor dem Spiegel der innenpolitischen Meinung verkommen. Solange die amerikanische Presse und Öffentlichkeit nicht lernen, ein solches Verhalten zu erkennen und abzulehnen, wird das Land keine reife und wirksame Außenpolitik haben, die einer Großmacht würdig ist."

schicksalhaften außenpolitischen Chancen voll auszuschöpfen, ist ein diplomatisches Versagen ersten Ranges, das künftigen Generationen schwer zu schaffen machen wird.

Aber was könnte man auch anderes von einer Außenpolitik erwarten, die durch den Fleischwolf der Entnationalisierung gedreht wurde? Wenn die Diplomatie zum Spielball jeder Interessengruppe und jedes Minderheitenblocks wird, der sich einen Lobbyisten in Washington leisten kann, werden langjährige Freunde und Verbündete neutralisiert oder zu Feinden gemacht, während die professionellen Diplomaten, die gezwungen sind, am Rande zu sitzen, von Stunde zu Stunde zynischer und hilfloser werden. Das Außenministerium mag vorgeben, die Behörde zu sein, die die amerikanische Außenpolitik lenkt oder umsetzt, aber es ist kaum besser als eine Informationszentrale und ein Nachrichtendienst. Eine schräge Meldung auf der Titelseite der *New York Times* hat mehr Gewicht als die Depeschen von zwanzig Botschaftern.

Eine entnationalisierte Außenpolitik hat viele Köpfe und Herzen, aber keine Seele. Sie unterstützt den Imperialismus in einem Teil der Welt und bekämpft ihn in einem anderen. In einigen Bereichen setzt sie sich für die Menschenrechte ein, in anderen ehrt und belohnt sie die Verletzer dieser Rechte. Sie gibt antiamerikanischen Regierungen Geld und Waffen, boykottiert aber proamerikanische Regierungen. Sie war gegen die sowjetische Präsenz in Osteuropa und Afghanistan, tolerierte sie aber in Kuba, von dessen Flugplätzen aus russische Bomber in fünfzehn Minuten über Florida fliegen konnten. Sie war gegen den Umgang mit Terroristen, lieferte aber Waffen an den Iran.

Nicht nur Amerika, sondern der größte Teil der Welt hat den Tag bedauert, an dem die Mehrheit die Kontrolle über die amerikanische Außenpolitik verloren hat.[1037] In den internationalen Beziehungen gibt es nichts Gefährlicheres als fehlgeleitete Energie, nichts Tragischeres als eine große Nation, die ihre Größe blindlings ausspielt. Solange die Sonderinteressen der Minderheiten und die Sonderbegeisterung der Liberalen nicht wieder dem nationalen Interesse untergeordnet werden, wird Amerikas diplomatische Inkohärenz weiterhin eine der großen destabilisierenden Kräfte in der Weltordnung sein. Eine schwankende Staatskunst ermutigt Feinde, Risiken einzugehen, und Freunde, misstrauisch zu sein. Eine Außenpolitik, die von Lobbys statt von Staatsmännern geführt wird, ist schlimmer als gar keine Außenpolitik.

[1037] Der 8. Juni 1915, als William Jennings Bryan aus Protest gegen die ersten wirklichen Anzeichen des stürmischen Interventionismus der Regierung Wilson von seinem Amt als Außenminister zurücktrat, ist ein gutes Datum, um das Ende des Nationalismus als Leitmotiv der amerikanischen Außenpolitik zu markieren.

KAPITEL 32

Die Vereinigten Staaten und Westeuropa

NICHTS macht die Vergänglichkeit des menschlichen Daseins so deutlich wie der tragische Verfall Westeuropas im zwanzigsten Jahrhundert.[1038] Zu Beginn des Jahrhunderts war Westeuropa der Herr der Welt, die Quelle der Weltindustrie, der Technologie und der militärischen Macht - das Heimatland von neun Imperien.[1039] Die meiste Zeit der zweiten Hälfte des Jahrhunderts war Westeuropa ein Machtvakuum, eine Pufferzone zwischen der Sowjetunion und den Vereinigten Staaten. Die auf einen Bruchteil ihrer Größe geschrumpften Großreiche, die überlebt hatten, waren nun zu ihrer Verteidigung auf eine transatlantische Macht angewiesen. Vier Jahrzehnte lang standen slawische Truppen an der Elbe, von der sie mehr als ein Jahrtausend zuvor von Karl dem Großen vertrieben worden waren.[1040] Der westeuropäische Landstrich, eine Halbinsel einer Halbinsel, winkte den Russen zu, wie einst ein geteiltes, von Unruhen zerrissenes Griechenland Alexander zugewinkt hatte, während sich die Westeuropäer selbst immer weniger durch Amerikas nuklearen Schutzschirm beruhigt fühlten. Die Sowjetunion ist zwar tot, aber Russland ist immer noch sehr lebendig. Geblendet von den Reichtümern des Westens, könnte der russische Bär zu einem hungrigen Bären werden und auf der Suche nach Honig nach Westen ziehen.

Amerika und Russland sind Kinder Westeuropas in dem Sinne, dass beide Länder den größten Teil ihrer kulturellen Nahrung von dort bezogen haben und beide von der Rasse gegründet wurden, die in Westeuropa oder zumindest in Nordwesteuropa seit Beginn der aufgezeichneten Geschichte vorherrschend war.[1041] Eine große ungelöste Frage der Zukunft ist, ob einer dieser widerspenstigen Sprösslinge, das halbbarbarische Russland, versuchen wird, das

---

[1038] Als Westeuropa wird hier der Teil Europas bezeichnet, der westlich der slawischen Länder und des Balkans liegt.

[1039] Großbritannien, Frankreich, Deutschland, Österreich-Ungarn, Italien, Niederlande, Belgien, Spanien und Portugal.

[1040] Ein moderner skandinavischer Historiker hat die Verhältnisse in Europa im siebten Jahrhundert nach Christus beschrieben: "In diesen dunklen Jahrhunderten verlagerte sich das Zentrum des kulturellen Lebens Europas so weit nach Westen, dass der einst so wichtige Tauschhandel zwischen Skandinavien und dem Süden nur noch am Rhein und an der Atlantikküste stattfinden konnte. Der 'Westen' war genauso bedrohlich reduziert und eingeengt worden wie heute." Eric Oxenstierna, *The Norsemen*, N.Y. Graphic Society, Greenwich Conn., 1965, S. 26.

[1041] Siehe S. 72-75 dieser Studie.

Erbe zu beanspruchen, das von dem anderen Geschwisterchen, Amerika, verteidigt wird, das nun selbst in Halbbarbarei versinkt. Oder wird das Elternteil wieder aufleben, seinen selbstzerstörerischen Weg korrigieren und seine Autorität wiederherstellen?

Bislang gibt es nur wenige Anzeichen für diese Möglichkeit. Nur die Deutschen weisen noch die traditionelle westeuropäische Dynamik auf. Aber die deutschen Verteidigungskräfte, die mit ausländischen Waffen bewaffnet sind, deren Zahl und Effektivität gesetzlich begrenzt ist und deren Reihen durch eine schwere Dosis Defätismus und modernen Liberalismus demoralisiert sind, könnten selbst mit Hilfe ihrer amerikanischen und NATO-Verbündeten einen konventionellen militärischen Angriff der Russen kaum zurückschlagen und hätten kaum eine Chance, einen nuklearen Angriff zu überleben. Es stimmt, dass die deutsche Wirtschaft so gesund war wie keine andere in der Welt. Aber wenn sie nicht dazu genutzt wird, die deutsche Verteidigung zu stärken, kann der wirtschaftliche Wohlstand die vereinigte Bundesrepublik nur noch attraktiver für einen ausländischen Räuber machen.

Heute wird Westeuropa von vielen der gleichen Krankheiten heimgesucht, die auch an den Grundfesten Amerikas zerren. Die westeuropäischen Nationen haben ihre eigenen Minderheitenprobleme, ihre eigenen liberalen "Meinungsmühlen",[1042] und ihre eigenen aufrührerischen marxistischen Kabalen. Zählt man die kulturellen und politischen Leistungen von New York und Beverly Hills zusammen, findet man fast den gleichen unverhältnismäßigen jüdischen Einfluss in der Kunst, den Nachrichtenmedien und der Regierung.[1043]

1042 "Würden alle Bücher, die über die europäische Linke geschrieben wurden, aneinandergereiht, könnten sie sich um den halben Globus erstrecken. Bücher über die europäische Rechte würden sich wahrscheinlich nicht einmal eine Meile erstrecken..." *Times Literary Supplement*, 14. Mai 1970, S. 1.

1043 Neben dem jahrhundertealten jüdischen Reichtum, der durch die Montagus, Mocattas und Rothschilds in Großbritannien repräsentiert wird, stehen solche Pfund-Millionäre wie Isaac Wolfson und Lord Sieff (Kaufhäuser); Sir Samuel Salmon und Isidore Gluckstein (Restaurants und Hotels); Siegmund Warburg und Baron Swaythling (Bankwesen); Baron Melchett (Chemie); Marquess of Reading (Stahl); Viscount Bearsted (Öl); Sir Louis Sterling (Plattenspieler); Lord Grade, Lord Bernstein und Jeremy Isaacs (kommerzielles Fernsehen); Sir Bernard Delfont (Elektronik); Sir James Goldsmith (Finanzier und Zeitschriftenverleger); Sir George Weidenfeld (Buchverleger); Sir Joseph Kagan (Bekleidungshersteller), ein enger Freund des ehemaligen Labour-Premierministers Harold Wilson. Kagan wurde 1981 wegen Verstoßes gegen die britischen Exportgesetze inhaftiert. Sir Eric Miller (Immobilien), ein weiterer Freund Wilsons, beging Selbstmord, als gegen ihn wegen Betrugs ermittelt wurde. Sir Keith Joseph, eine Eminenz der konservativen Partei; Lord Lever, eine Eminenz der Labour-Partei. Arnold Weinstock leitet das britische Pendant zu General Electric, Sir Derek Ezra das National Coal Board. 1981 gab es 32 jüdische Abgeordnete im Parlament (21 von der Labour Party, 11 von den Konservativen). Zu den jüdischen Akademikern gehören Sir

In Großbritannien leben etwa 410.000 Juden und fast 4 Millionen Nicht-Weiße, darunter 2,2 Millionen Schwarze.[1044] Dennoch werden diejenigen, die einen stärkeren Schutz des britischen Genpools fordern, ebenso gnadenlos beschimpft wie ihre amerikanischen Kollegen. Obwohl Premierministerin Margaret Thatcher, jetzt Lady Thatcher, versprochen hat, die Einwanderungspolitik zu verschärfen, kommen Nicht-Weiße immer noch in beträchtlicher Zahl ins Land. Enoch Powell, ein Professor für Griechisch, bevor er sich in der konservativen Parteihierarchie hocharbeitete, wurde als ungebildeter Schurke behandelt, weil er zunehmende Rassenspannungen vorhersagte.[1045] Wegen ihres lautstarken Widerstands gegen die Einwanderung wurden die kleinen nationalistischen Gruppen Großbritanniens von den britischen Medien als Nazis beschimpft.

Der Zustrom von Ausländern in andere westeuropäische Länder hat eine hellere Färbung als Großbritanniens negro-asiatischer Mix. Frankreich hat 3,7 Millionen Einwanderer (hauptsächlich Nordafrikaner) und 700.000 Juden. In Deutschland leben zwar nur noch 40.000 Juden, aber es hat jetzt 4 Millionen ausländische Einwohner (Gastarbeiter) und ihre Angehörigen, von denen die meisten aus Südeuropa und der Türkei stammen. Etwa 8,5 Millionen Schweden haben jetzt 1.250.000 Nicht-Schweden in ihrer Mitte. In Holland gab es mehrere Ausbrüche von Gewalt seitens der südmolukkischen Gemeinschaft. Und so geht es weiter. Am erschreckendsten ist, dass die Geburtenrate der eher nordischen Westeuropäer weit unter das Ersatzniveau gefallen ist - in Deutschland weit darunter -, während die Nicht-Nordeuropäer in Westeuropa, insbesondere die im

---

Isaiah Berlin, Max Beloff und David Daiches. Die meisten führenden britischen Dramatiker sind Juden - Bernard Kops, Arnold Wesker, Harold Pinter und Peter Shaffer. Stephen Spender führt das Kontingent der jüdischen Dichter an. In der Regierung Thatcher waren mehrere prominente Kabinettsmitglieder jüdisch, darunter Lord Young, dessen Bruder Vorsitzender der BBC war (1982-86). Frankreich hat immer noch seine Rothschilds. Marcel Dassault, der verstorbene Luftfahrtmagnat, der zum Katholizismus konvertierte, soll 1 Milliarde Dollar wert sein. Prominente jüdische Experten waren oder sind Raymond Aron, B.-H. Lévy und André Glucksmann. Pierre Mendès-France, Michel Debré, Jack Lang und Simone Veil, die erste Präsidentin des Europäischen Parlaments, gehören oder gehörten zu den einflussreichsten Politikern, ganz zu schweigen von dem ehemaligen Premierminister von Präsident François Mitterrand, Laurent Fabius, einem Katholiken aus einer jüdischen Familie. Kardinal Lustiger, der Erzbischof von Paris, ist ein Nachkomme polnischer Juden. Führende Intellektuelle und Literaten wie André Malraux, Jacques Maritain und Louis Aragon haben oder hatten jüdische Ehefrauen. In Italien ist der reichste Mann wahrscheinlich Arrigo Olivetti, der jüdische Schreibmaschinenmagnat.

[1044] London *Daily Telegraph*, 23. Februar 1983. *The Times*, 22. Juni 1982.

[1045] Laut einer Gallup-Umfrage unterstützten 74 Prozent der britischen Bevölkerung Powells Widerstand gegen die Einwanderung von Farbigen. *San Francisco Chronicle*, 8. Mai 1968, S. 14. Powell sagte voraus, dass es bis zum Jahr 2000 5 bis 7 Millionen Afro-Asiaten in Großbritannien geben werde, wenn die Einwanderungsgesetze seines Landes nicht vollständig überarbeitet würden.

Ausland Geborenen, immer noch eine relativ gesunde Geburtenrate haben. In einigen deutschen Städten machen nicht-deutsche Geburten heute mehr als ein Viertel aller Geburten aus. Es hat den Anschein, dass, wenn der Atomkrieg Westeuropa nicht zerstört, es der Rassenselbstmord tun wird. Im Jahr 1800 hatte Europa 20 Prozent der Weltbevölkerung. Heute sind es 9 Prozent. Wenn das zunehmende demografische Ungleichgewicht nicht radikal korrigiert wird, wird der Anteil im Jahr 2075 bei 4 Prozent liegen.[1046]

Großbritannien hat bereits seine ersten Rassenunruhen nach amerikanischem Vorbild erlebt, und in Deutschland, Frankreich, den Niederlanden und sogar in Skandinavien kommt es zu rassistischen "Zwischenfällen" nach amerikanischem Vorbild. Es gibt viele weitere Beispiele für das, was die Europäer als Amerikanisierung bezeichnen, als ob die Amerikaner als Ganzes für das verantwortlich wären, was von einigen wenigen akademischen, literarischen und Unterhaltungslöchern in Boston, Manhattan, Washington und West Los Angeles ausgeht. Die Amerikaner haben ebenso wie die Europäer unter der kindischen Pop-Art, den banalen Fernseh-Sitcoms, dem Ziegfeld-Flitter, der Hardcore-Pornographie, den käuflichen Medien, den Minderheiten-Literaten und der afrikanischen Synkopierung gelitten. Die Wahrheit ist, dass dieselbe Spezies von Kulturgeiern auf beiden Seiten des Nordatlantiks ihr Nest befiedert.

Der einzige wirksame Widerstand gegen dieses Übel in Westeuropa kommt von den grauen, schwerfälligen Kulten des Marxismus, neofaschistischen Parteien in Spanien und Italien, rechtsextremen Gruppen in Deutschland, Nationalisten überall und dem Front National und der Neuen Rechten in Frankreich. Letztere bietet mit ihren begründeten Manifesten gegen das jüdisch-christliche Erbe, den religiösen und säkularen Totalitarismus und die Demokratie die besten Aussichten für die durch jahrzehntelangen orthodoxen Liberalismus und Equalitarismus abgestumpften europäischen Geister.[1047] Leider treffen sowohl die Neue Rechte als auch der Front National auf zunehmende Intoleranz, Unterdrückung und Gewalt von Seiten der Linken, der Marxisten und der Zionisten. Die Gesetze über die Beziehungen zwischen den Rassen in Frankreich, wie auch in anderen westeuropäischen Ländern, erschweren eine objektive Kritik an der Ideologie von Minderheiten und am Rassismus erheblich.

[1046] *Chicago Sun-Times,* Aug. 10, 1980, S. 44. Im Jahr 1980 bekamen ostdeutsche Frauen im Durchschnitt 1,89 Kinder, britische Frauen 1,7, niederländische 1,6, schweizerische 1,5, österreichische 1,4 oder 1,5 und westdeutsche 1,4. Bangladesch, ein Miasma der Armut und Unwissenheit, bringt heute jährlich mehr Babys zur Welt als ganz Westeuropa.

[1047] Die französische Partei Front National unter der Führung von Jean-Marie Le Pen erreichte bei den Parlamentswahlen 1993 14,4% der Stimmen, konnte aber keinen einzigen Sitz in der Nationalversammlung erringen. In der Zeit des Verhältniswahlrechts hatte sie 24 Sitze, bis die etablierten Parteien die Wahlregeln änderten. Das Hauptthema des Front National ist der Kampf gegen die Einwanderung, den die beiden Mitte-Rechts-Parteien "übernehmen", wann immer sie es für nötig halten.

Jedes gesprochene oder geschriebene Wort, das als Aufstachelung zum Rassenhass interpretiert werden kann, setzt den Sprecher oder Autor einer Geld- oder Gefängnisstrafe aus.[1048]

Im Ersten Weltkrieg übernahmen die Vereinigten Staaten die traditionelle Rolle Großbritanniens, die europäische Einigung zu verhindern, indem sie das "Gleichgewicht der Kräfte" ins Spiel brachten. Die Organisation von Koalitionen gegen die stärkste(n) und aggressivste(n) europäische(n) Nation(en) war einfach die Politik des Polykrates im großen Maßstab. Als Langfriststrategie war sie nicht allzu destruktiv. Westeuropa war so stark, dass es selbst geteilt die Welt beherrschen konnte. Doch als sie 1939-45 zu Ende geführt wurde, zerstörte sie die militärische Vormachtstellung Westeuropas, vielleicht für alle Zeiten.

Es ist unwahrscheinlich, dass eine einzelne westeuropäische Nation in absehbarer Zeit wieder den Status einer Weltmacht erlangen kann. Nur ein geeintes Westeuropa wäre in der Lage, mit den amerikanischen oder russischen Militärmaschinerien gleichzuziehen oder sie zu übertreffen. Der Eckpfeiler einer solchen europäischen Konföderation müsste Deutschland sein, erst recht nach seiner Wiedervereinigung. Frankreich und Italien haben im Zweiten Weltkrieg endgültig bewiesen, dass sie keine wichtige militärische Aufgabe mehr erfüllen können, die darüber hinausgeht, als Operationsgebiet und Quelle für Nachschub und Hilfstruppen für viel größere Streitkräfte zu dienen. Die kleineren westeuropäischen Nationen haben eine Tradition der Neutralität oder der sofortigen Kapitulation entwickelt, die ihre militärischen Beiträge - mit der möglichen Ausnahme von Schweden und der Schweiz - bedeutungslos machen würde. Der spanische Soldat ist mutig, hat aber nur wenige Waffen und nur ein mittelmäßiges europäisches Bewusstsein. Trotz ihres Sieges auf den Falkland-Inseln ist sogar der britische Kampfeswille in Frage gestellt. Kein großes Volk hat jemals ein so großes Imperium so leichtfertig aufgegeben.[1049]

Der Aufbau einer westeuropäischen Einheit um einen deutschen Kern herum scheint die einzige Möglichkeit zu sein, die Russen langfristig in Osteuropa unter Quarantäne zu stellen. In einem vereinten Westeuropa würden die Deutschen und die anderen Nordeuropäer die gleiche Funktion erfüllen wie eine wiederauferstandene amerikanische Mehrheit in den Vereinigten Staaten. Sie

---

[1048] Die westdeutsche Regierung war wegen des Antisemitismus so nervös, dass sie die größten Kriegsreparationen der Geschichte an Juden zahlte (siehe S. 499-500). Nach der deutschen Wiedervereinigung wurden die Ostdeutschen trotz ihrer chaotischen Wirtschaft aufgefordert, ihren Anteil zu leisten. Deutsche wurden mit Gefängnisstrafen oder hohen Geldbußen bestraft, nur weil sie Exemplare von *Mein Kampf* verkauften, den Holocaust oder das *Tagebuch der Anne Frank in* Frage stellten oder in der Öffentlichkeit antisemitische Äußerungen machten.

[1049] Im Jahr 1921 hatte das Britische Empire 524.000.000 Einwohner. Im Jahr 1966, als das Kolonialamt aufgelöst wurde, hatte Großbritannien nur noch einundzwanzig überseeische Besitzungen, die meisten davon abgelegene Inseln, und die Gesamtzahl der unter dem Union Jack lebenden Menschen betrug 56.000.000.

würden das rassische Rückgrat, die physische Ausdauer und den organisatorischen Antrieb liefern, den eine moderne Supermacht von ihrer dominierenden Bevölkerungsgruppe verlangen sollte.

Die militärische Einigung Westeuropas würde die Vereinigten Staaten von der Verantwortung befreien, einen so großen Teil des Geldes, der Waffen und der Männer bereitzustellen, die zur Abwehr eines Ausbruchs des russischen oder slawischen Imperialismus benötigt werden - eine Last, die sowohl die amerikanischen Streitkräfte als auch die amerikanische Wirtschaft schwer belastet. Die amerikanischen Truppen könnten dann gefahrlos aus Europa abgezogen werden, da es dank der fortgeschrittenen Raketentechnologie heute fast ebenso einfach ist, einen Atomschlag oder einen Gegenschlag von den Einrichtungen der Neuen Welt und den über den Ozean fahrenden U-Booten aus zu führen wie von den Landbasen der Alten Welt. Da die Wahrscheinlichkeit, in einen thermonuklearen Krieg verwickelt zu werden, wesentlich geringer ist, würden die Westeuropäer einen Seufzer der Erleichterung ausstoßen. Auch die Nordatlantikpakt-Organisation, die ihre westeuropäischen Militärkontingente wie amerikanische Söldner erscheinen lässt, würde aufgelöst werden. Eine westeuropäische Verteidigungsarmee würde die besten Soldaten aus den Nationen anziehen, deren eigene Armeen zu schwach sind, um einer echten Bedrohung aus dem Osten standzuhalten. Vom militärischen Standpunkt aus gesehen wäre das Ganze viel größer als die Summe seiner Teile.

In einem letzten Schritt könnten sich die Amerikaner und die Westeuropäer die Hände reichen und einen Pakt schließen, der nicht auf dekadenten politischen und wirtschaftlichen Dogmen, taktischem Opportunismus und fremdem Minderheitendruck beruht, sondern auf dem dauerhafteren Fundament einer gemeinsamen Kultur und dem gemeinsamen Wunsch, die westliche Zivilisation zu neuen Höchstleistungen zu führen. Ein solcher Pakt würde dazu beitragen, eine Wiederholung des schrecklichen Blutvergießens zu verhindern, das durch die jahrhundertelange "Balance-of-Power"-Diplomatie verursacht wurde. Amerika könnte sich kaum einen weiteren 350-Milliarden-Dollar-Krieg leisten, der bei den derzeitigen Preisen drei- oder viermal so viel kosten würde.[1050] Westeuropa könnte ein tieferes Eindringen Russlands in seine Grenzen, weitere 12 Millionen enteignete Flüchtlinge aus dem Osten und eine weitere völkermörderische Runde von Klassen- und Rassenkonflikten und Sättigungsbombardements kaum überleben.[1051]

[1050] *Ency. Brit.*, Bd. 23, S. 793R. Die Zahl von 350 Milliarden Dollar ist der geschätzte Betrag, den die USA zwischen 1939 und 1946 für ihre eigene Kriegsmaschinerie und für die an die Alliierten gelieferten Kriegsgüter ausgaben.

[1051] Einem Historiker zufolge beliefen sich die Gesamtkosten des Zweiten Weltkriegs für alle Nationen auf 4 Billionen Dollar und die Gesamtzahl der Toten auf 40 Millionen. Martha Byrd Hoyle, *A World in Flames*, Atheneum, New York, 1970, S. 323-24.

Am wichtigsten ist, dass eine formelle Anerkennung der rassischen und kulturellen Grundlage des Paktes jeden erneuten Ausbruch der verrohten Staatskunst verhindern könnte, die die Friedensschaffung in zwei globalen Kriegen auf das Niveau einer Lynchjustiz reduziert hat. Die skrupellose Forderung der Alliierten nach einer bedingungslosen Kapitulation verlängerte den Zweiten Weltkrieg vielleicht sogar um achtzehn Monate, da sie Hitlers Vernichtungstaktik direkt in die Hände spielte und die Unterstützung der Bevölkerung für einen Anti-Nazi-Aufstand zunichte machte.[1052] Außerdem verschaffte sie Stalin Zeit, ganz Osteuropa, den größten Teil des Balkans und einen großen Teil Deutschlands zu erobern.

Ein Kind, das zwei Schläger in der Schule sieht, die in einen Kampf verwickelt sind, bei dem es keine Chance hat, den anderen zu besiegen, würde es besser wissen, als dem einen zu helfen. Unverständlicherweise widmete Amerika, dessen Armeen erst nach der Schlacht von Stalingrad, dem Wendepunkt des Krieges, auf dem europäischen Festland landeten, den größten Teil seiner militärischen Anstrengungen der Vernichtung eines Feindes, der bereits besiegt war.[1053] An die Stelle Hitlers, der nie in der Lage gewesen war, Russland und Großbritannien zu besiegen, trat ein raketenstürmender Stalin, zwischen dem und einem leichten Marsch zum Atlantik nur noch die nukleare Macht der USA steht. Sollte dieser Marsch durch ein nationalistisches Russland, das neidisch auf die Reichtümer des Westens ist, jemals stattfinden, könnten die Vereinigten Staaten eher als Totengräber denn als Befreier Westeuropas in die Geschichte eingehen.[1054]

[1052] Generalmajor J. F. C. Fuller, *A Military History of the Western World*, Funk 8 Wagnalls, New York, 1954, Bd. 3, S. 506-9, 538-39. Die Art der Mentalität, die die amerikanischen Kriegsanstrengungen lenkte, lässt sich anhand der folgenden Äußerungen von Präsident Roosevelt auf der Konferenz von Casablanca 1943 beurteilen. Als er zum ersten Mal den Ausdruck "bedingungslose Kapitulation" aussprach, beglückwünschte sich Roosevelt selbst mit den Worten: "Natürlich ist das genau das Richtige für die Russen. Sie könnten sich nichts Besseres wünschen. Bedingungslose Kapitulation! Onkel Joe hätte sich das selbst ausdenken können." Ebd., S. 506-7. Auf den letzten Seiten seines Buches fragte General Fuller: "Was hat sie dazu bewogen, eine so fatale Politik zu verfolgen?" Seine eigene Erklärung war "blinder Hass". Ebd., S. 631.

[1053] Die Schlacht um Stalingrad endete im Februar 1943 mit der Kapitulation einer ganzen deutschen Armee. Die amerikanischen Truppen landeten erst im September 1943 in Italien und im Juni 1944 in Frankreich.

[1054] Es ist darauf hinzuweisen, dass die in diesem Kapitel betonte Einigung Westeuropas sich ausschließlich auf die Schaffung einer militärischen Abschreckung gegen jeden künftigen russischen Expansionismus beschränkt. Während der Autor für eine stärkere Organisation an der Spitze der europäischen Gemeinschaft plädiert, fordert er gleichzeitig eine viel geringere Organisation in der Mitte und eine viel stärkere Organisation an der Basis. Damit meint er eine Abkehr vom Nationalismus, der Europa über so viele Jahrhunderte hinweg geteilt hat, und eine Rückbesinnung auf die regionalen und

KAPITEL 33

Die Vereinigten Staaten und Russland

Die meisten Amerikaner sind sich der Unterschiede, insbesondere der ideellen Unterschiede, zwischen ihrem Land und Russland bewusst. Sie sind sich auch einiger der Ähnlichkeiten bewusst - die ausgedehnte Landmasse, die fortschrittliche Raumfahrttechnologie, die enormen industriellen und natürlichen Ressourcen. Aber es gibt eine auffallende Ähnlichkeit, die nicht so bekannt ist und die man verstehen sollte, bevor man sich ernsthaft mit den russisch-amerikanischen Beziehungen befasst. Dies ist das analoge Schicksal, das das zwanzigste Jahrhundert sowohl für die amerikanische Mehrheit als auch für die russische Mehrheit bereithielt.

Die russische Mehrheit besteht aus Großrussen, den eigentlichen Russen,[1055] die als Slawen ursprünglich nordischer Rasse gewesen sein mögen, aber vor Jahrhunderten zu Alpinen brachyzephalisiert wurden.[1056] Während diese rassische Verwandlung stattfand, wurden kleine Mengen nordischer Gene von den skandinavischen Varangianern, die den russischen Staat gründeten,[1057] durch die Vermischung der russischen und teutonischen Aristokratie und durch die Vertreter der tausendjährigen deutschen kommerziellen, technischen und kulturellen Durchdringung Russlands wieder eingeführt. Aus diesen Gründen gehört die russische Mehrheit ebenso wie die amerikanische Mehrheit zum hellhäutigen Segment der weißen Rasse, obwohl die amerikanische Mehrheit im Durchschnitt blonder, größer und längerköpfig ist, weil sie häufiger nordisch geprägt ist. Aufgrund der ungleichen Geburtenraten werden die Großrussen bis

---

provinziellen Gliederungen, die den Nährboden für die große Blüte der westlichen Zivilisation bilden. So könnte beispielsweise Frankreich umstrukturiert werden, um der Normandie, der Bretagne, der Provence und Elsass-Lothringen volle kulturelle und beträchtliche politische und wirtschaftliche Unabhängigkeit zu gewähren; Deutschland könnte Bayern, Sachsen und dem Rheinland ein hohes Maß an Autonomie zugestehen; das Vereinigte Königreich könnte England, Wales, Schottland und Ulster eine Halb-Unabhängigkeit bieten. Die Devolution, wie sie heute genannt wird, könnte auch den Ruhm der großen Stadtstaaten Florenz, Venedig und Weimar wiederbeleben. Derselbe zentrifugale Prozess wird für die Vereinigten Staaten empfohlen. Siehe "The Utopian States of America" in *Ventilations,* der Essaysammlung des Autors, und *"The Ethnostate"*, sein buchfüllender Vorschlag für eine fortschrittlichere Gesellschaftsordnung.

[1055] Wie aus Tabelle V hervorgeht, macht die amerikanische Mehrheit fast 68% der Bevölkerung der Vereinigten Staaten aus.

[1056] Siehe S. 77.

[1057] Siehe S. 75-76.

zum Ende des Jahrhunderts wahrscheinlich weniger als 50 Prozent der Bevölkerung ausmachen. Dennoch werden die Großrussen die bei weitem größte Komponente einer slawischen Mehrheit bleiben, die fast 70 Prozent der Gesamtbevölkerung der ehemaligen Sowjetunion ausmacht. Die Zahl der Juden ist seit 1970 aufgrund der Auswanderung nach Israel, in die Vereinigten Staaten und in andere westliche Länder erheblich zurückgegangen.

DIE BEVÖLKERUNG DER SOWJETUNION (1979)
NACH NATIONALITÄTENGRUPPEN

	Bevölkerung (000's)	% der Gesamtzahl		Bevölkerung (000's)	% der Gesamtzahl
Großrussen	137,397	52.46	Tataren	6,317	2.41
Ukrainer	42,347	16.17	Kosaken	6,556	2.50
Byelo-Russen	9,463	3.60	Aserbaidschaner	5,447	2.08
Polen	1,151	.44	Tschirwaschier	1,751	.67
Litauer	2,851	1.09	Tadschiken	2,898	1.11
Letten	1,439	.55	Turkmenen	2,028	.77
Moldawier	2,968	1.13	Kirgisen	1,906	.73
Deutsche	1,936	.74	Baschkiren	1,371	.52
Esten	1,020	.39	Georgier	3,571	1.36
Mordwinier	1,192	.46	Armenier	4,151	1.58
Juden	1,811	.69	Andere	9,892	3.78
Usbeken	12,456	4.76	GESAMT	261,919	99.99

Vom rassischen Standpunkt aus gesehen sind die Unterschiede zwischen der slawischsprachigen russischen Mehrheit und anderen slawischsprachigen Völkern gering. Sie ähneln in gewisser Weise denen, die die amerikanische Mehrheit von den assimilierten Minderheiten unterscheiden. Auch Russland hat seine Unassimilierbaren, von denen die meisten einen unterschiedlichen Anteil an mongoloiden Genen haben. Die große Trennlinie zwischen den slawischen Bevölkerungsgruppen Osteuropas ist nicht die Rasse, sondern die Kultur. Jede Gruppe spricht ihre eigene slawische Sprache, hat ihre eigene Art von Nationalismus und bewohnt ihr eigenes Gebiet. Seit dem Zusammenbruch der UdSSR haben sich Ukrainer und Byelo-Russen abgespalten und ihre eigenen unabhängigen Staaten gegründet, aber in den Grenzgebieten gibt es immer noch erhebliche Überschneidungen. Die neuen unabhängigen nicht-slawischen Minderheiten sind mehr oder weniger regionalisiert - die blonden ostbaltischen Völker im Nordwesten, die mediterranen und teilweise mediterranen Georgier und Armenier im Süden und die mongolischen, islamischen und anderen nicht-weißen Minderheiten in Nord- und Zentralasien.[1058]

Im Vergleich zur amerikanischen Bevölkerung hat Russland einen kleineren mediterranen Anteil, einen größeren Anteil an Mongoloiden und weniger Juden. Russische Juden sind vor allem in großen städtischen Zentren und in Angestelltenberufen zu finden. Der einzige überwältigende Unterschied in der

---

[1058] Nur in einigen sibirischen Städten und vielleicht in Moskau sind die verschiedenen Rassen in demselben Ausmaß vermischt wie in den Vereinigten Staaten.

rassischen Zusammensetzung der beiden Länder ist, dass es in Russland keine Neger und Hispanoamerikaner gibt.

Auch wenn sich die russische und die amerikanische Mehrheit in ihrem Anteil an der Gesamtbevölkerung ihrer Länder etwas ähneln, so sind sie sich doch in ihren jüngsten historischen Erfahrungen sehr ähnlich. Beide haben das Trauma der Enteignung erlebt, die treulose Unterwerfung unter neue Kontrollgruppen und die Selbsterniedrigung und Frustration, für das Wohl der eigenen Gegner zu arbeiten. Im Gegensatz zum langsamen Zerfall der amerikanischen Mehrheit wurde die russische Mehrheit jedoch im revolutionären Feuersturm von 1917 mit einem Schlag enteignet.

Die rassischen Faktoren, die dem bolschewistischen Aufstand zugrunde lagen, wurden bereits ausführlich erörtert[1059] , nicht aber die Rückkehr der russischen Mehrheit, die nach dem deutschen Angriff auf die Sowjetunion im Sommer 1941 begann. Da kein Land eine massive Invasion lange überstehen kann, wenn seine stärkste und zahlreichste Bevölkerungsgruppe entfremdet und proletarisiert wurde, war die sowjetische Regierung schnell gezwungen, viele der wichtigsten Annahmen des kommunistischen Dogmas aufzugeben oder sich der Aussicht auf einen völligen Zerfall zu stellen.

Am 6. November 1941, als die deutsche Wehrmacht vor den Toren Moskaus stand, zerriss Stalin das marxistisch-leninistische Regelwerk, indem er Hitlers Angriff nicht als einen Angriff auf die Zitadelle des Weltkommunismus, das Heilige Land des Marxismus, sondern als einen Vernichtungskrieg gegen die Slawen beschrieb. Die deutschen Invasoren wurden nicht mehr als die letzten Kapitalisten dargestellt, die den Sozialismus vom Angesicht der Erde tilgen wollten. Historischer Materialismus, wirtschaftlicher Determinismus, Klassenkampf - all die heiligen Säulen der kommunistischen Ideologie bröckelten, als die sowjetischen Nachrichtenmedien den rassischen Ruhm von Mütterchen Russland wiederbelebten und sogar so weit gingen, die Geister längst verstorbener zaristischer Helden und orthodoxer Heiliger zu beschwören.[1060] Der Rest ist Geschichte. Am 24. Mai 1945, siebzehn Tage nach dem Sieg über Deutschland, sprach Stalin bei einem Bankett der Kommandeure der Roten Armee im Kreml einen fast ketzerischen Toast aus:

Ich möchte auf die Gesundheit unseres sowjetischen Volkes trinken... und zuallererst auf die Gesundheit des russischen Volkes... denn es ist die hervorragendste Nation aller Nationen, die die Sowjetunion bilden... Es hat in

---

[1059] Siehe S. 362-63.

[1060] Hans Kohn, *Pan-Slavism*, Vintage Books, New York, 1960, S. 292. "Stalin verstand intuitiv, dass seine Regierung und sein Gesellschaftssystem den Schlägen der deutschen Armee nicht standhalten konnten, wenn sie sich nicht auf die uralten Bestrebungen und das Ethos des russischen Volkes stützten." Djilas, *Conversations with Stalin*, S. 48.

diesem Krieg die allgemeine Anerkennung als die führende Kraft in der Sowjetunion unter allen Völkern unseres Landes gewonnen...[1061]

Am 15. März 1954 schrieb die Zeitung Jzvestia in einem Leitartikel:

> Jedes Volk in der Sowjetunion versteht sehr gut, daß die entscheidende Hauptrolle bei der Erringung des Sieges über den Feind im Großen Vaterländischen Krieg ... vom großen russischen Volk gespielt wurde. Aus diesem Grunde ist das Ansehen des russischen Volkes bei den anderen Völkern so unermesslich hoch; aus diesem Grunde hegen die Völker der UdSSR ihm gegenüber grenzenloses Vertrauen und ein Gefühl ungeheurer Liebe und Dankbarkeit.[1062]

Die amerikanische Mehrheit wurde weder von der amerikanischen Regierung noch von der amerikanischen Presse für ihre "entscheidende Hauptrolle" beim militärischen Sieg im Zweiten Weltkrieg und auch nicht im Ersten Weltkrieg so gelobt.

Die Rehabilitierung der russischen Mehrheit wurde von einem Wiederaufleben des Antisemitismus begleitet.[1063] Das russische Volk war nie glücklich über die unverhältnismäßig hohe Zahl von Juden in der bolschewistischen Revolution oder über die jüdische Verantwortung für die Ermordung der Romanows gewesen. Jurowski, ein jüdisches Mitglied der Geheimpolizei, überwachte auf Anweisung eines anderen Juden, des Sekretärs des Zentralkomitees der Partei, Jakob Swerdlow, der von Lenin den Auftrag erhalten hatte, das Massaker an dem Zaren, der Zarin und ihren vier Töchtern Olga (zweiundzwanzig), Tatjana (zwanzig), Maria (siebzehn), Anastasia (fünfzehn) und Aleksei, dem Zarewitsch (dreizehn).[1064]

Obwohl der Antisemitismus als Kapitalverbrechen in die Gesetzbücher aufgenommen wurde, als die Kommunisten die Regierung Russlands übernahmen, schwelte er in nichtjüdischen Parteikadern weiter und flammte heftig auf, als Fanny Kaplan, eine halbblinde Jüdin, beschuldigt wurde, auf

---

[1061] Kohn, op. cit., S. 297.

[1062] Ebd., S. 299.

[1063] Der russische Antisemitismus hat eine lange und ununterbrochene Geschichte und wurde nie als so "unanständig" angesehen wie im Westen. Dostojewski zum Beispiel hat sich stolz über seinen Antisemitismus geäußert, wie auch andere berühmte Russen.

[1064] Die Morde fanden 1918 in einem Keller in Jekaterinburg statt. Yurovsky erschoss einige Romanovs selbst. Außerdem wurden der Arzt der Familie, drei Bedienstete und der Hund von Anastasia erschossen. Nobel Franklin, *Imperial Tragedy*, Coward-McCann, N.Y., 1961, S. 156, und Gleb Botkin, *The Real Romanovs*, Fleming Revell, N.Y., 1931, S. 236.

Lenin geschossen und ihn beinahe ermordet zu haben.[1065] Abgesehen von der klassischen Form der Pogrome wurde der Antisemitismus, der unter Stalin zu einer hohen Kunst entwickelt wurde, zu einem wichtigen Instrument im Kampf um die Kontrolle der kommunistischen Partei. In den 1930er Jahren tötete oder inhaftierte der russische Diktator die meisten der höheren sowjetischen Juden, während Hitler sich damit begnügte, Tausende prominenter deutscher Juden sowie Hunderttausende weniger prominenter zu entkommen. (Erst nach dem Einmarsch in Polen 1939 wurden die Konzentrations- und Arbeitslager des Naziregimes richtig voll). Die Juden, die dem Großen Terror, wie Stalins Säuberungen vor dem Zweiten Weltkrieg heute genannt werden, zum Opfer fielen, wurden in der sowjetischen Presse jedoch nie als Juden bezeichnet.[1066]

Erst einige Jahre nach dem Krieg hat Stalin seinen Antisemitismus sub rosa offen zur Schau.[1067] Im Jahr 1948 schloss er alle jüdischen Kulturbetriebe, verbot den Hebräischunterricht und stoppte den Bau neuer Synagogen. Er inhaftierte und erschoss Hunderte, vielleicht Tausende von jüdischen Schriftstellern und Künstlern, während er gleichzeitig ein großes Geschrei gegen "Kosmopoliten" erhob, die in den Parteizeitungen stets als Juden bezeichnet wurden. Um dem Vorwurf des Antisemitismus zu entgehen, ehrte er jedes Mal, wenn er prominente Juden töten oder ins Exil schicken ließ, weniger prominente Juden mit einem Stalinpreis oder einer anderen öffentlichkeitswirksamen Belohnung. Die Kampagne erreichte 1953 ihren Höhepunkt, als neun hochrangige Ärzte, darunter mindestens sechs Juden, die Ermordung eines wichtigen sowjetischen Beamten, Andrej Schdanow, Mitglied des Politbüros, "gestanden" und die Beseitigung hochrangiger Armeeoffiziere und Apparatschiks planten.[1068] Stalin

---

[1065] Litvinoff, *A Peculiar People*, S. 74. "Jüdische Revolutionäre waren in jedem Zweig seiner Verwaltung zu finden". Auch im Kampf gegen das Christentum standen Juden an vorderster Front. Emelian Yaroslavsky, ein prominenter jüdischer Bolschewik, war der Führer der Liga der militanten Atheisten. Ebd., S. 73-76.

[1066] Zu einigen jüdischen Opfern von Stalins Säuberungen siehe Robert Conquest, *The Great Terror*, Macmillan, New York, 1968, S. 76-77, 430, 498, 512, 538-39.

[1067] Stalins Tochter, Swetlana Allilujewa, hat mehrfach auf die chronische Antipathie ihres Vaters gegenüber Juden hingewiesen. "Mein Vater hat dies [die Wiedergeburt des russischen Antisemitismus] nicht nur unterstützt, er hat es sogar zu einem guten Teil selbst propagiert. Sie sagte, er habe sich aus dem Kampf ihres Vaters mit Trotzki entwickelt. Als sie ihren ersten jüdischen Mann heiratete - von ihren fünf Ehemännern waren zwei jüdisch - sagte ihr Vater zu ihr: "Die Zionisten haben ihn auf dich angesetzt." Zu Rosa Kaganowitsch, die von der westlichen Presse weithin als Stalins dritte Ehefrau gepriesen wurde, sagte Swetlana, dass es eine solche Person nicht gab. Svetlana Alliluyeva, *Twenty Letters to a Friend*, Harper & Row, New York, 1967, S. 68, 159, 181, 186, 196, und *Only One Year*, Harper & Row, New York, 1969, S. 152-55, 168, 382.

[1068] Einige wurden beschuldigt, einem US-Geheimdienst anzugehören, andere, Kontakte zu einer amerikanisch-jüdischen Wohltätigkeitsorganisation gehabt zu haben. Ebd., S. 133. Die Ärzteverschwörung erinnerte ein wenig an die Lopez-Affäre, in der ein

starb, als das Komplott aufgeflogen war. Seine Nachfolger, vielleicht als Reaktion auf die heftigen Reaktionen aus dem Ausland, kehrten die ganze Angelegenheit unter den Teppich. Da jedoch kein Jude, oder zumindest kein anerkannter Jude, dem Politbüro, dem Allerheiligsten der sowjetischen Beamtenschaft, angehörte, nachdem Kaganowitsch 1957 des Landes verwiesen worden war,[1069] kann man davon ausgehen, dass die sowjetische Politik gegenüber den Juden weiterhin der etablierten stalinistischen Linie entsprach.[1070] Zionismus war immer noch ein Verbrechen gegen den Staat. In den sowjetischen Pässen wurden Juden weiterhin als Juden geführt. Romane, Historien, mindestens eine Fernsehdokumentation zur Hauptsendezeit und verschiedene offizielle und Untergrundpublikationen steigerten den Antizionismus auf ein Niveau, auf dem er kaum noch vom Antisemitismus zu unterscheiden ist.[1071]

---

portugiesisch-jüdischer Arzt gehängt wurde, weil er angeblich versucht hatte, Königin Elisabeth im Jahr 1597 zu vergiften.

[1069] Laut dem *American Jewish Yearbook* (1967), S. 383-84, war der einzige Jude, der ein wichtiges Regierungsamt innehatte, Benjamin Dimschitz, einer von mehreren stellvertretenden Ministerpräsidenten. Unter den 1.517 Mitgliedern der beiden Kammern des Obersten Sowjets befanden sich nur fünf Juden. In der Armee und im diplomatischen Korps gab es keine Juden in wichtigen Positionen. Einem im *Richmond Times-Dispatch* (4. Oktober 1965, S. 19) veröffentlichten Bericht zufolge waren vor dem Zweiten Weltkrieg 41,1 Prozent der Abgeordneten des Obersten Sowjets Juden, doch 1958 war diese Zahl auf 0,25 Prozent gesunken. Ein hoher Anteil der nicht-jüdischen Führer hatte jüdische Ehefrauen: Molotow, Kirow, Bucharin, Rykow und Woroschilow, um nur einige zu nennen. Chruschtschow hatte eine jüdische Schwiegertochter, und es gab bekannte jüdische Namen in künstlerischen, literarischen und wissenschaftlichen Kreisen - die Ballerina Maria Plissetskaya, den Geiger David Oistrakh, den Schriftsteller Boris Pasternak und einige andere Schriftsteller, von denen einige jahrelang inhaftiert waren, sowie ein oder zwei bekannte Physiker und Wirtschaftswissenschaftler. Litvinoff, op. cit., S. 91, und Arkady Vaksberg, *Stalin Against the Jews*, Knopf, New York, 1994, S. 49-50. Ein Nachrichtendienst berichtete, dass Breschnews Frau Jüdin war. *Gainesville Sun*, Gainesville, Florida, 10. Dezember 1977, S. 2A.

[1070] Der Antisemitismus traf die Satellitenstaaten in der Stalin-Ära besonders hart. Ostdeutschland war es untersagt, Reparationszahlungen an Israel für die Beschlagnahmung jüdischen Eigentums durch die Nazis zu leisten. *New York Herald-Tribune,* Nov. 11, 1962, S. 25. Von den vierzehn prominenten tschechoslowakischen Kommunisten, die Stalin 1952 in Prag vor Gericht stellte, waren elf Juden. Bei diesem Prozess denunzierte eine Ehefrau ihren Mann als "Verräter an seiner Partei und seinem Land", und ein Sohn forderte die Todesstrafe für seinen Vater. Der Sohn schrieb an den vorsitzenden Richter: "Erst jetzt erkenne ich, dass diese Kreatur, die man nicht als Mensch bezeichnen kann ... mein größter und gemeinster Feind war ... Der Hass auf meinen Vater wird mich immer in meinem Kampf für die kommunistische Zukunft meines Volkes stärken." Edward Taborsky, *Communism in Czechoslovakia*, Princeton University Press, Princeton, New Jersey, 1961, S. 95, 106.

[1071] Die Liste umfasst *Judaism Without Embellishment* von Trofim Kichko (1963, 191 Seiten, 60.000 Exemplare, später aus dem Verkauf genommen, nachdem seine groben

Außerdem wurde die UdSSR sozusagen zum Beschützer der radikalen arabischen Welt und bewaffnete Israels feindlichste Nachbarn, Irak und Syrien. Seit 1968, als die Türen erstmals geöffnet wurden, haben Juden die Sowjetunion in Rekordzahlen verlassen. Bis 1980 sind vielleicht 250.000 nach Westeuropa, in die Vereinigten Staaten und nach Australasien gegangen.[1072] Das ausschlaggebende Argument für den sowjetischen Antisemitismus war jedoch die Einführung von Quoten für Juden. In den siebziger Jahren machten Juden in der UdSSR nur 1,3 Prozent der Studenten an sowjetischen Hochschulen aus, im Vergleich zu 13 Prozent im Jahr 1935.[1073]

Die schwankende Position des sowjetischen Judentums und die fast vollständige Beherrschung des Politbüros durch Mitglieder der russischen Mehrheit waren Anzeichen dafür, dass die fünfte und letzte Phase der russischen Revolution nun ihren Lauf nahm. Diese fünf Etappen, die gewisse Ähnlichkeiten mit der Französischen Revolution aufweisen, können wie folgt charakterisiert werden:

> 1. Die durch massive Injektionen von Liberalismus und Proletarismus gespaltene und betäubte Mehrheit, die von ihren dekadenten Führern hilflos zurückgelassen wird, wird von einer Koalition aus Minderheiten und/oder entrechteten

---

antijüdischen Karikaturen westliche Proteste hervorgerufen hatten); *Judaism and Zionism* von Kichko (1968, beschuldigt den jüdischen Messianismus, für das Massaker an den Palästinensern verantwortlich zu sein); Caution: Zionismus! von Juri Iwanow (1969, Hunderttausende von Exemplaren ins Englische übersetzt, Stil und Inhalt erinnern ein wenig an die *Protokolle der Weisen von Zion*); *Im Namen des Vaters und des Sohnes* von Iwan Schewzow (1970, 369 Seiten, 65.000 Exemplare, greift Juden wegen ihres Liberalismus, ihrer abstrakten Kunst und ihrer Pornografie an); *Zionismus und Apartheid* von Valery Skurlatov (1975, kritisiert den jüdisch-protestantischen Einfluss auf den amerikanischen Kapitalismus); *Invasion ohne Waffen* von Vladimir Begun (1977, 150.000 Exemplare, handelt von einem jüdisch-zionistischen Komplott zur Erlangung der Weltherrschaft); *Wilder Wermut* von Tsezar Solodar (1977, 200.000 Exemplare, ein Roman, der Juden des Handels mit "weiblichem Fleisch" beschuldigt); *Internationaler Zionismus: Geschichte und Politik* von V. I. Kiselev et al. (1977, 26.000 Exemplare, marxistische Interpretation der jüdischen Kontrolle des internationalen Bankwesens); Love and Hate von Ivan Shevtsov (1978, 400.000 Exemplare, der jüdische Schurke ist ein Perverser, Sadist, Drogenhändler und Mörder). *The Covert and the Overt,* ein Film, der nur Offizieren der Streitkräfte gezeigt wird, bezeichnet Trotzki als jüdischen Verräter und macht jüdische Kapitalisten für Hitlers Aufstieg zur Macht verantwortlich. *Traders of Souls,* eine Fernsehsendung von 1977, zeigt heimliche zionistische Agenten, die Geld an antisowjetische Demonstranten in London verteilen. Siehe *New York Review,* 16. November 1972, S. 19-23; *Publishers Weekly,* 18. September 1978, S. 126; *New Statesman,* 15. Dezember 1978, S. 814-18; Chicago *Jewish Sentinel,* 12. Oktober 1978, S. 27; London *Jewish Chronicle,* 25. Juli 1980, S. 19; "Anti-Zionism in the U.S.S.R." von William Korey, *Problems of Communism,* Nov.-Dez. 1978, U.S. Information Service, Washington, D.C., S. 63-69.

[1072] Bericht der Associated Press, 9. Oktober 1980.

[1073] *Jewish News,* Detroit, Michigan, 9. Dezember 1977.

Mitgliedern der Mehrheit aus ihrer rassischen Machtbasis verdrängt, die im Zuge der Machtergreifung den Monarchen der Mehrheit tötet oder deportiert.

2. Die triumphierenden Revolutionäre und ihr messianischer Führer, die so begabt darin sind, den alten Staat zu untergraben, finden ihre aufrührerischen Gaben wenig nützlich, um einen neuen Staat zu organisieren, und wenden ihre Frustrationen und Misserfolge gegen sich selbst.

3. Der starke Mann[1074] taucht auf, setzt den Terror ein und liquidiert die Dissidenten und uneinigen Führer der Revolution, die einst seine politischen Verbündeten waren, jetzt aber seine gefährlichsten Gegner sind.

4. Sein Regime liegt in Trümmern, die zunehmende soziale und wirtschaftliche Anarchie treibt ihn zum Äußersten, und der bewaffnete Feind steht vor seiner Tür. Der starke Mann leitet die Konterrevolution ein, indem er das proletarische Dogma aufgibt und eine neue Machtbasis auf der Mehrheit aufbaut, die er mit Appellen an Patriotismus, Rassismus, Ethnozentrismus und Tradition umwirbt.

5. In seinen letzten Jahren identifiziert sich der Strongman fast vollständig mit der Mehrheit[1075] und nach seinem Tod wird der Staat langsam wieder von der Mehrheit kontrolliert.[1076]

Der Expansionismus, eine gemeinsame Obsession von Zaren und Kommissaren, war einer der beiden Hauptfaktoren für die russisch-amerikanischen Beziehungen. Jahrhunderts, als die Russen, die Alaska besetzt hatten, ihr Pelzhandelsimperium bis nach Fort Ross in Nordkalifornien, siebzig Meilen

---

[1074] Nach dem Tod des messianischen Führers Lenin brauchte der starke Mann der Minderheit, Stalin, mehr als ein Jahrzehnt, um seine Macht zu konsolidieren. In China verzögerte das lange Leben des messianischen Führers, des Vorsitzenden Mao Tse-tung, der mit 83 Jahren starb, das Auftreten des starken Mannes Deng Xiaoping.

[1075] Stalins Tochter äußerte sich zur Russifizierung ihres Vaters wie folgt. "Ich habe keine Ahnung, ob meine Mutter singen konnte oder nicht, aber es heißt, dass sie ab und zu einen anmutigen georgischen *Leghinka* tanzte. Ansonsten aber schenkten wir allem Georgischen keine besondere Aufmerksamkeit - mein Vater war völlig russisch geworden." Svetlana Alliluyeva, *Zwanzig Briefe an einen Freund,* S. 31.

[1076] Wenn das oben beschriebene Szenario auf andere Länder angewandt wird, können faschistische oder militärische Konterrevolutionen es in Phase 2 stören, bevor die proletarischen Kräfte ihren Sieg konsolidieren konnten. In diesem Fall wird die Rolle des starken Mannes der Minderheit von einem starken Mann der Mehrheit übernommen, dessen Abstammung von der Mehrheit allerdings zu wünschen übrig lässt. Hitler war ein Österreicher und Napoleon ein Korse. Da Stalin Georgier war, stammen die drei führenden revolutionären oder konterrevolutionären Persönlichkeiten der modernen europäischen Geschichte alle aus der südlichen Peripherie ihrer Länder. Sollte sich dies als ein Gesetz der Geschichte erweisen, wird der künftige amerikanische Strongman ein Südstaatler sein - eine Hypothese, die durch die verfrühten Bestrebungen von Huey Long und George Wallace eine gewisse Glaubwürdigkeit erhält. In den Mittelmeerländern scheint der starke Mann aus dem Norden zu kommen. Mussolini und Franco wurden in den siebentägigen Regionen ihrer Länder geboren. Castro ist der uneheliche Sohn eines Spaniers aus Galicien in Nordspanien.

oberhalb von San Francisco, ausdehnten. Doch Russlands unglückliche Erfahrungen im Krimkrieg (1854-56) führten zu einem weitreichenden Rückzug. Die Russen zogen sich zunächst nach Alaska zurück und verkauften dann 1867 "Seward's Icebox" für 7,2 Millionen Dollar an die Vereinigten Staaten. Bis 1905 gab es keine weiteren nennenswerten Kontakte zwischen den beiden Nationen, als Präsident Theodore Roosevelt seiner Leidenschaft für hohe Politik frönte und zum Vermittler im Russisch-Japanischen Krieg wurde. Die Lektion dieses Konflikts, des ersten in der Neuzeit, in dem ein nicht-weißes Land ein weißes Land besiegte, ging den Kolonialvölkern der Welt nicht verloren.

Der zweite wichtige Faktor in den russisch-amerikanischen Beziehungen war der russische Antisemitismus. Der öffentliche Aufschrei gegen die Pogrome und andere antisemitische Handlungen der zaristischen Regierungen wurde zum ersten Mal in der Blütezeit der neuen Einwanderung laut, als Myriaden russischer und polnischer Juden in die amerikanische Gesellschaft einwanderten.[1077] Fast von dem Moment an, als sie ankamen, schlossen sie sich den etablierteren und zurückhaltenderen deutschen und sephardischen Juden an und forderten, dass die amerikanische Regierung offizielle Schritte zum Schutz der Millionen anderer Juden, die noch im Russischen Reich verblieben waren, unternehmen sollte. Infolgedessen wurden die amerikanischen Beziehungen zu Russland so angespannt, dass Jacob Schiff, Seniorpartner von Kuhn, Loeb, im Sommer 1915, als britische und französische Beamte bei Wall-Street-Bankern einen Kriegskredit beantragten, sich weigerte, seine Firma daran zu beteiligen, solange die britischen und französischen Finanzminister nicht schriftlich versicherten, dass "kein einziger Cent aus dem Erlös des Kredits an Russland fließen würde".[1078]

Der Sturz von Zar Nikolaus II. im Jahr 1917 änderte die Haltung der amerikanischen Juden gegenüber Russland völlig. In dem Maße, wie das Chaos innerhalb der neu geschaffenen "demokratischen" Regierung zunahm, wurden die russisch-amerikanischen Beziehungen proportional wärmer, so warm, dass

---

[1077] Die Gesamtzahl der jüdischen Einwanderer (bis 1930) belief sich auf 2,4 Millionen, von denen vielleicht 5 bis 7 Prozent vor 1880 kamen und größtenteils deutscher und sephardischer Herkunft waren. Davie, *World Immigration*, S. 144-45.

[1078] Es war nicht das erste Mal, dass Schiff den Rassismus von Minderheiten für das Schicksal Russlands nutzte. Während des Russisch-Japanischen Krieges, als Londoner Bankkreise den Chancen Japans skeptisch gegenüberstanden, sammelte Schiff 30 Millionen Dollar für die Japaner. Wie seine Tochter Frieda schrieb, "veranlasste ihn sein Hass auf das kaiserliche Russland und dessen antisemitische Politik ... dazu, dieses große finanzielle Risiko einzugehen". Später schlossen sich J.P. Morgan, George F. Baker und die Rockefeller-Stillman-Interessen Schiff bei drei massiven Krediten an die Japaner an, und die Tür für die japanischen Eroberungen in Asien und im Pazifik war geöffnet. 1905, nach einer Reihe antisemitischer Ausbrüche in Odessa, wandte sich Schiff direkt an Theodore Roosevelt und forderte Maßnahmen des Präsidenten gegen die zaristische Regierung. Roosevelt schrieb gehorsamst einen persönlichen Brief an den Zaren. Stephen Birmingham, *Our Crowd*, Harper 8 Row, New York, 1967, S. 282, 317.

Woodrow Wilson die menschewistische Revolution im Februar als eine Art politische Wiedergeburt begrüßte und sie als eine seiner zahlreichen Rechtfertigungen für die amerikanische Intervention im Ersten Weltkrieg nutzte. Der Teil von Wilsons Kriegsbotschaft an den Kongress, der sich mit der Situation in Russland befasste, war ein Paradebeispiel für die Verlogenheit, die blinde Dummheit und den fehlgeleiteten Idealismus, die die Informationsquellen über Russland, das bald die Sowjetunion sein sollte, für das nächste halbe Jahrhundert vergifteten. Wilson redete:

> Fühlt nicht jeder Amerikaner, daß die wunderbaren und ermutigenden Dinge, die in den letzten Wochen in Rußland geschehen sind, unserer Hoffnung auf den künftigen Frieden in der Welt neue Sicherheit verliehen haben? Diejenigen, die Rußland am besten kannten, wußten, daß Rußland im Grunde seines Herzens immer demokratisch war ... Die Autokratie ... war in ihrem Ursprung, ihrem Charakter und ihrer Zielsetzung nicht wirklich russisch; und nun ist sie abgeschüttelt worden, und das große, großzügige russische Volk ist in seiner ganzen naiven Majestät und Macht zu den Kräften hinzugekommen, die für die Freiheit in der Welt, für Gerechtigkeit und für Frieden kämpfen. Hier ist ein geeigneter Partner für eine Ehrenliga.[1079]

Nach dem Krieg wurde die "Liga der Ehre" schnell aufgelöst. Totalitäre Ukas empörten die traditionelle amerikanische Einstellung zu individueller Freiheit und Privateigentum. Umgekehrt verärgerte die Ankunft amerikanischer Truppen in Archangel und Wladiwostok zur Unterstützung der antibolschewistischen Kräfte ebenso viele nicht-kommunistische wie kommunistische Russen. Während der Hungersnot von 1921-22 in der Ukraine, einem der fruchtbarsten Agrargürtel der Welt, retteten amerikanische Finanzhilfen und Lebensmittellieferungen vielleicht 10 Millionen Menschen das Leben. Da die kommunistische Partei jedoch ihr Bestes tat, um die Rettungsarbeiten geheim zu halten, wurden die Beziehungen nicht wesentlich verbessert.[1080]

Bis zur Einführung des New Deal blieb die Sowjetunion von den Vereinigten Staaten nicht anerkannt, obwohl die Anziehungskraft des Kommunismus auf amerikanische Minderheiten und dogmatischere Liberale Russland, die rückständigste der Großmächte, zu einem intellektuellen Mekka für eigensinnige Amerikaner machte. In den 1930er Jahren entwickelte sich in den russisch-amerikanischen Beziehungen eine starke konspirative Ader, als die Komintern ihre interkontinentale Spionage intensivierte und zahlreiche amerikanische Kommunisten und Kryptokommunisten im Verborgenen eine gewaltige pro-russische Lobby organisierten. Aufgrund der Ängste, die der Spanische Bürgerkrieg und der immer länger werdende Schatten Hitlers auslösten, erreichte die prokommunistische Voreingenommenheit unter den liberalen Intellektuellen und den Intellektuellen der Minderheiten eine fieberhafte

---

[1079] George F. Kennan, *Russia and the West Under Lenin and Stalin*, Little, Brown, Boston, 1961, S. 19.

[1080] Kennan, op. cit., S. 180.

Religiosität, die in Stalin einen antifaschistischen Gabriel sahen, der geschickt wurde, um den Erzfeind zu vernichten. Es war tragisch und komisch zugleich, dass der sowjetische Diktator in dem Moment, als diese Idolatrie ihren Höhepunkt erreichte, mit seinen Säuberungen, Spionagenetzwerken, Verschwörungen, Schauprozessen und Sklavenarbeitslagern damit beschäftigt war, fast die gesamte kommunistische Parteihierarchie zu vernichten.[1081] In der Geschichte der Machtpolitik dürfte es schwer sein, einen politischen Führer zu finden, der seine Anhängerschaft so rücksichtslos ausgenutzt und so geschickt getäuscht hat.

Der russisch-deutsche Nichtangriffspakt (1939) war ein traumatischer Schock für diejenigen, die sich auf die kommunistische Parteilinie verlassen hatten, um ihre geistigen Vitamine zu erhalten. Verwirrt, betäubt und verraten, begannen Liberale und Mitglieder von Minderheiten, insbesondere Juden, die kommunistische Sache in Scharen zu verlassen. Doch zwei Jahre später trieb der deutsche Einmarsch in Russland einige der Verirrten zurück in den marxistischen Korral, wo sie dazu beitrugen, das Ansehen, die politische Schlagkraft und den Einfluss der Kommunistischen Partei auf das

---

[1081] Von den 1.966 Delegierten des XVII. Parteitags (Januar 1934) wurden 1.108 innerhalb der nächsten Jahre auf Stalins Befehl erschossen. Von den 139 Mitgliedern und Kandidaten des Zentralkomitees wurden 98 Personen bzw. 70 Prozent später verhaftet und erschossen (zumeist in den Jahren 1937-38). In der Armee ließ Stalin drei von fünf Marschällen, 13 von 15 Armeekommandeuren, 57 von 87 Korpskommandeuren, 110 von 195 Divisionskommandeuren und 220 von 406 Brigadekommandeuren beseitigen. Insgesamt gab es etwa 700.000 "legale" Hinrichtungen, etwa 1 Million geheime Hinrichtungen und etwa 12 Millionen Tote in den Gefangenenlagern selbst. Zählt man die 5,5 Millionen Menschen hinzu, die bei der Zwangskollektivierung der Landwirtschaft in den späten 30er Jahren und der damit einhergehenden künstlichen Hungersnot ums Leben kamen, kann man Stalin insgesamt 20 Millionen Tote zuschreiben. Einigen Kommentatoren zufolge ist diese Zahl um 50 Prozent zu niedrig angesetzt. Sie umfasst nur den Zeitraum 1930-50, nicht aber die letzten Jahre von Stalins Tätigkeit, in denen die Zahl der Sklavenarbeitslager mindestens 10 Millionen betrug. Conquest, *The Great Terror*, S. 36-38, 527-28, 533; Hugh Seton-Watson, *From Lenin to Malenkov*, Praeger, New York, 1955, S. 170. Während der Stalinschen Säuberungen, von denen die schlimmsten vor dem Ausbruch des Zweiten Weltkriegs stattfanden, wurde Stalin von den westlichen Medien wesentlich besser behandelt als Hitler. Nur sehr wenige Nachrichten über die Massenliquidierung eines beträchtlichen Teils der russischen Bevölkerung wurden jemals veröffentlicht, und wenn doch, wurden sie von vielen der führenden Intellektuellen des Westens als falsch und unbegründet angegriffen. Die fast vollständige Verdunkelung eines der größten Verbrechen der Geschichte über zwei Jahrzehnte hinweg gibt denjenigen Recht, die die fast völlige Korruption und Käuflichkeit der Weltpresse beklagen. Typisch war die Beobachtung von Professor Harold Laski, einem einflussreichen britischen Wissenschaftler: "Im Grunde habe ich keinen großen Unterschied zwischen dem allgemeinen Charakter eines Prozesses in Russland und in diesem Land [Großbritannien] festgestellt." Conquest, op. cit., S. 506. Sartre sagte einmal, die Beweise über die sowjetischen Zwangsarbeitslager sollten ignoriert werden. Ebd., S. 509.

Vorkriegsniveau zu heben. Parteimitglieder und Mitläufer wurden erneut in mehrere Schlüsselpositionen der Regierung berufen, insbesondere in das Außen-, Finanz- und Landwirtschaftsministerium. Hätte Roosevelt auf dem Parteitag der Demokraten 1944 nicht in letzter Minute seine Meinung geändert und seinen Vizepräsidenten Henry Wallace nicht durch Harry Truman ersetzt, wäre nach Roosevelts Tod 1945 ein Parteifreund Präsident geworden.[1082] Es stimmt, dass Wallace schließlich widerrief und seine Fehler eingestand. Aber noch 1948 war er der Präsidentschaftskandidat der Progressiven Partei, die von Kommunisten und linken Beschwichtigern Stalins dominiert wurde.[1083]

Mit dem Fortschreiten des Kalten Krieges und dem Bekanntwerden des kommunistischen Eindringens in verschiedene Bereiche des amerikanischen Lebens wurde die enge Verbindung zwischen Amerika und Russland während des Krieges abgebrochen, und die Beziehungen zwischen den beiden Ländern nahmen eine eisige Förmlichkeit an - unterbrochen von gelegentlichen Aufflackern der Feindseligkeit (Berliner Luftbrücke, U-2-Zwischenfall, sowjetische Atomwaffen auf Kuba) und einem gemeinsamen friedenserhaltenden Unterfangen (Unterbindung des britisch-französisch-israelischen Blitzangriffs auf Ägypten 1956). In der Zwischenzeit hatten die sowjetische Unterstützung der arabischen Sache und die ständigen Enthüllungen über den sowjetischen Antisemitismus die einst überwältigende jüdische Begeisterung für die UdSSR zum Verschwinden gebracht.

Gegen Mitte der 1950er Jahre, als die hysterische Reaktion der liberalen Minderheiten auf Senator Joseph McCarthys Angriff auf den stalinistischen Apparat abgeklungen war, wurde der Antikommunismus[1084] in den Vereinigten

---

1082 1944 besuchten Henry Wallace und Professor Owen Lattimore ein russisches Sklavenarbeitslager in Magadan, Sibirien, das Teil eines Komplexes war, in dem die Sterblichkeitsrate bei etwa 30% pro Jahr lag. Die Arbeit im Freien war obligatorisch, bis die Temperatur -50 °C erreichte. Die Essensrationen der Häftlinge wurden bis zum Hungertod gekürzt, wenn sie die Arbeitsquoten nicht erfüllten. Dennoch empfand Wallace das Lager als idyllisch, und Lattimore bezeichnete es als eine große Verbesserung gegenüber dem zaristischen System. Durch die vorübergehende Beseitigung von Wachtürmen, die Unterbringung der Gefangenen in Baracken und die Belegung eines angeblichen Musterbauernhofs mit Schweinehirtinnen, die in Wirklichkeit der Geheimpolizei angehörten, gelang es dem Lagerkommandanten, das Kunststück von Potemkin zu wiederholen. Eroberung, a.a.O., S. 350.

1083 Wallace entschuldigte sich in Form eines Artikels in der Zeitschrift Life vom 14. Mai 1956. Er gab zu, dass er die russischen Absichten missverstanden hatte und dass die Kommunisten einen beherrschenden und schädlichen Einfluss auf seine Präsidentschaftskampagne ausgeübt hatten.

1084 Der McCarthyismus, so hieß es in den Medien, habe Amerika zu einem Land der Angst und des Zitterns gemacht. Aber wer hatte eigentlich Angst? In der akademischen Welt und in den Medien brauchte man immer viel mehr Mut, um ein gutes Wort für McCarthy einzulegen, als ihn anzuprangern. Viele der führenden Befürworter der

Staaten nach einer langen Pause wieder einigermaßen respektabel. Die Seriosität wurde jedoch zum großen Teil von eben jenen Intellektuellen übernommen, die sich in der Vergangenheit durch ihren apodiktischen Gehorsam gegenüber allem, was der Kreml anordnete, ausgezeichnet hatten und die als unverbesserliche Marxisten ihr wahres Gesicht gezeigt hatten, indem sie die Schuld für das Scheitern des Kommunismus nicht Lenin, sondern den Perversionen Stalins gaben. Den Amerikanern, die von Anfang an wussten, was in der UdSSR vor sich ging, wurde kaum Anerkennung für ihre Voraussicht zuteil, und sie wurden immer noch mit dem Makel des McCarthyismus behaftet. Viele Konservative unter ihnen verdienten die Verunglimpfung, weil sie darauf bestanden hatten, die äußere sowjetische Bedrohung mit der inneren Bedrohung durch die westlichen kommunistischen Parteien zu verwechseln, einer Bedrohung, die mit der Zeit immer schwächer wurde und in den meisten westlichen Ländern eher eingebildet als real war. Ihre dogmatische Verblendung hinderte viele Konservative daran, zu begreifen, dass das, was die wirkliche innere Bedrohung für die Vereinigten Staaten darstellte - die Liberalen und die Aktivisten der Minderheiten - inzwischen fast ebenso antirussisch, wenn auch keineswegs so antimarxistisch, geworden war wie die Konservativen selbst.

Ende der 1970er Jahre konnte man mit Sicherheit sagen, dass nicht der Sowjetkommunismus, sondern der russische Nationalismus, Militarismus und Imperialismus die größte externe Bedrohung für die nationale Sicherheit der USA darstellte. Der erste kommunistische Staat der Welt war siebzig Jahre alt und hatte seine Schöpfer vernichtet und eine bürokratische, militärische und verwaltungstechnische Kaste hervorgebracht, die die konservativste Führungsgruppe aller Großmächte war. Für die Herren der Sowjetunion war der Marxismus nicht mehr der Glaubensartikel, der er für die alten Bolschewiki war. Im Privaten wurde er als veraltete Wundertüte mit leeren Phrasen und leeren Gedanken verspottet. In der Öffentlichkeit diente er als Schibboleth, um den Einfluss der Bosse auf die Regierung zu stärken und die Sowjetmacht im Ausland voranzutreiben.

Trotz der Panikmacher hatten die Vereinigten Staaten wirtschaftlich wenig von der UdSSR zu befürchten. Mit mehr Menschen, Land und natürlichen Ressourcen hatte die Sowjetunion ein Bruttosozialprodukt, das nur 48 Prozent des amerikanischen betrug.[1085] Ein amerikanischer Landwirt bewirtschaftet immer noch viermal so viel Land wie ein russischer Landwirt in einer Kolchose, verbraucht fünfeinhalbmal mehr Energie und erzielt mit einem Bruchteil der

---

Hexenjagd auf "Kriegsverbrecher", die immer noch im Gange ist, gehörten zu den schärfsten Anklägern von McCarthy.

[1085] *Wall Street Journal*, 31. Dezember 1968, S. 18.

Arbeit doppelt so hohe Erträge.[1086] Bei den Konsumgütern und Dienstleistungen liegt die Sowjetunion weit hinter dem Westen zurück. Da aber die wirtschaftliche und technische Überlegenheit Amerikas gegenüber Rußland auf die überlegenen Fähigkeiten der amerikanischen Mehrheit in diesen Bereichen zurückzuführen ist, könnte sich der Vorsprung Amerikas in dem Maße verringern, wie die Enteignung der amerikanischen Mehrheit weitergeht und die russische Mehrheit, deren Enteignung beendet ist, zu ihrem Recht kommt.

1987, mit Michail Gorbatschow an der Spitze, begann die Sowjetunion zu implodieren, teils als Folge des katastrophalen achtjährigen Krieges mit Afghanistan, teils aufgrund der allgemeinen geistigen und wirtschaftlichen Lähmung, die durch mehr als sieben Jahrzehnte erstickenden Marxismus verursacht wurde. Der Kalte Krieg war endlich vorbei. Fast mühelos begannen die osteuropäischen Satelliten und die Sowjetrepubliken zu entgleiten, und das, was sich nun Russische Föderation nannte, unternahm keine nennenswerten Anstrengungen, sie wieder in den Schoß zu holen. Obwohl es immer noch über das zweitgrößte Arsenal an Atombomben und Waffen in der Welt verfügte, konnte Russland, das mit fast unlösbaren innenpolitischen Problemen zu kämpfen hatte, zumindest vorläufig nicht mehr als Supermacht eingestuft werden.

Um die Russen auf den Weg zum Kapitalismus und zur Demokratie zu bringen, haben die Vereinigten Staaten viel ausländische Hilfe und Technologie bereitgestellt. Ob Moskau auf diesem Weg bleiben wird, hängt weitgehend davon ab, ob der Übergang ohne einen Bürgerkrieg oder eine Runde Antisemitismus vollzogen werden kann. Historisch gesehen haben die Russen keine große Vorliebe für repräsentative Regierungen gezeigt. Vielmehr scheinen sie eine genetische Verbindung zur Autokratie zu haben. In jedem Fall sind das Chaos und die Verwirrung, die das Land derzeit beherrschen, keine geeignete Grundlage für politische Stabilität.

Außenpolitisch hat sich Russland innerhalb weniger Jahre vom Feind des Westens zum Freund des Westens gewandelt. Wie lange dies andauern wird, ist eine Frage, die selbst der weiseste und mutigste Prophet nur ungern in Angriff nehmen würde.[1087] In der Zwischenzeit sollte Amerika das Programm des Schriftsteller-Helden Aleksandr Solschenizyn voll und ganz unterstützen, der fordert, dass Russland sich nach innen wendet, den Imperialismus und den "politischen Gigantismus" aufgibt und sich auf die Entwicklung des russischen

[1086] *Enzyklopädie Russlands und der Sowjetunion,* S. 10 12. In den 1970er Jahren arbeiteten in den USA 6 Millionen Menschen in der Landwirtschaft, in Russland waren es 45 Millionen.

[1087] Ende November 1994 legte das Russland von Präsident Jelzin in den Vereinten Nationen erstmals sein Veto gegen eine westliche Maßnahme zur Bestrafung der bosnischen Serben ein. Die Russen stellten sich im Balkankrieg, der auf den Zerfall Jugoslawiens folgte, auf die Seite der bosnischen Serben und der Serben selbst.

Nordostens konzentriert, womit er das nordeuropäische Russland und den größten Teil Sibiriens meint.[1088]

Russland darf zwar nie so stark werden, dass es Westeuropa verschlingen kann, aber es darf auch nie so schwach werden, dass es Europa nicht gegen das mongolische Vordringen aus den asiatischen Steppen schützen kann. Um jede Möglichkeit einer Russifizierung Europas auszuschließen, muss verhindert werden, dass der russische Nationalismus zu einem Panslawismus verschmilzt. Wie bereits in diesem Kapitel erwähnt, gibt es vielleicht 145 Millionen Russen. Einschließlich der letzteren könnte es sogar 285 Millionen Slawen geben.[1089] Das Auftauchen eines modernen Iwan des Schrecklichen an der Spitze eines rassenbewussten slawischen Imperiums, in dem nicht-russische Slawen zu Bürgern erster Klasse erhoben und von einem gemeinsamen rassischen Eifer beseelt werden, würde den Westen vor eine fast unwiderstehliche Konzentration militärischer Stärke stellen. In einem solchen Fall wird, um es mit den Worten Stalins zu sagen, "niemand in der Zukunft einen Finger rühren können. Nicht einmal einen Finger!"[1090]

Kurzum, es war nicht die Sowjetunion Lenins, die die Vereinigten Staaten und der Westen zu fürchten hatten. Es ist das Russland des Panslaw Dostojewski, eines weitaus größeren Genies mit einem viel schärferen Blick für die Gestalt von morgen.[1091]

[1088] Aleksandr Solzhenitsyn, *Letter to the Soviet Leaders*, Harper & Row, New York, 1975, insbesondere S. 55.

[1089] Zu den Slawen gehören neben den Großrussen, Ukrainern und Byelo-Russen auch Polen, Tschechen, Slowaken, Serben, Kroaten, Slowenen, Ruthenen und einige Bulgaren.

[1090] Djilas, *Gespräche mit Stalin*, S. 114.

[1091] Das Verbot von Dostojewski, dessen Roman *"Die Besessenen"* eine unheimliche Vorschau auf die russische Geschichte des zwanzigsten Jahrhunderts war, war in der UdSSR mehrere Jahrzehnte lang aufgehoben worden - ein weiterer Beweis für das Wiedererstarken der russischen Mehrheit. Dass sich russische Minderheiten innerhalb und außerhalb Russlands als Reaktion auf den Untergang der kommunistischen Diktatur wieder regen, bedeutet nicht unbedingt, dass die Demokratie vor der Tür steht. Es könnte genau das Gegenteil bedeuten - dass Russland auf eine politische und soziale Katastrophe von Dostojewskischem Ausmaß zusteuert.

KAPITEL 34

Die Vereinigten Staaten und der Ferne Osten

Nirgendwo in den letzten hundert Jahren hat sich die amerikanische Außenpolitik so stark bewegt und so viele Höhen und Tiefen durchlebt wie im Fernen Osten. Nehmen wir als Beispiel China. Zu Beginn des zwanzigsten Jahrhunderts hatten die Amerikaner in China ein wesentlich höheres Ansehen als die anderen ausländischen Teufel, die das sterbende Himmelsreich belagerten. Obwohl sich die Vereinigten Staaten zu jener Zeit für extraterritoriale Rechte und die Bekehrung der Heiden einsetzten, waren sie wahrscheinlich die am wenigsten aktive der großen westlichen Nationen, wenn es um die Jagd nach Konzessionen, die Aneignung von Pachtrechten, den Opiumschmuggel und ähnliche Manifestationen westlicher finanzieller Privatisierungen ging.[1092] Es war die Politik der offenen Tür von Außenminister John Hay im Jahr 1899, die dazu beitrug, einige der kühnsten Formen der Ausplünderung einzudämmen, indem sie die chinesische Souveränität stärkte. Nach dem Zusammenbruch der Mandschu-Dynastie in den Jahren 1911/12 inspirierten die amerikanischen Versionen einer konstitutionellen Regierung Sun Yat-sen, Chinas "Vater der Revolution", zur Gründung einer Republik. Als Japan 1931 die Mandschurei angriff, protestierten die Vereinigten Staaten lauter als jede andere westliche Nation.

China war im Ersten und Zweiten Weltkrieg ein Verbündeter der Vereinigten Staaten. In letzterem Konflikt trug die amerikanische Militärhilfe für Chiang Kai-shek wesentlich dazu bei, dass die japanischen Armeen nicht ganz China überrennen konnten. Nach dem Ende des Zweiten Weltkriegs waren die Chinesen besonders dankbar für die Unterstützung der Vereinigten Staaten, da sie im Gegenzug keine territorialen oder finanziellen Vergünstigungen erhielten. Doch während die nationalistischen Chinesen und die chinesischen Kommunisten gegen die Japaner kämpften, bereiteten sich beide auf eine Wiederaufnahme des erbitterten Bürgerkriegs vor, der in den 1920er Jahren begonnen hatte und durch die japanische Invasion vorübergehend unterbrochen worden war. Wie erwartet, flammte der karthagische Kampf zwischen Kommunisten und Nationalisten wieder auf, als der gemeinsame Feind kapitulierte.

[1092] Jahrhunderts war die Rettung einer schwer angeschlagenen britischen Seestreitmacht vor der chinesischen Küste durch Kommandant Josiah Tattnall im Jahr 1859. Seine Entschuldigung war die inzwischen fast verbotene Aussage, dass "Blut dicker ist als Wasser". Tattnall war später Kapitän des konföderierten Panzerschiffs Virginia (ehemals *Merrimack*) nach der Schlacht mit der *Monitor. Webster's Biographical Dictionary*, Merriam, Springfield, Mass., 1966, S. 1448.

1949 floh Chiang Kai-shek mit den Lumpen und Fetzen seiner nationalistischen Streitkräfte schmachvoll nach Taiwan, wo sie von der US-Marine vor den triumphierenden Kommunisten geschützt wurden. Die amerikanische Hilfe für Chiang hatte nicht ausgereicht, um seine Niederlage zu verhindern, aber mehr als ausgereicht, um die Sieger zu verbittern, die daraufhin die Vereinigten Staaten zum Hauptsündenbock für alle vergangenen und gegenwärtigen, außen- und innenpolitischen, realen und illusorischen Übel Chinas machten. Die Beziehungen der USA zu China erreichten 1950 ihren Tiefpunkt, als die amerikanischen Truppen im Koreakrieg, nachdem sie die Nordkoreaner zum Rückzug bis fast an die chinesische Grenze gezwungen hatten, ihrerseits von 200.000 chinesischen "Freiwilligen" überrascht, zerfleischt und nach Südkorea zurückgetrieben wurden. Der Koreakrieg endete mit der Wiederherstellung des fragilen *Status quo ante*. Trotz 157.000 amerikanischer Opfer, darunter 54.246 Tote, war es der zweite Krieg in der Geschichte der Vereinigten Staaten, der in einer Pattsituation endete.

Einer der Hauptgründe für den Zusammenbruch der amerikanisch-chinesischen Beziehungen war die Weigerung Amerikas, die rassischen Faktoren zu berücksichtigen und zu verstehen, die die bedeutsamen Veränderungen im modernen China geprägt haben. Zum einen ist China im Grunde ein einrassiger Staat. Während die Nordchinesen größer sind und größere Köpfe haben als die brachycephalen Südchinesen, sind fast alle Chinesen Mongoloide und gehören einer Rasse an, die weniger differenziert ist als die der Kaukasier.[1093]

Obwohl amerikanische Liberale viel über die Demütigungen chinesischer Einwanderer in Kalifornien geschrieben haben, haben die Chinesen selbst eine lange Geschichte des Rassismus. Selbst die höchsten ausländischen Würdenträger, die per kaiserlichem Edikt als "Barbaren von außerhalb" eingestuft wurden, mussten in Gegenwart des Kaisers einen Kotau machen. In einer förmlichen Mitteilung an König Georg III. im Jahr 1807 verwendete der chinesische Kaiser Ausdrücke, die für die Bewohner des Armenviertels eine Beleidigung gewesen wären.[1094]

Die Intensität des chinesischen Rassismus bedeutet jedoch nicht, dass in China keine westlichen Einflüsse mehr am Werk sind oder dass es innerhalb des kommunistischen Regimes keine Spaltungen gibt. Die kulturellen Unterschiede zwischen den chinesischen Provinzen sind oft so ausgeprägt und weisen eine solche Vielfalt an Sprachen und Dialekten auf, dass einige Chinesen untereinander auf Englisch kommunizieren. Ironischerweise heiligte der anti-westliche und anti-weiße Mao Tse-tung in seinem grandiosen Versuch, mehr als

---

[1093] Coon, *The Living Races of Man*, S. 148-50. Nur etwa 6 Prozent der Einwohner Chinas können als Minderheiten bezeichnet werden, und die meisten von ihnen leben in den Grenzregionen Chinas. Amrit Lal, "Ethnic Minorities of Mainland China", *Mankind Quarterly*, April-Juni, 1968.

[1094] Nathaniel Peffer, *Der Ferne Osten*, S. 51-54.

einer Milliarde Menschen den Kommunismus aufzuzwingen, die Lehren des westlichen Juden Karl Marx. Aber Chinas alte Bräuche, sein Ahnenkult und seine familienzentrierte Lebensweise setzen einer dauerhaften Proletarisierung immer noch massive Hindernisse in den Weg.

Obwohl es in den wenigsten Geschichtsbüchern steht, war die wichtigste Dynamik der chinesischen Kommunisten nicht der Marxismus, sondern die Fremdenfeindlichkeit. Die verhassten Weißen und Japaner mussten aus dem chinesischen Staatsgebiet vertrieben werden, und das taten sie auch. Selbst die Russen, die mit den Chinesen in brüderlicher Umarmung der Arbeitersolidarität dauerhaft verbunden sein sollten, wurden als Ketzer verdammt und 1960 vertrieben.[1095]

Für die Zukunft stellte sich Mao eine neue Art von Klassenkampf vor - das Land mit der Bauernschaft als Proletariat gegen die Stadt. Das ländliche Afrika, Asien und Lateinamerika würden das städtische Nordamerika und Westeuropa, die letzten Hochburgen der geldgierigen Kapitalisten und der Bourgeoisie, der korrupten Gewerkschaften und der dekadenten marxistischen Revisionisten, umzingeln und erwürgen. Der Krieg würde durch Guerillataktiken à la Vietnam gewonnen werden, vielleicht mit ein wenig Hilfe von Chinas wachsendem Atomwaffenarsenal.[1096]

Maos Nachfolger werden wahrscheinlich niemals seine Drohungen wahr machen oder seinen Aphorismen gerecht werden.[1097] Dennoch hat die amerikanische Außenpolitik durch die Kultivierung der taiwanesischen Nessel an Chinas Ostflanke wenig gewonnen. Die amerikanische Unterstützung für Taiwan hat die kommunistische Position in China nur gestärkt. Die Siebte Flotte der Vereinigten Staaten, die vor der chinesischen Küste patrouillierte, und 600.000 nationalistische Truppen, die hundert Meilen vor dem chinesischen Festland trainierten, passten gut in das Bild der kommunistischen Propaganda von blutrünstigen ausländischen Imperialisten, die einen Massenangriff

---

[1095] Maos Kulturrevolution war ein weiterer Beweis dafür, dass Diktatoren so machtbesessen sind, dass sie nur selten zur Ruhe kommen. Gerade als Stalin kurz vor seinem Tod bereit war, Russland mit weiteren Säuberungen in Aufruhr zu versetzen - es hieß, er plane, alle Juden nach Sibirien zu transportieren -, schürte Mao sein revolutionäres Feuer, indem er praktisch die gesamte intellektuelle Elite Chinas in die Einöde verbannte.

[1096] A. Doak Barnett, *China After Mao,* Princeton University Press, Princeton, New Jersey, 1967, S. 59-60, 75, 77.

[1097] "Politik ist Krieg ohne Blutvergießen, während Krieg Politik mit Blutvergießen ist... Krieg kann nur durch Krieg abgeschafft werden, und um die Waffe loszuwerden, muss man die Waffe in die Hand nehmen... Je mehr Bücher ein Mensch liest, desto dümmer wird er... Ich will nicht die Schulen schließen. Was ich meine, ist, dass es nicht unbedingt notwendig ist, zur Schule zu gehen... Keinen richtigen politischen Standpunkt zu haben, ist wie keine Seele zu haben." *Zitate aus Chairman Mao Tse-tung*, Bantam Books, New York, 1967, S. 32, 35, 69, 78. Siehe auch *New York Times*, 1. März 1970, S. 26.

vorbereiteten, um ihre verlorene finanzielle Vorherrschaft zurückzuerobern. Außerdem gab es nichts Besseres als eine gute Invasionsangst, um die Chinesen von den monumentalen Problemen an der Heimatfront abzulenken.

In völliger Verkennung des rassischen Charakters der chinesischen Revolution waren die amerikanischen Außenpolitikexperten davon überzeugt, dass jeder kommunistische Staat ipso facto ein russischer Verbündeter werden würde. In Zeiten der Revolution kann, wie bereits erwähnt, die Rasse oder Nationalität leicht Vorrang vor der Klasse haben. Wie Jugoslawien, Albanien, das kommunistische Vietnam, das kommunistische Kambodscha und China selbst eindrucksvoll bewiesen haben, sind kommunistische Staaten ebenso geschickt wie antikommunistische Staaten in der Entwicklung und Förderung einer antirussischen, antichinesischen oder neutralistischen Außenpolitik. Es hat sich gezeigt, dass die Roten keine größeren Feinde haben als andere Rote.

Amerika hat gut daran getan, seine diplomatischen Beziehungen zu China weiter zu verbessern. Auf diese Weise könnten die Vereinigten Staaten ihre traditionelle Freundschaft mit der bevölkerungsreichsten Nation der Welt wiederherstellen. Eine erneute amerikanische Neutralität in fernöstlichen Angelegenheiten könnte dadurch hergestellt werden, dass man bei der Wiedervereinigung Taiwans mit dem chinesischen Festland und Südkoreas mit Nordkorea als Vermittler auftritt, so wie Theodore Roosevelt das amerikanische Ansehen im Orient unermesslich steigerte, indem er das Ende des Russisch-Japanischen Krieges vermittelte. Jetzt, da sowohl Chiang Kai-shek als auch Mao tot sind, ist es an der Zeit, die unvermeidlichen ersten Schritte zu unternehmen, um die beiden Chinas zu vereinen. Was auch immer geschieht, keine ideologische Zuneigung für den taiwanesischen Kapitalismus, keine Schuldgefühle gegenüber einem verlassenen Verbündeten und keine ideologische Feindseligkeit gegenüber der krampfhaften, aber explodierenden kommunistischen chinesischen Wirtschaft dürfen China einen Vorwand liefern, sein kurzlebiges Bündnis mit Moskau während des Koreakrieges wieder aufleben zu lassen. Eine der größten Garantien für die Sicherheit Amerikas und Westeuropas liegt in der anhaltenden Feindseligkeit Pekings und Moskaus, eine Feindseligkeit, die eine kluge amerikanische Diplomatie am Köcheln halten sollte, solange Russland Pläne für den Westen hat.

Die amerikanische Außenpolitik hat im Fernen Osten eine leichtere Aufgabe als auf jedem anderen Kontinent. In Ostasien brauchen die Vereinigten Staaten kein militärisches Gegengewicht zu Russland zu schaffen. Das Gegengewicht ist bereits vorhanden. Auf absehbare Zeit ist China die einzige Nation der Welt, die den Willen, die Arbeitskräfte und die Ressourcen hat, Russland in einem konventionellen Krieg im Alleingang zu bekämpfen. Es könnte sogar bald in der Lage sein, in einem Atomkrieg eine gute Figur zu machen. Dass die Vereinigten Staaten gegenüber China, der einzigen Nation, die der russischen Expansion im Fernen Osten wirksam entgegentreten kann, alles andere als eine freundliche Politik verfolgen sollten, ist schizoide Diplomatie vom Feinsten. Geschichte,

Geographie, Kultur, Rasse - alles deutet auf einen möglichen Zusammenstoß zwischen China und Russland hin.

Das bedeutet nicht, dass die Vereinigten Staaten an der Seite Chinas in einen solchen Krieg eintreten sollten, wie es zweifellos von der antirussischen Fraktion der liberal-minoritären Koalition vorgeschlagen würde. Amerika hat 1945 geholfen, Deutschland, die westliche Bastion gegen das Slawentum, zu zerstören. Es wäre eine noch größere Tragödie, wenn Amerika China helfen würde, Russland, die wichtigste weiße Bastion gegen die gelbe Rasse, zu zerstören.

Wenden wir uns nun Japan zu, so könnte man zunächst sagen, dass es für alle Beteiligten, insbesondere für die Japaner, besser gewesen wäre, wenn Commodore Perry 1854 nie in der Bucht von Yedo gelandet wäre. Indem sie Japan zwangen, seine 400 Jahre währende Isolation aufzugeben, säten die Vereinigten Staaten unwissentlich die Zähne des Drachens, der zu der fanatischen und engagierten Militärmaschinerie heranwuchs, die sie siebenundachtzig Jahre später in Pearl Harbor treffen sollte. Da die Homogenität und die geografische Lage Japans eine regionale und kulturelle Fraktionierung nach chinesischem Vorbild ausschlossen, konnte sich Japan viel schneller und effizienter auf westliche Technologie umstellen, ohne das Handicap der revolutionären Unruhen in China.

Rassisch gesehen sind die Japaner ein mongoloides Volk vom asiatischen Festland mit einer Beimischung von prähistorischen Migranten aus Südostasien. Da es in den letzten tausend Jahren kaum Einwanderung gab, ist Japan eine der homogensten Bevölkerungen der Welt, was zum Teil das ausgeprägte Rassenbewusstsein seiner Bürger erklärt. Wie die Chinesen waren auch die Japaner über die amerikanischen Einwanderungsbeschränkungen für Orientalen empört, obwohl Japan selbst jahrhundertelang eine rassische Exklusivität praktiziert hatte. Die ursprünglichen Bewohner Japans könnten die Ainus gewesen sein, ein kaukasischer Stamm, vielleicht die Überreste einer weißen Rasse, die einst Nordasien beherrschte. Die Ainus sind nun in die nördlichsten Gebiete Japans zurückgedrängt worden, wo sie einen Prozess der biologischen und kulturellen Absorption durchlaufen, der ihre rassische Identität rasch zerstört. Einer anderen wichtigen Minderheit in Japan erging es nicht viel besser. Während des Erdbebens von 1923 kam es in Tokio zu einem blutigen Pogrom gegen Koreaner.[1098]

Artikel IX der japanischen Nachkriegsverfassung enthält die viel beachtete Klausel, die den Krieg als "souveränes Recht der Nation" ablehnt und besagt, dass "Land-, See- und Luftstreitkräfte sowie andere Kriegspotentiale niemals unterhalten werden". Für ein Land, das die militärische Lebensweise zu einer hohen Kunst entwickelt hatte (Bushido) und dessen soziale Hierarchie aus Soldaten, Handwerkern, Bauern und Kaufleuten in dieser Rangfolge bestand, ist

[1098] Pfeffer, *Der Ferne Osten*, S. 341.

dies eine ziemlich verblüffende Umkehrung.[1099] Keine andere Nation, nicht einmal Sparta, hat jemals so etwas wie die unglaublichen Heldentaten der Kamikaze-Piloten des Zweiten Weltkriegs hervorgebracht.

Ungeachtet seiner Verfassung verfügt Japan heute über eine "Selbstverteidigungsstreitmacht" von 268.000 Mann, 800 Militärflugzeugen, 46 Zerstörern und 44 U-Booten.[1100] Angesichts eines zunehmend militarisierten Chinas, das nur wenige Raketenminuten entfernt ist, und eines Russlands, das die südliche Hälfte der Insel Sachalin besetzt hält (Stalins Preis für den Eintritt in den Pazifikkrieg fünf Tage vor dessen Ende), haben die Japaner wenig Grund, noch lange an ihrem untypischen Abrüstungsexperiment festzuhalten. Japan hat die drittgrößte Wirtschaft der Welt, gibt aber nur ein Prozent seines BSP für die Verteidigung aus. Es hängt fast vollständig vom arabischen und iranischen Öl ab, ist aber darauf angewiesen, dass Amerika die Schifffahrtswege des Persischen Golfs offen hält. Seine Autos, Kameras, Uhren, Fernseher und elektronischen Geräte verursachen in den westlichen Industrienationen schwere wirtschaftliche Verwerfungen und Arbeitslosigkeit, doch es sträubt sich bei dem Gedanken, dass andere den Protektionismus übernehmen könnten, mit dem es seine eigene Industrie verteidigt. Der Allgemeine Zoll- und Handelsvertrag, den Japan etwas widerwillig unterzeichnet hat, könnte viele der Handelsschranken abschaffen, wenn Japan seine Unterschrift einhält.

Zum Leidwesen der japanischen Wirtschaft kann es sich Amerika nicht mehr leisten, der Schutzengel einer Nation zu sein, die versucht, es aus dem Geschäft zu drängen. Die in Japan stationierten amerikanischen Truppen, die schon immer eine Quelle der Reibung in den japanisch-amerikanischen Beziehungen waren, werden mit ziemlicher Sicherheit in einigen Jahrzehnten abgezogen werden, ebenso wie der nukleare Schutzschirm. Niemand, am allerwenigsten die Japaner, glaubt ernsthaft, dass die Vereinigten Staaten ihre eigenen Städte der Zerstörung aussetzen würden, indem sie thermonukleare Bomben einsetzen, um Japan gegen eine russische oder chinesische Aggression zu verteidigen. Auf jeden Fall liegt es eher im Interesse Chinas als im Interesse Amerikas, jeden Versuch Russlands zu verhindern, Japan mit Hilfe nuklearer Erpressung zu finnifizieren.

Mit einer Bevölkerung von 124 Millionen (Schätzung von 1992) auf einer Fläche, die nur geringfügig kleiner ist als Kalifornien und von der nur ein Sechstel als Ackerland genutzt werden kann, steht Japan[1101] im einundzwanzigsten Jahrhundert ein hartes Stück Arbeit bevor. Einst die isolierteste aller Nationen, hat Japan in seinem verrückten Wettlauf um die Vorherrschaft im Welthandel viel von seinem einzigartigen Charakter und seiner hoch entwickelten Ästhetik verloren. Eine beträchtliche Verringerung der japanischen Bevölkerung durch ein landesweites Geburtenkontrollprogramm,

---

[1099] Ebd., S. 34

[1100] *Whitaker's Almanac*, 1981, S. 889.

[1101] Pfeffer, op. cit., S. 40.

begleitet von einer erheblichen Verlangsamung der Industrialisierung, würde Japan von seinem westlich geprägten Materialismus befreien und gleichzeitig eine hässliche, unbewohnbare Zersiedelung wie das moderne Tokio beseitigen. Weniger Japaner und weniger japanische Produkte kämen nicht nur dem Rest der Welt zugute, indem sie die wertvollen natürlichen Ressourcen einsparen, die von Japans gefräßiger Industrie verbraucht werden, sondern könnten auch die Rettung des bedrohten japanischen Ethos sein.

Wenn ein amerikanischer Rückzug aus Japan die Unabhängigkeit Südkoreas gefährdet, dann soll es so sein. Korea wird früher oder später vereinigt werden, wie die beiden Deutschlands und die beiden Vietnams und wie Taiwan und das chinesische Festland. Lassen wir die Natur ihren Lauf nehmen. Amerika kann sich nicht ewig in dem letztlich wohl vergeblichen Bemühen verausgaben, die Freiheit gefährdeter und geteilter fernöstlicher Staaten zu schützen. Wenn ihnen die Nationalität auf dem Silbertablett serviert wird, haben sie noch weniger Chancen, sie zu erhalten.

In den letzten Jahrzehnten scheint sich die Außenpolitik der Vereinigten Staaten im Fernen Osten auf den Schutz der Unbeschützbaren konzentriert zu haben. Die amerikanische Intervention in Vietnam hat deutlich gezeigt, was mit einer gelähmten, unmotivierten, prächtig ausgerüsteten modernen Militärmaschinerie geschieht, wenn sie auf eine entschlossene, hoch motivierte, schlecht ausgerüstete Kampftruppe aus engagierten Guerillas und regulären Soldaten trifft. Hätten die Entscheidungsträger der amerikanischen Außenpolitik[1102] verstanden, dass die antiweißen Gefühle der Vietnamesen so stark waren, dass die bloße Anwesenheit amerikanischer Truppen auf der einen Seite die Moral und den Kampfeswillen der anderen Seite ins Unermessliche steigern würde, wären sie vielleicht nicht so erpicht darauf gewesen, eine große amerikanische Armee zu schicken, um die abgereisten und besiegten Franzosen zu ersetzen.[1103]

1102 "Walt Rostow... war verantwortlich für unser ursprüngliches Engagement in Vietnam unter Präsident Kennedy..." Undatierte Kolumne von Drew Pearson. Harold Wilson, damals britischer Premierminister, beschuldigte Rostow, 1967 die Chance auf Frieden in Vietnam torpediert zu haben. *Life* Magazine zitiert in einem UPI-Bericht vom 17. Mai 1971.

1103 Die Amerikaner selbst würden wahrscheinlich keine Partei oder Gruppierung hoch achten, die die vietnamesische Armee in die Vereinigten Staaten einlädt, um sie vor einem Angriff anderer Amerikaner zu schützen. Das Auftauchen ausländischer Truppen [in großer Zahl] auf einer der beiden Seiten im Krieg zwischen den Staaten hätte sicherlich den Widerstand der anderen Seite gestärkt. Ein Grund dafür, dass die Amerikaner der Niederlage in Korea entgehen konnten, war, dass es viel weniger Nordkoreaner als Südkoreaner gab, ein Verhältnis, das in Vietnam nicht gegeben war. Die Nordkoreaner mussten die Chinesen zu ihrer Rettung heranziehen, was ihrer Propaganda einen Teil ihrer nationalistischen, ausländerfeindlichen Anziehungskraft raubte. Die Bevölkerung Südkoreas beträgt 29 Millionen, die Nordkoreas 12 Millionen. Im Gegensatz dazu hat Nordvietnam 20 Millionen Einwohner, Südvietnam 16 Millionen. Auch die ethnischen

Der erste Fehler der Verantwortlichen für das militärische Engagement der USA in Vietnam war ihre Unkenntnis der rassischen Dynamik in Südostasien. Der zweite Fehler bestand darin, die amerikanischen Streitkräfte in einen Krieg zu verwickeln, den sie vom ersten Tag an nicht gewinnen durften. Die jüngste Geschichte hat bewiesen, dass die Vereinigten Staaten nur dann zu einem angemessenen Kampfgeist erweckt werden können, wenn die Kriegsziele mit den Zielen der Koalition der Liberalen und Minderheiten übereinstimmen. Solange solche "Ziele" nicht festgelegt oder erfunden werden können, werden die Medien wahrscheinlich gleichgültig oder sogar feindselig bleiben. Hätte Nordvietnam einen faschistischen Diktator statt des patriarchalischen "Onkel Ho"[1104] und hätte es Juden und Neger[1105] statt vietnamesischer Bauern misshandelt, wäre der Kriegsschauplatz auf Nordvietnam ausgedehnt und der Krieg schnell gewonnen worden. Die amerikanischen Erfahrungen in Korea hatten bereits gezeigt, wie kühl und ablehnend die Intellektuellen des linken Flügels und der Minderheiten gegenüber einem Konflikt waren, der nicht die richtigen ideologischen Zutaten hatte.

Der Zusammenbruch Südvietnams nach Henry Kissingers gefälschtem Frieden, für den er die Frechheit besaß, den Friedensnobelpreis anzunehmen ... der Imperialismus der kommunistischen Vietnamesen nach ihrer Eroberung des Südens ... die rassistische Säuberung des kommunistischen Vietnams von seinen ethnischen Chinesen[1106] ... die Schrecken der kommunistischen Revolution in Kambodscha, gefolgt von der vietnamesischen Invasion und Besetzung ... die militärische Bestrafung Vietnams durch China - all diese Ereignisse waren ein weiterer Beweis dafür, dass es unter den marxistischen Staaten in der zweiten Hälfte des zwanzigsten Jahrhunderts ebenso viel Uneinigkeit und Zwietracht gab wie unter den kapitalistischen Staaten in der ersten Hälfte.

Unterschiede zwischen den beiden Nationen sollten berücksichtigt werden. Nach C. D. Darlington ist die Grenze zwischen Nord- und Südvietnam "eine der großen Rassengrenzen der Welt". *Die Evolution der Gesellschaft*, S. 615.

[1104] Der verstorbene Drew Pearson, der in 650 Zeitungen veröffentlicht wurde, doppelt so viele wie jeder andere Kolumnist zu dieser Zeit, verglich Ho Chi Minh mit George Washington. *San Francisco Chronicle*, 2. Juni 1965, und *Time*, 12. September 1969, S. 82.

[1105] Viele Negersoldaten in Vietnam verfolgten besondere Kriegsziele. Fast die Hälfte der Befragten gab an, dass sie nach ihrer Rückkehr in die Staaten zu den Waffen greifen würden, um ihre Rechte zu erlangen. Im Laufe des Krieges kam es zu mehreren militärischen Scharmützeln zwischen weißen und schwarzen Truppen, darunter 520 Angriffe auf Offiziere und Unteroffiziere mit Splittergranaten, die 185 Todesopfer forderten. *Miami Herald*, 10. November 1972, S. 2A, *Time*, 19. September 1969, S. 22, und 23. Januar 1971, S. 34, sowie *Dallas Morning News*, 2. April 1977.

[1106] So wie der wirtschaftliche Erfolg der Juden im Westen zu Antisemitismus führt, so führt der Wohlstand chinesischer Minderheiten in Südostasien zu Ausbrüchen von Antisinismus.

Das meiste und beste, was Amerika für die Nationen Asiens tun kann, ist, sie in Ruhe zu lassen. Für viele der kleineren Länder ist Neutralität der sicherste Schutz gegen Invasion oder Revolution. Wenn sich Amerika aus dem Fernen Osten zurückzieht, besteht die Chance, dass andere Nationen in diesem Gebiet, wie die Philippinen, irgendwann mit dem Kommunismus experimentieren. Wenn sie das tun, ist zu hoffen - und es ist eine begründete Hoffnung -, dass sie sich eher gegen die kommunistischen Nachbarstaaten als gegen Amerika und den Westen wenden werden. Die Vereinigten Staaten haben mehr als 40 Milliarden Dollar ausgegeben und mehr als 58.000 Menschenleben verloren, als sie erfolglos versuchten, den Fall Südvietnams zu verhindern, von dem die Dominotheoretiker sagten, dass er Südostasien in ein weltweites, monolithisches kommunistisches Imperium einbinden würde. Als sich der Rauch verzogen hatte, zerbrach der befürchtete Monolith in erbittert verfeindete Fragmente, so wie es in Eurasien nach der kommunistischen Revolution in China geschehen war.

Es gibt nur zwei Länder im Fernen Osten - oder besser gesagt in Australasien -, zu denen die Vereinigten Staaten die engsten militärischen Beziehungen unterhalten sollten. Das sind Australien und Neuseeland. Hier sollte das amerikanische Engagement über die üblichen materialistischen und ideologischen Erwägungen der Strategie, des Antikommunismus, der Selbstbestimmung und der Demokratie hinausgehen und auf den dauerhafteren und solideren Grundlagen der biologischen und kulturellen Verwandtschaft beruhen. Australien und Neuseeland, die von mehr als 21.400.000 Menschen überwiegend britischer Abstammung bewohnt werden, sind die letzte Grenze des Nordeuropäers, der nie wirklich glücklich ist, wenn er keine Grenze hat. Da es keine Asiaten, sondern nur einige steinzeitliche Ureinwohner auf der australischen Landmasse gab, als die Weißen kamen, können Chinesen, Japaner und andere Orientalen die Australier kaum beschuldigen, weiße Ausbeuter des gelben Mannes zu sein.[1107] Die Maoris haben es etwas besser mit den Briten in Neuseeland. Sie waren neun Jahrhunderte früher dort und machen zusammen mit anderen Polynesiern 8 oder 9 Prozent der Bevölkerung aus.

Australien verfolgte eine selektive Einwanderungspolitik, die darauf abzielte, die Bevölkerung des Landes bis zum Ende des Jahrhunderts zu verdoppeln oder zu verdreifachen, ohne jedoch die grundlegende rassische Zusammensetzung

---

[1107] Die Minderheit der australischen Ureinwohner beläuft sich heute auf 50.000 plus 150.000 Halbkastraten. Die Aborigines gehören zur eigenständigen Rasse der Australoiden, haben eine rußschwarze bis braune Färbung und zeichnen sich durch ihre wulstigen Brauen, die schräge Stirn und die vorspringenden Kiefer aus. Waschbär, *Die lebenden Rassen des Menschen*, S. 12, 310. Ihr niedriger Platz auf der menschlichen Evolutionsskala macht es selbst für den gleichgesinntesten Anthropologen schwierig, ihnen die gleichen geistigen Fähigkeiten zuzuschreiben wie den Weißen oder Mongoloiden.

des Landes zu verändern.[1108] Dieser vernünftige Plan eines homogenen Wachstums wurde durch den Wahlsieg der Labor-Partei im Jahr 1972 zunichte gemacht, die sofort die Politik des "weißen Australiens" zugunsten einer Politik der Aufnahme aller Hautfarben und Glaubensrichtungen aufgab. Seitdem sind jährlich etwa 25.000 bis 30.000 Nichtweiße ins Land gekommen, so dass sich die Gesamtzahl bis heute (1993) auf etwa 720.000 beläuft. Sowohl die konservative als auch die Labor-Partei haben wenig getan, um dem aus dem Westen einsickernden Gleichmachertum zu widerstehen, gegen das die großen Ozeane keinen Schutz bieten. Neuseeland hingegen hat mit seinen 3.400.000 Einwohnern, darunter 3.803 Juden, bisher einen viel geringeren Zustrom aus der Dritten Welt und Asien zu verzeichnen.

Australien ist auch heute noch einer der weißesten Flecken auf der zunehmend gesprenkelten Bevölkerungslandkarte der westlichen Zivilisation. Wenn irgendeine Nation strenge Einwanderungsbarrieren gegen Nicht-Weiße errichten sollte, dann ist es Australien, ein unterbevölkerter Kontinent, der in der südöstlichen Ecke des bevölkerungsreichsten Kontinents der Welt liegt. Wenn Australien es schafft, weiß zu bleiben, könnte es schließlich das Zentrum des fortschrittlichsten und authentischsten Ausdrucks westlichen Lebens werden, ein letzter Anlaufpunkt für jene Amerikaner und Nordeuropäer der Mehrheit, die es zugelassen haben, dass ihre eigenen Länder zu einem von Minderheiten geprägten Schlamassel wurden. Sollte es jedoch den gegenwärtigen westlichen Bevölkerungstrends folgen, könnte Australien in den Worten seines großen Dichters A. D. Hope "das letzte der Länder, das leerste... werden, wo Europäer aus zweiter Hand ängstlich am Rande fremder Küsten ziehen."

[1108] Im Jahr 1993 betrug die Bevölkerung Australiens 18 Millionen. Dem *Weltalmanach von 1981* zufolge gibt es 70.000 Juden in Australien, von denen einer, Zelman Cowen, bis 1982 Generalgouverneur war. Der frühere Premierminister Malcolm Fraser, ein Führer der Konservativen Partei, ist halbjüdisch. Robert Hawke, langjähriger Premierminister der Labour Party, ist ein überzeugter Pro-Zionist.

KAPITEL 35

Die Vereinigten Staaten und der Nahe Osten

Die genaue geografische Zusammensetzung des Nahen Ostens wurde von Kartenmachern, Historikern oder Experten für auswärtige Angelegenheiten nie verbindlich definiert oder vereinbart. Hier wird er - vielleicht zu umfassend - abgegrenzt als Iran, Irak, Jordanien, die arabische Halbinsel und die an das östliche Mittelmeer angrenzenden Länder, die im Uhrzeigersinn von der Türkei bis Marokko reichen. Im Nahen Osten soll der Mensch die Zivilisation erfunden haben. Im Nahen Osten könnten sich bekriegende Juden, Araber, Iraner oder ölhungrige Außenseiter eine nukleare Konfrontation provozieren, die einem Großteil der Zivilisation ein vorzeitiges Ende bereiten könnte.

Die Vereinigten Staaten waren bereits 1805 in Angelegenheiten des Nahen Ostens involviert, als Captain William Eaton, der einen Landangriff auf die Häfen der Barbary-Piraten leitete, eine Handvoll amerikanischer Marinesoldaten, Griechen, Beduinen und arabische Kameltreiber 500 Meilen durch die Wüste von Ägypten bis an den östlichen Rand des heutigen Libyens marschieren ließ, wo er die Stadt Derna eroberte.[1109] Zehn Jahre später zwang Stephen Decatur mit Hilfe eines amerikanischen Marinegeschwaders den Dey von Algier, keine Tribute mehr auf amerikanische Schiffe zu erheben und keine amerikanischen Seeleute mehr als Lösegeld zu fordern.[1110]

Mehr als ein Jahrhundert lang waren die amerikanischen Beziehungen zu den Nationen des Nahen Ostens im Großen und Ganzen wirtschaftlicher Natur, von geringer historischer Bedeutung und freundschaftlich. Erst nach dem Zweiten Weltkrieg, als die Vereinigten Staaten in die Lücke stießen, die das implodierende Britische Empire hinterlassen hatte, wurde der Nahe Osten zum ernsthaften Thema der amerikanischen Diplomatie. In der Truman-Doktrin (1947) wurde als Reaktion auf Stalins Wiederaufleben der zaristischen Pläne für Konstantinopel ein Teil eines Hilfsprogramms in Höhe von 400 Millionen Dollar für die Türkei bereitgestellt. Im Gegenzug für Waffen, Geld und umfassende militärische Unterstützung im Falle einer russischen Invasion wurden die Türken amerikanische Verbündete und räumten den Vereinigten Staaten das Recht ein, in ihrem Land Luftwaffenstützpunkte zu errichten.

[1109] Henry Adams, *History of the United States during the First Administration of Thomas Jefferson*, Boni and Liveright, New York, 1930, Buch II, S. 432, 488.

[1110] Kendrick Babcock, "The Rise of American Nationality", *The Historians' History of the United States*, Putnam, New York, 1966, S. 458.

Dann, 1948, gelang es der Koalition aus Liberalen und Minderheiten, den Dreh- und Angelpunkt der amerikanischen Nahostpolitik von der Türkei nach Israel zu verlagern. Die Balfour-Erklärung (1917), mit der sich die britische Regierung die Unterstützung des Weltjudentums im Ersten Weltkrieg erkauft hat, wurde bereits erwähnt.[1111] Es sollte nun hinzugefügt werden, dass Großbritannien, während es britische Unterstützung für ein jüdisches Heimatland in Palästina versprach, zwei Jahre zuvor, 1915, den Arabern ähnliche Versprechen gemacht hatte, um sie für den Kampf gegen die Türkei, Deutschlands Verbündeten im Nahen Osten, zu gewinnen.[1112] Die palästinensischen Araber, deren Land 400 Jahre lang von der Türkei beherrscht worden war, brauchten nicht lange zu drängen. Doch als der Krieg zu Ende war, die Türkei alle arabischen Gebiete verloren hatte und der Völkerbund Großbritannien das Mandat für Palästina erteilt hatte, unternahm die britische Regierung keinerlei Anstrengungen, um ihr Wort gegenüber einer der beiden Seiten einzulösen, abgesehen davon, dass sie eine bedrohliche Zunahme der zionistischen Einwanderung ins Heilige Land zuließ. Großbritannien hatte in der Tat ein Haus, das ihm nicht gehörte, an zwei verschiedene Käufer verkauft, wobei der vorherige Verkauf an die arabischen Bewohner erfolgt war.

Das Ausmaß und die Geschwindigkeit der zionistischen Einwanderung sind der Schlüssel zu allem, was folgte. Im Ersten Weltkrieg machten die Juden 10 Prozent der Bevölkerung Palästinas aus. Im Jahr 1940 gab es 456.743 Juden in Palästina - ein Drittel der Einwohner. Die restlichen zwei Drittel setzten sich aus 145 063 Christen und 1 143 336 Moslems zusammen, deren Vorfahren seit hundert Generationen in Palästina gelebt hatten.[1113] Nach einer Abwesenheit von fast 2.000 Jahren waren die Juden die Neuankömmlinge.

Die Verfolgung des europäischen Judentums durch die Nazis war der Auslöser für die weltweiten zionistischen Bemühungen, den glühenden Traum von Israel sofort Wirklichkeit werden zu lassen. Eine beispiellose weltweite Lobbykampagne, gewürzt mit zunehmenden Akten jüdischen Terrors,[1114] brachte die Briten schließlich dazu, Palästina an die Vereinten Nationen zu

---

[1111] Siehe S. 450-51.

[1112] Der britische Hochkommissar in Ägypten sicherte dem Emir von Mekka, dem späteren König von Hedschas, in dem als McMahon-Hussein-Korrespondenz bekannt gewordenen Briefwechsel formell die arabische Unabhängigkeit im Nahen Osten zu. Der Held des Ersten Weltkriegs und Wüstenkämpfer T. E. Lawrence war zutiefst empört über das, was sein Land seiner Meinung nach später an der arabischen Sache verraten hatte. Sachar, *The Course of Modern Jewish History*, S. 370-71, und Yale, *The Near East*, S. 243-44, 320.

[1113] Bevölkerungsstatistiken aus *Ency. Brit.*, Bd. 17, S. 133-34.

[1114] Die Stern- und Irgun-Banden, bewaffnet mit massenhaft gestohlenen amerikanischen Lend-Lease-Waffen, zogen wild durch Palästina und schossen britische Soldaten ab. Im Juli 1946 zündeten sie im Jerusalemer King David Hotel eine Bombe und töteten einundneunzig Menschen, zumeist Zivilisten. *Ency. Brit.*, Bd. 17, S. 136.

übergeben. Die Zionisten waren bereit. An dem Tag, an dem der letzte britische Hochkommissar Palästina verließ (14. Mai 1948), wurde Israel zu einem unabhängigen Staat erklärt. Die Anerkennung durch Präsident Truman erfolgte genau zehn Minuten später,[1115] trotz der schriftlichen Zusage von Präsident Roosevelt an König Ibn Saud von Saudi-Arabien (5. April 1945), dass die Vereinigten Staaten niemals etwas unternehmen würden, was sich als feindlich gegenüber dem arabischen Volk erweisen könnte.[1116]

Auch die Sowjetunion beeilte sich, Israel anzuerkennen, in der Hoffnung, dass die Unruhen zwischen Arabern und Juden dem Kommunismus den Zugang zu den ölreichen Wüstenländern erleichtern würden, die schon lange von den Zaren begehrt wurden. Selbst die Vereinten Nationen begrüßten Israel schließlich als ihr neunundfünfzigstes Mitglied (1949), obwohl israelische "Freiheitskämpfer" den UN-Vermittler, Graf Bernadotte, ermordet hatten und obwohl die Anwendung von Gewalt bei der Gründung Israels völlig im Widerspruch zu Buchstaben und Geist der UN-Charta stand.

Einen Monat vor der Gründung des zionistischen Staates brachen die seit Jahren andauernden Scharmützel zwischen Juden und Arabern in einen Krieg aus. Der kalkulierte jüdische Terroranschlag auf Deir Yassin am 9. April 1948, bei dem 254 arabische Frauen, Kinder und alte Männer wahllos abgeschlachtet wurden,[1117] löste einen arabischen Exodus aus, der schließlich 2,7 Millionen

---

[1115] Sachar, *The Course of Modern Jewish History*, S. 479.

[1116] Yale, op. cit., S. 402.

[1117] Alfred Lilienthal, *The Zionist Connection*, Dodd, Mead, New York, 1978, S. 254. Es ist nicht bekannt, ob die Soldaten, die dieses Massaker begangen haben, jemals bestraft wurden. Die meisten derjenigen, die an einer anderen Gräueltat beteiligt waren - der maschinellen Erschießung von neunundvierzig arabischen Dorfbewohnern, die in den Weiler Kafr Kassim zurückkehrten (29. Oktober 1956), darunter vierzehn Frauen mit Kindern auf dem Arm - kamen nach einem Prozess ungeschoren davon. Einige von ihnen wurden jedoch zu Gefängnisstrafen von einem Jahr verurteilt. Diese Strafen waren etwas milder als die, die Naziangeklagte bei den Nürnberger Prozessen ein Jahrzehnt zuvor erhielten. Interessanterweise gab es in den Nachrichtenmedien nicht den geringsten Aufschrei gegen die israelischen Kriegsverbrecher. *San Francisco Chronicle*, 10. Januar 1962, und Alfred Lilienthal, *The Other Side of the Coin*, Devin-Adair, New York, 1965, S. 21.920. Innerhalb Israels kam jedoch eine gewisse Besorgnis über die möglichen Folgen des militärischen Abenteurertums auf. Nach einem israelischen Angriff auf Jordanien im Februar 1951 fragten vier Professoren der Hebräischen Universität: "Ist das die jüdische Tradition, auf der der Staat Israel gegründet wurde? Ist dies die Achtung vor dem menschlichen Leben, für die das jüdische Volk stand, als es noch keine politische Nation war? Ist dies die Art und Weise, der Welt zu beweisen, dass unsere Nation das Prinzip der Gerechtigkeit hochhält?" Siehe den Artikel von William Ernest Hocking über Israel in *Christian Century*, 19. September 1951. Eine der schlimmsten und unverständlichsten Taten der Israelis war die Plünderung der Altstadt von Jerusalem im Krieg von 1967, die von Evan Wilson, dem US-Generalkonsul und Minister in Jerusalem,

Vertriebene (die ursprünglichen Flüchtlinge, ihre im Exil geborenen Kinder und die Flüchtlinge aus dem Krieg von 1967) umfasste.[1118] Da die meisten palästinensischen Araber und die Araber der Nachbarstaaten kaum über die feudalen Stufen der Gesellschaft hinausgekommen waren, waren sie den westlich orientierten Juden militärisch nicht gewachsen, deren ranghöchste Offiziere sowohl geistig als auch körperlich oft näher am Nordeuropäer waren als an jedem jüdischen Stereotyp.[1119]

Heute sind die palästinensischen und jüdischen Anteile an der Bevölkerung Israels fast genau das Gegenteil von dem, was sie vor fünfzig Jahren waren. Mehr als die Hälfte der 4.150.000 Millionen israelischen Juden (Schätzung von 1993) sind Schwarzim, dunkle Juden aus Nordafrika und Asien, die nach dem Zweiten Weltkrieg eingewandert sind[1120] und die die helleren europäischen Elemente rasch überflügeln. Die Einwanderung hat nur teilweise dazu beigetragen, dieses rassische Ungleichgewicht auszugleichen. Jahrelang überstieg die Zahl der Juden, die Israel verließen, die Zahl der Neuankömmlinge,[1121] und die meisten derjenigen, die das Land verließen, gingen direkt in die Vereinigten Staaten.[1122] Dann kam Michail Gorbatschow,

---

in seinem Buch *Key to Peace*, The Middle East Institute, Washington, D.C., 1970, S. 111, beschrieben wird.

[1118] Eine Zählung des Außenministeriums von 1982 ergab 4,3 Millionen Palästinenser weltweit: 530.600 in Israel selbst, 818.300 im besetzten Westjordanland, 476.700 im Gazastreifen, 1.160.800 in Jordanien, 347.100 im Libanon, 215.500 in Syrien, 278.800 in Kuwait, 127.000 in Saudi-Arabien, 34.700 in den Vereinigten Arabischen Emiraten, 22.500 in Katar, 10.200 in den Vereinigten Staaten und 218.000 anderswo.

[1119] Die härteste Schicht des europäischen Judentums ging in der Pionierzeit um die Jahrhundertwende nach Palästina, als die meisten Juden nach New York gingen. Sabras, gebürtige jüdische Palästinenser, bringen ihren eigenen "inneren Rassismus" zum Ausdruck, indem sie darauf bestehen, dass sie Israelis und keine Juden sind. Die Seltenheit erkennbarer jüdischer Merkmale in Israel wird durch eine beliebte israelische Anekdote veranschaulicht - die Antwort eines Touristen auf die Frage, wie ihm Israel gefalle. "Gut", sagte er, "aber wo sind die Juden?" Robert Ardrey, *The Territorial Imperative*, Atheneum, N.Y., 1966, S. 310.

[1120] J. Robert Moskin, "Vorurteile in Israel", *Look*, 5. Oktober 1965, S. 56-65. Die Schwarzim beschuldigen die europäischen Juden der Diskriminierung, weil diese die meisten der wichtigen staatlichen Stellen besetzen. Wie in Amerika haben die dunkelhäutigen Mitglieder der Bevölkerung einige Unruhen angezettelt, um ihrem Unmut und ihrer Frustration Ausdruck zu verleihen.

[1121] Die Orientalisierung Israels stört Außenminister Abba Eban nicht. "Unsere kulturelle Zukunft", erklärte er, "liegt im Sieg der bestehenden Kultur, die in ihren Wurzeln europäisch und in ihrem Gewand hebräisch ist." Ibid.

[1122] Der Kongress bewilligte zusätzliche zweistellige Millionenbeträge, um die Übersiedlung der sowjetischen Juden nach Israel und in die Vereinigten Staaten zu finanzieren.

der den Westen umwarb, indem er die Einwanderungstore öffnete. Die sowjetischen Juden strömten zu Zehntausenden nach Israel. Einige Demographen sagen voraus, dass es letztendlich bis zu einer Million sein könnten.

Die amerikanischen Juden, die sich im Geiste fast vollständig Israel verschrieben haben, haben es vorgezogen, den jüdischen Staat zu unterstützen, indem sie ihr Portemonnaie öffneten, anstatt den arabischen Kugeln auszuweichen. Nur 100 amerikanische Juden (Stand: 1969) dienten in den israelischen Streitkräften.[1123] Finanziell gesehen sind die Beiträge amerikanischer Juden für Israel jedoch überwältigend. Das Gleiche gilt für die Beiträge der amerikanischen Regierung. Der Senator von Virginia, Robert Byrd, gab 1992 im Senat bekannt, dass sich die gesamte US-Hilfe für Israel zwischen 1949 und 1991 auf 53 Milliarden Dollar belief.[1124] In dieser enormen Summe sind die Darlehensgarantien in Höhe von 10 Mrd. Dollar, die Milliarden an versteuerten und unversteuerten Zuschüssen von Privatpersonen und Stiftungen sowie der jährliche Tribut von 2,1 Mrd. Dollar an Ägypten für den Friedensschluss mit Israel nicht enthalten. Auch die Milliarden von Dollar, die durch den Verkauf von Israel-Bonds eingenommen wurden, oder die Hunderte von Millionen, wenn nicht Milliarden Dollar, die durch besondere Einfuhrprivilegien, den bevorzugten Kundenstatus für den Kauf aus Regierungsbeständen und Patent- und Lizenzvereinbarungen erzielt wurden, sind darin nicht enthalten.[1125]

Praktisch unbekannt ist der amerikanischen Öffentlichkeit die enorme Summe an Reparationen, die Westdeutschland vor der Wiedervereinigung mit Ostdeutschland an Israel und Juden in aller Welt gezahlt hat, da sich die kommunistischen Bosse weigerten, dem jüdischen Staat auch nur einen roten Pfennig zu zahlen. Die *Wiedergutmachung*, wie sie genannt wurde, belief sich

---

[1123] *World Press Review,* WNET, New York, 3. November 1969. Amerikanische Juden können in die israelische Armee eintreten und trotzdem ihre amerikanische Staatsbürgerschaft beibehalten.

[1124] *The Washington Report on Middle East Affairs,* April/Mai 1994, S. 75. Im Gegensatz dazu kostete der Marshall-Plan zum Wiederaufbau Westeuropas nach dem Zweiten Weltkrieg etwa 12 Milliarden Dollar.

[1125] Ein Großteil der finanziellen und militärischen Hilfe war unfreiwillig. Die meisten amerikanischen Steuerzahler hätten die steuerliche Absetzbarkeit der privaten Geschenke an Israel oder viele der Zuschüsse des Kongresses niemals genehmigt. Nicht wenige Mitglieder der Gewerkschaften United Auto Workers und Teamsters sind mit den umfangreichen Käufen von niedrig verzinsten Israel-Anleihen durch die Direktoren der gewerkschaftlichen Pensionsfonds nicht einverstanden. Sie fragen sich, warum ein Teil ihrer Beiträge in ein Land investiert wird, das technisch gesehen bankrott ist, das eine immense und unüberschaubare Staatsverschuldung hat und das zeitweise Inflationsraten im dreistelligen Bereich aufwies.

auf fast 54 Milliarden Dollar, bevor das Reparationsprogramm auslief.[1126] Im Laufe dieser Zahlungen - die in der Geschichte sowohl im Umfang als auch in der Höhe der an Einzelpersonen gezahlten Beträge beispiellos sind - schwankte der Wert der Mark zwischen 23 Cent und 56 Cent. Wenn man die finanziellen Aufwendungen des übrigen Weltjudentums zu den amerikanischen und westdeutschen Beiträgen hinzurechnet, ist es keine Übertreibung zu sagen, dass in etwas mehr als drei Jahrzehnten fast 110 Milliarden Dollar an eine Nation von der Größe Massachusetts mit einer Bevölkerung so groß wie Tennessee überwiesen wurden.

In den vielfältigen Diskussionen und Debatten über den "Dollar-Drain" und die "Steuerschlupflöcher" wurden nur sehr wenige Anstrengungen unternommen, um die amerikanische Finanzhilfe für Israel zu kürzen, eine der wichtigsten Quellen des Drains und eines der größten Steuerschlupflöcher. Die Einkäufe amerikanischer Touristen im Ausland werden eingeschränkt und die Freibeträge für die Ölförderung reduziert. Steuervergünstigungen werden erbittert angegriffen. Aber staatliche Zuschüsse, Darlehensgarantien und steuerfreie Gelder fließen nach wie vor in Strömen nach Israel, ohne dass auch nur ein Mucks der Kritik zu hören ist - Geld, das nicht nur dem Fiskus der Vereinigten Staaten entgeht, so dass jeder Amerikaner ein wenig mehr Steuern zahlen muss, sondern Geld, das dem Land insgesamt entgeht, so dass der Dollar geschwächt wird und sich die Zahlungsbilanz verschlechtert.

Der Internal Revenue Service ist nicht die einzige Regierungsbehörde, die die Grenzen ihrer Befugnisse überschritten hat, um der Sache des Zionismus zu helfen. In den hektischen Tagen vor der Gründung Israels hat das FBI die Einrichtung eines geheimen zionistischen Rundfunksenders an der Ostküste und den Ausbruch von Waffenschmuggel und anderen Verstößen gegen die amerikanischen Neutralitätsgesetze mit einem Augenzwinkern beobachtet.[1127]

[1126] *Chicago Sentinel*, 25. Dezember 1980, S. 6. Tatsächlich sind die Reparationen nicht beendet. Die deutsche Wiedervereinigung brachte Ostdeutschland ins Spiel. Es wird nun versucht, Juden für ihr Eigentum zu entschädigen, das sie an die Nazis und später an die Kommunisten verloren haben. Auch Juden, die aus dem einen oder anderen Grund nicht in den Genuss der *Wiedergutmachung gekommen sind, haben* eine weitere Chance erhalten, Reparationen zu beantragen.

[1127] Nachdem zwei zionistische Agenten an der kanadischen Grenze wegen Waffenschmuggels verhaftet worden waren, verschaffte Robert Nathan, ein Assistent des Weißen Hauses, ihnen ein persönliches Gespräch mit FBI-Direktor J. Edgar Hoover, der ihnen seine Zusammenarbeit anbot. Leonard Slater, *The Pledge*, Simon and Schuster, New York, 1970, S. 75-76. Hank Greenspun, ein Verleger aus Las Vegas, wurde verurteilt, weil er Kisten mit Gewehrläufen für Israel aus einem U.S. Naval Supply Depot in Hawaii gestohlen hatte, doch weder er noch ein anderer amerikanisch-jüdischer Waffenhändler, der sich ähnlicher Anschuldigungen schuldig gemacht hatte, verbrachte jemals einen Tag im Gefängnis. Der einzige, der wegen illegaler Beschaffung von Waffen für Israel ins Gefängnis kam, war Charlie Winters, ein Protestant. William Horowitz, der

Rudolph Sonneborn, der millionenschwere Chef von Witco Chemical, gründete in New York City so etwas wie den amerikanischen Zweig der Haganah, der zionistischen Untergrundorganisation. Fünfhundert amerikanische und kanadische Flieger, viele von ihnen Nichtjuden, stellten die israelische Luftwaffe zusammen, als Palästina noch unter britischer Herrschaft stand. Drei Offiziere der US-Armee dienten in der Haganah unter dem Kommando von Stabschef Yaacov Dori, als die Zionisten ihren militärischen Angriff gegen die britischen Besatzungstruppen eröffneten. Mitglieder des Office of Strategic Services unterrichteten zionistische Agenten in einer geheimen Spionageschule in New York City in der Verwendung von Chiffren und Codes.[1128] Es war alles sehr galant und aufregend, außer dass es mit der Vertreibung einer friedlichen, landwirtschaftlichen Bevölkerung aus ihrer alten Heimat endete und eine schwärende internationale Wunde schuf, deren Heilung Jahrzehnte, wenn nicht Jahrhunderte, dauern wird.

Während viele dieser Ereignisse stattfanden, war James Forrestal, Verteidigungsminister in der Truman-Regierung, das einzige Kabinettsmitglied, das sich öffentlich gegen den Zionismus aussprach. In Kassandra-Manier und mit gleicher Wirkung warnte er vor den geopolitischen Folgen der amerikanischen Unterstützung eines anachronistischen Imperialismus und Kolonialismus, der in den Ländern der Dritten Welt Erinnerungen an Tropenhelme und Schlagstöcke wachrief - genau die Länder, denen das Außenministerium damals Amerikas friedliche, antiimperialistische und antikolonialistische Absichten versicherte. Die Verunglimpfungen, die Forrestal von Presse und Rundfunk erhielt, waren einer der Faktoren, die zu seinem Selbstmord führten.[1129]

Dean Acheson, damals stellvertretender Außenminister und äußerst aktiv in auswärtigen Angelegenheiten, entschied sich, Forrestal nicht zu unterstützen, und setzte Trumans pro-israelische Politik gehorsam um, obwohl er später freimütig zugab, dass sie gegen die "Gesamtheit der amerikanischen Interessen" im Nahen Osten gerichtet war.[1130] Etwa zwanzig Jahre später erklärte Acheson auch, dass Truman sich nicht, wie der britische Außenminister Bevin behauptet hatte, für Israel eingesetzt habe, um die jüdische Wählerschaft zu gewinnen. Acheson zufolge erklärte sich Trumans Pro-Israel-Haltung durch seine

---

tief in diese ungesetzlichen Operationen verwickelt war, ist heute Bankier und Mitglied der Yale Corporation, des Leitungsgremiums der Yale University. Ebd., S. 59.

[1128] Ebd., S. 22, 101-3, 117, 309.

[1129] Siehe Fußnote 42, S. 326.

[1130] Dean Acheson, *Present at the Creation,* Norton, New York, 1969, S. 169. Die Presse hat Acheson nie für seine Kleinmütigkeit kritisiert, mit der er sich weigerte, für die Nahostpolitik zu kämpfen, an die er glaubte. Aber sie lobte ihn für seinen Mut, als er die denkwürdige Erklärung abgab: "Ich werde Alger Hiss nicht den Rücken kehren."

Freundschaft mit Eddie Jacobson, seinem früheren Partner in einem kurzlebigen Kurzwarengeschäft in Kansas City.[1131]

Seit der Gründung Israels bis heute hat die zionistische Propaganda das amerikanische Denken so sehr durchdrungen und beherrscht, dass führende Persönlichkeiten in fast allen Bereichen des öffentlichen Lebens jede Vernunft und jedes Urteilsvermögen, ganz zu schweigen von ihrer intellektuellen Integrität, aufgeben, sobald sich die Diskussion um den Nahen Osten dreht.[1132] Dieselben Pädagogen, die auf die Aufhebung der Rassentrennung an amerikanischen Schulen drängen, haben Israel, das für seine arabische Minderheit getrennte Schulen eingerichtet hat, nachdrücklich unterstützt. Dieselben Kirchenmänner und Laien, die die Trennung von Kirche und Staat, die Gleichheit der Geschlechter und die Ablehnung jeglicher rassischer oder religiöser Tests für die Heirat predigen, stehen geschlossen hinter Israel, wo Kirche und Staat eins sind, wo interreligiöse Eheschließungen verboten sind und wo Frauen, die in orthodoxen Synagogen beten, hinter abgeschirmten Galerien untergebracht sind.

Dieselben "Ein-Weltler", die die Vereinten Nationen gegründet haben, hatten nur Gutes über die zionistische Diplomatie zu sagen, die fast alle UN-Resolutionen zu Israel mit Füßen getreten hat.[1133] Dieselben "anständigen" Liberalen, die an die Selbstbestimmung der Völker und die friedliche Schlichtung internationaler Streitigkeiten glauben, haben einer Nation, die auf der altmodischen, blutigen und eisernen Taktik der Eroberung und der militärischen Zerstreuung der Eingeborenen beruht, ihre uneingeschränkte Zustimmung gegeben. Dieselben Leitartikler, die die autokratischen Führer der

---

1131 Ibid. Ein führender jüdischer Gelehrter ist mit der Acheson-Theorie nicht ganz einverstanden. Howard Sachar behauptet, dass Präsident Truman auch durch den Druck so bedeutender amerikanischer Juden wie Gouverneur Herbert Lehman von New York, Jacob "Jake" Arvey, politischer Chef in Chicago, und David Niles, Roosevelts und Trumans Sonderassistent für Minderheitenangelegenheiten, für die israelische Sache gewonnen wurde. *Der Lauf der modernen Geschichte*, S. 471.

1132 "Die zionistische Propaganda in diesem Land war so mächtig, so verächtlich gegenüber Zwängen..., dass die wenigen Stimmen, die sich zur Kritik daran erhoben, kaum gehört wurden." *San Francisco Examiner, Book Week*, 23. Mai 1965, S. 15. Die vielleicht wirksamste dieser "wenigen Stimmen" ist die des unermüdlichen antizionistischen Juden Alfred Lilienthal. Die offenste jüdische antizionistische Gruppe, der American Council for Judaism, verlor ein Jahr nach der Gründung Israels 80 Prozent seiner Mitglieder. Im Juni 1967 unterstützten die meisten ihrer prominenten Mitglieder Israel ebenso hingebungsvoll wie die glühendsten Zionisten. Yaffe, a.a.O., S. 186-88, und *Commentary*, August 1967, S. 70. Das Leitmotiv des jüdischen Antizionismus entspringt der Befürchtung, dass der Zionismus auf lange Sicht den Antisemitismus eher verstärken als verringern wird.

1133 Als sich die UNO mit der Abstimmung "Zionismus ist gleich Rassismus" scharf gegen Israel wandte, wandten sich die amerikanischen Liberalen gehorsam gegen die UNO.

antikolonialen und sozialistischen Nationen bewunderten, haben den verstorbenen ägyptischen Präsidenten Nasser, den antikolonialen sozialistischen Führer par excellence, in einen modernen Hitler verwandelt. Dieselben Meinungsmacher, die Südvietnams Vizepremier Ky einen Schlächter nannten, bejubelten - wann immer die israelische Außenpolitik dies verlangte - den erzreaktionären König Hussein von Jordanien, als seine Beduinen-Söldner Artillerieschläge auf palästinensische Flüchtlingslager abfeuerten. Dieselben Schriftsteller, Maler und Musiker, die sich über die geringste Einschränkung des künstlerischen Ausdrucks empören, haben nichts als Lob für ein Land übrig, das die Musik von Wagner und Richard Strauss offiziell verboten hat.[1134] Dieselben Pazifisten, die in den Vereinigten Staaten so erbittert gegen die Wehrpflicht gekämpft haben, applaudieren lautstark einer Regierung, die nicht nur alle arbeitsfähigen Männer zwischen 18 und 26 Jahren für 26 Monate einberuft, sondern auch unverheiratete Frauen derselben Altersgruppe für 20 Monate.

Als 1967 die Wiederholung des periodischen arabisch-israelischen Konflikts bevorstand, schien das liberale Minderheiten-Establishment jeglichen Kontakt zu Logik und Rationalität zu verlieren und verfiel in eine Art stammelnde Schizophrenie. Der führende Verfechter der Gewaltlosigkeit, Reverend Martin Luther King Jr., forderte Amerika auf, notfalls auch Gewalt anzuwenden, um die Straße von Tiran offen zu halten, die Nasser für Schiffe gesperrt hatte, die strategische Kriegsgüter zum israelischen Hafen Elath brachten.[1135] Darüber hinaus warfen Mitglieder von Friedensgruppen ihre Plakate weg und demonstrierten gemeinsam mit Kriegsgruppen.[1136] Senator Wayne Morse, die führende Taube im Senat, stand auf und sagte, die US-Marine solle "mit wehenden Fahnen" in den Golf von Akaba fahren.[1137] Der verstorbene Robert Kennedy, der gerade damit beschäftigt war, sich ein Antikriegsimage für das Präsidentschaftsrennen 1968 zuzulegen, trat fast ebenso stark auf. Die ideologische Kehrtwende der prominentesten Intellektuellen und Politiker Amerikas war so vollständig, das Orwellsche Doppeldenken und die Doppelzüngigkeit so unglaublich, dass man glauben konnte, Amerika sei verrückt geworden.

Das warme Gefühl der amerikanischen Juden für Israel ist verständlich.

Ihr totalitäres Engagement für den Zionismus hat jedoch zu einem schwerwiegenden Interessenkonflikt in Bezug auf ihre Pflichten und Verantwortlichkeiten als amerikanische Bürger geführt. Französische und russische Beamte, denen eine gewisse Meinungsfreiheit in dieser Frage

---

[1134] *San Francisco Chronicle*, 18. Juni 1966, S. 34.

[1135] *New York Times*, 28. Mai 1967, S. 4. Beide Seiten der Meerenge, die das Rote Meer vom Golf von Akaba trennt, waren arabisches Gebiet.

[1136] *Time*, 2. Juni 1967, S. 11.

[1137] Ebd.

zugestanden wird, haben bereits die gespaltene Loyalität ihrer Zionisten und zionistischen Unterstützer in Frage gestellt.[1138] In Amerika hingegen müssen die folgenden Fragen noch gestellt - und in aller Stille beantwortet - werden: Wie amerikanisch ist der amerikanische Bürger, der eine Außenpolitik durchgesetzt hat, die in wenigen Jahren die Vereinigten Staaten, einst ihr fester Freund, zum Feind vieler der 130 Millionen Araber und vieler der 546 Millionen Moslems in der Welt gemacht hat?[1139] Wie amerikanisch ist der amerikanische Bürger, der wissentlich ein Programm des militärischen Abenteurertums gefördert und finanziert hat, das radikalen Arabern eine unerhörte Gelegenheit gibt, die amerikanischen Interessen im Nahen Osten zu diskreditieren, einem Gebiet, das zwei Drittel der nachgewiesenen Ölreserven der Welt enthält?

Die pro-zionistische Politik, die Amerika bereits die Freundschaft eines großen Teils der arabischen Welt und den Respekt eines Großteils der muslimischen Welt gekostet hat, hat noch einen viel höheren Preis. Es wurde bereits darauf hingewiesen, dass die Koalition aus Liberalen und Minderheiten einen Krieg nur dann uneingeschränkt unterstützen wird, wenn er liberalen und minderheitlichen Zielen dient. Da diese beiden notwendigen Voraussetzungen im Nahen Osten seit der Gründung Israels gegeben sind, war Amerikas militärische Verstrickung unvermeidlich. Die Nachrichtenmedien wurden schnell vom und für den Zionismus kooptiert, und hinter den Zionisten standen die Kriegslobbys und ihre politischen Gefolgsleute. Die B'nai B'rith, die sich selbst als religiöse und wohltätige Organisation bezeichnet und von steuerlich absetzbaren Beiträgen lebt, arbeitete rund um die Uhr daran, dass fast jedes wichtige Mitglied der Exekutive und Legislative der Bundesregierung vorbehaltlos im israelischen Lager stand. Andere offizielle oder inoffizielle zionistische Lobbys hielten ein ständiges Propagandasperrfeuer aufrecht, nicht nur auf die Politiker, sondern auf

[1138] In einem Artikel in *Le Monde* fragte sich René Massigli, ehemaliger französischer Botschafter in London, nach der Loyalität der französischen Juden, insbesondere nach ihrer Gleichgültigkeit gegenüber dem Medienangriff amerikanischer Juden auf den französischen Präsidenten Pompidou. *New York Times*, 2. März 1970, S. 15.

[1139] Antisemitische Handlungen werden in den USA zwar nicht geduldet, antiarabische Handlungen hingegen schon. Im Jahr 1966 wurde König Faisal von Saudi-Arabien, einer der wenigen verbliebenen arabischen Freunde Amerikas im Nahen Osten, bei einem Besuch in New York City offiziell brüskiert. Bürgermeister Lindsay weigerte sich, ihm einen offiziellen Empfang zu geben, aus Angst, seine jüdische Wählerschaft zu beleidigen. *New York Times*, 24. Juni 1966, S. 1. Noch unhöflicher war Lindsay während des Besuchs des französischen Präsidenten Pompidou Anfang 1970. Er weigerte sich nicht nur, Pompidou zu begrüßen, sondern flüchtete nach Washington und blieb dort, während der französische Präsident in New York war. In Chicago wurde Madame Pompidou von jüdischen Streikposten bespuckt, angerempelt und beschimpft, die sich nicht scheuten, einen ernsten Zwischenfall mit Amerikas ältestem Verbündeten heraufzubeschwören, um ihrem Unmut über Frankreichs Verkauf von Jagdbombern an Libyen Luft zu machen. *New York Times*, 3. März 1970, S. 28. Als die israelische Premierministerin Golda Meir Ende 1969 in New York eintraf, wurde sie von Lindsay mit einer modernen Version eines römischen Triumphes beglückt.

prominente Amerikaner in allen Lebensbereichen. Senatoren, die Zehntausende von Dollar dafür erhalten haben, dass sie auf jüdischen Benefizveranstaltungen sprechen, stimmten für riesige Schenkungen amerikanischer Schätze an Israel.[1140] In früheren Zeiten hätte man dies Bestechung genannt. Heute nennt man das clevere Politik.

Einen Vorgeschmack auf das, was jüdische Interessengruppen für das amerikanische Volk in künftigen Nahostkonflikten auf Lager hatten, lieferte die Medienberichterstattung über den "Sechstagekrieg" von 1967.[1141] Obwohl die Israelis am Morgen des 5. Juni 1967 einen kombinierten Luft-, Land- und Seeangriff auf Ägypten starteten, dauerte es mehrere Tage, bis die amerikanische Öffentlichkeit erfuhr, wer wen angegriffen hatte. Überall im Nahen Osten waren Presse-, Rundfunk- und Fernsehkorrespondenten unterwegs, die auf den Ausbruch der Feindseligkeiten vorbereitet waren. Doch niemand schien zu wissen, was vor sich ging.[1142] Die Strategie war offensichtlich. Die israelische Aggression sollte so lange wie möglich verheimlicht werden. Als jedoch Ägypten und Syrien 1973 als erste angriffen, brandmarkten die Medien sofort die Araber als Aggressoren.

Die ersten militärischen Erfolge der ägyptischen Streitkräfte im Jahr 1973 lösten in der amerikanisch-jüdischen Gemeinschaft einen weiteren zyklischen Ausbruch von Hysterie aus. Die Öffentlichkeit wurde mit dem Schauspiel konfrontiert, dass Bella Abzug, die supergläubige Kongressabgeordnete aus New York City, mit einer Handvoll Fotos von Gräueltaten herumwedelte, um für Israels Kriegsanstrengungen zu werben, und dass Senator Edward Kennedy

---

1140 In ihrer Laufbahn als Senatoren (bis Juni 1994) gaben Pro-Israel-PACs Frank Lautenberg (D-NJ) 376.388 $; Joseph Lieberman (D-CT) 132.258 $; Robert Kerrey (D-NE) 173.500 $; Harris Wofford (D-PA) 134.650$; Richard Bryan (D-NV) 143.260$; Paul Sarbanes (D-MD) 108.000$; Kent Conrad (D-ND) 166.439$; James Sasser (D-TN) 155.750$; Connie Mack (R-FL) 98.422$. *Washington Report on Middle East Affairs*, Juli/August 1994.

1141 In Wirklichkeit handelte es sich um eine sechstägige Schlacht im arabisch-israelischen Krieg, der bereits einundzwanzig Jahre alt war. Hätten die heutigen Schlagzeilenschreiber im vierzehnten Jahrhundert gelebt und wären sie so pro-englisch gewesen, wie sie heute pro-zionistisch sind, hätten sie die Schlacht von Crécy, die den Hundertjährigen Krieg zwischen England und Frankreich eröffnete, wahrscheinlich als "Ein-Tages-Krieg" bezeichnet.

1142 Bis heute glauben viele Amerikaner tatsächlich, dass die Ägypter die Schlacht begonnen haben. Sowohl während als auch nach den Kämpfen im Juni 1967 erschienen in der Presse nur wenige Berichte über das Leid der Araber, obwohl die Stadt Suez durch Bomben, Artilleriegranaten und Napalm praktisch zerstört und ihre Bevölkerung von 268.000 auf 10.000 reduziert wurde. In der Stadt Ismailia wurde fast jedes Gebäude dem Erdboden gleichgemacht, und fast die gesamte Bevölkerung von 100.000 wurde gezwungen, die Stadt zu verlassen. *Time*, 17. Mai 1971, S. 28. Man kann sich gut vorstellen, was die Medien getan hätten, wenn die Qualen von Ismailia Tel Aviv oder Haifa heimgesucht hätten.

dafür stimmte, dem zionistischen Staat dasselbe Napalm und dieselben Antipersonenbomben zur Verfügung zu stellen, die ihn so empört hatten, als sie in Vietnam eingesetzt worden waren.[1143]

Obwohl Präsident Nixon von der Arabischen Liga ausdrücklich gewarnt worden war, dass die amerikanische Militärhilfe für das umkämpfte Israel zu einem Ölembargo führen würde, wurden in einer der größten Lufttransporte aller Zeiten riesige Mengen an amerikanischen Waffen und Material nach Israel geschickt. Der anschließende arabische Ölstopp führte zum Verlust von einer halben Million amerikanischer Arbeitsplätze, verringerte das amerikanische BSP um 35 bis 45 Milliarden Dollar und beschleunigte die weltweite Inflation.[1144] Heute, wo Amerika etwa die Hälfte seines Öls importiert, verglichen mit 35 Prozent in den frühen 70er Jahren, könnte ein weiteres massives militärisches Eingreifen der Vereinigten Staaten auf der Seite Israels ein weiteres Embargo auslösen, das dieses Mal große Teile der westlichen, wenn nicht sogar der amerikanischen Wirtschaft zum Stillstand bringen könnte. Dennoch blieb die politische und mediale Unterstützung Israels hoch, auch wenn nach den Massakern von Schatila und Sabra im Anschluss an die israelische Invasion im Libanon und dem Tod von 241 Marinesoldaten in einer Beiruter Kaserne die Temperatur um einige Grad sank. Der Tod von 248 G.I.s bei einem Flugzeugabsturz in Neufundland auf dem Heimweg vom Sinai im Jahr 1985, wo die USA jetzt eine ständige Truppe als Schutzschild für Israel unterhalten, war ebenfalls eine Verschwendung von amerikanischen Leben.

Die Abkommen von Camp David (1978), die von der Carter-Administration als eine der großen Errungenschaften der amerikanischen Außenpolitik gepriesen wurden, waren kaum mehr als eine Verzögerungsaktion, die viele arabische Staaten verärgerte und Ägypten, das (wie lange noch?) von der arabischen Sache abrückte, einige verlorene Wüstengebiete, einige neuere Waffen für seine Streitkräfte und Milliarden von Dollar für seine knarrende Wirtschaft bescherte. Die hochgesteckten Ziele von Camp David konnten unmöglich erreicht werden, weil Israel große Schwierigkeiten hätte, einen wirklich autonomen palästinensischen Staat in seinen Grenzen zu akzeptieren, und den palästinensischen Forderungen nach Rückgabe ganz oder teilweise Jerusalems niemals nachkommen würde. Die palästinensische Führung wird, egal was sie versprochen hat, niemals die Hoffnung aufgeben, die unterdrückerischen Eindringlinge ins Meer zu treiben. Bei dem aussichtslosen Versuch, diese unlösbare außenpolitische Sackgasse zu überwinden, hat das amerikanische Establishment im letzten halben Jahrhundert einen Großteil seiner Diplomatie und einen Großteil seiner Schätze aufgewendet.

Camp David und die vielen friedensstiftenden Bemühungen, die ihm vorausgingen und folgten, könnten noch am Leben sein - wenn die Vereinigten

[1143] *Miami Herald*, 26. Dezember 1975, S. 7A.

[1144] *Christian Science Monitor*, 17. Mai 1977, S. 3.

Staaten in ihrem Umgang mit Israelis und Arabern unparteiisch gewesen wären. Aber Amerika konnte kaum die Rolle des "ehrlichen Maklers" spielen, solange die jüdische Lobby und ihre Freunde in hohen Positionen sich weigerten, amerikanische Beamte mit der Palästinensischen Befreiungsorganisation sprechen zu lassen. Wie kann man einen Streit schlichten, wenn es verboten ist, mit einer der Streitparteien zu sprechen? Als der UN-Botschafter Andrew Young ein kurzes Gespräch mit einem PLO-Vertreter führte, wurde er fristlos entlassen, obwohl er das Symbol für Präsident Carters politische Verbindung zu den amerikanischen Schwarzen war. Besser als tausend Zeitungsberichte oder Zeitschriftenartikel verdeutlichte die Entlassung von Young die relative Macht der jüdischen und der schwarzen Minderheit.

Zwei Monate vor der Unterzeichnung des ägyptisch-israelischen Friedensvertrags im März 1979 erlitt Israel einen Rückschlag, als die Iraner den Schah, der den jüdischen Staat mit Öl versorgt hatte, vertrieben und durch eine Clique antizionistischer Mullahs unter Führung von Ayatullah Khomeini ersetzten. Ein Jahr später jedoch war der sowjetische Einmarsch in Afghanistan ein kurzfristiger Segen für Israel, ebenso wie der irakische Krieg gegen den Iran. Beide Konflikte lenkten die arabischen Staaten und die PLO von ihrem Kampf gegen den Zionismus ab.

Eines der größten Hindernisse auf dem Weg zur Stabilisierung des Nahen Ostens ist das Verhalten der amerikanischen Medien. 1967 lieferten Presse und Fernsehen einen eindeutigen Beweis für ihre zionistische Voreingenommenheit, indem sie den vorsätzlichen israelischen Angriff auf die Liberty, ein unbewaffnetes amerikanisches Kommunikationsschiff, herunterspielten. Vierunddreißig Amerikaner wurden bei wiederholten Bomben-, Raketen-, Napalm- und Torpedoangriffen an einem hellen, sonnenbeschienenen Tag getötet und 171 verwundet, während das leicht identifizierbare Schiff eine überdimensionale amerikanische Flagge trug. Nach Bekanntwerden der Fakten erhoben nicht mehr als ein oder zwei wichtige Persönlichkeiten des öffentlichen Lebens ihre Stimme zum Protest - ein seltsames und einzigartiges Schweigen in einer Nation, die sich einst so sehr um die Freiheit der Meere und die Sicherheit ihrer Schifffahrt sorgte.[1145] Der Untergang der *Maine* im Hafen von Havanna im

---

[1145] Bei der *Liberty* handelte es sich um ein elektronisches Überwachungsschiff, das zur Beobachtung des israelischen Angriffs auf Ägypten entsandt worden war, dem Präsident Johnson offenbar zugestimmt hatte. Die Beschlagnahmung syrischen Territoriums ging jedoch über diese Vereinbarung hinaus. Da die Israelis ihre Pläne gegen Syrien geheim halten wollten, beschlossen sie, die einzige Kommunikationsquelle in dem Gebiet zu zerstören, die ihre Schlachtpläne vor ihrer Verwirklichung hätte aufdecken können. Nachdem er von einem so genannten Verbündeten so dreist überlistet, getäuscht und verraten worden war, beschloss Johnson dennoch, diese schändlichste Episode in den Annalen der amerikanischen Marine zu vertuschen, und ging sogar so weit, amerikanische Jets zurückzurufen, die der *Liberty zu* Hilfe eilten. James M. Ennes, Jr., *The Assault on the Liberty*, Random House, New York, 1980, und Jim Taylor, *Pearl Harbor II*, Mideast Publishing House, Washington, D.C., 1980.

Jahr 1898 war ein *casus belli*. Der Angriff auf die *Chesapeake*, der nur drei Amerikaner das Leben kostete, führte zu Jeffersons Embargo für den gesamten Außenhandel. Der Untergang der in britischem Besitz befindlichen *Lusitania*, die 139 Amerikaner in den Tod riss, hätte beinahe zu einer Kriegserklärung an Deutschland geführt. Die Versenkung des amerikanischen Kanonenboots *Panay* durch japanische Kampfflugzeuge in chinesischen Gewässern im Jahr 1937 und die Kaperung der *USS Pueblo* durch Nordkoreaner im Jahr 1968 führten zu schweren Krisen in den Beziehungen der USA zu den beiden beteiligten Ländern. Aber ein direkter Angriff auf ein amerikanisches Marineschiff durch eine fremde Nation im Jahr 1967 führte weder zu Empörung noch zu Vergeltungsmaßnahmen.[1146]

Die amerikanische Presse verhielt sich bei der Lavon-Affäre ebenso zurückhaltend. 1954 bereiteten israelische Geheimagenten die Bombardierung und Niederbrennung mehrerer amerikanischer Einrichtungen, einschließlich der amerikanischen Bibliothek in Kairo, vor und gaben den Ägyptern die Schuld. Die Idee war, die amerikanisch-arabischen Beziehungen weiter zu vergiften und noch mehr amerikanische Sympathien für Israel zu erzeugen. Das Komplott wurde rechtzeitig aufgedeckt und die Hauptakteure verhaftet. Schließlich musste das israelische Kabinett die Beteiligung Israels zugeben, woraufhin es einige Umstrukturierungen vornahm.[1147] Dennoch hielten die amerikanischen Medien und das Außenministerium das Komplott nicht für eine ernsthafte oder ausführliche Stellungnahme wert. Die Lavon-Affäre war nur ein frühes, wenn auch erfolgloses Beispiel für die israelische Tarnkappendiplomatie, die Briefbomben einsetzte, um deutsche Raketenwissenschaftler aus Ägypten zu vertreiben, eine Uranladung auf hoher See entführte, Uran von einer Kernmaterialfirma in Pennsylvania stahl, einen in Frankreich gebauten Reaktor in die Luft jagte, kurz bevor er an den Irak geliefert werden sollte, und ihn nach der Lieferung erneut in die Luft jagte. Als Ergebnis all dieser tollkühnen Taten begann Israel, ein Arsenal an Kernspaltungs- und möglicherweise Fusionsbomben anzuhäufen, das es bald zu einer Mini-Supermacht machte.[1148]

Was den Erwerb anderer fortschrittlicher Militärtechnologie betrifft, so hatten die Israelis eine recht leichte Zeit. In einem Artikel der Zeitschrift *Newsweek* (3. September 1979, S. 23) hieß es:

> "Sie haben die gesamte US-Regierung durchdrungen. Sie sind besser als der KGB", sagt ein amerikanischer Geheimdienstexperte. Mit Hilfe amerikanischer

[1146] Das amerikanische Fernsehen konnte es nicht vermeiden, mit seiner lebhaften Berichterstattung über die Bombardierung von Beirut 1982 und den palästinensischen Aufstand, der im Dezember 1987 begann, eine gewisse öffentliche Empörung gegenüber Israel hervorzurufen.

[1147] Nadev Safran, *Die Vereinigten Staaten und Israel*, Harvard University Press, 1983.

[1148] Insgesamt rund 200 Atomwaffen, so eine Ende 1994 veröffentlichte Luftbildanalyse des allgemein zuverlässigen britischen Magazins *Jane's Intelligence Review*.

> Juden in und außerhalb der Regierung sucht der Mossad nach jeder Aufweichung der US-Unterstützung und versucht, an technische Informationen zu gelangen, die die Regierung Israel nicht geben will. "Der Mossad kann zu jedem angesehenen amerikanischen Juden gehen und ihn um Hilfe bitten", sagt ein ehemaliger CIA-Agent.[1149]

Wenn es jemals einen Grund für die amerikanische Mehrheit gab, die Kontrolle über die Außenpolitik der Nation zurückzugewinnen, dann wäre es der, den katastrophalen Schaden, den der Zionismus den amerikanischen Beziehungen zum Nahen Osten zugefügt hat, rückgängig zu machen. Indem sie sich auf die Seite Israels stellten, eines Staates, der durch die massenhafte Vertreibung von Palästinensern und die massenhafte Beschlagnahmung ihres Eigentums geschaffen wurde, haben sich die Vereinigten Staaten, denen so oft vorgeworfen wird, ihre Außenpolitik moralisch zu gestalten, als eine Nation von Unmoralisten entpuppt.

Die Heuchelei des amerikanischen Botschafters bei den Vereinten Nationen, Arthur Goldberg, selbst Jude und Zionist, der sich während des israelischen Blitzkriegs 1967 der Stimme enthielt und abwartend reagierte, während die überwältigende Mehrheit der Delegierten einen Waffenstillstand und den Rückzug aller Truppen auf die Grenzen vor dem Angriff forderte, wird nicht so schnell in Vergessenheit geraten, vor allem nicht bei denjenigen, die einst glaubten, dass Amerika für das Recht aller Völker, einschließlich der Araber, auf Selbstbestimmung steht. Ebenso wenig wird das feierliche Versprechen von Präsident Johnson wenige Tage vor dem israelischen Angriff in Vergessenheit geraten, dass Amerika sich jeder Veränderung der Grenzen der Nationen des Nahen Ostens widersetzen würde.

Nachdem die Grenzen von drei arabischen Ländern durch Israels bewaffnete Macht zurückgedrängt worden waren - die ägyptische Grenze bis zum Suezkanal - machte sich Johnson nicht die Mühe, seine Worte zu überdenken. Er zog es einfach vor, sie zu ignorieren. Ebenso auffallend schweigsam waren die protestantischen und katholischen Kirchen, obwohl nun weitere Tausende von arabischen Christen die Reihen derer verstärkten, die bereits durch frühere israelische Aggressionen aus ihren Häusern vertrieben worden waren. Die heutige Haltung der Christen gegenüber dem Heiligen Land ist nicht gerade die der Kreuzzüge.

Was seit dem Ende des Zweiten Weltkriegs im Nahen Osten geschehen ist, bietet ein wertvolles Lehrstück über die Art und das Ausmaß der Minderheitenmacht in den Vereinigten Staaten. Das nationale Interesse erforderte es, die Ölfelder in befreundeten Händen zu halten und die regionale politische Stabilität zu fördern, um das militärische und wirtschaftliche Vordringen Russlands, Syriens, Iraks

---

1149 Die ultimative Fortsetzung dieser Amateurspionage war der Berufsspion Jonathan Pollard, ein amerikanischer Jude, der Israel massenweise streng geheime Militärdaten lieferte. Pollard erklärte, er habe eine "rassische Verpflichtung" dazu.

und Irans einzudämmen.[1150] Diese Strategie wurde im Interesse einer zahlenmäßig unbedeutenden amerikanischen Minderheit ständig aufs Spiel gesetzt. Selbst die Türkei, einst Amerikas stärkster Freund im Nahen Osten, hat Zweifel an der NATO und dem amerikanischen Bündnis, da die Vereinigten Staaten immer mehr ihrer strategischen Eier in den Korb Israels legen, einer Nation, deren bloße Anwesenheit die Region in ständiger Unruhe und Ungleichgewicht hält. In einem kleinmütigen Akt der Rücksichtnahme auf die griechischen Amerikaner verhängte Washington nach der türkischen Übernahme von Nordzypern, einem stark von Türken besiedelten Gebiet, ein Waffenembargo gegen die Türkei.

Die Entführung des amerikanischen Botschaftspersonals im Iran war die verspätete Folge einer anderen schwerwiegenden Fehlkalkulation der amerikanischen Außenpolitik - der eigenmächtigen Einsetzung und Unterstützung des Schahs durch die CIA. Amerikas Reaktion auf die Geiselnahme - die meisten Schwarzen und Frauen wurden freigelassen, die verbleibenden zweiundfünfzig wurden 444 Tage lang festgehalten - entsprach dem, was man von einem unentschlossenen Weißen Haus hätte erwarten können: ein unwirksamer Pourparler nach dem anderen, eine gescheiterte und verpfuschte Rettungsaktion mit acht Toten und die Zahlung von Lösegeld in Form der Freigabe eingefrorener iranischer Vermögenswerte. Reagans Umgang mit der Geiselsituation war fast genauso erbärmlich wie der von Carter. Sein Deal mit dem Iran über Waffen für Geiseln war der Anlass für den zweiten Versuch der Medien in weniger als zwei Jahrzehnten, einen Präsidenten aus dem Amt zu drängen. Nixon verlor. Reagan schaffte es, durchzuhalten.

Das wichtigste Ereignis der Bush-Präsidentschaft war der Golfkrieg, der Saddam Hussein aus Kuwait zurück nach Bagdad trieb und verwüstete Städte in der Wüste hinterließ. Saddam schaffte es, seine autokratische Herrschaft aufrechtzuerhalten, aber der Irak war als gewalttätiger Aggressor für die absehbare Zukunft außer Gefecht gesetzt. Die US-Streitkräfte zeigten, wie eine enorme Überlegenheit in der Militärtechnologie es extrem einfach macht, einen ölreichen, aber schlecht bewaffneten und schlecht motivierten Gegner zu besiegen.

Die bedeutendsten nicht-innenpolitischen Ereignisse der Clinton-Präsidentschaft waren das von Bush begonnene somalische Missgeschick, die Besetzung Haitis und die Rückgabe des Gazastreifens und der Stadt Jericho an die Palästinenser. Was letzteres betrifft, so konnten alle schriftlichen Vereinbarungen und dramatischen diplomatischen Händedrücke nicht garantieren, dass der Frieden von Dauer sein würde oder dass das

[1150] Südjemen war das einzige arabische Land, das die Existenz einer kommunistischen Partei innerhalb seiner Grenzen zuließ. In Israel gibt es eine aktive kommunistische Partei.

Westjordanland ganz oder größtenteils an die Palästinenser zurückgegeben würde oder dass Syrien die Golanhöhen zurückerhalten würde.

Was im Nahen Osten wirklich passiert, ist kein Frieden, sondern ein sporadischer Minikrieg. Das Gebiet von Algerien bis zum Iran wird von muslimischen Fundamentalisten radikalisiert, die ihre Aktivitäten in allen Ländern, in denen der Islam Staatsreligion ist, verstärken - und in einigen Ländern, in denen er es nicht ist, wie z. B. bei der Bombardierung des World Trade Centers in New York City.

Zuweilen scheint der Nahe Osten in die Zeit der Kreuzzüge zurückzukehren. Mit der Errichtung eines kleinen Landekopfes in Südwestasien beherrschten europäische Ritter und Abenteurer, die von dem Gedanken beseelt waren, die Heimat Jesu zu befreien, die Region etwa ein Jahrhundert lang, bevor sie von der muslimischen *Reconquista* verjagt wurden.

Die Kreuzfahrer von heute sind die jüdischen Zionisten, deren asiatischer Brückenkopf noch kleiner und unsicherer ist als der von Godfrey of Bouillon, Bohemund und Tancred ausgehobene. Ob die Juden genauso lange durchhalten können, ist eine Frage, die erst im nächsten Jahrhundert beantwortet werden wird. Aus geografischer Sicht ist kaum zu erwarten, dass sich die Juden am Ende durchsetzen werden, auch wenn sie von der romantischen und falschen Vorstellung beseelt sind, dass sie zurückerobern, was sie an die Griechen und Römer verloren haben.

Das Problem ist, dass "sie", oder zumindest die Aschkenasen, die das Fleisch und die Sehnen der zionistischen Bewegung liefern, nicht die Nachkommen der ursprünglichen Hebräer sind. Durch die Vermischung mit Europäern und einigen Asiaten und Afrikanern, insbesondere Slawen und Mongoloiden, wurden die ursprünglichen hebräischen Gene fast vollständig eliminiert.

Es ist anzunehmen, dass der nächste Einsatz von Atomwaffen zwischen den Iranern und den Israelis stattfinden wird, falls es den Ersteren jemals gelingen sollte, solche Waffen von anderen Ländern zu erhalten oder sie selbst zu bauen. Bevor es jedoch dazu kommt, werden israelische Kampfflugzeuge wahrscheinlich jeden angehenden iranischen Reaktor bombardieren, so wie sie 1983 den irakischen Reaktor bombardiert haben.

Angesichts der groben Instabilität des Nahen Ostens, der von radikalen Arabern und fanatischen jüdischen Irredentisten bevölkert wird, sollten die Vereinigten Staaten eine Politik der strikten Neutralität in diesem Gebiet verfolgen, insbesondere wegen der äußerst wichtigen Ölfelder in den arabischen und muslimischen Ländern. Stattdessen ist es fast eine Gewissheit, dass die USA aufgrund ihrer einseitigen pro-israelischen Ausrichtung immer tiefer in den Kessel des Nahen Ostens hineingezogen werden, was enorme finanzielle Kosten und vielleicht auch viele Menschenleben kosten wird.

Das nationale Interesse Amerikas erfordert eine isolierte Haltung im Nahen Osten. Stattdessen wird es zweifellos weiterhin einen zweifelhaften Freund zum

Verbündeten und diejenigen zum Feind machen, die seine wahren Freunde sein sollten. Die doppelte Loyalität des amerikanischen Judentums wird Amerika in der Region weiterhin in eine Katastrophe nach der anderen führen.

Bei der Eroberung und Besiedlung Palästinas haben die Israelis das Werk ihrer entfernten Vorfahren nachgeahmt, indem sie die Wüste zum Blühen brachten und weite Teile der sandigen Einöde in fruchtbares Ackerland und fruchtbare Obstgärten verwandelten. Ihre brillant durchgeführten Wüstenfeldzüge, die in die Militärgeschichte eingehen werden wie die von Josua, Tancred, Saladin, Lawrence, Allenby, Montgomery und Rommel, sind der Erfüllung der biblischen Prophezeiung sehr nahe gekommen. Alles, was noch fehlt, ist der jüdische Messias.

Aber diejenigen, die in die Wüstenpolitik verstrickt sind - nicht nur amerikanische Juden, sondern Zionisten und Zionisten-Anhänger überall - sollten sich vor Illusionen hüten. Zum ersten Mal seit 135 n. Chr. sind die Juden in einem jüdischen Staat in der Mehrheit. Diejenigen, die diese Mehrheit bilden, haben sich in etwas verwandelt, das fast das Gegenteil des historischen Judenbildes ist - ein quasi-imperialistisches Bild nach der Verwüstung des Südlibanon, den Luftangriffen auf Tunis und Bagdad und der mörderischen Reaktion auf die Steinewerfer der Intifada. Auch die ehemalige Mehrheit in Palästina hat sich verändert. Nach Jahren des Exils, der Armut und der Niederlage sind die palästinensischen Araber, die "Elenden der Welt" des Nahen Ostens, genauso rassistisch, heroishungrig und besessen von ihrer Heimat wie ihre zionistischen Gegenspieler. Diese palästinensischen Exilanten und die Bevölkerung der arabischen Nachbarländer, die sie beherbergen, mögen technisch und wirtschaftlich weit hinter den westlich orientierten Zionisten zurückliegen. Aber sie sind keine speertragenden Eingeborenen. Sie sind vielleicht nicht in der Lage, ihre eigenen fortschrittlichen Waffen herzustellen, aber sie wissen, wo sie sie kaufen können.

Und so vertieft sich die Krise im Nahen Osten. Jüdischer Nationalismus zeugt arabischen Nationalismus, jüdischer Rassismus zeugt arabischen Rassismus, Zionismus zeugt Antizionismus, Semitismus zeugt Antisemitismus.[1151] Im besten Fall wird der Konflikt jahrzehntelang schwelen und die physischen, wenn nicht sogar die geistigen Ressourcen der gesamten Region aufbrauchen. Im

---

[1151] Ein Jahrhundert vor der Gründung des modernen Israels gab Dostojewski eine Ahnung von den heutigen Ereignissen im Nahen Osten, indem er darüber spekulierte, was passieren würde, wenn die jüdische Minderheit in Russland die Mehrheit würde. "Wie würden sie [die Juden] sie [die Russen] behandeln?", fragte er. "Würden sie ihnen erlauben, gleiche Rechte zu erlangen? Würden sie ihnen erlauben, in ihrer Mitte frei zu beten? Würden sie sie nicht in Sklaven verwandeln? Schlimmer noch: Würden sie sie nicht ganz häuten? Würden sie sie nicht bis auf den letzten Mann abschlachten, bis hin zur völligen Ausrottung, wie sie es mit den fremden Völkern in der Antike, in ihrer alten Geschichte, getan haben?" *The Diary of a Writer*, trans. Boris Brasol, Scribner's, New York, 1949, Bd. 2, S. 644-45.

schlimmsten Fall könnte er einen Atomkrieg auslösen, in dem das winzige Israel trotz seines eigenen umfangreichen Arsenals an Atom- und Wasserstoffbomben kaum der Vernichtung entgehen könnte.

Dass die Vereinigten Staaten die Enteignung des größten Teils der palästinensischen Bevölkerung unterstützt haben, ist ein Akt schamloser und unverzeihlicher Barbarei. Dass die amerikanischen Juden die Vereinigten Staaten weiterhin in den Nahostkonflikt hineinziehen, bei dem Amerika alles zu verlieren und nichts zu gewinnen hat, ist ein Akt schierer Undankbarkeit gegenüber der Nation, die ihnen in der langen Sinuskurve ihrer Geschichte mehr Reichtum, Freiheit und Macht gegeben hat als jede andere.[1152]

Im Jahr 1973 erklärte J. William Fulbright öffentlich: "Israel kontrolliert den Senat. Die große Mehrheit des US-Senats - etwa 80 Prozent - unterstützt Israel voll und ganz; alles, was Israel will."[1153] Dies war ein sensationeller Vorwurf, der von dem angesehenen Vorsitzenden des Ausschusses für auswärtige Beziehungen des Senats kam, der bei seiner Wiederwahl eine Niederlage erlitt.

Im Winter 1973/74, als sich lange Schlangen vor den Zapfsäulen bildeten und Tausende von amerikanischen Arbeitern entlassen wurden, stimmten die Politiker weiterhin für "alles, was Israel will". Für die Ölknappheit wurden alle verantwortlich gemacht, nur nicht der wahre Schuldige. Jede Lösung, außer der offensichtlichen, wurde empfohlen. Die Medien waren an dieser massiven Täuschung, die ein unvergessliches Beispiel für totalitäre Verblendung war, in vollem Umfang beteiligt. Es war ein trauriger und beschämender Anblick, zu sehen, wie die Amerikaner dazu verleitet wurden, ein Opfer nach dem anderen, ja sogar die Möglichkeit des höchsten Opfers, für einen Rassentraum zu akzeptieren, der nicht der ihre war.

Außerdem ist es nicht wirklich ein jüdischer Traum. Juden haben dafür bezahlt und geplant, aber die meisten sind nicht bereit, ihn zu leben. Folglich ist der zionistische Brückenkopf am westlichen Rand Asiens - der Schwanz, der mit dem amerikanischen Hund wedelt - ebenso unsicher wie der in Südkorea, der

---

[1152] Israel weigerte sich, das Sinai-Abkommen von 1975 zu unterzeichnen, wenn nicht amerikanische Truppen zwischen die israelische und die ägyptische Armee gestellt würden. Die Vereinigten Staaten halfen Israel auch direkt oder indirekt, indem sie den Libanon mit Marinegeschützen beschossen und einen Luftangriff auf Libyen flogen.

[1153] *Miami Herald*, 22. April 1973, S. 32A. Der Kongress hatte oder hat nur sehr wenige Mitglieder wie Fulbright. Senator James Abourezk aus South Dakota, ein Politiker arabischer Abstammung, setzte sich für die Palästinenser ein, aber er war nur eine Amtszeit im Amt. Der Abgeordnete John Rarick, jahrelang der einzige ausgesprochene Antizionist im Repräsentantenhaus, unterlag 1974 bei seiner Wiederwahl. Der Kongressabgeordnete Paul Findley, der mehrere Treffen mit PLO-Führern hatte und deren Sache unterstützt, konnte sich gegen die heftigen Angriffe der Medien und der Zionisten durchsetzen und gewann 1980 die Wiederwahl, verlor aber 1982. In seinem Buch *They Dare to Speak Out* (Lawrence Hill, 1985) geht Findley auf die schmutzigen Details seiner Niederlage ein.

Brückenkopf am östlichen Rand - der Schwanz, der nicht mit dem amerikanischen Hund wedelt. Das Schicksal beider wird, wenn Amerika nicht rechtzeitig aussteigt, wahrscheinlich ebenso tragisch und demütigend sein wie das in Vietnam, dem anderen amerikanischen Brückenkopf auf dem asiatischen Festland.

Amerikas Rolle im Nahen Osten sollte die absolute Nichteinmischung in die inneren Angelegenheiten eines jeden Landes sein, so wie es auch im übrigen Asien der Fall sein sollte. Der Scheich, den Sie heute in der Tasche haben, kann morgen der Imam sein, der Ihnen den Krieg erklärt. Kurzfristig muss Amerika vielleicht die Seewege für das Öl offen halten, das Amerikaner und Briten, nicht Allah oder die Gläubigen, entdeckt, gebohrt, aus dem Wüstensand gepumpt, raffiniert, verteilt - und vor langer Zeit auch besessen haben. Langfristig müssen sich die Vereinigten Staaten jedoch fast vollständig auf die Kernenergie verlassen, wenn sie sich von den gegenwärtigen und zukünftigen Ölkartellen befreien wollen. Jedem ist klar, dass die Berge von Geld, die in die Kassen des Nahen Ostens fließen, für den Westen wirtschaftlich störend sind. Aber nur wenige verstehen, dass diese Geldströme die Verkäufer auch kulturell korrumpieren.

Die Araber sind wahrscheinlich zu "rassisch verbraucht", um wieder eine Weltmacht zu werden, wie sie es in den großen Tagen des Islam waren. Zumindest aber sollten sie ihre alten Rivalitäten aufgeben und sich zusammenschließen, um ihre Lebensweise, ihre Religion und ihr Land vor russischen, amerikanischen und israelischen Übergriffen zu schützen. Auch hier sollte die Devise lauten: mehr Organisation an der Spitze (eine starke, geeinte arabische Föderation), weniger Organisation in der Mitte (die Auflösung der aus den Provinzen des untergegangenen Osmanischen Reiches künstlich geschaffenen Nationen) und mehr Organisation an der Basis (eine Wiederbelebung der regionalen arabischen Kulturkreise innerhalb ihrer natürlichen Grenzen).

KAPITEL 36

Die Vereinigten Staaten und Afrika

Von allen Kontinenten, mit Ausnahme der Antarktis, sollte Afrika die geringste Sorge für die Vereinigten Staaten darstellen. Zeitlich und räumlich weit entfernt, könnte keine afrikanische Nation oder Kombination von Nationen eine ernsthafte militärische Bedrohung für Amerika darstellen, weder jetzt noch in der Zukunft. Wie andere westliche Nationen auch, werfen die Vereinigten Staaten ein gieriges Auge auf Afrikas Reichtum an Uran, Diamanten, Gold, Chrom, Zinn, Vanadium, Mangan, Platin, Kobalt, Öl und Kautschuk - alles Materialien, die Amerika nur schwer anderswo finden oder künstlich herstellen könnte. Dennoch lassen sich diese strategischen Materialien durch normale Handelspraktiken leichter beschaffen als durch Einmischung in die Diplomatie, militärische Drohungen oder Expeditionsstreitkräfte. Doch trotz dieser guten Gründe für einen angemessenen Abstand werden die Vereinigten Staaten immer tiefer in afrikanische Angelegenheiten hineingezogen. Ein Hauptgrund ist, wie im Nahen Osten, der Rassismus der eigenen Minderheiten. Doch dieses Mal ist der Rassismus von einem anderen und dunkleren Typ.

Vor dem Ersten Weltkrieg konnte Afrika treffend als eine hundertprozentige Tochtergesellschaft Europas bezeichnet werden. Nach dem Zweiten Weltkrieg, als Europa müde und ausgeblutet war, als die antiimperialistischen Versprechungen der Atlantik-Charta und der Vereinten Nationen sich bewahrheitet hatten, als der Liberalismus im gesamten Westen triumphierte, beschlossen die Afrikaner, die Weißen, die Braunen und die Schwarzen, dass es an der Zeit war, für die Selbstverwaltung zu kämpfen. Sie waren mehr als alle anderen überrascht, als die Kolonialmächte prompt kapitulierten. In einigen Fällen verlief der Übergang friedlich, in anderen brauchte es einen Zermürbungskrieg oder eine übermäßige Dosis Terrorismus, um die Ketten zu sprengen. In jedem Fall war die europäische politische Vorherrschaft auf dem Kontinent bis 1980 fast vollständig verschwunden.

Das Pigmentierungsspektrum Afrikas, geografisch gesehen von Norden nach Süden, ist oben gelblich oder dunkelweiß, in der Mitte schwarz und unten schwarz, braun und weiß, obwohl es sich rasch verdunkelt. In diesem Kapitel wird wenig über Ägypten und die anderen arabischen und muslimischen Nationen Nordafrikas gesagt. Sie sind nur geografisch gesehen afrikanisch. Ihre Religion, Kultur, Geschichte und rassische Zusammensetzung machen sie zu einem Teil des Nahen Ostens.

In Afrika gibt es heute siebenundvierzig Negerstaaten, die bis auf zwei alle nach dem Zweiten Weltkrieg entstanden sind. Diese jungen Nationen, deren Grenzen nur selten mit den Stammesgrenzen übereinstimmen,[1154] haben keine beneidenswerte Bilanz politischer Stabilität vorzuweisen. Eine nicht enden wollende Abfolge von politischen und militärischen Putschen, Stammesfehden und völkermörderischen Kriegen[1155] hat nichts dazu beigetragen, die historische Unfähigkeit der Neger zur Selbstverwaltung zu widerlegen.[1156] Sobald ein Stammeshäuptling, ein ehrgeiziger Armeeoffizier oder ein machthungriger Unteroffizier die Macht übernimmt, folgt er unweigerlich dem bekannten diplomatischen Muster, den Westen gegen den Osten auszuspielen (die Sowjetunion in ihrer Blütezeit; Nordkorea und China heute), um jeden letzten Cent aus der Auslandshilfe herauszuquetschen. Nachdem die Weißen der politischen Kontrolle entzogen wurden, die Ausübung von Handel und Gewerbe extrem erschwert und das Wachstum der Schwerindustrie nahezu unmöglich gemacht wurde, bleibt den schwarzen Führern nichts anderes übrig, als die Weißen zum Verbleib oder zur Rückkehr zu bewegen, wenn die neuen Regierungen vor dem wirtschaftlichen Ruin bewahrt werden sollen. Ohne die Weißen würde der größte Teil Schwarzafrikas schnell zu der bloßen Subsistenzwirtschaft zurückkehren, in der es vor der Ankunft der europäischen Kolonisatoren geschmachtet hat, wie es in vielen Gebieten bereits geschieht.[1157]

Jetzt, da sie die Unabhängigkeit erlangt haben - eine rein nominelle Unabhängigkeit, die "das persönliche Leben der meisten Afrikaner kaum berührt hat"[1158] - scheinen die schwarzen Nationen mehr daran interessiert zu sein, die weißen Nationen zu imitieren, als ihre eigenen Gaben und Kompetenzen zu entwickeln. Die afrikanische Kunst befindet sich in einem steilen Niedergang.[1159] Trotz leidenschaftlicher Erklärungen über Négritude

---

[1154] Es gibt 2.000 Stämme in Schwarzafrika.

[1155] Im nigerianischen Bürgerkrieg wurden zwischen 1967 und 1969 1 Million Angehörige des Ibo-Stammes von Biafra getötet. *New York Times,* 23. November 1969, S. 1. Im ruandischen Bürgerkrieg von 1993 wurden mindestens 500.000 Tutsi massakriert.

[1156] Schwarzafrikanische Staaten waren im Jahr 1966 Schauplatz von sieben militärischen Übernahmen, zwei blutigen Armeeputschen, einem Stammesmassaker, der Ermordung von 100.000 Zivilisten und der Flucht von einer Million Flüchtlingen. *San Francisco Sunday Examiner, Diese Welt,* 8. Januar 1967, S. 22. Bislang wurde nicht mehr als eine Handvoll der neuen schwarzen Regierungen abgewählt, obwohl fast alle neuen Staaten eine gewisse Demokratie vorgeben. *Time,* 31. März 1967, S. 29.

[1157] Einen grausamen, sardonischen Überblick über diesen Umkehrprozess gibt Shiva Naipaul in *North of South*, Simon and Schuster, New York, 1979.

[1158] John Hatch, *A History of Postwar Africa*, Praeger, New York, 1965, S. 404.

[1159] Traditionell haben sich die afrikanischen Künstler auf die Bildhauerei konzentriert. Heute sind die meisten Holzschnitzereien und Bronzegüsse "plump, nachahmend und massenproduziert". Auch die dekorativen Künste haben sich verschlechtert. Es gibt etwas Literatur - in europäischen Sprachen oder in neu grammatisierten afrikanischen Dialekten

(amerikanische Neger nennen es "Seele") bauen die schwarzen Eliten prunkvolle Häuser und Regierungsgebäude im westlichen Stil, fahren in neueren Cadillacs und Mercedes herum, sättigen sich an den billigeren und gröberen Formen der westlichen Kultur, heiraten gelegentlich europäische Frauen und überlassen die afrikanischen Massen sich selbst.[1160] Der verstorbene Philosoph des afrikanischen Nationalismus, Frantz Fanon, konnte diese neue Negerbourgeoisie nicht ausstehen und warf ihr fast ebenso viele Verbrechen vor wie den weißen Kolonialisten.[1161] Rhodesien war der letzte britische Vorposten in Afrika, der das Handtuch warf. Nachdem die Weißen in Kenia und 75 000 weitere Weiße in Nordrhodesien (dem heutigen Sambia) ihre Unabhängigkeit verloren hatten, spalteten sich rund 220 000 weiße Südrhodesier, eine fünfprozentige Minderheit bei einer Gesamtbevölkerung von 4 530 000, von Großbritannien ab und erklärten ihre Unabhängigkeit. Als Paria unter den Nationen und im Stich gelassen von seinem Mutterland, das zum Schutz von 1.800 Briten auf den Falklandinseln in den Krieg gegen Argentinien zog, war Rhodesien der Sandsack für Wirtschaftssanktionen und Boykotte, die von den meisten weißen und farbigen Nationen der Welt verhängt wurden.[1162] Dennoch konnte es sich bis 1979 halten, als der zunehmende Terrorismus sowie britische und amerikanische Druckmittel die Weißen dazu brachten, sich der "Mehrheitsherrschaft" zu unterwerfen, was in diesem Fall bedeutete, die Regierung ein Jahr später an Robert Mugabe, einen marxistischen Revolutionär, zu übergeben.[1163] Schon bald flohen die Weißen in Scharen aus Simbabwe. All die Millionen von Arbeitsstunden, die in den Aufbau einer blühenden Wirtschaft und einer hochzivilisierten Lebensweise in einem Land investiert worden waren, das sich noch in der Steinzeit befand, waren umsonst. Die westliche Präsenz im südlichen

---

-, aber fast kein Lesepublikum. Smith Hempstone, *San Francisco Chronicle, Diese Welt*, 4. Februar 1962, S. 21-22.

[1160] Eine sehr informative Beschreibung des täglichen Lebens in den neuen afrikanischen Staaten findet sich in Thomas Molnar, *Africa: A Political Travelogue*, Fleet, New York, 1965.

[1161] Frantz Fanon, *The Wretched of the Earth*, trans. Constance Farrington, Grove Press, New York, 1963. Siehe insbesondere das Kapitel "The Pitfalls of National Consciousness". Fanon, ein Neger-Psychiater aus Martinique, war so antiamerikanisch, dass er das "Jazz-Geheul" der amerikanischen Neger kritisierte und die Vereinigten Staaten als ein "Ungeheuer, in dem die Befleckung, die Krankheit und die Unmenschlichkeit Europas erschreckende Ausmaße angenommen haben", bezeichnete. Ebd., S. 243, 313.

[1162] 1972 wurde die rhodesische Mannschaft, nachdem sie zu den Olympischen Spielen eingeladen worden war, wegen eines drohenden Boykotts der Schwarzen ausgeschlossen. Wenige Tage zuvor hatte der ugandische General Idi Amin 50.000 Asiaten aufgefordert, sein Land innerhalb von 90 Tagen zu verlassen. Die ugandische Mannschaft blieb bei den Olympischen Spielen.

[1163] Mugabe war froh, dass Tausende von kubanischen Söldnern in Äthiopien, Angola, Sambia, Mosambik und Botswana stationiert waren.

Afrika wurde nun im Norden durch Kiplings "großen, graugrünen, schmierigen Limpopo-Fluss, der von Fieberbäumen gesäumt ist", begrenzt.

Das nächste und letzte Ziel des antikolonialistischen Kreuzzuges war Südafrika, wo 5,86 Millionen Weiße, eine 14-prozentige Minderheit bei einer Bevölkerung von 44 Millionen,[1164] die modernste, fortschrittlichste und einzig verbliebene westliche Nation Afrikas regierten. Bevor wir diese traurige Geschichte erzählen, lohnt es sich vielleicht, ein paar Absätze aus der Geschichte einzufügen.

Die Geschichte Südafrikas begann im Jahr 1652 mit der Landung der ersten holländischen Pioniere. In vielerlei Hinsicht verlief die Entwicklung des Landes parallel zu der der Vereinigten Staaten. Die ersten Siedler waren größtenteils Protestanten nordeuropäischer Abstammung, die in der Regel ihre Familien mitbrachten. Aus diesem Grund gab es nur eine minimale Rassenmischung. Der eigentliche Feind der holländischen Kolonisten waren nicht die einheimischen Afrikaner, sondern die britische Regierung, die sie fast von Anfang an bedrängte und die Kolonie während der napoleonischen Kriege, als Holland ein aktiver Verbündeter Frankreichs war, gewaltsam von Holland übernahm. Vierzig Jahre später zogen 12.000 Afrikaner holländischer Abstammung im Rahmen des Großen Trecks von 1835 nach Norden, um der britischen Herrschaft zu entkommen - ein Marsch, der an Heldenmut und Tapferkeit mit der Wanderung der Mormonen nach Utah vergleichbar ist. Der Tiefpunkt des Schicksals der Afrikaner war der Burenkrieg (1899-1902), ein gescheiterter Unabhängigkeitskrieg.

Doch die Niederlage der Afrikaner war nicht endgültig. Als sie auf dem Schlachtfeld besiegt wurden, zogen sie sich an die Wahlurnen zurück, und mit dem Übergang Südafrikas vom Kolonial- zum Commonwealth-Status wuchsen auch ihre politischen Hoffnungen. Im Jahr 1948 überstimmten die Afrikaner die englischsprachigen Weißen und setzten eine weiße Vormachtregierung ein. Im Jahr 1961 führten sie Südafrika aus dem britischen Commonwealth heraus und riefen eine unabhängige Republik aus.

Südafrika hoffte, seine schier unlösbaren Rassenprobleme durch die Apartheid, die getrennte Entwicklung der Rassen, zu lösen - ein milderer Ansatz als *Baaskap,* die absolute Vorherrschaft der Weißen.[1165] Schwarze, denen es verboten war, sich mit Weißen zu vermischen, und die in getrennten Gemeinschaften und Barackensiedlungen lebten, sollten schließlich ihre eigenen

---

[1164] Die nicht-weiße Bevölkerung setzt sich aus 33 Millionen Schwarzen, 4 Millionen Farbigen und 1,3 Millionen Asiaten zusammen. *Weltalmanach 1995,* S. 819-20. Die Afrikaner machen mehr als die Hälfte der weißen Bevölkerung aus. Es gibt etwa 100.000 Juden.

[1165] Drury, op. cit., S. 98.

Heimatländer mit voller kultureller und gewisser politischer Freiheit erhalten.[1166] Ihre Kontakte zu den Weißen sollten sich auf den wirtschaftlichen Bereich beschränken, eine Einschränkung, die für die liberalen Kräfte Südafrikas, die größtenteils britischer und jüdischer Herkunft waren, nicht akzeptabel war. Sie lehnten die Apartheid ab und sprachen sich dafür aus, den Nichtweißen volle Rechte, einschließlich des Wahlrechts, zu gewähren. Die Kommunisten, die im Untergrund mit schwarzen terroristischen Gruppen innerhalb und außerhalb des Landes zusammenarbeiteten, befürworteten einen bewaffneten Aufstand der Schwarzen.[1167]

Die Amerikaner wurden indoktriniert, die südafrikanischen Schwarzen, die erst im späten 18. Jahrhundert - 150 Jahre nach den Niederländern - in großer Zahl nach Südafrika kamen, als rechtmäßige Eigentümer des Landes zu betrachten. Im Gegensatz zu amerikanischen Negern kamen die meisten Schwarzen, die nach Südafrika kamen, freiwillig, zunächst auf der Suche nach Land, dann auf der Suche nach Arbeit. Die südafrikanischen Schwarzen unterscheiden sich von den amerikanischen Schwarzen auch dadurch, dass sie viele verschiedene Sprachen sprechen und durch heftige Stammesloyalitäten gespalten waren, die

[1166] Bis zum Amtsantritt der Regierung Mandela war die südafrikanische Rassenpolitik der amerikanischen Rassenpolitik sowohl ähnlich als auch unähnlich. Es gab dieselbe Koalition aus Liberalen und Minderheiten mit wohlhabenden Juden an der Spitze, mittellosen Negern am unteren Ende, Weißen britischer Abstammung, die die liberale Rolle spielten, und Afrikanern niederländischer Abstammung, die die konservative Rolle spielten. Ein bemerkenswerter Unterschied war, dass die dominierende Bevölkerungsgruppe der Afrikaner "weiß" wählte. Ein weiterer Unterschied bestand darin, dass die südafrikanischen Neger, die zahlenmäßig weit in der Überzahl waren, nicht wählen durften, während die amerikanischen Neger, die zahlenmäßig weit in der Überzahl waren, wählen konnten. Obwohl sie weniger politische Macht hatten als die amerikanischen Juden, verfügten die südafrikanischen Juden über genauso viel oder mehr finanzielle Macht. Der Geldfluss nach Israel wurde nur geringfügig eingeschränkt, und Harry Oppenheimer, Vorsitzender der Anglo American Corp. ist vielleicht der reichste Jude der Welt. Oppenheimers Unternehmen De Beers Consolidated Mines and Diamond Trading Co. produziert und verkauft 85 Prozent der Rohdiamanten der Welt. "In diesen modernen Zeiten, in denen preiskontrollierende Kartelle in anderen Branchen verboten sind, ist das Überleben des De Beers-Monopols erstaunlich." *McCalls*, März 1969, S. 167-68. Unnötig zu erwähnen, dass Diamanten nicht zu den Sanktionen gehörten, die der Kongress gegen Südafrika verhängte. Israels Beziehungen zu Südafrika waren ziemlich eng, wenn man bedenkt, dass der zionistische Staat gegen Südafrika stimmte, wann immer dessen rassistisches "Fehlverhalten" vor den Vereinten Nationen zur Sprache kam. Südafrika verfügt über reichlich Uran und Israel über eine beträchtliche Menge an Nukleartechnologie. Die Kombination der beiden hat die nuklearen Fähigkeiten beider Staaten, insbesondere des letzteren, erheblich verbessert.

[1167] Drury, a. a. O., S. 96-97, und Molnar, a. a. O., S. 166-67. Joe Slovo, ein litauischer Jude und langjähriger Stalinist, der wie kein anderer an der Übernahme Südafrikas durch die Schwarzen beteiligt war, starb im Januar 1995, nachdem er von seinem alten Freund und Unterstützer, Präsident Nelson Mandela, zum Minister für Wohnungsbau ernannt worden war. Ihm wurde ein Staatsbegräbnis zuteil.

lange Zeit die Organisation einer vereinigten politischen Front gegen die Weißen verhinderten.

In den letzten Jahrzehnten haben die Vereinigten Staaten unter dem Druck liberaler Minderheitenlobbys und der Medien eine tiefe und beunruhigende Besorgnis um die Schwarzen in Südafrika entwickelt, so wie es auch bei den Schwarzen in allen Teilen Afrikas der Fall ist. Diese Besorgnis ist deshalb so beunruhigend, weil frühere amerikanische Bemühungen zugunsten der afrikanischen Neger, gelinde gesagt, kontraproduktiv waren. Vor dem Bürgerkrieg gründeten weiße Amerikaner den Staat Liberia an der Westküste Afrikas, der als nationale Heimat für emanzipierte Sklaven dienen sollte. Kleine Gruppen ehemaliger Sklaven machten sich auf die Reise nach Liberia, wo sie zur regionalen Aristokratie wurden, die bei der letzten Zählung im Jahr 1945 20 000 Menschen zählte. Für die amerikanischen Neger insgesamt, ob Sklaven oder Freie, hatte Liberia jedoch wenig oder gar keine Anziehungskraft. Nach dem Bürgerkrieg hörte das Rinnsal der Einwanderung auf.[1168] Fünfundsechzig Jahre später wurde Liberia von einem Ausschuss des Völkerbundes formell gerügt, weil es Sklaverei und Zwangsarbeit zuließ. Sowohl der Präsident als auch der Vizepräsident mussten wegen des darauf folgenden Skandals zurücktreten.[1169] Gegenwärtig befindet sich das Land in einem Stammeskrieg, der auf einen solchen hinausläuft.

Obwohl es vorgibt, eine Demokratie zu sein, wird das moderne Liberia in Wirklichkeit von einer Reihe von Präsidentendiktatoren regiert,[1170] , und die Verfassung enthält rassische Qualifikationen, die die Staatsbürgerschaft auf Neger beschränken.[1171] Die Pseudonation ist auch einer der rückständigsten afrikanischen Staaten, vor allem weil sie nie eine Kolonie war und daher nur zeitweise mit weißer politischer Organisation und moderner Technologie in Berührung kam. Fast ebenso rückständig ist das teilweise schwarze Äthiopien, das einzige andere nicht-weiße Land in Afrika mit einer ziemlich kontinuierlichen Geschichte der Unabhängigkeit, die in jüngster Zeit nur kurz durch die italienische Besatzung (1936-1941) unterbrochen wurde.[1172]

Nach dem Zweiten Weltkrieg waren die Macht und der Einfluss der amerikanischen "öffentlichen Meinung" eine große Quelle der Ermutigung für die frühzeitigen Forderungen der afrikanischen Ureinwohner nach Unabhängigkeit. Belgien war gezwungen, den Kongo aufzugeben, bevor es auch nur annähernd genügend qualifizierte Neger gab, um ihn zu verwalten. Als das

[1168] *Ency. Brit.*, Bd. 13, S. 994-96.

[1169] *New York Times*, 6. Dezember 1930, S. 38, und 7. Juni 1931, S. 5.

[1170] Im Jahr 1980 wurde Präsident William Tolbert in einer Militärrevolte ermordet, auf die eine Reihe von blutigen öffentlichen Hinrichtungen folgte.

[1171] *Ency. Brit.*, Bd. 13, S. 996.

[1172] Molnar, a.a.O., S. 223, und Hatch, a.a.O., S. 185-86.

Land in die Barbarei zurückfiel, trugen die Vereinigten Staaten 40 Prozent der 400 Millionen Dollar bei, die die "friedenserhaltende" Mission der Vereinten Nationen (1960-1963) ausgab. Im Laufe der schier endlosen Buschkriege und Aufstände, die den Kongo zwei Jahrzehnte lang verwüsteten, verstümmelten und schlachteten sowohl loyale als auch rebellische kongolesische Truppen mehr als ein paar Amerikaner, darunter Missionare und Nonnen, und schlachteten sie gelegentlich aus.[1173] Dennoch unterstützte die amerikanische Presse weiterhin die gelegentlich prosowjetische, stets schwarzrassistische kongolesische Regierung und führte eine erbitterte Leitartikel- und Schlagzeilen-Kampagne gegen Moise Tshombe, den einzigen prowestlichen kongolesischen Politiker von Format. Nachdem Tshombe ins Exil getrieben worden war, wurde er entführt und in ein algerisches Gefängnis geflogen, wo er wahrscheinlich ermordet wurde.

Im Lichte der jüngsten Ereignisse und der gegenwärtigen Tendenzen muss man sagen, dass das dunkelste Afrika dunkler denn je wird, und die amerikanische Außenpolitik beschleunigt diesen Prozess. Die Plantagen, die Industrieanlagen, die öffentlichen Versorgungsbetriebe, die Bergbauunternehmen und die großen Handelsniederlassungen bleiben nur so lange in Betrieb, wie es weiße Aufsicht und weißes Geld gibt. Die Schwarzen, die - mit geringem Erfolg - versuchen, die weißen Technokraten zu ersetzen, sind westlich geschulte Intellektuelle, eine Spezies von Nachahmern der Weißen, die von ihrem eigenen Volk verachtet und von ihren früheren europäischen Herren verspottet werden. Das wahre Afrika und die authentische schwarze Kultur sind nicht innerhalb der Stadtgrenzen zu finden, sondern draußen im Busch in den Stammesgebieten. Wenn weiße Liberale, weiße Kleriker, weiße Kapitalisten und Kommunisten jeder Couleur und die schwarze Intelligenz den schwarzen Stammesangehörigen sich selbst überlassen würden, wäre er frei, die Lebensweise zu verfolgen und zu entwickeln, die am besten zu ihm passt und seine einzigartige kulturelle und genetische Veranlagung am besten nutzt.

Aber sie werden ihn nicht in Ruhe lassen. Die westlichen Nationen nehmen weiterhin schwarze Eliten auf, indoktrinieren sie und schicken sie in ihre Heimat zurück, die - wissentlich oder unwissentlich - einen Kolonialismus weißen Denkens, weißer Einstellungen und weißer Institutionen mit nach Hause bringen, der auf der schwarzen Seele schwerer lastet als der wirtschaftliche Kolonialismus der weißen Imperialisten. Selbst die arabischen und muslimischen Staaten Nordafrikas versuchen, sich in die Geschicke der

[1173] "Die kongolesische Regierung wies die Anschuldigungen zurück, dass ihre Truppen mindestens 11 Europäer getötet und 30 weiße Frauen vergewaltigt hätten, aber ihr eigener Interimsminister erhob die erstaunlichste Anschuldigung von allen - dass Kongolesen mehrere weiße Siedler in Lubumbashi, früher Elisabethville, gegessen hätten." *Life*, 21. Juli 1957, S. 34. Man könnte hinzufügen, dass einige Kannibalen keine primitiven Eingeborenen waren, die Lendenschurze trugen, sondern "Männer und Frauen, die nach europäischer Art geschult und gekleidet waren." Molnar, a.a.O., S. 30.

Schwarzen einzumischen, indem sie einen kontinentalen Panafrikanismus vorschlagen, wobei sie offenbar vergessen, dass viele Schwarze den Arabern gegenüber eine größere Feindseligkeit hegen als gegenüber den europäischen Weißen. Es waren die Araber, die den afrikanischen Sklavenhandel lange vor der Ankunft der Europäer betrieben, und es waren die Araber, die ihn am Leben hielten, lange nachdem die Europäer ihn verboten hatten.

Die Vereinigten Staaten, die sehr empfänglich für liberale und schwarze Lobbyisten sind, unterstützen, fördern und finanzieren immer wieder afrikanische Republiken nach "westlichem Vorbild", die sich ausnahmslos als Travestie der politischen, wirtschaftlichen und sozialen Institutionen erweisen, die sie mühsam imitieren. Obwohl Joseph Conrads *Herz der Finsternis* wahrscheinlich den besten Hinweis auf die Zukunft des schwarzen Afrikaners bietet, zieht es Amerika vor, seine Afrikapolitik auf marxistische Prophezeiungen, das antiweiße Palaver des verstorbenen Jean-Paul Sartre und die Rassenphantasien des verstorbenen Frantz Fanon zu stützen.[1174] Es ist diese eklatante Fehleinschätzung, die zum Somalia-Wahnsinn geführt hat, als 1992 amerikanische Truppen im Rahmen einer friedenserhaltenden Mission dorthin geschickt wurden und weniger als zwei Jahre später, nachdem sie 120 Männer verloren hatten, schamlos abgezogen wurden.

Abgesehen vom Nahen Osten gibt es kein Gebiet auf der Welt, in dem die amerikanische Außenpolitik so sehr gegen die amerikanische Mehrheit ausgerichtet ist wie in Afrika. Anstatt die Beziehungen zu Südafrika zu normalisieren, das aufgrund seiner Ressourcen, seiner militärischen Fähigkeiten und seiner politischen Stabilität die einzige Nation auf dem Kontinent ist, die diesen Namen verdient, verfolgten die Vereinigten Staaten eine Politik, die von moralischer Entrüstung über wirtschaftliche Sanktionen bis hin zu einem umfassenden Waffenembargo reichte. Infolgedessen ist Südafrika nun auf dem Weg, eine typische Neger-"Republik" zu werden. Das Land hat einen schwarzen Präsidenten, das Waffenembargo und die Wirtschaftssanktionen wurden aufgehoben, Millionen von Dollar, Pfund und D-Mark fließen ins Land. Das Wichtigste: Die westlichen Medien sind von Feindseligkeit zu Lob übergegangen. Aber das große Wenn bleibt. Werden die Weißen dort zusehen, wie ihr Land kampflos den Bach hinuntergeht? Wird sich das Szenario von Rhodesien wiederholen? Viele Afrikaner denken ernsthaft darüber nach, ein weißes Heimatland zu gründen. Viele andere Weiße hoffen - und beten -, dass der heutige Vielvölkerstaat erfolgreich genug sein wird, um die Bildung eines schwarzen suprematistischen Stammesstaates zu verhindern.

[1174] Sartres Vorwort zu Fanons Traktat *Die Elenden der Erde* ist eine der schmählichsten und umfangreichsten Verleumdungen in der Geschichte der Rassenbeschimpfung. Es ist ein Zeichen der Zeit und des Drucks der Zeit, dass die wütendsten weißen, braunen und schwarzen Täter des Anti-Weiß-Rassismus als respektable Mitglieder der weißen intellektuellen Bruderschaft akzeptiert werden.

Südafrika war die letzte Oase westlicher Zivilisation auf einem Kontinent, der vor einem Jahrhundert fast vollständig vom Westen beherrscht wurde. Da es von Weißen regiert wurde und fast die Hälfte dieser Weißen englischsprachig war, hätte der "White Tip", wie er genannt wurde, von den Vereinigten Staaten Sympathie und Hilfe erwarten können. Stattdessen hat Amerika dazu beigetragen, den Dolch in Südafrikas Rücken zu stoßen. Ob die weiße Bevölkerung überleben wird, ob sie zur Flucht gezwungen sein wird oder gar ein Rassenmassaker droht, sind Fragen, die erst im 21.

So unglaublich es auch erscheinen mag, je mehr sich die Bevölkerung einer afrikanischen Nation rassisch und kulturell von der amerikanischen Mehrheit unterschied, desto eher wurde diese Nation von den Amerikanern anerkannt und großzügig behandelt. Je mehr sich die Bevölkerung der rassischen Zusammensetzung der Mehrheit annäherte, desto kühler wurde sie behandelt, oft bis hin zu offener Feindschaft. Der weißen (mediterranen) Bevölkerungsschicht Nordafrikas wurde der Semi-Pariah-Status zuerkannt, der den meisten säkularen arabischen Staaten zuerkannt wurde, obwohl Ägypten für seine Beschwichtigungspolitik gegenüber Israel eine vorübergehende Ausnahme gewährt wurde. Libyen wurde zu einem echten Paria gemacht, was dazu führte, dass es von der US-Marine und der US-Luftwaffe angegriffen werden konnte, wobei ein Ziel der libysche Diktator Muammar Gadaffi und seine Familie waren.

In einem seltsam beunruhigenden Sinne wurde hier eine historische Parallele gezogen. Die weiße (nordeuropäische) Rassenkomponente Südafrikas wurde unter das Verbot gestellt, das einst über den amerikanischen Süden verhängt wurde.

KAPITEL 37

Die Vereinigten Staaten und die westliche Hemisphäre

GEOGRAPHISCH gesehen ist die westliche Hemisphäre in zwei Kontinente unterteilt: Nord- und Südamerika. Geopolitisch ist sie in Lateinamerika (Südamerika, Mittelamerika und Mexiko) und Angloamerika (die Vereinigten Staaten und Kanada) unterteilt. Das Klima in Lateinamerika ist überwiegend tropisch oder subtropisch, die Religion katholisch, die Sprache spanisch, portugiesisch oder indianisch, die Kultur lateinamerikanisch, indianisch oder negro (in unterschiedlichen Anteilen) und die Rasse mediterran, mongoloid oder negroid (in unterschiedlichen Mischungen). Mitte 1980 schätzte man die Bevölkerung Lateinamerikas (dreißig unabhängige Nationen plus einige europäische Dependenzen, vor allem in der Karibik) auf 363.600.000, verglichen mit 252.400.000 für Angloamerika. Im Zeitraum 1975-80 wuchs die Bevölkerung Lateinamerikas um 44 Millionen, die angloamerikanische um 8.600.000.[1175]

Zur Zeit von Kolumbus gab es 16 Millionen Indianer in der Neuen Welt, 15 Millionen in Lateinamerika.[1176] Als ihre bleichgesichtigen Eroberer ankamen, wurden sie zwei verschiedenen Torturen und Eroberungsmethoden unterworfen. Die Engländer, Franzosen (viele von ihnen aus der Normandie) und andere Nordeuropäer unterhielten sich mit den Indianern und trieben Handel mit ihnen, bevor sie sie bekämpften, töteten und die meisten der Überlebenden nach Westen trieben, wo sie schließlich in Reservate kamen. Aber sie paarten sich nur selten mit ihnen und heirateten sie fast nie. Diese sexuelle Enthaltsamkeit könnte auf ein starkes Gefühl der rassischen Solidarität zurückzuführen sein, das durch die Farbunterschiede noch verstärkt wurde, sowie auf die Tatsache, dass viele von ihnen Siedler waren, die ihre Frauen und Familien mitgebracht hatten.

Ein weitaus größerer Teil der spanischen und portugiesischen Einwanderer, deren Mitglieder mehr mit militärischem Ruhm und Glücksjagd als mit Landwirtschaft beschäftigt waren, waren Junggesellen. Sie hatten eine dunklere Hautfarbe und waren deutlich kleiner als die Nordeuropäer und unterschieden

---

[1175] *Schätzungen der Weltbevölkerung*, The Environmental Fund, Washington, D.C., 1980.

[1176] *Ency. Brit.*, Bd. 12, S. 200, 203.

sich körperlich weniger von den Eingeborenen.[1177] Außerdem sahen sie sich zufällig mit einer größeren Zahl von Indianern konfrontiert, die attraktiver und zivilisierter waren als die nomadischen Rothäute der nördlichen Ebenen und Wälder. Als die Sklavenschiffe ihre menschliche Fracht entluden, hielten die Lateiner an ihrer Rassenmischung fest, während die Nordeuropäer, von einigen Ausnahmen abgesehen, vor allem im amerikanischen Süden, ihren getrennten Paarungsgewohnheiten treu blieben.[1178]

Die jahrhundertelange Vermischung der Rassen in Lateinamerika hat viele verschiedene rassische Subtypen hervorgebracht. In Mexiko und Peru, wo es indianische Hochkulturen gab, ist das Mestizo-Element spanisch-indianisch. In Brasilien führte eine beträchtliche Anzahl von Negern und Indianern zu komplexeren Rassenschattierungen: Portugiesisch-Indianer, Neger-Indianer, Portugiesisch-Negro und Portugiesisch-Indianischer Neger. Auf den Westindischen Inseln, wo Negersklaven die im 16. Jahrhundert ausgestorbenen Inder ersetzten, sind viele Inseln fast vollständig schwarz. Auf Kuba und Puerto Rico überwiegt der Mulattenanteil an der Bevölkerung, reine Neger und reine Weiße sind in der Minderheit.[1179]

In den entlegeneren Andenstaaten Ecuador und Bolivien sowie in Guatemala sind rein indianische Stämme noch in der Mehrheit. In Paraguay ist Guarani, ein indianischer Dialekt, eine offizielle Staatssprache. In Argentinien, Uruguay und Costa Rica, wo der Mangel an Bodenschätzen keine Goldsucher, sondern Siedler anlockte, ist die Bevölkerung mehrheitlich weiß. Das Rassenbild in ganz Lateinamerika wird durch Enklaven von Deutschen und Japanern in Brasilien, Deutschen in Chile, Juden in Argentinien,[1180] Niederländern und Ostindiern in

---

[1177] Gemeint ist damit der Rassentypus der meisten Soldaten, Goldsucher, Verwalter und Priester aus Spanien und Portugal. Ihre Anführer, die *Conquistadores,* wiesen viele nordeuropäische Körpermerkmale auf. Siehe S. 77.

[1178] Im Gegensatz zur Praxis in Lateinamerika wurden die gemischten Nachkommen von Weißen aus den Südstaaten kaum jemals legitimiert.

[1179] Sowohl die kapitalistischen Volkszählungsbeauftragten in Puerto Rico als auch die kommunistischen Volkszählungsbeauftragten in Kuba scheinen in gewisser Weise farbenblind zu sein. In den frühen 1960er Jahren wurden weniger als 20 Prozent der puertoricanischen Bevölkerung als nicht-weiß eingestuft. In Kuba wurde ein Achtel der Bevölkerung als "Neger" und ein Siebtel als "Mulatte" bezeichnet. Jeder Besucher eines der beiden Länder kann die Zuverlässigkeit dieser Statistiken schnell einschätzen, deren übertrieben pro-weiße Ausrichtung ein zusätzlicher Beweis für den sozialen Wert ist, der dem Etikett "weiß" beigemessen wird. In Kuba "ist der Anteil der Bevölkerung mit negativer Abstammung viel höher als die angegebenen Zahlen". *Ency. Brit.*, Bd. 6, S. 875.

[1180] Die Gebrüder Migdal, litauische Juden, leiteten den bösartigen und lukrativen weißen Sklavenhandel in Argentinien, der schließlich von der jüdischen Gemeinschaft selbst beendet wurde. Die argentinische Inflation hat das jüdische Kleingewerbe in

Surinam, Franzosen in Französisch-Guayana, Martinique und Guadeloupe und Indianern (aus Indien) in Guyana, dem früheren Britisch-Guayana, noch komplizierter.

Wirtschaftlicher Reichtum und soziales Ansehen in Lateinamerika hängen im Allgemeinen von der Weiße der Haut ab. In Mittelamerika ist Costa Rica, die einzige weiße Nation, bei weitem am weitesten fortgeschritten und am wohlhabendsten. Haiti, das von allen Negerstaaten die längste ununterbrochene Geschichte der Unabhängigkeit aufweist, ist der am wenigsten wohlhabende und am wenigsten fortgeschrittene Staat der Neuen Welt, mit Ausnahme einiger neuer schwarzer Staaten in Westindien. In Südamerika befinden sich Chile, Uruguay und Argentinien trotz der lateinamerikanischen Vorliebe für Diktatur oder Militärherrschaft auf einer höheren zivilisatorischen Ebene als Länder, in denen negerische oder indianische Elemente vorherrschen.

Das, was an Aristokratie in Lateinamerika übrig geblieben ist, basiert fast ausschließlich auf einem unbefleckten und unbefleckten weißen Stammbaum. Die Politik ist in vielen Bereichen längst in die Hände von Mestizen übergegangen, aber Mestizen der hellen Seite, die auf der hellen Seite heiraten und deren Nachkommen sich schließlich für "Weißheitszertifikate" qualifizieren. Obwohl es in Lateinamerika keine offizielle oder rechtlich sanktionierte Rassendiskriminierung gibt, ist sie überall zu sehen, zu spüren und zu erahnen.

Weder Indianer noch Neger spielten in den frühen Phasen der lateinamerikanischen Unabhängigkeitsbewegungen eine nennenswerte Rolle.[1181] Es waren die Kreolen, die gebürtigen Weißen - manche mit einigen Mestizen-Genen -, die in fast allen Fällen als erste die Armeen organisierten und anführten, die gegen die regulären spanischen Truppen kämpften. Viele kreolische Anführer hatten den Mut der *Conquistadores* geerbt, aber nicht deren Rassenbewusstsein. Bolivar, der einen Hauch von Indianer hatte, heiratete seine Schwester mit einem Negergeneral. San Martin, der schwarze Haare, Augen und eine olivfarbene Haut hatte, erklärte einmal öffentlich, er sei ein Indianer.

Mitleidenschaft gezogen, aber die 400.000 Juden in Argentinien sind immer noch die reichste und einflussreichste jüdische Minderheit in Lateinamerika. Sachar, *The Course of Modern Jewish History,* S. 51. Unter den 150.000 Juden in Brasilien: Israel Klabin, ehemaliger Bürgermeister von Rio de Janeiro, und Adolpho Bloch, der führende Verleger des Landes.

[1181] Juarez, der berühmte indianische Revolutionär Mexikos, wurde erst in der Mitte des 19. Jahrhunderts bekannt, fast vier Jahrzehnte nachdem zwei weiße Priester, Hidalgo und Morelos, den Anstoß für die Unabhängigkeit Mexikos gegeben hatten. Es sei erwähnt, dass die lateinamerikanischen Revolutionen zur Befreiung vom Heimatland wie die amerikanische Revolution hauptsächlich von Konservativen angeführt wurden.

O'Higgins, der Befreier von Chile, war der uneheliche Sohn eines Iren und einer Chilenin gemischter Abstammung.[1182]

In den 1820er Jahren gab es einen Moment, in dem sich die neuen lateinamerikanischen Staaten zu einer Föderation nach dem Vorbild der Vereinigten Staaten hätten zusammenschließen können. Doch die beiden wichtigsten Anführer, Bolivar und San Martin, zerstritten sich. Seit diesem Tag ist Lateinamerika durch kleinliche Provinzialität und eine nicht enden wollende Abfolge von Revolutionen, Militärdiktaturen, klerikalen und antiklerikalen Juntas und berittenen Männern geteilt worden. Venezuela hat in 150 Jahren mehr als hundert Revolutionen erlebt, Bolivien 179 Regierungswechsel in 126 Jahren. Paraguay hatte zwischen 1870 und 1954 neununddreißig verschiedene Staatsoberhäupter.[1183] Es waren diese ständigen politischen und wirtschaftlichen Unruhen, die dazu führten, dass Lateinamerika, das dem angloamerikanischen Kontinent einst ein Jahrhundert oder mehr voraus war, nun mehr als ein Jahrhundert zurückfiel.

Lateinamerika umfasste einst Florida, Louisiana und sein riesiges Hinterland sowie nahezu unendliche geografische Weiten im amerikanischen Südwesten und im Fernen Westen. Nachdem die Vereinigten Staaten Louisiana durch Kauf und Teile Floridas gewaltsam erworben hatten, versuchten sie mit der Monroe-Doktrin (1823), eine diplomatische Mauer um den Rest der westlichen Hemisphäre zu errichten.

Indem Amerika feierlich verkündete, dass die Neue Welt für eine weitere Kolonisierung durch europäische Mächte gesperrt sei, trug es dazu bei, die neu erworbene Freiheit und Unabhängigkeit der lateinamerikanischen Länder zu schützen, die sich von Spanien und Portugal losgesagt hatten. Doch als die amerikanischen Aggressionen gegen Mexiko zunahmen und Texas, New Mexico, Arizona, Kalifornien sowie Teile von Colorado und Wyoming in die Vereinigten Staaten eingegliedert wurden, konnte man den Lateinamerikanern verzeihen, dass sie die Monroe-Doktrin mit Yankee-Imperialismus gleichsetzten. Es hatte den Anschein, als wollten die Vereinigten Staaten die westliche Hemisphäre von Europa isolieren, nicht um die Neue Welt vor den Machenschaften der Alten zu schützen, sondern um Lateinamerika so zu behandeln, wie Großbritannien, Frankreich und einige andere europäische Nationen Afrika zu behandeln begannen.[1184]

[1182] Gunther, *Inside South America,* S. 134-37 und 332-33.

[1183] Ebd., S. xvi.

[1184] Im Einklang mit der expansionistischen Stimmung gründete William Walker, Arzt, Rechtsanwalt, Herausgeber, Freibeuter und gebürtig aus Nashville, Tennessee, kurzzeitig eine unabhängige "Republik" in Niederkalifornien und Sonora. Später eroberte er mit sechsundfünfzig Anhängern Nicaragua. Wäre er nicht den wirtschaftlichen Interessen von Cornelius Vanderbilt in die Quere gekommen - der Commodore wollte einen Kanal in

Erst in den 1930er Jahren unternahmen die Vereinigten Staaten einen ernsthaften Versuch, die verletzten Gefühle und den verletzten Stolz zu besänftigen, die sich aus der jahrhundertelangen Erfahrung Lateinamerikas mit der "Gringo"-Dynamik ergeben hatten. Die Enteignung amerikanischer Investitionen und Besitztümer in Höhe von Hunderten von Millionen Dollar durch die mexikanische Revolutionsregierung wurde verziehen und vergessen, und ein neuer, sanfter Ansatz für die Beziehungen zu Lateinamerika, die Politik der guten Nachbarschaft von Franklin D. Roosevelt, wurde ins Leben gerufen. In den späten 1940er Jahren wurde die Organisation Amerikanischer Staaten gegründet. Jede der dreiundzwanzig (heute fünfunddreißig) Mitgliedsnationen hatte eine Stimme. Zwei Jahrzehnte später fügte Präsident Kennedys Allianz für den Fortschritt Zuschüsse und Darlehen für amerikanische Investitionen hinzu, um die rückständige Wirtschaft Lateinamerikas zu fördern. Trotz dieser versöhnlichen Schritte war eine Ära des guten Gefühls in der Hemisphäre so weit entfernt wie eh und je.

In der Zwischenzeit sahen sich die Vereinigten Staaten gezwungen, die verstärkten sowjetischen Aktivitäten südlich der Grenze zur Kenntnis zu nehmen. Die russische Unterwanderung Guatemalas wurde durch einen von den Amerikanern angezettelten Aufstand eingedämmt, der Jacobo Arbenz, die erste sowjetische Marionette von Format in der Neuen Welt, 1954 zum Rückzug zwang. Aber Kuba war eine andere Sache. Das Versagen der Vereinigten Staaten, die Sowjetisierung des reichsten, wichtigsten und bevölkerungsreichsten westindischen Landes zu verhindern, gilt als einer der größten Fehler in der Geschichte der amerikanischen Diplomatie. Die Ereignisse sind ein klassisches Beispiel dafür, wie die nationale Sicherheit der USA Schaden nimmt, wenn die liberale Minderheitskoalition ihre politischen und sozialen Dogmen auf die Gestaltung der Außenpolitik überträgt.

Bis die *New York Times* ihn und seine kleine Bande von Guerillas 1957 in Kubas abgelegenen Bergen der Sierra Maestra entdeckte, war Fidel Castro ein unbekannter, clownesker und niedergeschlagener Revolutionär. Dann malte *der* Korrespondent *der Times*, Herbert Matthews, dessen Berichterstattung über den Spanischen Bürgerkrieg ein Monument der Unsachlichkeit war,[1185] , in einer Reihe von schmeichelhaften Interviews ein heroisches Porträt von Castro als idealistischem, "antikommunistischen" Patrioten, der "keine Feindseligkeit gegenüber den Vereinigten Staaten und dem amerikanischen Volk" hegt.[1186]

Nicaragua bauen -, wäre Walker vielleicht Kaiser von Mittelamerika geworden, anstatt 1860 vor einem honduranischen Erschießungskommando zu sterben. Albert Carr, *The World and William Walker*, Harper & Row, New York, 1963.

[1185] Zu Matthews' Voreingenommenheit siehe Hugh Thomas, *The Spanish Civil War*, S. 233, 388.

[1186] Zitate aus Matthews' Berichten auf der Titelseite der *New York Times*, 24. und 26. Februar 1957.

Matthews' Beschönigungen enthielten auch die platte Aussage: "Aber in Castros Bewegung des 25. Juli gibt es keinen Kommunismus, von dem man sprechen könnte..."[1187] Earl Smith, der damalige amerikanische Botschafter in Kuba, erklärte, dass nach der Veröffentlichung der Interviews von Matthews Waffen, Geld und Unterstützung für Castro von allen Seiten einströmten.[1188]

Unweigerlich geriet Präsident Eisenhower selbst in den Bann der Times und weigerte sich[1189], der rechtmäßigen kubanischen Regierung dringend benötigte Waffen zu verkaufen, selbst als Castros Aufstand bedrohliche Ausmaße annahm.[1190] Botschafter Smith wurde angewiesen, Präsident Batista, den starken Mann Kubas, zum Rücktritt zu drängen.[1191] Am 1. Januar 1959 floh Batista nach Portugal. Am selben Tag zogen Castros Streitkräfte triumphal in Havanna ein. Die amerikanische Diplomatie hatte unverständlicherweise die Führung dabei übernommen, einen eingeschworenen Freund durch einen eingeschworenen Feind zu ersetzen.

Nachdem Castro die Kontrolle über Kuba übernommen hatte, stürzten sich prominente Liberale in die Presse, um Matthews' Lobeshymnen noch mehr Nachdruck zu verleihen. William Benton, eines der einflussreichsten Mitglieder der Demokratischen Partei und ehemaliger Senator von Connecticut, schrieb, dass Lateinamerika der "Bereich der Welt zu sein schien, der am wenigsten von einer sowjetischen oder chinesischen militärischen Bedrohung (sogar durch Kuba) bedroht war".[1192] Einer der führenden Soziologen der Nation, C. Wright

---

[1187] Ebd.

[1188] Herbert Dinsmore, *All The News That Fits*, Arlington House, New Rochelle, N.Y., 1968, S. 185.

[1189] Ebd., S. 177. Auf einer Pressekonferenz am Grinnell College (13. Mai 1965) stellte Eisenhower klar, dass "Herbert Matthews... Castro fast im Alleingang zu einem Nationalhelden gemacht hat". Er fuhr fort, dass John Kennedy, als er Senator war, ihm gesagt habe, dass Castro in die Fußstapfen Bolivars trete.

[1190] Die Lieferung von fünfzehn Flugzeugen, die Kuba bereits gekauft und bezahlt hatte, wurde vom Außenministerium gestoppt. M. Stanton Evans, *The Politics of Surrender*, Devin-Adair, Old Greenwich, Conn., 1966, S. 380.

[1191] Ebd., S. 379. Eine ausführliche Erörterung der allgemeinen Situation durch einen kubanischen Teilnehmer findet sich in Mario Lazo, *Dagger in the Heart-American Foreign Policy Failures in Cuba*, Funk & Wagnalls, New York, 1968.

[1192] Aus dem Vorwort von Benton's *The Voice of Latin America*, Weidenfeld 8 Nicolson, London, 1961, S. xii. Wenn Benton in auswärtigen Angelegenheiten so unwissend war, hätte er 1945-47 nicht als stellvertretender Außenminister fungieren dürfen. Der Herausgeber der *Encyclopaedia Britannica*, der von der Federal Trade Commission wegen irreführender Preisgestaltung zitiert wurde, begann seine Karriere als Radiohändler. Seine Deodorant-Werbespots setzten einen Standard für Banalität, der in der Geschichte der Werbung nur selten erreicht wurde.

Mills, schrieb: "Fidel Castro ist kein Kommunist und war es auch nie."[1193] Mills fuhr dann fort, dass Castro niemals zulassen würde, dass Russland Stützpunkte in Kuba einrichtet. Außerdem, fügte er hinzu, wolle Russland solche Stützpunkte nicht.[1194]

Im Jahr 1961, als Castro öffentlich bekannt gab, dass er schon immer ein Marxist-Leninist gewesen war und seine kommunistischen Verbindungen nur verheimlicht hatte, um die Räder der Revolution zu schmieren, schrieb[1195] Matthews immer noch über Kuba für die *Times* und wurde später zum Chefredakteur für lateinamerikanische Angelegenheiten befördert. Sein Vorgesetzter in dieser Funktion war John Oakes, *der* Redaktionsleiter der Times und Sohn von George Ochs-Oakes, dem Bruder des Gründers Adolph Ochs.[1196] Selbst nachdem Castro amerikanisches Eigentum im Wert von mehr als 1 Milliarde Dollar enteignet und einen orthodoxen kommunistischen Staat mit Massensäuberungen und der Zwangskollektivierung der Landwirtschaft errichtet hatte, bekundeten die liberal-minoritären Schiedsrichter der Außenpolitik weiterhin ihre Freundschaft für die kubanische Revolution, obwohl sie begannen, an Castro selbst zu zweifeln.

Da genau die Männer, die sich am meisten über Castro geirrt hatten und der Regierung ihre falschen Ansichten am beharrlichsten aufzwangen, in der Kennedy-Administration in wichtige Entscheidungspositionen aufrückten, ist es nicht verwunderlich, dass sich die amerikanischen Beziehungen zu Kuba immer weiter verschlechterten. Der Spezialist des Weißen Hauses für lateinamerikanische Angelegenheiten war der Minderheitenintellektuelle Richard Goodwin, ein Redenschreiber Kennedys. Ein weiterer Minderheitenintellektueller, der viel mit den diplomatischen Beziehungen zu Castro zu tun hatte, war Arthur Schlesinger Jr., der Verfasser des Weißbuchs der Regierung von 1961 über Kuba. In einem Ausbruch klingender Klischees beschrieb Schlesinger, wie die "Hemisphäre sich über den Sturz der Batista-Tyrannei freute, mit Sympathie auf das neue Regime blickte und dessen

---

1193 *Hör zu, Yankee!* Ballantine Books, New York, 1960, S. 103.

1194 Ebd., S. 94-95.

1195 *Ency. Brit.*, Bd. 5, S. 44. Es muss für William Benton sehr ärgerlich gewesen sein, in seinem eigenen Verlag eine vollständige Widerlegung seiner Vorhersagen bezüglich der russischen Intervention auf Kuba zu lesen.

1196 Dinsmore, a.a.O., S. 179. 1967 gab Matthews zähneknirschend zu, dass Castro ein Kommunist war, sagte aber, dass er 1960 einer wurde, eine Aussage, die nicht mit der von Castro übereinstimmt. Matthews, der als Auslandskorrespondent in Europa in den 1930er Jahren einen grauen Filzhut, beigefarbene Handschuhe, passende Gamaschen und einen Spazierstock aus Malakka trug, stand bis zuletzt in gutem Einvernehmen mit seinen Arbeitgebern. Mrs. Arthur Sulzberger war die Patin seines einzigen Sohnes. Gay Talese, *The Kingdom and the Power*, 1969, S. 463-64.

Versprechen von politischer Freiheit und sozialer Gerechtigkeit für das kubanische Volk begrüßte."[1197]

Es folgte eine Farce der Widersprüche. Am 17. April 1961 gab der intellektuelle Generalstab des Weißen Hauses in einer plötzlichen Kehrtwendung einer Truppe von 1.500 amerikanisch ausgebildeten und ausgerüsteten Exilkubanern grünes Licht für die Invasion. Doch auf dem Höhepunkt der Landung in der Schweinebucht verlor Präsident Kennedy aus Sorge um die kühle Reaktion der liberalen Experten, die die Nachrichtenmedien beherrschten, die Nerven und sagte alle Luftangriffe bis auf den ersten ab.[1198]

Die nukleare Konfrontation mit Russland, die auf diese beschämende Zurschaustellung amerikanischer Unentschlossenheit und Schwäche folgte, gipfelte in dem, was die Presse als "Sieg" Kennedys bezeichnete, obwohl kein schlüssiger Beweis dafür erbracht wurde, dass die Russen jemals alle ihre Raketen und Sprengköpfe aus Kuba abgezogen haben. Im Gegenteil, es gibt einige umstrittene Beweise dafür, dass einige wenige Raketen in dem ausgedehnten Netz der unterirdischen Anlagen auf Kuba verblieben sind.[1199] Kennedys diplomatischer Triumph beinhaltete jedoch nicht das Recht auf eine Inspektion vor Ort.

Es besteht auch wenig Zweifel daran, dass Kennedy mit Chruschtschow eine geheime Vereinbarung über die Unverletzlichkeit Kubas traf. Indem er die Einrichtung eines ständigen russischen Militärstützpunktes nur neunzig Meilen von Florida entfernt zuließ und versprach, nicht in Kuba einzumarschieren, hat der Präsident die Monroe-Doktrin weder in eine Schublade gesteckt noch außer Kraft gesetzt; er hat sie umgekehrt. Die Vereinigten Staaten, die sich einst verpflichtet hatten, eine europäische Intervention in der Neuen Welt zu verhindern, waren faktisch zum Beschützer eines russischen Satellitenstaates im strategischen Karibikraum geworden. Der Bankrott von Kennedys Kuba-Politik wurde noch deutlicher, als Kuba zur Ausbildungsstätte für revolutionäre Kader wurde, die in anderen Teilen Lateinamerikas bewaffnete Aufstände anführten. Nachdem sich die nachfolgenden amerikanischen Regierungen geweigert hatten, auf Castros Entsendung kubanischer Expeditionsstreitkräfte zur Stützung prosowjetischer Regime in Afrika zu reagieren, konnte man Amerikas Haltung gegenüber Kuba am besten als lähmend bezeichnen.[1200]

[1197] Evans, op. cit., S. 381.

[1198] Ebd., S. 385-86.

[1199] In einem Interview von 1964 sagte Castros Schwester Juanita: "In Kuba gibt es ballistische Langstreckenraketen, die gut getarnt sind." Ein Jahr zuvor hatte der Abgeordnete Donald Bruce aus Indiana erklärt: "Es gibt heute noch vierzig oder mehr sowjetische Raketen in Kuba, und die höchsten Beamten in der US-Regierung wissen das." Evans, a.a.O., S. 403-6.

[1200] Evans, op. cit., S. 406-7.

Da die dominierenden Bevölkerungsgruppen nordeuropäischer Abstammung in den lateinamerikanischen Ländern nicht zu finden sind, fehlt die rassische Komponente einer repräsentativen oder wirklich demokratischen Regierung. Daraus folgt, dass jegliche politische und wirtschaftliche Stabilität wahrscheinlich weiterhin von Diktatoren, ob wohlwollend oder böswillig, gewährleistet werden wird. Unter ihnen wird es sicherlich eine Reihe von Castros geben, die sich auf das Elend, die Unwissenheit und den Aberglauben der ungebildeten Massen stützen und sich auf die bewährte marxistische Strategie des Appells an Rassenfeindschaft und Neid verlassen werden.

Die Vereinigten Staaten verhalfen einem unfreundlichen Castro zur Macht, indem sie einem freundlichen Diktator, Fulgencio Batista, die Unterstützung entzogen. Die CIA beteiligte sich an der Ermordung des befreundeten dominikanischen Diktators Rafael Trujillo, die ein so großes Chaos auslöste, dass Präsident Johnson 24.000 Marinesoldaten anweisen musste. Später ließ Präsident Carter den befreundeten Diktator Anastasio Somoza fallen und gestattete den pro-sowjetischen und pro-Castro Sandinisten, Nicaragua zu übernehmen. Trotz einiger Wahlniederlagen sind sie immer noch an der Macht und verfügen immer noch über ein beträchtliches Maß an Macht. Da Carter aus Angst vor der Presse nicht so anständig war, ihm ein dauerhaftes Exil in den Vereinigten Staaten zu gewähren, floh Somoza nach Paraguay, wo er bald darauf von linken Terroristen ermordet wurde.

Heute sollte die oberste Priorität der amerikanischen Politik in der westlichen Hemisphäre darin bestehen, den Panamakanal zu erhalten und Fidel Castro durch geschickte Diplomatie und wirtschaftliche Raffinesse aus dem Amt zu entfernen. Diese Aufgabe dürfte nun, da das russische Gravitationsfeld durch *Glasnost* und *Perestroika* geschwächt wurde, weniger schwierig werden. Darüber hinaus sollte die Monroe-Doktrin aus der diplomatischen Mottenkiste geholt und entstaubt werden, allerdings nur im Falle einer direkten ausländischen Einmischung in lateinamerikanische Angelegenheiten und nie wieder als Vorwand für eine altmodische Yankee-Intervention. Was auch immer die Vereinigten Staaten sonst in Lateinamerika tun, sie sollten nicht länger mit der Verliererseite in Bürgerkriegen und Revolutionen identifiziert werden.

Da es sehr unwahrscheinlich ist, dass eine Wirtschaft nach amerikanischem Vorbild in den quasi kollektivistischen Gesellschaften Lateinamerikas jemals erfolgreich funktionieren wird, sollten sich die Vereinigten Staaten damit abfinden, es mit einer endlosen Parade von Militär- und Revolutionsjuntas zu tun zu haben. Anstatt zwischen ihnen nach der liberal-minoritären Formel zu wählen, dass Totalitäre der Linken immer und für immer den Totalitären der Rechten vorzuziehen sind, sollte die amerikanische Diplomatie sich darum bemühen, dass alle lateinamerikanischen Staaten, unabhängig von ihrer Politik, der westlichen Hemisphäre gegenüber loyal bleiben.[1201]

Utopisten haben sich oft eine panamerikanische Konföderation, in der die Vereinigten Staaten ein gleichberechtigter Partner sind, als ideales Instrument zur Lösung hemisphärischer Probleme und zur Aufrechterhaltung der hemisphärischen Verteidigung vorgestellt. Aber die Vereinigten Staaten haben einen so überwältigenden industriellen und finanziellen Vorsprung gegenüber den anderen Ländern der Neuen Welt, dass sie sich kaum der Verantwortung und dem Stigma der Vorherrschaft entziehen können. Lateinamerikanische Politiker mögen sich über den amerikanischen Imperialismus beklagen, aber ihre eigenen Länder haben sicherlich weder allein noch gemeinsam die Kraft, die Neue Welt gegen die Räuber der Alten Welt zu verteidigen. Lateinamerikanische Kapitalisten und Marxisten mögen den Yankee-Wirtschaftskoloss anprangern, aber der Wirtschaft ihrer Länder würde es viel schlechter gehen, wenn amerikanische Firmen ihre Türen schließen und nach Hause gehen würden.[1202]

Das pawlowsche Geschrei über den "Gringoismus" darf nicht über eine viel gefährlichere Form der Aggression hinwegtäuschen, die sich derzeit in der westlichen Hemisphäre abspielt. Diese Aggression ist nach Norden und nicht nach Süden gerichtet. Angesichts der Tatsache, dass riesige Gebiete in Texas und im amerikanischen Südwesten zu einer spanischsprachigen mexikanischen Kultur zurückkehren, dass sich die Puertoricaner schneller vermehren als die Neger in New York, dass kubanische Flüchtlinge[1203] nach Florida strömen, ist es möglich, dass die Lateinamerikaner ihre verlorenen nordamerikanischen Territorien schon bald zurückerobern werden. Darüber hinaus kann die Ausdehnung Lateinamerikas nach Norden die hemisphärische Sicherheit nur schwächen, indem sie die Macht der amerikanischen Mehrheit weiter schwächt, auf deren Schultern letztlich jede wirksame Verteidigung der beiden Kontinente

---

[1201] In den letzten Jahren haben die USA einige militärische und politische Erfolge in Lateinamerika erzielt. Grenada wurde besetzt und seine prosowjetische Regierung gestürzt. Die Contras in Nicaragua wurden im Stich gelassen, aber es wurde eine pro-amerikanische Regierung gewählt. Die Revolutionäre in El Salvador wurden in Schach gehalten. Der panamaische Machthaber Manuel Noriega, eine wichtige Figur im internationalen Drogenhandel, wurde bei einem Militärschlag gefangen genommen und nach Miami gebracht, wo ihm der Prozess gemacht wurde.

[1202] Im Jahr 1969 beschäftigten amerikanische Unternehmen 2 Millionen Lateinamerikaner, erwirtschafteten 12 Prozent des lateinamerikanischen Bruttosozialprodukts und ein Drittel der Exporte und zahlten mehr als ein Fünftel der Steuern. *Time*, 11. Juli 1969, S. 26.

[1203] Die Welle von 120.000 Kubanern, die 1980 in Florida angeschwemmt wurde, hatte einen großen Anteil an Kriminellen, Homosexuellen und Behinderten. Indem er diese kranken Elemente in die amerikanische Bevölkerung einschleuste, errang Castro einen weiteren Sieg in seinem kalten Krieg gegen die Vereinigten Staaten.

ruhen muss. Ohne die Führung und Kampfkraft der amerikanischen Mehrheit könnte die Neue Welt wieder in den Besitz der Alten übergehen.

Was schließlich Kanada betrifft, so muß man von vornherein feststellen, daß Kanada aus rassischer und kultureller Sicht zwei Nationen und nicht eine ist. Die Wahrheit ist, dass das britische und das französische Kanada in der westlichen Hemisphäre sozial so unterschiedlich sind wie Großbritannien und Frankreich in Europa. Kanadier britischer und französischer Abstammung misstrauen einander mehr als die Franzosen in Frankreich dem Perfidious Albion und umgekehrt. Es gibt keinen Ärmelkanal, der sie voneinander trennt, und die religiösen Unterschiede sind schärfer. Die französischstämmigen Kanadier sind stärker katholisch und die britischstämmigen Kanadier ausgeprägter protestantisch als die Franzosen und Briten in Europa.

Als die ursprünglichen weißen Siedler Kanadas betrachten sich die Frankokanadier gerne als die wahren Kanadier. Dies haben sie immer wieder mit Molotowcocktails, Bomben, Entführungen und Mord zum Ausdruck gebracht - eine Form der politischen Aktivität, die den englischsprachigen Teil der Bevölkerung verunsichert. Die bewussten Versuche Frankreichs, insbesondere in der Ära de Gaulle, separatistische Gefühle zu wecken und die französische Kultur zu fördern, trugen nicht zur Verbesserung der Situation bei. 1976 kam die separatistische Parti Québecois in Québec an die Macht. Drei Jahre später wurde ein Referendum, das die vollständige Abspaltung forderte, zwar abgelehnt, aber nicht entscheidend. Heute wird Kanada größtenteils durch die versöhnliche Haltung der englischsprachigen Kanadier zusammengehalten, die, manipuliert durch die liberal-minderheitlichen Medien und die politischen Winkelzüge der intellektuellen und wirtschaftlichen Eliten, den lautstarken Forderungen von etwa 6 146 600 Frankokanadiern nach immer mehr Autonomie nachgegeben haben.

Britisch-Kanada weist im Gegensatz zu Französisch-Kanada eine Rassenmischung auf, die der der weißen Bevölkerung der Vereinigten Staaten nahe kommt. Kanadier britischer Herkunft sind 10.611.050, andere Europäer 4.146.065, Indianer/Eskimos 470.000, verschiedene Asiaten 1.381.000 und Neger 252.660. In den weißen Zahlen sind 385.000 Juden enthalten. Einige der Schwarzen sind Nachkommen von Sklaven, die kurz vor dem Bürgerkrieg aus den Vereinigten Staaten geflohen sind.[1204] Wie die Neger überall stehen auch die kanadischen Schwarzen am unteren Ende der sozialen und wirtschaftlichen Leiter, obwohl sie seit mehr als hundert Jahren das Wahlrecht und den vollen Schutz des Gesetzes genießen, einschließlich eines integrierten Bildungssystems.[1205] Wie die Juden überall, so konzentrieren sich auch die kanadischen Juden auf einige wenige größere Städte, vor allem Montreal und

[1204] Viele von ihnen kehrten nach Ende des Krieges zurück. John Hope Franklin, *Von der Sklaverei zur Freiheit*, Knopf, New York, 1969, S. 377.

[1205] Ebd., S. 376, 380-81.

Toronto, und haben einen weit überproportionalen Anteil am Reichtum des Landes. Das riesige Spirituosenkonglomerat, das unter dem Namen Seagram's firmiert und einen großen Teil von DuPont besitzt, wurde von Sam Bronfman, einem in Kanada geborenen jüdischen Alkoholschmuggler, gegründet. Sohn Edgar Bronfman senior, der das Konglomerat jahrelang leitete, reist als Präsident des Jüdischen Weltkongresses durch die Welt. Sohn Edgar Jr., dessen erste Frau eine Negerin war, leitet heute das Unternehmen, das sich in große Teile der Filmindustrie einkauft.

Der Gedanke ist heute weitgehend verpufft, aber die Annexion Kanadas wurde einst von den wenigen Politikern in der amerikanischen Geschichte, die den Namen Staatsmänner verdienen, sehr ernsthaft erwogen. Trotz der heftigen Einwände Zehntausender amerikanischer Loyalisten, die über die Grenze nach Norden geflohen waren, versuchte Benjamin Franklin, die Briten bei den Friedensverhandlungen, die den Unabhängigkeitskrieg beendeten, zur Aufgabe Kanadas zu bewegen. Eine weitere Welle des Annexionsfiebers erfasste die Vereinigten Staaten in den Anfangsjahren der "Manifest Destiny",[1206] die von den Kanadiern, damals noch britische Kolonialherren, teilweise erwidert wurde. Noch 1911 begrüßte der Sprecher des Repräsentantenhauses, Champ Clark aus Missouri, "den Tag, an dem die amerikanische Flagge[1207] über jedem Quadratmeter der britischen nordamerikanischen Besitzungen bis zum Nordpol wehen wird."

Heute ist der Gedanke an ein solches Groß-Nordamerika verstummt, außer im Westen Kanadas, wo es eine wachsende Bewegung zur Abspaltung vom östlichen Teil Kanadas gibt. Sollte es dazu kommen, könnte der nächste Schritt eine Kampagne sein, sich den nordwestlichen Staaten der Vereinigten Staaten anzuschließen und einen unabhängigen ethnischen Staat oder Ethnostaat zu gründen.[1208]

Die Amerikaner haben in Kanada mehr Geld investiert, 37 Milliarden Dollar, als in jedem anderen Land. Sie kaufen etwa 75 Prozent aller kanadischen Exporte. Da die beiden Nationen wirtschaftlich so eng miteinander verflochten sind und

---

1206 Vor dem Ausbruch des Krieges von 1812 sagte Henry Clay vor dem Repräsentantenhaus: "Die Miliz von Kentucky allein ist in der Lage, Ihnen Montreal und Oberkanada zu Füßen zu legen". Ein anderer Falke des neunzehnten Jahrhunderts, John Calhoun, prophezeite: "Ich glaube, dass in vier Wochen, wenn an unserer Grenze eine Kriegserklärung ertönt, ganz Oberkanada und ein Teil von Unterkanada in unserer Gewalt sein wird." Beard, *The Rise of American Civilization*, Bd. 1, S. 416.

1207 Samuel Flagg Bemis, *A Diplomatic History of the U.S.*, Holt, Rinehart, and Winston, New York, 1955, S. 735. Während des Zweiten Weltkriegs sprachen sich in einer Meinungsumfrage 24,4 Prozent der befragten Amerikaner für die Annexion Kanadas aus, und 23,3 Prozent der Kanadier teilten ihre Meinung.

1208 Weitere Informationen über Ethnostate finden Sie in *The Ethnostate* von Wilmot Robertson, Howard Allen Enterprises, Inc. in Cape Canaveral, Florida.

die englischsprachige Mehrheit Kanadas eine so enge biologische und kulturelle Beziehung zur amerikanischen Mehrheit hat, scheint es unvermeidlich, dass sich die beiden Mehrheiten einander annähern werden, egal wie sehr sich die liberal-minoritären Koalitionen in beiden Ländern dagegen wehren.

TEIL X

Perspektiven und Ausblicke

KAPITEL 38

Nukleare Hypnose

Nirgendwo in dieser Studie, abgesehen von ein paar beiläufigen Hinweisen in den Kapiteln über die Außenpolitik, wurde dieses fantastische neue Instrument der Kriegsführung, die atomar bestückte Rakete, ernsthaft zur Kenntnis genommen. Diese Auslassung erfolgte absichtlich. Schon das Wort "nuklear" ruft semantische Verwirrungen hervor, die die sinnvolle Erörterung eines Themas, insbesondere der internationalen Beziehungen, eher emotionalisieren und verdunkeln als klären. Zweitens ist der Atomkrieg trotz seines Schreckens immer noch ein Krieg und kann als solcher am besten in einem militärischen Kontext untersucht werden. Selbst die nichtmilitärischen Auswirkungen von Atomwaffen - die nukleare Hypnose zum Beispiel, die dazu neigt, alle realistischen Ansätze in der Außenpolitik zu vereiteln - gehören zu Recht in den Bereich der psychologischen Kriegsführung.

Die unmittelbare militärische Folge der Entdeckung von Kernwaffen war - zumindest bis zum jetzigen Zeitpunkt -, dass der Krieg in konventionellere Bahnen gelenkt wurde.[1209] Um die Spaltungs- und Fusionsbomben sicher zu deaktivieren, haben die nuklearen und nichtnuklearen Mächte, die sich nach dem Zweiten Weltkrieg an Konflikten beteiligt haben, ihre militärischen Operationen strenger gehandhabt, als man es normalerweise hätte erwarten können. Die Existenz von Zufluchtsorten,[1210] die Geiselnahme, das Festhalten von Gefangenen gegen Lösegeld, die erneute Popularität des Guerillakriegs und die Umrüstung alter Kriegsschiffe deuten alle auf einen Schritt zurück in die militärische Vergangenheit hin.[1211]

1209 Eine ziemlich verschlungene Art, eine andere brillante "Prophezeiung" von Engels zu verwirklichen. Im Jahr 1878 schrieb er, dass die Militärtechnik "einen solchen Grad der Vollkommenheit erreicht hat, dass weitere Fortschritte, die einen revolutionären Einfluss hätten, nicht mehr möglich sind ... alle weiteren Verbesserungen sind für die Feldkriegsführung mehr oder weniger unwesentlich. Die Ära der Evolution ist daher in dieser Richtung im Wesentlichen abgeschlossen." *Anti-Dühring*, S. 188.

1210 Hanoi und sein Hafen Haiphong waren während des größten Teils des Vietnamkriegs bemerkenswerte Beispiele für unbombardierte oder unblockierte Schutzgebiete. Selbst wenn Luftangriffe erlaubt waren und eine Seeblockade errichtet wurde, beschränkten sich die Luftwaffe und die Marine der Vereinigten Staaten auf rein militärische Ziele. Im Koreakrieg waren die Nachschublinien der chinesischen "Freiwilligen" für General MacArthur tabu, dessen Kriegsflugzeuge Rotchina nicht überfliegen durften.

1211 Eine Ausnahme bildet der Einsatz von Giftgas durch die irakische Regierung gegen die kurdische Minderheit.

In den frühen Tagen des Zweiten Weltkriegs begannen dieselben Liberalen und Gleichmacher, die sich später als die schärfsten Gegner der atomaren Kriegsführung aufspielten, das nukleare Wettrüsten. In der Tat ist es eine Untertreibung, wenn man sagt, dass das Konzept, der Entwurf, die Entwicklung und die Produktion der ersten Atombombe der Welt von Anfang bis Ende eine Liebeserklärung an eine Minderheit war. Die Chronologie beginnt mit Lise Meitner, einer geflüchteten deutschen Wissenschaftlerin, die 1938 nach Dänemark ging und dem Physiker Niels Bohr die Daten eines kurz zuvor in Berlin durchgeführten erfolgreichen Spaltungsexperiments übergab. Bohr gab die Informationen weiter, bis sie Einstein erreichten, woraufhin dieser, der damals in Princeton lebte, einen Brief an Präsident Roosevelt schrieb, in dem er darauf drängte, dass Amerika sofort ein umfassendes Bombenentwicklungsprogramm starten sollte. Der erste Brief wurde von dem Bankier Alexander Sachs persönlich überbracht und enthielt die (falsche) Behauptung, dass die Deutschen an einer Atombombe arbeiteten. Im weiteren Verlauf des Zweiten Weltkriegs arbeiteten Fermi, Bethe und Szilard an den Details der A-Bombe, die unter der Leitung von Oppenheimer konstruiert wurde. Nach ihrer Arbeit an der A-Bombe machten sich Teller und von Neumann an die Entwicklung der H-Bombe. In der Zwischenzeit stahlen die Rosenbergs, Greenglass und Sobell verschiedene Bombenschemata und gaben sie an die Russen weiter.[1212]

Dass die Atombombe und die Spionage, die sich um sie herum entwickelte,[1213] im Grunde ein Minderheitenprojekt war, zeigt die Namensliste im vorangegangenen Absatz. Mit Ausnahme von Roosevelt und Fermi, einem Italiener mit einer jüdischen Frau, sind alle Personen jüdisch. Der deutsche Antisemitismus hatte eine heftige Reaktion der jüdischen Weltgemeinschaft hervorgerufen, zu der eine Reihe hochrangiger Kernphysiker gehörten, von denen viele an der deutschen Universität Göttingen ausgebildet worden waren. Aber es war Einstein, der in den Medien immer noch als Musterbeispiel für Humanität gilt, der am meisten dafür verantwortlich war, der amerikanischen Regierung die Bombe zu "verkaufen". Als führender Förderer der tödlichsten Waffe aller Zeiten spielte der Erklärer der Relativitätstheorie eine Rolle in der Geschichte der Kriegsführung, die zuvor Basil Zaharoff, den Krupps und den

---

[1212] Fakten, Namen und Daten wurden größtenteils aus Robert Jungk, *Brighter than a Thousand Suns*, Harcourt, Brace, New York, 1958, entnommen.

[1213] Eine der Ausreden derjenigen, die die Atomspione verteidigten - und das waren viele - war, dass die sowjetischen Wissenschaftler früher oder später selbst hinter die Geheimnisse der Kernenergie gekommen wären. Dem könnte man entgegenhalten, dass die Geheimformel für das griechische Feuer vom siebten bis zum neunten Jahrhundert vom Oströmischen Reich erfolgreich gehütet wurde. Die Preisgabe dieser Formel galt nicht nur als Verrat, sondern als Sakrileg. Es war das griechische Feuer, das der byzantinischen Regierung half, den arabischen Angriff auf Konstantinopel abzuwehren, wodurch, so Will Durant, "Europa gerettet" und das Leben des Oströmischen Reiches um fast 800 Jahre verlängert wurde. *Das Zeitalter des Glaubens*, S. 424-25.

anderen "Händlern des Todes" zugeschrieben worden war, die in der Dämonologie der liberalen Minderheit zum Inventar gehören.

Obwohl die Bombe nicht rechtzeitig fertiggestellt worden war, um sie über Deutschland abzuwerfen, hatte die Bruderschaft der Atomwissenschaftler, die sie gebaut hatte, wenig Bedenken, sie gegen Japan, Hitlers Verbündeten, einzusetzen. Die endgültige Entscheidung lag natürlich bei Präsident Truman. Der Wissenschaftler, der das Projekt am entschiedensten ablehnte, war Ernest Lawrence, ein Mitglied der Mehrheit.[1214]

Die rassistischen Beweggründe der Minderheitenwissenschaftler, die die A-Bombe konzipierten und herstellten, wurden nach dem Krieg deutlich, als Oppenheimer, der einflussreichste amerikanische Atomphysiker, versuchte, die Entwicklung der H-Bombe genau zu dem Zeitpunkt zu stoppen, als die Russen ein Crash-Programm zum Bau ihrer eigenen Bombe begonnen hatten. Oppenheimer begründete seinen Sinneswandel, indem er sich auf etablierte liberale und pazifistische Prinzipien berief. Er sei entschlossen, "das Werk des Teufels" aufzugeben.[1215] Aber da er und praktisch alle seine Kollegen vor dem Auftauchen Hitlers Pazifisten, Liberale und sogar Ultraliberale gewesen waren, könnte ihr zweiter Sinneswandel innerhalb eines Jahrzehnts logischerweise eher auf einen Wechsel des Feindes zurückgeführt werden. Dass Oppenheimer so fleißig Bomben gebaut hätte, wenn Hitler nicht antisemitisch gewesen wäre, und dass er seine Bombenarbeit so schnell aufgegeben hätte, wenn er nicht das typische Faible einer intellektuellen Minderheit für den Marxismus gehabt hätte, darf bezweifelt werden.[1216]

Es bedurfte großer Anstrengungen seitens der amerikanischen Regierung, um Oppenheimers Widerstand gegen die H-Bombe zu überwinden, der vom einflussreichsten Teil der Nachrichtenmedien unterstützt wurde.° Von allen hochrangigen Wissenschaftlern, die in der Minderheit waren, schienen nur Edward Teller und von Neumann die Gefahren zu erkennen, die damit verbunden waren, dass die amerikanische Kerntechnik hinter die russische zurückfiel. Sowohl Teller als auch von Neumann hatten in ihrem Heimatland

---

[1214] Jungk, a. a. O., S. 186n. Eine spätere Entwicklung, die Neutronenbombe, die speziell für die Tötung von Menschen konzipiert wurde, war das Geistesprodukt von Samuel T. Cohen, einem kalifornischen Wissenschaftler. Die stark reduzierte Explosion der Neutronenbombe richtet kaum Sachschaden an. *Newsweek*, 17. April 1978, S. 36. 7. Ebd., S. 333.

[1215] Oppenheimer hatte zahlreiche Verbindungen zum Kommunismus, was ihn schließlich in einem Presserummel, der Erinnerungen an die Dreyfus-Affäre weckte, seine Sicherheitsgenehmigung kostete.

[1216] Als der Sonderausschuss des Nationalen Sicherheitsrates schließlich die Fortsetzung des Atombombenprogramms anordnete, fiel die Abstimmung mit zwei zu eins aus. David Lilienthal, das einzige Minderheitsmitglied und der erste Vorsitzende der Atomenergiekommission, stimmte mit Nein. Ebd., S. 284-85.

Ungarn aus erster Hand Erfahrungen mit dem Kommunismus gemacht. Es war der energische, meinungsstarke Teller, der Stalins Hinwendung zu Nationalismus und Antisemitismus weit vor seinen Kollegen erkannte und am verbissensten für die H-Bombe kämpfte - oft trotz der Verleumdungen und Verunglimpfungen durch die Presse.[1217] Wie sich herausstellte, kamen die Vereinigten Staaten Russland bei der Entwicklung der H-Bombe nur zehn Monate zuvor.

Nachdem es nicht gelungen war, Amerika aus dem atomaren Wettrüsten herauszuholen, schlug die Abrüstungslobby ein gegenseitiges sowjetisch-amerikanisches Verbot aller Atomwaffen vor. Die Russen zeigten sich dazu bereit, weigerten sich aber, Inspektionen vor Ort zuzulassen. Die liberale Minderheitskoalition war im Großen und Ganzen bereit, dieses Zugeständnis zu machen. Glücklicherweise waren die Generalstabschefs und eine knappe Mehrheit des Kongresses nicht dazu bereit.

In den Jahren unmittelbar nach dem Zweiten Weltkrieg stützten sich die Argumente für die nukleare Abrüstung auf Angst, Pazifismus, Defätismus und hochtrabende Vorschläge für eine Weltregierung. Die alte linke Fixierung auf Russland als Geburtsstätte des Kommunismus und Verwirklichung des marxistischen Traums war eine wichtige Triebfeder, wie der weit verbreitete pazifistische Slogan "Besser rot als tot" zeigt. Ein großer Teil der Abrüstungspropaganda hatte seinen Ursprung im Weißen Haus selbst. So einflussreiche Berater des Präsidenten wie Seymour Melman, Jerome Wiesner und Walt W. Rostow schlugen eine Politik vor, die letztlich alle zum militärischen Vorteil der Sowjetunion waren.[1218]

Nirgendwo in den letzten Jahren war die Herabstufung der amerikanischen nationalen Sicherheit so wirksam wie im Bereich des Zivilschutzes. Im Falle eines Atomkrieges wird die Fähigkeit der amerikanischen Arbeitskräfte und der Industrie, verheerende H-Bombenangriffe zu überleben, den Sieg oder das, was einem Sieg am nächsten kommt, bedeuten. Im Klartext: Das Land, dessen Bevölkerung und Industrieanlagen weiter verstreut und tiefer "eingegraben" sind, hat bessere Chancen, eine totale Niederlage zu vermeiden. Weitgehend als Ergebnis der Gleichgültigkeit und manchmal offenen Feindseligkeit Amerikas gegenüber dem gesamten Konzept des Zivilschutzes ist Russlands ausgeklügeltes Zivilschutzsystem weit voraus. Gegenwärtig scheint der Westen die russische nukleare Bedrohung vergessen zu haben, vor allem wegen der

---

[1217] Zunächst wurde Teller von seinen jüdischen Mitbürgern wie ein Ausgestoßener behandelt. Später, als jüdische Neokonservative sich gegen Russland wandten, weil es radikale arabische Staaten bewaffnet und unterstützt, wurde er wieder im Establishment willkommen geheißen.

[1218] Einen knappen, aber umfassenden Überblick über die Aktivitäten der Abrüstungslobby, einschließlich Skizzen der wichtigsten Lobbyisten, bietet das gleichnamige Kapitel in Evans, op. cit.

massiven internen Probleme, die das Land plagen. Das bedeutet jedoch nicht, dass die atomar bestückten Raketen des Landes eingemottet worden sind. Die H-Bomben des Kremls sind immer noch in der Lage, fast jede amerikanische Großstadt auf Knopfdruck dem Erdboden gleichzumachen.

Man muss kein General oder Admiral sein, um zu wissen, dass der Überraschungseffekt in einem Atomkrieg einen überwältigenden Vorteil darstellt. Dennoch hat ein amerikanischer Präsident, John Kennedy, zu Protokoll gegeben, dass die Vereinigten Staaten niemals als erste einen Atomangriff starten werden[1219] - ein unentgeltliches und beruhigendes Versprechen gegenüber einem atomar bewaffneten Feind, der möglicherweise andere Vorstellungen hat. Marschall Grechko, der verstorbene sowjetische Verteidigungsminister, sagte 1970: "Die Amerikaner machen sich selbst etwas vor. Der einzige Krieg, den es zu führen und zu gewinnen gilt, ist ein Atomkrieg, und darauf sollten wir vorbereitet sein."[1220] Ein mysteriöser russischer Geheimdienstoffizier, Oberst Oleg Penkovskiy, der möglicherweise enge Verbindungen zur CIA hatte, erklärte kategorisch, dass Russland seine Nuklearstrategie auf einem Erstschlag gegen die Vereinigten Staaten aufgebaut habe. Er versicherte auch, dass viele russische Militärstrategen keineswegs davon überzeugt seien, dass beide Seiten in einem Atomkrieg vernichtet würden, und es durchaus für möglich hielten, einen solchen Krieg zu gewinnen, sofern er kurz sei und nicht in einen zermürbenden Zermürbungskonflikt ausartete. Der russische Generalstab, so fügte er hinzu, rechne mit der totalen Überraschung und der durchschlagenden Wirkung von Russlands größeren Bomben, um einen Angriff von lähmendem Ausmaß durchzuführen.[1221] Da vielleicht die Hälfte der amerikanischen Bevölkerung und ein beträchtlicher Teil des amerikanischen Industriekomplexes der thermonuklearen Zerstörung ausgesetzt wären, ist es nicht gerade beruhigend, wenn sich die Amerikaner für das Überleben ihrer Familien und ihrer Fabriken eher auf die schlechte russische Treffsicherheit verlassen als auf ein gut organisiertes System des Zivilschutzes. In der Zwischenzeit wäre Russland mit seinem Schlüsselpersonal und vielen seiner wichtigsten Verteidigungsanlagen, die sicher unter der Erde liegen, gut gegen Vergeltungsschläge der Vereinigten Staaten gewappnet.

Ist Russland, das von innen durch ein chaotisches politisches und wirtschaftliches System und von außen durch immer unruhigere und unglücklichere Nationalitäten bedrängt wird, bereit für dieses horrende Spiel? Wird es jemals bereit sein? Ein Anzeichen dafür, dass der Kreml in diese

---

[1219] Evans, op. cit., S. 262-63.

[1220] *Reader's Digest,* Okt. 1970.

[1221] "Wenn die Umstände für einen nuklearen Erstschlag günstig sind, wird die Sowjetunion diesen Schlag unter dem Vorwand ausführen, sich gegen einen Angreifer zu verteidigen. Auf diese Weise wird sie die Initiative ergreifen." Oleg Penkovskiy, *The Penkovskiy Papers,* Avon Books, New York, 1966, S. 72-73, 250-54.

Richtung denkt, wäre ein Präventivschlag gegen chinesische Raketenbasen und Atomanlagen, denn es ist schwer vorstellbar, dass Russland dem amerikanischen Muster folgen und seinem größten und bedrohlichsten Feind erlauben wird, ein tödliches Atomwaffenarsenal aufzubauen. Viel zu schnell, als dass Russland damit zufrieden sein könnte, wird China zu einem der wichtigsten Mitglieder des weltweiten Atomclubs, dem auch Großbritannien, Frankreich, Indien, Israel und möglicherweise Südafrika angehören. Andere Nationen, insbesondere der Irak und Pakistan, würden ebenfalls gerne dazugehören und arbeiten hart daran. Dass die beiden nuklearen Supermächte, die sich darauf geeinigt haben, ihre eigenen atmosphärischen Tests einzustellen, China und Frankreich erlauben, ihre Tests fortzusetzen, zeigt einen beunruhigenden Mangel an Sorge nicht nur um die Sicherheit Amerikas und Russlands, sondern um die Sicherheit der Welt.

Wäre die Vorherrschaft der liberalen Minderheit in der amerikanischen Öffentlichkeit nach dem Zweiten Weltkrieg nicht so stark gewesen, hätte sich die Menschheit vielleicht nie Gedanken über die Möglichkeit eines thermonuklearen Krieges machen müssen. Von 1945 bis 1949 hatten die Vereinigten Staaten ein absolutes Monopol auf Atomwaffen. Sie hatten vier Jahre vor Russland eine Atombombe hergestellt und waren bei der Entwicklung und Herstellung von Trägersystemen sogar noch weiter voraus. In einem Zeitraum von fünf bis zehn Jahren hätten die Vereinigten Staaten der Sowjetunion jederzeit ein Ultimatum stellen können, in dem sie den sofortigen Abbau all ihrer Atomanlagen gefordert hätten, um so die nukleare Aufrüstung Russlands zum Stillstand zu bringen, ohne Vergeltungsmaßnahmen befürchten zu müssen. Hätte Russland das Ultimatum ignoriert, hätten die Vereinigten Staaten die Demontage aus eigener Initiative durch einen umfassenden Präventivschlag durchführen können, der sich nicht gegen die russische Bevölkerung, sondern gegen russische Atomanlagen und Raketenstellungen gerichtet hätte. Die gleiche präventive Behandlung hätte später auf jede andere Nation angewandt werden können, die dumm genug war, ein Atomwaffenarsenal anzuhäufen.

Während des gesamten kritischen ersten Jahrzehnts des Atomzeitalters gab es viele vernünftige und realistische Amerikaner, die für eine solche Politik eintraten - eine Politik, die im höchsten Sinne des Wortes humanitär war, weil sie Hunderte von Millionen von Menschenleben hätte retten können. Aber diese Amerikaner wurden entweder nie gehört oder, falls sie doch gehört wurden, gnadenlos an den Pranger gestellt und dann zum Schweigen gebracht. Die liberal-minderheitliche Kakophonie der einseitigen Abrüstung und des Entgegenkommens gegenüber Russland um jeden Preis, einschließlich der gemeinsamen Nutzung amerikanischer Atomforschung, ließ keine Debatte über die Vorteile eines dauerhaften Verbots von Atomwaffen zu.

Wie zu Beginn dieses Kapitels angedeutet, könnte das gegenwärtige nukleare Kräfteverhältnis zwischen Rußland und den Vereinigten Staaten tatsächlich eine beruhigende und einschränkende Wirkung auf den Krieg haben, indem es Konflikte lokalisiert und begrenzt und altmodischen Waffen wie dem Gewehr und altmodischen Taktiken wie dem Nahkampf neue Bedeutung verleiht. Wenn dies jedoch nicht der Fall ist und ein Atomkrieg ausbricht, ist es unwahrscheinlich, dass die gesamte Zivilisation - trotz der düsteren Vorhersagen der Unkenrufer - völlig ausgelöscht wird.[1222]

Die Menschheit hat bereits einige Torturen überlebt, die dem für einen künftigen Atomkrieg vorhergesagten Schrecken nahe kommen. Karthago hätte durch eine H-Bombe nicht vollständiger zerstört werden können als durch römische Legionen. Dschingis Khan soll in Herat 1,6 Millionen Männer, Frauen und Kinder getötet haben. Es heißt, dass kein einziger Mensch mehr am Leben war, als Tamerlane durch Bagdad zog.[1223] Der Schwarze Tod löschte zwischen 1348 und 50 ein Viertel bis ein Drittel der europäischen Bevölkerung aus.[1224] Die Menschen haben viele Kriege geführt, in denen keine Gefangenen gemacht wurden, und viele Belagerungen verloren, bei denen alle Belagerten, unabhängig von Alter oder Geschlecht, getötet wurden. Obwohl Megatonnen-Fusionsbomben hundertmal tödlicher sind als die Kilotonnen-Atombomben, die auf Hiroshima und Nagasaki abgeworfen wurden, ist es bemerkenswert, dass diese beiden Städte heute bevölkerungsreicher und blühender sind als vor dem Auftauchen der Atompilze.

Selbst wenn man davon ausgeht, dass ein umfassender Atomkrieg die gesamte Bevölkerung Europas, Nordamerikas und Asiens auslöschen würde, wäre ein einzelnes Land wie Neuseeland oder Australien durchaus in der Lage, die Zivilisation des zwanzigsten Jahrhunderts mit kaum einer Unterbrechung weiterzuführen. Wenn man bedenkt, dass die Bevölkerung Athens im Zeitalter des Perikles nur 130.000[1225] betrug, scheint die menschliche Qualität ein grundlegenderer Bestandteil der Zivilisation zu sein als die menschliche Quantität. Ein Zyniker oder ein hartgesottener Sozialdarwinist könnte sogar sagen, dass ein Atomkrieg der Zivilisation helfen könnte, indem er die nichtnuklearen, aber ebenso gefährlichen Bedrohungen für die Menschheit zerstört oder eindämmt: die Verödung der Städte, die übermäßige Industrialisierung, die exponentielle Geburtenrate der genetisch Verarmten und die vielen anderen ökologischen und dysgenischen Katastrophen der heutigen Zeit.

[1222] Prophezeiungen von Tod und Verwüstung sind seit den Tagen der Sintflut und Sodom und Gomorra in Mode. Die Erfindung der Steinschleuder, des Speers, von Pfeil und Bogen und des Schießpulvers mag zu ihrer Zeit ebenso furchterregend gewesen sein wie chemische, biologische und nukleare Waffen für die Menschen der heutigen Zeit.

[1223] *Ency. Brit.*, Bd. 12, S. 1001.

[1224] *Scientific American*, Feb. 1964, S. 114. Noch 1970 starben 300.000 bis 600.000 Ostpakistaner in einem Wirbelsturm im Golf von Bengalen. *Time*, 30. November 1970, S. 16.

[1225] Nur 50.000 dieser Athener waren Bürger. Siehe S. 238.

Was fast ebenso zu befürchten ist wie ein Atomkrieg, ist die nukleare Hypnose, der die amerikanische Öffentlichkeit seit fast einem halben Jahrhundert unterworfen ist. Zuerst wird den Amerikanern gesagt, sie sollen Atombomben produzieren, dann sollen sie diese auf zwei schlecht verteidigte Städte in einer Nation abwerfen, die bereits am Rande der Niederlage steht,[1226] dann sollen sie die immensen strategischen Vorteile der A-Bombe aufgeben, indem sie Amerikas Atomgeheimnisse mit Russland teilen, dann der nuklearen Abrüstung ohne Inspektion zuzustimmen, dann die H-Bombe genau zu dem Zeitpunkt zu verschrotten, als Russland seine eigene baute, und schließlich im Namen des Vertrags über die Begrenzung strategischer Waffen der damaligen Sowjetunion einen Vorsprung bei Interkontinentalraketen mit Atomsprengköpfen zu garantieren. Doch das ist noch lange nicht das Ende. Da die Atompolitik der liberal-minderheitlichen Koalition nicht so selbstlos humanitär ist, wie sie vorgibt, sind weitere Verschiebungen und Umkehrungen zu erwarten. Wenn russische Kommissare anfangen, die Pogrome der Zaren zu imitieren, wenn sich in Palästina ein israelisches Dünnfeuer ankündigt, wenn weiße Südafrikaner sich erheben und sich ein unabhängiges Heimatland schaffen, wenn irgendwo im Westen eine faschistische Bewegung Fuß fasst, dann werden die Abrüstungslobbyisten schnell ihre pazifistischen Masken fallen lassen und als erste die thermonukleare Verbrennung des "Feindes" fordern."[1227]

Der Dornröschenschlaf, der die Formulierung der amerikanischen Nuklearstrategie umgibt, wird sich auflösen, sobald man anerkennt, dass Atomwaffen keine ideologische Frage sind. Sie sollen nicht als Prügelknaben oder Schachfiguren in einem Spiel der Rassenpolitik dienen. Da jeder Sprengkopf auf jeder amerikanischen Rakete ein Damoklesschwert über dem Kopf jedes ausländischen Potentaten mit aggressiven Plänen für die Neue Welt ist, sind Atomwaffen nicht mehr und nicht weniger als die Hauptlinie der amerikanischen Verteidigung.

[1226] Die Atomangriffe auf Hiroshima und Nagasaki werden immer als ein Schandfleck in der amerikanischen Geschichte betrachtet und dem amerikanischen Volk als Ganzes angelastet werden und nicht den Wissenschaftlern einer Minderheit, die die Bombe erfunden und gebaut haben, und den "Menschenfreunden" einer liberalen Minderheit, die die Bombardierung angeordnet und beklatscht haben. Es war dieselbe Gruppe, die 1945 den Luftangriff auf Dresden unterstützte und beklatschte, bei dem 35.000 Menschen - manche sagen 135.000 - in einer Nacht getötet wurden, viele von ihnen Kriegsflüchtlinge, die Vorhut der 11 Millionen Deutschen, die vor den Plünderungen der Roten Armee und den Vergeltungsmaßnahmen der Polen und Tschechen nach Westen flohen.

[1227] Ein Anzeichen für das, was zu erwarten ist, war ein wenig bekannter Vorfall, der sich während des Aufflammens des arabisch-israelischen Krieges 1967 ereignete. SANE (Sane Nuclear Policy Committee), das immer an vorderster Front bei allen Versuchen stand, Amerikas nukleare Fähigkeiten zu begrenzen und zu schwächen, musste einen Friedensmarsch absagen, weil so viele seiner Mitglieder sich darauf vorbereiteten, für mehr militärische Unterstützung für Israel zu demonstrieren. Dinsmore, *All The News That Fits*, S. 323.

Der sicherste Weg, einen Atomkrieg zu vermeiden, besteht darin, zu erkennen, dass nicht die nukleare Bereitschaft die Wahrscheinlichkeit eines Erstschlags gegen Amerika erhöht, sondern der Defätismus, die Spaltung und die Zwietracht, die von minderheitsorientierten Massenmedien gefördert werden. Das Ziel scheint darin zu bestehen, Amerikas Willen zum Widerstand zu zerstören und gleichzeitig das wichtigste Mittel des Widerstands, die nukleare Abschreckung, zu untergraben. Diejenigen, die ein unbestätigtes Einfrieren von Atomwaffen fordern und gewalttätige Demonstrationen vor Atomkraftwerken veranstalten, laden totalitäre Militaristen in Übersee geradezu ein, ihre Finger immer näher an den nuklearen Abzug zu legen. Diejenigen, die nicht verstehen, dass die nukleare Kriegsführung eine Modifizierung, nicht aber die Aufgabe uralter taktischer und strategischer Konzepte erfordert, könnten eines Tages einen nuklearen Angriff derjenigen provozieren, die dies verstehen. Diejenigen, die behaupten, dass es so etwas wie einen Sieg in einem Atomkrieg nicht geben kann, machen einen solchen Sieg möglich - für die andere Seite.[1228]

Ein mehrheitsdominiertes Amerika wäre relativ unempfindlich gegenüber den egoistischen Interessen und Sonderwünschen, die es in letzter Zeit in so viele fruchtlose und unrentable ausländische Kreuzzüge verwickelt haben. Die nationalen Anstrengungen würden sich von der weltweiten Verteidigung degenerierter politischer Regime und veralteter Ideologien zurückziehen und sich auf das Wohl Amerikas konzentrieren. In einem nuklearen Kontext bedeutet dies ein unerschütterliches Bekenntnis zu der These, dass Krieg die letzte Instanz ist, nicht für den Schutz ausländischer Investitionen und fremder Heimatländer, nicht für ruhmessüchtige Gracchiten oder rassistische Messiasse in gleichmacherischem Gewand, sondern für eine Gesellschaft, die sich der doppelten Bedrohung durch Zerfall im eigenen Land und einen Regen thermonuklearer Raketen aus dem Ausland gegenübersieht.[1229]

[1228] Der Wunsch von Michail Gorbatschow, so viele Abkommen zur Reduzierung der Atomwaffen wie möglich abzuschließen, war nicht von Friedensliebe inspiriert, sondern von der Erkenntnis, dass die einzige Möglichkeit, die Russen mit den Konsumgütern zu versorgen, die ihnen so lange vorenthalten wurden, die Kürzung des riesigen Militärhaushalts war.

[1229] Diejenigen, die der Meinung sind, dass die Betonung militärischer Fragen in diesem Kapitel unangebracht ist, sollten sich daran erinnern, dass das Auseinanderbrechen von Imperien alles andere als Frieden bringt - z. B. Indien nach dem Rückzug der Briten und Indochina nach dem Abzug der Franzosen.

KAPITEL 39

Nordeuropäische Einsammeln

Die Mehrheit muss jedoch NICHT auf die nukleare Verteidigung Amerikas schauen, um sich zu befreien und zu regenerieren, sondern auf die Verteidigung des Geistes. Die Enteignung wird kein Ende nehmen, solange die Mehrheit nicht lernt, alle, ich wiederhole *alle*, Hauptströmungen des modernen liberalen Denkens abzulehnen, und eine solche Ablehnung kann es erst geben, wenn die wahre Natur der illiberalen Kräfte, die den modernen Liberalismus hervorbringen und leiten, klar verstanden wird. Die Absurditäten, Irrtümer und Widersprüche des Marxismus, des Freudianismus, der egalitären Anthropologie von Boas und der zeitgenössischen Sozialdemokratie sind an sich nicht wichtig. Wichtig ist, wie und warum sie entwickelt und zum unbeugsamsten intellektuellen Absolutismus seit der mittelalterlichen Scholastik zusammengefügt wurden.

Um zu verstehen, was mit der Mehrheit geschehen ist, muss man sich zunächst klarmachen, dass der Niedergang und der Fall jeder Rasse oder Nation sowohl durch Erfolg als auch durch Misserfolg verursacht werden kann. Die bedrängte Gesellschaft weiß, dass sie nicht unachtsam sein darf. Sie kann es sich nicht leisten, die Beweggründe und Handlungen ihrer Gegner zu ignorieren. Sie ist sich bewusst, dass jeder Verlust ihres Besitzes, ob materiell oder immateriell, ein Verlust ist, der nur durch langwierige und mühsame Anstrengungen wiederhergestellt werden kann. Umgekehrt hat die erfolgreiche oder wohlhabende Gesellschaft aufgrund ihres Überschusses an Lebensnotwendigem die Zeit, sich vom Schleifstein der täglichen Existenz abzuwenden. Da ihre Mitglieder weniger von den existenziellen Kräften der menschlichen Existenz betroffen sind, haben sie die seltene und gefährliche Gelegenheit, ihren Individualismus weit über die normale gesellschaftliche Belastungsgrenze hinaus auszudehnen.

Gemessen an jedem Maßstab des materiellen Fortschritts auf dem Weg zu einem guten Leben hat die Geschichte nie eine erfolgreichere Gesellschaft hervorgebracht als die Vereinigten Staaten vom Ende des Bürgerkriegs bis in die späten 1920er Jahre. Selbst die unfähigen und untauglichen Teile der Bevölkerung, die genetisch oder kulturell nicht in der Lage waren, voll und freiwillig an einer fortschrittsorientierten Industriegesellschaft westlichen Stils teilzunehmen, kamen voran, wenn auch nur langsam. Selbst den niedrigsten Neuankömmlingen aus Europa ging es im Vergleich zu denen, die sie zurückließen, von dem Moment an, als sie ihren Fuß auf amerikanischen Boden setzten, immens besser. Und die ganze Zeit über wurde jeder Amerikaner, egal welcher Herkunft und in welchem Stadium der Assimilation, ungeahnten Möglichkeiten der Selbstverwirklichung und Selbstverwirklichung durch die aufsteigende Vitalität der Phantasie und des Unternehmungsgeistes der Mehrheit ausgesetzt.

Die Erfolgreichen können es sich leisten, ihren Erfolg zu teilen, und die Mehrheit tat dies mit unermesslicher Verschwendungssucht. Die mühsam angesammelten Privilegien der Mehrheitsinstitutionen wurden mit wenigen Voraussetzungen und Bedingungen kostenlos an Angehörige anderer Rassen und Kulturen verteilt, die sie ganz selbstverständlich und oft mit einem Anflug von Undankbarkeit annahmen und dann für ganz andere Zwecke nutzten als die, für die sie gedacht waren. Die neuen Amerikaner begannen zu wählen, nicht als Einzelpersonen, sondern als Mitglieder von Blöcken. Obwohl viele von ihnen in einer ungehinderten Wirtschaft zu großem Wohlstand gelangten, gaben sie einen Großteil ihres Reichtums für Gruppenprojekte aus, die häufig dem nationalen Interesse zuwiderliefen. Sie freuten sich über die Freiheit, die sie nie für sich selbst hatten erringen können; doch anstatt sie respektvoll zu behandeln und verantwortungsbewusst zu schätzen, betrachteten sie sie als Geschenk, als ihren rechtmäßigen und dauerhaften Besitz, unabhängig davon, ob sie ihn verdient, für ihn gearbeitet oder für seine Erhaltung gekämpft hatten. Ihre Kinder strömten in die freien öffentlichen Schulen eines unvergleichlichen Bildungssystems, wo sie genug über die amerikanische Zivilisation lernten, um sie zu kritisieren, aber nicht genug, um sie zu erhalten und zu fördern.

Zunächst versuchten viele Mitglieder der unassimilierbaren Minderheit, sich in das allgemeine Mehrheitsschema einzufügen. Aber wie konnten sie gute Demokraten sein, wenn die Demokratie ihrer historischen Erfahrung immer fremd gewesen war? Wie konnten sie ein Establishment unterstützen, wenn sie doch immer alles Establishment gehasst hatten? Viele von ihnen waren juristisch bewandert - ihre Religion war oft ihr Gesetz -, aber wie weit waren solche theologischen Übungen vom angelsächsischen Common Law entfernt! Was die Assimilierung anbelangt, wie konnten sie sich mit anderen vermischen, wenn das ganze Geheimnis ihres Überlebens darin bestand, sich abzugrenzen?

Sie spielten ein wenig mit dem amerikanischen Traum, aber er entging ihnen. Ihre Intellektuellen lasen Locke, Jefferson, Emerson und Mill, aber später bevorzugten sie solche Verwandten aus der Alten Welt wie Marx, Freud und Boas. Die alttestamentarische Apokalyptik des Marxismus hatte einen vertrauten und angenehmen Klang. Die anthropomorphe Symbolik von Freud passte gut zu einem religiösen Volk, das nach einem Ersatz für einen sterbenden, anachronistischen Glauben suchte. Es war ein Geschenk des Himmels, als Boas zustimmend erklärte, dass alle Rassen gleich seien. Die Unabhängigkeitserklärung hatte dies bereits angedeutet, aber jetzt war es eine "wissenschaftliche Tatsache".

Es dauerte nicht lange, bis man entdeckte, dass diese neuen Theorien weit mehr als intellektuelle Spielereien waren. Sie enthielten ein riesiges Arsenal an doktrinären Waffen, die für eine Strategie des *"divide et impera"* maßgeschneidert waren. Marx hatte die Menschen nicht in Rassen, sondern in

Ausbeuter und Ausgebeutete, Kapitalisten und Proletarier eingeteilt, und so wurde die Mehrheit getrennt. Freud hatte die Menschen in hirnlose Tiere verwandelt, und die Mehrheit wurde so animalisiert. Bei den großen Wegweisern der Mehrheitsherrschaft, dem Neuen Testament und der Verfassung, konnte man durch Hinzufügen von ein wenig hier und Abziehen von ein wenig dort, durch Hervorheben einiger Worte und Umdeuten anderer, beide gegen die Mehrheit wenden und dazu benutzen, weitere Spaltungen in ihren bereits gespaltenen Reihen zu erzeugen.

In der Zwischenzeit gingen die Mitglieder der Mehrheit blindlings ihren Geschäften nach, in der Überzeugung, dass Amerika die Fremden in seiner Mitte umgestalten würde, und nicht andersherum. Nur einige wenige wiesen diese umweltpolitischen Fantasien zurück und warnten vor dem, was sich hinter der Nebelwand der proletarischen Rhetorik und der "progressiven" Gesetzgebung wirklich abzeichnete. Aber Henry Adams, Madison Grant, Lothrop Stoddard, Henry Ford, Ezra Pound, Charles Lindbergh und Carleton Putnam waren Stimmen, die in einer Echokammer schrien. Alles, was man hörte, war der millionenfache Chor der liberalen Minderheit, der sie als exzentrische Spinner oder mörderische Rassisten stigmatisierte. Ezra Pound, die bitterste und poetischste dieser Stimmen, wurde für eine noch spektakulärere Züchtigung ausgesucht. Wochenlang wurde der Mann, der als "Hauptbegründer und bewegender Geist der modernen englischen Poesie"[1230] bezeichnet wurde, in einem eisernen Käfig in Pisa ausgesetzt und dann für zwölf Jahre in ein Irrenhaus im District of Columbia eingesperrt.[1231]

Selbst in den 1960er und 70er Jahren, als die liberale Minderheit die Nation fest im Griff hatte, konnten die Mitglieder der Mehrheit immer noch nicht glauben, dass sie zu einem Volk geworden waren, das in ihrem eigenen Land wenig oder gar nicht mehr zählt. Die meisten hatten immer noch ein Haus, ein neuwertiges Auto und eine gut gefüllte Kühltruhe. Aber sie hatten keine wirksamen Prediger oder Lehrer mehr, die für die Sache der Mehrheit eintraten, keine zeitgenössische Literatur oder Theater, keine nennenswerte Presse und - mit Ausnahme einiger weniger Fernseh- und Radiosprecher - kein landesweites Forum der Meinungsäußerung. Während ihre Vorherrschaft effizient ausgelöscht wurde, verwandelte sich die Mehrheit in einen Schwarm von Drohnen aus der Mittel-

---

1230 *Who's Who in America*, 1969-70.

1231 "Es war eine unglaubliche Barbarei, die die Amerikaner sich ausgedacht und ausgeführt haben". Charles Norman, *Ezra Pound*, Macmillan, New York, 1960, S. 397. Der alternde Pound wurde in seinem pisanischen Käfig in Isolationshaft gehalten, durfte keine Post erhalten und musste auf dem Zementboden schlafen. Vergleichen Sie diese Behandlung mit der, die Jane Fonda und Ramsey Clark zuteil wurde, die während des Vietnamkriegs in Hanoi mit dem Feind Handel trieben. Ex-Generalstaatsanwalt Clark war, während er Mitglied der Anwaltskanzlei Paul, Weiss, Goldberg usw. war, ein *Zeuge der Verteidigung* im Prozess gegen den Killer der Neuen Linken, dessen Bombe einen Studenten der Mehrheit an der Universität von Wisconsin tötete.

und Unterschicht, denen zwar noch gewisse physische Annehmlichkeiten gewährt wurden, die aber sorgfältig isoliert und von den Aussichtspunkten der Entscheidungsfindung und Meinungsbildung abgeschirmt wurden. Den Industriemagnaten der Mehrheit wurden noch einige Jahre oder Jahrzehnte begrenzter Unabhängigkeit innerhalb der engen Grenzen ihrer Unternehmen zugestanden - irgendjemand musste ja die Räder drehen -, aber sie sollten ihren Mund und ihren Verstand geschlossen halten. Was die Politiker und Intellektuellen der Mehrheit betrifft, so waren sie immer noch sicher, solange sie den Stimmen ihrer Herren gehorchten.

Doch für die Minderheiten war nicht alles in Butter. Der Equalitarismus, ein ansteckendes Dogma mit epidemischem Potenzial, geriet außer Kontrolle. Es war vorhersehbar, dass die herrschende Rasse, nachdem sie auf Gleichheit reduziert worden war, einen weiteren Statusverlust erleiden würde. Es war verständlich, dass die unterworfenen Rassen, nachdem sie zur Gleichheit erhoben worden waren, versuchten, höher zu steigen, insbesondere nachdem gelehrte Professoren ihren Genen geschmeichelt und ihren Ehrgeiz mit Anspielungen auf rassische Überlegenheit geweckt hatten. Es war logisch, dass Schwarze, nachdem man ihnen gesagt hatte, sie seien den Weißen gleich oder überlegen, ihre sozialen Nachteile nicht auf angeborene geistige Einschränkungen, sondern auf eine teuflische Verschwörung der Weißen zurückführten. Es war unvermeidlich, dass einige Schwarze, nachdem sie zu dieser Schlussfolgerung gelangt waren, das Gefühl hatten, sie hätten das vollkommene Recht, sich zu rächen, Städte niederzubrennen und "die Weißen zu schnappen". Das Problem war jedoch, dass "die Weißen" oft einer anderen unassimilierbaren Minderheit angehörten, nämlich den Juden, denen die meisten Mietskasernen und Einzelhandelsgeschäfte im Ghetto gehörten.

So wurden die jüdischen Billigladenbesitzer und die weniger wohlhabenden jüdischen Rentner den Straßenräubern und Brandstiftern im städtischen Niemandsland geopfert, wobei letztere oft unter dem Tisch mit den Slumlords arbeiteten, während jüdische Radikale und abtrünnige Intellektuelle der Mehrheit, die sich sicher in den Vorstädten verschanzt hatten, Manifeste verfassten, in denen sie den Ku-Klux-Klan und die Atomkraft anprangerten und immer höhere Dosen von Zwangsbussen und Affirmative Action forderten. Als ob nichts geschehen wäre, zahlten die millionenschweren Gracchites und die altgedienten linken Minderheiten, von denen sich einige nun als Neokonservative bezeichneten, weiterhin den größten Teil der Rechnungen. Schließlich handelte es sich um einen Krieg, und ein paar kleine Betrügereien und Verluste sollten nicht von einem bereits in Sichtweite befindlichen Sieg ablenken. Auf jeden Fall waren alle zu engagiert, um einen Rückschritt zu machen, und eine Verlangsamung könnte der Mehrheit Zeit geben, sich neu zu organisieren.

Die Zeit war in der Tat von entscheidender Bedeutung. Im Hinterland, im Landesinneren, im Süden und Südwesten und, was am meisten zu befürchten war, in den heiligen Hainen der Akademien, wo die Arthur Jensens und Edward

Wilsons ihre Stimmen erhoben, begann es zu rumpeln und zu murren. Endlich hat die Mehrheit ein paar leise Töne des Widerstands geäußert. Um diese leisen und kaum gefährlichen Regungen zu zerschlagen, öffnete der Generalstab der liberalen Minderheit alle alten Register, die geisttötende Kakophonie marxistischer und liberaler Dogmen und die verschlagenen gleichmacherischen Appelle an den Rassismus der Minderheiten, sowie einige neue Register: Drogen, Pornographie, Homosexualität, die Kluft zwischen den Generationen und die Befreiung der Frau. Wie üblich fuhren die großen Geschütze gegen die schwächsten Punkte in der Verteidigung der Mehrheit auf - die Studenten und die jungen Frauen. Aber sie hatten es auch auf das Hauptziel abgesehen, die letzte Bastion der Mehrheit, die Familie.

Um sich vor der geistigen Auslöschung zu retten, hat die Mehrheit keine andere Wahl, als schnell alle Lektionen zu verlernen, die ihr seit Beginn ihrer Enteignung beigebracht wurden. Die Würde des Individuums? Der Triumph der Vernunft? Die Rechte des Menschen? Die Vorfahren der Mehrheit waren die ersten gewesen, die diese Konzepte entwickelt und auf die Gesellschaft angewandt haben. In ihrer pervertierten modernen Form waren sie die Mörder der Gesellschaft. Die Demokratie, der echte Liberalismus, das Gewohnheitsrecht, das freie Spiel der Phantasie, die technologischen Durchbrüche, alle großen politischen, sozialen und wissenschaftlichen Errungenschaften des westlichen Menschen wurden nun zur Beute des nicht-westlichen Menschen. Die Geschichte wurde, nachdem sie von der liberal-minderheitlichen Intelligenz "umstrukturiert" worden war, nicht nur zu einem Schwindel, sondern zu einem vorsätzlichen Betrug, zur Grundstrategie eines Krieges, in dem die Wahrheit das erste Opfer war. Umwelt, Klima, Geographie, Wirtschaft, Religion und blinder Zufall wurden feierlich als die einzig möglichen (und zulässigen) Schöpfer der Vergangenheit und der Zukunft proklamiert. Die Rasse war immer noch die unaussprechliche historische Determinante, obwohl die lautesten Anprangerer und Leugner der Rasse wie immer die größten Rassisten waren.

Gerade die Verzweiflung der Leugner verlieh der Behauptung Substanz, dass sich die Geschichte um die Rasse gruppiert; dass die Rasse in jedem obskuren Absatz und auf jeder glänzenden Seite der menschlichen Aufzeichnungen groß geschrieben ist; dass es dort, wo es kein Rassenbewusstsein gibt, auch kein historisches Bewusstsein gibt; dass es dort, wo es kein historisches Bewusstsein gibt, zwar eine Chronologie, aber keine Geschichte gibt; dass das Wesen der Geschichte der Aufstieg und Fall von Rassen ist.

Für den Rassenhistoriker ist die Rasse das Sein und das Werden der organisierten Menschheit. So wie die Rasse der bestimmende Faktor der menschlichen Vergangenheit war, so wird sie es auch in der Zukunft sein. Das Schicksal des Menschen ist jetzt zum Schicksal der Welt geworden. Höchste Anstrengungen sind notwendig, um der Verwüstung der Umwelt Einhalt zu gebieten - und höchste Anstrengungen können nur von großen Gruppen von Menschen mit ähnlichen politischen und sozialen Reflexen unternommen werden, von großen

Teams, nicht von großen Mobs, insbesondere von großen Rassen. Die Rasse, die höchste Ausprägung des Teamgeistes, ist vielleicht die Art und Weise, wie die Natur die Menschen für die Bewältigung des Unerreichbaren organisiert.

So wie der Körper transplantierte Organe abstößt, haben die Völker die Angewohnheit, transplantierte Ideologien abzulehnen. Sie mögen sie vorübergehend akzeptieren, aber der Aufbau von "Antikörpern" ist unaufhörlich. Die einzige Ideologie, die für alle Rassen akzeptabel ist, scheint der große Plan der Evolution zu sein, der letztendlich eine von ihnen auswählen wird, um eine neue Spezies zu gebären, die besser ist als der Mensch.

In einem Zeitalter, das beginnt, die Geheimnisse des Gens zu lüften, dessen Häufigkeiten und Kombinationen für individuelle und rassische Unterschiede verantwortlich sind, wird die Rasse, die sich auf die Durchdringung des genetischen Rätsels konzentriert, am ehesten in der Lage sein, die *Hominiden* eine weitere Stufe auf der Evolutionsskala zu erklimmen. Es wird sicherlich nicht die Rasse sein, die ihre Energien in doktrinären Kreuzzügen vergeudet und ihr Heil außerhalb ihrer selbst sucht, indem sie sich zu einer Geisel des Schicksals machen lässt. Dies ist der Weg zurück zum Urschlamm - der Weg der umgekehrten Evolution.

Am Ende des zwanzigsten Jahrhunderts scheint die Rasse, die am besten geeignet ist, die Hauptlast der Evolution zu tragen, der Nordeuropäer zu sein. Gleichermaßen versiert in Physik und Metaphysik, Induktion und Deduktion, Theorie und Anwendung, gleichermaßen im Makrokosmos und im Mikrokosmos zu Hause, ist es dem Nordeuropäer gelungen, sich ein wenig höher über den Tierkönigdom zu erheben als die anderen Teile der Menschheit. Vorläufig haben ihn zwei verheerende innerrassische Kriege in der ersten Hälfte des Jahrhunderts und die Enteignung der amerikanischen Mehrheit, des größten Vorrats an nordeuropäischen Genen, am Boden gehalten. Ob dauerhaft oder vorübergehend, lässt sich noch nicht sagen.

Die Nordeuropäer wieder auf den evolutionären Weg zu bringen, die nordeuropäische Blütezeit wieder zu beleben, ist ein Projekt von monumentaler Komplexität. Von allen nordeuropäischen Völkern hätte nur eine rehabilitierte amerikanische Mehrheit, die sich der Geschichte bewusst ist, die sie einmal gemacht hat und die sie wieder machen könnte, die Kraft und die Mittel, eine nordeuropäische Vereinigung herbeizuführen - nicht nur einen politischen und wirtschaftlichen Zusammenschluss, der durch Militärbündnisse und Handelsabkommen zementiert wird, sondern eine Vereinigung des Rassenbewusstseins, der dauerhaftesten und zähesten aller sozialen Bindekräfte.[1232]

[1232] Eine gemeinsame Staatsbürgerschaft wird nicht empfohlen. Die Versammlung sollte nicht als ein Zusammenschluss von Superstaaten betrachtet werden. Sie hätte mehr Kraft und Durchhaltevermögen, wenn sie sich auf kleine, unabhängige rassische und kulturelle

Sollte diese Bündelung der Arbeit und des Denkens eines hochbegabten, aber weit verstreuten Volkes jemals zustande kommen, würde es ein solches Übergewicht an Macht geben, dass kein äußeres Raubtier es wagen würde, auch nur den entlegensten Winkel des nordeuropäischen Lebensraums zu berühren, weder in Europa noch in Angloamerika oder Australasien. Die Minderheiten in diesem Lebensraum, die nicht mehr von der Uneinigkeit ihrer Gastgeber profitieren können, könnten endlich lernen, sich selbst zu versorgen. Gezwungen zur ungewohnten Selbstversorgung, könnten sie ihre eigenen erschöpften Kulturen wieder aufbauen - und von dieser Erfahrung profitieren.

Das ist die schimmernde Aussicht auf eine nordeuropäische Einigung, eine Pax Euramerica, eine Weltordnung, die umfassender ist als die Pax Romana und dauerhafter und konstruktiver als die Pax Britannica. Die Pax Romana, obwohl Rom in seiner expansiven Zeit von Patriziern nordeuropäischer Abstammung regiert wurde, war nie willens oder in der Lage, weit genug nach Norden vorzudringen, um die Völker Deutschlands und Skandinaviens einzubeziehen. Damit war die erste und beste Chance für die europäische Einheit vertan.

Die Pax Britannica, die den Frieden in weiten Teilen der nicht-weißen Welt so lange aufrechterhielt und gleichzeitig neue weiße Welten in neu entdeckten Kontinenten schuf, war für die Nordeuropäer überall eine dysgenetische Katastrophe. Großbritanniens Gleichgewichtsdiplomatie, die Europa über Hunderte von Jahren spaltete und erschöpfte, war eine der Hauptursachen für die unglückseligen Konflikte des zwanzigsten Jahrhunderts, die die genetische Qualität aller Kombattanten so stark herabsetzten - wobei der britische Genpool schließlich den größten Schaden von allen erlitt. Außerdem verlor Großbritannien auf dem Höhepunkt seines Imperiums seine wichtigsten Besitztümer in Nordamerika - ein rassischer Rückschlag mit schwerwiegenden Folgen. Hätte die Abspaltung der dreizehn Kolonien verhindert werden können - keine unmögliche Leistung für die subtile Staatskunst des achtzehnten Jahrhunderts -, wäre die Pax Britannica vielleicht immer noch die Hauptstütze der westlichen Politik. Stattdessen ist das heutige Großbritannien ein müdes kleines Inselreich, dessen Genesung auf einen neuen Aufschwung des unauslöschlichen britischen Geistes wartet.

Die Deutschen haben die Pax Romana durch ihre Siege zu Fall gebracht und die Pax Britannica durch ihre Niederlagen. Zu fast jeder Zeit seit dem Mittelalter hätte Großbritannien den deutschen Militarismus dämpfen können, indem es die historische deutsche Mission der Verteidigung des Westens gegen das Eindringen des Ostens unterstützt und nicht bekämpft hätte. Doch Großbritannien ernannte sich selbst zum Erzfeind der europäischen Union,

Einheiten stützen würde, statt auf große, schwerfällige Nationen. In Europa sollte der Trend dahin gehen, die Selbstverwaltung der alten Provinzen wiederherzustellen; in den Vereinigten Staaten sollte die Trennung der Rassen in Ethnostaaten gefördert werden. Siehe Wilmot Robertson, op. cit.

derselben europäischen Union, die den Bolschewismus im Keim erstickt und die Anwesenheit slawischer Armeen an den Ufern der Elbe verboten hätte.

Der nordeuropäische Zusammenschluss, dessen Hauptaufgabe die Konsolidierung, die Sicherheit und der Fortschritt der nordeuropäischen Völker ist, wäre die erste Weltordnung, deren geografische Grenzen mit ihren rassischen Grenzen übereinstimmen, sobald die Minderheitselemente ausgesondert und entweder in ihre alten Heimatländer zurückgeschickt oder in neuen Ländern angesiedelt wurden. Eine solche genetisch begründete interkontinentale Konföderation, eine radikal neue Art, ein verstreutes Volk zusammenzubringen, könnte einige der Gefahren für die Menschheit, die der Krypto-Rassismus der proletarischen Politik zu vervielfachen scheint, überwinden oder abmildern. In ihr wäre Platz für Russen und andere Slawen nordeuropäischer Abstammung, jetzt, wo das schwerfällige sowjetische Konglomerat auseinandergefallen ist. Es gäbe ausdrücklich keinen Platz für die Ausbeutung von Nichtweißen im alten Stil oder für die gewaltsame Anpassung autochthoner Zivilisationen an nordeuropäische Kulturnormen.

Aber alles hängt vom Schicksal der amerikanischen Mehrheit ab. Wenn ihre Enteignung nicht gestoppt und rückgängig gemacht wird, wird es keine nordeuropäische Einverleibung, keine rassische Konsolidierung, kein Aufhalten des Niedergangs des Westens geben, keine Lüge von Spengler. In der Tat wird es bald kein Amerika mehr geben. Die Geschichte weist immer wieder darauf hin, dass das Land untergeht, wenn die dominierende Bevölkerungsgruppe verschwindet. Wie täglich deutlicher wird, ist der Niedergang der amerikanischen Mehrheit der Niedergang Amerikas selbst.

Anhänge

APPENDIX A

Erläuterung der Rassenzählung

Während der Debatte über Einwanderungsquoten in den frühen 1920er Jahren wurde versucht, den Anteil der weißen Amerikaner zu ermitteln, die aus verschiedenen Ländern der Alten Welt und einigen Ländern der Neuen Welt stammen. Die Ergebnisse, die in *Immigration Quotas on the Basis of National Origin*, 70th Congress, 2d Session, Senate Document 259, S. 5, veröffentlicht wurden, sind auf den folgenden Seiten dargestellt. Die rechten Spalten der Tabelle enthalten Schätzungen über die rassische Zusammensetzung des Mutterlandes, die von Carl Brigham, einem außerordentlichen Professor für Psychologie an der Princeton University, vorgenommen wurden. Brigham wollte die umfangreichen Ergebnisse der Intelligenztests der Armee des Ersten Weltkriegs mit der Rasse in Beziehung setzen. Seine Ergebnisse wurden heftig angefochten, nicht so sehr wegen seiner rassischen Einschätzungen, sondern weil er sie dazu benutzte, die intellektuelle Überlegenheit der amerikanischen Nordics zu "beweisen". Siehe Carl Brigham, *A Study of American Intelligence*, Princeton University Press, Princeton, N.J., 1923, S. 160, 190.

Brigham widerrief später seine Hypothese der nordischen intellektuellen Überlegenheit, nicht aber seine rassischen Zuordnungen, die denen von Carleton Coon in *The Races of Europe* ähneln, mit der bemerkenswerten Ausnahme von Irland. Hier schien Brigham völlig vom Weg abzukommen. Er versäumte es, die große irische Alpenkomponente einzubeziehen, und entschied offenbar im Widerspruch zu den meisten anderen Anthropologen, dass das keltische Element eher mediterran als nordisch war. Die Prozentsätze im Eintrag über das Vereinigte Königreich sind Brighams rassische Schätzungen für England. Für die rassische Zusammensetzung von Schottland (85% nordisch; 15% mediterran) und Wales (40% nordisch; 60% mediterran) hatte er separate Zahlen. Er hatte auch zwei Kategorien für die Türkei - die Türkei (in Europa) und die Türkei. Die Zahlen für die erste Kategorie sind in der Tabelle aufgeführt. Die von Brigham ausgelassenen Prozentsätze können aus Coon’s *The Races of Europe* oder aus Rassenstudien europäischer Anthropologen entnommen werden.

TABELLE A% DER WEISSEN BEVÖLKERUNG DER U.S. NACH HERKUNFTSLAND UND RASSE

Herkunftsland	% der weißen Bevölkerung		% HELLWEISS Nordisch	% WHITE Alpine	% DARK WHITE Medit.
	1790	1920			
Österreich	*	0.9	10	90	
Belgien	1.5	0.8	60	40	
Tschechoslowakei	0.1	1.8			
Dänemark	0.2	0.7	85	15	
Estland	...	0.1			
Finnland	*	0.4			
Frankreich	1.9	1.9	30	55	15
Deutschland	7.4	16.3	40	60	
Vereinigtes Königreich	77.0	41.4	80		20
Griechenland	...	0.2		15	85
Ungarn	...	0.6	10	90	
Irland	4.4	11.2	30		70**
Italien	...	3.6	5	25	70
Lettland	...	0.2			
Litauen	...	0.2			
Niederlande	3.3	2.0	85	15	
Norwegen	0.2	1.5	90	10	
Polen	*	4.1	10	90	
Portugal	0.1	0.3	5		95
Rumänien	...	0.2		100	
Russland	*	1.8	5	95	

Spanien	1.0	0.2	10	5	85
Schweden	0.5	2.1	100		

TABELLE A (Fortsetzung)% DER WEISSEN BEVÖLKERUNG DER U.S.A. NACH HAUSHALTSLAND UND RASSE

Herkunftsland	% der weißen Bevölkerung		% HELLWEISS Nordisch	% WHITE Alpine	% DARK WHITE Medit.
	1790	1920			
Schweiz	0.9	1.1	35	65	
Syrien, Libanon	...	0.1			
Türkei	...	0.1		60	40
Jugoslawien	...	0.5			
Alle anderen	*	0.2			
Kanada	1.6	4.3	80	20	
Neufundland	*	0.1	80	20	
Mexiko	0.7	1.2			5
Westindische Inseln	*	0.1			2

(*) Weniger als 0,1%.

(**) Siehe Anhang A.

Wenn man sich auf die Zahlen der Volkszählung von 1920 über die Herkunft der weißen Einwanderer verlässt, lässt das natürlich viel zu wünschen übrig, aber der prozentuale Anteil der weißen Rasse an der weißen Bevölkerung insgesamt hat sich seit 1920 nicht grundlegend geändert. Anhand der obigen Tabelle ist es nun möglich, eine sehr grobe Annäherung an die Zahl der Nordländer, der Alpenbewohner und der Mediterranen in den Vereinigten Staaten zu erhalten. Die Methode ist wie folgt:

1. Multiplizieren Sie die revidierte Zählung der weißen Bevölkerung durch das Census Bureau von 1990 (188.136.858, Tabelle I, S. 57) mit dem für jedes Land angegebenen Prozentsatz von 1920 (Spalte 2, Tabelle A). Die

Arithmetik ergibt eine grobe Zahl für die Bevölkerung jeder Nationalitätengruppe.

2. Multiplizieren Sie diese Zahl mit den entsprechenden Prozentsätzen in den drei rechten Spalten der Tabelle A. Die Prozentsätze können je nach Fall für eine, zwei oder alle drei Rassen angegeben werden. Das Ergebnis ist ein Näherungswert für die Anzahl der Nordischen, Alpinen oder Mediterranen innerhalb der jeweiligen Nationalitätengruppe.

3. Addieren Sie alle nordischen, alpinen und mediterranen Komponenten in allen Nationalitätengruppen, um die Gesamtzahl der drei Rassen in den Vereinigten Staaten zu erhalten.

Zur Veranschaulichung dieser Hochrechnungsmethode lässt sich der Anteil der deutschstämmigen Amerikaner an der alpinen Bevölkerung wie folgt ermitteln: Aus Tabelle A geht hervor, dass 16,3% der weißen Bevölkerung im Jahr 1920 aus Deutschland stammten. Nimmt man 16,3 Prozent der revidierten Zählung der weißen Bevölkerung von 1990 (0,163 × 188.136.858), so ergibt sich eine Zahl von 30.666.308, die die gegenwärtige Zahl der Amerikaner deutscher Herkunft darstellt. In der Spalte "Alpine" der Tabelle wird geschätzt, dass 60% der deutschen Bevölkerung alpiner Abstammung sind. Nimmt man 60 Prozent der Zahl der deutschstämmigen Amerikaner (0,6 × 30.666.308), so ergibt sich die Zahl von 18.399.785 deutschstämmigen Amerikanern.

Die Hochrechnungsmethode ist jedoch mit einigen Problemen behaftet. Einige der Nationalitätengruppen in Tabelle A sind nicht in Rassenprozentsätze aufgeschlüsselt. Bei einigen anderen ist die Rasseneinteilung offensichtlich ungenau oder schlecht definiert. In einigen Fällen können bessere Rassenprozentsätze aus Carleton Coons *The Races of Europe* als aus Tabelle A entnommen werden. Häufig ist es genauer, sich auf eine direkte Zählung der Bevölkerungsgruppen zu verlassen, wie sie in Referenzquellen wie der *Harvard Encyclopedia of American Ethnic Groups oder One America* angegeben ist, als den Prozentsatz der weißen Bevölkerung von 1920 mit der revidierten Zählung der weißen Bevölkerung von 1990 zu multiplizieren. Wenn Statistiken für nationale Herkunftsgruppen aus Referenzquellen entnommen werden, werden sie entweder mit Tabelle A oder mit Coons Rassenprozentsätzen multipliziert, je nachdem, was genauer zu sein scheint, um die ungefähre Zahl der Rassen zu erhalten. Wenn diese nicht zur Verfügung stehen oder zu ungenau sind, führt der Autor seine eigenen Schätzungen ein.

In Tabelle B auf der folgenden Seite werden die verschiedenen oben beschriebenen Methoden und Verfahren angewandt, um eine Zählung der weißen Bevölkerung Amerikas nach Rasse für 1990 zu erhalten. In einigen Fällen wird die nordische Komponente durch Subtraktion der alpinen und mediterranen Gesamtzahlen von der weißen Gesamtzahl ermittelt. Die Quellen und Methoden, die zur Ermittlung der Zahlen in Tabelle B verwendet wurden, sind in der rechten Spalte angegeben. Wenn *The Dispossessed Majority* als Quelle genannt wird, kann der Leser die Primärquelle(n) für die rassischen Zahlen finden. Schließlich gibt es in Tabelle B keine Spalte für Hispanoamerikaner. Wie in dieser Studie erläutert, werden nur 2.000.000 Hispanoamerikaner als Weiße geschätzt, und sie wurden in Tabelle II als Mediterrane unter der Kategorie Weiße aufgeführt.

TABELLE B NORDISCHES, ALPINES UND MEDITERRANES GEBIET DER U.S.

	TOTAL	NORDIC	ALPINE	MEDITER-RANEAN	SOURCE
ALBANIANS	70,000		70,000		HE, p. 23 RE, pp. 601-4
ARABS[a]	1,500,000			1,500,000	1990 Gallup Poll, See below
ARMENIANS	1,000,000	10,000	330,000	660,000	Economist, 9/21/85 RE, p. 629
AUSTRIANS	1,693,232	169,323	1,523,909		PM
BELGIANS	1,501,488	900,893	600,595		PM
BRITISH[b]	77,888,659	77,888,659			See below
BULGARS	70,000		28,000	42,000	HE, p. 187 RE, pp. 611-12
CANADIANS	2,000,000	1, 600,000	400,000		PM, HE, p. 191
CZECHO-SLOVAKS	1,750,000	250,000	1,500,000		HE, pp. 261, 928, 934 RE, pp. 560-62
DANES	1,316,958	1,316,958			PM
DUTCH	3,602,600	3,198,327	564,410		PM
ESTONIANS	200,000	80,000	120,000		HE, p. 340
FINNS	752,547	452,547	300,000		PM RE, p. 351, AE
FRENCH	3,574,600	1,072,380	1,966,030	564,190	PM RE, p. 522
GERMANS	30,666,308	12,266,523	18,399,785		PM
GREEKS	1,400,000		210,000	1,190,000	HE, p. 430 PM
HUNGARIANS	1,128,821	112,882	1,015,939		DM, p. 140 RE, pp. 585-86
IRISH	21,081,329	6,321,398	14,759,931		PM, DM, pp. 127-36 RE, pp. 375-76, AE
ITALIANS	6,772,926	338,646	1,693,232	4,741,048	DM, pp. 146-48 RE, pp. 555-56, AE
JEWS	5,828,000		5,203,000	625,000	DM, p. 152 RE, pp. 639-46, AE
LATVIANS	86,000	26,000	60,000		HE, p. 638 RE, pp. 362-65, AE

TABELLE B (Fortsetzung) NORDIC, ALPINE AND MEDITTERANEAN CENSUS OF U.S.

	TOTAL	NORDIC	ALPINE	MEDITER-RANEAN	SOURCE
LITHUANIANS	331,000	66,000	265,000		HE, p. 665 RE, pp. 365-68, AE
NORWEGIANS	2,793,796	2,539,848	253,948		PM
POLES	5,100,000	1,275,000	3,825,000		PM, HE, p. 787 RE, pp. 563-67, AE
PORTUGUESE	564,410	28,220		536,190	PM, RE, p. 495
ROMANIANS	90,000		54,000	36,000	HE, p. 881 RE, pp. 614-16, AE
RUSSIANS[c]	338,646	16,932	321,714		PM, OA, p. 130 RE, pp. 573-74, AE
SPANISH[d]	357,554	37,637		319,917	PM, AE RE, pp. 489-95
SWEDES	3,950,874	3,950,874			PM, AE
SWISS	2,069,505	724,327	1,345,178		PM
TURKS	100,000		60,000	40,000	HE, p. 992 RE, pp. 576-84, AE
UKRAINIANS	488,000		488,000		HE, p. 998 RE, pp. 569-71
YUGOSLAVS	1,000,000		1,000,000		HE, p. 918 RE, pp. 587-95
OTHERS[e]	6,881,468	1,007,832	2,779,330	3,094,306	
TOTALS	188,136,858	115,651,206	59,137,001	13,348,651	

a Includes Syrians, Lebanese, Palestinians, Iraqis, Saudis, Iranians and other Middle Eastern Moslem and Christian groups.

b There is a large Nordic-Mediterranean component in the British population. But, since overall it is more Nordic than Mediterranean, it has been listed in the Nordic column.

c Excludes Soviet Jewish immigrants.

d Includes 100,000 Old Immigration Spaniards who have now been completely assimilated, largely by intermarriage.

e Since many whites have been impossible to classify racially, they have been allocated arbitrarily among the three white races.

KEY: For racial totals: PM (Projection Method from Table A); HE (*Harvard Encyclopedia of American Ethnic Groups*); OA (*One America*); DM (*The Dispossessed Majority*); RE (*Races of Europe*); AE (Author's estimate).

Achtung: In *Anbetracht der großen Diskrepanzen und der starken Vereinfachung der rassischen Zahlen in Anhang A muss man sich darüber im Klaren sein, dass der einzige Grund für die Angabe dieser Zahlen darin besteht, eine sehr grobe - und oft sehr verwirrende - Zusammenfassung der Anzahl und des Anteils der drei weißen Rassen in den heutigen USA zu liefern. Da dies niemand sonst tut, ist es dem Autor ein Bedürfnis, trotz der Schwierigkeiten und des fast völligen Fehlens von Studien zu diesem Thema zu versuchen, etwas Licht in dieses fast unlösbare Problem zu bringen.*

APPENDIX B

Volkszählungsstudie über Abstammungsgruppen

In den letzten zehn Jahren hat das Census Bureau bei seinen Bemühungen, die nationale Herkunft der US-Bevölkerung zu ermitteln, ein statistisches Jo-Jo-Spiel gespielt. Zuerst wurde behauptet, die Deutschen seien die größte Abstammungsgruppe, dann die Engländer, dann die Deutschen (in einer Studie von 1981) und jetzt wieder die Engländer (Census Supplementary Report PC 80-SI-10, veröffentlicht im April 1983). Diese Studie ist zwar immer noch etwas unsicher, aber etwas glaubwürdiger als die vorherigen, da sie sich auf die Volkszählung von 1980 stützt.

Bei der Betrachtung dieser Zahlen sollte der Leser verstehen, dass es sich um Hochrechnungen aus dem Langformular der Volkszählung von 1980 handelt, das jedem sechsten Volkszählungsfragebogen beigefügt war. Es sollte auch klar sein, dass das Census Bureau in seinen Hochrechnungen eher beschämt bekannt gab, dass 23.182.019 Personen keine Abstammung angaben und 1.762.587 Personen keine richtig identifizierbare oder klassifizierbare Abstammung angaben. Von größerer Bedeutung ist, dass 13.298.761 Personen einfach "Amerikaner" oder "U.S." angegeben haben.

Was die Zahl derjenigen betrifft, die eine mehrfache Abstammung angaben, so wurde die Person, die angab, deutscher und englischer Herkunft zu sein, sowohl in der deutschen als auch in der englischen Spalte der Mehrfachabstammung aufgeführt. Einige Personen gaben sogar eine dreifache Abstammung an - z. B. indianische, englische und französische - und viele von ihnen wurden in jeder der drei speziellen Kategorien für Mehrfachabstammung aufgeführt.

Da es dem Census Bureau gesetzlich verboten ist, Personen nach ihrer Religion zu zählen, erscheint die wichtige Kategorie der Juden nirgendwo in den Tabellen, obwohl Juden in vielerlei Hinsicht die "angestammteste" aller Abstammungsgruppen sind.

Mit diesen Punkten im Hinterkopf kann der Leser nun die Studie des Census Bureau auf intelligentere Weise betrachten. Wie bereits erwähnt, sind die Engländer diesmal zahlenmäßig stärker vertreten als die Deutschen, und zwar in der Gruppe mit nur einer Staatsangehörigkeit stärker als in der Gruppe mit mehreren Staatsangehörigkeiten.

1980 Census Bureau Count of Americans According to National or Geographical Origins

Ancestry Group	Persons reporting at least one ancestry	(%)	Persons reporting single ancestry	Persons Reporting multiple ancestry
European (excluding Spaniard)				
Albanian	38,658	.02	21,687	16,971
Alsatian	42,390	.02	15,941	26,449
Austrian	948,558	.50	339,789	608,769
Basque	43,140	.02	23,213	19,927
Basque, French	11,920	.01	6,830	5,090
Basque, Spanish	8,534	—	5,652	2,882
Basque, n.e.c.	22,686	.01	10,731	11,955
Belgian	360,277	.19	122,814	237,463
Belorussian	7,381	—	4,253	3,128
Bulgarian	42,504	.02	21,489	21,015
Croatian	252,970	.13	107,855	145,115
Cypriot	6,053	—	3,889	2,164
Czech	1,892,456	1.01	788,724	1,103,732
Danish	1,518,273	.81	428,619	1,089,654
Dutch	6,304,499	3.35	1,404,794	4,899,705
Eastern European •	62,404	.03	52,439	9,965
English	49,598,035	26.34	23,748,772	25,849,263
Estonian	25,994	.01	16,721	9,273
European •	175,461	.09	142,626	32,835
Finnish	615,872	.33	267,902	347,970
French (1)	12,892,246	6.85	3,062,077	9,830,169
German	49,224,146	26.14	17,943,485	31,280,661
Greek	959,856	.51	615,882	343,974
Gypsy	6,322	—	3,350	2,972
Hungarian	1,776,902	.94	727,223	1,049,679
Icelander	32,586	.02	13,128	19,458
Irish	40,165,702	21.33	10,337,353	29,828,349
Italian	12,183,692	6.47	6,883,320	5,300,372
Latvian	92,141	.05	55,563	36,578
Lithuanian	742,776	.39	339,438	403,338
Luxembourger	49,994	.03	16,164	33,880
Maltese	31,645	.02	18,385	13,260
Manx	9,220	—	3,430	5,790
Northern Irelander	16,418	.01	6,338	10,080
Norwegian	3,453,839	1.83	1,260,997	2,192,842
Polish	8,228,037	4.37	3,805,740	4,422,297
Portuguese	1,024,351	.54	616,362	407,989
Rumanian	315,258	.17	141,675	173,583

Ancestry Group	Persons reporting at least one ancestry	(%)	Persons reporting single ancestry	Persons reporting multiple ancestry
Russian, n.e.c. (2)	2,781,432	1.48	1,379,585	1,401,847
Ruthenian	8,485	—	2,581	5,904
Scandinavian •	475,007	.25	238,991	236,016
Scottish	10,048,816	5.34	1,172,904	8,875,912
Serbian	100,941	.05	49,621	51,320
Slavic •	172,696	.09	70,124	102,572
Slovak	776,806	.41	361,384	415,422
Slovene	126,463	.07	63,587	62,876
Swedish	4,345,392	2.31	1,288,341	3,057,051
Swiss	981,543	.52	235,355	746,188
Ukrainian	730,056	.39	381,084	348,972
Welsh	1,664,598	.88	308,363	1,356,235
Yugoslavian •	360,174	.19	199,884	160,290
Other European, n.e.c.	77,762	.04	58,432	19,330
North African and Middle Easterner				
Arab/Arabian •	92,647	.05	71,454	21,193
Armenian	212,621	.11	155,693	56,928
Assyrian	29,268	.02	22,519	6,749
Egyptian	41,122	.02	34,812	6,310
Iraqi	15,621	.01	12,289	3,332
Iranian	122,890	.07	108,949	13,941
Israeli	52,843	.03	41,008	11,835
Jordanian	11,499	.01	9,990	1,509
Lebanese	294,895	.16	170,749	124,146
Moroccan	7,105	—	4,625	2,480
Palestinian	21,288	.01	15,838	5,450
Saudi Arabian	5,491	—	5,224	267
Syrian	106,638	.06	53,967	52,671
Turkish	64,691	.03	39,117	25,574
Other North African or Middle Easterner, n.e.c.	31,578	.02	25,707	5,871
Subsahara African				
African •	203,791	.11	105,869	52,922
Afro-American	20,964,729	11.13	20,524,020	440,709
Cape Verdean	23,215	.01	18,244	4,971
Ethiopian	7,641	—	6,503	1,138
Ghanaian	6,775	—	6,322	453

Nigerian	47,857	.03	43,854	4,003
South African •	8,658	—	5,975	2,683
Other Subsahara African, n.e.c.	31,442	.02	19,370	12,072
Asian (excluding Middle Easterner)				
Asian Indian	311,953	.17	280,728	21,225
Cambodian	18,102	.01	16,052	2,050
Chinese	894,453	.48	757,777	136,676
Filipino	795,255	.42	630,188	165,067
Indonesian	25,873	.01	9,699	16,174
Japanese	791,275	.42	666,856	124,419
Korean	376,676	.20	343,705	32,971
Laotian	55,598	.03	53,320	2,278
Pakistani	25,963	.01	22,615	3,348
Taiwanese	16,390	.01	15,332	1,058
Thai	64,024	.03	52,324	11,700
Vietnamese	215,184	.11	201,334	13,850
Other Asian (excluding Middle Easterner), n.e.c.	105,632	.06	79,966	25,666
Non-Spanish Caribbean, Central & South American				
Bahamian	11,975	.01	9,663	2,312
Barbadian	21,425	.01	17,668	3,757
Bermudan	10,551	.01	7,236	3,315
Brazilian	27,640	.01	18,750	8,890
Dominica Islander	5,649	—	4,943	716
Dutch West Indian	38,408	.02	8,298	30,110
Guyanese	31,853	.02	27,048	4,805
Haitian	90,223	.05	81,509	8,714
Jamaican	253,268	.13	223,652	29,616
Trinidadian and Tobagonian	43,812	.02	39,014	4,798
Virgin Islander (U.S.)	7,098	—	4,762	2,336
British West Indian, n.e.c.	9,827	.01	7,239	2,588
Other West Indian, or Central or South American (excluding Spanish) n.e.c. (3)	135,515	.07	105,384	30,131
Spanish				
Argentinean	37,909	.02	28,109	9,800
Bolivian	16,048	.01	12,585	3,463
Chilean	31,843	.02	24,410	7,433
Colombian	156,276	.08	137,162	19,114
Costa Rican	26,992	.01	21,121	5,871
Cuban	597,702	.32	500,564	97,138
Dominican	170,698	.09	155,930	14,768
Ecuadoran	87,973	.05	77,247	10,726
Guatemalan	62,098	.03	54,674	7,424
Honduran	55,565	.03	45,294	10,271
Mexican	7,692,619	4.09	6,992,476	700,143
Nicaraguan	45,077	.02	37,845	7,232
Panamanian	44,754	.02	33,546	11,208
Peruvian	57,938	.03	44,884	13,054
Puerto Rican	1,443,862	.77	1,270,420	173,442
Salvadoran	84,757	.05	77,384	7,373
Spaniard (4)	94,528	.05	62,747	31,781
Spanish/Hispanic •	2,686,680	1.43	1,685,151	1,001,529
Uruguayan	8,590	—	7,240	1,350
Venezuelan	33,029	.02	25,548	7,481
Other Spanish, n.e.c.	65,195	.03	52,774	12,421
Pacific				
Australian	53,754	.03	22,324	31,430
Guamanian/Chamorro	27,015	.01	18,635	8,380
Hawaiian	202,054	.11	84,104	117,950
Other Pacific, n.e.c.	70,552	.04	53,562	16,990
North American				
Aleut and Eskimo	50,555	.03	38,468	12,087
American Indian	6,715,819	3.57	1,920,824	4,794,995
Canadian	456,212	.24	223,645	232,567
French Canadian	780,488	.41	442,465	338,023
Other North American, n.e.c.	12,845	.01	9,707	3,138

n.e.c. = "not elsewhere classified"
• This category represents a general type of response, which may encompass several ancestry groups.
(1) Excludes French Basque.
(2) Includes persons reported as "Russian," "Great Russian," "Georgian" and other related European or Asian groups.
(3) The majority of persons in this category reported "West Indian."
(4) Excludes Spanish Basque.

Der Vergleich kann jedoch aussagekräftiger werden, wenn diese Studie das tut, was die Volkszählung nicht getan hat, d. h. einen Großteil der Doppelzählungen beseitigt, indem sie die Spalte mit nur einem Stammbaum zur Hälfte, nicht zur Gänze, der Spalte mit mehreren Stammbäumen hinzufügt. Warum sollte man dieselbe Person zweimal zählen? Wenn alle Deutschen mit mehreren Staatsangehörigkeiten als Deutsche gezählt würden, würden viele von ihnen bei der Zählung der Engländer, Niederländer, Franzosen oder anderer Gruppen mit mehreren Staatsangehörigkeiten erneut gezählt werden.

Eine weitere Frage sollte beantwortet werden, bevor die Zahlen der Volkszählung genauer untersucht werden. Warum vergleicht man Amerikaner, die sich auf deutsche Herkunft berufen, mit denen, die sich auf englische Herkunft berufen? Warum vergleicht man sie nicht mit denen britischer Herkunft? Die Deutschen bilden keine kompakte, zentripetale rassische oder gar kulturelle Gruppe. Es gibt große Unterschiede zwischen einem typischen Bayern und einem typischen Preußen, sicherlich ebenso große Unterschiede wie zwischen einem typischen Engländer und einem typischen Schotten. Wenn numerische Vergleiche zwischen Amerikanern englischer und deutscher Abstammung angestellt werden sollen, erscheint es sinnvoller, eine britische statt einer englischen Kategorie zu verwenden. Dies kann erreicht werden, indem man die Abstammungsgruppen aus den britischen Ländern und den britischen Dominions zur englischen Abstammungsgruppe des Census Bureau hinzufügt.

TABLE 1
BRITISH ANCESTRY GROUPS

Ancestry Group	#1 Single Ancestry	#2 Multiple Ancestry	Column #1 + half of Column #2
English	23,748,772	25,849,263	36,673,403
Manx	3,430	5,790	6,325
Northern Irelander	6,338	10,080	11,378
Scottish	1,172,904	8,875,912	5,610,860
Welsh	308,363	1,356,235	986,480
Canadian	223,645	232,567	339,928
Australian	22,324	31,430	38,039
Total	25,485,776	36,361,277	43,666,413

Was ist mit den 10.337.353 Irinnen und Iren mit nur einem Stammbaum und den 29.828.349 Irinnen und Iren mit mehreren Stammbäumen zu tun? Eine ganze Reihe von ihnen müssen schottische Iren sein. Dementsprechend wurden 10% der Iren mit einfacher Abstammung (1.033.735) einer schottisch-irischen Kategorie zugeordnet. Das Ergebnis (5.507.987) wird dann zur britischen Gesamtzahl (43.666.413) hinzugezählt, wodurch sich diese auf 49.174.400 erhöht. Aber das ist noch nicht alles. Wie bereits erwähnt, beantworteten 13 298 761 Personen die Frage nach ihrer Abstammung einfach mit "Amerikaner" oder "USA". Offensichtlich handelt es sich um Amerikaner, deren Familien schon so lange im Land sind, dass sie ihre Herkunft vergessen haben oder sich nicht mehr darum kümmern. Dies ist eine andere Art zu sagen, dass die Vorfahren dieser Gruppe mit ziemlicher Sicherheit aus Großbritannien stammen müssen, eine Meinung, die teilweise von Bruce Chapman, dem Direktor des Census Bureau, gerechtfertigt wird, der gegenüber der Associated Press zugab, dass die Zahl der englischen Amerikaner niedrig sein könnte. "Die Engländer, die in diesem Land schon assimiliert waren, bevor das Wort 'assimiliert' überhaupt in den Sinn kam, werden manchmal wie ein Anstrich an einem Haus betrachtet, der zwar vorhanden ist, aber einfach nicht bemerkt oder besonders beachtet wird." Chapman hätte vielleicht besser den Begriff Britisch-Amerikaner verwenden sollen, denn auch Millionen schottischer Iren stammen aus Familien, die seit zwei Jahrhunderten in diesem Land leben, was lange genug ist, um sich seiner Wurzeln nicht mehr bewusst zu sein.

Auf jeden Fall ergibt die Hinzufügung von 13.298.761 "Amerikanern" zu der früheren britischen Gesamtzahl von 49.174.400 eine britische Gesamtzahl von 62.473.161, die sich der Zahl von Carl Brigham in Tabelle I, Anhang A annähert. Verglichen mit der deutschen Gesamtzahl von 33.583.815 (17.943.485 Einstämmige plus die Hälfte der 31.280.661 Mehrstämmigen), ist die britische Zahl fast doppelt so hoch. Diese Art der Größenbestimmung der beiden größten nationalen Herkunftsgruppen Amerikas ist sinnvoller als die Art und Weise, wie die Volkszählung das Problem durch den Vergleich von Engländern und Deutschen gelöst hat.

Aufzählung der Mehrheit

TABLE 2
AMERICANS OF NORTHERN EUROPEAN ANCESTRY (EXCLUDING BRITISH)

Ancestry Group	#1 Single Ancestry	#2 Multiple Ancestry	Column #1 plus half of Column #2
Irish (not included in British group)	9,303,618	25,354,097	21,980,666
German	17,943,485	31,280,661	33,583,815
Alsatian	15,941	26,449	29,165
Belgian	122,814	237,463	241,545
Danish	428,619	1,089,654	973,446
Dutch	1,404,794	4,899,705	3,854,646
Icelander	13,128	19,458	22,857
Luxembourger	16,164	33,880	33,104
Norwegian	1,260,997	2,192,842	2,357,418
Scandinavian	238,991	236,016	356,999
Finnish	267,902	347,970	441,887
Swedish	1,288,341	3,057,051	2,816,866
Swiss	235,355	746,188	608,449
Total	32,540,149	69,521,434	67,300,863

Die Statistiken des Census Bureau über die Abstammungsgruppen können auch verwendet werden, um die Anzahl aller Amerikaner nordeuropäischer Herkunft zu schätzen, zusätzlich zu denjenigen aus Großbritannien und Deutschland. Mit der gleichen Methode wie zuvor kann Tabelle 2 erstellt werden (siehe nächste Seite). Wenn man die Gesamtzahl der Briten aus Tabelle 1 (62.473.161) zur Gesamtzahl aus Tabelle 2 (67.300.863) hinzufügt, stellt man fest, dass 129.774.024 Amerikaner nordeuropäischen Abstammungsgruppen angehören. Rassisch gesehen stellt diese Zahl den Grundkern der amerikanischen Mehrheit dar. Wenn man jedoch eine Gesamtzahl für alle Mitglieder der Mehrheit anstrebt, müsste man zumindest einen Teil der Abstammungsgruppen aus den in der obigen Tabelle fehlenden Ländern und aus den mittel- und osteuropäischen Ländern sowie aus Norditalien einbeziehen. Viele Angehörige dieser Gruppen sind bereits in die Mehrheit assimiliert worden oder befinden sich auf dem besten Weg zur Assimilation.

TABLE 3
AMERICANS OF CENTRAL AND SOUTH EUROPEAN ANCESTRY

Ancestry Group	#1 Single Ancestry	#2 Multiple Ancestry	Column #1 plus half of Column #2	% Assimilated or Assimilable	No. Assimilated or Assimilable
Austrian	339,789	608,769	644,173	75%	483,130
Belorussian	4,253	3,128	5,817	90%	5,235
Croatian	107,855	145,115	180,412	90%	162,371
Czech	788,724	1,103,732	1,340,590	95%	1,273,561
Eastern European	52,439	9,965	57,421	75%	43,066
Estonian	16,721	9,273	21,357	90%	19,221
European	142,626	32,835	159,043	75%	119,282
French	3,062,077	9,830,169	7,977,161	90%	71,794,449
French Canadian	442,465	338,023	611,476	95%	580,902
Hungarian	727,223	1,049,679	1,252,062	90%	1,126,856
Italian	6,883,320	5,300,372	9,533,506	75%	7,150,130
Latvian	55,563	36,578	73,852	90%	66,467
Lithuanian	339,438	403,338	541,107	80%	432,886
Polish	3,805,740	4,422,297	6,016,888	75%	4,512,666
Russian	1,379,585	1,401,847	2,080,508	75%	1,560,381
Ruthenian	2,581	5,904	5,533	80%	4,426
Serbian	49,621	51,320	75,281	90%	67,775
Slavic	70,124	102,572	121,410	90%	109,269
Slovak	361,384	415,422	569,095	90%	512,186
Slovene	63,587	62,876	95,025	90%	85,523
Ukrainian	381,084	348,972	555,570	75%	416,678
Yugoslavian	199,884	160,290	280,029	90%	252,026
Total	19,276,083	25,842,476	32,197,316		15,366,106

Tabelle 3 enthält Prozentsätze, die dazu bestimmt sind, die Komponenten der verschiedenen Abstammungsgruppen, die streng genommen rassisch nicht für die Assimilation geeignet sind (dunkle Mediterranen), sowie die Anzahl der Juden, die aus diesen Ländern stammen, zu eliminieren. Anders ausgedrückt: Die Prozentsätze sollen nur die nordischen, alpinen und teilweise mediterranen assimilierten oder assimilierbaren Komponenten aus diesen Ländern berücksichtigen. Addiert man die Gesamtzahl dieser Gruppe (15.366.106) zu der nordeuropäischen Gesamtzahl (129.774.024), so erhält man 145.140.130 als Anzahl der Mitglieder der amerikanischen Mehrheit, zuzüglich der Amerikaner, die sich der Mehrheit assimilieren oder gute Chancen haben, sich ihr anzugleichen. Diese Zahl weicht natürlich von der Schätzung von 168.704.048 assimilierten und assimilierbaren Amerikanern auf Seite 64 ab. Die letztgenannte Zahl wurde durch privat finanzierte Zählungen von Minderheiten und Hochrechnungen aus einem halben Jahrhundert alter Einwanderungsstudien ermittelt, die nicht sehr hilfreich waren, da sie keine Aufschlüsselung der weißen Rassen enthielten. Die Diskrepanz lässt sich durch die 24.944.606 Personen erklären, die keine Abstammungsgruppe angegeben haben oder keine korrekten Angaben gemacht haben und folglich nicht in den Abstammungsgruppen der Volkszählungsstudie gezählt wurden.

Anmerkung: Die Studie der Volkszählung von 1990 enthält nicht allzu viele Überraschungen in den Kategorien der nicht-weißen Bevölkerung, mit Ausnahme der großen Zahl der Indianer mit mehreren Abstammungen. Die Zahl von 1.920.824 Einstamm-Indianern ist ein deutlicher Anstieg gegenüber den 1.323.476 Indianern, Eskimos und Aleuten, die in der Volkszählung von 1980 aufgeführt wurden. Aber die Zahl der Menschen mit mehreren Abstammungen (4.794.995) öffnet die Augen, weil sie darauf hindeutet, dass viel mehr indianische Gene im Blutkreislauf der amerikanischen Bevölkerung vorhanden sind als bisher angenommen. Es stimmt, dass einige Mitglieder der Mehrheit es für machohaft halten, mit ein paar Tropfen indianischen Blutes als "Beweis" dafür zu prahlen, dass sie Nachkommen früher Pioniere oder Siedler des Westens sind. Mehrere Hollywood- und Medienstars (oder ihre Presseagenten) behaupten eine solche rassische Zugehörigkeit. Dennoch ist es schwer zu glauben, dass Robert Mitchum, Anita Bryant, Marlon Brando, Johnny Bench und Dolly Parton Nachkommen von Red Men sind. Die indianische Abstammung von Billie Jean King, Cher, Redd Fox und Dan Rather ist weniger schwer zu glauben. Wenn die Zählung der indianischen Abstammungsgruppen korrekt ist, werden die verschwindenden Amerikaner auf jeden Fall zu den sich ausbreitenden Amerikanern.

Literaturverzeichnis

Adams, Henry, *Die Erziehung von Henry Adams,* Modern Library, New York.

Adams, Henry, *History of the U.S. During the First Administration of Thomas Jefferson,* Boni & Liveright, New York, 1930.

Allegro, John, *Das auserwählte Volk,* Doubleday, New York, 1972.

Ardrey, Robert, *Der territoriale Imperativ,* Atheneum, New York, 1966.

Arnold, Matthew, *Culture and Anarchy,* Cambridge University Press, England, 1961.

Bacon, Francis, *New Atlantis,* Great Books, Chicago, 1952.

Baker, John R., *Race,* Oxford University Press, New York, 1974. Nachgedruckt 1981 von der Foundation for Human Understanding, Athens, Ga.

Ball, George W. und Douglas B., *The Passionate Attachment,* W. W. Norton, 1992.

Beard, Charles, *President Roosevelt and the Coming of the War,* 1941, Yale University Press, New Haven, 1948.

Beard, Charles und Mary, *The Rise of American Civilization,* Macmillan, New York, 1930.

Benoist, Alain de, *Vu de droite,* Copernic, Paris, 1977.

Boman, Thorleif, *Hebrew Thought Compared with Greek,* Norton, N.Y., 1970.

Brown, Lawrence, *The Might of the West,* Joseph J. Binns, Washington, D.C., 1979.

Carrel, Alexis, *Der Mensch als Unbekannter,* Harper & Row, New York, 1935.

Cattell, Raymond B., *A New Morality from Science: Beyondism,* Pergamon Press, New York, 1972.

Cockburn, Andrew und Leslie, *Dangerous Liaison*, HarperCollins, New York, 1991.

Coon, Carleton, *Der Ursprung der Rassen*, Knopf, New York, 1962.

Coon, Carleton, *The Races of Europe*, Macmillan, New York, 1954.

Cuddihy, John M., *The Ordeal of Civility*, Dell Publishing, New York, 1976.

Darlington, C. D., *The Evolution of Man and Society*, Allen and Unwin, London, 1969.

Drury, Allen, *A Very Strange Society*, Pocket Books, New York, 1968.

Dunlap, Knight, *Personal Beauty and Racial Betterment*, C. V. Mosby, St. Louis, 1920.

Dvornik, Francis, *The Slavs In European History and Civilization*, Rutgers University Press, New Brunswick, New Jersey, 1962.

Eibl-Eibesfeldt, Irenaus, *Ethology, the Biology of Behavior*, Holt, Rinehart & Winston, New York, 1970.

Eibl-Eibesfeldt, Irenäus, *Liebe und Hass, Holt, Rinehart & Winston*, New York, 1972.

Eliot, T. S., *Notes Towards the Definition of Culture*, Harcourt Brace, New York, 1949.

Ellenberger, Henri F., *Die Entdeckung des Unbewussten*, Basic Books, New York, 1970.

Ellis, Havelock, *Studies in the Psychology of Sex: Sexual Selection in Man*, F. A. Davis Co., Philadelphia, 1906.

Emerson, Ralph Waldo, *English Traits*, E. P. Dutton, New York, 1932.

Findley, Paul, *They Dare to Speak Out*, Lawrence Hill Books, Chicago, Illinois, 1985.

Fogel, Robert William, und Engerman, Stanley L., *Time on the Cross*, Little, Brown, Boston, 1974.

Fuller, Major General J. F. C., *A Military History of the Western World*, Funk & Wagnalls, New York, 1954.

Gabler, Neal, *An Empire of Their Own*, Crown Publishers, New York, 1988.

Galton, Francis, *Hereditary Genius*, Peter Smith, Gloucester, Massachusetts, 1972.

Gehlen, Arnold, *Moral und Hypermoral*, Athenaum Verlag, Bonn, 1969.

Gibbon, Edward, *Decline and Fall of the Roman Empire*, Modern Library, New York.

Gobineau, Arthur de, *Essai sur l'inégalité des races humaines*, Librarie de Firmin-Didot, Paris, 1884.

Gradmann, Hans, *Das Rätsel des Lebens*, Ernst Reinhardt, München, 1962.

Gross, Martin L., *Die psychologische Gesellschaft*, Random House, New York, 1978.

Harvard Encyclopedia of American Ethnic Groups, Harvard University Press, Cambridge, Massachusetts, 1980.

Heidegger, Martin, *Sein und Zeit*, Max Niemeyer Verlag, Tübingen, 1977.

Hernstein, Richard J. und Murray, Charles, *Die Glockenkurve*, The Free Press, New York, 1994.

Hoffer, Eric, *The True Believer*, Harper's, New York, 1951.

Hooton, E. A., *Twilight of Man*, C. P. Putnam's Sons, New York, 1939.

Huntington, Ellsworth, *The Character of Races*, Scribner's, New York, 1925.

Keith, Arthur, *Eine neue Theorie der menschlichen Evolution*, Peter Smith, Gloucester, Massachusetts, 1968.

Kroeber, A. L., *Anthropologie*, Harcourt, Brace, New York, 1948.

Macaulay, Thomas, *History of England from the Accession of James II*, Macmillan, London, 1914.

Mahieu, Jacques de, *Le grand voyage du dieu-soleil*, Edition Spéciale, Paris, 1971.

Mallory, J. P., *In Search of the Indo-Europeans*, Thames and Hudson, New York, 1991.

Monod, Jacques, *Chance & Necessity*, Knopf, New York, 1971.

Nietzsche, Friedrich, *The Portable Nietzsche*, Viking Press, New York.

Novak, Michael, *The Rise of the Unmeltable Ethnics*, Macmillan, New York, 1972.

One America, Francis J. Brown und Joseph S. Roucek, Hrsg., Prentice-Hall, Englewood Cliffs, New Jersey, 1962.

Ortega y Gasset, José, *La rebelión de las masas,* Espasa-Calpe, Madrid, 1966.

Ostrovsky, Victor, *Auf dem Weg der Täuschung,* St. Martin's Press, New York, 1990.

Pareto, Vilfredo, *The Mind and Society,* Harcourt, Brace, New York, 1935.

Pendell, Elmer, *Why Civilizations Self-Destruct,* Howard Allen Enterprises, Cape Canaveral, Florida, 1977.

Putnam, Carleton, *Race and Reality,* Howard Allen Enterprises, Cape Canaveral, Florida, 1980.

Putnam, Carleton, Race and Reason, Howard Allen Enterprises, Cape Canaveral, Florida, 1977.

Raspail, Jean, *The Camp of the Saints,* Social Contract Press, Petoskey, Mighican, 1995.

Ripley, W. Z., *The Races of Europe,* Appleton, New York, 1910.

Rushton, J. Philippe, *Race, Evolution, and Behavior,* Transaction Publishers, New Brunswick, New Jersey, 1995.

Russell, James C., *The Germanization of Early Medieval Christianity,* Oxford University Press, New York, 1994.

Schoeck, Helmut, *Neid,* Harcourt, Brace, New York, 1970.

Schrag, Peter, *The Decline of the Wasp,* Simon & Schuster, New York, 1971.

Schumpeter, Joseph A., *Capitalism, Socialism and Democracy,* Harper & Row, New York, 1962.

Seligman, Daniel, *Eine Frage der Intelligenz,* Carol Publishing, New York, 1992.

Sheldon, William, H., *Varieties of Delinquent Youth,* Hafner, Darien, Connecticut, 1949.

Shuey, Audrey M., *The Testing of Negro Intelligence,* Foundation for Human Understanding, Athens, Ga., 1966.

Solschenizyn, Aleksandr, *Brief an die sowjetische Führung,* Harper & Row, New York, 1974.

Sorokin, Pitirim A., *Contemporary Sociological Theories,* Harper & Row, New York, 1964.

Taylor, Jared, *Paved with Good Intentions,* Carroll & Graf, New York, 1992.

Tolstoi, Nikolai, *Der geheime Verrat,* 1944-1947, Scribner's, New York, 1977.

Unamuno, Miguel de, *Del Sentimiento Trágico de la Vida,* Las Americas Publishing Co, New York, 1966.

Unwin, J. D., *Sex and Culture,* Oxford University Press, London, 1934.

Weber, Max, *The Protestant Ethic and the Spirit of Capitalism,* Allen and Unwin, London, 1930.

White, Leslie A., *The Evolution of Culture,* McGraw-Hill, New York, 1959.

Williams, Duncan, *Trousered Apes,* Arlington House, New Rochelle, New York, 1971.

Wilson, Edward O., *Soziobiologie,* Harvard University Press, Cambridge, Mass., 1975.

Worthy, Morgan, *Eye Color, Sex and Race,* Droke House/Hallux, Anderson, South Carolina, 1974.

Yaffe, James, *Die amerikanischen Juden,* Random House, New York, 1968.

Yale, William, *Der Nahe Osten,* University of Michigan Press, Ann Arbor, 1958.

Zayas, Alfred de, *Nemesis at Potsdam,* Routledge & Kegan Paul, London, 1979.

Andere Titel

OMNIA VERITAS
Omnia Veritas Ltd präsentiert:
HERVÉ RYSSEN
PSYCHOANALYSE des JUDENTUMS
Das Judentum ist in der Tat nicht nur eine Religion. Es ist auch ein politisches Projekt, dessen Ziel es ist, die Abschaffung der Grenzen, die Vereinigung der Erde und die Errichtung einer Welt des "Friedens" zu erreichen.
HERVÉ RYSSEN
PSYCHOANALYSIS of JUDAISM
Dieses Buch stellt die umfassendste Studie zur Judenfrage dar, die jemals durchgeführt wurde.

OMNIA VERITAS
OMNIA VERITAS LTD PRÄSENTIERT:
JOHN COLEMAN
Der DROGENKRIEG gegen AMERIKA
Der DROGENKRIEG gegen AMERIKA
Der Drogenhandel kann nicht ausgerottet werden, weil seine Direktoren nicht zulassen werden, dass ihnen der lukrativste Markt der Welt weggenommen wird...
VON JOHN COLEMAN
Die eigentlichen Förderer dieses verfluchten Geschäfts sind die "Eliten" dieser Welt

OMNIA VERITAS
OMNIA VERITAS LTD PRÄSENTIERT:
DIE DIKTATUR der SOZIALISTISCHEN WELTORDNUNG
In all diesen Jahren, während unsere Aufmerksamkeit auf die Untaten des Kommunismus in Moskau gerichtet war, waren die Sozialisten in Washington damit beschäftigt, Amerika auszurauben!
VON JOHN COLEMAN
"Der Feind in Washington ist mehr zu fürchten als der Feind in Moskau".

OMNIA VERITAS
OMNIA VERITAS LTD PRÄSENTIERT:
DIE ÖLKRIEGE
VON JOHN COLEMAN
Die historische Erzählung der Ölindustrie führt uns in die Windungen der "Diplomatie".
Der Kampf um die Monopolisierung der von allen Nationen begehrten Ressource
JOHN COLEMAN
DIE ÖLKRIEGE

OMNIA VERITAS
OMNIA VERITAS LTD PRÄSENTIERT:
DIE ROTHSCHILD-DYNASTIE
von John Coleman
Historische Ereignisse werden oft durch eine "verborgene Hand" verursacht...
JOHN COLEMAN
DIE ROTHSCHILD DYNASTIE

OMNIA VERITAS
OMNIA VERITAS LTD PRÄSENTIERT:
FREIMAUREREI
von A bis Z
John Coleman
Im 21. Jahrhundert ist die Freimaurerei weniger ein Geheimbund als eine "Gesellschaft der Geheimnisse" geworden.
Dieses Buch erklärt, was Freimaurerei ist
JOHN COLEMAN
FREIMAURERAI
von A bis Z

OMNIA VERITAS
OMNIA VERITAS LTD PRÄSENTIERT:
JOHN COLEMAN
JENSEITS der VERSCHWÖRUNG
DIE UNSICHTBARE WELTREGIERUNG ENTLARVEN
Alle großen historischen Ereignisse werden im Geheimen von Männern geplant, die sich mit absoluter Diskretion umgeben
von John Coleman
Hochorganisierte Gruppen haben immer einen Vorteil gegenüber den Bürgern

OMNIA VERITAS
OMNIA VERITAS LTD PRÄSENTIERT:
JOHN COLEMAN
TÄUSCHUNGSDIPLOMATIE
VON JOHN COLEMAN
TÄUSCHUNGSDIPLOMATIE
EIN BERICHT ÜBER DEN VERRAT DER REGIERUNGEN ENGLANDS UND DER USA
Die Geschichte der Gründung der Vereinten Nationen ist ein klassisches Beispiel für die Diplomatie der Täuschung.

OMNIA VERITAS
OMNIA VERITAS LTD PRÄSENTIERT:
ANTONY SUTTON
DIE WALL $TREET TRILOGIE
DIE WALL $TREET TRILOGIE
VON ANTONY SUTTON
"Professor Sutton wird für seine Trilogie in Erinnerung bleiben: Wall St. und die bolschewistische Revolution, Wall St. und FDR und Wall St. und der Aufstieg Hitlers."
Diese Trilogie beschreibt den Einfluss der Finanzmacht bei drei Schlüsselereignissen der jüngeren Geschichte

OMNIA VERITAS
EUSTACE MULLINS
DER FLUCH VON KANAAN
Eine Dämonologie der Geschichte
Die große Bewegung der modernen Geschichte bestand darin, die Anwesenheit des Bösen auf der Erde zu verbergen

OMNIA VERITAS
Omnia Veritas Ltd präsentiert:
Hier sind die einfachen Fakten des großen Verrats...
DIE GEHEIMNISSE DER FEDERAL RESERVE
von
EUSTACE MULLINS
Werden wir weiterhin durch das babylonische Schuldgeldsystem versklavt werden?

OMNIA VERITAS
Omnia Veritas Ltd präsentiert:
EUSTACE MULLINS
DIE WELTORDNUNG
UNSERE GEHEIMEN HERRSCHER
Eine Studie über die Hegemonie des Parasitismus
DIE AGENDA DER WELTORDNUNG: TEILEN UND HERRSCHEN

www.ingramcontent.com/pod-product-compliance
Lightning Source LLC
Chambersburg PA
CBHW071144270326
41929CB00012B/1875

9781805401315